Psychologie Volume 1-2
- Primary Source Edition

Mercier, Désiré Félicien Francois Joseph, cardinal, 1851-1926

PSYCHOLOGIE

TOME I

Vie organique et vie sensitive

BIBLIOTHÈQUE DE L'INSTITUT SUPÉRIEUR DE PHILOSOPHIE

COURS DE PHILOSOPHIE

VOLUME III

PSYCHOLOGIE

PAR

le Cardinal D. MERCIER

Archevêque de Malines
Président honoraire de l'Institut supérieur de Philosophie à l'Université de Louvain
Membre de l'Académie royale de Belgique

4 PLANCHES GRAVÉES SUR PIERRE

HUITIÈME ÉDITION

TOME I

LOUVAIN
Institut supérieur de Philosophie
1, rue des Flamands, 1

PARIS
FÉLIX ALCAN, Éditeur
108, Bd St-Germain, 108

1908

DES PRESSES DE L'IMPRIMERIE « NOVA ET
VETERA » (INSTITUT SUPÉRIEUR DE PHILO-
SOPHIE) — LOUVAIN, RUE DE TIRLEMONT,
138-140 ET RUE VÉSALE, 4 — J CLAES, DIR.

PRÉFACE.

—

Ces leçons sont spécialement destinées aux élèves du cours de candidature en philosophie et lettres de l'Université de Louvain.

Elles doivent aussi, dans notre pensée, servir de guide général aux élèves de l'École saint Thomas d'Aquin fondée à l'Université.

La préoccupation de ce double but expliquera, pensons-nous, certaines particularités de méthode qui, sans cela, ne se justifieraient pas.

Ainsi, nous avons donné, çà et là, à certaines questions d'une importance peut-être secondaire, d'assez longs développements : c'est que nous désirons ne plus y revenir dans les leçons faites à l'Institut saint Thomas.

Par contre, on sera sans doute étonné de nous voir glisser rapidement sur certains problèmes ardus, de grande portée et d'un intérêt actuel : c'est que nous les réservons pour notre cours supérieur.

Il est, en effet, des questions auxquelles il paraît sage de ne pas toucher, lorsque l'on n'est pas dans les conditions voulues pour les discuter à fond. Nous nous contenterons de les indiquer dans cet ouvrage, avec l'espoir de les reprendre à part, d'une façon plus complète, dans une publication que nous avons commencée sous le nom d'Études psychologiques.

Nous insistons, en général, peu sur les objections ; nous nous attachons plus volontiers aux principes qui doivent servir à les résoudre.

Quant au fond, notre psychologie est celle d'Aristote et de saint Thomas d'Aquin

Souvent, la philosophie empirique d'un bon nombre de psychologues modernes accumule des faits particuliers, sans idée directrice ni conception d'ensemble

La psychologie spiritualiste de Maine de Biran, de Cousin, de Jouffroy, et de ceux qui se sont attachés à perpétuer leur tradition en France, est devenue étrangère aux problèmes que soulèvent journellement les progrès de la biologie et de la psycho-physiologie

Seule la psychologie scolastique possède à la fois un corps de doctrines systématisé, et des cadres assez larges pour accueillir et synthétiser les résultats croissants des sciences d'observation

Est-ce à dire que nous regardions la psychologie de l'Ecole comme le monument achevé de la science, devant lequel l'esprit devrait s'arrêter dans une contemplation stérile ?

Évidemment non La psychologie est une science vivante, elle doit évoluer avec les sciences biologiques et anthropologiques qui sont ses tributaires. L'arrêt de développement est, pour l'être vivant, une cause fatale d'anomalies et de monstruosités.

Le meilleur service à rendre aux doctrines générales de la psychologie scolastique, c'est de les mettre en rapport avec les résultats acquis en biologie cellulaire, en histologie, en embryogénie, de simplifier autant que possible les faits psychiques, à l'exemple des Associationnistes anglais, de chercher à comprendre l'homme adulte par l'étude de la psychologie animale et de la psychologie infantile, l'homme sain par l'observation minutieuse de certains états exceptionnels ou pathologiques qui accusent plus vivement tel ou tel caractère fruste du type normal, de suivre les modifications particulières ou les variations de l'activité humaine chez les différentes races ou à des époques différentes de l'histoire, comme l'a fait Herbert Spencer, de prendre sa place enfin dans le mouvement imprimé aux recherches psychologiques par l'école expérimentale allemande

Ne soyons pas de ceux qui, à propos de ces mille et un petits faits bien précis dont l'étude patiente et minutieuse fait la force et l'honneur de la science contemporaine, ne songent jamais qu'à se demander avec un dédain mal dissimulé À quoi cela sert-il ?

Rien de plus antiscientifique que cette préoccupation intéressée. Les faits sont des faits, et il suffit qu'ils soient, pour qu'ils méritent d'être étudiés. D'ailleurs, s'ils ne servent pas aujourd'hui, ils serviront demain, ce sont des matériaux destinés à entrer dans les synthèses plus compréhensives de l'avenir

Depuis qu'a paru notre première édition, nous avons eu la joie de voir s'ouvrir à l'Institut supérieur de Philosophie de l'Université de Louvain, un cours spécial de psycho-physiologie

M. A. Thiéry, le titulaire du cours nouveau, définissait en ces termes, dans sa leçon d'ouverture, l'objet de son enseignement « Il s'agit, disait-il, d'une science fondée sur l'observation physique et physiologique autant que sur l'observation interne des états d'aperception et de conscience C'est ce que signifie le mot « psycho-physique » ou « psycho-physiologie » La composition de ce mot double indique la double source d'observation psycho-physiologique, — l'observation du sens intime ou observation psychologique, d'une part, et, d'autre part, l'observation externe physique et physiologique

» Le cours porte encore d'autres noms « psychologie physiologique, psychologie expérimentale » — Psychologie, parce qu'il a pour objet les phénomènes d'aperception et de conscience qui relèvent de la psychologie, psychologie physiologique, parce qu'on envisage ces phénomènes d'aperception et de conscience au point de vue spécial de leur corrélation avec les phénomènes de physiologie qui les provoquent

« Provoquer ainsi systématiquement par une suite d'excitants physiques et physiologiques des états déterminés de l'aperception et de la conscience, étudier ensuite comment ces états peuvent se manifester et s'extérioriser, observer, classer et mesurer les antécédents et les conséquents organiques, liés aux modifications internes, voilà le champ de l'expérimentation psychologique Cette expérimentation sera l'objet spécial du laboratoire dont j'espère commencer prochainement les travaux »

Cette conception de la psychologie est dans l'esprit d'Aristote et de saint Thomas d'Aquin Nous nous réjouissons de ce retour à la tradition des grands maîtres que nous nous faisons gloire de prendre pour guides.

D MERCIER

AVANT-PROPOS A LA SIXIEME EDITION.

La présente édition a subi des changements assez considérables. Les développements qu'elle a pris nous ont décidé à la partager en deux tomes Le *tome I* comprend les deux premières parties des éditions antérieures, celles qui ont pour objet la vie organique et la vie animale, le *tome II* traite de la vie intellective.

Au point de vue anatomique et physiologique, on a essayé de mettre l'ouvrage au courant des nouveaux travaux de neurologie, le lecteur pourra immédiatement s'en convaincre en jetant un coup d'œil sur les quatre planches annexées au volume

Au point de vue psychologique, l auteur a tenu compte des critiques, bienveillantes d ailleurs, qui lui ont été adressées, parmi lesquelles il aime à citer celles de M. Bonatelli *(La Psychologie di D. Mercier,* dans la *Rivista Filosofica,* Settembre-Ottobre 1903).

L'étude des actes d'imagination a été remaniée on a recherché quels sont les facteurs de l'association, ce qui n'avait pas été fait dans les études antérieures.

Dans le tome II, on s'est attaché à mieux accuser les caractères respectifs de l'association passive, toute spontanée, et de l'association active qui se pratique sous la direction de l'intelligence et de la volonté libre. On a eu ainsi l'occasion de montrer l'échec de l'Associationnisme tel que l'avait inauguré Hume et l'ont interprété Bain, Ribot, etc.

A propos de la psychologie animale, on a distingué l'activité rigoureusement instinctive et celle où l'animal est capable d'une certaine expérience, afin de faire mieux voir la différence entre l'activité animale et l'activité humaine On a aussi discuté avec plus d'attention les théories mécanistes des instincts, approfondi l'étude de la mémoire sensible et donné plus d'importance à l'étude des émotions

Dans la troisième partie (tome II), l'auteur s'est efforcé de définir, avec plus de rigueur, l'abstraction, et de déterminer avec plus de précision les marques propres de l'objet abstrait. Dans les éditions antérieures, on prouvait le fait de l'abstraction mentale par un seul argument tiré de la conscience. Le langage a fourni un second argument qui contribuera à fortifier le premier. Les objections de l'empirisme à l'interprétation spiritualiste de l'abstraction ont fait l'objet d'une discussion attentive.

On a traité d'après un plan nouveau la question fondamentale de l'origine des idées, exposé avec plus de développements les preuves du libre arbitre et les principales objections du déterminisme.

Dès les premières éditions de l'ouvrage, on avait parlé incidemment des émotions et des sentiments et montré qu'il n'y a pas lieu de les rattacher à une faculté à part qui porterait le nom de sensibilité ou d'affectivité. Mais on a, cette fois, étudié *ex professo* le fait émotif, comparé les principales théories interprétatives du sentiment, la théorie physiologique, la théorie intellectualiste, la théorie dictée par l'aristotélisme thomiste ; on a pu, alors, déduire de cette comparaison quelle est la place du sentiment dans la vie psychique. On a tenté, ensuite, un essai, provisoire d'ailleurs, de classification des sentiments

Dans les pages consacrées à divers états psychiques qui, à raison de leur complexité, échappent à une perception bien nette, on a fait une place, non seulement, comme déjà dans les éditions précédentes, à la suggestion, à l'autosuggestion, à l'hypnose, mais aussi à la suggestion mentale, à la télépathie, à l'écriture automatique et aux phénomènes spirites.

Les preuves de la spiritualité de l'âme sont présentées sous une forme nouvelle ; l'auteur a transporté ici une preuve d'expérience, inspirée du περὶ ψυχῆς d'Aristote, qu'il avait exposée dans une brochure intitulée *La psychologie expérimentale et la philosophie spiritualiste.*

Les preuves de l'unité substantielle du moi, qui aussi ont été remaniées, ont donné occasion à quelques aperçus nouveaux sur le phénoménisme psychologique et la substantialité du moi, sur le parallélisme psycho-physique, soit empirique, soit moniste, la théorie préférée de nombreux psychologues à l'heure présente, sur le moi, enfin, et ses facultés

En guise de conclusion à l'étude du moi, on trouvera une brève synthèse de la psychologie aristotélicienne et thomiste, et l'on pourra mesurer l'avantage qu'elle a sur l'empirisme positiviste et sur le spiritualisme classique, pour expliquer l'ensemble des faits établis expérimentalement ou attestés par la conscience

Deux tables détaillées des matières, l'une onomastique, l'autre idéologique, sont jointes au tome II de l'ouvrage.

D. MERCIER

Louvain, le 25 mars 1904.

AVANT-PROPOS A LA HUITIÈME ÉDITION.

La septième édition du présent ouvrage ne fut qu'une réimpression de l'édition précédente. La huitième édition a subi quelques remaniements, mais ils sont d'importance secondaire et n'exigent ni commentaire ni éclaircissement.

D. J. MERCIER.

Malines, le 5 août 1907.

PSYCHOLOGIE.

INTRODUCTION.

OBJET ET MÉTHODE DE LA PSYCHOLOGIE

1. Objet de la psychologie. — La Psychologie (ψυχή, λόγος) est la partie de la philosophie qui s'occupe de l'âme humaine

Entendue dans son acception la plus générale, l'*âme* (ψυχή) désigne ce qui fait qu'un être vit, elle est le premier principe de vie chez les êtres vivants C'est la définition qu'en donne Aristote, au début du Livre II de son traité *de l'âme* « L'âme, dit-il, est le premier principe d'être et d'activité des corps de la nature qui sont capables de vivre › [1]) A ne tenir compte que de son étymologie, la psychologie aurait donc pour objet tous les êtres vivants de la nature le végétal et l'animal aussi bien que l'homme

Mais l'usage a considérablement restreint la signification du mot *psychologie*, de fait, l'homme *seul* constitue aujourd'hui l'objet de cette partie de la philosophie En revanche, si c'est l'homme seul, ce doit être *tout* l'homme, c'est-à-dire l'homme envisagé dans toutes les manifestations de sa vie

La plupart des psychologues modernes attribuent à la

---

[1]) Ἀναγκαῖον ἄρα τὴν ψυχὴν οὐσίαν εἶναι ὡς εἶδος σώματος φυσικοῦ δυνάμει ζωὴν ἔχοντος *De anima* lib II, c 1 4 Ed Didot

psychologie pour seul objet, *ce qui tombe sous la conscience*
Ils opposent les faits « *psychiques* » aux faits physiques ou
physiologiques, et posent en principe que la conscience sert
à discerner les premiers des seconds

Cette conception étroite de la psychologie remonte à
Descartes Le philosophe français avait réparti le monde en
deux vastes catégories, celle des corps ayant pour essence
l'étendue, et celle des êtres simples et spirituels, ayant pour
essence la pensée, bien entendu la pensée prise dans un sens
général, pour designer à la fois tous les faits internes, que
nous distinguons sous les noms de sensations, de connaissances intellectuelles, de desirs, de volitions, etc . [1] Les
corps étendus appartiennent ainsi aux sciences physiques et
mathématiques, les phénomènes conscients sont l'objet complet et exclusif de la psychologie « Donc, écrit M. Bouillier,
le brillant historien de la philosophie cartesienne, il y a une
pénetration absolue de la conscience par tous les phénomenes psychologiques et réciproquement de tous les phenomenes psychologiques par la conscience, si bien qu'ils
forment tous ensemble la plus indivisible des unités. Ainsi
la conscience n'est pas coextensive, comme le dit Hamilton,
à toutes les facultés de l'intelligence, mais a toutes les facultés
de *l'âme* sans exception » [2]

En conséquence, pour la plupart des psychologues
modernes, la methode propre a la psychologie est *l'introspection*, l'observation intérieure exclusivement

Or cette opposition, d'origine cartésienne, entre le « psy-

[1] « Par le nom de pensée, je comprends, dit-il, tout ce qui est tellement en nous que nous l'apercevons immediatement par nous-mêmes et
en avons une connaissance intérieure , ainsi toutes les operations de
l'entendement, de la volonte, de l'imagination et des sens sont des pensées » *Rep aux deuxiemes objections*

[2] *De la conscience en psychologie et en morale,* ch VI, p 82, Cfr
Mercier, *Les origines de la Psychologie contemporaine* Louvain, 1897,
pp 299 et suiv

chique » et le « physique » s'inspire d'un préjugé antiscientifique Descartes et ceux qui le suivent supposent *donné*
qu'il y a en nous une âme réellement distincte du corps une
âme consciente de ses actes de pensée, un corps inconscient
de ses opérations physiques ou physiologiques Or, qu'en
savons-nous ? La donnée immédiate de la conscience est que
l'*homme* pense, comme l'homme travaille des mains, comme
il remue les doigts pour filer, suivant le mot si juste d'Aristote.
Seule la réflexion, aidée du raisonnement, nous fera voir que
le principe immédiat de la pensée n'est pas le même que
celui du travail des mains et nous permettra de conclure
qu'il y a dans le complexus humain du spirituel et du corporel, ou, si l'on veut, du conscient et de l'inconscient, du
« psychique » et du » physique »

La réflexion nous fera comprendre, en outre, que l'homme
ne se laisse pas diviser en un corps soumis aux lois de la
mécanique et en une âme pensante autre que l'organisme
Il est un être *un* qui vit, sent, pense

Nous ne voulons pas anticiper sur les conclusions que
nous aurons à démontrer plus tard, mais nous devons nous
opposer aux idees préconçues systématiques et affirmer dès
l'abord que la disjonction entre l'âme pensante et le corps
vivant ne se manifeste pas immédiatement a la conscience,
et ne peut, des lors, s'affirmer sans preuve

Sans nous attacher pour le moment à aucune théorie
explicative des faits, nous considérerons donc notre nature
humaine comme le siège de la vie, de la sensibilité et de
l'intelligence, et avec Aristote, nous appellerons âme humaine
le premier principe, quelle qu'en soit d'ailleurs la nature, en
vertu duquel nous vivons, sentons, pensons [1]) Et nous divi-

---

[1]) Ἡ ψυχὴ δὲ τοῦτο ᾧ ζῶμεν καὶ αἰσθανόμεθα καὶ διανοούμεθα πρώτως.
Lib II, c 2, 50 Cette définition ne préjuge rien Quelle que soit la
conception que l'on se forme de la nature de l'âme, il faut bien admettre
que les actes vitaux, sensitifs ou intellectuels supposent un quelque

sons en consequence notre traite en trois parties qui ont respectivement pour objet la vie organique, la vie sensible ou la sensibilite, et la vie raisonnable

En même temps que nous étudierons la vie organique et la vie sensible chez l'homme, nous étudierons aussi, mais d'une façon indirecte, la vie de la plante et la vie de l'animal

2. Méthode de la psychologie. — La psychologie, tout comme n'importe quelle autre science de la nature, a pour méthode l'emploi des procédés si bien resumés par M Ernest Naville en ces trois mots *observer, supposer, verifier* [1])

Le physicien *voit* que des corps chauffes se dilatent, il *suppose* que la chaleur est *cause* de la dilatation et que la *dilatabilite* des corps sous l'action de la chaleur est une de leurs *propriétés* [2]), il multiplie et varie ses observations et, si possible, ses expériences pour *vérifier* son hypothese, s'il aboutit, il est en droit d'ériger son hypothèse en these scientifique.

Le chimiste met en presence du chlore (Cl) et de l'hydrogène (H) et *observe* qu'ils se combinent pour donner un gaz nouveau, tout différent des deux premiers, l'acide chlorhydrique (HCL), il *remarque* que la molecule du compose est formee, en volume, de 1 partie de chlore et de 1 partie d'hydrogene, en tout 2 volumes (HCL), et qu'en poids elle est formee de 36,5 parties, dont 35,5 de chlore et 1 d'hydrogène A plusieurs reprises, il voit la combinaison se faire dans ces proportions et dans celles-la seulement Il *suppose* que le chlore et l'hydrogene ont la *propriété* de se combiner

chose qui les émet et les supporte, « un quelque chose qui sert de substratum », ainsi que s'exprime Herbert Spencer *(Principes de Psychologie*, 2me partie, § 58), et c'est ce quelque chose que nous appelons provisoirement l'âme humaine

[1]) *La Logique de l'hypothese*, p 2 Voir J St Mill, *System of Logic*, B III, IV, VI

[2]) Voir *Logique*, pp 202 et suiv

dans ces conditions, que telle est la *loi* de leur combinaison
L'observation et l'expérience *vérifient* cette supposition ; en
outre, elles la généralisent, et établissent que les corps en
général ont la *propriété* de se combiner exclusivement avec
certains corps déterminés pour lesquels ils ont une sorte
d'inclination naturelle, ou, comme l'on s'exprime en chimie,
de l'*affinité*, et de ne se combiner avec eux qu'en certaines
proportions définies

C'est ainsi que la physique, la chimie, les sciences en
général atteignent par voie d'induction les *causes immédiates*
de certains phénomènes d'observation et déterminent certaines *propriétés* des substances corporelles.

On voit, par ces exemples, comment la pensée de l'homme
de science parcourt les trois étapes indiquées plus haut
observer, *supposer* quelle peut et quelle doit être la nature
de la matière pour rendre raison des propriétés et des lois
des substances corporelles ; chercher à *vérifier* la supposition qu'avaient suggérée les premières observations Tantôt,
la vérification se fera au moyen d'observations ou de
recherches expérimentales nouvelles, par *induction* tantôt,
elle se fera par le rattachement des résultats obtenus à des
principes antérieurs connus d'ailleurs, et l'on montrera comment ces principes conduisent par *déduction* aux résultats
indiqués, mais, au fond, les trois mêmes étapes de la pensée
se retrouvent toujours à travers toutes nos recherches et
toutes nos démonstrations

En *psychologie* aussi, l'esprit *observe*, *devine* les causes et
les propriétés et finalement *vérifie* Il *observe* des faits, des
faits extérieurs et des faits internes, p ex dans le monde
extérieur, des mouvements variés qui n'ont rien de commun
avec les successions uniformes de corps que la chaleur dilate
ou d'éléments qui se combinent, ou, intérieurement, des
sensations, des émotions, des résolutions volontaires que le

sens intime ou la conscience sont seuls en état d'apercevoir
A ces faits, l'esprit cherche une *cause* la cause de ces mouvements variés est-elle identique à une cause de mouvements
uniformes ? Les differents groupes de faits internes sont-ils
des manifestations d'une *propriété* unique, des effets d'un
même *principe* immediat, — que l'on appelle en psychologie
puissance ou *faculté*, — ou reclament-ils des principes
distincts, des facultés differentes ? Et dans ce second cas,
quelle est la relation de ces facultes et de ces principes
multiples avec le fonds commun qu'ils supposent, avec la
nature d'où ils emanent ?

Cette nature, à son tour, est-elle une ou multiple ? Que
disent a ce sujet les resultats de nos observations et de
nos inductions ? En un mot, quelles sont les hypothèses
que l'observation nous suggère sur la nature de l'âme, et
ces hypothèses, comment se vérifient-elles ? [1])

Enfin, comment la nature de l'âme humaine nous aide-
t-elle a mieux comprendre, par un effort de deduction ou de
synthèse, les faits qui avaient d'abord servi de base à nos
inductions et à nos analyses ? [2])

La méthode de la psychologie est donc celle en usage dans
les sciences physiques ou naturelles , aussi, les philosophes
du moyen âge rangeaient-ils la psychologie dans la partie
generale de la philosophie qu'ils appelaient la Physique

La psychologie, comme les autres sciences de la nature,
part de l'observation des *faits* pour remonter a leurs prin-

---

[1]) Ces termes mêmes, empruntés aux sciences naturelles, montrent
comme on a tort de reprocher à la psychologie spiritualiste de s'occuper
d' « entités métaphysiques », parce qu'elle parle des facultes de l'âme,
et de la nature du principe psychique Les « proprietes », les « forces
physiques », les « affinites », les « pouvoirs endothermique et exothermique », entités tout aussi metaphysiques que celles-là, sont au contraire
cités comme titres de gloire des savants qui les premiers les mirent en
évidence

[2]) *Logique*, nos 163 et suiv.

cipes immédiats, que nous appelons les *facultés* de l'âme, et, ultérieurement, à leur principe premier qui est la *nature* de l'âme. Lorsque la nature de l'âme nous est connue, elle nous fait mieux *comprendre*, dans une vue d'ensemble, les résultats multiples et divers de l'analyse. Ultérieurement, nous déduisons ce que la raison nous apprend sur l'*origine* de l'homme et sur sa *destinée*[1]. Ainsi l'on répond aux questions fondamentales (*quid, unde, propter quid*), que soulève la philosophie à propos des objets qu'elle a mission d'étudier.

5. L'observation en psychologie — L'*observation* qui sert de point de départ à la Psychologie, n'est donc ni l'observation interne ni l'observation externe exclusivement, mais l'une et l'autre à la fois.

« En frappant d'ostracisme l'observation interne, dit justement Herzen, les physiologistes limiteraient arbitrairement leur champ d'étude. En revanche, ceux qui, dans l'étude des phénomènes psychiques, prétendent ne se fier qu'aux informations puisées à la source du sens interne, tombent exactement dans la même erreur que ceux qui, dans n'importe quel autre genre d'étude, se borneraient exclusivement aux données fournies par un seul des sens externes. Un tel système ne peut aboutir qu'à une connaissance fragmentaire, isolée de tout le reste du savoir. Ce n'est pas l'*usage*, mais l'usage *exclusif* de la méthode subjective qui doit être condamné, comme doit l'être son ostracisme. »[2]

L'application de l'observation scientifique à la psychologie a fait, ces dernières années, des progrès considérables. jadis, on n'observait guère que l'homme sain et adulte, aujourd'hui, on observe aussi de près, l'enfant, l'homme pathologique, l'idiot, le sauvage, l'aliéné, le dégénéré autant de sujets

[1] Si nous ne tenions compte que de la signification étymologique des termes, nous donnerions au présent traité le nom d'*Anthropologie*, science philosophique de l'homme. Mais le terme d'*Anthropologie* désigne aujourd'hui un ensemble des sciences d'observation qui se concentrent autour de l'histoire naturelle des races humaines.

[2] *Le cerveau et l'activité cerebrale*, pp. 31-38 — Cfr Ribot, *La Psychologie allemande contemporaine* Introduction

pouvant presenter a l'état saillant certains caractères qui passeraient inaperçus chez le type normal De plus, aujourd'hui, on experimente des experiences faites sur les animaux fournissent la base d'inductions applicables à l'homme par analogie, même certains procedes, comme les suggestions hypnotiques, permettent d'opérer chez l'homme une sorte de dissection mentale tres favorable a une connaissance plus minutieuse de faits psychiques qui, a raison de leur complexité naturelle, resteraient en partie rebelles à la simple observation.

4. Division de la psychologie. — L'objet de ces études, avons-nous dit, c'est l'homme avec sa triple vie organique, sensible et intellectuelle.

De là, la *division de la psychologie* en trois parties

PREMIÈRE PARTIE *De la vie organique ou végétative*
DEUXIÈME PARTIE *De la vie sensitive ou animale*
TROISIEME PARTIE *De la vie raisonnable*

PREMIÈRE PARTIE

La vie organique ou végétative.

– - –

AVANT-PROPOS

5. La PREMIÈRE PARTIE de la Psychologie comprendra DEUX CHAPITRES qui auront respectivement pour objet

La nature de la vie organique (CHAPITRE I)

L'origine de la vie organique (CHAPITRE II)

Comme la vie organique ou végétative a pour sujet un corps organisé, lequel est composé de *matière* et d'un *principe* d'organisation *qui informe* la matière, l'étude de la *nature* des êtres organisés devra comprendre simultanément la recherche de la cause *matérielle* et de la cause *formelle* de la vie organique

La *nature* de l'être vivant se confond avec sa *fin naturelle* la connaissance de la première fournit aussi la solution du problème que soulève la seconde

Dès lors, l'étude philosophique de la vie, c'est-à-dire la connaissance de la vie par ses quatre causes *efficiente, matérielle, formelle* et *finale*, est comprise entièrement dans les *deux chapitres* indiqués, sur la *nature* et l'*origine* des êtres vivants

Nous partagerons le CHAPITRE PREMIER en *deux articles*

L'*article premier* traitera de la *notion* de la vie, nous y rechercherons successivement quelle est la notion *commune*, la notion *scientifique* et la notion *philosophique* de la vie

L'*article second* s'occupera de la *cause explicative* de la vie, de la *nature intime* du principe premier de la vie

CHAPITRE I

NATURE DE LA VIE

ARTICLE PREMIER

Notion de la vie

6. Quelle est la notion que l'on se fait *communement* de la vie en general ? (§ 1) — A quels signes le *savant* la reconnaît-il ? (§ 2) — Quelle est la notion *philosophique* qu'il faut s'en faire ? (§ 3)

§ 1

Notion vulgaire de la vie

7. Pour le commun des hommes, le signe ordinaire de la vie, c'est un mouvement auquel l'observateur n'aperçoit point de cause exterieure Une troupe d'oiseaux qui se leve subitement sur notre passage, un corps qui remonte un courant un cœur qui bat, un être informe qui entr'ouvre sa coquille au soleil, ce sont autant de mouvements qui éveillent l'idée de la vie [1]

Thomson raconte que lorsque les habitants de la Nouvelle-Zelande aperçurent le vaisseau de Cook, ils crurent que c'etait une baleine pourvue d'ailes. H Spencer cite le fait des Esquimaux qui, prenant une boîte à musique et un orgue de barbarie pour deux êtres vivants, croyaient que l'une était issue de l'autre [2] Les sauvages, les jeunes enfants croient d'in-

---

[1] V Bouillier, *Le principe vital et l'âme pensante,* ch II
[2] *Principes de sociologie,* I, ch IX

stinct qu'il y a de la vie dans une montre en mouvement Par
contre, aussitôt qu'un objet qui avait donné des signes de
mouvements partant du dedans se trouve frappé d'immobilité, on croit qu'il a cessé de vivre, qu'il est mort Tout cela
n'est que fort naturel Nous ne nous y trompons plus, mais
pourquoi ? Parce que nous savons, par ailleurs, que les mouvements d'un vaisseau, l'action des ressorts d'une montre, le
jeu d'un instrument de musique qui émet automatiquement
des sons, sont des mouvements communiqués

Est-ce à dire que le mouvement non communiqué soit
pour le commun des hommes l'unique indice de la vie ?
Non Quiconque a conscience de sentir, de penser, de vouloir, de travailler, etc , surprend chez soi des actes vitaux au
premier chef Aristote, unissant cette observation à la précédente, disait très justement « Il y a surtout deux traits qui
distinguent l'être qui vit de celui qui ne vit pas, c'est le
mouvement et le sentiment » [1] Mais le sens intime et la
conscience n'appartiennent pas à tous les êtres qui vivent
dans la nature Puis, le sentiment n'a de signification que
pour le sujet même qui l'éprouve Il en résulte que seul le
mouvement non attribuable a une propulsion du dehors
designe à l'attention de tous l'activité vitale. Ainsi s'explique
la notion *commune* que le vulgaire se fait *de la vie*

[1] *De l'Ame*, I, 3

§ 2

Notion scientifique de la vie

8. La vie et l'organisation — Pour le savant, *être vivant*
est synonyme de substance organisée ; le savant appelle *vie*
l'état de la substance organisée l'ensemble des fonctions
propres aux êtres organisés, c'est-à-dire, la nutrition, la
croissance, la reproduction, et certaines réactions d'une
nature particulière que l'on attribue à l'irritabilité

« La vie, écrit Littré, est l'état d'activité de la substance
organisée. »

« On peut définir *la vie*, dit M A Gautier, un état d'organisation et d'évolution régulière transmis à la matière brute
par un être antérieur qui, lui-même, a été le siège d'une
évolution semblable » [1]

Il est reconnu aujourd'hui que tous les organismes si
compliqués soient-ils, dérivent originairement d'un organisme
élémentaire que l'on appelle une *cellule* Il est donc permis
de dire, d'une façon générale, que les fonctions vitales sont
celles dont la cellule est le siège

L'exposé qui suit justifiera cette assertion fondamentale

Commençons par donner une idée générale d'un organisme et de la science des organismes ou de la Biologie

---

[1] A Gautier *Chimie biologique* p 1 Paris, Savy, 1892

Nous étudierons ensuite l'organisme cellulaire, pour terminer par l'etude des organismes plus compliques

9. Notion générale d'un organisme.

— L'organisme humain, comme celui des autres êtres vivants, est un tout composé de parties de nature differente, chacune remplissant une fonction speciale, et toutes concourant a la conservation, au développement et à la reproduction de l'ensemble.

La *coordination* des organes et des éléments anatomiques, la *subordination* des fonctions à un but unique, qui n'est autre que la conservation et le bien-être du sujet vivant et de son espèce, tels sont les deux caractères distinctifs essentiels de la substance organisée [1]

10. Les sciences biologiques.

— La *biologie* est la science des organismes vivants

Elle peut se diviser en trois parties

La biologie *morphologique* qui étudie la forme soit externe, soit interne des êtres vivants ;

La biologie *physiologique* qui étudie leurs fonctions normales ,

La biologie *pathologique* qui étudie les troubles du fonctionnement vital

La *pathologie* ne nous intéresse pas directement , nous nous attacherons à la *morphologie* et a la *physiologie* et nous ne séparerons pas ce double point de vue

L'element primordial des êtres vivants, c'est la *cellule* Il y a des êtres vivants unicellulaires, il y en a de multicellulaires, mais il n'y en a pas, si compliquée que soit leur organisation, qui ne dérivent d'une *cellule* primitive Celle-ci, envisagee

---

[1] Voir la preuve de cette proposition dans notre etude sur la *Definition philosophique de la vie* Louvain, Charpentier et Schoonjans, 2me edit 1898, pp. 32 et suiv.

sous tous ses aspects, forme l'objet de la *Biologie cellulaire ou générale*

La cellule primitive des organismes multicellulaires se divise, les groupes de cellules se différencient et ainsi se forme progressivement l'*embryon* La science biologique qui s'occupe de la genèse, de l'évolution de l'embryon, en un mot, de l'organisme à l'état naissant, s'appelle l'*embryologie* ou l'*embryogénie*

La science de l'organisme à l'état adulte comprend une double étude, l'une anatomique, l'autre physiologique l'*anatomie* est l'étude des organes et des appareils, la *physiologie* est l'étude des fonctions La partie de l'anatomie qui s'occupe de l'étude microscopique des tissus, s'appelle d'un nom spécial, l'*histologie* (ιστος, tissu).

Les fonctions de l'organisme humain se rapportent, les unes à la conservation de l'individu, — ce sont les fonctions de *nutrition* et de *relation*, les autres, à la conservation de l'*espèce*, — ce sont les fonctions de *génération* ou de *reproduction*

Nous parlerons des organes et des fonctions de *relation* au commencement de la 2me Partie, nous parlerons des organes et des fonctions de *génération* à propos de l'origine de la vie au chapitre III de cette 1re Partie, décrivons sur-le-champ les organes et les fonctions de la vie de *nutrition*

Pour marcher du simple au composé, nous commençons par la biologie de la cellule

11. Morphologie de la cellule. — Les êtres vivants des deux règnes sont constitués par un ensemble d'unités organiques élémentaires, appelées *cellules*

La cellule est composée de deux parties fondamentales, le corps cellulaire ou *protoplasme* (πρωτος, premier, πλασμα, produit formé) et le *noyau*

Le protoplasme, nommé encore *cytoplasme* (κυτος, cavité,

cellule, et πλάσμα) présente à l'examen microscopique, l'apparence d'un réseau de forme irrégulière et variable, baigné
dans une substance visqueuse, translucide et granuleuse [1])

Les cytologistes diffèrent d'opinion sur l'interprétation
morphologique et davantage encore sur la signification physiologique de ces aspects Pour les uns, la réticulation répond
à un réseau véritable, d'autres y voient un entrelacement de
fibrilles indépendantes, d'autres encore la considèrent soit
comme des parois alvéolaires, soit comme des séries de
granules indépendants Certains auteurs voudraient concilier ces différentes manières de voir en admettant que le
protoplasme, primitivement homogène, prend des formes
structurales variables d'après la diversité des conditions
dans lesquelles il se développe.

La couche limitante externe du corps cellulaire prend dans
un très grand nombre de cellules une certaine consistance
qui lui fait donner le nom de *membrane* La membrane
présente souvent une structure réticulée apparente, ce qui
permet de croire qu'elle dérive du protoplasme par une
simple différenciation

Le noyau vit à l'intérieur du protoplasme à son tour il
est entouré d'une membrane, et comprend un *réseau* et un
suc nucléaire ou *karyoplasme* renferme dans les mailles de
ce réseau

Mais ici encore se manifestent les mêmes divergences
théoriques que dans la description du champ protoplasmique

Chimiquement, le noyau se caractérise surtout par la présence d'une substance riche en phosphore, la nucléine Elle
est spécialement abondante dans la trame réticulaire, qui est

---

[1]) Voir *Définition de la vie*, 2e édit, pp 10-11 Louvain, Charpentier,
1898 — Cfr O Hertwig, *Die Zelle und die Gewebe*, S 8-32 Iena,
G Fischer 1892 — A Gautier, *Les manifestations de la vie*, dans
la *Revue générale des sciences*, 15 avril 1897, p 292 — Yves Delage,
L'hérédité, pp. 21 et suiv Paris, C Reinwald. — Edmund B Wilson,
The Cell in Development and Inheritance, p 23 London, Macmillan, 1900

communément considérée comme l'élément nucléaire principal

Parfois on considère comme un troisième élément constant de la cellule, le *centrosome* Le centrosome est un corps, ou plutôt comprend deux corps globuleux, extrêmement ténus et plus hyalins que le cytoplasme, qui sont situés près de la paroi extérieure du noyau et dont le rôle apparaît spécialement dans la division cellulaire et la fécondation (Planche I, fig 3)

Les biologistes ne sont pas encore parvenus à préciser avec certitude quelles connexions physiologiques et morphologiques unissent les éléments essentiels du protoplasme et du noyau, mais on admet généralement entre eux une continuité organique, de sorte que, malgré sa grande complexité, la cellule n'en forme pas moins une véritable unité

Les patientes recherches de Nusbaum, Gruber, Hofer, Verworn, Balbiani, etc, ont mis en pleine lumière l'intimité des relations entre les deux parties constitutives de la cellule le protoplasme et le noyau Le rôle joué par le noyau dans la division cellulaire avait été observé depuis longtemps mais on s'était demandé si, tout en agissant sur le protoplasme, il ne formait point un être distinct, conservant sa vie propre Dès lors, le véritable individu vivant ne serait pas la cellule, celle-ci ne formerait pas, a proprement parler, un tout Or, les expériences de mérotomie, poursuivies par Balbiani sur le *Stentor cœruleus* et les infusoires ciliés, ont mis à néant ces suppositions Le savant anatomiste sectionna le corps même de la cellule, puis étudia la regénération des parties sectionnées De ces recherches il résulte que, seules les parties dont les éléments représentent encore le noyau et le protoplasme de la cellule primitive, sont capables de se reformer et de continuer le cycle vital Les actions que

le protoplasme, privé de son noyau, peut encore manifester
se réduisent à des mises en liberté d'énergies acquises,
l'anabolisme digestif et l'assimilation, la croissance et la
reproduction sont arrêtés Ce qui peut vivre, ce n'est donc
ni le noyau, ni le protoplasme, mais la cellule entière
séparer ses parties constitutives, c'est les vouer à la décomposition.

Terminant l'exposé de ses expériences, Balbiani conclut ·
« Si nous récapitulons ces faits que nous venons de passer
en revue, nous pouvons en tirer la conclusion générale
que la vie cellulaire ne réside exclusivement ni dans le protoplasme ni dans le noyau, mais résulte des rapports réci-
proques qui s'établissent entre ces deux éléments Isolés
l'un de l'autre, aucun d'eux n'est capable de vivre par lui-
même » [1]

Il est donc établi que la cellule, malgré l'extrême complexité des éléments qui la composent, forme un tout indivis,
une unité

Dans le principe, cette unité organique élémentaire accomplit à elle seule les fonctions qui se localisent plus tard, aux
degrés plus élevés de l'échelle de la vie, dans des tissus et
des organes spéciaux

12. Remarque. — Les cellules de l'organisme humain se
composent toutes, en dernière analyse, des éléments cellulaires que nous venons de décrire Mais elles ont dû subir
en général des différenciations plus ou moins notables, pour
former les tissus et les organes complexes du corps humain
La forme-type (Pl. I, fig 1, A) se trouve réalisée dans la
nature chez certains êtres unicellulaires. Les cellules de notre
organisme qui s'en rapprochent le plus sont les globules
blancs du sang et certaines cellules épithéliales

---

[1] Balbiani, *Nouvelles recherches expérimentales sur la mérotomie
des infusoires ciliés (Annales de micrographie*, 1893, p 122)

13. Les organismes au point de vue chimique. —
Les derniers éléments qui résultent de la décomposition
d'un organisme vivant sont principalement le carbone (C),
l'hydrogène (H), l'oxygène (O), l'azote (N), auxquels on peut
ajouter le soufre (S), le phosphore (Ph) et quelques minéraux
tels que le calcium (Ca), le potassium (K), le sodium (Na), le
magnésium (Mg) et le fer (Fe)

C'est au C que se rattachent la plupart des éléments,
H, O, N, etc.

Envisagés à l'état de *composés*, les matériaux qui appartiennent aux êtres vivants sont de nature fort différente
les uns sont *constitutifs* de l'être vivant, ils entrent dans la
constitution de la *substance organisée,* ou du *protoplasme*
vivant, les autres se trouvent chez les êtres vivants, à l'état
d'*enclaves,* sans entrer dans leur constitution ce sont des
réserves, qui doivent servir plus tard à la nutrition, ou des
déchets, résidus d'une nutrition déjà accomplie Parmi ces
enclaves, il y a des composés chimiques que l'on ne trouve
à l'état naturel que chez les êtres vivants ce sont des substances *organiques,* produits de l'activité cellulaire, il y en a,
au contraire, que l'on trouve même dans le monde inorganique, des *sels minéraux,* voire des cristaux

La chimie biologique est parvenue à faire la synthèse d'un
grand nombre de substances *organiques* (acide urique acide
glucosanique, etc) Récemment, elle a pu déchiffrer les formules complexes de certains composés qui entrent dans la
composition du protoplasme, notamment de la lécithine Mais
la constitution chimique des substances albuminoïdes, en
général, reste un mystère les chimistes sont incapables
d'en faire la synthèse ; ils ignorent même leur formule de-
structure. A plus forte raison ignorent-ils la structure chimique des substances *organisées*

14. Physiologie de la cellule. — On peut ramener les phénomènes vitaux qui s'accomplissent dans la cellule aux suivants la *nutrition*, la *croissance* et le *développement*, la *multiplication* et l'*irritabilité*.

La *nutrition* désigne un phénomène alternatif d'assimilation et de désassimilation L'assimilation comprend la synthèse de substances organiques et la formation de la substance organisée La désassimilation est la destruction d'éléments organisés et la scission de la molécule organique en différents produits, dont les uns sont éliminés (p ex acide carbonique), et dont les autres, en se combinant avec les substances nutritives, servent à reformer la molécule organique primitive et à réorganiser les tissus (assimilation)

Les complications moleculaires les plus élevées et les premieres reductions du cycle nutritif sont dues à l'action de ferments organiques d'une extrême complexité et d'une grande instabilité [1]

Aux échanges nutritifs est due principalement, nous le redirons bientôt, la production de la chaleur des organismes vivants. Ces échanges comprennent, en effet. de nombreuses oxydations ou combustions de matières organiques or ces oxydations sont des phénomènes *exothermiques*, c'est-à-dire se produisant avec dégagement de chaleur [2]

De plus, la complication progressive des molécules jusqu'à la formation des substances albuminoïdes se fait toujours avec un dégagement correspondant de chaleur

On compare assez souvent la fonction nutritive de la cellule au mode d'action d'une machine à vapeur qui, pour mouvoir un train, par exemple, consomme du charbon A mesure que le combustible

[1] Cfr A Gautier, *La vie depuis les phénomènes de l'assimilation jusqu'à ceux de la conscience (Rev generale des sciences, t XIII, n° 12)*
[2] Toute reaction chimique est accompagnée d'un phénomène thermique qui lui est propre Ce phénomène peut consister soit dans un dégagement soit dans un emmagasinement d'énergie calorifique, et, d'après le cas, la réaction sera dite exothermique ou endothermique

brûle, il abandonne des cendres et des scories et la fumée s'échappe de la cheminée. Semblablement, la combustion des substances alimentaires dans la cellule vivante a pour résultat la production de déchets inutiles, que l'organisme évacue

Cette comparaison est très propre à faciliter l'intelligence des opérations nutritives, mais, il est à peine besoin de le dire, elle est loin d'être adéquate, encore moins équivaut-elle à une identification des deux sortes de phénomènes Les transformations chimiques qui forment le cycle nutritif complet peuvent se grouper en deux ordres Le premier comprend les activités vitales, au sens rigoureux du mot, l'intussusception, c'est-à-dire, l'intégration de l'aliment dans la substance vivante, et la désassimilation des éléments cellulaires usés ou superflus L'autre comprend, d'une part, la préparation des substances absorbées, qui sont ainsi rendues utilisables par l'organisme, et, d'autre part, la désagrégation complète des produits désassimilés L'oxydation de ces déchets organiques est la source la plus considérable de la chaleur vitale et la pourvoyeuse principale des énergies cellulaires à ce titre, et à ce titre seulement, on peut la rapprocher des combustions qui doivent entretenir la force motrice d'une machine

Croissance et *développement* Sous l'action du double courant d'assimilation et de désassimilation, l'être vivant présente des modifications continuelles dans sa forme ou sa structure, une alternance de croissance et de décadence, que les biologistes appellent d'un seul mot, le développement ou l'évolution de l'être vivant

Multiplication Arrivée à un certain stade de son développement, la cellule a la propriété de se diviser et de donner ainsi naissance à une autre cellule, la *reproduction* de la cellule n'est qu'un des cas de la division *cellulaire* La multiplication cellulaire débute par la division du noyau, d'après la façon dont celui-ci se segmente, on distingue deux modes principaux de division cellulaire la division *directe* et la division *indirecte*

La division *directe* n'offre rien de remarquable le noyau subit une sorte d'étranglement et se divise en deux parties semblables, ensuite, le protoplasme cellulaire s'étrangle à son tour et se divise, de sorte que la cellule-mère s'est scindée en deux cellules-filles identiques, sans que les éléments essentiels aient subi dans leur intimité de changement bien notable. La division directe est du reste à l'état d'exception dans la nature

Tout autre est la division *indirecte* [1]), dite aussi *caryocinese* (γάρυον, noyau, et χίνησις, mouvement) à raison des phénomènes remarquables qui se passent dans le noyau au moment de la division. Nous avons décrit ailleurs [2]) la série des phases compliquées, que traverse le noyau durant la maturation, et que les limites, imposées à un cours de Psychologie, ne nous permettent pas de poursuivre

Enfin, l'*irritabilité* est le nom générique sous lequel on désigne l'ensemble des activités témoignant du développement d'énergie mécanique, physique ou chimique qui a sa source dans le protoplasme vivant. Les molécules organiques du protoplasme vivant se trouvent, en effet, dans un état d'équilibre instable; sous l'influence d'une cause minime, elles passent à un état d'équilibre plus stable en développant une quantité considérable d'énergie « L'irritabilité n'est pas, comme on l'a cru, observe Beaunis, exclusive aux éléments contractiles, elle est générale; tous les éléments doués de vie la possèdent, seulement la réaction, c'est-à-dire la manifestation consécutive à l'irritation, varie suivant la nature de l'élément irrité pour la fibre musculaire, c'est une contraction; pour la cellule glandulaire, une sécrétion; pour la cellule épithéliale ou connective, une multiplication cellulaire; pour la cellule nerveuse, un des modes divers de son activité, perception, sensation, ou tout autre » [3])

---

[1]) Voir pl I, fig 3

[2]) *Définition philosophique de la vie*, pp 20 et suiv, 2e édit Louvain, Institut supérieur de Philosophie, 1898

[3]) *Nouveaux éléments de physiologie humaine*, t I, p 316. Paris, Germer-Baillière, 1888

Quant a l'energie cinetique qui se manifeste, soit sous forme de courants du protoplasme a l'interieur de la cellule, soit sous forme de deplacement total de la cellule elle-même, c'est aussi une manifestation ou un effet de l'irritabilite, appele plus spécialement du nom de *motilite* [1]

La fonction primoidiale de la vie cellulaire, on le voit, c'est la *nutrition*, la croissance et la multiplication n'en sont que des conséquences, l'irritabilite en est en quelque sorte l'indice ou l'expression

15. La prétendue identité de la cellule dans les deux règnes. — Lorsque Schwann eut decouvert la composition cellulaire de tous les êtres organisés, et que les premieres recherches des micrographes eurent mis en relief les traits distinctifs de la cellule, on s'éprit d'une bien naturelle et legitime admiration pour cette unité merveilleuse que l'on apercevait à la base de tous les êtres vivants

Dans l'enthousiasme de la premiere heure, on franchit, comme toujours, les limites de l'observation et l'on proclama dogmatiquement l'identite de la cellule dans les deux regnes.

C'était de la precipitation

Sans doute, les elements cellulaires essentiels que nous avons décrits plus haut [2] se retrouvent chez tous les êtres vivants, vegetaux et animaux, et certaines fonctions generales sont communes a toutes les cellules, mais il ne s'ensuit pas que les cellules soient ni morphologiquement ni physiologiquement identiques

Nos moyens d'investigation sont trop grossiers pour mettre au jour toutes les richesses que recelent les trésors de la nature Toutefois, pour peu que l'on y regarde de pres, on s'aperçoit bientôt que, sur la trame commune à toute orga-

---

[1] Cfr Mercier, *Definition de la vie*, pp 16-18
[2] Voir pl I, fig 1, A, B et C

nisation cellulaire, la nature a varié à l'infini les formes et les modes d'activité des êtres vivants des deux règnes

Comment, d'ailleurs, en serait-il autrement ?

Pourquoi, d'éléments reproducteurs, qui par supposition seraient les mêmes, ne voyons-nous pas naître indifferemment, au hasard des circonstances, tantôt un végétal, tantôt un type du règne animal ?

Pourquoi, dans le même règne, deux ovules identiques donneraient-ils naissance, l'un a un mollusque ou a un ver, l'autre a un vertebre ?

Aussi bien, les progrès de la chimie biologique démontrent que les caractères morphologiques ne sont pas les seuls qui différencient les cellules Des différences plus intimes sont dues à la diversité des éléments chimiques qui entrent respectivement dans la constitution même de leur protoplasme et de leur noyau

Gardons-nous du sophisme si commun dans la pratique des sciences d'observation · Les observateurs ne voient que *ceci*, donc *cela* n'existe pas

Après ce court aperçu sur les elements cellulaires et leur vie élémentaire, disons un mot de *l'organisation* plus complexe de *l'homme* et des conditions de la *physiologie humaine*

16. L'organisme humain au point de vue anatomique. — Du moment que l'on s'élève au-dessus des êtres unicellulaires, on voit les cellules s'écarter davantage de la structure typique, et en quelque sorte schématique, que nous avons décrite plus haut (**11** et **12**), et les fonctions communes de la vie cellulaire appartenir à des parties de plus en plus différenciées de l'organisme C'est la loi de la *division du travail* [1]) Les cellules primitives se multiplient, se disposent

---

[1]) Sur le principe de la division du travail et de la différenciation histologique, voir notre étude citée plus haut, pp 27-29.

dans un ordre spécial, se différencient et donnent ainsi naissance aux *tissus*, aux *organes* et aux *appareils* des organismes supérieurs.

Les *tissus* que l'histologie a reconnus dans l'organisme humain sont les tissus *nerveux, musculaire, épithélial, conjonctif, cartilagineux, osseux, adipeux*

Il suffit d'y ajouter les globules *sanguins* et *lymphatiques*, et les éléments *reproducteurs* (spermatozoïdes et ovules), pour avoir l'ensemble des *éléments organisés* du corps humain

De ces tissus sont formés nos *organes*, le cœur, par exemple, l'estomac, etc Lorsque plusieurs organes concourent à une même fonction, ils forment un *appareil* ou un *système* Tel est, par exemple, l'*appareil* ou le *système digestif* qui se compose de la bouche, de l'œsophage, de l'estomac, des intestins et de certaines glandes annexes, comme les glandes salivaires, le foie et le pancréas, tous organes dont les opérations accomplissent dans leur ensemble la *fonction de digestion*

Les organes et les appareils organiques constituent une sorte de hiérarchie qui est l'*organisme* (8)

17. Physiologie humaine.

— La cellule remplit, dans le principe, à elle seule, la fonction de nutrition et les fonctions secondaires qui en résultent

Cette vie élémentaire de la cellule se complique, au fur et à mesure de la différenciation progressive des tissus Chaque tissu doit, en effet, emprunter à la matière nutritive l'aliment qui lui convient et le convertir en sa propre substance C'est la véritable *assimilation*

Mais la nature ne fournit pas tout préparés à l'organisme humain les aliments qui doivent être assimilés par nos tissus

Un certain nombre de substances destinées à la nutrition sont solides ; elles ont besoin de recevoir un pouvoir de diffusibilité plus grand, pour être rendues osmotiques, la *digestion* a pour rôle de les *dissoudre*, differentes glandes secretent chacune un ferment soluble special (tels sont la ptyaline contenue dans la salive, la pepsine contenue dans le suc gastrique, différents autres ferments connus sous le nom de ferments hepatiques, etc), par suite de ces fermentations, en un mot de la digestion, la muqueuse intestinale se trouve baignée de substances solubles, celles-ci, secondees alors par leurs propriétes osmotiques [1]),passent a travers l'epithelium de la muqueuse, dans les vaisseaux capillaires (lymphatiques et sanguins) qui entourent l'intestin cette fonction porte le nom d'*absorption*

« Pour bien comprendre cet acte important, il faut être fixé sur la structure des villosites intestinales [2]) Chacun de ces organes peut être comparé à un petit poil, dont la longueur varie d'un demi à un millimetre, car il peut s'allonger ou se raccourcir A l'aide du microscope, on constate qu'une villosité est toujours limitée du côté de l'intestin par un épithélium simple cylindrique, dont les elements cellulaires portent tous sur leur bord libre un plateau cuticulaire traversé par une foule de petits canalicules tres fins, semblables à de fines stries, de plus, des cellules glandulaires sont disséminées en tres grand nombre, ici et la, dans toute l'étendue de la couche épithéliale

Au-dessous de ce revetement épithélial tres mince, on observe, dans l'épaisseur de la villosite, un reseau de capillaires sanguins et l'axe de l'organe est occupé par un vaisseau chylifère appartenant au système lymphatique intestinal Dans la profondeur de la muqueuse de l'intestin grêle, les vaisseaux des villosités s'anastomosent entre eux, formant des troncs plus gros appeles artères, veines chylifères

L'acte de l'absorption consiste surtout dans le passage à travers les parois tres minces de l'intestin et de celles des vaisseaux san-

[1]) L'osmose est un echange qui établit l'equilibre de densite entre deux liquides a travers une membrane ou paroi porcuse Certaines membranes exercent sur la diffusion une influence considérable tant au point de vue de la rapidité qu'au point de vue du choix des corps qu'elles permettent de passer, on dit que ces substances ont des propriétés osmotiques

[2]) Voir pl. IV, fig 3

guins des villosites, d'un liquide, le chyle, plutôt dense, dans le sang et la lymphe, liquides moins denses, c'est-a-dire que le fait physique qui est a la base de l'absorption est un courant endosmotique » [1])

L'aliment produit, il faut le *distribuer* à tout l'organisme Dans un organisme comme le nôtre, cette distribution demande un appareil special, un système de vascularisation qui penetre jusque dans les profondeurs les plus intimes des tissus Il y a, chez les animaux supérieurs et chez l'homme, une *circulation* lymphatique et une *circulation* sanguine

La circulation lymphatique est un veritable drainage chargé de faire rentrer dans la circulation sanguine l'excès de plasma transsude non employe pour la nutrition des tissus et pour la sécrétion [2])

L'organe central de la circulation sanguine, l'organe d'impulsion, est le cœur Des *artères* vont du cœur (gauche) vers la périphérie, des *veines* ramènent le sang vers le cœur (droit) Les arteres et les veines se terminent par des réseaux de vaisseaux capillaires qui, a leur rencontre, s'anastomosent, et relient ainsi entre elles toutes les parties du système vasculaire qui accomplit la fonction de *circulation* [3])

Notre corps se trouve irrigué par deux sangs de qualite tres différente, l'un, le *sang arteriel*, est celui qui, sorti du cœur, est distribue a tous les organes et qui fournit aux cellules les elements necessaires a l'entretien de leur vie l'oxygène et les substances alimentaires On le reconnait à sa coloration rouge vermeille L'autre, le *sang veineux*, est le sang qui revient des organes vers le cœur, il est appauvri et chargé des produits élabores par la cellule. Son aspect est noiratre

Chacun de ces sangs est constitué par un liquide transparent de saveur legerement saline, le *plasma sanguin*, qui tient en dissolution les substances tantôt nourricières, tantot désassimilees, et charrie de tres nombreux éléments figurés, microscopiques, appelés

---

[1]) Henri Blanc, *L'Homme* Lausanne, Payot, 1901, pp 140-141
[2]) Beaunis, *Nouv el de physiol hum*, II, p. 437
[3]) Voir pl IV, fig 4

globules On distingue les *globules rouges* ou *hematies* et les *globules blancs* ou *leucocytes*)

Les *globules rouges* de l'homme ont une forme discoide, legèrement bi-concave et, chez l'individu adulte, ils sont depourvus de noyau, mais pendant la periode embryonnaire, ils sont spheriques et nuclees Ils constituent environ le tiers de la masse sanguine Les hematies ont pour fonction d'assurer la respiration animale Grâce à leur hemoglobine, ils se chargent d'oxygene dans l'appareil respiratoire et, arrives dans les reseaux capillaires, ils l'abandonnent aux éléments histologiques C'est l'hemoglobine qui donne au sang sa coloration et la fait varier, selon qu'elle a fixé ou dégage de l'oxygene

Les *globules blancs* ou *leucocytes* sont environ 500 fois moins nombreux que les hematies Ils possèdent un noyau Ils jouissent de la propriété de varier continuellement leur conformation externe on dit que ces cellules présentent des *mouvements amiboides*, à raison des analogies qu'ils ont avec les mouvements pseudopodiques des amibes Grâce à cette faculté, les leucocytes, à la différence des globules rouges qui ne sortent pas des vaisseaux sanguins, peuvent traverser la couche endotheliale des parois capillaires et voyager à travers les espaces interstitiels des cellules Ils remplissent dans l'organisme un rôle tres important ils le débarrassent en effet de beaucoup de substances inutiles enclavées entre les tissus et font une guerre continuelle aux bactéries pathogenes

Le *plasma sanguin* est formé du *sérum*, liquide jaunâtre et aqueux, et de la *fibrine*, qui est une substance albuminoide Exposé à l'air, le sang se *caille*. En realité, c'est la fibrine seule qui se solidifie en un reseau tres fin, mais elle emprisonne dans ses mailles les globules sanguins , de là l'illusion que toute la masse sanguine se soit prise.

Comment la distribution du sang à travers tout l'organisme s'effectue-t-elle ? [2]) Jetons d'abord un coup d'œil sur le cœur, qui est l'organe central et fondamental de la circulation C'est simplement une masse musculaire, renfermant quatre cavités deux supérieures, les oreillettes gauche et droite, deux inférieures, plus musclees, les ventricules gauche et droit

Les deux cavités gauches ne communiquent pas directement avec les cavités droites, mais chaque oreillette communique avec son ventricule correspondant par un orifice, muni de valvules, qui empechent la régression du courant sanguin

[1]) V pl IV, fig 6
[2]) V pl IV, fig 4 et 5

Choisissons, comme moment de départ, le moment où le ventricule gauche, dont la musculature est encore quatre fois plus forte que celle du ventricule droit est rempli de sang oxygéné et nourricier En se contractant, il chasse son contenu dans l'aorte et ses ramifications artérielles Arrivé dans les capillaires, le sang abandonne aux cellules une partie de l'oxygène et des aliments qu'il contenait et leur reprend des produits désassimilés, notamment du gaz carbonique Le sang, devenu veineux, fait retour, par les canaux veineux, dans l'oreillette droite du cœur De là il passe dans le ventricule droit, qui le lance dans l'artère pulmonaire et les poumons Dans les réseaux capillaires des poumons le sang veineux échange le gaz carbonique contre une nouvelle charge d'oxygène et, ainsi vivifié, il est ramené dans l'oreillette gauche du cœur, au moyen des veines pulmonaires L'oreillette gauche, de nouveau, transmet ce sang à son ventricule, et le cycle recommence

La *lymphe* est un liquide constitué uniquement par du plasma sanguin et des globules blancs, résultant surtout d'un excès de transsudation sanguine Elle est recueillie dans toutes les régions du corps par des capillaires lymphatiques Ceux-ci se réunissent en de gros troncs, qui débouchent directement dans les vaisseaux sanguins Sur le trajet de ces troncs, nous rencontrons un certain nombre de petits organes, gros comme un pois, et appelés *ganglions lymphatiques* Ces ganglions servent à produire de nouveaux leucocytes

Pour être utilisable, le sang distribué aux tissus doit être oxygéné L'oxygène du sang vient de l'air atmosphérique La fonction qui pourvoit à l'oxygénation du sang, c'est la *respiration*

La *respiration*, au sens large du mot, comprend *trois stades* successifs

1º L'*inspiration d'air pur* et l'élimination d'acide carbonique C'est la respiration telle que le vulgaire l'entend, elle consiste dans un mouvement alternatif d'inspiration et d'expiration

2º La *fixation de l'oxygène* par les globules rouges du sang dans les capillaires pulmonaires Ainsi que nous venons de le faire observer, il y a, dans les globules rouges du sang, une substance albuminoïde dont le rôle physiologique est très important, l'hémoglobine or, l'oxygène se combine avec l'hémoglobine et forme un oxyde appelé oxyhémoglobine

Quant au sérum du sang, il se charge d'acide carbonique

Les globules rouges ainsi chargés d'oxygène sont donc portés aux différents tissus de l'économie

3º Les *combustions dans les tissus* grâce à cet apport continu du sang oxygéné, le carbone, l'hydrogène, etc fournis par les aliments s'oxydent dans les tissus [1] , ces combustions engendrent de l'acide carbonique et de l'eau, et produisent, pour une grande part, la chaleur animale et l'énergie nécessaires pour les différentes formes d'activité de l'organisme [2]), ces combustions qui s'accomplissent dans les profondeurs des tissus constituent le troisième stade de la fonction respiratoire, c'est là, si l'on veut, la respiration intime des cellules et des éléments tissulaires

A la suite de ces combustions, lorsque le sang revient vers les poumons, il est chargé d'acide carbonique (CO_2) , mais grâce à la double circulation de l'air et du sang qui aboutit aux poumons, le sang peut continuellement absorber de nouvelles quantités d'O et se débarrasser du CO_2 qu'il contient en excès et répondre ainsi aux besoins de l'organisme [3]).

[1] « D'après les expériences les plus probantes, c'est dans les tissus et non dans le sang lui-même que se font les oxydations Quant au mécanisme de l'oxydation des tissus, il présente encore bien des points obscurs » Gautier, *ouv cit*, pp 759-760

[2] « La chaleur animale peut être décomposée en deux parts l'une, le septième environ de la chaleur totale, se produit dans le poumon lui-même par fixation de l'oxygène sur le sang, l'autre, les six septièmes restants, se dégage dans les plasmas et tissus en vertu des oxydations qui s'y produisent, et grâce aussi aux phénomènes d'hydratation et d'isomérisation Il ne faut pas perdre de vue, en effet, combien sont importantes les sources de chaleur *indépendantes de toute oxydation* et provenant de simples dédoublements » *Ibid*, pp 791 et 785

[3] L'air expiré a la composition suivante qu'il est intéressant de rapprocher de celle de l'air inspiré *)

*) Voir A Gautier, *ouv. cit*, p 496

L'activité de la respiration est donc en rapport, on le voit, avec l'activité de la dénutrition, et, par suite, de la nutrition, de même que celle-ci est en rapport avec l'activité de l'organisme

En resume, les fonctions de la vie vegetative, chez l'homme aussi bien que chez les êtres unicellulaires, se reduisent au fond à la *nutrition* la *digestion* et l'*absorption*, la *circulation* et la *respiration* ne font que préparer l'assimilation qui, elle, constitue la nutrition proprement dite, celle des tissus et des elements anatomiques de l'organisme

Le phénomene general de la nutrition cellulaire comprenait une double phase, l'une d'assimilation, l'autre de desassimilation, la nutrition de l'organisme consideré dans sa complexite comporte les deux mêmes phases Les fonctions décrites jusqu'à present regardaient la phase d'assimilation, les suivantes, les *sécrétions*, regardent la desassimilation

Il y a deux sortes de *sécrétions* les unes, celles des glandes salivaires, de l'estomac, du pancréas, de l'intestin et peut-être du foie servent à la digestion, les autres comme celles des reins, du foie, ou des glandes sudoripares, par exemple, éliminent les déchets inutiles ou nuisibles à l'économie.

Donc, réellement, les fonctions les plus diverses en apparence des organismes supérieurs, se ramenent à la nutrition, et comme la nutrition des tissus d'un organisme complexe

AIR EXPIRE		AIR INSPIRE	
Oxygene	16 06	Oxygene	20,89
Azote	79,59	Azote	79 07
Acide carbonique	4,35	Acide carbonique	0,04
	100,00		100,00

La respiration animale a donc pour effet d'augmenter la proportion d'acide carbonique de l'air atmospherique Mais l'équilibre est maintenu par la fonction chlorophyllienne des plantes Chose admirable, la composition de l'air est la même partout Des dosages faits au cap Horn, à Paris, dans l'Atlantique, en Laponie, ont donne partout les mêmes resultats. V Richet, *Cours de physiologie*. p. 117

ne diffère pas essentiellement de la nutrition élémentaire
d'une cellule, c'est sur les fonctions de la cellule et, par
conséquent, sur la nutrition cellulaire que nous devrons tout
d'abord concentrer notre attention

18. Caractères généraux de la physiologie. — 1° *La
fonction principale des organismes est la nutrition* — Il
ressort de ce que nous venons de dire, que les fonctions,
en apparence multiples et compliquées, des organismes
supérieurs ne diffèrent pas essentiellement des fonctions de
la vie cellulaire

Or, les fonctions de la vie cellulaire, croissance ou développement, multiplication, irritabilité, se rattachent toutes
à la fonction primordiale de nutrition

Donc, aussi bien que la physiologie cellulaire, la physiologie des organismes supérieurs dépend de la nutrition

De fait, les organismes supérieurs, y compris l'embryon
humain, ont pour point de départ une seule cellule qui s'accroît, se segmente et forme à la longue la trame complexe de
l'organisme entier Cette cellule primitive, destinée à former
un nouvel organisme humain, n'est elle-même, nous le verrons bientôt, que le résultat de la fusion de deux cellules
issues des parents. Ce que nous avons dit **(14)** du lien intime
qui rattache les fonctions de croissance et de multiplication
de la cellule à sa nutrition, s'applique donc aussi au développement et à la reproduction des organismes supérieurs [1])

---

[1]) La *régénération* n'est qu'un cas particulier de l'accroissement,
seulement, c'est un accroissement qui succède à l'ablation anormale,
accidentelle, de certaines parties de l'organisme, telle est, p ex, la
régénération d'une fibre nerveuse qui a été lésée Chez les animaux
inférieurs, cette puissance réparatrice est considérable, chez l'homme
même, elle peut aller loin, comme le prouvent, p ex, les expériences
chirurgicales sur la régénération périostique des os Cfr B e a u n i s,
Nouveaux éléments de physiologie, I, p 704 Virchow, Robin, Ranvier, etc,
distinguent une catégorie de cellules dites *embryonnaires* ou *plasmatiques,* on les appelle *embryonnaires,* parce qu'elles restent chez l'adulte,

2° *La vie forme un cycle* — L'entretien de l'organisme est dû à un mouvement alternatif d'assimilation et de desassimilation, à une serie recurrente de synthèses et d'analyses chimiques, or, une série récurrente de fonctions s'appelle d'un seul mot, un *cycle*, c'est dire que *les fonctions vitales de l'individu forment un cycle*.

L'individu lui-même se reproduit. L'être unicellulaire se divise et donne naissance à d'autres cellules de même nature que lui, c'est la generation sous sa forme la plus elementaire. Les êtres multicellulaires se reproduisent generalement par fecondation, ainsi que nous le dirons prochainement. N'est-ce pas, d'ailleurs, un fait d'observation vulgaire ? Un fruit donne une semence, la semence une plante, la plante des feuilles et des fleurs, la fleur à son tour deviendra un fruit qui donnera une nouvelle semence, et ainsi se forme un cycle complet. L'œuf d'un oiseau produit un petit qui deviendra le producteur d'un œuf pareil à celui d'où il est sorti, encore une fois, un cycle complet. *La vie de l'espèce forme un cycle.*

Cette série régulière de manifestations qui reviennent toujours à leur point de départ ne se trouve que parmi les êtres vivants ; ni les êtres inorganiques, ni même les êtres qui ont cessé de vivre et qui sont en voie de désorganisation, ne possèdent la propriété d'accomplir un cycle de ce genre. « Chaque organisme connu, animal ou plante, écrit St-George Mivart, possède, à l'état normal, des relations déterminées avec le passé et l'avenir, qu'on ne trouve point dans le monde inorganique. Tout organisme possède une tendance innée

---

a peu près ce qu'elles étaient chez l'embryon, elles sont disseminées dans les tissus et continuent à servir à leur formation (cellules du périoste qui forment continuellement l'os), ou à la regeneration des tissus en cas d'accident (cicatrices), de là, leur nom aussi de cellules *plasmatiques* Cfr M Duval, *Physiologie*, p 21

à accomplir un cycle de changements bien définis Les corps inorganiques et les corps morts peuvent subir bien des transformations, mais si compliqués et multiples que leurs changements puissent être, ils ne constituent pas de *cycles*, ils ne retournent jamais au point d'où ils sont sortis » [1])

Tels sont donc les caractères généraux sur lesquels portent les conclusions de la physiologie

L'être vivant se nourrit, seul l'être vivant se nourrit

L'être vivant se reproduit, seul l'être vivant se reproduit

Nous aurons à examiner, du point de vue philosophique, ces fonctions distinctives de l'être vivant, surtout celle des deux qui est la plus fondamentale, la nutrition

Mais nous devons d'abord nous demander à quelles conditions la fonction de nutrition peut se produire, à quelles lois elle obéit

19. Conditions de l'activité organique ou de la nutrition.

— La *loi* de l'être vivant est bien de parcourir le cycle fonctionnel que nous avons décrit tout à l'heure ; mais il ne s'ensuit pas que l'activité vitale ait un caractère absolu d'autonomie ou, comme on le dit souvent, en langage fort impropre, de *spontanéité* Non, l'activité vitale, tout comme n'importe quelle activité naturelle des substances inorganisées, est soumise au déterminisme.

Qu'est-ce à dire ?

L'apparition de tout phénomène de la nature est subordonnée à certaines conditions en l'absence de ces conditions, le phénomène ne se produit pas

Tantôt ces conditions sont d'ordre général, de façon qu'elles sont toujours données lorsque la matière elle-même l'est Telles sont les conditions d'exercice des forces mécaniques ou des forces physiques, entendues dans le sens le plus général du mot.

[1]) *Introduction générale à l'étude de la nature*, p 5

Mais il y a d'autres formes d'activité spécifique qui exigent, pour s'exercer, des conditions *spéciales* telles sont, par exemple, les réactions chimiques On a raison de dire que les corps qui réagissent ont dans leur *nature* de réagir de telle ou telle façon, que tel est leur *mode naturel* de réaction, telle la *loi* de leur réaction, mais ils ne réagiront suivant cette loi qui leur est naturelle, que si certaines conditions *spéciales* d'exercice se vérifient pour eux

De même, l'être vivant a *dans sa nature de se mouvoir* suivant un cycle défini, mais seulement *sous certaines conditions spéciales* que la physiologie et la chimie physiologique s'efforcent de préciser

Certaines conditions sont nécessaires à l'être vivant, au point que, sans elles, la vie est *absolument impossible*, d'autres sont nécessaires seulement au fonctionnement *normal* de la vie, sans elles, la vie serait troublée ou compromise, d'autres, enfin, n'empêchent pas la vie, ni ne la compromettent, nécessairement, mais en ralentissent l'intensité [1]) Ainsi, il semble bien que ce que l'on appelle

---

[1]) Voici ce que dit à ce sujet M Preyer dans son *Traité de physiologie générale* « Les conditions nécessaires à l'entretien de la vie de tous les corps vivants qui peuplent la terre, sont en partie extérieures en partie intérieures Les premières doivent exister dans le milieu où se trouvent les corps vivants, les secondes dans les corps vivants eux-mêmes Les unes et les autres sont immédiates ou médiates

» Les *conditions externes immédiates* de la vie ne peuvent manquer sans qu'aussitôt, ou après un court espace de temps, en rapport avec la durée moyenne de la vie, la vie ne s'éteigne les *conditions externes médiates* sont nécessaires à l'entretien de la vie dans son intégrité leur défaut a pour conséquence un trouble partiel des phénomènes de la vie, non un arrêt complet de ces phénomènes

» Les *conditions internes immédiates* de la vie sont *une certaine structure, une certaine composition chimique et certaines forces* si elles manquent, la vie cesse Quant aux *conditions internes médiates*, c'est *l'intégrité du corps vivant* celle-ci peut bien être troublée jusqu'à un certain degré sans que la vie finisse, mais non sans que la vie soit plus ou moins atteinte et compromise

» Quelque claires que soient ces définitions, quelque facile qu'il soit

« vie latente » ne soit pas autre chose qu'une vie ralentie [1]),
en définitive, l'organisme vivant ne serait donc jamais sans
exercer, au moins à un certain degré, une activité vitale,
en un mot, *l'être vivant a pour loi de se mouvoir toujours*

Quelle que soit, d'ailleurs, la nature intime de cet état de
« *vie latente* », toujours est-il que la vie, lorsqu'elle s'exerce,
est dépendante de conditions extérieures

« L'organisme est l'instrument de la vie, écrit M Gautier,
mais il ne suffit pas à constituer l'état de la vie réalisée Une
graine, un microbe ou sa spore desséchés, un colpode, un
rotifère privés d'eau ont la vie en puissance. ce sont des
machines aptes à fonctionner, des horloges montées, prêtes
à marquer l'heure Ces organismes ne deviendront le siège
des manifestations qui constituent l'état de vie, que si les
causes matérielles déterminantes l'humidité, la chaleur, une
première vibration communiquée, etc, leur fournissent les
conditions nécessaires à la réalisation de l'énergie virtuelle
que tiennent en réserve leurs matériaux chimiques, ou aux
transformations de celle qui peut leur être fournie par le
milieu Alors seulement le passage et les transformations de
cette énergie à travers ces appareils complexes deviendront
la cause de la série de manifestations que nous appelons
l'*état de vie* » [2].

20. Les lois générales de la matière et les fonctions de la vie organique. — Une des plus belles conquêtes de

d'apporter quelque fait à l'appui de chacune de ces quatre classes de
conditions, une énumération complète de toutes les conditions externes
et internes, même pour un seul corps vivant, voire pour une seule de ses
manifestations vitales, ne pourrait être donnée que par une physiologie
d'une idéale perfection » (pp 98-99)

[1] « Dans la graine même, écrit Van Tieghem, la vie de l'embryon
n'est pas suspendue mais sommeille seulement De même, pendant les
périodes de repos, la vie latente des plantes, et notamment celle des
tubercules et des bulbes, n'est qu'une vie ralentie » *Traité de botanique*, p 913

[2] *Chimie biologique*, p 4

la science moderne, c'est d'avoir établi que les opérations
des agents matériels sont soumises aux *deux lois générales
de la conservation de la matière et de la conservation de
l'énergie* [1])

[1]) Nous empruntons à un ouvrage récent un extrait remarquablement
clair, où les notions auxquelles nous faisons allusion dans le texte sont
très fidèlement présentées Il s'agit d'un ouvrage de MM Henri Gautier
et Georges Charpy, intitulé *Leçons de chimie à l'usage des élèves
de mathématiques spéciales* Paris, Gauthier-Villars, 1892 Voici l'extrait
« Une portion de matière pondérable est caractérisée par sa *masse*
On dit que deux corps ont la même masse lorsque, placés à la même
distance d'un même corps, ils produisent sur celui-ci la même attraction
Pour comparer les masses de deux corps, on considère l'attraction produite sur eux par la Terre, l'emploi de la balance permet de vérifier
l'égalité de deux masses et par suite, de mesurer la masse d'un corps
quelconque *)
» *Principe de la conservation de la masse* — Si l'on considère un
système de corps complètement isolé, quelles que soient les transformations qui se produisent à l'intérieur du système, la masse totale reste
rigoureusement invariable
» Suivant la façon dont nos sens sont impressionnés par une portion
de matière, on dit que l'énergie se manifeste sous une forme ou sous
une autre C'est ainsi que l'on considère l'énergie mécanique, l'énergie
calorifique
» Pour déplacer d'une certaine longueur une masse déterminée, placée
dans des conditions données, il faudra mettre en jeu une certaine quantité d'énergie mécanique, pour déplacer une masse double, de la même
longueur dans les mêmes conditions, il faudra une quantité double
d'énergie mécanique De même, pour produire un effet déterminé (une
variation de température, par exemple) sur une certaine masse d'un
corps, il faudra une certaine quantité d'énergie calorifique, pour produire le même effet sur une masse double du même corps, il faudra de
cette énergie une quantité double On conçoit donc qu'il est possible
de mesurer l'énergie sous ses différentes formes et de l'exprimer en
fonction des unités fondamentales, longueur, masse, temps
» Les différentes formes de l'énergie peuvent se transformer les unes
dans les autres (ou mieux, se substituer les unes aux autres) la chaleur
peut servir à produire des effets mécaniques ou électriques, l'électricité
à produire des effets calorifiques ou mécaniques et inversement En

*) L'unité de masse est le gramme, masse d'un centimètre cube d'eau
pure à la température de 4° Si un corps fait équilibre, dans la balance,
à 2, 3, 4 centimètres cubes d'eau, on dira qu'il a une masse de 2, 3, 4
grammes

« Rien ne se perd, rien ne se crée », c'est la formule de la première loi, ou même, si l'on veut, des deux lois réunies

L'homme *emploie* la matière il n'a le pouvoir ni d'en créer, ni d'en annihiler une parcelle

Il *emploie* l'énergie sous une forme pour la reproduire sous une autre, il emploie de la chaleur pour produire des effets mécaniques, ou inversement de l'énergie mécanique pour produire de la chaleur, mais une forme quelconque d'énergie ne se produit jamais qu'aux dépens d'une autre et exactement en proportion avec elle, de sorte que l'homme

etudiant ces transformations, on constate qu'il y a *un rapport constant entre les quantités des différentes formes d'énergie* qui se transforment les unes dans les autres On peut dire, par suite, qu'une certaine quantité d'énergie mécanique equivaut a une quantité d'energie calorifique *).

» *Energie actuelle Energie potentielle* — Considérons un corps en mouvement, un boulet de canon par exemple Ce corps possede une energie par suite de son etat de mouvement, s'il rencontre une plaque de blindage, il determinera des effets mécaniques (rupture ou déformation), des effets calorifiques (élévation de temperature), et ces effets seront d'autant plus considerables que le mouvement était plus rapide Cette energie, inherente a l'état de mouvement, se nomme *force vive, energie actuelle*, ou encore *energie cinétique*

» Considerons maintenant un corps pesant reposant sur un appui Ce corps ne possède *aucune energie actuelle*, cependant, si l'on supprime l'appui sur lequel il repose, il se mettra en mouvement sous l'influence de la pesanteur et pourra fournir du travail Cette énergie, qui se trouve à l'état latent, pour ainsi dire, et qui est egale au travail que peut fournir le corps, se nomme *energie de position* ou *energie potentielle*

» La distinction de l'énergie en energie actuelle et énergie potentielle se retrouve sous differentes formes, un corps qui se deplace, un corps chaud qui se refroidit, un courant electrique qui passe dans un fil, un système de corps qui se combinent chimiquement, possèdent une certaine

*) « Quand la production d'une chose est etroitement en rapport avec la disparition d'une autre, de telle sorte que la quantité de la première chose dépend de la quantité de celle qui a disparu et peut se calculer sur cette base, nous concluons que l'une a été fournie aux depens de l'autre, et qu'elles sont toutes deux des formes differentes d'une même chose » Maxwell, *La Chaleur*, trad Mouret, p 122 Paris, Tignol, 1891 Il est possible de considérer l'energie d'une façon absolue, indépendamment de la forme sous laquelle elle se presente tant qu'on ne l'explique pas numeriquement

ne cree ni n'aneantit l'energie, comme il ne cree ni n'aneantit la matiere

Or, disons-nous, les principes de la conservation de la masse et de la conservation de l'energie semblent s'appliquer aux organismes aussi bien qu'aux corps inorganises

« Sans doute, observe Claude Bernard, la nature vivante emploie les procédés speciaux des elements histologiques (cellules ou fibres organisées) qui n'appartiennent qu'aux êtres vivants, mais les phénomenes chimiques qui s'accomplissent dans les corps vivants ne sont pas eux-mêmes d'une autre nature que ceux qui s'accomplissent en dehors de l'organisme dans le règne mineral Le chimiste peut imiter

energie actuelle Un corps pesant en repos, un corps chaud, un corps isolé et electrise, un melange gazeux susceptible de donner une combinaison au contact d'une flamme, un explosif, représentent des quantités determinees d'energie potentielle

» Quand on permet a un corps en repos de se mettre en mouvement, son energie potentielle se transforme en energie actuelle Par exemple, pour un corps pesant qui tombe, l'energie potentielle diminue a mesure que le corps se rapproche du centre de la Terre Mais, en même temps, l'énergie actuelle augmente, et la somme de ces deux quantités reste constante C'est la le principe de la conservation de l'énergie, enonce par Helmholz et qui s'applique a toutes les formes de l'énergie avec la même rigueur

» *Principe de la conservation de l'energie* — Si l'on considere un système de corps completement isolé, la somme de l'energie actuelle et de l'energie potentielle est constante, quelles que soient les transformations subies par le système *)

» En resume, tous les faits d'experience connus jusqu'ici conduisent à enoncer les deux principes de la conservation de la masse et de la conservation de l'energie, qui ne sont que des developpements de l'axiome *Rien ne se perd, rien ne se cree* »

*) « Ce principe, comme celui de la conservation de la masse, doit être considere comme verifie experimentalement dans ses conséquences » Cependant la verification experimentale du theoreme de la conservation de l'energie n'est rigoureusement faite ni pour les systèmes de la mécanique terrestre, ni a plus forte raison pour l'univers entier Voir a ce sujet notre ouvrage sur *Les origines de la psychologie contemporaine*, pp 359 et suiv

et *refaire* dans son laboratoire, en mettant en jeu les forces chimiques minérales, qui sont au fond exactement les mêmes que les forces chimiques organisées (ou plutôt, de l'organisme), une foule de synthèses, de décompositions et de dédoublements semblables à ceux qui ont lieu dans les organismes animaux et végétaux » [1]

Il n'y a donc aucune raison plausible de soustraire les *substances* protoplasmiques à la loi de la conservation de la *matière*

Leur *activité* ne paraît pas davantage soustraite à la loi de la conservation de l'*énergie*

D'abord, les manifestations mécaniques et physiques des corps vivants sont les mêmes que celles des corps bruts

Le muscle produit des mouvements qui ne pourraient, pas plus que ceux des machines inanimées, échapper aux lois de la mécanique

La chaleur produite par les êtres vivants ne diffère en rien de la chaleur engendrée dans les phénomènes minéraux, l'électricité développée par les poissons électriques est comparable à celle des piles

L'apparition de ces diverses manifestations mécaniques, physiques ou chimiques des substances vivantes se montre dépendante, tout comme chez les êtres qui ne vivent pas, du milieu extérieur, et l'intensité de ces manifestations croît ou diminue, dans une certaine mesure, chez les premières comme chez les seconds, parallèlement à l'intensité de l'excitant

« Qu'il s'agisse, écrit M Gautier, de la vie d'ensemble, ou de la vie de la cellule isolée, du fonctionnement du protoplasma ou des phénomènes élémentaires qui résultent de la constitution de la molécule chimique intégrante du plasma

---

[1] *La Science expérimentale* Paris, 1878, pp 114 et suiv

ou du tissu, la vie consiste donc en une série ordonnée de transformations de l'énergie chimique, physique ou mécanique. La plante ou l'animal ne créent ni ne détruisent aucune partie de cette énergie, mais chacun de leurs organismes la transforme et la dirige dans un ordre et, par conséquent, vers une fin déterminée. Le milieu extérieur fournit cette énergie tout entière à l'être vivant, soit sous forme *actuelle* et cinétique de mouvement, de chaleur, d'électricité, etc., soit sous forme latente ou *potentielle*, telle qu'elle existe dans les aliments et l'oxygène libre.

» Or, quels que soient les états successifs sous lesquels se manifeste cette énergie, ses transformations obéissent à deux conditions absolues

1º La quantité d'énergie totale demeure invariable ;

2º Les transformations qu'elle subit restent soumises aux conditions de transformation et aux lois ordinaires de l'équivalence des forces matérielles. Par exemple, 1 gramme d'albumine, lorsqu'il s'oxyde dans l'un de nos tissus en absorbant 1,7 d'oxygène pour former 0 gr 65 d'acide carbonique, 0,414 d'eau et 0,39 d'urée, dégagera toujours, quelle que soit la cellule où se passe cette combustion, le mécanisme qui lui donne lieu, et les réactions intermédiaires, 4^{cal} 837, c'est-à-dire la quantité de chaleur que produirait cette même quantité d'albumine par sa combustion vive et totale dans le calorimètre, diminuée de la quantité de chaleur qui répondrait à la combustion de 0 gr 39 d'urée formée, urée qui reste le seul résidu encore combustible de ce gramme d'albumine. Si, durant cette transformation, il n'y a pas eu seulement chaleur produite, mais aussi travail effectué, l'énergie ainsi rendue actuelle permettra à l'animal de développer autant de fois 426 kilogrammètres qu'il y a de calories disparues sur les 8^{cal} 1, qui répondent à la transformation de 1 gramme d'albumine en eau, acide carbonique et urée » [1])

Aussi bien, l'expérience a établi, d'une façon au moins approximative, que la théorie mécanique de la chaleur est applicable aux moteurs animés, notamment à l'homme, aussi bien qu'aux substances inorganisées [2])

Nous avons décrit les caractères morphologiques et fonctionnels des êtres vivants, nous avons précisé les conditions d'exercice de l'activité vitale, le moment est venu de passer à la définition philosophique de l'être vivant et de la vie.

Pour nous y acheminer, voyons quelles sont les conclusions générales qui se dégagent de l'examen de l'activité vitale.

Ce sera la conclusion de notre étude scientifique de la vie et la préparation immédiate de notre théorie philosophique

21. Conclusions générales. — L'activité vitale des organismes se reconnaît à deux traits elle est, de sa nature, *continue* et *immanente.*

1° *Le mouvement vital est continu* A la différence de la nature inanimée qui tend toujours à l'équilibre le plus stable [3]), *l'être vivant tend à se mouvoir continuellement*

Ce qui frappe dans la série d'actions que l'on résume sous le nom générique de « mouvement vital », c'est que chacun des termes de la série prépare un terme suivant, chaque changement est un acheminement vers un changement ultérieur la contractilité du protoplasme appelle le mouvement de nutrition, la nutrition entretient le pouvoir contractile, prépare la croissance de l'individu, son évolution et

---

[1]) A Gautier *Cours de Chimie*, t III *Chimie biologique* Paris, Savy, pp 781 et 782

[2]) Voir les belles expériences de Hirn, *Analyse élémentaire de l'univers*, 2me esquisse Cfi Tyndall, *La chaleur*, ch XIV, n 719 et suiv

[3]) Nous avons établi ce point dans notre étude sur la *Définition philosophique de la vie*, pp 48-52

celle de l'espèce, chaque type de l'espèce recommence la série des fonctions de nutrition, de croissance et de reproduction du type parent, et ainsi se perpétuent indéfiniment les changements qui forment le cycle du mouvement vital

Il n'y a, du reste, qu'une voix parmi les biologistes pour dire que l'instabilité du protoplasme est un trait caractéristique de la vie

Et cette instabilité n'est pas temporaire, mais constante. Ainsi, l'on concevrait que la cellule fût en mouvement jusqu'à sa maturité complète, mais la cellule adulte se meut, assimile et désassimile aussi bien que la cellule jeune

Et pourquoi la cellule assimile-t-elle ? Serait-ce qu'elle a des affinités chimiques à satisfaire ? Mais à peine ces affinités sont-elles satisfaites que la combinaison nouvelle se défait, et dès qu'elle est défaite, ses éléments tendent à la reconstituer

On dira peut-être : C'est fort simple : le protoplasme est formé de composés *endothermiques, polymères*, azotés ; il y a, dans la nature de ces composés, la raison suffisante de leur instabilité

Sans aucun doute, il y a là une raison suffisante *immédiate* de l'instabilité du protoplasme, nous l'avons affirmé nous-même ci-dessus ; mais il faut à cette explication première une cause plus profonde

Les combinaisons endothermiques, ainsi que certains composés polymères de nos laboratoires, sont instables aussi, mais leur instabilité n'a pas d'autre effet que de régénérer promptement les éléments ou de faire prendre au corps la variété la plus stable. Pourquoi, dans le règne de la vie, ces éléments reforment-ils aussitôt les composés d'où ils sont issus ?

Comment se fait-il que la cellule réunisse et conserve dans son sein toutes ces substances hétérogènes, si complexes,

si mobiles, qui permettent sans relâche les synthèses d'assimilation et les analyses de désassimilation de la matière
protoplasmique et des tissus organisés ? C'est là le problème
fondamental, c'est là la preuve d'une tendance, primordiale
chez l'être vivant, a se mouvoir d'un mouvement continu Il
est loisible à l'imagination de rêver qu'un jour peut-être des
substances chimiques douées de forces chimiques pourraient,
sous la direction d'un habile expérimentateur, former un
composé analogue au protoplasme, mais entre ce protoplasme artificiel, voué a brève échéance a la stabilité de ses
éléments, et le protoplasme des êtres organisés, il y aurait
tout juste la distance qu'il y a entre la mort et la vie

Il y a donc, chez les êtres vivants, une activité sans
relâche, un mouvement *continu*.

Ce n'est pourtant pas le trait le plus caractéristique du
règne de la vie, ce qui donne au mouvement vital son caractère spécifique, c'est qu'il est *immanent*

2º *Le mouvement vital est immanent* L'action de l'agent
sur le patient est généralement une action que nous appelons,
avec la philosophie de l'École, du nom de « transitive », ce
qui veut dire qu'elle a pour résultat de modifier un patient
distinct de l'agent, qu'elle a un *terme autre* que le principe
d'efficience qui la produit, nous dirions aujourd'hui, d'une
façon peut-être moins rigoureuse, que c'est une action *communiquée* a un sujet étranger Les actions mécaniques, les
manifestations lumineuses, calorifiques, électriques, magné-
tiques, les réactions chimiques du monde inorganisé sont
toutes de ce genre

L'activité vitale, au contraire, n'est pas transitive, elle est
immanente Le patient ici, c'est, tôt ou tard, l'agent lui-
même, c'est au sujet organisé, en effet, que l'activité vitale
vient aboutir, c'est lui qu'elle nourrit, c'est lui qu'elle développe, c'est donc à lui que finalement elle s'arrête, en lui

qu'elle demeure, en d'autres mots, elle est *immanente*
(manere in) [1]

Un exemple éclaircira cette distinction

Prenons une combinaison chimique entre corps inorganisés, le chlore et le sodium, par exemple, qui nous donne le
chlorure de sodium Lorsque la nature réalise cette combinaison ou que nous l'effectuons dans nos laboratoires, nous
voyons deux corps agir l'un sur l'autre pour en produire un
autre qu'eux-mêmes, un *troisième*, le chlorure de sodium, qui
n'est ni le chlore ni le sodium, ni une simple addition des
deux, de même, lorsque le composé régénère les composants, ceux-ci sont *autres* que le composé soumis à l'analyse

Mais lorsque la cellule se nourrit, le phénomène est tout
différent Les matériaux qui servent d'aliments à la cellule,
soit qu'ils viennent directement du milieu extérieur, soit
qu'ils viennent de la sève ou du sang en circulation dans
l'organisme, ne forment pas avec la cellule un troisième
produit distinct de la cellule elle-même et des matériaux
empruntés le résultat définitif n'est autre que *la cellule* elle-
même, et c'est à *se* nourrir, à *se* développer, à *se* multiplier,
que la cellule les a employés Lorsque la cellule se nourrit,
c'est donc elle qui est le terme de l'action nutritive et, par
conséquent, la nutrition est une activité *immanente*, au sens
défini tout à l'heure

Que l'on nous entende bien cependant. Nous ne voulons
pas dire que tous les phénomènes mécaniques ou physico-
chimiques dont la cellule est le siège soient immanents, il
est manifeste, au contraire, que bon nombre de ces phénomènes, jusques et y compris la synthèse de la molécule orga-

---

[1] « Duplex est actio Una quæ transit in exteriorem materiam, ut cale-
facere et secare. Alia quæ manet in agente, ut intelligere, sentire et
velle Quarum hæc est differentia quia prima actio non est perfectio
agentis quod movet, sed ipsius moti, secunda autem actio est perfectio
agentis » *Summa theol*, 1ª, q 18, a 3, ad 1.

nique, sont transitifs, mais, ainsi que nous l'avons noté plus
haut, il y a deux phases à distinguer dans le processus d'assimilation : l'une est préliminaire à l'assimilation proprement
dite, c'est la seconde, l'organisation cellulaire ou tissulaire,
qui est seule, rigoureusement parlant, le terme du mouvement
nutritif ; seul aussi ce phénomène d'assimilation proprement
dite, c'est-à-dire d'intussusception de substances hétérogènes
dans l'organisme cellulaire, est un mouvement *immanent* au
sens rigoureux de l'expression

Mais, comme les réactions chimiques qui préparent l'assimilation et naturellement y aboutissent, forment avec
l'assimilation elle-même un mouvement *continu, un tout*,
il serait contraire à la nature des choses de les isoler de
leur terme définitif, et, par conséquent, il reste vrai de dire,
d'une façon générale, que le mouvement de la nutrition et,
par suite aussi, celui de la croissance et de l'évolution de
l'être vivant, forment un mouvement *immanent*.

On a objecté que l'assimilation du vivant ne diffère pas
essentiellement de la formation d'un cristal

Mais, pour peu que l'on y regarde de près, on s'aperçoit
bientôt qu'il n'y a entre les deux phénomènes qu'une ressemblance apparente

En effet, qu'est-ce qu'un cristal ? Un agglomérat plus ou
moins considérable de particules homogènes qui, en s'atti-
rant, arrivent à former un édifice régulier : les particules
cristallines qui viennent se déposer dans la solution n'ex-
pulsent pas les particules anciennes pour prendre leur place,
elles ne font que *s'ajouter* au cristal déjà formé ; c'est *à côté*
des particules précédentes qu'elles se déposent, et non pas
dans le cristal antérieur ; il n'y a donc là qu'un simple phénomène de *juxtaposition de particules*, et non pas, comme
dans la nutrition, un phénomène d'*intussusception*

Dans le règne de la vie, au contraire, nous ne voyons pas
la cellule embryonnaire devenir progressivement un agrégat

de cellules par l'adjonction, *a sa surface*, de cellules etrangeres, mais nous voyons *une* cellule, la cellule primitive, s'assimiler des substances heterogenes, c'est-a-dire, les convertir en *sa* propre substance et, par ce processus, s'accroitre, *se diviser, se multiplier*, et donner ainsi naissance a des générations presque indefinies de cellules qui, ensemble, forment *un meme* organisme

L'activité des etres vivants se caracterise donc, c'est un résultat acquis, par son *immanence*

§ 3

Definition philosophique de la vie

SOMMAIRE — 22 Double acception du mot « vie » — 23 La substance vivante envisagée materiellement — 24. Definition de l'etre vivant — 25 Corollaire L'immanence est une caracteristique de regne ou d'ordre

22. Double acception du mot " vie „. — La vie désigne tantôt l'*action* vitale, tantôt l'etre vivant, la *substance* vivante

C'est l'*action* vitale que nous avons eue en vue jusqu'à présent.

La *substance,* la *nature de l'être vivant* fera le principal objet de ce troisieme paragraphe.

23. La substance vivante envisagée matériellement. — L'être vivant, dit la biologie, c'est la substance qui réalise les conditions d'organisation Cela revient a dire, avec Aristote, que l'âme, — le premier principe de vie des corps vivants, — peut se définir *la cause primordiale de l'être et de l'activité des corps naturels doués d'organisation* « Anima est perfectio prima primusque actus corporis naturalis organis præditi » [1]

---

[1] Ἡ ψυχή ἐστιν ἐντελέχεια ἡ πρώτη σώματος φυσικοῦ δυνάμει ζωὴν ἔχοντος. Τοιοῦτο δέ, ο καὶ ἡ ὀργανικον *De Anima*, II, 1

24. Définition de l'être vivant — Lorsque l'on compare les termes *mouvement continu* et *immanent* qui servent à définir l'acte vital, on voit que le premier terme, mouvement *continu*, représente dans la définition, le *genre*, et le second, l'*immanence*, la *différence spécifique*.

La vie, dit saint Thomas d'Aquin, est la propriété distinctive des êtres qui se meuvent eux-mêmes, l'être vivant est celui qui a dans sa nature de se mouvoir lui-même « Illa proprie sunt viventia quæ seipsa secundum aliquam speciem motus movent. » Ou encore : « *Ens vivens est substantia cui convenit secundum suam naturam movere seipsam* »

Le *mouvement*, *motus*, κίνησις n'a pas ici la signification étroite d'un déplacement local ; il désigne toute action qui se produit avec changement [1]

Qu'est-ce donc que le mouvement, dans cette acception métaphysique ?

Lorsqu'un changement se produit, un sujet reçoit un acte, c'est-à-dire, acquiert une perfection, ou inversement, un sujet est privé d'un acte, perd une perfection [2]

Aristote a défini le « mouvement » l'acte d'un sujet formellement en puissance Ἡ τοῦ δυνάμει ὄντος ἐντελέχεια, ἦ τοιούτου, κίνησίς ἐστιν [3]), ou encore · l'acte d'un sujet imparfait Ἡ γὰρ κίνησις τοῦ ἀτελοῦς ἐνέργεια ἦν [4])

Le mouvement est un acte ce n'est pas la négation d'une perfection, mais une perfection positive

Il n'est cependant pas acte sous tous rapports ; ce qui sous tous rapports est acte, n'est pas ou n'est plus en mouvement

L'acte absolu est autre que le mouvement, dit Aristote, il appartient à un sujet parfait Ἡ δ'ἁπλῶς ἐνέργεια ἑτέρα ἡ τοῦ τετελεσμένου [5])

---

[1] *Phys* III, 1

[2] *De l'âme*, III, 7.

[3] Même dans une acception plus élevée, la vie désigne une action immanente sans changement telle est la vie divine

[4] Voir *Ontologie*, 3me edit, nos 184 et suiv

[5] *De l'âme*, III, 7.

Le mouvement est l'acte d'une puissance à compléter « actus imperfecti », l'acte d'un être en puissance, en tant que cet être est encore en puissance

Entre la simple aptitude au mouvement, pure puissance, d'une part, et l'acte complet, qui suppose l'aptitude satisfaite, la puissance réalisée, d'autre part, il y a une réalité intermédiaire composée d'acte et de puissance, c'est le mouvement elle est acte et, sous ce rapport, présuppose une puissance en partie réalisée mais elle est encore puissance, car le sujet en partie actualisé demeure susceptible d'un acte ultérieur, elle est l'acte d'un sujet en puissance, « *actus imperfecti* »

Pour concevoir le mouvement, il faut donc avoir en vue une double relation du sujet, l'une avec une puissance antérieure présentement réalisée, l'autre avec un acte encore réalisable, le mouvement est tout à la fois la réalisation d'une certaine potentialité, et la capacité d'un acte ultérieur plus complet, c'est donc bien l'acte d'une puissance encore en puissance

Le mouvement ainsi entendu embrasse tous les modes d'activité que nous avons rencontrés plus haut dans les organismes le processus continu de nutrition (mouvement qualitatif), les phénomènes de croissance (mouvement quantitatif), les manifestations variées de l'irritabilité ou de la motilité (entre autres, le mouvement local ou de translation), et enfin les faits de reproduction (génération et corruption)

Voilà donc ce qu'est le mouvement en général C'est l'élément *générique* de la définition

La *différence spécifique* réside dans l'*immanence* du mouvement vital Nous avons suffisamment appuyé sur cette notion pour être en droit de conclure que la formule de saint Thomas a la valeur d'une *définition naturelle*

Telle est bien la notion que pressent le vulgaire, lorsqu'il prend pour indice de la vie la manifestation d'un mouvement plus ou moins varié, sans cause extérieure apparente

Telle est aussi la conclusion de l'analyse que nous avons faite, à la lumière des sciences biologiques, des fonctions des êtres organisés

Le corps brut est là rien n'empêche qu'il ne reste eternellement tel qu'il est, il suffit pour cela de le soustraire aux agents extérieurs de destruction L'être vivant, au contraire, a besoin de changer Le protoplasme qui ne changerait pas, serait du protoplasme mort Chaque être qui vit parcourt régulièrement son cycle de fonctions assimilatrices et désassimilatrices, avant de s'eteindre, il transmet à un être semblable à lui la puissance de recommencer le cycle qu'il a accompli, cette évolution de l'individu et de l'espece varie d'un vivant à l'autre; l'évolution des champignons et des infusoires ne durera peut-être que quelques heures, celle de certains animaux peut durer un siècle, celle de certains arbres des siècles mais la durée importe peu, le fait est que, partout où il y a vie, il y a mouvement, mouvement qui tend à assurer la conservation de l'individu et la perpétuation de l'espece, mouvement immanent donc, au sens défini ci-dessus Quelle confirmation plus éclatante peut-on désirer de cette vue maîtresse *vivere est movere seipsum* [1]?

---

[1] Il serait fastidieux de faire la nomenclature des innombrables définitions de la vie que les naturalistes et philosophes ont essayées Aucune, nous semble-t-il, ne vaut celle de saint Thomas, et ce qu'elles valent, elles le doivent à ce qu'elles ont de commun avec elle

Citons quelques spécimens

Bichat La vie est l'ensemble des fonctions qui résistent à la mort

Beclard La vie est l'organisation en action

Littré La vie est l'etat d'activité de la substance organisée

Beaunis La vie est l'évolution determinee d'un corps organisé susceptible de se reproduire et de s'adapter à son milieu

De Blainville La vie est un double mouvement interne de composition et de decomposition, a la fois général et continu

S -G Mivart L'être vivant est celui qui a la propriété naturelle de parcourir un cycle de changements définis

Herbert Spencer La vie est la combinaison définie de changements

Il est dit dans la définition de saint Thomas qu'il est *naturel* au vivant de se mouvoir, « substantia cui convenit *secundum naturam suam* movere seipsam » l'être vivant possède, en effet, une tendance naturelle a se mouvoir, mais la réalisation effective du mouvement propre à l'être est subordonnée à diverses conditions

Faisant allusion au caractère spécial de la vie propre a chacun des types vivants, saint Thomas ajoute, a sa définition, que tout vivant se meut *secundum aliquam speciem motus*, selon un certain mode de mouvement

Ici aussi, la biologie explique et justifie la formule du grand Docteur

Chaque cellule vivante, en effet, possède sa physionomie « individuelle », et comme la structure et la fonction sont solidaires, il est permis d'affirmer que chaque cellule a son activité propre ; aussi, si la cellule est l'origine d'un être multicellulaire, nous voyons, dès le principe, les groupes qu'elle

heterogènes, à la fois simultanés et successifs, en rapport avec certaines relations extérieures de coexistence et de succession *(in correspondence with external co-existences and sequences)*, ou plus brièvement la vie est l'adaptation continuelle des relations internes aux relations externes (Cfr Beaunis, *Nouv elem de physiol. hum*, p 20)

La définition de Bichat s'inspire d'une *fausse supposition* Elle part de l'idée qu'il y aurait chez l'être vivant une sorte d'antagonisme entre les forces physico chimiques et une force vitale la vie ne serait, dans cette conception, qu'une réaction de la force vitale contre les éléments matériels

Les définitions de Béclard, de Littré et de Beaunis ne font que *décrire* en termes généraux, et par leurs traits extérieurs seulement, les fonctions qui s'accomplissent chez les organismes vivants Elles ne nous renseignent pas sur le caractère intime de ces fonctions distinctives, et ne peuvent, dès lors, prétendre au titre d'une définition proprement dite

La définition de Blainville met davantage en relief la fonction primordiale de la vie organique, à savoir, la nutrition, mais encore une fois ne dépasse pas les limites d'une description tout extérieure

La formule de Saint-George Mivart nous fait très bien voir comment les substances organisées diffèrent non seulement des corps bruts, mais aussi des êtres qui ont cessé de vivre et qui sont en voie de désorganisation A vrai dire, cependant, nous ne voyons pas en quoi la propriété

produit par division se disposer différemment, les tissus se
différencier selon l'espèce à laquelle l'organisme appartiendra,
les organes se balancer et leurs fonctions se coordonner
selon les besoins de l'ensemble , en un mot, nous voyons le
mouvement vital prendre une direction spéciale, selon les
sujets qui en sont le siège « Ens vivens *secundum aliquam
speciem motus* seipsum movens »

La définition de saint Thomas est donc une définition
naturelle elle établit une ligne de démarcation objective
entre les êtres qui vivent et ceux qui ne vivent pas

Il y a plus Non seulement l'immanence de l'activité constitue la caractéristique de *la vie*, dans ce sens, que tout être
vivant, si bas qu'il soit dans la série des organismes, est doué
de la propriété d'agir sur lui-même, — à la différence de la
matière brute absolument dépourvue de cette propriété, —

naturelle de parcourir un cycle, diffère de la faculté de se reproduire
Or, la faculté de se reproduire ne nous dit pas *ce qu'est la vie*, attendu
qu'elle n'est elle-même qu'une des fonctions de l'être organisé Ce qu'il
importe d'interpréter, ce n'est ni une fonction à part, ni l'ensemble
des fonctions, c'est le caractère qui leur est commun à toutes et qui
n'appartient qu'à elles.

Une définition, en effet, doit nous rapprocher de la nature intime de
l'objet à définir et s'appliquer *omni et soli definito*

Au surplus, la description de Mivart, comme toutes les précédentes
d'ailleurs, s'applique exclusivement à la vie *organique* et ne peut servir
par conséquent de définition *générale* de la vie

La formule de M Herbert Spencer a l'avantage de viser le caractère
formel, constitutif, des phénomènes vitaux Malheureusement, elle est
très abstraite, vague et, en outre, passablement compliquée Ensuite, elle
a l'inconvénient, beaucoup plus grave, de ne s'appliquer qu'à certains
phénomènes vitaux, à la nutrition par exemple, ou au processus d'un
raisonnement[*] Elle ne s'applique pas aux actes plus simples de la vie,
tels que la sensation, le concept, le désir, le mouvement spontané

Seule, à notre connaissance, la définition de saint Thomas d'Aquin
embrasse les faits dans leurs caractères intimes et les envisage *formellement,* par leur genre et leur différence spécifique , seule, elle s'applique
omni et soli definito

[*] Voir *Principles of Biology*, vol 1, § 25 William and Norgate, 1884.

mais encore dans ce sens, que *le degré* d'élévation de la vie d'un être vivant se mesure au degré d'immanence de son activité distinctive

Au plus bas degré de l'échelle des vivants, il y a la vie du végétal, vie de nutrition et de reproduction, telle que nous l'avons décrite au début de cette étude ; plus haut, il y a la vie de l'animal qui végète et qui sent ; plus haut encore, la vie des êtres spirituels qui pensent, veulent et choisissent ; enfin, au-dessus de la vie créée, la vie substantielle de l'Être divin

Or, en parcourant ces différents échelons de la vie, on voit que l'immanence s'y révèle plus complète, à mesure que l'on monte plus haut dans l'échelle des êtres vivants

Mais la preuve de cette affirmation nous conduirait trop loin ; nous renvoyons à notre étude spéciale déjà citée plus haut [1])

25. Corollaire. L'immanence est une caractéristique de règne ou d'ordre. — La vie n'est pas seulement un caractère spécifique, analogue à ceux qui établissent une démarcation entre deux espèces soit minérales, soit végétales ; elle constitue un caractère générique ; conséquemment, les êtres vivants forment un *règne* à part, ou, si l'on aime mieux, un *ordre* à part dans la nature

En effet, quoique nous ne reconnaissions aux substances organisées aucune force immatérielle ; quoique, considérées isolément, les réactions chimiques préalables à la nutrition proprement dite soient transitives, de même ordre que celles qui s'accomplissent dans le monde minéral ou dans nos laboratoires, néanmoins la nutrition proprement dite, l'intussusception de substances hétérogènes au sein de la cellule a pour terme le développement de la cellule elle-même, c'est

[1]) *La Définition philosophique de la vie,* pp 62 et suiv.

donc une activité qui présente un caractère nouveau, l'*im-manence*, différent de celui que présentent tous les corps sans vie. Dès lors, nous sommes amenés à conclure que la nutrition et, avec la nutrition, toutes les actions physico-chimiques qui y contribuent et que l'on ne peut séparer du terme auquel elles vont naturellement aboutir, tracent entre le règne inorganique et le règne organique une différence radicale, une *différence d'ordre*.

Nous voilà fixés sur la *notion* de la vie.

La vie ainsi définie, *comment s'explique-t-elle ?* Quel est ou quels sont les *principes constitutifs* de l'*être vivant ?*

———

Nature de l'être vivant

—— ——

26. État de la question : Trois hypothèses sur la nature de l'être vivant. — Sous la direction des sciences biologiques, nous avons essayé de décrire la *structure* et les *fonctions* qui sont propres aux êtres vivants Aussitôt surgit une nouvelle question D'où vient cette structure organisee et comment se conserve-t-elle ? Qu'est-ce qui explique *au fond* les fonctions de la vie organique ?

Faut-il supposer pour cela, dans la cellule et dans les organismes qui en dérivent, une ou plusieurs forces *immatérielles*, distinctes des forces en jeu dans le règne inorganique ?

Si les *forces* mises en œuvre par les organismes sont les forces générales, mécaniques, physiques et chimiques, de la nature matérielle, expliquent-elles *seules* la formation, le developpement, la reproduction de l'être organisé ? L'organisme vivant ne serait-il donc qu'un groupement accidentel d'atomes et de forces, ou y a-t-il en lui quelque chose de plus qui lui donne et lui conserve la spécificité de son être et de ses opérations ?

Toutes ces hypotheses ont eu et ont encore aujourd'hui leurs partisans

La premiere, qui admet, au sein des organismes, des forces vitales distinctes des forces physico chimiques, porte, dans l'histoire des sciences et de la philosophie, le nom de *vitalisme* mais, comme il importe de la distinguer soigneusement d'une autre conception de la vie dont nous parlerons tout a l'heure et que l'on appelle aussi très souvent aujourd'hui du nom de vitalisme, nous la designerons du nom de *Vitalisme outré* ou *Vitalisme de l'école de Montpellier*, en souvenir de ceux qui se sont le plus attachés à la défendre [1]

La seconde hypothese, celle qui ne veut voir dans les êtres de la nature et, en particulier, dans les êtres doues de vie « qu'un resultat ou un mouvement de parties groupees d'une façon determinée » [2], peut s'appeler du nom de *Mécanisme* ou *Mécanicisme* Appliqué a la vie, le Mécanicisme porte couramment le nom d'*Organicisme* Les deux termes repondent a une même conception de la vie En effet, parce que la façon determinée dont les eléments matériels doivent se grouper pour donner naissance aux manifestations de la vie est désignée par les mecanistes sous le nom de « condi-

[1] « Bichat, au commencement de ce siècle, a rattache le prestige de son nom a cette conception ultraspiritualiste de la vie A l'encontre de ceux qui pretendent etablir une identité entre les phenomenes des corps vivants et ceux des corps inorganiques, Bichat pose en principe que les proprietes vitales sont absolument opposees aux propriétés physiques, de sorte qu'au lieu de passer dans le camp des physiciens et des chimistes, il reste vitaliste avec Stahl et l'ecole de Montpellier

» Comme eux, il considère que la vie est une lutte entre des actions opposées, il admet que les proprietes vitales conservent le corps vivant en entravant les proprietes physiques qui tendent à le detruire Quand la mort survient ce n'est que le triomphe des proprietes physiques sur leurs antagonistes Bichat d'ailleurs resume complètement ses idees dans la definition qu'il donne de la vie la vie est l'ensemble des fonctions qui resistent à la mort, ce qui signifie en d'autres termes la vie est l'ensemble des proprietes vitales qui resistent aux proprietes physiques » Claude Bernard, *ouv cit*, pp 160-161

[2] Buchner, *Force et Matière*, p 458

tions d'organisation », le Mécanicisme appliqué aux êtres vivants s'appelle justement l'*Organicisme*, inversement, si, comme le croient les organiciens, les conditions que réalise la matière organisée ne sont qu'un groupement de parties matérielles douées de forces mécaniques ou physico-chimiques, l'organicisme est une interprétation mécanique de la vie, donc une extension du *Mécanicisme*

Une troisième théorie explicative de la vie s'oppose, à la fois, au Vitalisme ultraspiritualiste de l'école française, et à ce titre elle est un *Vitalisme modéré*, et a l'organicisme mécanique, et à ce titre elle pourrait s'appeler *Organicisme naturaliste*. D'après cette explication il ne faut point recourir à des « *forces vitales* » *distinctes* des forces générales de la nature matérielle, pour rendre compte des phénomènes de la vie, mais, *seules*, cependant, les conditions d'organisation ne sont pas *tout* l'organisme vivant, les conditions d'organisation fournissent l'explication *prochaine* des faits vitaux, mais par delà les faits directement observables, il y a un *sujet* dont le raisonnement induit la nécessité et, par conséquent, l'existence, raison profonde de l'*unité* et de la *spécificité* de l'être vivant et de la *finalité* indéniable de ses opérations

Cette troisième théorie philosophique de la vie est celle d'Aristote et de saint Thomas A raison de son passé historique, nous l'appelons vitalisme *scolastique*, a raison de ses caractères distinctifs, nous l'appellerions volontiers *naturalisme vitaliste*, une extension de la philosophie *naturaliste* Ces épithètes se comprendront plus distinctement tout à l'heure.

27. Exposé du naturalisme vitaliste des scolastiques. — Nous n'insisterons plus sur la différence qu'il y a entre le Vitalisme scolastique et les exagérations spiritualistes de l'école de Montpellier.

L'Organicisme mécanique est le système qui a le plus de vogue aujourd'hui, c'est lui que nous devons directement rencontrer

Or, comme nous le disions, l'Organicisme mécanique est l'application, aux êtres organisés, d'une conception materialiste, qui embrasse la nature entière

Le mécanicisme se ramène a ces deux propositions ·

Les phénomènes du monde corporel, sinon tous les phénomènes de l'univers, sont des modes de mouvement

Il n'existe dans la nature que des causes efficientes , il n'y a point de causes finales [1])

D'après cette conception, un corps quelconque de la nature ne serait qu'un *groupement* d'atomes et de mouvements, ou, tout au plus, d'atomes et de forces mécaniques , car les forces physico-chimiques se réduiraient finalement à des forces mécaniques En conséquence, les corps organisés et vivants ne seraient aussi que des *agglomérats* d'atomes et de forces dont le résultat serait l'ensemble des conditions d'organisation Ces conditions, à leur tour, expliqueraient la vie

La philosophie naturaliste des scolastiques contredit ces dogmes du mécanicisme

Les êtres de l'univers ne sont pas, dit-elle, que des agglomérats d'atomes doués de mouvements ou de forces Les phénomènes et les forces multiples dont les êtres matériels sont le siège, sont des *accidents* ils présupposent une *substance*, ce sont des principes *prochains, immédiats, multiples* ils présupposent *un* principe *éloigné, premier, unique, une nature.*

Dans l'univers, il n'y a pas que des causes *efficientes ,* sans doute, a un point de vue, la substance corporelle est bien une cause efficiente qui produit certains *résultats,* mais, à un

---

[1]) Cfr D Mercier, *Les origines de la psychologie contemporaine,* p. 79

autre point de vue antérieur et supérieur, elle est aussi une *nature* qui tend vers un *but intrinsèque* et emploie à le réaliser, comme autant de *moyens*, les forces qui émanent d'elle[1] Nous appelons *Naturalisme* la philosophie qui, par opposition au Mécanisme, affirme que tout être substantiel est une *nature spécifique*[2]

Cette philosophie ne professe pas seulement, notons-le bien, que les êtres de ce monde se trouvent au service les uns des autres et que dans leur ensemble ils tendent vers une fin *extérieure* suprême qui est Dieu ; non, il y a à chaque nature une finalité propre, *intrinsèque, immanente*

L'être vivant aussi n'est pas un simple agrégat de forces *efficientes*, mais *une nature* qui tend vers un *but* déterminé, à la réalisation duquel elle fait converger, comme autant de *moyens*, les forces dont elle dispose

Rien, cependant, ne justifie l'affirmation que cette substance serait immatérielle et simple, car la substance se révèle par ses accidents et nous n'avons découvert dans les manifestations de la vie organique aucune trace de phénomène immatériel, simple ; la substance vivante est composée de *matière* et d'un principe premier, appelé *forme substantielle*, qui donne à la substance sa *spécificité* et se confond, dans la réalité, avec l'*inclination naturelle* de l'être vers son but intrinsèque et sa fin

La forme substantielle du vivant s'appelle *âme* ou *principe vital.*

Le naturalisme vitaliste que nous venons de décrire comprend donc deux parties opposées. la première, au spiri-

[1] Cfr *Ontologie,* 3e éd , pp 204, 234 et suiv

[2] Dans la théologie chrétienne, *naturalisme* signifie négation du surnaturel

M Balfour, auteur de l'ouvrage bien connu *The foundations of belief,* emploie le mot *naturalisme* comme synonyme de positivisme, d'agnosticisme c'est la théorie critériologique de ceux qui n'accordent de certitude qu'aux sciences *naturelles* Cfr *op cit* , 8e éd , p 7.

tualisme excessif de certains vitalistes français, la seconde,
à l'organicisme mécanique des écoles matérialistes

L'une énonce que le premier principe de la vie organique
est *matériel*, l'autre, que c'est un principe *substantiel doué
d'une inclination naturelle*

**28. Preuve du Naturalisme vitaliste. Première
partie :** *Le premier principe de la vie est matériel* — Pour
pouvoir affirmer qu'il y a dans le végétal une force vitale
d'une autre nature que les forces corporelles en jeu dans
le règne minéral, il faudrait pouvoir signaler, dans le complexus des phénomènes vitaux, au moins un phénomène
positivement irréductible aux forces générales de la matière.
Or, il ne semble pas qu'il existe un seul phénomène de ce
genre Au contraire, au fur et à mesure que les sciences biologiques se développent, nous voyons la mécanique, la physique et la chimie étendre de plus en plus leur empire sur les
manifestations réputées les plus mystérieuses de la vie.

Ainsi que nous l'avons déjà fait remarquer, les deux
grandes lois qui régissent l'univers matériel, celles de la conservation de la masse et de la conservation de l'énergie,
semblent bien s'appliquer aux êtres organisés avec la même
rigueur qu'à la matière brute [1])

[1]) On n'imagine pas combien certains savants ont peu le souci de
l'information exacte, lorsqu'ils touchent aux problèmes philosophiques
Ainsi, M Le Dantec vient de consacrer, dans la *Revue philosophique*,
deux longs articles à « La place de la vie dans les phénomènes naturels »
Entre autres choses, il y écrit. « La plupart des philosophes actuels
admettent encore, dans les êtres vivants, l'existence d'un principe immatériel actif, ils imitent en cela le sauvage qui, ayant pris une montre
à un voyageur, crut *la bête morte* quand le tic-tac se fut arrêté Ils considèrent comme caractéristique de la vie, la spontanéité de la locomotion
et localisent dans l'animal un principe vital créateur de mouvement
Comme (cependant) aucun phénomène bien étudié chez un être vivant
ne s'est, jusqu'à présent, trouvé en désaccord avec les lois de la physique et de la chimie, nous continuerons, jusqu'à nouvel ordre, à croire
que les animaux sont, comme les autres corps de la nature des trans-

Nous ne voyons donc dans les manifestations de la vie
végétative que des forces mécaniques et physico-chimiques,
et, par conséquent, si l'être qui vit est supérieur à celui qui
ne vit pas, ce n'est pas à raison de l'irréductibilité de ses
forces aux forces communes de la matière, mais à raison du
mode spécial suivant lequel ces forces se déploient pour
réaliser le but intrinsèque de la nature vivante, le bien-être
de l'individu et la conservation de l'espèce [1])

formateurs et non des créateurs de mouvement Et cela nous sera
d'autant plus facile que nous trouverons, dans la physique et la chimie,
tout ce qu'il faut pour comprendre d'une manière satisfaisante l'ensemble
des phénomènes vitaux »

Et plus loin « Il y a un caractère commun à tous les êtres vivants, et
c'est par ce caractère seul qu'on peut définir la vie J'ai consacré tout un
volume à la recherche de ce caractère commun, je ne recommencerai
donc pas la discussion Ce caractère commun est l'*assimilation*, il est
d'ordre chimique Personne ne conteste plus aujourd'hui ce résultat
établi il y a six ans, et même ceux qui croient encore aux principes
immatériels définissent la vie par l'*assimilation* » *Rev phil*, oct 1902,
pp 346-348

Il n'y a pas six ans, il y a six siècles que les philosophes spiritualistes
professent cette théorie de la vie Fidèle à cette vieille thèse scolastique, nous avons, dans toutes les éditions de cet ouvrage, depuis 1894,
et dans une étude *La définition philosophique de la vie*, parue dans la
Revue des Questions scientifiques en 1892, enseigné que l'*assimilation*
est le caractère distinctif de la vie commun à tous les corps vivants,
nous avons toujours expressément reconnu que l'assimilation n'est point
en désaccord avec les lois de la physique et de la chimie, qu'elle est,
au contraire, soumise à la loi de l'équivalence des forces et ne suppose
aucune « création » d'énergie

Toutefois, nous n'avons pas dit, et aucun savant qui a conscience des
limites de la biologie ne peut dire qu' « il trouve dans la physique et la
chimie, tout ce qu'il faut pour comprendre d'une manière satisfaisante
l'ensemble des phénomènes vitaux » Nous n'avons pas dit, et, sans faire
une réserve, nous ne voudrions pas dire « L'assimilation est d'ordre
chimique » Chez les corps vivants, des réactions chimiques aboutissent
à une *assimilation*, chez les corps non vivants, elles n'y aboutissent
point Il y a là, d'un règne à l'autre, une diversité de résultats D'où
vient-elle ? *Seules*, les lois de la chimie ne l'expliquent pas, car, étant
les mêmes dans les deux règnes, elles devraient, s'il n'y avait qu'elles,
amener dans les deux règnes les mêmes résultats

[1]) S Thomas, *Cont Gent*, II, 68, dit « Super formas (mixtorum)
inveniuntur aliquæ formæ quarum operationes extenduntur ad aliqua

La conclusion qui se dégage de la première partie de notre thèse, c'est que le premier principe de la vie végetative n'est pas simple, mais *composé*, n'est pas immatériel, mais *matériel*, car la nature d'un être se traduit dans ses actes, « *operari sequitur esse* »

29. Preuve du Naturalisme vitaliste. Seconde partie : *Le premier principe de la vie est une substance douée d'une inclination naturelle* — L'étude generale de la nature des corps et, par conséquent, la refutation du mécanicisme envisagé dans son ensemble appartient au domaine de la cosmologie C'est exclusivement de l'être vivant que nous parlons ici

Dans ces limites, voici notre démonstration :

C'est un fait indéniable, reconnu du reste par les partisans du Mécanicisme, que l'organisation la plus élémentaire, fût-ce celle d'un être unicellulaire, présente un groupement harmonieux, etonnamment complexe, d'elements et de forces mécaniques, physiques et chimiques qui concourent, d'une manière permanente, à former et à entretenir ce tout qu'on appelle du nom d'organisme

En outre, l'être vivant ne présente pas seulement les caractères généraux d'un organisme quelconque, il appartient à une espèce déterminée Or, les espèces végétales et animales sont innombrables et, tandis que *chaque espèce* a ses caractères *distinctifs*, tous les représentants *d'une même espèce* ont des caractères *communs* qui, se renouvelant toujours, se perpétuent à travers d'innombrables générations

L'ensemble de ces faits constitue un fait immense dont il

operata quæ excedunt virtutem qualitatum prædictarum, quamvis qualitates prædictæ organicæ ad harum operationes deserviant sicut sunt animæ plantarum, quæ etiam assimilantur non solum virtutibus corporum cœlestium in excedendo qualitates activas et passivas, sed etiam ipsis motoribus corporum cœlestium, in quantum sunt principia motus rebus viventibus quæ movent seipsas »

faut rendre raison, un groupement *harmonieux* et *stable* d'éléments matériels et de forces en nombre quasi infini auquel il faut assigner une raison suffisante.

Or, cette raison suffisante, quelle est-elle ?

Elle ne gît pas dans les conditions d'organisation, c'est-à-dire dans les éléments anatomiques et dans leurs forces respectives, car c'est tout juste de ces conditions d'organisation qu'il faut rendre compte ; il faut montrer le pourquoi et le comment de la convergence merveilleuse et persistante des éléments anatomiques et de leurs énergies dans la constitution et la conservation des organismes

Elle n'est pas davantage dans les conditions extérieures ou de milieu ; en effet, les *mêmes* types peuvent vivre et se développer dans des milieux *très différents*, des types d'espèces *différentes* vivent dans un *même milieu extérieur* et, notamment, les tissus les plus divers d'un organisme donné vivent dans un même milieu *intérieur*, la sève ou le sang, auquel ils empruntent des matériaux qui répondent à la nature de chacun d'eux, mais de façon, toutefois, que tous concourent toujours harmonieusement au bien-être de l'organisme total Donc, le fait auquel nous cherchons une explication n'est pas adéquatement déterminé par les conditions extérieures ou de milieu.

Le milieu, d'ailleurs, à supposer qu'il rendit compte de l'entretien des substances organisées, ne fournirait toujours qu'une explication *immédiate* de la vie et non pas son explication *dernière*

Car cela même, la présence régulière d'un milieu approprié, est un fait dont il faut rendre raison Quelle nécessité y a-t-il, *a priori*, abstraction faite des exigences internes de l'organisme, que tous ces éléments extérieurs et ces forces se réunissent et se maintiennent, de façon à rendre possibles la vie et la perpétuation des types organisés ? Manifestement aucune Donc, la cause explicative *dernière* de la vie ne réside pas dans l'influence du milieu

Réside-t-elle dans une action *extrinsèque* de la cause *première ?*

Nous admettons que l'on expliquerait ainsi l'existence, *à un premier moment*, de groupements harmonieux, mais la *constance* de ces groupements, on ne l'expliquerait pas

En effet, l'être vivant est, à tout moment, le siège d'actions qui, si elles n'étaient contenues dans les limites voulues par le bien de l'organisme, le détruiraient Des oxydations, par exemple, des hydratations, etc, donnent a l'organisme humain une température normale, bienfaisante, de 37° environ Qu'elles se multiplient et elevent la température de cinq ou six degrés, l'organisme succombera, — Chaque tissu doit s'assimiler une certaine quantité d'aliments d'une certaine qualité Mais supposé que, sous le double rapport de la quantité et de la qualité, l'appétit de chacun d'eux ne fût pas *réglé,* l'hypertrophie serait bientôt mortelle — De même, l'être vivant est soumis à des influences extérieures sans nombre qui, si elles n'étaient neutralisées, seraient en conflit avec l'évolution normale et la conservation de l'ensemble Ainsi, durant toute l'année, le marronnier est arrosé par les pluies Supposé que, à l'epoque des gelées, les boutons floraux fussent imbibés d'eau, la dilatation du liquide congelé déchirerait les folioles , les boutons périraient si, à la fin de l'automne, l'arbre ne sécrétait une matière visqueuse qui cimente les folioles et resiste a la pénetration de l'eau A son tour, la presence de cette matière visqueuse empêcherait le developpement du bourgeon, si les premières chaleurs du printemps ne la dissolvaient

On le voit, les organismes sont constamment soumis à des influences, les unes intérieures, les autres extérieures qui, laissées à elles-mêmes, seraient bientôt destructrices de la vie.

Or, de fait, les organismes accomplissent normalement

leur évolution et maintiennent leurs conditions d'intégrité et de conservation

Donc, il faudrait que Dieu, la cause supposée de la persistance du groupement harmonieux, intervînt sans relâche, d'une manière directe, immédiate, pour écarter les influences perturbatrices intérieures ou extérieures ou pour rétablir l'ordre aussitôt qu'elles l'auraient troublé.

Mais une pareille supposition n'irait à rien moins qu'à supprimer l'action des causes secondes et à les réduire au rôle inutile de « causes occasionnelles », ainsi que l'a rêvé Malebranche

Bien plus, lorsqu'on a refusé aux êtres créés le pouvoir d'agir, on est bien près de leur refuser aussi une substantialité propre et d'en faire, avec les Panthéistes, de simples accidents de la substance unique, qui serait alors l'Être divin

Donc, il n'y a qu'une seule explication définitive aux groupements harmonieux et stables réalisés dans les organismes · c'est la présence en eux d'un principe foncier tendant nécessairement vers un même but, intrinsèque à l'organisme, sa conservation, déterminant la convergence des forces qui émanent de la nature de l'être, vers la réalisation de ce but, et combattant, sans relâche, les influences qui y feraient obstacle

Donc, enfin, les êtres organisés ne sont pas de simples groupements d'actions et de forces, mais des *substances* douées d'une *tendance naturelle* foncière à réaliser et à conserver les conditions d'organisation, explication immédiate ou scientifique du fonctionnement de la vie organique ; plus brièvement, l'être vivant n'est pas un agglomérat d'accidents contingents, mais une *substance une,* une *nature une,* composée de matière et d'un principe substantiel spécifique que nous appelons *âme* ou *principe de vie*

« Qu'est-ce qui retient unis, disait Aristote, ces éléments

divers, la terre et le feu qui, laissés à eux-mêmes, prendraient des directions contraires ? Ils devraient en effet se disloquer, se disperser, s'il n'y avait pas quelque chose pour les retenir ensemble Et s'il y a quelque chose de ce genre, c'est ce que nous appelons l'âme, c'est-à-dire la source de l'accroissement et de la nutrition du vivant » [1])

30. Corollaire. Définition de l'âme d'après Aristote. — Nous comprendrons mieux, après ces explications, la définition que propose Aristote du premier principe de vie ou de l'âme :

Διὸ ψυχή ἐστίν ἐντελέχεια ἡ πρώτη σώματος φυσικοῦ δυνάμει ζωὴν ἔχοντος Τοιοῦτο δὲ, ὅ ἂν ᾖ, ὀργανικόν [2])

L'âme n'est pas une substance complete : elle est la forme substantielle (εἶδος, ἡ οὐσία ὡς εἶδος), l'*actus primus*, la perfection (τέλος, ἐντελέχεια) d'un corps , car l'être organisé est un composé de corps et d'âme , et comme toutes les substances de ce monde, il a une inclination de nature (σώματος φυσικοῦ) à une fin.

La forme, l'âme, ne s'unit pas à une matière quelconque mais à une matière *disposée* déjà, par le jeu des forces de la nature, a une information vitale, à une *animation*

Les transformations substantielles s'accomplissent, en effet, dans le monde matériel suivant une loi d'évolution graduée Aussi la transformation des corps inorganiques en une substance vivante exige-t-elle une serie graduée de changements, dont le dernier conduit la matière à l'état de perfection le plus proche de la perfection propre aux êtres vivants. La matière ainsi *disposée* exige naturellement, comme terme d'une transformation suprême, la production d'une âme La matière *apte à la vie* (δυνάμει ζωὴν ἔχοντος), propre a recevoir l'information

---

[1]) *De l'âme*, II, c 1, § 7 Cfr S Thomas, *Comm de anima*, lect 7
[2]) *Op cit*, II, 1

d'une âme est donc, selon l'observation d'Aristote, un corps réunissant les conditions d'organisation (τοιοῦτο δὲ ὀργανικόν)

Nous avons terminé l'examen de ce qui a essentiellement trait à la *nature* des organismes vivants, il ne nous reste plus qu'à déduire de notre thèse fondamentale quelques corollaires Nous parlerons de l'*unité* et de la *divisibilité* de la substance vivante et nous dirons un mot de l'*hérédité*

31. Unité de la substance vivante. — Nous avons vu que tout organisme est composé de cellules ou d'éléments dérivés de cellules Or, toute cellule offre certains caractères généraux de structure (**11**), chacune d'elles accomplit certaines fonctions communes aux êtres vivants, savoir l'assimilation et la désassimilation, la croissance, et la division qui est, en somme, un mode élémentaire de reproduction Il en résulte que l'on peut, par abstraction, considérer la cellule comme un être à part, et, de fait, c'est cet être ainsi considéré qui fait l'objet de la Biologie générale ou cellulaire

Si l'on n'envisageait la cellule que sous cet aspect général, on serait tenté de dire que l'organisme est une sorte de *collection* de cellules ou d'éléments dérivés, « une *colonie* », comme on l'a dit souvent dans le premier enthousiasme de la découverte de la cellule et de son rôle primordial dans le fonctionnement de la vie

Mais il faudrait bien se garder de prendre cette métaphore au pied de la lettre

L'être vivant n'est pas le moins du monde une collection d'éléments juxtaposés, indépendants les uns des autres dans l'accomplissement de leurs fonctions vitales Il offre toujours deux traits distinctifs qui mettent admirablement en lumière l'*unité* de sa *constitution* et de sa *nature*, a savoir, la *coordination* de ses *organes* et de ses éléments anatomiques et la *subordination* de leurs fonctions

D'abord, tout *organisme*, soit simple, soit compliqué,

est *un tout continu*, même le sang, observe Saint-George Mivart [1]), se continue avec les parties les plus solides, là surtout ou les procedés de croissance et de reparation sont le plus actifs

Ensuite, soit que l'on considère les organes à l'œil nu, soit qu'on etudie microscopiquement leurs éléments, ils n'apparaissent jamais comme disjoints, jetés pêle-mêle, au hasard des circonstances ; ils sont relies entre eux suivant une disposition regulière, dépendent l'un de l'autre, et concourent par leur structure respective a la constitution harmonieuse d'*un tout* dont ils sont les *parties* [2])

Du reste, dès les débuts de la vie embryonnaire, les êtres

---

[1]) *Ouv cite*, p 37

[2]) Milne-Edwards, l'éminent naturaliste du Museum de Paris, a admirablement mis en lumière cette corrélation des organes dans les organismes Prenant pour exemple le systeme dentaire d'un mammifere, il montre comment la structure de ces seuls organes, l'examen de leurs particularites, permettent de déduire la structure du reste du corps et l'histoire presque entière de l'animal, tant est général et profond l'accord qui regne entre la conformation de chacun de ces instruments et l'ensemble de l'organisation « Il est évident, par exemple, que chez un mammifere, dont le systeme dentaire est dispose pour couper de la chair et pour saisir une proie vivante, le tube digestif doit être approprié au régime carnassier, et differera de celui d'un animal herbivore mais cet appareil digestif resterait inactif, si l'animal n'était organisé de maniere a pouvoir s'emparer de la proie dont il doit se nourrir il faut que ses mouvements soient rapides et puissants , il lui faut donc un système de leviers favorablement disposés pour la locomotion, et des muscles d'une grande energie , or, l'energie des contractions musculaires suppose une respiration active , et les rapports de l'atmosphere avec la profondeur de l'organisme ne peuvent se bien retablir qu'à l'aide d'une circulation rapide des liquides nourriciers Ce regime carnassier nécessite aussi chez l'animal chasseur des sens tres parfaits pour le guider dans la recherche de sa proie, et des instruments de préhension pour qu'il puisse s'en saisir lorsqu'il l'aura atteinte La disposition du système nerveux, du squelette, de l'appareil de circulation, et des organes respiratoires devra donc être en harmonie avec le caractère particulier de l'appareil digestif, ou plutôt toutes ces parties seront, à certains égards, dans une dependance mutuelle, dont la nécessité est evidente » Milne-Edwards, *Introduction a la zoologie generale*, ch X, p 62

vivants manifestent la *coordination* merveilleuse qui prepare les organismes futurs

Des lors, en effet, les cellules s'associent en groupes reguliers, l'*hétérogénéité* de chacun des groupes s'accuse en même temps que se maintient l'*homogéneite* de ses elements, les tissus se forment, les organes et les appareils se constituent, tandis que ces unites anatomiques, si multiples et si variées soient-elles, ne cessent pas d'appartenir a une *unite* superieure, celle de l'*organisme* entier

L'*unité de subordination* n'est pas moins merveilleuse

Nous avons montre plus haut comment, dans les organismes compliques, les fonctions multiples de digestion et d'absorption, de circulation et de respiration, de secretion enfin, sont en connexite avec la fonction de nutrition

La nutrition a son tour est dépendante de l'irritabilite du protoplasme, tout comme l'irritabilité du protoplasme est dépendante de la nutrition

Il est manifeste, en effet, que les filaments du protoplasme ne conserveraient pas leur pouvoir contractile s'ils n'étaient pas constamment renourris par les substances nutritives du protoplasme et le protoplasme lui-même ne poursuivrait pas indéfiniment son travail d'assimilation et de desassimilation, s'il n'etait pas sous la dependance d'un tissu vivant, dont la propriete distinctive est tout juste d'ouvrir ses mailles aux substances etrangeres et de les refermer pour exclure les déchets qui lui sont devenus nuisibles ou inutiles.

Sans aucun doute, les *tissus* ont leur *autonomie relative* Le tissu musculaire se contracte, le tissu glandulaire secrete, chaque cellule emprunte au liquide nourricier les substances qui répondent a ses affinites electives speciales mais cette autonomie est essentiellement *relative*, subordonnée aux exigences de l'ensemble La contraction du tissu musculaire, la secretion des glandes ne vont pas a l'infini, mais sont *limitées aux besoins de l'organisme*, la nutrition des cellules est limitée, *leur appétit est réglé*, s'il est permis d ainsi dire, réglé en quantité et en qualité, par les besoins de la plante ou de l'animal

Virchow compare l'autonomie des cellules a la liberté des citoyens dans un État chaque citoyen a sa sphère d'activité propre, mais limitée par la sphère d'activité du voisin et par les exigences du bon ordre social et du bien général

Telle est donc la double *unité* de *constitution* et d'*activité*, *unité morphologique* et *physiologique,* qui marque de son empreinte les êtres organisés [1])

A vrai dire même, cette unité n'est pas double, car, en définitive, *l'organe* est pour la *fonction*, la substance *est pour agir*, la première unité rentre ainsi dans la seconde, l'ordre que révèle la vie organique se résume dans l'*unité de nature* de l'être organisé.

32. Divisibilité des êtres vivants.

— L'*unité* est l'*indi-vision*, il faut se garder de la confondre avec la *simplicité,* dont l'*indivisibilité* est le corollaire et l'indice

L'être organisé est *un*, c'est-a-dire un tout actuel, indivis, il ne s'ensuit pas qu'il soit simple et indivisible Il est de fait, au contraire, que la division de divers êtres vivants n'entraîne pas la ruine du type primitif

Le protoplasme peut être fragmenté Balbiani a constaté que chaque fragment de protoplasme qui contient une portion de noyau, peut continuer la vie du sujet entier

Il est notoire qu'une bouture de geranium, plantée en terre, donne un geranium

Même dans le règne animal, la division des organismes est

[1]) Nous voudrions pouvoir montrer, a la suite de Geoffroy Saint-Hilaire, de Milne-Edwards, de Pierre Van Beneden et d'autres naturalistes eminents, comment l'unité de la vie se révèle sous des traits distinctifs dans *chaque* espèce végétale ou animale Mais nous craignons de nous laisser entraîner trop loin On pourra consulter a ce sujet notre étude sur *La définition de la vie,* p 35

un fait. L'hydre fournit du fait un spécimen classique : on peut couper le tronc en quatre parties, chacune d'elles reformera le type de l'espèce. Le ver de terre (lombric) est divisible, les tronçons continuent à vivre.

Les exemples que l'on vient d'énumérer offrent tous un caractère commun. Les parties, séparées du tout, continuent la vie propre au type spécifique auquel elles appartenaient.

Aux degrés plus élevés de l'échelle des vivants, par exemple chez les vertébrés, il n'en va plus de même : aucun organe isolé n'est capable de refaire le type complet et d'en prolonger la vie. Néanmoins, certaines parties peuvent être détachées du sujet et vivre : un cœur de grenouille séparé du corps continue de battre ; un fragment de muscle vit un certain temps, il se contracte sous une excitation électrique ; des cellules détachées d'un organe vivant prolifèrent.

Certaines parties d'un organisme, greffées sur un autre type normal, peuvent vivre tant que vit le sujet. Les greffes végétales sont connues. Quant aux greffes animales, elles réussissent difficilement ; néanmoins, chez de jeunes rats, par exemple, une patte ou une queue amputées ont pu être implantées dans le dos du même sujet et y vivre.

Tels sont les faits. Comment s'expliquent-ils ?

Ils sont d'ordre différent.

1º Les cas de division les plus intéressants pour nous sont ceux, où la partie conserve et continue la vie du type spécifique. Or, on peut donner de ces faits, tout d'abord, cette explication immédiate. Chez les êtres relativement inférieurs, les fonctions et, par conséquent, les organes n'étant pas spécialisés, chaque fragment notable de l'organisme possède tout ce qu'il faut pour continuer la vie de l'ensemble. Au contraire, chez les animaux supérieurs, par exemple chez les vertébrés, chaque fonction étant dévolue à un organe spécial, qui occupe dans l'organisme une place distincte, la vie du type specifique est subordonnee à l'integrité d'un tout complexe

Mais quelle est l'explication philosophique de ces faits? Comment faut-il comprendre que, en des tronçons de substance organisee, se continue la vie propre à la substance entière? La division engendre-t-elle dans le tronçon une forme specifique nouvelle? Ou la forme préexistante dans le tout s'est-elle simplement multipliee, parce que la division a actualise plusieurs parties de l'etendue primitive, en leur donnant des limites différentes?

Cette seconde interprétation paraît suffisante, il serait donc superflu d'en supposer une autre

« Dans la pierre, dans le feu, dit saint Thomas, il y a une forme essentielle unique toute la perfection de la forme se trouve réalisee en chacune des parties quantitatives soit de la pierre, soit de la substance ignée Il s'ensuit que, après la division du continu, l'essence de la même forme se trouve conservée en chacune des parties divisées. chaque partie du feu est du feu, chaque morceau de pierre est de la pierre Le cas est tout à fait pareil, ajoute saint Thomas, à la division d'une ligne cette division ne produit pas une nouvelle essence lineaire, elle pose seulement des limites distinctes aux parties de ligne que le continu contenait en puissance; elle *multiplie* les lignes, mais l'essence de la ligne demeure ce qu'elle était. »

Cette theorie générale s'applique avec la même rigueur aux substances végetales et aux animaux relativement moins eleves dans l'echelle zoologique [1])

---

[1]) « Unitas continuitatis in re reperta maxime potentialis invenitur, quia omne continuum est unum actu et multiplex in potentia, sicut partes lineæ non sunt aliqua duo actu, sed unum ipsa vero linea est duo in potentia, et facta divisione fit duo actu, sola enim divisio continui facit esse actu unde in divisione lineæ non inducitur aliquid novi in ipsis divisis sed eadem essentia lineæ quæ prius erat actu una, et multiplex in potentia, per divisionem facta est multa in actu Consimile

Aucun fait, aucune raison intrinsèque ne nous obligent à admettre la « génération » d'une forme vivante nouvelle [1]; donc il est raisonnable de penser que la forme du vivant est demeurée ce qu'elle était, avec cette simple différence *acci-dentelle* que, les sujets matériels qu'elle informe s'étant multipliés par la division du continu, elle aussi s'est multipliée

On pourrait objecter, il est vrai, que l'analogie de l'être vivant avec les substances inorganiques invoquée par saint Thomas, se retourne contre sa thèse En effet, se disait saint Thomas, ne voyons-nous pas, journellement, une pierre morcelée en parties de même nature, une masse ignée partagée en étincelles de feu? Un litre d'eau ne contient-il pas un nombre considérable de particules dont chacune est de l'eau?

Mais, contrairement à ce que se figurait le docteur médiéval, un litre d'eau n'est pas une substance, c'est un agglomérat de substances physiquement unies par la cohésion La substance-eau, c'est la molécule Dès lors, le fait ne se retourne-t-il pas contre la théorie au profit de laquelle il était évoqué? La molécule d'eau n'est plus divisible en parties dont chacune serait de l'eau Sa division n'est possible que par analyse

penitus reperitur in lapide, et in igne, et in omnibus corruptibilibus et generabilibus inanimatis forma enim totius in eis, per quam habent quamdam unitatem suæ naturæ super unitatem quantitatis, secundum totam rationem formæ est in qualibet parte talium rerum Unde facta divisione manet essentia ejusdem formæ in partibus ab invicem divisis quælibet enim pars ignis est ignis, et quælibet pars lapidis est lapis Super hæc autem sunt animata imperfecta, ut sunt plantæ, et quædam animalia imperfecta, ut sunt animalia annulosa, et in ipsis idem invenitur, quia cum avellitur ramus ab arbore, non advenit nova essentia vegetabilis, sed eadem essentia vegetabilis, quæ una erat in arbore tota, etiam actu uno, simul erat multiplex in potentia, et per divisionem novum esse perdit, et actus alius et alius secutus est Similiter est in animalibus annulosis una anima in actu et unum esse, sed multiplex in potentia accidentali Unde facta divisione, remoto actu priori et unitate actus, sunt multa in actu » S Thomas, *Opusc de natura materiæ et dimensionibus interminatis*, cap IX

[1] Voir le développement de la question présente chez notre savant collègue, le Dr Nys, *Cosmologie*, pp 195-208

chimique, et les produits de l'analyse chimique ne sont plus de l'eau, mais de l'hydrogene et de l'oxygene. D'ou l'objection : si l'être vivant est un, ne se trouve-t-il pas dans le cas de la molécule ? Sa division n'entraine-t-elle pas une veritable generation d'êtres nouveaux ?

La chimie moderne resout cette objection.

Chaque individu chimique — atome des corps simples ou molécule d'un composé — a son poids specifique invariable : preuve que, dans le regne inorganique, chaque forme specifique est subordonnée à une quantité fixe de matiere. La theorie atomique trouve dans ce fait son principal appui. A un point de vue synthetique, cette loi comprend l'assujettissement de la forme a la matiere est d'autant plus complet, que la forme est placee plus bas dans l'echelle des êtres de la nature.

Mais l'être vivant n'est plus enfermé dans les limites d'une quantité invariable de matiere : témoin la différence entre le volume d'un embryon et celui du même individu a l'état adulte. Aussi, le changement que la division introduit dans la quantité de matiere d'un sujet organise, n'entraîne pas necessairement la ruine du type spécifique.

En resumé, la division des êtres vivants est donc explicable sans « génération » de nouvelles formes spécifiques. La forme preexistante se multiplie, parce que l'etendue du sujet qu'elle informe est soumise à un processus actuel de division.

Les cas de division du protoplasme, le bouturage, la segmentation de l'hydre ou des anneles admettent cette interprétation.

2° Dans d'autres cas, la partie divisee ne conserve pas la vie de l'organisme total, mais elle presente néanmoins, transitoirement, certains phénomènes de vie reduite : dans ces cas, les alterations que subit la matière vivante amenent, croyons-nous, la naissance de formes transitoires [1]), dont chacune est commandée par le degré de dégénérescence de formes analogues à celles qui se succèdent dans le développement de l'embryon

3° Quant aux expériences de greffe, soit végétale, soit animale, elles demandent une explication complémentaire.

Dans le règne végétal, le greffon semble n'être qu'un parasite · il garde son type spécifique propre — le poirier greffé sur un pommier continue à produire des poires — et emprunte sa nourriture au sujet sur lequel il est enté. Le sujet élabore la sève qui fait vivre le greffon. Or, telle est bien la notion caractéristique du parasite · celui qui vit aux dépens d'un autre, mais garde sa nature propre

Dans les cas de greffe animale, on a affaire, semble-t-il, à une seule substance, le sujet de la greffe. En effet, lorsque l'on excite fortement la partie greffée, le sujet entier répond à l'excitation ; le greffon doit donc être, après la reprise, en communication nerveuse avec le sujet. C'est que les nerfs de celui-ci envoient des prolongements dans le greffon. L'unité de l'animal demeure donc sauve

Les explications précédentes ne sont que le développement de la biologie aristotélicienne

« L'âme végétative, dit Aristote, est *une actuellement*, mais il y en a en elle *plusieurs en puissance*. Il en va de même du principe sensitif » [2])

« Les plantes et beaucoup d'animaux, écrit-il ailleurs, vivent séparés de leur sujet naturel, et il semble bien que leur prin-

---

[1]) Voir plus loin, dans la 3e Partie la thèse sur l'unicité de forme dans l'homme

[2]) Ἀνάγκη δὲ καὶ τὴν θρεπτικὴν ψυχὴν ἐνεργείᾳ μὲν ἐν τοῖς ἔχουσιν εἶναι μίαν, δυνάμει δὲ πλείους. ὁμοίως δὲ καὶ τὴν αἰσθητικὴν ἀρχήν· πάντα γὰρ ἔχοντα αἴσθησιν τὰ δ'αιρούμενα αὐτῶν. Aristote, *De Juventute,* cap II — Cfr *De anima,* II, cap 2, § 8

cipe de vie est de même espèce qu'avant la division » [1]

Ailleurs il s'exprime en ces termes « Ces plantes, après qu'on les a divisées et que leurs parties ont été séparées les unes des autres, continuent néanmoins à vivre · elles témoignent ainsi que s'il y a chez elles un seul principe actuel de vie, il y en a plusieurs en puissance Nous voyons la même chose se vérifier chez les articulés quand on les coupe en morceaux, car chacune des parties ainsi séparées possède la sensibilité et la locomotion et, si elle possède la sensibilité, elle doit aussi avoir l'imagination et le désir » [2].

33. L'hérédité. — Une autre propriété des êtres vivants est l'*hérédité*

Les découvertes récentes de la biologie sur la fécondation ont levé un coin du voile qui recouvre les phénomènes de transmission héréditaire ; il est donc naturel de reporter plus loin, à l'endroit où nous serons amenés à parler de la fécondation, l'étude physiologique de l'hérédité

[1] Τὰ δὲ φυτὰ καὶ τῶν ζώων πολλὰ διαιρούμενα ζῇ, καὶ δοκεῖ τὴν αὐτὴν ψυχὴν ἔχειν τῷ εἴδει *De anima*, 1, 4

[2] Ὥσπερ γὰρ ἐπὶ τῶν φυτῶν ἔνια διαιρούμενα φαίνεται ζῶντα καὶ χωριζόμενα ἀπ' ἀλλήλων, ὡς οὔσης τῆς ἐν τούτοις ψυχῆς ἐντελεχείᾳ μὲν μιᾶς ἐν ἑκάστῳ φυτῷ, δυνάμει δὲ πλειόνων, οὕτως ὁρῶμεν καὶ περὶ ἑτέρας διαφορὰς τῆς ψυχῆς συμβαῖνον ἐπὶ τῶν ἐντόμων ἐν τοῖς διατεμνομένοις καὶ γὰρ αἴσθησιν ἑκάτερον τῶν μερῶν ἔχει καὶ κίνησιν τὴν κατὰ τόπον, εἰ δ' αἴσθησιν, καὶ φαντασίαν καὶ ὄρεξιν II, 2

CHAPITRE II

ORIGINE DE LA VIE ORGANIQUE.

---

34. Origine immédiate des organismes vivants. — Les organismes vivants sont capables de se reproduire, c'est-à-dire de donner naissance a un organisme nouveau semblable à l'organisme generateur.

Il importe de distinguer d'abord la *multiplication* de la vraie *reproduction*

La reproduction véritable se fait au moyen de cellules spéciales préparees par l'être vivant, cellules dont chacune est capable de regenérer un être complet Lorsque ces cellules spéciales font défaut, il y a simple multiplication

La multiplication 1º Le mode le plus élementaire de multiplication peut s'appeler du nom de *fissiparité* ou de *simple division*. On ne le rencontre qu'aux degres les plus inférieurs de la vie, chez les êtres unicellulaires, qui ne présentent pas d'organe spécial affecté à la reproduction la cellule entière s'accroît, et à un moment donné se divise l'organisme générateur fait place à deux organismes nouveaux qui peuvent être considérés l'un et l'autre, au même titre, comme les représentants du type parent A ce degre de l'echelle des êtres, génération et division cellulaire c'est tout un l'acte de reproduction résulte d'un excès de croissance de l'organisme qui dépasse son volume normal

On rencontre aussi dans les organismes pluricellulaires des modes de multiplication qui se rapprochent de la fissiparité. Telle est la multiplication par *hormogonies* dont les algues bleues nous donnent un bel exemple Certains fragments se détachent de ces algues filamenteuses et donnent ainsi naissance a un être nouveau Ce cas peut être comparé aussi au bourgeonnement qui est le deuxième mode de multiplication

2° A un degré plus eleve de la vie. nous trouvons déjà la fonction de multiplication localisée en un certain point de l'organisme reproducteur En un endroit determine du corps, quelques cellules s'accroissent, se divisent, comme dans le cas précédent, mais restent ensemble, formant un *bourgeon* ou un germe Tantôt ce bourgeon reste uni à son générateur et vit en colonie avec lui, tantôt, a un certain stade de son développement, il s'en detache, et devient un individu indépendant, de la même espèce On retrouve cette reproduction par bourgeonnement, entre autres, chez la plupart des spongiaires et chez un certain nombre de polypes.

La reproduction proprement dite Elle se fait, avons-nous dit, par certaines cellules spécialement préparées dans ce but On en distingue deux especes la reproduction agame et la reproduction sexuee.

1° Dans la reproduction agame, chaque cellule préparée par l'organisme et destinée a régénérer un organisme semblable, peut par division et différenciation successive reproduire un nouveau spécimen de l'espèce On donne aussi à ce mode de reproduction le nom de reproduction par spores Ces spores sont endogènes ou exogènes, c'est-à-dire qu'elles sont produites et contenues ou bien dans un organe spécial, ou bien dans un simple renflement superficiel Beaucoup d'algues se reproduisent de cette manière

2º La conjugaison qu'on appelle aussi reproduction par fusionnement, est le premier mode de reproduction qui exige la coopération de deux individus dans l'acte générateur. Le phénomène se présente chez les « Spyrogyrées » Ces algues, après s'être reproduites par simple division cellulaire, rapprochent leurs filaments et les mettent en lignes parallèles. Deux cellules en regard l'une de l'autre, s'envoient des bourgeons, qui finissent par se rencontrer et se fusionner : l'une des deux cellules, par le canal ainsi formé, se vide dans l'autre, les deux protoplasmes réunis forment une nouvelle membrane et constituent une cellule unique d'où germera plus tard une algue identique aux algues originelles

Dans ce mode de reproduction, les éléments générateurs sont doubles, il est vrai, mais paraissent en tout semblables, les plus puissants microscopes et les plus patientes recherches n'ont fait découvrir entre les deux cellules reproductrices aucune différence. Sur le même filament, une des deux cellules se vide, l'autre reçoit le protoplasme sans que rien dans la structure cellulaire ait pu faire prévoir ce mode différent d'action des deux éléments. C'est le cas d'*isogamie*.

Mais plus haut dans la série des êtres vivants, la division du travail s'accentue davantage : la reproduction ne devient alors possible que dépendamment du concours de deux éléments de forme différente : c'est l'*heterogamie*.

Nous avions déjà fait remarquer que la loi du progrès dans la série des êtres vivants, c'est la division du travail, c'est-à-dire la spécialisation des fonctions ; nous voyons que l'étude de la fonction de reproduction nous offre une application nouvelle de cette loi

Étudions de plus près la reproduction sexuelle par hétérogamie

35. Reproduction sexuelle par hétérogamie. Fécondation. Les phénomènes héréditaires. — Il y a des espèces où les deux sexes sont réunis chez le même individu (hermaphrodisme) [1]), mais, aux degrés les plus élevés de la vie, la division du travail s'accentuant toujours, les sexes sont séparés et la génération n'est possible que par l'union des produits sexuels de deux individus de sexe différent La femelle produit l'*œuf* ou l'*ovule*, le mâle produit l'élément fécondant ou le *spermatozoïde*, deux éléments organiques formés dans des organes spéciaux

Le protoplasme de l'ovule est chargé d'enclaves nutritives qu'on appelle *deutoplasme* ou *vitellus (Pl I, fig 2, A)*

Les *spermatozoïdes* ont la forme de petits corps arrondis, munis d'ordinaire d'un ou de plusieurs filaments mobiles, contractiles, la tête est le noyau transformé de la cellule sexuelle mâle *(Pl I, fig 2, B)*

Avant d'arriver à maturité, l'ovule et le spermatozoïde subissent respectivement une série extraordinairement remarquable de transformations qui consistent dans la réduction du nombre de leurs chromosomes cette réduction se fait au cours de deux cinèses consécutives, appelées cinèses de maturation

Le noyau d'une cellule quelconque contient un nombre fixe de corpuscules allongés, d'une composition spéciale, corpuscules qu'on désigne sous le nom de bâtonnets ou de chromosomes Ce nombre de corpuscules, disons-nous, est fixe pour chaque espèce, par exemple, 16 ou 24 ou 32

A chaque division cellulaire, les bâtonnets se clivent sur toute leur longueur et produisent ainsi deux bâtonnets filles ;

---

[1]) Dans la fécondation de l'hermaphrodite deux cas sont possibles ou bien, l'hermaphrodite pourra se féconder lui-même, comme cela se réalise chez les platodes hermaphrodites, ou bien, comme cela se présente chez les lombrics, deux individus hermaphrodites se transmettent mutuellement des éléments mâles on dit dans ce dernier cas qu'il y a fécondation réciproque

chacun des noyaux provenant de la division reçoit une des moitiés de chaque chromosome, en sorte que toutes les cellules filles possèdent le nombre normal de chromosomes

Au terme des deux divisions préparatoires à la maturation, les quatre cellules qui en résultent ne contiennent chacune que la moitié du nombre des chromosomes renfermés dans une cellule somatique ou cellule ordinaire du corps

D'où provient cette réduction ?

Pendant le long stade qui précède les cinèses de maturation, les chromosomes s'accolent deux à deux dans le noyau Tandis que la première division se réalise, il se produit une séparation non point des moitiés longitudinales des bâtonnets préalablement clivés, mais de chromosomes entiers préalablement accolés Les noyaux filles ne possèdent donc que la moitié des chromosomes des noyaux parents

Immédiatement après, chacun des noyaux filles subit une division nouvelle Il en résulte finalement quatre noyaux et par conséquent quatre cellules où l'on ne retrouve que la moitié du nombre de chromosomes propre à l'espèce Ce phénomène se passe dans les deux éléments sexuels. Dans l'élément mâle, les quatre cellules réduites deviennent toutes des spermatozoïdes Dans l'élément femelle une des quatre seulement acquiert des réserves suffisantes pour produire un être nouveau Les trois autres conservent des dimensions restreintes et constituent les globules polaires.

La fécondation Elle débute par la pénétration du spermatozoïde dans l'œuf, la queue est abandonnée à l'entrée Arrivée dans le protoplasme de l'œuf, la tête du spermatozoïde prend de nouveau la forme d'un noyau ordinaire. Ce noyau s'appelle le *pronucleus mâle* Celui de l'œuf est le *pronucleus femelle*

La formation des deux pronucleus est le phénomène préliminaire de la fécondation

La fecondation consiste principalement dans la fusion des deux pronucleus mâle et femelle, pour constituer un noyau unique, le noyau de segmentation, elle a pour effet « de constituer une cellule initiale de l'organisme nouveau » [1]

Comme les pronucleus ne possedent chacun que la moitié du nombre normal de chromosomes, leur union, en donnant naissance à un noyau unique, rétablit ce nombre normal et produit une cellule d'origine vraiment double

Dans le règne végétal, les phénomènes de la fécondation sont essentiellement les mêmes que dans le règne animal Là aussi une cellule femelle rencontre l'elément mâle, et la fecondation encore une fois n'est que l'union intime de ces deux éléments organiques

La cellule ainsi formée semble pourvue de toute l'énergie necessaire pour se transformer, en passant par une série de stades de plus en plus complexes, en un individu semblable aux parents

Nous venons de dire ce qu'est le fait de la fecondation Il est interessant de pousser l'investigation plus loin, et de nous renseigner sur l'interpretation du fait observe

Nous avons vu que, a prendre les choses de haut, il y a, dans le phénomène de la fécondation, deux stades.

Les éléments sexuels, au cours du premier stade, reduisent leur nucléine, la fécondation, en unissant les deux masses nucleaires réduites, replace la cellule dans les conditions naturelles d'activité et de multiplication

Il est vraisemblable que ces deux phénomenes, l'un de réduction, l'autre de reconstitution, de fecondation sont deux actes d'un même drame, deux stades de l'évolution d'un même phénomène.

Pour en découvrir la signification, il faut, semble-t-il, tenir

---

[1] Delage, *La structure du protoplasma et les théories sur l'hérédité et les grands problemes de biologie generale* Paris, Reinwald, 1895, p 143

compte de certains modes anormaux de développement de l'œuf, à savoir la parthénogénèse tant artificielle que naturelle et la mérogonie

Dans la parthénogénèse, un œuf destiné à être fécondé se développe sans qu'un spermatozoïde lui ait rendu en s'unissant a lui le nombre normal de chromosomes On peut obtenir artificiellement ce résultat en faisant agir sur l'œuf certaines solutions salines, mais dans ce cas le développement s'est toujours arrêté jusqu'ici à la forme larvaire

La mérogonie est toujours artificielle Elle consiste dans la fusion d'un spermatozoïde et d'un œuf privé de noyau, ou même d'une partie seulement du protoplasme de l'œuf Cette fusion donne des larves normales, typiques du groupe

Quel est maintenant l'effet de la fécondation sur l'œuf ?

La fusion des deux pronucleus a un double effet elle rend l'œuf capable de se développer Ce phénomène se désigne sous le nom d'embryogénèse De plus, elle assure au nouvel être les propriétés des deux organismes reproducteurs Ce fait s'appelle l'amphimyxie

Certains auteurs attribuent l'amphimyxie, à laquelle se rattache le phénomène d'hérédité, au noyau et à lui seul L'embryogénèse aurait pour cause soit l'apport d'un corpuscule central (Boveri), soit une simple excitation physique provenant du spermatozoïde (Spencer) D'autres attribuent à la fois les phénomènes d'amphimyxie et d'embryogénèse au protoplasme et au noyau Parmi ces derniers, plusieurs accordent en outre un rôle important au corpuscule central

Que faut-il penser de ces opinions, et surtout quel parti peut-on tirer de la parthénogénèse et de la mérogonie ?

Il serait, d'évidence, peu scientifique de recourir à ces faits anormaux pour expliquer la fécondation normale, puisque jusqu'ici le développement constaté dans ces différents cas s'est arrêté a la larve L'expérience d'ailleurs semble prouver que le concours de l'autre élément conjugué est aussi necessaire à l'évolution complète qu'à la détermination du produit final

L'opinion de Boveri n'est guère admissible D'après cet auteur, on le sait, l'œuf n'a point de centrosome et se trouve partant incapable de se developper s'il est abandonné à lui seul Le but principal de la fecondation serait donc d'apporter à l'œuf un centrosome [1])

Or les expériences de parthénogenese contredisent pareille interprétation D'autre part, a s'en tenir aux données actuelles de la science, il paraît probable que l'œuf non fécondé possède un centrosome Enfin, rien ne prouve que le centrosome du spermatozoide soit nécessaire a la fecondation, car on le perd de vue depuis le moment de la pénétration dans l'œuf jusqu'a la premiere segmentation.

Le noyau serait-il seul a transmettre les propriétes hereditaires ?

Les faits ne nous autorisent point à lui accorder ce rôle exclusif. Le protoplasme comme le noyau prend part a la fusion, et quelque reduit qu'il soit, il est toujours représenté dans les deux elements sexuels Cependant, le soin que met la nature à partager exactement la substance chromosomiale entre les cellules filles paraît indiquer que cet élément exerce une influence prépondérante dans la constitution de la cellule nouvelle

Quoi qu il en soit, la fecondation demeure toujours l'union de deux entités vivantes pour constituer un seul et même être qui relève ainsi d'une double origine Quel est le but, quels sont les avantages de cette double origine ? Jusqu'ici aucune hypothèse ne nous a donne la solution de ce delicat probleme.

Tout être vivant tend à ressembler a celui ou à ceux qui

[1]) Delage, *La structure du protoplasme*, p 325

lui ont donné naissance, ou, en termes plus usuels et plus concis, tout être vivant reproduit son semblable

Jusqu'où va cette similitude persistante de caractères entre les descendants d'une même série végétale ou animale ?

Les théories évolutionnistes ont donné une importance capitale à l'étude des phénomènes héréditaires. L'école Darwinienne avait intérêt à montrer le rôle de l'hérédité chez les êtres vivants ; on s'est attaché à faire ressortir l'influence qu'elle exerce sur toute la vie de l'homme, sur des particularités délicates de l'organisme, même sur les dispositions des facultés psychiques.

Les découvertes récentes de la biologie sur la fécondation, ayant, comme nous le disions plus haut (33), rendu moins ténébreux ces phénomènes de transmission héréditaire, il est naturel de rattacher à l'étude du phénomène de la fécondation, l'étude physiologique de l'hérédité.

36. Les hypothèses sur la nature des phénomènes héréditaires.

— En étudiant le phénomène de la fécondation, nous avons vu que la première cellule embryonnaire se forme aux dépens de deux éléments différents, issus l'un de l'ovule, l'autre du spermatozoïde. On comprend, dès lors, comment l'embryon participera de la nature et des caractères des deux cellules parentes qui ont servi à le constituer : le pronucleus femelle transmettra au descendant les caractères maternels ; le pronucleus mâle les caractères paternels, et la première cellule embryonnaire tiendra plus ou moins de l'un et de l'autre. Comme les deux pronucleus parents sont eux-mêmes l'un et l'autre le produit d'une conjugaison de même nature que celle dont ils sont présentement les auteurs, on comprend qu'un ovule fécondé porte à la fois la trace de plusieurs générations successives, et que l'enfant ressemble, non seulement à ses parents, mais encore à ses grands-parents et à ses arrière-grands parents.

Mais comment ces caractères ancestraux sont-ils repré-
sentés dans la cellule primitive ?

En vertu de quelle loi physiologique transmet elle a
l'embryon, qu'elle forme par divisions successives, les traits
individuels des parents et des ancêtres ?

Des hypothèses sans nombre ont surgi pour résoudre cette
question

Une théorie, séduisante à première vue, est celle mise en avant
par le naturaliste Weismann Elle eut un moment de retentissement, mais semble déjà tombée en discrédit

Dans les organismes unicellulaires, observe Weismann, l'hérédité
se comprend sans trop de peine Les organismes, en effet, s'accroissent par l'assimilation de substances empruntées au milieu
extérieur, à un moment donné, ils se divisent en deux moitiés qui
sont si bien les mêmes sous le double rapport de la taille et de la
structure, qu'il est absolument impossible de dire laquelle des
deux est la plus jeune ou la plus vieille Des organismes pareils
sont donc tout simplement immortels) Il suffit de les mettre
à l'abri des agents extérieurs de destruction pour qu'ils prolongent
indéfiniment leur existence Chaque type de ces espèces unicellulaires, telles que les rhizopodes et les infusoires, est plus ancien
que notre espèce, on peut quasi le considérer comme contemporain
des premières origines de la vie sur notre globe

Pour ces organismes unicellulaires, la transmission des caractères héréditaires s'explique par le seul fait de la continuité de
l'individu, grâce au processus d'assimilation. L'hérédité n'est donc
pas plus obscure que l'assimilation qui entretient la vie

Mais il n'en est pas de même lorsqu'il s'agit d'organismes multicellulaires Ici, la reproduction n'est pas un simple phénomène de
division du type en deux parties identiques Le corps des progéniteurs ne passe pas dans son intégralité à leur progéniture Comment
s'explique donc, dans ce cas, l'hérédité ?

Dans ce cas, répond Weismann, il faut distinguer chez l'individu

---

') Weismann fait erreur Cette affirmation est aujourd'hui controuvée
Les expériences de Dallinger, de Maupas, etc ont montré que la vie
des êtres unicellulaires finit par s'épuiser Après un certain nombre de
générations, c'est-à-dire de divisions, les organismes ont besoin de
retremper leur vitalité dans la fécondation Voir dans notre étude sur
La définition de la vie, p 18, un extrait des Archives de zoologie expérimentale de Lacaze-Duthiers, 1888, où la mortalité des Stylonychies est
dûment établie.

deux sortes de cellules, les unes *somatiques*, les autres *germinatives*, le *somoplasma* et le *plasma germinatif*

La masse des corps est faite des premières

Les secondes ne servent aucunement à la vie de l'individu, mais exclusivement à la perpétuation de l'espèce Chacune d'elles peut, moyennant certaines conditions, engendrer un organisme complet, de même espèce que l'organisme parent et doué des mêmes particularités individuelles que ce dernier

Mais, comment comprendre qu'une simple cellule reproductrice reproduise le type entier avec toutes ses particularités ?

La réponse à cette question gît, selon Weismann, dans la *continuité de la substance des cellules germinatives* ou du *plasma germinatif*

« Je crois, dit-il, que l'hérédité dépend de ce fait, qu'une portion de la cellule embryonnaire, le plasma germinatif, demeure invariable durant l'évolution de l'ovule et la formation de l'organisme, et que ce plasma germinatif serve de base aux cellules germinatives du nouvel organisme Pour employer une métaphore, nous disons que le plasma germinatif est comme une de ces longues tiges rampantes d'où sortent par intervalles des plantes ; ces plantes représentent les individus des générations successives » [1].

Une des grosses difficultés que soulève l'hypothèse de Weismann, c'est que les caractères acquis par l'individu ne seraient point directement transmissibles Les cellules germinatives étant, en effet, seules transmises aux descendants, les modifications des cellules somatiques ne pourraient passer à la postérité que dans la mesure où elles se répercuteraient sur les cellules reproductives Aussi Weismann doit-il s'attacher à montrer que les caractères acquis restent l'apanage de l'individu qui les acquiert [2]

Plus tard, Weismann voulut préciser son idée, en émettant une autre hypothèse : la célèbre théorie des « déterminants » Les derniers éléments vivants sont des unités infiniment réduites, que l'auteur nomme biophores Ils sont les facteurs des caractères de la cellule, leur nombre est en raison directe de celui des caractères élémentaires de la cellule

Ces biophores ne sont pas disséminés au hasard, mais forment des groupes correspondant aux cellules et aux organes ; l'auteur les nomme « les déterminants »

Les déterminants aussi se nourrissent, s'accroissent et se divisent

Or, dit Weismann, dans le plasma germinatif, chaque partie de

[1] Ces lignes sont empruntées à la traduction anglaise de la collection des mémoires de Weismann *On continuity of the germplasm*, p 273 — Cfr un autre mémoire *Essays upon heredity*, pp 75 et 105

[2] *Ibid*, pp 273-276.

l'organisme est représentée, à une place donnée, par le ou par les déterminants qui lui appartiennent, cette place est fixe pour tous les individus de la même espèce

L'auteur nomme « ide » ce groupe à structure définie contenant tous les déterminants nécessaires au développement de l'organisme

Dans la cellule primitive il y aurait un certain nombre de groupes d'« ides », que l'auteur nomme « idantes », qui correspondraient aux bâtonnets de la cellule

Si l'hypothèse était prouvée, l'explication de l'hérédité serait simplifiée, car la cellule embryonnaire ne ferait que représenter fidèlement, par ses biophores, les divers groupes de cellules des organismes générateurs

Mais ces hypothèses du professeur Weismann sont absolument gratuites Elles attendent toujours leurs premières preuves d'expérience ou d'observation. « La faute n'en est pas à Weismann, dit Yves Delage, mais au système lui-même, dont l'hypothèse fondamentale est fausse Il n'y a point, dans le plasma germinatif, des particules distinctes représentant les parties du corps ou les caractères et propriétés de l'organisme » ')

Nous avons insisté longuement sur ces théories de Weismann, parce qu'elles ont eu un retentissement immense, et ne font, pour ainsi dire, que condenser la plupart des hypothèses émises sur l'explication physiologique de l'hérédité.

Les « unités physiologiques » de Spencer jouent, au fond, le même rôle que les biophores de Weismann De même, les gemmaires de Haacke les plastidules de Erlsberg et de Hæckel, les micelles de Nageli, les bioblastes d'Altmann toutes ces théories reposent sur la même idée l'enfant ressemble à ses parents, parce que, dans la cellule embryonnaire, il y a des éléments qui représentent l'organisme des parents.

Tout récemment, M Delage a proposé une nouvelle théorie, s'appuyant sur des bases différentes, qu'il a nommée la théorie des causes actuelles

Selon lui, il ne faut point chercher dans l'œuf la seule cause physiologique de l'hérédité L'œuf n'est qu'un des facteurs indispensables à la reproduction identique des phénomènes évolutifs, les autres facteurs, non moins indispensables, sont situés en dehors de lui

« L'œuf a une composition physico-chimique extraordinairement délicate et précise, à laquelle on ne peut presque rien changer sans le détruire, et à laquelle il faut cependant sans cesse changer quelque chose sous peine de le voir mourir, car l'œuf ne peut pas s'arrêter et attendre quand il a commencé à se développer.

') Delage, *ouv cite*, p 719

» Il ne peut donc évoluer que s'il est soumis a des soins incessants et exactement appropriés Ces soins lui sont fournis par les
conditions ambiantes Il est donc pris entre ces deux alternatives
rencontrer a chaque instant les conditions qui lui sont précisément
nécessaires à ce moment, ou mourir

» C'est la toute l'explication de l'hérédité

» Car ces conditions sont précisément celles qu'a rencontrées
l'œuf du parent a chaque stade correspondant

» Il est donc inévitable qu'il suive la même évolution que l'œuf
du parent, puisqu'il a la même constitution physico-chimique que
lui, et rencontre dans le même ordre une série de conditions identiques rigoureusement déterminées » [1]

De fait, une semblable hypothèse ne peut rien prouver M Delage
suppose l'évolution de l'œuf dans des conditions identiques c'est
une condition nécessaire dans sa théorie Or rien n'est moins probable Les conditions générales sont les mêmes, il est vrai, mais il
existe une infinie variété dans les détails, un nombre immense de
causes diverses peuvent exercer leurs influences pendant la vie
embryonnaire D'ailleurs, comment ces « conditions ambiantes »
peuvent-elles expliquer, par exemple, la formation au même endroit
du visage d'un nœvus, ou d'un trait spécial ? M Delage est bien
forcé d'admettre, que la cause première de cette particularité doit
être cherchée dans l'œuf [2]

Mais il se contente de l'affirmer, il ne l'explique point

L'éminent professeur a fait justice de ses théories, en reconnaissant lui-même qu'il « sent parfaitement que partout elles sont
trop générales, trop vagues, et qu'elles présentent d'immenses
lacunes » [3]

37. Confirmation de la conception finaliste de la vie.

— Nous avons parcouru les principales théories émises pour
résoudre les problèmes de l'hérédité Il faut bien le reconnaître, aucune ne présente une solution

D'admirables découvertes nous ont partiellement montré
le « comment » du jeu complexe de la matière dans les

---

[1] Delage, *ouv cite*, p 777

[2] Cfr p 785

[3] Cfr p 839 Voir aussi un exposé historique complet et une discussion des théories sur l'hérédité chez O Hertwig, *Die Zelle und die
Geuebe*, 9es Cap. (Vererbungstheorieen) Jena, 1892

phénomènes vitaux, mais on a tort de demander à la matière seule le « pourquoi » dernier de son mode d'action

Il faut se ressouvenir que l'être vivant possède un principe de finalité immanente, en vertu duquel il tend naturellement à la formation, à la conservation, à la reproduction d'un type déterminé (**29**)

La transmission de caractères héréditaires des parents aux descendants, vérifie cette loi générale en vertu de laquelle les êtres vivants ont dans leur nature de se reproduire

D'après cela, deux types parents de même espèce ont pour tendance naturelle et pour loi de reproduire un type de même espèce qu'eux.

Chacun des deux types a pour tendance propre de reproduire en outre ses caractères individuels

La combinaison des tendances respectives des progéniteurs, de concert avec l'influence variable du milieu, doit amener dans le produit de la fécondation certaines variations, mais circonscrites par les limites de l'espèce

Or, la persistance des caractères spécifiques et l'apparition de caractères accidentels nouveaux plus ou moins semblables aux caractères accidentels des progéniteurs, tels sont précisément les deux faits que l'on embrasse sous le nom générique de « phénomènes d'hérédité »

Nous avons étudié l'origine immédiate de la vie Quelle est l'origine première des êtres vivants ?

38. L'origine première des êtres vivants. — L'être vivant descend donc immédiatement, par les procédés que nous avons décrits, d'êtres vivants semblables à lui Ces êtres vivants eux-mêmes avaient été engendrés par d'autres êtres vivants, jusqu'où peut-on remonter cette série ascendante de générations ?

Il est de fait que la vie a commencé sur notre globe, notre planète a passé par une phase d'incandescence incompatible

avec l'existence des êtres vivants qui la peuplent aujourd'hui
D'où venaient donc les premiers organismes ?

De germes tombés d'une autre planète, comme l'a imaginé
Thompson ? C'est une supposition fantaisiste qui ne fait que
déplacer la difficulté.

D'êtres dépourvus de vie, par « génération spontanée » ?

Jusqu'à la fin du XVIIe siècle, on a cru à certains cas de
génération spontanée ; on croyait que les vers qui se développent sur une chair en putréfaction provenaient de la
décomposition des corps putrides ; on croyait que des gre-
nouilles pouvaient être engendrées dans la boue d'un lac
sous l'action vivifiante du soleil ; des insectes, des rats, des
souris, pouvaient, croyait-on, naître sans l'intervention d'êtres
vivants antérieurs

Mais, aujourd'hui, il n'y a plus un seul savant qui osât, au
nom de l'observation, admettre la production d'êtres vivants
sans parents, par l'action exclusive d'agents inorganiques
Les expériences de Redi, de Schwann, de P Van Beneden,
de Pasteur et de Tyndall ont fait justice de l'ancien préjuge

En 1668, Redi, de Florence, y porta le premier coup Au
milieu de l'été, il plaça un morceau de viande, abrité sous
une gaze, à côté d'un autre morceau exposé en plein air
Ce dernier seul fut envahi par les vers Pourquoi ? Parce
que la gaze avait empêché les mouches de déposer leurs
œufs sur le premier et que les prétendus vers ne sont que
les larves de ces mouches, qui trouvent leur pâture dans
la viande corrompue.

Les partisans de la génération spontanée furent forcés
de descendre l'échelle des êtres, pour y chercher des
exemples de formation directe

Ils invoquaient l'exemple de certains vers qui ne semblaient pas pouvoir se reproduire, car on n'avait pas trouvé
d'œufs chez eux, et qui cependant apparaissaient dans des
cavités inaccessibles de l'organisme, dans le péritoine du

lapin, par exemple, dans la profondeur des muscles du porc,
ou dans le cerveau du mouton

Longtemps on attribua l'origine de ces êtres vivants,
nommés plus tard *cysticerques*, a la viciation des humeurs,
a l'alteration de certains tissus de l'organisme

Or, P Van Beneden a montré que ces cysticerques ne
naissent point spontanement dans les organes où l'observateur les trouve loges, mais representent une des formes
d'un cestode et l'organe, ou ils sont loges, une des etapes
de la vie parasitaire de ces vers etranges

Chez le chien, par exemple, il y a un de ces parasites
un ver semblable au ver solitaire de l'homme, le *taenia
serrata*, forme de tres nombreux segments dont chacun
renferme des œufs en quantité prodigieuse Les dejections
du chien sement ces œufs sur les plantes que broutent le
lapin ou le hèvre Introduits dans le corps de ces rongeurs,
les œufs éclosent et donnent naissance a un ver vesicu-
laire pourvu de crochets et de ventouses c'est la forme
qui, dans la metamorphose du parasite, porte le nom de
cysticerque

Chez le hèvre ou le lapin, le cysticerque ne se reproduit
pas ce qui a permis de croire qu'il avait dû y naître sans
être engendre par un vivant antérieur

Mais qu'un carnivore, le chien, par exemple, mange des
matières infectées par ces cysticerques, la vesicule y trouve
un milieu, — l'estomac du chien, — où elle se dissoudra , le
ver, mis en liberte, deviendra dans l'intestin grêle, ou il se
développera en forme de ruban, le ténia, dont chaque segment se remplira d'œufs à son tour Les œufs de ces divers
segments sont le point d'origine de la série de métamor-
phoses et de migrations que nous venons de decrire [1])

[1]) P Van Beneden expose en ces termes sa remarquable decouverte
« Les poissons m'avaient mis sur la voie, dit-il, j'avais suivi de pres
certains vers très caractéristiques qui vivaient sous une forme simple

L'origine mystérieuse du ver solitaire est donc expliquée ; elle se trouve conforme à la loi générale de reproduction des êtres vivants

Les partisans de la génération spontanée semblaient à bout d'arguments, lorsque le microscope révéla un monde nouveau d'organismes si voisins en apparence des atomes de la matière que le passage de celle-ci à la vie semblait devoir être facile Des infusions animales et végétales exposées à l'air furent trouvées fourmillantes de créatures, visibles seulement à l'aide du microscope La difficulté d'assigner une origine à ces « infusoires » conduisit naturellement à la supposition de l'hétérogenèse

dans certains poissons, et qui, passant avec leur hôte dans l'estomac d'un autre, achevaient dans celui-ci leur toilette et leur évolution J'avais assisté à tous leurs changements de forme depuis le berceau jusqu'à la tombe, en les poursuivant de poissons en poissons, ou plutôt d'estomac en estomac En effet, ces parasites sont perpétuellement en voyage et changent constamment d'hôte, et en même temps de vêtements et d'allures, de sorte que souvent, au terme du voyage, ils ne conservent plus que des haillons informes pour loger leurs œufs ou leur progéniture

» L'histoire du ver solitaire de l'homme *(Tœnia solium)* nous permettra de comprendre les autres

» Chaque segment de ténia est un être complet qui renferme en lui un appareil entier et très compliqué pour la fabrication des œufs

» Si le porc tombe sur la matière fécale d'une personne infectée par un de ces vers, il est bientôt infecté lui-même et devient ce qu'on appelle ladre ; dans cette matière fécale il y a, ou des œufs libres qui sont évacués par le ver, ou bien des fragments, connus longtemps sous le nom de Cucumerins, et qui sont pleins d'œufs

» Ces fragments de ténia, que j'ai proposé de nommer proglottis, et qui ne sont autre chose que le ver dans toute sa maturité sexuelle, sont encore vivants et se tordent sur eux-mêmes au moment de leur évacuation, ou ils sont morts et souvent complètement desséchés ; mais dans l'un comme dans l'autre cas, ils sont remplis d'œufs Chaque œuf est entouré de membranes et de coques qui le protègent efficacement contre tout acte dangereux

» Un fragment de ténia à maturité, c'est-à-dire chargé d'œufs, introduit dans l'estomac du porc, se digère rapidement et les œufs sont mis à nu Ceux-ci, par l'action du suc gastrique, perdent leur coque, et de l'œuf sort un embryon singulièrement armé Il porte en avant deux stylets dans l'axe du corps, et sur le côté à droite et à gauche deux

Mais les observations précises de Pasteur et de Tyndall
démontrèrent, d'une façon décisive et complete, que ce qui
communique la vie à ces infusions ce sont des êtres
vivants, organisés, qui flottent dans l'atmosphère et se
déposent partout où l'air libre peut pénetrer [1]

Il est acquis définitivement aujourd'hui que la putréfaction, les fermentations, la propagation des maladies épi-
demiques sont dues à la multiplication d'êtres organisés,
qui se reproduisent suivant la loi générale qui régit les
organismes.

Partout où la vie apparaît, on la trouve liée a une vie
antérieure *Omne vivum ex vivo , omnis cellula a cellula* [2]

autres stylets recourbés au bout qui agissent comme des nageoires Ces
embryons laboureront les tissus comme la taupe qui creuse la terre Les
stylets du milieu sont poussés en avant comme le groin de l'insectivore
et les deux stylets latéraux agissent comme les membres, prenant leur
point d'appui dans les tissus en poussant la tête en avant C'est ainsi
que ces embryons perforent les parois du tube digestif

» Un œuf de *Tænia solium*, au lieu de passer dans l'estomac du porc,
peut être avalé par l'homme L'éclosion s'accomplit de la même manière
dans son estomac, et l'embryon va se loger dans l'une ou l'autre cavité
close , on en a trouvé dans le globe de l'œil, dans les ventricules du
cerveau, dans le cœur ou dans les muscles » P Van Beneden, *Com-
mensaux et parasites*, pp 96 et 193-195 Cfr *La vie animale et ses
mysteres*, p 21

[1] Cfr Tyndall, *La lumière*

[2] Un instant, les partisans de la géneration spontanée ont espere
rentrer en lice On avait, croyait-on, découvert au fond de l'océan une
substance gélatineuse qui devait servir de transition spontanée entre le
règne inorganique et le règne de la vie Le sectaire Hæckel s'empara
de la découverte avec enthousiasme , Huxley y vit du protoplasme et
baptisa le produit du nom de *Bathybius Hæckelii* Malheureusement,
des explorateurs consciencieux demontrerent bientôt que le *Bathybius*
n'était que de la boue et nullement une substance à moitie minérale
s'essayant à la vie

On aurait pu croire que l'erreur était dès lors definitivement dissipée
parmi les savants, mais le président du Congres scientifique de Sheffield,
en 1879, M Allman, l'a remise au jour Dans son discours présidentiel,
dont le *protoplasme* faisait le sujet, il s'est occupé du *Bathybius* et voici
en quels termes « Pendant le voyage scientifique fait par le *Porcupine*,
dit-il, les naturalistes attachés à l'expédition ont ramene de profondeurs

Et cependant, avons-nous dit, il est incontestable que la vie a commencé sur notre globe Comment donc a-t-elle commencé ?

Puisque l'hypothese des générations spontanées ne possede plus, dans l'état actuel de la science, aucun degré de probabilité, il faut admettre que la vie doit sa premiere origine a une intervention directe de l'Auteur de la nature

variant de un a huit kilometres une quantité considérable de matière limoneuse d'un aspect particulier. En l'examinant sur le-champ, on y constatait l'existence de mouvements spontanés qui indiquaient que cette matière etait evidemment vivante Plusieurs échantillons, conservés dans l'esprit de vin, ont été examines par M le professeur Huxley qui a constaté qu'ils etaient composés de protoplasme De grands espaces au fond de la mer sont tapissés de quantités énormes de cette substance a l'état vivant Huxley a donné a ce limon merveilleux le nom de « Bathybius Hœckeli » M Allman continue, en temoignant son étonnement que tout le monde n'admette pas les conclusions de M Huxley et celles de M Hæckel au sujet du Bathybius

M Huxley, present a la séance, demanda la parole, mais ce ne fut point pour accepter les compliments qui lui etaient destinés Voici un passage de son petit discours humoristique « Veuillez me permettre dit-il, quelques mots pour mon propre compte, afin de prevenir un malentendu possible et que je serais le premier a regretter Dans la première partie de son discours, le president a fait allusion à certaine chose — dois-je ou non dire chose, je ne sais trop, en vous livrant son nom qui est Bathybius ? — et il a ajoute, non sans raison, que cette chose me doit sa notoriete, en tout cas, je ne le cache pas, c'est moi qui l'ai baptisée, et, en un sens, je suis son plus vieil ami Cet interessant Bathybius s'etant lance dans le monde, nombre d'excellentes personnes se sont empressees de prendre cette petite créature par la main, et de lui faire une haute reputation

» Tout marchait a souhait, et j'avais sujet de penser que mon jeune ami Bathybius tournerait a mon honneur Mais je suis tâché d'avoir a le dire, avec le progrès de l'âge, il n'a pas tenu les promesses de sa jeunesse En premier lieu, comme le president vous l'a dit, on ne pouvait pas le trouver quand on avait besoin de lui, en second lieu, quand on le rencontrait, toutes sortes de choses etaient dites sur son compte En vérité, j'ai le regret d'être oblige de vous dire que des personnes d'un caractère grave sont allees jusqu'à assurer qu'il n'est qu'un précipite qui aurait entraîne des matieres organiques S'il en est ainsi, j'en ai du chagrin, car d'autres ont pu tomber dans l'erreur après moi, et j'en suis incontestablement le premier responsable » (Nature, Aug 1879)

Jusqu'où s'est etendue cette intervention ? En d'autres mots, combien y a-t-il eu de types organisés appeles des le principe à l'existence ? Autant qu'il y a eu dans le passé et qu'il y a aujourd'hui d'espèces végétales et animales ?

Ou suffit-il d'admettre la production directe de quelques types primordiaux, qui plus tard se seraient progressivement differencies, de façon à donner naissance a la diversite des organismes des âges paleontologiques et des temps actuels ?

Nous reservons cette question pour ailleurs aussi bien, elle porte sur la perpetuation de la vie plutôt que sur sa premiere origine nous en dirons un mot apres avoir traite de la nature de la vie animale ou sensitive

DEUXIÈME PARTIE.

Vie sensitive ou animale.

— · — —

39. Introduction générale à l'étude de la vie sensitive : Le déterminisme est-il universel ? — Jusqu'a present nous n'avons rencontre dans la nature aucune action qui ne soit soumise à la loi générale du determinisme

La signification de ce nom *déterminisme*, popularisé par Claude Bernard, a besoin d'être précisée

Beaucoup d'auteurs entendent par *déterminisme* une conception générale d'après laquelle tout phénomene de la nature aurait en certains antécedents matériels — mécaniques, physiques, chimiques — sa raison a la fois *nécessaire et suffisante*, en d'autres mots, la *raison déterminante adéquate* de son apparition. Entre le phénomene et ses antécédents, il y aurait donc une loi de consecution nécessaire que les antécedents fassent tous ou en partie defaut, le conséquent ne se produira pas, que les antécédents soient donnes, le consequent devra se produire.

Les materialistes appliquent le determinisme à tous les faits de la nature, non seulement aux phénomènes corporels des règnes soit organique soit inorganique, mais aussi aux actes « psychiques » de la bête, aux actes intellectifs et aux volitions de l'homme, le déterminisme universel ainsi compris est, à l'heure presente, la formule courante du matérialisme. Cette conception de l'univers aurait pour conséquence, que les phénomènes de la nature ne seraient tous que des

« transformations » de forces mécaniques, physiques ou chimiques préexistantes

Or, il est exact que tout phénomène de la nature est conditionné par certains antécédents matériels, l'absence totale ou partielle de ces antécédents empêche donc le phénomène de se produire. Mais il ne s'ensuit pas que la présence de ces antécédents détermine suffisamment l'apparition du conséquent dont ils sont la condition nécessaire. En d'autres mots, certains antécédents matériels, que l'expérience cherche à préciser, sont la condition *nécessaire* de la production de tout phénomène naturel, mais ils n'en sont pas la raison *suffisante*

Il est d'une importance capitale de distinguer avec rigueur ces deux interprétations du déterminisme, l'une matérialiste, subjective d'ailleurs, l'autre basée sur l'expérience et en harmonie avec la philosophie spiritualiste

40. Le déterminisme et l'activité spontanée — Descartes ne voulait voir dans le monde créé que deux espèces de substances : l'esprit, dont l'essence est la pensée, et la matière, dont l'essence est l'étendue. Il n'y aurait donc dans la nature que deux sortes de lois, celles qui régissent l'esprit et celles qui régissent la matière et le mouvement matériel.

L'animal n'aurait pas d'âme supérieure aux principes constitutifs de la matière brute. Tous ses mouvements seraient donc régis exclusivement par les lois de la mécanique : il serait une « machine mouvante », un « automate »

Malebranche [1] a adopté aussi cette opinion bizarre qui est devenue aujourd'hui un des points de doctrine de l'école positiviste et matérialiste.

Huxley [2], entre autres, l'a défendue avec l'autorité qui

[1] *Méditations métaphysiques*, 9me médit
[2] Huxley, *Select Works* « Animal automatism and other essays », pp. 193 et suiv

s'attache à son nom, dans un discours fait en 1871 à l'Association britannique pour l'avancement des sciences, le physiologiste français, Ch Richet [1]) l'a reprise *ex professo*, posant en thèse que tous les mouvements qui se produisent, soit chez l'animal, soit chez l'homme, sont des réflexes plus ou moins compliqués dont certains antécédents mécaniques ou physico-chimiques seraient la cause déterminante adéquate

Nous croyons qu'il n'en est pas ainsi, mais que l'animal et l'homme sont les auteurs de mouvements qui ne sont pas exclusivement soumis aux lois de la mécanique et que nous appelons, pour ce motif, *spontanés*

Qu'est-ce à dire ? Commençons par définir les termes de la question

41. Définition des termes : Mouvements réflexe, automatique, spontané.

— Le réflexe, en général, — on le comprendra mieux après que nous aurons donné quelques notions sur l'anatomie et la physiologie du système nerveux — est un mouvement de réponse à une excitation extérieure, sans intervention préalable de la volonté

Le réflexe le plus simple, dont le réflexe rotulien est le type classique, est le réflexe medullaire · l'excitation qui le provoque aboutit à un centre sensitif de la moelle et « s'y réfléchit » immédiatement sur un centre moteur, c'est de celui-ci que part alors l'incitation motrice d'où provient le mouvement réflexe

D'autres réflexes sont beaucoup plus compliqués, ce sont des réflexes *coordonnés ,* tels ceux qui servent à la déglu-tition, à la succion chez le nouveau-né, au saut chez certains animaux

Les réflexes, soit simples, soit coordonnés, sont les uns *inconscients*, les autres *conscients*, c'est-à-dire remarqués

[1]) Ch Richet, *Essai de psychologie generale*

après coup par la conscience, mais tous, quels qu'ils soient, ont ceci de commun qu'ils se produisent en l'absence d'une volition ou appétition préalable

Voilà ce qu'est le mouvement spontané par opposition au mouvement réflexe [1]) Qu'est-ce qu'un mouvement *automatique*, en quoi diffère-t-il des précédents ?

Le mouvement *automatique*, aussi bien que le réflexe, se produit indépendamment d'un acte de volonté. Mais il diffère du réflexe en ce qu'il a pour cause, non une excitation périphérique, mais une stimulation *interne*

Ainsi, par exemple, le cœur bat automatiquement, même lorsqu'il est detaché de l'organisme

Ainsi encore, les mouvements rythmiques d'inspiration et d'expiration de l'appareil respiratoire s'effectuent automatiquement L'acide carbonique contenu dans le sang veineux agit sur un centre moteur de la respiration et, par voie de conséquence, sur les muscles inspirateurs, ceux-ci, en se contractant, dilatent les poumons et y font arriver l'oxygène de l'air atmosphérique Mais, à son tour, cette dilatation pulmonaire excite des fibres sensitives, et cette excitation va affecter un centre moteur de la moelle allongée l'incitation motrice partie de ce centre innerve les muscles expirateurs, la contraction de ces muscles, enfin, dégage les poumons de l'excès de masse gazeuse qui y a été accumulée par inspiration Ce mouvement alternatif d'inspiration et d'expiration est un mouvement *automatique ;* il est dû à la stimulation, d'abord, du centre des mouvements d'inspiration par les gaz délétères contenus dans le sang veineux, puis à l'excitation

---

[1]) Le criterium qui nous a servi à marquer la différence entre le mouvement spontané et le mouvement réflexe, est un criterium de conscience Au point de vue anatomique et physiologique, la différence entre un mouvement volontaire et un mouvement réflexe consiste en ce que celui-ci a pour cause une incitation des centres subcorticaux, tandis que le premier part de la zone psychomotrice de la couche corticale.

du centre des mouvements d'expiration par la dilatation même des poumons dans l'acte d'inspiration L'apport continuel du sang veineux aux poumons, perpétue ce rythme automatique, qui se poursuit sans interruption sous l'influence de stimulants tout intérieurs, indépendamment des excitations de la périphérie [1])

Cette indépendance, au moins relative, du mouvement automatique a l'égard des excitations périphériques le différencie du mouvement réflexe, comme leur indépendance commune a l'égard d'une volition antérieure les distingue l'un et l'autre du mouvement spontané

Le mouvement *spontané* est un mouvement provoqué par une appétition sensible et, par conséquent, dépendant d'une perception.

La *spontanéité* d'un mouvement peut se prendre en deux acceptions différentes Tantôt, on appelle *spontané* un mouvement auquel le mobile contribue lui-même par une inclination naturelle, et on l'oppose alors a tout mouvement qui n'est dû qu'a une impulsion du dehors et que l'on appelait autrefois mouvement *violent*, ainsi, le mouvement de la pierre qui tombe vers le centre de la terre, sous l'action de la pesanteur, peut s'appeler *spontané*, par opposition au mouvement *violent*, c'est-à-dire, forcé, fatal d'une flèche lancée par une main étrangère. Tantôt, on oppose le mouvement spontané ainsi entendu, au mouvement qui dépend d'une *appétition sensible*, comme un genre à une de ses espèces, à cette espèce on donne alors, dans l'acception plus rigoureuse du mot, le nom de mouvement *spontané*. Nous parlons ici de la spontanéité dans ce sens spécial [2])

[1]) Un physiologiste allemand, M Gad, propose d'appeler ces mouvements « autochtones », pour mieux marquer leur origine interne

[2]) Plusieurs philosophes regardent la spontanéité comme la note distinctive des êtres vivants (Cfr Mac Donald, in *Dublin Review*, july 1902, p 53) Nous croyons qu'ils ont tort Cette façon de parler

Le terme couramment employé pour désigner le mouvement spontané, est le terme *volontaire*, on emploie quelquefois aussi le qualificatif *instinctif*, et l'on réserve alors le mot *volontaire* pour désigner les mouvements qui dépendent de la volonté libre de l'homme Faut-il approuver ces façons de s'exprimer ?

Strictement parlant, il y a une nuance entre la spontanéité et la volonté. La volonté, en effet, désigne aussi bien la faculté appétitive supérieure, propre à l'homme, que la faculté sensible, commune à l'homme et à l'animal Or, la faculté appétitive dont relève immédiatement le mouvement dit spontané, c'est l'inférieure, l'appétit *sensitif* Pour marquer cette dépendance *immédiate* du mouvement spontané à l'égard de la faculté appétitive sensible, il vaut mieux, semble-t-il, ne pas le désigner du nom générique de mouvement volontaire et lui réserver une qualification spécifique, celle de *spontané*

Quant aux mouvements *instinctifs*, ils sont de fait spontanés, nous espérons le montrer plus loin, mais on ne pourrait, sans prêter à l'équivoque, dire que tout mouvement spontané est instinctif, car le second qualificatif ajoute au premier un caractère spécial, celui de l'uniformité

L'instinct se prend, en effet, en deux acceptions différentes L'*instinct*, au singulier, peut servir à désigner la tendance naturelle primordiale de l'être sentant vers sa conservation, son développement et sa reproduction, ou, ce qui revient au même, le désir naturel qu'il a de son bien-être. Tout mouvement spontané ayant pour mobile un bien, objet d'une appétition sensible préalable, il est permis de dire, *dans ce sens*, que tout mouvement spontané est *instinctif*

---

s'inspire vraisemblablement de l'idée que la vie est une sorte de commencement d'activité Or, nous avons vu que les actions vitales sont subordonnées, comme toutes les actions physico-chimiques, aux lois générales de la conservation de la matière et de l'énergie Le vrai caractère distinctif de la vie, c'est l'*immanence* de l'action.

Mais, dans l'usage ordinaire, les *instincts* désignent différentes tendances natives, qui varient avec les espèces animales, et qui les portent à accomplir certains actes particuliers, uniformes, nettement tranchés. Dans cette acception, les instincts sont des tendances spéciales subordonnées à l'instinct général du bien-être, ils désignent, par conséquent, une des formes de l'activité spontanée. Des lois, identifier les mouvements spontanés et les mouvements instinctifs, c'est identifier le genre avec une de ses espèces et s'exposer à une équivoque.

Donc, à tout prendre, il vaut mieux s'en tenir à la définition de tantôt et dire, que le caractère distinctif du mouvement *spontané* est d'être subordonné à une appétition et, par conséquent, à une perception sensible.

42. Il se produit chez l'homme et chez l'animal des mouvements spontanés. — L'observation nous apprend que tous les actes de l'animal — nous ajouterons même plus tard, dans la troisième Partie, tous les actes de l'homme — ont pour condition nécessaire certains antécédents nerveux et, antérieurement, certains antécédents matériels extérieurs. Dans ce sens, ils sont donc tous soumis à la loi du déterminisme. Mais nous soutenons que ces antécédents ne sont pas la raison déterminante adéquate de tous les mouvements, soit de la bête, soit de l'homme. L'homme et la bête produisent des mouvements dont la raison déterminante immédiate n'est point d'ordre mécanique, physique ou chimique, mais d'ordre psychique.

Provisoirement, nous attachons à ce dernier mot une signification négative, nous appelons « psychique » ce qui est « hyperphysique ». Le caractère positif que cette qualification désigne se dessinera à mesure que nous analyserons les actes distinctifs de la vie animale.

Preuve de la thèse 1er Argument tiré de la conscience et appliqué par analogie à la vie animale — Nous avons conscience que souvent nous faisons des mouvements qui ne sont point déterminés exclusivement par une excitation mécanique ou physico-chimique, soit interne, soit périphérique, mais commandés par un acte de volonté, celui-ci est dirigé par une estimation des avantages ou des désavantages, du plaisir ou du déplaisir que tel objet ou tel acte nous procureront Lorsque cette estimation se produit, elle fait naître en nous un attrait ou une répulsion. Cet attrait ou cette répulsion, à leur tour, provoquent divers mouvements nous déplaçons nos membres soit pour nous rapprocher, soit pour nous éloigner de l'objet, nous gesticulons, nous mettons en jeu nos organes vocaux, nous parlons, nous crions, nous chantons, nous contractons les muscles de la face, des yeux, et nous donnons ainsi à notre physionomie et à notre regard une expression particulière [1]).

Voici un enfant qui fait l'école buissonnière : furtivement, il s'introduit dans un verger, grimpe sur un pommier, cueille un fruit et y mord à belles dents Ces mouvements sont déterminés par le désir de manger du fruit L'enfant se souvient d'avoir goûté des pommes savoureuses, il imagine le plaisir qu'il aurait a en goûter encore, l'imagination éveille ses désirs, les désirs déterminent ses mouvements

Soudain, le maître du verger apparait, poursuit le voleur, le menaçant d'une volée de coups, l'enfant s'enfuit, pleure, crie au secours ces mouvements sont déterminés par la crainte de recevoir des coups, par l'espoir de les éviter L'enfant se rappelle des expériences précédentes ou des coups lui ont fait mal, il imagine le mal qu'il éprouverait si l'expérience se renouvelait, cette imagination fait naître la

[1]) Voir sur cet intéressant sujet Darwin, *The expression of the emotions*, Wundt, *Physiol. Psych*, II, cap 22, Piderit, *La mimique et la physiognomie*

crainte d'un mal sensible, le desir de s'y soustraire , ce desir determine la fuite.

Voila donc autant de mouvements dont un desir sensible est la cause determinante Positivement, un désir a provoque les mouvements , supprimez les desirs, les mouvements ne se produiront pas , que les desirs soient plus ou moins forts, la rapidité des mouvements variera en conséquence

L'homme est donc l'auteur de mouvements, qui verifient la definition du mouvement *spontane*

L'analogie demande que l'on étende a l'animal cette conclusion

Un chat s'approche d'un garde-manger il voit la porte entre-bâillée, il l'ecarte, saute sur une victuaille et la devore.

A ce moment, il entend des pas, puis des éclats de voix en colere , il se sauve, se blottit a distance du bâton brandi pour le frapper

N'est-il pas manifeste que les mouvements de la bête, pareils a ceux de l'enfant, sont détermines par l'appât d'une victuaille, par la crainte de coups de bâton ? Ne serait-il pas arbitraire de pretendre que les mêmes gestes, les mêmes cris, les mêmes mouvements sont ici mécaniques, là spontanés ?

Donc l'animal et l'homme sont les auteurs de mouvements dont un désir sensible est la cause determinante

Cet argument peut être confirme par un rapprochement entre le mouvement mécanique et les mouvements de l'animal.

2ᵈ Argument tiré de l'opposition entre les caractères des phénomènes mécaniques et ceux des mouvements de l'animal — Dans un systeme matériel soumis exclusivement aux lois de la mécanique, le mouvement, considéré au double point de vue de sa direction et de sa vitesse, est fonction des masses et des positions relatives des elements du système , il varie lorsque ces conditions varient, aussi longtemps que ces conditions restent les mêmes, le mouvement demeure uniforme et constant

Or, l'observation journalière suffit à le faire voir, posé les mêmes conditions de masse et de distance des corps environnants, l'animal produit les mouvements les plus variés sous le double rapport de la direction et de la vitesse ; lorsque ces conditions changent, les mouvements de l'animal ne changent pas proportionnellement Ce qui se passe chez l'animal se vérifie chez nous

Donc, l'animal et l'homme ne sont pas des « machines mouvantes » soumises exclusivement aux lois de la mécanique

Il est incontestable, sans doute, que les mouvements de la bête sont dépendants, d'une certaine façon et dans une certaine mesure, du milieu extérieur ; nous analyserons cette dépendance tout à l'heure, mais il est manifeste qu'elle n'a pas le caractère absolu et fatal d'une loi mécanique.

De ces considérations découle l'objet de cette *seconde Partie* du traité la psychologie de la vie sensitive

43. Objet de la seconde Partie. — Les *mouvements spontanés* ont pour cause immédiate le *désir* d'un bien ou la *crainte* d'un mal

Avant de désirer ce bien ou de redouter ce mal, la bête et l'homme les ont *imaginés*

Pour imaginer le plaisir qu'ils auraient a goûter un fruit ou un morceau de viande, le mal qu'ils éprouveraient a attraper des coups, l'enfant et l'animal doivent se *souvenir* d'expériences passées , ce souvenir est l'écho de *perceptions* antérieures

L'analyse des mouvements spontanés nous amène donc a étudier premièrement, la *connaissance sensible*, perception extérieure, actes intérieurs d'imagination, de souvenir, etc , qui la suivent, secondement, *l'appétition sensible*, désir, crainte, etc, troisiemement, enfin, le *mouvement spontané* qu'un désir provoque et qu'une connaissance dirige.

L'étude psychologique de ces divers *actes*, enveloppes tous dans le mouvement spontané, nous aidera a comprendre ensuite la *nature* du sujet sentant *(Chapitre I)*

Apres cela, nous aurons à rechercher quelle est l'*origine* du sujet sentant *(Chapitre II)*

Voici, en consequence, le tableau synoptique des divisions et subdivisions de cette deuxieme Partie

Vie sensitive ou animale

Chapitre I
Nature de la vie sensitive

Article 1
Les actes sensitifs et leurs principes immédiats ou facultés

Section 1re *Sensation*
Section 2me *Appétition*
Section 3me *Mouvement spontané*

Article 2
Premier principe des actes sensitifs.

Chapitre II
Origine de la vie sensitive

CHAPITRE I

NATURE DE LA VIE SENSITIVE OU ANIMALE

— - - —

ARTICLE PREMIER

Actes de la vie sensitive.

PREMIERE SECTION
La connaissance sensible

Les fonctions de la vie animale s'exercent par des organes qui sont : le système nerveux, pour les fonctions de sensation et d'appétition, les muscles et les os, pour la fonction de locomotion Le système nerveux et l'appareil locomoteur forment ensemble la base matérielle de la *vie de relation*.

Nous commencerons donc l'etude de la sensation par un aperçu sur l'anatomie et la physiologie du système nerveux

§ 1

La sensation au point de vue anatomique et physiologique.

SOMMAIRE — 44 *Aperçu général* sur le système nerveux, double système I système cérébro-spinal, II système sympathique — 45 I Anatomie du système nerveux *cérébro-spinal* — 46 II. Anatomie du système nerveux *sympathique* — 47 *Histologie* du système nerveux — 48. *Substance grise et substance blanche* — 49 Les *nerfs* — 50 Les organes des sens — 51 Physiologie du système nerveux . Le *contact utile*, l'*arc réflexe* — 52 *Conditions physiologiques* de l'activité nerveuse — 53 Physiologie des *centres nerveux* — 54 Physiologie des *fibres* et des *nerfs* l'excitabilite et la conductibilité — 55 *Nature* du courant nerveux. — 56 Physiologie des *sens*.

44. Aperçu général sur le système nerveux. — Considéré dans son ensemble, l'appareil nerveux de l'homme
comprend deux systèmes, d'importance inégale, mais tous
deux indispensables à la conservation et au fonctionnement
normal de sa vie : le *système cérebro spinal* ou *encephalo-
rachidien*, auquel sont réservées les fonctions de la vie animale, et le *systeme sympathique* ou *splanchnique*, qui innerve
surtout les viscères, les vaisseaux sanguins et les glandes
Chacun de ces systèmes possède des centres et des nerfs
périphériques propres, mais le sympathique est néanmoins
sous la dépendance du systeme cérébro-spinal A proximité
des trous de conjugaison des vertèbres, les ganglions sym-
pathiques sont reliés aux nerfs spinaux par des faisceaux
de fibres nerveuses, appelés rameaux communiquants ; ainsi
l'organisme entier est sous l'influence du système encéphalo-
rachidien, soit par innervation directe, soit par l'intermédiaire
du grand sympathique.

45. Anatomie du système nerveux cérébro-spinal.
— Le système encéphalo-rachidien comprend une partie
centrale, l'*axe cérébro-spinal* et une partie périphérique, les
organes des sens et les nerfs *cérébro spinaux*

L'axe cérébro-spinal [1]), à son tour, se divise vulgairement
en deux parties le *cerveau* ou l'*encéphale*, masse semi-
ovalaire qui occupe la boîte crânienne, et la *moelle épinière*,
qui a la forme d'un cordon cylindrique, et parcourt le canal
vertébral depuis la base du crâne jusqu'aux premières vertebres lombaires

D'après une interprétation récente, le cerveau se divise
en six parties [2])

---

[1]) Voir Pl II, fig 1
[2]) Anciennement on distinguait dans l'axe encéphalo-rachidien un
certain nombre de régions plus ou moins rigoureusement déterminées,
notamment le *cerveau,* le *cervelet,* la *protuberance annulaire,* la *moelle*

1º le télencéphale ou cerveau terminal ;

2º le diencéphale ou cerveau intermédiaire ,

3º le mesencéphale ou cerveau moyen ;

4º l'isthme du rhombencéphale ,

5º le métencéphale ou cerveau postérieur ,

6º le myélencéphale ou moelle allongée

Ces différentes régions ne sont pas rigoureusement délimitées sur le cerveau de l'homme adulte , leur division est basée sur des dispositions embryonnaires

Le *télencéphale* [1]) forme la partie dominante du système nerveux de l'homme , sa face externe correspond presque adéquatement à celle de cette masse volumineuse désignée, dans l'ancienne nomenclature, sous le nom de cerveau Une scissure profonde le divise incomplètement en deux hémisphères symétriques Chacun des hémisphères est parcouru par des sillons méandriques de profondeur variable et sans ordre apparent Ces sillons délimitent des parties saillantes que l'on appelle *circonvolutions.*

Certains sillons plus profonds et plus précoces sont nommés sillons *primaires ,* tels sont la fissure de Sylvius, le sillon de Rolando, la fissure pariéto-occipitale, la fissure calcarine, etc Les sillons primaires partagent les hémisphères en un certain nombre de lobes, dont la plupart empruntent leur nom aux os crâniens qui les protègent, par exemple le lobe frontal, en avant du sillon de Rolando ; le lobe pariétal, derrière le sillon de Rolando et au-dessus de la fissure de Sylvius , le lobe temporal, en dessous de la fissure de Sylvius ; le lobe occipital, en arrière de la fissure pariéto-

allongée et la *moelle épinière* Le cerveau désignait une masse volumineuse, qui remplit à elle seule presque toute la boîte crânienne, et qui correspond, dans la division nouvelle, à l'ensemble du télencéphale, du diencéphale, du mésencéphale et a une partie indécise de l'isthme du rhombencéphale Le cervelet et la protubérance annulaire proviennent du métencéphale Le myélencéphale correspond a la moelle allongée

[1]) Voir Pl II, fig 2

occipitale La délimitation des lobes et des circonvolutions n'est pas rigoureusement indiquée par la nature, aussi bien, ils ne nous renseignent pas sur un mode correspondant d'organisation intérieure du cerveau, leur utilité principale est de mieux orienter l'anatomiste dans l'étude du télencéphale

A travers tout l'axe cérébro-spinal nous trouvons deux substances d'aspect différent, la substance *grise* ou ganglionnaire, qui renferme les cellules nerveuses, et la substance *blanche*, qui est constituée fondamentalement par des fibres nerveuses Dans le télencéphale, la substance grise se trouve à deux endroits différents une partie forme la couche périphérique, appelée *couche corticale grise*, l'autre, située à l'intérieur et près du ventricule latéral, s'appelle le *corps strié* Entre les deux masses grises se répartit une couche irrégulière de substance blanche.

Les centres de la *couche corticale* s'appellent aussi centres *psycho-moteurs* on les regarde, en effet, comme le point d'arrivée des sensations et le point de départ des mouvements spontanés La se trouve le substratum anatomique immédiat des actes de la vie psychique animale et, par une suite indirecte, de la vie intellectuelle La partie antérieure de la face inférieure du cerveau terminal est en connexion directe avec les organes olfactifs

L'étude du cerveau terminal présente pour le psychologue une importance spéciale, les régions suivantes n ont pour lui qu'un intérêt secondaire

Le *diencéphale* n'a pas de limites précises Ses parties principales sont les couches optiques, la glande pinéale, les corps mamillaires et le 3e ventricule Les couches optiques sont assez communément comprises avec le corps strié sous la dénomination de *ganglions de la base* Le diencéphale donne origine au nerf optique.

Le *mésencéphale* comprend la majeure partie des pédon-

cules céiébiaux et les tubercules quadrijumeaux, quatre
eminences, groupées, deux a deux, en dessous de la glande
pinéale

L'*isthme du rhombencéphale*, établi comme region distincte
par les recherches de His, comprend la partie antérieure
de la voûte du 4ᵉ ventricule et une partie assez indécise de
l'extrémite inférieure des pédoncules cerébraux

Le diencéphale, le métencéphale et l'isthme du rhombencéphale sont presque totalement enveloppes par le télencéphale, il ne leur coirespond, a l'examen extérieur, qu'une
petite region irrégulière du centre de la base du cerveau

Le *métencéphale* comprend la protuberance annulaire
au pont de Varole et le cervelet Le cervelet est logé sous
les parties occipitales du cerveau Il presente deux grands
lobes latéraux, appelés hémisphères cérébelleux, parcourus
par un grand nombre de sillons concentriques a concavité
antérieure, et un lobe médian, beaucoup plus réduit, « le ver
du cervelet », auquel des cannelures transversales donnent
un aspect vermiculeux. La protubérance annulaire a l'apparence d'une écharpe posée transversalement sur la partie
ventrale inférieure du cerveau et dont les deux bouts rétrécis
— les pédoncules cérébelleux moyens — vont se perdre
dans les hémisphères cérébelleux Dans cette région se
trouvent les noyaux d'origine du nerf acoustique.

Le *myélencéphale* ou *moelle allongée* est moins nettement
distinct de la moelle épinière que du métencéphale. Il a la
forme d'un cône tronque, renversé sur la moelle, dans une
direction légèrement antéro-postérieure Il est en connexion
avec les organes de la gustation A ses niveaux inférieurs,
se produit la décussation ou l'entrecroisement des voies
motrices centrales.

La *moelle épinière* est un cordon à peu près cylindrique
qui flotte dans le canal rachidien Comme nous le verrons,
la substance grise de la moelle occupe exclusivement ses

parties internes De ses faces anterieure et posterieure nous voyons sortir, à droite et à gauche, une série continue de filets, qui d'un même côté — gauche ou droit, — se rencontrent et se groupent en faisceaux

Dans le trou intervertébral, par lequel il sort de la colonne dorsale, chacun de ces faisceaux porte un nodule, appelé *ganglion spinal*

46. Anatomie du système nerveux sympathique. —

La partie centrale du *système nerveux sympathique* est représentée par une chaîne de ganglions, échelonnés de chaque côte de la colonne vertébrale sur toute sa longueur. D'une part, ils sont reliés entre eux par des cordons nerveux intermédiaires , d'autre part, ils se rattachent par des branches anastomotiques au système nerveux cérébro-spinal et envoient des faisceaux de fibres nerveuses dans les muscles lisses des vaisseaux et des viscères et dans les glandes des systèmes digestif et uro-génital En dehors de la chaîne sympathique centrale, on trouve quatre masses ganglionnaires en relation avec la cinquième paire des nerfs céphaliques, le nerf trijumeau, et de nombreux ganglions microscopiques sur le trajet des ramifications périphériques, entre autres dans l'épaisseur des parois intestinales et dans la charpente musculaire du cœur , mais, comme nous l'avons déjà fait remarquer, ces amas de substance nerveuse sont placés sous la dépendance du système cérébro-spinal, de sorte que, en réalité, tout le système nerveux forme une unité.

47. Histologie du système nerveux. — Les éléments

essentiels de la substance nerveuse sont la *cellule* nerveuse et la *fibre* nerveuse Mais ces deux éléments ne sont pas indépendants l'un de l'autre , la partie conductrice de toute fibre nerveuse naît et dépend d'une cellule nerveuse, qui est son centre génétique et nutritif, et — au moins chez les vertébrés supérieurs — son centre fonctionnel [1])

Les cellules nerveuses [2]) se caractérisent surtout par des prolongements généralement nombreux et le plus souvent très ramifiés. Ces prolongements, qui deviennent la partie axillaire et essentielle des fibres nerveuses, peuvent atteindre une longueur considérable, quelques-uns dépassent un mètre. La cellule nerveuse avec toutes ses expansions constitue une véritable unité organique, appelée souvent *neurone*.

Le *corps cellulaire* [3]) des éléments nerveux présente un protoplasme fibrillaire ou réticulé. Son noyau possède une membrane propre et un nucléole, ordinairement unique et bien développé.

[1]) « Les cellules nerveuses et les fibres nerveuses forment par leur ensemble ce que l'on appelle les éléments nerveux. Mais ces fibres et ces cellules nerveuses ne constituent pas des éléments indépendants. Il n'existe pas, dans l'organisme tout entier, une seule fibre nerveuse qui ne provienne d'une cellule nerveuse : car toute fibre nerveuse possède un cylindre-axe, et tout cylindre-axe représente le prolongement d'une cellule nerveuse. Les fibres nerveuses ne sont donc pas, à proprement parler, des *éléments nerveux*, elles ne constituent, au moins dans leur partie essentielle, le cylindre-axe, que le prolongement d'une cellule. Les cellules nerveuses considérées en elles-mêmes ne sont pas davantage des *éléments* nerveux, parce qu'on ne peut les séparer de leur prolongement cylindraxile. Le seul *élément nerveux*, c'est la cellule nerveuse avec tous ses prolongements. Cette cellule nerveuse ainsi comprise est une espèce d'unité nerveuse à laquelle Waldeyer a donné le nom de *neurone* » A. Van Gehuchten, *Anatomie du système nerveux de l'homme*, 3e édit, 9e leç, t I, p 206. Louvain, Uystpruyst, 1900.

[2]) Les *cellules nerveuses* proprement dites sont appelées souvent cellules *ganglionnaires*. On les distingue ainsi des cellules qui ne remplissent dans le système nerveux qu'un rôle subordonné, telles, les cellules de neuroglie, qui sont des éléments de soutien.

[3]) En ces dernières années, on a poussé les recherches histologiques du système nerveux jusqu'à l'organisation intérieure des éléments nerveux, mais, sur la plupart des points, des doutes subsistent et les interprétations sont divergentes. Cela résulte surtout de ce que les nombreuses manipulations et réactions, que doivent subir les matériaux des recherches microscopiques, sont l'occasion de fréquentes erreurs,

On distingue surtout des *cellules motrices* et des cellules *sensitives*, périphériques ou centrales ; mais, dans l'état actuel des connaissances neurologiques, cette différence fonctionnelle des cellules ganglionnaires ne peut se reconnaître à une morphologie spécifique, soit interne soit externe : jusqu'à présent on déduit leurs fonctions de leurs rapports anatomiques avec les autres éléments nerveux et avec les organes qu'elles innervent

Les ramifications ou prolongements des cellules nerveuses se divisent en *prolongements protoplasmatiques* et en *prolongements cylindraxiles* [1] Tous possèdent la conductibilité

---

[1] Les dénominations de prolongements protoplasmatiques et cylindraxiles ont été et sont encore employées en des acceptions diverses Originairement la signification étymologique du mot prolongement cylindraxile » répondait parfaitement à la conception objective de son auteur Ce nom fut donné par Deiters au prolongement unique de chaque cellule, qui était destiné d'après lui à devenir le cylindre-axe d'une fibre nerveuse Tous les autres prolongements il les appelait prolongements protoplasmatiques parce que leur aspect ressemble davantage au protoplasme du corps cellulaire Selon Deiters, les prolongements de cette espèce ont des caractères morphologiques nettement distincts « Or dit M Van Gehuchten *), nous savons maintenant qu'il existe un grand nombre de cellules nerveuses qui possèdent un prolongement spécial prolongement que l'on désigne aussi sous le nom de prolongement cylindraxile, bien qu'il ne devienne pas cylindre-axe d'une cellule nerveuse » D'autre part, si dans la généralité des cas les caractères morphologiques distinguent suffisamment le prolongement cylindraxile du prolongement protoplasmatique parfois toutes les marques différentielles sont effacées

Golgi attribue aux prolongements protoplasmatiques et cylindraxiles une différence non seulement morphologique, mais encore fonctionnelle Le prolongement cylindraxile seul servirait à l'activité nerveuse, les prolongements protoplasmatiques n'auraient qu'un rôle nutritif

Des études plus complètes sur les dispositions des éléments nerveux dans tout l'organisme humain, ont prouvé que tous les prolongements tant protoplasmatiques que cylindraxiles jouissent de la conduction nerveuse « Une étude comparée des différents éléments nerveux, écrit M Van Gehuchten **), montre cependant que le *sens* suivant lequel

*) *Op cit*, 9e leç t I, p 208
**) *Ibid*, p 212

nerveuse, mais, d'après la théorie de la polarisation dynamique des éléments nerveux, la *direction* de cette conduci-
bilité ne serait ni indifférente, ni identique dans toutes les
expansions nerveuses D'après cette conception, la division
des rameaux cellulaires en prolongements protoplasmatiques
et en prolongements cylindraxiles aurait une signification
physiologique Les « prolongements protoplasmatiques »
désigneraient les prolongements qui recueillent autour
d'eux les impressions pour les transmettre au corps cellulaire, c'est-à-dire les prolongements a *conduction cellulipète*,
les « prolongements cylindraxiles », au contraire, designe-
raient ceux qui reçoivent leur influx de la cellule nerveuse
et le transmettent aux éléments étrangers avec lesquels ils

se fait la conduction nerveuse varie dans les deux espèces de prolongements » Et preferant cette dernière distinction fonctionnelle des prolongements nerveux à une distinction morphologique imprécise, le savant
neurologue emploie dans ce sens nouveau les anciennes appellations
de Deiters « Dans les prolongements protoplasmatiques, l'ébranlement
nerveux se transmet toujours des ramifications terminales vers la cellule
d'origine, tandis que, dans le prolongement cylindraxile, la transmission
se fait de la cellule nerveuse vers les ramifications terminales Les prolongements protoplasmatiques possèdent donc la conduction *cellulipete*
ils recueillent autour d'eux les ébranlements venus des éléments voisins
et les transmettent a la cellule dont ils dépendent Le prolongement
cylindraxile jouit de la conduction *cellulifuge* il reçoit l'ébranlement
nerveux de sa cellule d'origine et doit le transmettre aux éléments avec
lesquels il arrive en contact » *)

Mais, comme l'auteur le fait remarquer plus loin *(op cit*, p 264),
quand on attribue aux prolongements protoplasmatiques et cylindraxiles
une conduction spécifique, il s'agit exclusivement de la direction que
suivent les *excitants physiologiques* dans *l'organisme vivant*, non des
conductions *expérimentales* provoquées par des excitations electriques,
chimiques, mécaniques, etc

Cette hypothèse, que l'histologiste espagnol Ramon y Cajal a désignee
sous le nom d'hypothese « de la polarisation dynamique des éléments
nerveux », fut emise par M. Van Gehuchten en 1891 et adoptée par
plusieurs auteurs, notamment par Ramon y Cajal, qui a beaucoup contribue à l'etude de la structure des centres nerveux

*) *Op cit*, 9e leç, t I, p 212

sont en connexion, ils seraient donc des prolongements a
conduction cellulifuge

La plupart des auteurs admettent que les neurones sont
des unités indépendantes Leurs prolongements se termine-
raient librement, sans anastomoses ni concrescences avec
d'autres, et leur action ne se ferait que par contact [1]

Nous avons dit que les prolongements nerveux constituent
la seule partie essentielle des fibres nerveuses , mais rarement celles-ci sont réduites a cette partie conductrice
Tantôt, — cela se présente dans les nerfs du système sympathique, — le prolongement nerveux est entouré d'une
membrane, appelee *membrane de Schwann*, d'autres fois,
— il en est ainsi des fibres de la substance blanche de
l'axe cérébro-spinal, — il est enveloppé d'une gaine de
substance blanche, la *myéline* [2]), dans la plupart des nerfs
périphériques du système cerebro-spinal, l'axe nerveux est
protegé à la fois par la gaine de myeline et par la membrane
de Schwann

[1]) La question de l'independance des neurones, comme d'ailleurs tout
ce qui touche à la physiologie du systeme nerveux, intéresse le psychologue , de fait, quelques savants ont fait servir cette théorie a une interprétation physiologique de certains phenomènes psychiques, notamment
à celle du sommeil naturel ou de l'hypnose

[2]) L'apparition de la gaine de myeline ne coincide pas avec la formation des fibres nerveuses elles-mêmes , elle ne se manifeste que vers
le cinquième mois de la vie intra-uterine et son developpement ne
s'achève qu'environ cinq mois apres la naissance Les découvertes de
Flechsig sur la myelinisation des fibres nerveuses sont célèbres Cet
auteur a poursuivi les differents stades de la myélinisation des fibres
nerveuses de ses patientes recherches il a conclu que toutes les fibres
qui ont les mêmes relations anatomiques et remplissent les mêmes
fonctions physiologiques se myelinisent en même temps , les différents
faisceaux nerveux se myelinisent chacun a une époque déterminée,
suivant un ordre de succession invariable L'apparition de la gaine de
myeline semble être un indice du developpement complet et de l'entree
en activite d'une fibre nerveuse , l'observation de la myelinisation des
faisceaux nerveux pourrait donc nous attester les premières manifestations psychiques de l'être humain

48. Substance grise et substance blanche. — Dans le système cérébro-spinal, il y a, nous l'avons déjà fait observer, deux substances de couleur différente : la substance *grise* et la substance *blanche* [1]. Dans la substance grise se trouvent comme élément principal les cellules ganglionnaires, la substance blanche est constituée fondamentalement par des fibres nerveuses à myéline.

Dans la moelle épinière [2], la substance grise est au centre, sur une coupe transversale de la moelle, sa forme ressemble à la lettre H. Les quatre branches de cette substance grise sont légèrement renflées à leurs extrémités, on les appelle les *cornes* de la substance grise. Les cornes antérieures renferment les cellules motrices périphériques, tandis que les fibres sensitives périphériques de la moelle ont leurs cellules d'origine dans les ganglions spinaux. La substance blanche entoure de toutes parts la substance grise, les cornes grises la divisent, dans chaque moitié symétrique de la moelle, en trois cordons, les cordons antérieur, latéral et postérieur.

Les fibres nerveuses de la substance blanche médullaire sont réparties en *faisceaux* [3]. Les principaux faisceaux sont d'abord, les *faisceaux pyramidaux* des cordons latéral et antérieur, ils contiennent des *fibres motrices,* qui transmettent les innervations de la couche corticale aux centres moteurs de la moelle, puis, le faisceau de Gowers, le faisceau cérebelleux, situés tous deux dans le cordon latéral, et l'immense majorité des fibres du cordon postérieur, qui portent plus ou moins directement aux centres psychiques supérieurs du télencéphale les impressions recueillies par les nerfs périphériques [4]

---

[1] Voir pl II fig 3
[2] Voir pl II, fig 5
[3] Voir pl II, fig 5
[4] Il est remarquable que, sur leur parcours, toutes les voies nerveuses qui relient les centres médullaires à l'écorce cérébrale passent, en divers

Les différentes régions intermédiaires entre la moelle épinière et le télencéphale renferment aussi de la substance grise les amas cellulaires les plus importants de ces régions sont les noyaux d'origine de la plupart des nerfs céphaliques

Plus haut (**45**) nous avons déjà dit un mot de la répartition des deux substances nerveuses fondamentales dans le télencéphale. L'écorce grise intéresse spécialement le psychologue Elle a une épaisseur variable, mais dont le maximum ne dépasse pas quelques millimetres On y distingue communément trois couches superposées, dont les éléments cellulaires présentent des différences notables

Les cellules corticales sont également pourvues de prolongements nerveux, qui peuvent constituer la partie active de fibres nerveuses On divise ces fibres en fibres d'association, en fibres commissurales et en fibres de projection, selon qu'elles servent à relier entre elles les cellules nerveuses de la substance corticale d'un même hemisphère, ou les cellules d'un hemisphère aux cellules homologues de l'hemisphere opposé, ou enfin certaines régions de l'écorce cérébrale à des centres cellulaires inférieurs [1])

Parlons de la seconde partie du système cerebro-spinal, *les nerfs et les organes des sens*

endroits du côté opposé à leur côté d'origine de telle sorte que les excitations que nous éprouvons du côté gauche de notre corps parviennent à la conscience dans les cellules corticales de notre hemisphère cerebral droit, et inversement, les cellules corticales de notre hemisphere gauche commandent les mouvements volontaires des muscles du côté droit

[1]) Jusque vers 1894, on admettait sans contestation que toutes les régions de l'écorce cérébrale de l'homme sont également en connexion directe avec les centres inférieurs de l'axe cerebro-spinal A la suite de remarquables études sur la myélinisation des fibres nerveuses du télencéphale, Flechsig crut pouvoir il y a une dizaine d'années, démontrer qu'il n'y a de fibres de projection que pour un tiers environ de l'écorce cérébrale les deux tiers restants de la surface des hemisphères cerebraux

49 Les nerfs. - De la substance grise de la moelle epiniere, de la moelle allongee, de la protuberance annulaire, des pedoncules cerebraux et des ganglions de la base du cerveau, et seulement d'un point tres reduit de l'ecorce grise, — le tubercule olfactif, — partent des fibres nerveuses peripheriques, formant par leur ensemble les nerfs

Au point de vue *fonctionnel*, on distingue les nerfs *moteurs* qui commandent les contractions musculaires, et les nerfs *sensitifs*, ou plus exactement, on distingue des *fibres motrices* et des *fibres sensitives*, en effet, beaucoup de *nerfs* sont *mixtes* ou *sensitivo-moteurs*, c est-a dire, composes de fibres des deux sortes

Peripheriquement, les fibres motrices se terminent dans les muscles par des expansions fibrillaires tres fines, dont l'ensemble est connu sous le nom de *plaque motrice*, les fibres sensitives, par un appareil sensitif, qui est special pour chaque organe des sens, et que nous decrirons tout a l'heure

50. Les organes des sens. — Les nerfs ne sont donc que des faisceaux de fibres qui relient les cellules nerveuses

seraient des centres d'association sans connexion anatomique *directe* avec les centres nerveux inferieurs Plus tard differents auteurs contesterent les conclusions absolues des premieres recherches de Flechsig « Les parties corticales qui constituent les centres d'association de Flechsig seraient, d'apres les recherches de ces savants, pourvues de fibres de projection contrairement a l'opinion de Flechsig mais le nombre de ces fibres nerveuses semble y être beaucoup moins considerable Entre les centres de projection et les centres d'association de Flechsig existerait donc une difference non pas qualitative, se rapportant a la nature des fibres nerveuses, mais uniquement *quantitative*, se rapportant au nombre plus ou moins grand de ces dernieres Toutes les regions de l'ecorce seraient pourvues de fibres de projection et de fibres d'association, mais le nombre des premieres serait plus considerable dans les spheres sensorielles, moins considerable dans les sphères superieures Flechsig lui-même, d'ailleurs, est arrivé à cette conclusion a la suite de recherches nouvelles » A Van Gehuchten, *Anatomie du systeme nerveux de l'homme*, 3e ed, t II, p 321

des centres nerveux aux organes de la périphérie. Sur leur parcours, ces faisceaux sont serrés, mais à leur extrémité périphérique ils se décomposent et s'épanouissent en filaments qui, selon que la fibre est sensitive ou motrice, reçoivent l'impression des excitants extérieurs ou communiquent aux organes les influx des centres nerveux. Ce sont ces filaments périphériques des fibres sensitives, avec les cellules auxquelles ils aboutissent, qui constituent essentiellement les *organes des sens*.

Placés à la surface de la peau et des muqueuses, ou rattachés aux muscles qui servent à effectuer nos mouvements, ils subissent les influences mécanique, physique ou chimique, des agents extérieurs, en transmettent le contre-coup aux cellules centrales de l'encéphale et de la moelle épinière, et nous renseignent ainsi sur ce qui se passe autour de nous. Grâce aux fibres intercentrales, et aux fibres motrices qui partent des centres, une impression partie de n'importe quel endroit périphérique peut arriver, sinon directement, au moins à l'aide de circuits intermédiaires, à n'importe quelle destination dans l'intérieur et provoquer ou suggérer n'importe quel mouvement réflexe ou intentionnel [1]). Les sens sont comme autant de personnes reliées, au moyen de fils téléphoniques, à un bureau central, par l'intermédiaire duquel elles sont en communication avec tous les abonnés du même réseau, reçoivent des informations de partout, transmettent des ordres dans toutes les directions.

Cependant les filaments terminaux des nerfs sensitifs ne sont pas en réalité identiques dans chaque organe des sens ; chacun (**49**) a son appareil sensitif *spécial* que l'on appelle respectivement, pour le toucher, le goût, l'odorat, l'audition et la vision, les corpuscules du tact, les papilles de la langue,

---

[1]) Le mécanisme de ces transmissions sera expliqué dans le numéro suivant, où nous traiterons de la *Physiologie du système nerveux*.

les cellules olfactives, les organes de Corti, les cones et les bâtonnets de la retine

A part certains appareils de protection, tels que les os, et les cartilages de l'oreille et du nez, qui n'offrent pas d'interêt psychologique, les organes des sens sont constitués, a la périphérie, par l'expansion d'une fibre munie d'un appareil spécial, celui-ci peut être une enveloppe capsulaire, comme les corpuscules du tact, ou des cils vibratiles, tels qu'en présentent les cellules terminales des autres sens [1])

Chaque organe des sens a son *excitant normal propre*, c'est-à-dire, un agent externe auquel il répond normalement. pour l'*œil*, c'est la lumière, l'action physique de l'éther lumineux, pour l'*oreille*, c'est le son et le bruit, — une action physique, — les vibrations aériennes produites par des corps dits sonores, pour l'*odorat*, ce sont les odeurs, — une action chimique, — une combinaison d'un gaz odorant avec la substance nerveuse du nerf olfactif, pour le *goût*, ce sont les saveurs, — une action chimique analogue a celle qui provoque l'olfaction, avec cette différence qu'elle est produite non par des substances volatiles, mais par des substances sapides solubles, — enfin, pour le *toucher*, la pression des corps, — action mécanique, — pour le sens du toucher proprement dit, et les vibrations calorifiques, — action physique de la chaleur — pour le sens de la temperature

Non seulement il y a, à la superficie de l'organisme, des organes affectés a la sensibilité, il y a aussi des fibres nerveuses sensitives attachées à nos différents muscles, nous avons des muscles à l'œil, insérés sur le globe oculaire, il y en a à l'oreille, a la membrane du tympan, il y en a au nez et en general a tous les organes qui ont besoin de se mouvoir, car l'organe du mouvement est le muscle, et la fonction distinctive du muscle est un mouvement de con-

[1]) Voir pl III.

traction, comme nous le verrons bientôt plus en détail. Or, la contraction musculaire est un excitant pour la fibre nerveuse attachée au muscle, il en résulte que les contractions de nos muscles et, par suite, les mouvements de nos organes peuvent être *sentis* et que, outre les sens extérieurs, il faut reconnaître l'existence en nous d'un *sens musculaire*, ou *kinesthésique*, dont l'excitant normal est la contraction musculaire

Nous n'insisterons pas davantage pour le moment sur les organes des sens ; nous avons achevé notre étude anatomique et histologique des grandes divisions du système nerveux ; passons à l'étude de la *fonction*, a la *physiologie* du système nerveux.

51. Physiologie du système nerveux : Le contact utile ; l'arc réflexe. — Nous avons exposé déjà (**47**) l'opinion qui prévaut aujourd'hui, d'après laquelle les neurones sont des unités indépendantes qui agissent seulement au contact Mais tout contact entre éléments nerveux n'est pas opérant. S'il en était ainsi, une excitation produite sur un point quelconque du système nerveux s'irradierait à travers toutes ses parties ; de plus, à la suite de l'interruption d'une voie directe de communication entre une cellule et l'organe innervé, la transmission se ferait par voie indirecte, grâce à l'enchevêtrement de ramifications nerveuses que nous trouvons et à la partie périphérique et dans l'axe central du système cérébro-spinal D'ailleurs, nous l'avons fait remarquer, de la disposition des neurones dans certains organes nerveux, on a déduit que certains prolongements nerveux ont la conduction cellulipète — prolongements protoplasmatiques — tandis que d'autres n'ont que la conduction cellulifuge — prolongements cylindraxiles De ces faits il résulte que le *contact* nerveux, pour être *utile*, doit se faire entre les ramifications terminales des prolongements cylindraxiles d'un neurone et les ramifications terminales des prolongements protoplasmatiques ou le corps cellulaire d'un autre neurone

Le phenomene physiologique elementaire de la vie de relation, c'est ce que l'on est convenu d'appeler un *phenomene réflexe* ou un *acte reflexe* On appelle *phénomene réflexe*, en general, une excitation périphérique qui détermine fatalement un mouvement de reponse, sans intervention d'aucun acte de volonte L'acte reflexe decrit un *arc réflexe* L'arc reflexe le plus elémentaire comprend, chez l'homme, deux neurones, l'un sensitif, l'autre moteur ; il se réalise dans les centres nerveux de la moelle epinière Telle impression qui frappe une partie quelconque des terminaisons nerveuses sensitives de notre corps (1), est transmise par une fibre sensitive centripète (2) a une cellule sensitive des ganglions spinaux (3), cette cellule peut la reflechir, par l'intermédiaire de ses ramifications cellulifuges de la substance grise de la moelle (4), sur les ramuscules terminaux des prolongements protoplasmatiques (5) d'une cellule motrice centrale et sur cette cellule elle-même, située dans les cornes grises anterieures (6), de cette seconde cellule centrale peut partir alors une incitation motrice qui, a travers une fibre centrifuge ou motrice (7), détermine la contraction d'un muscle. C'est cet ensemble que l'on appelle *arc reflexe* [1])

En réalité, il existe des arcs réflexes, plus complexes, dans lesquels, entre les neurones sensitif et moteur périphériques, sont interposes un ou plusieurs neurones centraux [2]).

L'acte reflexe peut n'être pas senti, « être inconscient », mais lorsque, des cornes postérieures de la moelle, l'excitation est conduite, par des cordons postérieurs, jusqu'aux centres nerveux (psycho-sensitifs) de l'encéphale, l'impression

[1]) Voir pl II, fig 6, A
[2]) Voir pl II, fig 6, B

est sentie, le réflexe s'appelle alors réflexe « *conscient* ou *psychique* »

Conscient ou inconscient, le mouvement réflexe s'oppose au mouvement *volontaire*, lequel est dépendant d'un acte d'appétition sensible ou de volonté

Le *mouvement volontaire* exige une incitation partant de la couche corticale grise vers la périphérie

Remarques — 1 La volonté a une certaine influence sur les réflexes, par exemple, sur l'éternuement, sur la toux, etc , elle peut parfois les atténuer, sinon les empêcher

2 D'après ce qui précède, il faut distinguer dans les centres nerveux, des centres *réflexes* et des centres *psychomoteurs*

Les ganglions du grand sympathique, les centres de la moelle épinière et de la moelle allongée sont exclusivement réflexes Les centres corticaux sont certainement psychiques et volontaires On n'est pas encore bien fixé sur le caractère inconscient ou conscient, réflexe ou volontaire des ganglions de la base et du cervelet

52. Conditions physiologiques de l'activité nerveuse.

— L'exercice normal de l'activité nerveuse et, par suite, de l'activité psychique est subordonné à certaines conditions

1º Il faut que les cellules nerveuses soient perpetuellement baignées par du *sang oxygéné*, la circulation du sang et la respiration sont des conditions essentielles au fonctionnement de la sensibilité

Toutefois, le sang ne fait qu'apporter les aliments nécessaires aux éléments nerveux , ceux-ci ont leur existence propre, comme un chêne vit par lui-même, quoiqu'il ait besoin, pour vivre, du sol dans lequel s'enfoncent ses racines [1]).

----

[1]) Voir Richet, *Psychologie générale*, p 37

2o Une autre condition de la vie nerveuse, c'est une certaine *température* Chez les vertébrés à sang froid et chez les invertebrés, la limite inférieure de la température compatible avec la vie psychique est voisine de zero , la limite supérieure est très variable, mais ne parait jamais depasser 40o Chez les animaux à sang chaud, la temperature ne varie guère , l'écart normal chez l'homme, par exemple, n'est que de 36o à 37o environ, en deçà et au delà de ces limites, il se produit des troubles morbides

3o Une troisieme condition du fonctionnement du système nerveux, c'est l'*intermittence de son action*, en d'autres mots, c'est le sommeil Nous ne prétendons pas que l'activité nerveuse et psychique soit complètement abolie dans le sommeil, mais neanmoins la vie nerveuse ne peut se continuer indéfiniment telle qu'elle est à l'état de veille , on peut donc dire, sous cette réserve, que l'activité nerveuse a pour loi d'être *discontinue*

53. Physiologie des centres nerveux.
— Nous avons peu de chose à dire au sujet du fonctionnement des *centres* nerveux Des vaisseaux capillaires apportent le sang aux cellules nerveuses comme à toutes les autres cellules, et de la composition de ce sang dépend principalement l'exercice régulier de la vie nerveuse.

Un fait intéressant à noter, c'est que certaines substances qui diminuent l'activité du corps cellulaire n'affectent pas la conductibilité de la fibre nerveuse · il en est ainsi, paraît-il, de la nicotine. Même certains poisons — la morphine, l'alcool — par l'intermédiaire du sang qui vient baigner les cellules nerveuses, suspendent ou modifient le fonctionnement de *certaines* cellules, à l'exclusion des autres telle substance qui suspend l'action des centres corticaux, n'empêche pas, par exemple, celle des centres respiratoires Ces faits semblent démontrer que toutes les cellules nerveuses ne sont pas de même nature [1]

Nous savons déjà, d'ailleurs, que chaque organe des sens a son excitant propre et que tel élément nerveux, qui réagit à la lumière, par exemple, ne réagit pas au son et réciproquement Ce sont là autant de faits qui permettent d'induire la diversité intime des éléments nerveux

La constitution chimique de la substance nerveuse vivante n'est pas connue On sait bien qu'il se passe dans les cellules nerveuses des processus chimiques d'une grande intensité, témoin l'abondante vascularisation des centres nerveux, témoin aussi la quantité minime de poison nécessaire pour agir sur le tissu nerveux ; mais la nature de ces processus chimiques échappe encore au physiologiste

Tout ce que l'on peut en dire, c'est que ce ne sont pas des combustions On n'a pas trouvé, en effet, jusqu'à présent, qu'une augmentation de l'activité du système nerveux central détermine, comme l'augmentation de l'activité musculaire, une élimination plus considérable d'acide carbonique

54. Physiologie des fibres et des nerfs : l'excitabilité et la conductibilité. — Les fibres et les nerfs sont des organes de *conduction*, leurs propriétés physiologiques distinctives sont l'*excitabilité* et la *conductibilité*, mais la *conductibilité* semble n'être qu'une forme particulière de l'*excitabilité*.

Les fibres d'un nerf ne sont pas anastomosées, chacune constitue une voie isolée

La conductibilité du nerf exige, et c'est la seule condition requise, que le cylindre-axe soit continu, de fait, chaque cylindre-axe se poursuit ininterrompu à travers les différents étranglements annulaires que présente la fibre [2]

[1] Cfr Richet, *L'homme et l'intelligence*, III Paris, Alcan, 1884
[2] Voir pl II, fig 4, B

Lorsqu'une fibre nerveuse a été sectionnée, on a beau remettre en contact aussi intimement que possible les deux sections, le pouvoir de conduction est aboli, et pourtant, la propriété de conduire le courant électrique subsiste, à peine modifiée

La conduction est dite centripète ou centrifuge, selon qu'elle a pour siège une fibre centripète ou une fibre centrifuge, dans le premier cas, l'excitation physiologique part de la périphérie, dans le second cas, elle part du centre nerveux

Les deux fibres, centripète et centrifuge, ne transmettent normalement l'excitation que dans une seule direction, cependant, il est communément admis qu'une excitation provoquée *artificiellement* sur un point quelconque du nerf, peut se transmettre dans les deux directions Cette double conductibilité de la fibre nerveuse est désignée sous le nom de *conductibilité indifférente des nerfs.*

Certes, les fibres centripètes et les fibres centrifuges se comportent apparemment d'une manière différente en face des différents excitants artificiels, les nerfs sensitifs et sensoriels répondent différemment aux excitants naturels, mais certains physiologistes présument que la différence repose uniquement sur la différence des appareils de réception et des appareils de réaction avec lesquels les fibres nerveuses sont reliées

De fait, observent-ils, on n'a trouvé jusqu'à présent aucune différence de structure entre les deux catégories de fibres nerveuses

Ils invoquent, en outre, plusieurs expériences en faveur de la thèse de leur identité fonctionnelle [1])

D'après les physiologistes dont nous parlons, le processus

[1]) Voir Gad, Heymans et Masoin, *Traité de physiologie humaine,* Louvain, Uystpruyst, 1893, ch III, p 80

de l'excitation serait donc de même nature dans tous les
nerfs et ne présenterait que des différences quantitatives

Mais, cette conclusion n'est pas, il s'en faut, a l'abri de
toute contestation

Le premier argument sur lequel elle s'appuie n'est, en
définitive, qu'un argument négatif. On n'a pas jusqu'ici
reconnu de différence morphologique ou chimique entre les
fibres nerveuses s'ensuit-il a l'évidence qu'il n'y en ait
point ?

Aux expériences qui militent en faveur de l'identité fonctionnelle de tous les nerfs, on peut en opposer d'autres qui,
avec l'argument que les anatomistes basent sur les connexions de certains organes sensitifs périphériques, plaide-
raient plutôt pour leur spécificité [1]

---

[1] « Certains phénomènes électriques varient selon que l'on expéri-
mente sur un nerf dans lequel les fibres centripètes et centrifuges sont
mélangées, sur un nerf purement centripète, ou enfin sur un nerf purement centrifuge — Il y a une autre expérience très simple qui se fait
de la manière suivante chez une grande grenouille on isole d'un côté
sur toute l'étendue de la cuisse le nerf sciatique et on le sectionne en
son milieu On désarticule ensuite l'articulation coxo-fémorale de sorte
que seul le segment central du sciatique demeure relié avec l'animal
Tous les muscles de la cuisse sont enlevés sur le membre sectionné, et
on obtient ainsi une préparation qui se compose du fémur avec la jambe
et un segment de nerf sciatique Sur cette dernière préparation on peut
étudier comment se comportent les fibres nerveuses centrifuges et sur
l'autre partie de l'animal ou sur le segment central du sciatique on
pourra voir comment se comportent les fibres centripètes Or on plonge
les deux segments du sciatique dans une solution physiologique de
chlorure de sodium ayant 40° C, et l'on remarque que le membre sectionné reste en repos tandis que l'animal exécute des mouvements
on fait agir ensuite sur ces mêmes segments une solution concentrée
de chlorure de sodium, et les effets sont inverses le membre sectionné
entre en contraction et l'animal reste à l'état de repos Il paraît donc
au premier coup d'œil que les fibres centripètes sont seules excitées
par une élévation de température portée à 40° C par contre que la
solution concentrée de chlorure de sodium excite seulement les fibres
centrifuges, tandis qu'elle laisse les fibres centripètes à l'état de repos
Gad, Heymans et Masoin, ouv cit p 81

Plusieurs physiologistes se déclarent, d'ailleurs, plutôt favorables à cette dernière interprétation

55. Nature du courant nerveux. — On a mesuré la vitesse du courant nerveux elle est de 30 mètres environ, à la seconde, dans les nerfs moteurs ; de 60 metres, dans les nerfs sensitifs Il semble resulter de là que ce courant n'est assimilable ni à un courant electrique, ni aux vibrations lumineuses, ni même aux vibrations sonores, mais il est impossible, dans l'état actuel de la science, de préciser, d'une façon *positive*, de quelle nature il est

Tout ce que l'on peut en dire, c'est qu'il se passe dans le nerf, pendant la transmission nerveuse, des phenomenes chimiques, thermiques et electriques

Nous reparlerons plus tard de la vitesse du courant nerveux à propos de la mesure des actes cérebraux

56. Physiologie des sens. — 1° La *vision* les filaments de la *rétine*, expansion terminale du nerf optique, aboutissent, avons-nous vu, à des cellules en forme de *cônes* et de *bâtonnets* [1] C'est sur ces cônes et bâtonnets que tombe l'excitation lumineuse ; celle-ci est conduite, par les fibres des nerfs optiques, aux centres sensitifs de l'encéphale

Devant la rétine, il y a une lentille biconvexe, le *cristallin*, toute baignée dans un liquide transparent, et susceptible de diminuer ou d'augmenter sa convexité selon que l'objet à percevoir est plus ou moins rapproche de l'organe

Des muscles situés à l'intérieur du globe oculaire peuvent, en se contractant, augmenter ou diminuer la courbure de la lentille et faire varier ainsi sa puissance convergente ; grâce à cela l'organe visuel possede, outre sa fonction de *perception*, une fonction d'*adaptation* ou d'*accommodation* à des excitations lumineuses parties de distances differentes

[1] Voir pl III, fig 5

On sait que l'image des objets lumineux ou éclairés est renversée sur la rétine

2o *L'audition* : Les vibrations aériennes, régulières ou irrégulières, produites par les corps sonores viennent frapper les terminaisons des cellules nerveuses, terminaisons périphériques du nerf accoustique, pour être ainsi transmises à un centre nerveux correspondant. Ces terminaisons appelées *fibres de Corti* sont tendues sur une membrane *(la membrane du limaçon)*, comme les cordes d'une cithare [1]) , on suppose qu'elles ne sont pas indifférentes, pas plus d'ailleurs que les éléments nerveux de la rétine : chacune d'elles répondrait à une vibration donnée et à celle-là seulement, de sorte qu'il y aurait, en définitive, dans nos organes de l'ouïe et de la vue, des aptitudes multiples de perception.

L'oreille possède, comme l'œil, un pouvoir d'*accommodation*, en effet, une membrane, appelée le tympan, peut être tendue plus ou moins fort sous l'influence d'un muscle et accroître ainsi ou diminuer la puissance du son ; la tête elle-même peut, par le jeu des muscles, être tournée plus ou moins directement dans le sens d'où viennent les vibrations du dehors.

3o et 4o L'*olfaction* et la *gustation* [2]) . Les observations faites (**50**) et l'analogie des sensations olfactive et gustative avec celles de la vision et de l'audition, nous donnent une idée suffisante du fonctionnement des appareils de l'odorat et du goût.

Le double mouvement d'inspiration et d'expiration fait passer l'air par la bouche et par le nez ; les odeurs contenues dans l'air, à l'état de vapeur, agissent au passage sur les cellules olfactives, terminaisons du nerf olfactif.

De même, les substances dissoutes dans la salive de la bouche agissent sur les terminaisons des fibres du nerf

[1]) Voir pl III, fig 4
[2]) Voir pl III, fig 2 et 3

gustatif Au fond, il se passe dans les deux cas un même phénomène physiologique

Les sens de l'odorat et du goût s'entr'aident puissamment, ils se complètent l'un l'autre, au point qu'il est souvent malaisé de démêler leur part d'action dans la sensation totale

5° Le *toucher* [1] Les nerfs *sensitifs* qui conduisent les impressions tactiles sont répandus sur toute la surface du corps, cependant, en certains endroits, leurs terminaisons sont plus nombreuses ces parties — les lèvres, le bout de la langue, l'extrémité des doigts — sont aussi plus délicates au toucher

Selon que l'excitant des corpuscules du tact et des filets nerveux sensitifs est une simple pression mécanique, ou un changement dans la température ambiante, la sensation que le toucher nous fait éprouver est, nous l'avons dit, la sensation *tactile* proprement dite (pression, contact, choc, etc), ou la sensation du *chaud* et du *froid*

Le sens du toucher comprend plusieurs sens spécifiquement différents, « tactus plures differentias habet », disait déjà Aristote Nous venons de voir que l'on attribue au sens du toucher, envisagé dans toute sa généralité, les sensations *tactiles* et les sensations *thermiques*, on peut y rapporter aussi les *sensations musculaires* et les *sensations douloureuses* Nous avons parlé de l'origine des premières (**50**), nous en reparlerons plus loin Quant à la *douleur*, elle est due, semble-t-il, à une excitation forte des nerfs sensitifs, quels qu'ils soient.

Ces brèves indications suffisent ; nous aurons à reparler de la fonction des organes des sens, lorsque nous traiterons, plus loin, de la *qualité* de la sensation

Telles sont donc les conditions anatomiques et physio-

[1] Voir pl III, fig 1

logiques de la sensation Il s'agit désormais de l'étudier en elle-même, telle que le sens intime nous la fait connaître, c'est-à-dire au point de vue que l'on a coutume d'appeler plus spécialement *psychologique*

§ 2

Les actes cognitifs de l'animal ou la connaissance sensible

SOMMAIRE — 57. Notion de la sensation ou de la connaissance sensible — 58 De la connaissance — 59 Aperçu général sur la sensibilité externe — 60 Aperçu général sur la sensibilité interne 1° le sens commun, le sens intime, la perception — 61 2° L'imagination — 62 3° L'estimative ou l'instinct - 63 4° La mémorative ou la mémoire — 64 Les sens intérieurs chez l'homme et chez l'animal — 65 Nature de la distinction entre les sens intérieurs — 66 Remarque

57. Notion de la sensation ou de la connaissance sensible. —

Trois actes appartiennent en propre à l'animal la sensation ou connaissance sensitive, l'appétition sensible, et le mouvement volontaire C'est de la sensation que nous nous occupons dans cet article

Nous venons d'en étudier l'organe avec sa fonction physiologique quelle est cette même fonction, *envisagée au point de vue psychologique ?* En d'autres mots, *qu'est-ce que la sensation, en tant qu'elle se révèle au sujet sentant ?*

En posant ainsi la question, nous n'avons pas l'intention de contester l'existence de sensations dites « inconscientes », c'est-à-dire de faits qui ont pour destination naturelle d'engendrer une sensation « consciente », mais qui, faute de certaines conditions, n'aboutissent pas au terme de leur activité normale et, par suite, ne se révèlent pas au sujet sentant Cette question est réservée ; mais, à supposer qu'elle comporte une solution affirmative il n'en demeure pas moins vrai que la seule sensation *directement* connaissable, la seule que nous puissions par conséquent songer à définir ou à décrire, c'est la sensation qui se révèle au sens intime Nous n'avons, évidemment, aucune notion positive distincte de ce que pourrait être une connaissance que, par hypothèse, nous n'apercevrions pas en nous A plus forte raison, une pareille connaissance serait-elle indéfinissable, car nos définitions ne portent pas sur les choses en elles-mêmes, mais sur les choses telles qu'elles nous sont connues « Voces referuntur ad res significandas *mediante conceptione intellectus* » [1] S'il y a des sensations « inconscientes », ce n'est que par des inductions médiates ou des considérations indirectes que nous pourrons présumer ou établir leur existence

Qu'est-ce donc que la sensation, objet de nos aperceptions ?

Sensation est un de ces mots que tout le monde croit aisément comprendre et dont le vague n'apparaît que lorsqu'on essaie d'en fixer le sens précis Sensation, sentiment, sens, affection, connaissance sensible, perception sensible, expérience sensible etc, tous ces termes s'emploient parfois l'un pour l'autre, tandis que, en d'autres cas, ils paraissent plutôt opposés Essayons de marquer les nuances qui les distinguent

La *sensation*, — c'est le terme générique, — est une manière d'être du sujet sentant, un changement d'état destiné à renseigner ce même sujet sur quelque chose le sujet sentant est passif et actif dans la sensation, passif d'abord, actif ensuite, et son activité a pour résultat naturel de le mettre en présence de quelque chose d'autre que lui-même, de quelque chose qui est posé vis-à-vis de lui-même (*ob-jectum*, de *ob-jicere*), en présence d'un fait objectif, d'une réalité objective

Tantôt, le côté *passif et subjectif* de la sensation fixe principalement l'attention alors la sensation a pour syno-

[1] S. Thomas, *Sum theol*, 1ᵃ. q 13, a 1

nymes les termes *sentiment, sens, affection*, ainsi nous
eprouvons, disons-nous, une sensation de refroidissement,
de chaleur, un sentiment de pression nous parlons de
sensations douloureuses, d'un sentiment de bien-être ou de
souffrance, de même, à propos des sensations qui sont
dues à un changement d'état de nos organes, nous parlons
d'une sensation ou d'un sentiment de fatigue, de faim, de
soif, ou encore, pour traduire l'effet general des excitations
qui nous viennent d'une manière permanente de la peri-
phérie, qui partent des centres nerveux et innervent nos
muscles et nos organes nous parlons d'une sensation ou
d'un sentiment general de malaise ou de bonne sante,
d'affaissement ou de vitalite et ainsi de suite

Tantôt, nous avons davantage en vue l'element *actif* du
phénomène sensitif la sensation prend alors le caractère
spécial d'une *connaissance* Les anciens scolastiques traduisaient cet aspect du phenomene par le mot *intention*
(in tendere), ce qui veut dire que l'acte sensitif nous met
en présence de quelque chose d'opposé au sujet sentant,
d'une couleur, d'un son, de quelque chose de résistant, etc,
les *sensations* visuelle, auditive, tactile etc, deviennent ainsi
synonymes de *connaissances sensitives* [1], on les appelle
aussi, dans leur etat complet, des *perceptions*

L'*intuition* s'applique à une espece de perceptions, aux
perceptions *visuelles*

L'*expérience sensible* désigne l'ensemble des perceptions
ou connaissances sensibles, principalement lorsqu'on les

---

[1] Rosmini tient absolument à réserver la *connaissance* pour la faculte
intellectuelle capable de saisir l'*être* des choses selon lui, l'animal sent
mais ne connait pas Nous croyons que cette reserve est absolument
arbitraire, elle est incontestablement en desaccord avec le sens commun
et le langage universel Le petit poussin connaît sa mere, le chien
connaît son maître, etc il n'y a personne qui ne traduise en ces termes
de *connaissance* les mœurs des animaux Voir Rosmini *Nuovo Saggio
sull'origine delle idee*, t I p 34, etc

considéré au service d'une faculté supérieure, de la raison

La sensation, on le voit, nous met en présence d'un fait nouveau, que nous n'avons pas rencontré dans l'étude de la vie organique, le fait de la *connaissance*

Qu'est-ce que *connaître* ?

58. De la connaissance. — Il y a trois opérations distinctives de la vie animale, la sensation, l'appétition et le mouvement volontaire, mais la sensation prime les deux autres Le mouvement volontaire, en effet, ne se produit que dépendamment d'une appétition, et l'appétition, à son tour, est consécutive à la sensation, selon l'adage connu « nihil volitum nisi praecognitum »

La *connaissance sensitive* doit donc tout d'abord et principalement fixer notre attention

Nous ne songeons pas à *définir* la connaissance

Elle est un acte primordial dont le caractère distinctif ne peut être saisi que par une intuition directe de la conscience

Aussi bien, elle n'échappe à personne, chacun sait à quel état d'âme elle répond Notre seule ressource est de la décrire, de déterminer les causes qui l'engendrent, de mettre en relief ses caractères propres en les opposant à ceux qui appartiennent à des actes d'ordre différent

La *connaissance* consiste en une certaine *ressemblance* de l'objet connu réalisée chez le connaisseur « Omnis cognitio fit secundum similitudinem cogniti in cognoscente » [1])

Tant que l'on s'en tient à cette formule générale, sans encore déterminer la nature et l'origine de la ressemblance cognoscitive, on ne peut guère douter, semble-t-il, de la vérité de cet axiome de l'École Car, ce que nous connais-

---

[1]) S Thomas, *Cont Gent* II, 77 IV, 11 Cfr Kleutgen, *La Phil scol* Diss I n⁰ˢ 18 et 19

sons, nous le possédons, d'une certaine manière, en nous-mêmes. Or, il est impossible que le connaisseur s'approprie la chose connue selon la réalité physique de cette chose. Il ne peut donc se l'approprier qu'en l'imitant, il la reproduit en soi-même d'une manière qui répond à sa propre nature, il l'engendre pour ainsi dire à nouveau, sous forme de ressemblance.

De là, ce second adage d'idéologie qui complète le précédent · « Cognitum est in cognoscente, ad modum cognoscentis » Le connu est reproduit par le connaisseur *en conformité avec la nature du connaisseur*.

Qu'est-ce que cette ressemblance que nous disons *cognoscitive*, que les anciens appelaient *intentionnelle ?*

Il y a ressemblance, au sens très large du mot, quand il y a communauté d'essence ; nous rangeons dans *une même espèce* les choses qui se ressemblent par leur essence.

La ressemblance n'exige qu'un accord dans les qualités *accidentelles* Or, l'accord dans la quantité s'appelle *égalité ;* seul l'accord dans les propriétés qualitatives s'appelle, à proprement parler, du nom de *ressemblance*.

C'est une ressemblance de ce dernier genre qui se retrouve dans la connaissance.

Néanmoins, la connaissance est plus qu'une ressemblance, elle est une *image*.

Toute ressemblance n'est pas image ; l'image est une ressemblance formée en vue d'imiter ou de reproduire une autre chose.

Or, la ressemblance du sujet qui connaît, avec la chose qu'il connaît a pour destination, de par la nature même du sujet, d'imiter ou de reproduire la chose connue.

C'est donc une *image*.

Toutefois, ce n'est pas une image *matérielle, physique,* telle que serait un portrait peint ou photographié, mais une image d'une nature autre, de la même nature que le sujet

qui l'engendre pour opposer l'image-connaissance aux
images physiques que nous offre la nature extérieure, nous
l'appelons *intentionnelle,* ou encore *psychique, idéale, mentale,*
autant d'épithètes dont la signification positive ne peut
néanmoins s'expliquer, en dernière analyse, que par le terme
même de *connaissance*

On saisit, d'après cela, où gît la supériorité distinctive des
êtres capables de connaître

L'être qui connaît, écrit saint Thomas avec sa profondeur
habituelle, l'emporte sur ceux qui ne connaissent pas, parce
que les derniers n'ont que leur être propre, leur perfection
native, tandis que le premier est capable de revêtir, en plus,
la forme intentionnelle des choses qu'il connaît. « Cognoscentia a non cognoscentibus in hoc distinguuntur, quia non
cognoscentia nihil habent nisi formam suam tantum, sed
cognoscens natum est habere formam etiam rei alterius, nam
species cogniti est in cognoscente » [1])

Nous compléterons cet aperçu général sur la connaissance
lorsque nous traiterons de la connaissance intellectuelle

Poursuivons maintenant l'étude de la connaissance *sensitive,* elle a pour principes immédiats les sens externes et
les sens internes de l'animal Nous traiterons donc successivement, mais d'une façon générale, de la connaissance
sensible *externe* et de la connaissance sensible *interne*

L'étude plus approfondie de chacune de ces formes de
connaissance fera l'objet des paragraphes qui suivront ultérieurement

59. Aperçu général sur la sensibilité externe. — Les
sources de la sensibilité *externe* sont les *sens extérieurs* Il
est à présumer que l'enfant dès le berceau, ou même déjà
dans le sein de sa mère, est continuellement sujet à des

[1]) *Sum theol,* 1ª, q 14, a 1

impressions qui lui viennent des excitations du monde extérieur, des contractions de ses muscles ou des changements
d'état de ses organes, sans que ces impressions montent
jusqu'à sa conscience. Ainsi, par exemple, l'enfant nouveau-né
n'arrive que par degrés à *regarder*, à plus forte raison à
regarder les *objets* et à les discerner. Au début, il voit vaguement, dans le vide ; dans une période plus avancée, il arrive
bien que ses yeux soient passivement détournés d'un objet et
arrêtés sur un autre objet plus éclairé, soient détournés d'une
figure, par exemple, pour se fixer sur une bougie allumée ;
mais ce n'est que plus tard que s'opère le passage de la
vision vague, passive, au regard net et actif, qu'on le voit,
par exemple, suivre des yeux et de la tête un objet déplacé
lentement devant lui, ou regarder, considérer de lui-même
les objets qui sont à sa portée [1])

60. Aperçu général sur la sensibilité interne : 1º Le sens commun, le sens intime, la perception.

— Lorsque
les impressions sensitives ou sensorielles provoquent une
réaction coordonnée des centres nerveux supérieurs, lorsque
la sensation qui n'était que passive est remarquée, on
l'appelle une *perception*, la perception d'un *objet*.

Dans ces conditions, l'enfant sait qu'il voit et il regardera ;
il sait qu'il entend et il écoutera ; qu'il odore et il flairera ;
qu'il goûte et il dégustera ; qu'il touche enfin et il palpera.

Ainsi naissent les perceptions sensibles et le *sens intime*,
ou, comme on s'exprime assez communément aujourd'hui,
la « conscience sensible » des sensations.

Comme toute la superficie de la peau, les muqueuses, les
muscles, nos organes sensoriels, peuvent être l'origine d'impressions périphériques, et provoquer en conséquence des
sensations simultanées ou en succession régulière, on com-

[1]) Voir Preyer, *L'âme de l'enfant*, p. 147

prend que les sensations viennent s'associer dans la couche corticale et que plusieurs représentations sensibles se réunissent en une représentation totale, la perception d'un *objet* Car percevoir un *objet*, c'est ceci même recueillir plusieurs sensations émanant de sens différents, la couleur d'une rose, le velouté de sa corolle, son parfum etc, et les réunir en un même *sujet* ou *objet* commun, cette rose, telle rose

Il faut donc reconnaître à l'homme et aux animaux supérieurs, outre les sens extérieurs, un *sens commun*, ou *sens central*, sorte d'aboutissement des organes périphériques, destiné à *recueillir* les sensations de la sensibilité externe, et à les *discerner* les unes des autres

Le *sens intime* était, selon les anciens, *une des fonctions du sens commun* la faculté de percevoir les opérations des sens extérieurs [1])

L'anatomie et la physiologie du système nerveux ont donné à cette vue générale une base positive et une explication Nous avons vu que la cellule nerveuse envoie ses prolongements dans toutes les directions, que des prolongements partis de cellules différentes se mettent en contact, et relient ainsi des amas de ganglionnaires différents Admettons provisoirement comme établi, que ces *ganglions* sont des centres correspondant à nos sensations, ne voit-on pas que des excitations arrivant aux cellules d'un centre sensitif

---

[1]) « Ista autem potentia (sensus communis) est animali necessaria propter tria quæ habet facere sensus communis Primum est, quod habet apprehendere omnia sensata communia Secundus actus sensus communis est apprehendere plura sensibilia propria, quod non potest aliquis sensus proprius non enim potest animal judicare album esse dulce vel non esse, vel ponere diversitatem inter sensata propria, nisi sit aliquis sensus qui cognoscat omnia sensata propria et hic est sensus communis Tertius vero actus est sentire actus propriorum sensuum, ut cum sentio me videre » S Thomas, *Opusc de potentiis animæ*, cap IV

Depuis Leibniz, la connaissance d'un état intérieur s'appelle ordinairement *aperception* ou *apperception* Le *sens intime* est un pouvoir d'aperception *empirique* La *conscience* proprement dite appartient à l'intelligence seule, elle est une aperception *intellectuelle*.

s'irradieront naturellement, à travers leurs prolongements, jusqu'aux cellules du centre ou des centres voisins, et qu'il s'établira dans la masse nerveuse un consensus physiologique, base naturelle de l'association psychologique que suppose le *sens commun* ?

Là est l'origine de tous les phénomènes d'association des sensations, des images, des idées et le point de départ d'une foule d'états psychologiques normaux ou anormaux que nous rencontrerons sous peu. Nous étudierons alors de plus près la nature du sens commun.

61. 2⁰ L'imagination. — Les sensations ne s'évanouissent pas avec la perception actuelle : les modifications que les excitations périphériques impriment à la substance nerveuse laissent derrière elles des traces qu'il est naturel de considérer comme la base physiologique de l'*imagination* ou de la mémoire.

Nous avons la faculté, c'est un fait de nous représenter des qualités sensibles que nous ne percevons pas actuellement, de nous *figurer* ou, comme l'on s'exprime assez souvent d'une façon impropre, de *concevoir* des objets *absents*. A la *perception*, ou — lorsqu'il s'agit du sens de la vue, — à l'*intuition* des choses *présentes*, nous opposons sous le nom d'*imagination* ou de *conception*, la connaissance des choses *absentes*. La sensation engendre l'image : selon bon nombre de psychologues, l'une et l'autre ne seraient même que deux états successifs, l'un fort, l'autre faible [1] d'un même phénomène, les deux auraient pour base le même mécanisme et ne différeraient que par leur degré d'intensité ; toujours est-il que chaque espèce de sensation peut donner naissance à une espèce correspondante d'image et que nous nous trouvons de fait en possession d'images visuelles, sonores, tactiles, musculaires ou motrices ou même d'images d'odeurs

[1] Spencer, *Principes de psychologie*, 7ᵐᵉ partie ch. XVI

et de saveurs. C'est au pouvoir de *conserver* ces images, de les *reproduire* soit passivement, soit activement, ou de les *combiner*, que les Scolastiques donnaient le nom d'*imaginative* ou d'*imagination*

La faculté *imaginative* a donc une triple fonction : elle est à la fois *rétentive*, *reproductive* et *constructive*

Le pouvoir de *retenir* ou de conserver les images et de les faire reapparaître ou de les *reproduire* peut s'appeler aussi du nom de *mémoire* sensible, tandis que l'*imagination* désigne plutôt, d'une façon exclusive, la troisième fonction de « l'imaginative » des anciens, à savoir la combinaison active des images en groupes nouveaux, le pouvoir d'*association* ou de *construction* [1])

De même que les sensations apparaissent non isolées mais associées dans l'acte total d'une perception, de même, souvent, les images revivent de concert dans l'imagination Aux modes naturels de cette reviviscence s'appliquent les *lois d'association*

62. 3º L'estimative ou l'instinct. — L'expérience nous

montre, observe saint Thomas, que les animaux, au moins les plus parfaits d'entre eux, perçoivent dans les choses corporelles certaines propriétes utiles ou pernicieuses, qui ne peuvent être l'objet des sens dont nous avons fait jusqu'ici le dénombrement

Ainsi, par exemple, nous voyons la brebis fuir le loup, le poussin fuir l'epervier La couleur ou la forme extérieure du loup et de l'epervier seraient-elles donc pour les animaux qui les fuient un objet de repulsion ? Non, mais la brebis voit dans le loup un ennemi dangereux, le poussin en voit

---

[1]) Nous nous en tenons, bien entendu, a la vie sensitive ou animale , car, dans un sens plus eleve, en littérature et en esthétique, l'imagination désigne un pouvoir qui relève a la fois de l'intelligence et de la sensibilite

un dans l'épervier Lorsque l'oiseau recueille les brins de paille dont il fera son nid, y trouve-t-il rien qui flatte ses sens ? Vraisemblablement, il poursuit un but plus éloigné qui n'est pas directement perceptible par les sens il veut faire un nid à ses petits

Il y a donc, au moins chez certains animaux, une appréciation de qualités utiles ou nuisibles, différente de la perception des qualités sensibles, un *sens estimatif* de certains rapports concrets, « vis æstimativa percipiens intentiones insensatas », selon l'expression de S Thomas [1]

Cette faculté s'englobe dans ce que l'on appelle communément aujourd'hui du nom d'*instinct* Mais le mot *instinct* est plus vague, il désigne d'une façon générale la détermination d'une tendance qui a son origine dans la nature de l'être, il régit aussi bien les facultés appétitives que les facultés destinées à la connaissance.

63. 4º **Mémorative ou mémoire.** — De même que les perceptions sensibles sont suivies d'images, de même l'estimation des propriétés utiles ou nuisibles laisse chez l'animal des traces qui plus tard les lui rappellent à l'occasion L'éléphant, par exemple, se venge, longtemps après, des mauvais traitements qu'on lui a fait subir ou se montre reconnaissant envers ceux qui lui ont fait du bien , au sens

---

[1] « Necessarium est animali ut quærat aliqua, vel fugiat, non solum quia sunt convenientia vel non convenientia ad sentiendum, sed etiam propter aliquas alias commoditates et utilitates, sive nocumenta , sicut ovis videns lupum venientem fugit, non propter indecentiam coloris, vel figuræ, sed quasi inimicum naturæ , et similiter avis colligit paleam, non quia delectat sensum, sed quia est utilis ad nidificandum Necessarium est ergo animali quod percipiat hujusmodi intentiones, quas non percipit sensus exterior, et hujus perceptionis oportet esse aliquod aliud principium, cum perceptio formarum sensibilium sit ex immutatione sensibili, non autem perceptio intentionum prædictarum Ad apprehendendum autem intentiones quæ per sensum non accipiuntur, ordinatur *vis æstimativa* » S Thomas, *Summ theol* 1ª q 78, art 4 Cfr *Opusc de potentiis animæ*, cap IX

estimatif se trouve donc associée chez l'animal une *mémoire sensible*

La mémoire sensible, faisons-le remarquer, ne s'identifie pas avec une imagination simplement reproductrice, elle comprend, en outre, une certaine appréciation de la durée passée, non pas, sans doute, la connaissance abstraite du temps, des relations entre le présent et le passé ou l'avenir, mais une *perception concrète* d'une partie de la succession écoulée Nous essayerons plus loin d'interpréter ces faits, lorsque nous les rapprocherons des notions intellectuelles du temps et de la durée

Nous voulions commencer l'étude de la vie animale ou sensitive par un coup d'œil d'ensemble sur les facultés cognitives qui sont de son ressort Ce travail est terminé, ajoutons-y quelques remarques qui semblent trouver leur place ici

64. Les sens intérieurs chez l'homme et chez l'animal. — Les sens intérieurs de l'homme ne sont pas essentiellement différents de ceux des animaux supérieurs, cependant, ils sont chez l'homme sous la dépendance de facultés plus élevées, la raison et la volonté, et empruntent à cette solidarité un caractère de supériorité que l'on ne rencontre pas dans la série animale

Ainsi, par exemple, l'*estimative*, chez l'homme, ne subit pas exclusivement les déterminations fatales de l'instinct de la nature animale, mais se laisse aussi influencer par les connaissances d'un ordre plus élevé et diriger par la raison, aussi lui a-t-on donné une désignation spéciale, la *cogitative* (co-agitare, coagitative) [1]

---

[1] « Aliqua animalia percipiunt hujusmodi intentiones, quæ sunt bonum et conveniens et nocivum, solo instinctu naturali homo autem ultra hoc per quamdam collationem Et ideo quæ in aliis animalibus dicitur æstimativa naturalis, in homine dicitur cogitativa » S Thomas, *de potentiis animæ,* cap IV

De même, la mémoire n'est pas purement passive chez l'homme, elle est capable de prendre l'initiative de certaines recherches sur les souvenirs passés, de certains procédés discursifs sous la direction de l'intelligence, la *mémoire* envisagée a ce point de vue s'appelait la *réminiscence* [1]

65. Nature de la distinction entre les sens intérieurs.

— Il ne faudrait pas accorder une importance exagérée à la question de savoir si la distinction des différents sens intérieurs est réelle ou de raison Plusieurs Scolastiques tiennent pour la distinction réelle, Suarez [2] regarde comme plus probable l'opinion qu'il n'y aurait qu'un seul sens intérieur et estime que telle est la vraie pensée d'Aristote Nous croyons ne pas devoir nous attarder a discuter ici les arguments des deux opinions contradictoires

66. Remarque.

— En attribuant, comme nous l'avons fait, la sensibilité externe et la sensibilité interne à l'animal, nous ne prétendons pas que *tous* les animaux possèdent la même multiplicité d'activités sensitives, nous voulons seulement dire que celles-ci se rencontrent toutes chez certains animaux et, par suite, sont du ressort de la vie animale

Ainsi, il est d'expérience qu'il y a des animaux qui n'ont

---

[1] « In hominibus non solum est memoria, sed etiam reminiscentia, quæ fit per quamdam collationem intentionum individualium præviarum ad formas syllogistice discurrendo usque ad ultimo quæsitum Istam autem excellentiam non habent in homine æstimativa et memorativa per id quod est proprium parti sensitivæ, sed per affinitatem et propinquitatem ad rationem universalem per quamdam influentiam semper enim virtus inferior fortificatur ex conjunctione sui cum virtute superiori » *Loc cit*

Aujourd'hui on oppose souvent le souvenir a la réminiscence comme le plus au moins la réminiscence est prise pour le retour indistinct d'une connaissance passée, le souvenir ajoute à la réminiscence la perception distincte du *deja vu*

[2] *De Anima*, lib III, cap XXX

que le sens musculaire, le toucher et le goût, avec les appétits que ces sens peuvent éveiller, d'autres ont, en outre, l'odorat, l'ouïe et la vue et les tendances appétitives qui en résultent

Les uns sont incapables de se déplacer, d'autres, au contraire, ont le pouvoir de se déplacer dans l'espace pour atteindre ce qui leur est utile ou fuir ce qui leur est nuisible.

Mais ce sont là des *degrés* différents de perfection qui n'offrent pour nous qu'un intérêt secondaire, notre attention doit surtout se porter, en psychologie, sur l'animal, comme tel, sur la *nature* de la *vie animale*

§ 3

Étude spéciale de la sensation extérieure

67. Objet de l'étude de la sensation. — Chaque sensation a son objet en présence duquel elle nous met : lumière, couleur, son ou tout autre, suivant le cas. *Quel* est l'objet respectif de nos sensations ? Il y a là un premier point à étudier. C'est l'étude de la sensation considérée au point de vue *qualitatif*, l'étude de la *qualité* des sensations. (I)

D'autre part, nous avons conscience d'extérioriser plusieurs de nos sensations, de les projeter en quelque sorte *hors de nous*, de les *localiser* plus ou moins distinctement soit en nous, soit hors de nous. D'où vient à certaines sensations leur caractère d'*extériorité objective* ? Comment se fait la *localisation* des sensations ? (II)

Les sensations, quelle que soit leur qualité, ont une certaine *intensité* et une certaine *durée*, bref, elles ont un caractère *quantitatif* qu'il importe d'apprécier. Or, la sensation est subjective ; en elle-même, elle n'est pas susceptible de mensuration : peut-être l'est-elle néanmoins dans ses *causes* ou dans ses *effets*.

1° L'observation la moins attentive nous fait voir que l'apparition de la sensation est subordonnée à l'action d'un agent extérieur ; il faut donc reconnaître à la sensation une double *cause*, l'une interne, le sujet sentant ; l'autre externe, l'excitant. D'où un problème à résoudre : Quel rapport y a-t-il *entre la sensation*, considérée *dans son intensité*, *et l'excitant* qui la provoque ? Cette question fait l'objet de la *psycho-physique*.

2° La sensation produit certains *effets* : elle exerce une action dynamique plus ou moins puissante sur l'ensemble de l'organisme, c'est ce que les psychologues modernes appellent le *pouvoir dynamogène* ou la *dynamogénie* des sensations Déterminer, d'après l'action dynamique observée, le pouvoir dynamogène des sensations qui la produisent, tel est le second aspect de l'étude *quantitative* de la sensation

3° Le troisième et dernier aspect embrasse la *durée* des processus sensitifs (III)

A ces diverses recherches qui ont pour objet commun la quantité des sensations, nous rattacherons la question de savoir s'il existe et dans quel sens il peut exister des sensations *inconscientes* (IV)

Nous nous occuperons ensuite du siège central des sensations, et rendrons compte des recherches faites sur les *localisations cérébrales* (V)

Enfin, nous synthétiserons les résultats de cette étude analytique, pour nous renseigner sur la *nature intime*, — tant au point de vue subjectif qu'au point de vue objectif, — de la sensation en général [1]) (VI)

I

QUALITÉ DES SENSATIONS

68. Objet des sens externes : Définition des termes. — Lorsque nous cherchons à démêler, par l'analyse psychologique, ce qui se passe en nous, nous avons beaucoup de peine à isoler nos états de conscience. Les connaissances appellent des inclinations, celles-ci provoquent des mouvements, les connaissances elles-mêmes forment toujours,

---

[1]) Les psychologues modernes distinguent dans le fait complexe de la sensation, la *qualité*, la *quantité* et la *tonalité* de la sensation, la *tonalité* désigne la propriété inhérente à la sensation de s'accompagner de plaisir ou de douleur, d'être agréable ou désagréable ou, intermédiairement, indifférente. L'étude de la tonalité des sensations trouvera mieux sa place à l'endroit où nous parlerons des facultés appétitives V Sergi, *Elementi di Psicologia*, lib I, cap 1

quand on y regarde de près, un ensemble mobile dont il n'est pas aisé de dissocier les éléments. La pensée, les images, les souvenirs se mêlent aux perceptions les perceptions de sens différents s'entrecroisent ; il faut un grand effort de concentration pour déterminer la part que chacune de nos facultés cognitives apporte à un moment donné, au contenu total de la conscience.

Les perceptions les plus simples en apparence, sont encore en réalité très complexes.

Je vois en ce moment sous mes yeux, le portrait d'un ami, perception fort simple, semble-t-il cependant, en réalité, que d'éléments différents dans cette donnée en apparence unique, de la conscience ! Elle comprend une sensation visuelle de couleur des sensations tactiles et visuelles de la figure ou de la forme du portrait, des sensations musculaires et tactiles provenant de l'adaptation de l'organe visuel a l'acte de vision, une certaine perception de la grandeur du portrait et de sa distance à mon œil la perception de ce quelque chose aux formes coloriées que j'appelle un portrait, le souvenir des traits vivants de mon ami et la comparaison de cette image vivante avec la reproduction que l'artiste en a faite, la pensée de ce qu'était cet ami pour moi, et ainsi de suite.

Laissons la le souvenir, les comparaisons, la pensée, qui n'ont rien de commun avec la *perception* sensible ce sont des phénomènes psychiques qui *accompagnent* la perception, mais ils sont d'un autre ordre que l'acte perceptif.

Cette élimination faite, il nous reste les perceptions proprement dites, celles de la couleur, des formes, de la distance, et la perception de la chose même dont la couleur et les formes sont des accidents. Analysons leur *objet.*

L'*objet* du sens est *ce qui se présente* à lui. Ce n'est donc pas la chose telle qu'elle est en elle-même mais *telle qu'elle* se rend *présente* à la puissance sensitive, moyennant un changement qu'elle produit en celle-ci

Il y a, observe Aristote, un triple objet de perception il y a *l'objet naturel* de la perception (αἰσθητὰ καθ' αὐτά), c'est ce qui impressionne la puissance sensitive et sur quoi la perception porte directement, cet objet naturel est *propre* (τὸ μὲν ἴδιον ἑκάστης αἰσθήσεως) ou *commun* (τὸ δὲ κοινόν) l'objet *propre* d'un sens déterminé est celui qui n'impressionne que ce sens et n'est perçu que par lui dans l'exemple cité, la couleur du portrait est l'objet naturel propre de la vue, l'objet *commun* est celui qui peut influencer plusieurs facultés perceptives et être saisi par chacune d'elles, les formes, les dimensions du portrait, la distance, sont l'objet naturel commun de la vue et du toucher

Outre l'objet naturel, propre ou commun, de la perception, il y a un objet qu'Aristote appelle *accidentel* (κατὰ συμβεβηκός). Il n'exerce lui-même aucune influence sur la puissance sensitive, mais il est lié à l'objet propre ou commun qui exerce cette influence et devient ainsi *indirectement*, par concomitance, objet de perception Exemple La qualité d'ami que je trouve dans le sujet de ce portrait n'agit sur aucun de mes sens, elle n'est donc pas l'objet d'une perception directe ou naturelle, elle est le terme d'une connaissance indirecte, associée [1])

Telle est la division générale de l'objet de nos sensations. En recherchant ce qu'il présente de spécial pour chaque sens, nous arriverons à discerner le *caractère qualitatif* de nos sensations Nous connaîtrons, du même coup, nos facultés sensitives, car nos facultés se traduisent dans leurs actes et leurs actes se différencient d'après leur objet.

[1]) Aristote, *De l'âme*, II, ch VI

69. Objet propre de la vue [1]. — L'objet *propre des sensations visuelles*, c'est la *lumière*, la membrane impressionnée par la lumière est la rétine

La lumière est conçue aujourd'hui comme un état vibratoire d'un fluide particulier, très raréfié, auquel on a donné le nom d'*éther*. la terminaison périphérique du nerf optique, donnée dans les cônes et bâtonnets de la rétine, est organisée de manière à être excitée avec une facilité extrême par les vibrations de l'éther

On appelle *rayon lumineux* la ligne idéale suivant laquelle se transmettent les vibrations de l'éther Celles-ci sont transversales c'est-à-dire perpendiculaires à la direction du rayon lumineux A la durée des vibrations ou, ce qui revient au même, au nombre des vibrations, à la longueur d'onde, correspond une sensation particulière celle de *couleur*

Le mélange de toutes les radiations solaires constitue la lumière blanche on peut en lui faisant traverser un prisme, la décomposer en un certain nombre de vibrations en d'autres termes on peut isoler les vibrations simples qui la composent, comme les résonnateurs divisent un son complexe en sons simples Les rayons qui correspondent aux différents nombres de vibrations étant inégalement refrangibles [2], le faisceau de lumière blanche se disperse et laisse apparaître les couleurs simples qui le composent on a alors ce qu'on appelle *spectre solaire* Il y a une infinité de couleurs spectrales mais l'usage a prévalu d'en distinguer quelques unes nous avons ainsi, dans l'ordre de la refrangibilité des rayons qui leur donnent naissance, le rouge (les rayons les moins refrangibles), l'orangé le jaune, le vert

---

[1] Voir plus haut, nos 50 et 56

[2] La refrangibilité désigne la propriété dont jouissent les rayons lumineux de s'écarter ou de se rapprocher de la perpendiculaire au point d'immersion, quand ils tombent obliquement d'un milieu diaphane dans un autre de densité différente

le bleu, l'indigo et le violet (les rayons les plus refrangibles)

Chacune de ces couleurs se distingue des autres par son *ton* ou sa *teinte*

Outre cela, nous trouvons encore entre nos différentes sensations visuelles, des differences d'*intensité lumineuse*, selon que la couleur fait sur nous une impression plus ou moins forte dans le sens de la lumiere, et des differences de *saturation*, selon que le ton d'une couleur est plus ou moins développé, que le caractere de la sensation chromatique est plus ou moins prononce

Les *sujets* de la nature sont *colorés*, lorsqu'ils ne réfléchissent pas egalement toutes les longueurs d'onde qui composent la lumière solaire, mais qu'ils en absorbent l'une ou l'autre, renvoyant le reste vers l'œil de l'observateur

L'action physique de l'éther lumineux donne très probablement naissance aussi à un changement *chimique* dans les cônes et les bâtonnets de la rétine, cette excitation rétinienne devient a son tour l'excitant du nerf optique et des cellules nerveuses cérébrales auxquelles aboutissent les fibres du nerf optique

70. Objet propre de l'ouïe. — L'objet propre des sensations acoustiques, c'est le *son*

A la suite d'un deplacement très brusque d'un corps, il se produit, dans l'air ambiant, une condensation, un rapprochement des molécules, qui se propage dans toutes les directions sous la forme d'une onde dont le centre est le point primitivement ébranlé Tous les corps qui produisent le son sont en état de vibration et communiquent cette vibration à l'air qui les entoure, de sorte que cet air se forme en vagues, exactement pareilles a celles qu'on peut produire dans l'eau en l'agitant avec un bâton Les vagues aeriennes qui penetrent dans le conduit auditif frappent la membrane du tympan et la mettent en vibration, les vibrations determinées de la sorte dans la membrane du tympan sont transmises en partie aux extremites de l'appareil nerveux acoustique et a la partie correspondante de l'écorce cérébrale et nous donnent la sensation du *son*

Nos sensations acoustiques donnent lieu à plusieurs distinctions fondamentales, outre que nous apprecions l'*intensité* du son, nous distinguons des *qualités* differentes de gravite ou d'acuite des sons, en un mot, la *hauteur* du son, nous percevons de plus le *timbre* et les sensations de *dissonance* et de *consonance*.

Le mouvement de va-et-vient des molécules constitue ce qu'on appelle une *vibration* ou une *oscillation*

Tantôt, les vibrations sonores sont regulières et périodiques, de manière que le mouvement des molécules se reproduit exactement dans des périodes de temps rigoureusement egales, à ce genre de vibrations correspond la sensation de *son musical* Tantôt, les vibrations sont irregulieres et non périodiques, ou, quoique regulieres et periodiques, se melangent irrégulièrement, nous avons alors la sensation d'un *bruit* Il en est de même quand les vibrations se réduisent a des chocs instantanes

On appelle *intervalle* de deux sons le rapport du nombre de vibrations de ces deux sons

Les vibrations periodiques peuvent être *simples* ou *composées* Les vibrations *simples* sont appelées encore vibrations *pendulaires*, parce que le mouvement de va-et-vient des molécules vibrantes suit la même loi que le mouvement du pendule, elles different entre elles par l'*amplitude* et la *durée*

On appelle *amplitude* d'une vibration l'ecartement plus ou moins considerable des molécules vibrantes de leur position d'equilibre, ou encore l'espace compris entre les deux positions extrêmes des molecules vibrantes L'amplitude determine l'*intensité* du son

La *durée* de la vibration est le temps employé par les
molécules oscillantes pour leur mouvement de va-et-vient
Cette durée est constante pour une vibration pendulaire
donnée, quelle que soit son amplitude Plus cette durée est
petite, plus la molécule vibrante accomplit d'oscillations dans
l'unité de temps, aussi remplace-t on souvent cette notion
de durée par celle du nombre de vibrations en une seconde
ce nombre est en raison inverse de la durée de la vibration.
A la durée correspond la sensation de *hauteur* du son

La vibration *pendulaire*, telle que la produit le diapason,
a une forme à part que l'on peut représenter par une courbe
graphique déterminée

Les vibrations *composées* sont formées par la réunion de
vibrations simples, pendulaires Tandis que celles-ci ne presentent que des différences d'amplitude et de durée, et ont
toujours la même forme, les vibrations composées peuvent
presenter une infinité de formes differentes

La plupart des vibrations produites dans la nature sont
composées, ce sont des melanges sonores que l'oreille analyse Or, il est rare que toutes les vibrations pendulaires d'une
vibration composée aient la même intensité, en géneral,
l'une d'elles domine, et donne le *son fondamental*, les
autres, qui produisent les *sons partiels*, sont habituellement
beaucoup plus faibles Dans les instruments de musique,
dans la voix humaine, les nombres de vibrations des sons
partiels sont en rapport simple avec le nombre de vibrations
du son fondamental Ces rapports sont comme la série des
nombres entiers 1, 2, 3, 4, etc , ainsi, pendant que le son
fondamental fait une vibration, le premier son partiel en fait
deux, le deuxieme trois, et ainsi de suite Ces sons partiels
ont reçu le nom d'*harmoniques*. Le *timbre* d'un son, ce qui
fait que nous distinguons, par exemple, si deux sons de
même hauteur et de même intensité sont produits par deux
organes vocaux différents ou emanent de deux instruments

speciaux, dépend de la nature, du nombre et de l'intensité des harmoniques qui se superposent au son fondamental

Il nous reste à dire un mot de la *consonance* ou la *dissonance* des sons

Il y a des couples ou des assemblages plus complexes de notes consonantes, donnant une résultante agréable, et il y en a de notes dissonantes, donnant une résultante sensorielle desagréable D'où vient ce caractere agreable ou désagreable d'un accord ? Les tons dont les nombres de vibrations sont dans un rapport simple, sont consonants , au contraire, la dissonance d'un accord s'accentue d'autant plus que le rapport mesurant l'intervalle des notes superposees devient plus complexe Helmholz a decouvert une raison physiologique a ces caractères de dissonance et de consonance *dissonance* se trouve être synonyme d'excitation intermittente de l'appareil acoustique, et la *consonance* a lieu quand il y a excitation continue

71. Objet propre de l'odorat. — L'excitant normal de l'appareil nerveux de l'odorat, réside en certaines substances finement divisées et répandues dans l'air, que l'on appelle *substances odorantes* l'excitation provoquee est *de nature chimique*

Les *sensations olfactives* sont trop peu caracterisees pour pouvoir être classees , nous n'avons même aucun terme s'appliquant directement à elles, nous sommes toujours obligés de désigner les odeurs d'après les substances qui les émettent

72. Objet propre du goût. — Les *sensations gustatives* ont pour objet les saveurs. L'*excitant adéquate* de l'organe gustatif consiste dans certaines substances chimiques dissoutes, et l'excitation physiologique qui engendre la gustation semble être aussi *de nature chimique*

On distingue communément quatre qualités gustatives celles du sucre, de l'amer, du salé et de l'acide. Il faut se rappeler (**52**, 3° et 4°) que la grande majorité des sensations auxquelles nous donnons le nom de goût, sont en réalité des sensations complexes dans lesquelles l'odorat, le toucher et même la vue jouent un rôle considérable

73. Objet propre du toucher. — Nous avons déjà fait remarquer que le sens du *toucher* représente plusieurs sens différents ; on lui attribue les *sensations de contact et de pression*, les *sensations musculaires*, les *sensations de température*, les *sensations douloureuses* et certaines *sensations vagues* que l'on enveloppe sous le nom de *sensibilité générale* ou interne

Posez la main à plat sur son revers, étendue sur une table, et placez un disque de carton de cinq centimètres de diamètre sur l'extrémité des doigts, la seule sensation qui en résultera sera celle de *contact* ; substituez au disque un poids de deux livres, la sensation de contact sera accompagnée de celle de *pression* ou même remplacée par elle

Jusqu'à ce moment, les doigts et la main sont restés sur la table ; soulevez la main, une nouvelle sensation apparaîtra, celle de *résistance* à la pression du poids, celle de l'*effort* nécessaire pour le supporter ou pour mouvoir la main ; elle se produira en même temps que les muscles se contracteront pour soutenir la main, et le sentiment du degré de contraction de nos muscles nous aidera à mesurer le sentiment de l'effort ou du mouvement d'où le nom de *sens musculaire* [1]).

Les *sensations de température*, de chaud et de froid, ne sont produites que par notre tégument externe et par nos muqueuses ; elles nous renseignent immédiatement sur les variations de la température de la peau et médiatement sur

---

[1]) On a proposé d'appeler le sens musculaire du nom de sens *kinesthésique* ou *cynesthésique*. Le mot nous paraît heureux

la température extérieure Lorsqu'un corps, en contact avec la peau, cède à celle-ci du calorique, nous éprouvons la sensation de chaud, lorsqu'il enlève du calorique, nous éprouvons la sensation de froid

On peut rattacher au sens générique du toucher les *sensations douloureuses*, et, de même, certaines sensations mal définies que les physiologistes attribuent globalement à la *sensibilité générale*

La *sensation de douleur* naît lorsqu'un nerf sensible est trop fortement excité. Sous le nom de *nerfs sensibles*, il faut comprendre, outre les nerfs de la peau, tous les nerfs centripètes des organes viscéraux

Sous le nom de *sensibilité générale*, on comprend ces sensations vagues qui se passent en nous sans que nous sachions bien ni où ni comment, elles s'appellent souvent internes, parce qu'elles ne nous apprennent rien du monde extérieur, telles sont, par exemple, les sensations de malaise, de fatigue, etc Plusieurs d'entre elles semblent même ne pas être produites par des nerfs centripètes, mais par une influence agissant directement sur les centres nerveux, par exemple par une composition anormale du sang

Conclusion En résumé, lorsqu'on néglige l'intensité et la complexité du phénomène sensible, — intensité lumineuse ou saturation des couleurs, intensité d'un son ; le timbre, la consonance ou la dissonance des sons, et certains phénomènes confus qui relèvent de la sensibilité générale, — on voit que les sens extérieurs ont pour objet les *qualités* suivantes la lumière et les couleurs du spectre [1]), objet de la vue, la hauteur du son, objet de l'ouïe, les saveurs et

---

[1]) On distingue communément dans le spectre, nous l'avons déjà rappelé, sept teintes différentes, mais on ne compte que trois couleurs *fondamentales*, on les appelle ainsi parce qu'elles peuvent, en se mélangeant, reproduire toutes les autres

les odeurs, objet du goût et de l'odorat, le contact ou la pression, le chaud et le froid, l'effort musculaire, y compris la résistance et le poids, et enfin, si l'on veut, la douleur, objet des différents sens que l'on enveloppe d'une façon générale sous le nom de toucher

Il s'agira de rechercher à quoi tient le caractère *qualitatif* de nos sensations, d'où vient que nous établissons des différences *spécifiques* entre leurs objets

Cependant, avant de commencer cette étude, mentionnons pour mémoire les sensibles appelés *communs*, par opposition aux sensibles *propres* que nous venons de détailler

74. Sensibles communs. — Outre les qualités sensibles qui sont l'objet propre de chacun des sens extérieurs, il y en a, avons-nous dit, qui relèvent de plusieurs sens à la fois ou même de tous, ce sont les sensibles *communs*, Aristote en compte cinq, à savoir « le mouvement, le repos, le nombre, la figure et la grandeur »

Qu'il nous suffise, pour le moment, d'en avoir fourni l'indication, abordons, sans plus tarder, l'étude *qualitative* de la sensation

75. Le caractère qualitatif de la sensation. Le déterminant cognitionnel. — La sensation ne s'accomplit pas sans que le sens reçoive de l'objet extérieur une impression, qui éveille son activité et lui donne une orientation particulière Cette impression produite par l'objet dans le sujet sentant, les Scolastiques l'appelaient *espèce intentionnelle* (in-tendere) ou espèce *sensible,* pour marquer son rôle, qui est de déterminer l'activité de la faculté sensitive par rapport à l'objet à percevoir

Nous avons proposé de traduire l'expression scolastique *species intentionalis* par *déterminant cognitionnel* En conséquence, les expressions species *sensibilis,* species *intelligi-*

bilis se traduisaient respectivement par déterminant *sensible*,
déterminant *intellectuel* ou *conceptuel* [1])

Aussi longtemps qu'on s'en tient à ces généralités, la
nécessité d'une impression sensitive comme facteur de la
perception ne paraît pas pouvoir être contestée

En effet, les sens ne se suffisent certainement pas pour
percevoir les qualités que de fait ils perçoivent, d'eux-
mêmes, ils sont inactifs; sans doute, il y a en eux une aptitude à représenter déterminément tel objet qu'ils perçoivent,
mais cette aptitude reste à l'état de puissance aussi longtemps qu'elle n'est pas stimulée à l'action par un excitant
autre qu'elle-même; en revanche, dès que cet excitant lui
fait sentir son influence, elle passe de la puissance à l'acte

Donc, l'impression sensible est le complément obligé de
la puissance sensitive et la cause déterminante naturelle de
l'acte de perception

Au surplus, il nous est impossible de nous faire, de la
connaissance, quelle qu'elle soit, une autre idée que celle
d'une certaine *union immanente* du connaisseur et de la
chose connue

Or, qui dit union *immanente*, dit consommation de l'acte

---

[1]) La traduction de *species* par *déterminant* offre un double avantage
elle indique le rôle de la *species* qui est bien de déterminer la puissance
cognitive, du sens ou de l'intelligence, à l'acte de cognition

Elle nous laisse un équivalent *générique* du mot générique *species*
De même que les scolastiques distinguent la *species* en *species sensibilis*
et en *species intelligibilis*, le déterminant, selon qu'il est d'ordre sensible
ou d'ordre intellectuel, s'appellera déterminant *sensible* ou déterminant
conceptuel

On pourrait objecter que le *déterminant* n'est pas propre à la cause
formelle de la cognition; il y a des causes déterminantes *physiques*
aussi bien qu'il y en a de cognoscitives. Aussi proposons-nous de
préciser la signification du mot *déterminant* lorsqu'il se réfère à la
connaissance soit au moyen de l'épithète *cognitionnel*, c'est-à-dire
déterminant qui se réfère à la cognition; soit au moyen des additions
incidentes, déterminant de *la sensation* ou de *la conception*, déterminants *sensitif* ou *conceptuel*

cognitif dans et par celui qui connaît « Cognitum est *in cognoscente* »

Donc, ce n'est pas le sens qui s'extériorise pour se projeter sur l'objet du dehors, c'est cet objet qui, par un procédé d'intériorisation, vient s'unir au sujet

Or, ce n'est évidemment pas dans les conditions grossières de son existence matérielle, que l'objet s'unit au sujet, mais bien de la façon dont, en dépouillant ces conditions, il est assimilable par le sujet connaissant, c'est-à-dire, sous forme de *ressemblance* ou d'*image* « Omnis cognitio fit *secundum similitudinem* cogniti in cognoscente »

Donc, enfin, l'acte de perception requiert de la part de l'objet perçu, une impression sensitive qui mène à une certaine représentation de l'objet, une *espèce* ou *forme* sensible (εἶδος), ou, comme nous l'avons dit, un principe intrinsèque qui *détermine* la cognition de l'objet

Ce rôle intermédiaire de l'espèce sensible dans la sensation n'était pas, même déjà pour les Scolastiques, sans présenter certaines difficultés Durand n'en voulait pas et s'en raillait Il semble, en effet, et on l'a répété souvent depuis Reid et les Écossais, que les espèces intentionnelles rendent forcément la connaissance *médiate*, qu'elles donnent pour terme à la connaissance non point l'*objet* lui-même, mais un état affectif du *sujet*

Les Scolastiques avaient prévu l'objection L'espèce intentionnelle, répondaient-ils, n'est pas l'*objet* direct de la perception, c'est le *moyen* par lequel le sens est mis à même de percevoir l'objet moyen non pas objectif, sorte d'objet intermédiaire qu'il faudrait saisir d'abord pour passer ensuite à la chose du dehors, mais moyen *subjectif*, c'est-à-dire facteur intrinsèque au sujet sentant, cause formelle accidentelle de l'acte de perception la forme intentionnelle n'est pas *id quod* percipitur, mais *id quo* percipitur objectum

Figurez-vous, disait saint Thomas, une glace absolument

unie, adaptée adéquatement aux dimensions de l'objet qui vient s'y refléchir Vous ne verrez pas en premier lieu la glace et, en second lieu, l'objet qui y est représenté l'objet lui-même se présentera le premier à votre regard, la glace vous placera simplement en présence de l'objet, son rôle se bornera à vous le faire apercevoir

De fait, la plupart des hommes ignorent même que la connaissance suppose en eux une image de la chose connue Il s'en faut donc que cette image soit le terme *direct* de leur sensation ou de leur pensée, en réalité, l'espèce intentionnelle n'est un *objet* de connaissance que pour les psychologues

Cette explication pouvait paraître suffisante aux Scolastiques, à leurs yeux l'espèce sensible était une image réelle [1]), une ressemblance effective des objets sentis De même que le sceau laisse dans la cire une empreinte fidèle sans rien y laisser de sa constitution métallique, de même, disaient-ils, les objets matériels impriment dans les organes des sens leur *espèce*, sans les conditions de la matière, « sensus est receptivus specierum sine materia » [2])

Mais aujourd'hui le problème s'est singulièrement compliqué Depuis que l'on connaît de plus près les excitants des sensations, on se demande quelle ressemblance il peut bien y avoir entre celles-ci et ceux-là, comme aussi entre les excitants et les objets d'où ils partent

---

[1]) Les philosophes de l'antiquité, antérieurs à Aristote, croyaient que c'est par une *emission* réelle de l'organe visuel vers l'objet que la vision s'accomplit Aristote comprit mieux la nature du phénomène, il est absolument déraisonnable de prétendre, dit-il, que la vision tient à l'emission de quelque chose partant de l'œil, et il explique le phénomène par la théorie de l'*immission* que les progrès des sciences physiques ont confirmée et mieux expliquée Voir *De sensu et sensato*, cap II, 45 Cfr S Thomas, comm in h l, lect IV

[2]) C'est chose vraiment remarquable cependant combien saint Thomas appuie déjà sur la diversité de nature qu'il y a entre l'être physique de l'objet extérieur et l'être « intentionnel ou spirituel » comme il dit, de ce même objet en tant qu'il est senti « Quandoque vero forma recipitur

Qu'y a-t-il de commun, par exemple, entre des vibrations lumineuses et les couleurs que nous attribuons aux objets ?

Un excitant qui paraît identique provoque des sensations de qualité différente. Nous avons parle plus haut des radiations du spectre, depuis le rouge jusqu'au violet, ce sont la les radiations *visibles* mais en deça du rouge, il y a encore des radiations ethérées et si elles ne donnent pas à notre œil la sensation de lumiere ou de couleur, en revanche elles donnent au toucher la sensation de chaleur, au delà du violet, il y a d'autres radiations obscures qui ne donnent ni lumière ni chaleur sensible, mais tombent sous l'expérience comme agents de réactions chimiques Ne semble-t-il pas qu'il y ait identité dans l'excitant et la plus grande diversite dans les effets sensibles qu'il contribue a produire ?

Au fait, un même agent, un courant électrique, par exemple, vous donnera les sensations les plus differentes, la vision d'une étincelle, l'audition d'un bruissement sourd, un goût acide, une certaine odeur, une secousse dans les membres selon le sens auquel il est applique

Il serait puéril de méconnaître la grave difficulte que souleve, dans l'état actuel de la physique et de la physiologie des sens, la question du caractère qualitatif de nos sensations Nous sommes a une époque de transition entre une interprétation traditionnelle des faits sensitifs, basee en grande partie sur les resultats d'une expérience vulgaire, et une interpretation nouvelle dont tout le monde sent le besoin, qui soit capable d'embrasser dans une synthèse plus

in patiente secundum alium modum essendi, quam sit in agente, quia dispositio materialis patientis ad recipiendum, non est similis dispositioni materiali quæ est in agente Et ideo forma recipitur in patiente sine materia, in quantum patiens assimilatur agenti secundum formam et non secundum materiam Et per hunc modum, sensus recipit formas sine materia, quia alterius modi esse habet forma in sensu et in re sensibili Nam in re sensibili habet esse naturale, in sensu autem habet esse intentionale » *De anima*, lib II, lect 24

comprehensive les résultats récemment acquis à la science, sans cependant contredire les informations naturelles du sens intime ou de la conscience

Bien des points sont encore à élucider dans ce domaine scientifique, et il ne faut pas s'ériger en prophète pour prédire que plusieurs contradictions apparentes de l'heure présente, entre les observations objectives de la physiologie et les affirmations subjectives du sens intime, se dissiperont d'elles mêmes à la lumière des découvertes plus exactes que nous réserve l'avenir

Mais il ne paraît pas impossible d'essayer, dès aujourd'hui, une solution de la difficulté fondamentale signalée tout à l'heure [1])

Que nous dit la physiologie ?

Plusieurs physiologistes estiment, il est vrai, que la spécificité de nos sensations ne peut tenir à la nature spécifique des organes de conduction, car disent-ils, les *nerfs* sont des conducteurs indifférents Mais, nous avons vu que cette thèse est aujourd'hui très contestée (**54**)

Il est difficile jusqu'à présent de déterminer la nature des *centres cérébraux* auxquels aboutissent les excitations sensitives Supposé, d'ailleurs, que les centres respectifs des sens extérieurs fussent exactement connus, ce serait encore une grosse question de savoir, s'il y a une relation entre la nature de la substance nerveuse de ces centres et la qualité des sensations qui en dépendent et quelle est cette relation Dans l'état actuel de l'histologie nerveuse, ces questions sont à peine posées Il est de fait, néanmoins, que l'écorce cérébrale est formée de plusieurs couches de cellules différentes, et que les centres nerveux ne sont pas indifféremment sensibles à tous les poisons (**55**) Il y a donc indubitablement, au double point de vue histologique et fonctionnel,

---

[1]) Voir sur cette question une étude remarquable du Dr Gutberlet, *Lehrbuch der Philosophie* Psych S 12

une certaine *spécificité* des cellules nerveuses des centres cérébraux

Quant aux *terminaisons périphériques* des organes des sens, elles forment manifestement des *appareils spéciaux* (**50** et **56**) Or, le mode spécial de réaction de l'organe du sens doit varier avec la nature spéciale de cet organe

Voilà donc incontestablement une *première* base anatomique au caractère *spécifique* des sensations

Il y en a une *seconde* dans la *nature* même de l'excitant

L'excitant *naturel* des *sensations tactiles* semble être exclusivement d'ordre *mécanique,* celui des *sensations acoustiques,* d'ordre *physique* les oscillations des corps sonores et par contre-coup les oscillations aeriennes ; les excitants du *goût* et de l'*odorat* semblent d'ordre *chimique,* les premiers provenant de substances solubles, les seconds de substances gazeuses, l'excitant de la *vision* est, selon toute vraisemblance, a la fois *physique* et *chimique,* et l'analogie porte a croire qu'il en est de même de l'excitant des *sensations thermiques*

Ces causes objectives, de nature si differente, provoquent naturellement dans les appareils des sens des effets différents Une cause mécanique ou physique (tact audition) produira des changements d'*ensemble* de l'appareil sensitif et de la fibre nerveuse ; des agents chimiques affecteront les elements *constitutifs (atomes chimiques)* des molécules chimiques la nature gazeuse (odorat) ou soluble (goût) de l'excitant doit pouvoir agir plus ou moins intimement sur les molécules du sujet organisé et y provoquer par conséquent des changements atomiques et moléculaires différents ; enfin, les vibrations de l'*éther* lumineux ou calorifique agiront, non pas seulement sur les corps ou sur les éléments atomiques et moleculaires de la matière pondérable, mais sur les atmosphères éthérees dont on suppose que les eléments materiels de tous les corps et aussi, par conséquent, les éléments de la substance nerveuse se trouvent enveloppés

En outre, grâce à la différence de structure entre les terminaisons du nerf optique, et celles des nerfs sensitifs qui conduisent la chaleur, il s'y produira des vibrations d'ether de rapidité différente et cette différence dans l'excitant déterminera, selon le cas, des sensations visuelles ou des sensations thermiques

Ajoutons que les oscillations aériennes sont *longitudinales*, les vibrations de l'ether *transversales*, les mouvements atomiques et moleculaires vraisemblablement *rotatoires*. ils different les uns des autres en *durée*. on comprend, des lors, que les elements anatomiques de la substance nerveuse subissent, selon le cas, des mouvements variés de forme et de durée, de façon à vibrer, sous le double rapport de l'espace et du temps, en harmonie avec les excitants et dépendamment d'eux, et l'on peut conclure qu'il y a une correlation *naturelle* entre la sensation et sa cause objective

Est-ce à dire que la communauté de forme et le synchronisme des mouvements de l'appareil sensitif et de ses elements constitutifs avec la forme et la durée des mouvements de l'excitant, nous expliquent le *dernier pourquoi* et le *comment* de la diversité qualitative de nos sensations ?

Non. Nous y voyons seulement une explication provisoire, que la Criteriologie speciale devra approfondir

Au surplus, *le dernier pourquoi du fait n'est que le fait bien compris* d'un côté l'excitant, de l'autre la *nature du sujet* qui eprouve l'excitation

Pourquoi, lorsque vous chantez une note de la gamme au-dessus des cordes d'un piano, le *la* par exemple, y a-t-il une corde qui vous rend le *la*, celle-là et pas les autres ? Pourquoi ? Parce que cette corde est ainsi faite qu'elle vibre sous l'excitation du *la*

Pourquoi tel élément de l'excitation nerveuse repond-il

à l'excitant lumineux plutôt qu'aux oscillations aériennes du son ? Parce que cet élément est ainsi fait, à cet élément et pas à un autre est dévolue la puissance d'être impressionne par un excitant lumineux, d'y repondre par telle *reaction appropriée* qui fait éprouver au sujet sentant la sensation de lumiere

Les dispositions *naturelles speciales* des puissances sensitives, et la *nature des excitants* exterieurs telle est la raison suprême de la diversité *qualitative* des sensations

Si banale que cette affirmation puisse paraitre, elle est le dernier mot de la psychologie des sensations

II

LOCALISATION ET « OBJECTIVATION » DES SENSATIONS

76. État de la question. — Les sensations sont donc des *etats affectifs* qui nous mettent en présence de *qualités* différentes des *objets* telle est la conclusion des pages precédentes

Ces etats affectifs, nous les plaçons generalement quelque part, nous les localisons comment s'opère cette *localisation* ?

Ces qualites et ces objets, nous les situons souvent hors de nous qu'est-ce que cette *objectivation* ou *extériorisation* ?

L'étude approfondie de cette double question est du ressort de la Criteriologie, nous la reprendrons là, mais nous ne pouvons nous dispenser d'en dessiner ici les lignes generales.

Il y a des sensations, telles que la faim, la soif, la fatigue, que nous ne pouvons guère rapporter à un endroit bien determiné de notre organisme, il y en a d'autres, que nous rapportons à un organe determiné, mais avec une précision qui n'est qu'approximative ainsi nous rapportons aux dents la douleur que le nerf dentaire nous fait eprouver, il en est d'autres enfin, dont nous determinons le siege avec une precision plus rigoureuse, comme lorsque nous fixons au bout des doigts ou a l'extremite de la langue une sensation tactile

Voila pour la *localisation* des sensations

Certaines catégories de sensations sont situées *en nous*, mais il en est d'autres, celles de l'ouie, par exemple, et surtout celles de la vue, dont nous reportons d'instinct l'objet *hors de nous* quel est le processus de cette *exteriorisation ?* Qu'est-ce que ce caractère d'*extériorité* de la sensation ?

Cette double question de la localisation et de l'exteriorisation de nos sensations revient, on peut déja s'en apercevoir et on le verra mieux par la suite, a rechercher l'origine de notre *perception de l'espace* [1])

A cet effet, il nous faut commencer par une etude plus approfondie des sensations musculaires et du sentiment fondamental qu'elles nous donnent de notre propre corps

77. Sensation musculaire. — Nous savons déjà que nos sens spéciaux se doublent d'un sens musculaire, aux organes de la vision et de l'audition, par exemple, sont joints des pouvoirs d'accommodation, au sens du tact est joint un sens de l'effort, et en géneral, a la contraction des muscles est associé un certain sentiment de cette contraction

Nous savons aussi que, selon la doctrine commune des physiologistes, les fibres qui composent un nerf restent isolées, ne s'anastomosent pas sur leur parcours

---

[1]) Kant (*Kritik der reinen Vernunft*, S 73 éd Kirchmann) pretend que l'intuition de l'espace nous est donnée *a priori*, c est-a-dire qu'elle serait anterieure deja a nos premieres perceptions Plusieurs observateurs, notamment Herbert Spencer *(First Principles*, part II, ch III, *Principles of psychology*, part VI, ch XIV, cfr *Mind*, July, Oct 1890, Jan 1891) soutiennent, à l'encontre de l idealisme kantien, que nos notions sur l'espace derivent de l'experience

La these empiriste est que les notions de position, de distance, de grandeurs et de formes, de surface continue, de troisieme dimension, ont toutes une origine experimentale Reserve faite de quelques vues personnelles, inspirees à l'auteur par un evolutionnisme *a priori*, nous croyons que Spencer est dans le vrai — Voir sur ces problemes l'etude approfondie du Dr Nys *La notion d'espace* Louvain, 1901

Partons de ces données déjà acquises, pour assister à la genèse et à l'association de nos sensations musculaires.

Je pose la main sur la table, j'ai la sensation de contact. J'enveloppe ma main de ouate, de façon à empêcher la perception tactile : on place sur ma main un poids d'une livre, je soulève la main, j'éprouve la sensation de l'effort nécessaire pour supporter le poids : c'est une sensation musculaire.

Que le poids augmente ou diminue, l'effort à faire pour y résister variera en conséquence, j'éprouverai des sensations musculaires différentes. L'exercice précise donc l'évaluation de l'effort, perfectionne le sens musculaire.

Telle sensation qui, à l'origine, est une sensation confuse, globale, de tout le faisceau de fibres qui constitue le nerf sensitif se dissociera à des degrés différents et donnera naissance à des sensations partielles distinctes, correspondant aux excitations déterminées par les différentes contractions.

A des mouvements d'organes différents, des yeux, de la main, des organes vocaux etc. correspondront des sensations différentes ; à l'effort général et permanent, nécessaire pour maintenir le corps en équilibre, correspondra une sensation générale d'effort qui est pour une large part dans le sentiment fondamental que nous avons constamment de notre être corporel.

Le souvenir de ces sensations musculaires se conservera dans la mémoire, et nous assisterons à la formation, par l'imagination, d'une construction d'images musculaires et de leurs rapports, d'une sorte d'atlas musculaire, — le mot est de Taine, — à l'aide duquel nous classerons, nous localiserons nos sentiments prévus et nous orienterons nos mouvements.

Le point de départ de l'explication du caractère d'*objectivité* ou d'*extériorité* propre aux sensations dites extérieures ou externes est là. Par le fait qu'elle est associée à une sensation musculaire, chaque sensation externe est rangée sur un atlas en partie double : le sens musculaire la place parmi les sensations internes, c'est la simple *localisation* ; son caractère spécial lui donne rang parmi les sensations externes, c'est l'*objectivation* Développons cette pensée

78. Localisation et objectivation : sensations musculaires et sensations objectives.

— Nous avons supposé que, par un procédé artificiel, la sensation musculaire fût isolée de la sensation tactile.

Supposons, au contraire, que les deux se produisent de concert ou en succession immédiate ; supposons que, au lieu d'éprouver une sensation unique provenant de l'intérieur de l'organisme, nous en éprouvions deux, l'une provenant de la contraction de nos muscles, l'autre nous arrivant par les fibres du toucher proprement dit ou par les fibres sensorielles

Lorsque je tiens en main une boule de métal d'une livre, j'ai à la fois la sensation de contact d'une boule unie, froide, dure, et la sensation de l'effort musculaire déployé pour tenir la boule soulevée

L'aveugle-né qui, au moyen de lettres grossières de bois ou de métal, apprend à lire, arrive à discerner entre les sensations musculaires que lui donne le mouvement de son bras le long des caractères, et les sensations de résistance, de rugosité, de forme, qui lui viennent du contact avec les caractères tâtés.

Lorsque je lève la tête, les yeux fermés, j'ai une sensation musculaire ; lorsque je regarde en haut vers un objet lumineux, vers le soleil par exemple, j'éprouve, outre la sensation du mouvement de tête, une seconde sensation de lumière Il se dessine ainsi deux catégories de sensations, les unes musculaires, qui partent du dedans de l'organisme, les autres qui proviennent d'excitants étrangers

Cette distinction doit frapper l'enfant qui s'éveille à la vie des sens Aux sensations musculaires, relativement vagues, qu'il éprouve isolées n'importe où dans son organisme, s'opposent naturellement les sensations *doubles*, composées des premières et de sensations d'une autre nature, fonctions d'organes spéciaux, telles, par exemple, les sensations de contact, de son ou de lumière.

Lorsqu'il subit une pression, l'enfant éprouve *une* seule sensation musculaire, mais lorsqu'il presse les mains l'une contre l'autre ou appuie une main sur un membre, il a une sensation *double* De même, qu'il entende parler autour de lui, il éprouvera *une* sensation auditive, mais qu'il s'essaye à parler lui même, il aura en même temps la perception du *son* emis et le *sens de l'effort* qu'il doit faire pour l'articuler [1])

L'expérience sensible aboutit ainsi, par plusieurs voies différentes, au même résultat · elle apprend à opposer de plus en plus ·nettement les sensations musculaires a des sensations d'une autre catégorie, que nous appelons *objectives* ou *extérieures*

Le souvenir des sensations musculaires sert à la formation d'un atlas musculaire, le souvenir des sensations de la catégorie opposée, les images visuelles, auditives, tactiles, servent à la formation d'un autre atlas, qui est distinct du premier et se différencie par son opposition avec lui L'atlas musculaire nous sert à la *localisation pure et simple* des sensations *internes* (musculaires, organiques, douloureuses) ; le second atlas (tactile, visuel, auditif), que l'on peut appeler *objectif*, nous sert à *objectiver*, à *extérioriser* les sensations *extérieures*

79. Objection tirée de l'identité prétendue du siège de toutes les sensations. — Il y a a cette explication une

[1]) V Meynert, *Zur Mechanik des Gehirnbaues*, p. 15, Wien, 1874 Cfr *Psychiatrie,* passim, 1890

objection sérieuse Les sensations visuelle, auditive, tactile, ne sont-elles pas tout aussi internes que celles auxquelles nous prétendons les opposer ? N'est-il pas admis aujourd'hui en physiologie que les sensations s'accomplissent toutes dans les centres cérébraux ?

Dès lors, n'est-il pas arbitraire de faire reposer, sur un mode spécial de sentir, l'extériorité des unes à l'exclusion des autres ?

Sous l'empire de cette objection, Taine a appelé hallucinatoire la perception extérieure La sensation ne peut être qu'intérieure ; le sujet l'extériorise, il est dupe d'une « hallucination » [1] Toutefois, comme il y a des hallucinations que nous prenons pour des phénomènes anormaux et que nous opposons à nos perceptions, il importe de ne pas ranger toutes ces représentations sous une appellation commune, Taine [2] appelle les premières des hallucinations fausses, et réserve aux perceptions le nom de « hallucinations véridiques », ce qui veut dire, cohérentes, régulières

Cette explication est ingénieuse, mais ne touche pas à la difficulté Que la sensation qui se présente à nous avec un caractère indéniable d'objectivité s'appelle perception extérieure avec tout le monde, ou que, avec Taine, elle s'appelle « hallucination vraie », la question reste la même

S'il y a des hallucinations « vraies » et d'autres qui ne le sont pas, d'où vient aux premières leur « vérité » ? Le sujet qui a conscience d'être halluciné, *sait* qu'il *croit* percevoir une réalité objective mais qu'il ne la perçoit pas apparemment, il sait donc ce que c'est que percevoir la réalité objective Or, comment le saurait-il, s'il ne distinguait d'une représentation tout interne une perception *extérieure* ?

La difficulté reste donc entière

[1] L'hallucination, nous le verrons plus loin, consiste à attribuer une réalité objective à un produit de l'imagination
[2] *De l'intelligence*, tome II, livre II, ch II

Nous localisons nos sensations au point d'où part l'excitation, *en nous*, si l'excitation est un changement d'état d'un
organe intérieur ou la contraction d'un muscle, *hors de
nous*, si l'excitation part de la périphérie D'où cela vient-il ?

Pour procéder avec ordre dans une question aussi compliquée, nous consacrerons un numéro à part a l'objectivité
des sensations *visuelles*, portons d'abord notre attention sur
l'extériorité des perceptions *tactiles*

La tendance naturelle a objectiver les perceptions tactiles
est tellement impérieuse que nous projetons nos impressions
par delà la périphérie nous croyons, même de prime abord,
sentir une résistance au bout d'une canne qui nous sert
d'appui, au bout d'une plume que nous tenons posée sur le
papier où nous écrivons L'amputé s'imagine souffrir dans
le membre qu'il a perdu, mouvoir le bras ou la jambe qu'il
n'a plus

Si la sensation avait pour siège exclusif les centres nerveux, comment ces faits s'expliqueraient-ils ?

Il ne s'agit pas d'invoquer ni l'*habitude*, ni l'*association*,
ni l'*inférence*

Car, si toutes les sensations sont centrales, toute projection
a la périphérie ou au dehors est hallucinatoire, les premières
comme les suivantes, et par conséquent la *genèse* de l'*habitude* d'extérioriser serait inexplicable

Une *association* d'hallucinations ne peut engendrer qu'une
hallucination complexe

L'*inférence* enfin, — en admettant que des facultés sensitives en fussent capables, — supposerait la perception
d'une *cause objective* dont l'existence est précisément le
point en litige.

Il est donc impossible d'admettre que la sensation se consomme *exclusivement* dans la partie centrale du système
nerveux.

La structure spéciale des appareils sensoriels et de l'organe de la perception tactile n'indique-t-elle pas, au contraire, que la terminaison périphérique joue un rôle dans l'acte sensitif ?

Cette hypothèse posée, les faits semblent s'expliquer Si l'organe périphérique *sent*, si la sensation y prend son origine, il n'est pas étonnant qu'elle y soit localisée Les extrémités cutanées qui sont impressionnées nous donnent des sensations différentes de celles qui viennent de la contraction de nos muscles à l'intérieur, les premières nous apparaissent *objectives* par rapport aux secondes, l'objectivation et, par suite, l'habitude d'objectiver, se trouvent donc expliquées

Lorsqu'un organe périphérique fait défaut, lorsqu'un instrument matériel s'interpose entre le point d'origine de l'excitation et la partie habituellement impressionnée, qu'arrive-t-il ? L'analogie de la sensation du moment, avec celles qui sont devenues habituelles, peut empêcher le sujet de remarquer qu'il s'est produit, dans les conditions d'exercice de la sensibilité, un trouble accidentel, l'amputé reportera, comme autrefois, à la périphérie, les sensations dont le siège réel est le tronçon qu'il a conservé, l'exception confirmera la règle au lieu de l'infirmer

Il faut donc admettre, semble-t-il, que la sensation débute à l'extrémité excitée de l'organe, soit musculaire, soit cutané, mais elle n'est perçue ou remarquée que dépendamment de l'action du centre cérébral correspondant

Il y a là une première objectivation rudimentaire, base naturelle de l'éducation des sens que l'expérience complétera

La distinction entre les sensations musculaires internes, d'une part, et les sensations tactiles, visuelles, auditives, ou même, quoique d'une façon beaucoup plus vague, les sensations des odeurs et des saveurs, d'autre part, cette distinction disons-nous, telle que nous avons essayé de la décrire plus haut, est la première phase de la perception du monde extérieur par opposition au domaine intérieur du moi corporel

L'habitude, l'exercice, la réflexion, perfectionneront plus tard ce travail spontané de la nature, mais la nature l'aura ébauché la première

80. Comparaison de cette solution avec certaines théories courantes sur la perception extérieure. — Ainsi s'explique la part de vérité que renferment les théories courantes sur la perception extérieure

Les unes attribuent le fait de l'extériorisation à un *instinct naturel*, c'est l'explication de l'école Écossaise ; les autres reportent tout sur l'*éducation*, — c'est la tendance de Bain et de plusieurs associationnistes, — ou font de la sensation un signe (Helmholz) que nous devons apprendre à interpréter et dont la véritable interprétation consiste à *inférer*, par le moyen du *principe de causalité*, quelle doit être la cause extérieure dont il est l'effet

Nous avons dit plus haut ce que nous pensons de la théorie de Taine ; son « hallucination vraie » n'est qu'un mot nouveau, ce n'est pas une explication

Nous ne croyons pas que le fait de projeter hors de nous l'objet de certaines sensations demande l'application du principe de causalité, application dont les facultés organiques, telles que les sens, seraient du reste incapables ; il n'y a rien, dans la genèse du caractère d'extériorité de nos perceptions sensibles [1]), qui nécessite une inférence proprement dite ou un raisonnement

Le travail nécessaire à l'acquisition des notions de *sujet* corporel et d'*objets* extérieurs, est un travail d'*association* et de *comparaison* ; c'est à ce travail que l'on peut donner très bien, si l'on veut, le nom d'*éducation* des sens Toutefois, l'éducation ne fait que parfaire l'œuvre de la nature, il ne

---

[1]) Bien entendu, nous parlons de *perceptions sensibles*, nous ne parlons pas de notre *certitude scientifique* relative à l'existence ou à la nature du monde extérieur

lui appartient pas de l'inaugurer, elle aide la *nature*, mais ne la remplace pas

Dans ce qui precede, nous n'avons presque rien dit de l'objectivation des sensations *visuelles* Nous avons bien parlé de la formation d'un atlas objectif en grande partie visuel par opposition a l'atlas subjectif dont les sensations musculaires nous fournissent les éléments, mais nous n'avons pas cherche a expliquer comment se forme cet atlas visuel objectif Le moment est venu d'en parler

81. Objectivité des perceptions visuelles. Débat contradictoire entre les empiristes et les nativistes. — Nous voyons les objets occuper telle ou telle *position* dans l'espace, à une certaine *distance* les uns des autres et de notre œil, nous leur attribuons une certaine *grandeur*, une certaine *forme* nous voyons leurs parties *continues*, et répandues dans le triple sens de la longueur, de la largeur et de la *profondeur*, en deux mots, nous situons les objets dans un *espace continu a trois dimensions*

Cela parait naturel Si l'espace est continu, s'il a trois dimensions, qu'y a-t-il d'etonnant, semble-t-il, à ce que nous, qui sommes faits pour être en relation avec l'espace, nous le percevions tel qu'il est ?

Sans doute, la finalité de ce pouvoir d'objectiver que nous accordons a l'œil est facile à saisir, mais il ne s'agit pas en ce moment de la destination de ce pouvoir, nous cherchons *comment* s'accomplit et s'explique notre perception visuelle de l'espace Or, cette question n'est pas simple.

L'œil seul nous renseigne si imparfaitement sur l'espace ! Qui de nous croirait, s'il ne le savait par ailleurs, qu'entre les étoiles et nous il y a des milliards de lieues de distance ? La perspective nous fait apparaître une surface sur des plans différents Une image plane vue à travers un stéréoscope, ne nous apparaît-elle pas a trois dimensions ?

Ces erreurs portent, dit-a-t-on, sur *l'évaluation exacte* des distances ou du volume, plutôt que sur la perception même de l'espace Soit, mais voici d'autres faits relatifs à la *perception* comme telle L'enfant nouveau-né ne paraît avoir aucune notion des distances ni des dimensions des objets Que d'efforts dans le vide, que de tâtonnements pour saisir les objets, que d'insucces dans les résultats ! A l'âge de deux ou même de trois ans, Preyer estime que l'enfant n'a encore qu'une notion très imparfaite de la troisième dimension, c'est-à-dire de l'epaisseur des objets

On a interrogé des aveugles-nés, operés avec succès, aussitôt apres qu'ils avaient recouvré la vue ; or, de plusieurs relations faites par les operateurs (Cheselden, Wardrop, Franz), il résulte que dans les premiers jours qui suivent l'operation, les objets apparaissent au patient « comme lui touchant les yeux » [1] Il ne distingue ni les distances entre les objets, ni leur forme ni leurs dimensions

De ces faits, les « *empiristes* » concluent que, dans la perception visuelle de l'espace, tout est affaire d'education

Les « *nativistes* » estiment, au contraire, que nos jugements sensibles sur l'espace nous sont innes, ou, plus exactement, naturels Les erreurs dans l'évaluation des distances, les tâtonnements de l'enfant prouvent simplement, répondent-ils aux empiristes, que la perception de l'espace est graduel-

---

[1] Le cas le plus célebre est celui décrit par Cheselden « La première fois que mon jeune patient vit clairement, écrit le chirurgien anglais, en 1728, il appréciait si mal les distances qu'il s'imaginait que tous les objets, quels qu'ils fussent, etaient en contact avec ses yeux, touchaient ceux-ci comme il le disait, de même que tout ce qu'il touchait etait incessamment en contact avec sa peau Il ne connaissait la forme d'aucun objet, il ne distinguait aucun objet des autres, si différentes qu'en pussent être la forme et les dimensions » V Preyer, *ouv cit*, p 531 Ce cas est le premier en date, c'est a cela qu'il doit en grande partie sa célébrité il y en a d'autres, celui de Franz, de Leipzig, par exemple, en 1841, qui sont rapportes d'une manière plus exacte et plus complete Mais l'extrait qui precede nous suffit

lement perfectible, comme toutes les fonctions des sens
Refuser a l'œil cette perception initiale elle-même, c'est
sortir arbitrairement de l'experience et même la contredire
Les illusions produites artificiellement par le stereoscope ou
par la perspective, ne temoignent pas de l'incompetence de
l'œil pour la perception des formes et du relief, attendu que,
pour créer l'illusion, on recourt aux phénomenes *optiques*,
aux jeux de lumiere et d'ombre, en s'efforçant de les imiter

L'objection tirée du langage des aveugles opérés est plus
sérieuse, mais ne paraît pas décisive D'abord, en effet, il est
evident que, chez eux, l'organe visuel est momentanement
dans des conditions anormales Ensuite il ne faudrait pas,
dit Paul Janet, prendre trop au pied de la lettre leur façon
de s'exprimer Quand ils disent que les objets touchent leurs
yeux, ils expriment dans leur langage a eux, — celui du
toucher, — que les objets font impression sur eux, c'est une
metaphore qui leur est naturelle et ils continueront de s'en
servir, même après que leur illusion aura été détruite

Au surplus, aux cas de Cheselden, de Wardrop, de
Franz, etc, il y aurait lieu d'opposer d'autres cas, tels ceux
de James Ware (1801) au dire duquel deux enfants operés
l'un a 7 ans, l'autre à 14 ans, « pouvaient avec aisance, des
la première experience, saisir la main de l'operateur ou la
montrer à des distances différentes » [1])

Enfin, il y a un autre argument d'analogie qui infirme puissamment la thèse empiriste c'est que certains animaux font
preuve, des leur naissance, d'une perception quasi infaillible

---

[1]) Cfr Preyer, pp 534-535 Il est vrai de dire néanmoins que si
Ware a pu se convaincre que ses patients avaient ete atteints de cécité
des leur enfance, il n'a pas eu le moyen de s'assurer s'ils n'avaient pas
pu voir pendant un temps suffisamment long pour que les images des
objets visibles se fussent imprimées dans leur memoire et qu'ils en
eussent gardé des représentations, sans se rappeler d'ou elles étaient
venues

des distances Quelques minutes apres avon vu la lumiere du jour, les petits poussins picorent un grain de mil, suivent les mouvements d'un insecte qui se traîne à terre, absolument comme une poule adulte Un caneton d'un jour, écrit Spalding, fit un mouvement du bec vers une mouche qui volait pres de lui et l'attrapa, un dindonneau de trente-six heures picorait apres des mouches et d'autres petits insectes, tout comme les adultes de son espece Le même observateur raconte qu'il avait bandé les yeux des la naissance à un cochon de lait Apres deux jours, il le plaça sur une chaise, le bandeau ôté « Place sur la chaise, le jeune animal vit que la hauteur du saut meritait d'être prise en considération, il s'agenouilla et sauta a terre Dix minutes plus tard, on le trouva, avec un autre, à vingt pieds du logis de la mère tous deux revinrent vers celle-ci, ensemble, cinq minutes apres »[1])

Ces faits semblent temoigner, sans doute, d'une appréhension immédiate des distances et de la forme des objets Mais les empiristes les accueillent avec défiance, et ils ont raison Qui dira, en effet, si c'est la perception visuelle qui sert de guide au petit poussin, au cochon de lait dans la poursuite de leur nourriture, ou si ce ne sont pas plutôt les sens de l'odorat et du goût ?

D'ailleurs, que le temps d'éducation nécessaire à l'enfant soit de plus longue durée que celui dont dépend le developpement de certains animaux, cela ne doit pas nous surprendre

Les faits allegues par Spalding, fussent-ils incontestables, ne trancheraient donc pas la controverse soulevée autour de la puissance de perception de l'enfant nouveau-né

82. Quelle semble être la conclusion de ce débat ? —
Quelle est la conclusion qui paraît se dégager de ce débat contradictoire ?

[1]) *Op cit*, p 55

A notre avis, on ne peut refuser au sens de la vue la faculté de discerner en dehors du sujet sentant une *multiplicité d'éléments, distincts* les uns des autres, soit que cette multiplicité se revèle par les différences de teintes ou d'intensité lumineuse des éléments éclairés, soit qu'il y faille le concours des sensations musculaires provenant des mouvements des yeux ou de la tête pour adapter l'organe a la vision. L'œil percevrait donc, avec la lumiere et les couleurs, l'étendue, soit au moyen de la vision proprement dite, soit plutôt, ce qui est plus vraisemblable, au moyen de la vision, de concert avec le pouvoir musculaire de l'appareil visuel. Cette conclusion ne paraît infirmée par aucun des arguments de l'école empirique et semble au contraire exigée par les faits que nous avons empruntés aux expériences de James Ware et surtout a l'observation de certains animaux nouveau-nés.

L'étendue est-elle, dès ce premier stade, perçue comme *continue*?

On ne serait pas autorisé, pensons-nous, à l'affirmer. Mais il est permis de dire que l'étendue visible *paraît* continue. Toutefois, pour justifier cette apparence, il n'est pas requis que la continuité soit reelle, il suffirait que la discontinuité fût inferieure au minimum de distance vide perceptible à l'œil. *A priori*, du point de vue psychologique, les deux hypotheses, celle de la continuité reelle et celle de la discontinuité imperceptible, sont plausibles l'une et l'autre.

Avec la vision d'une multiplicité d'objets, la perception de points *distants* les uns des autres nous est donnée, car la distance n'est qu'une relation entre deux points; il faut en dire autant de la *grandeur* et de la *forme* des surfaces.

Que dire de la perception visuelle du relief des objets, de leur épaisseur ou profondeur, en un mot, de la *troisieme dimension*?

Ici il semble demontré par les tâtonnements et les erreurs des jeunes enfants et des aveugles operés, que le sens de la vue est insuffisant Peut-être acquerrait-il à la longue une notion vague de cette troisième dimension de l'espace, grâce à la sensation des efforts que doit produire l'organe visuel pour s'accommoder aux distances et aux objets, mais assurément cette notion demeurerait très imparfaite si elle ne pouvait se compléter par une autre voie

Il est incontestable que, même pour ces qualités sensibles pour lesquelles l'œil n'est pas incompétent, le secours du sens musculaire et du toucher est un adjuvant précieux Le toucher et la vue sont faits pour s'entr'aider, en associant leurs informations, ils en affermissent naturellement les résultats

Le sens du toucher, — qui est à la fois le sens du tact et le sens musculaire des mouvements de la main et des membres, — est l'*auxiliaire naturel* de la vue, de leur *association* et de leur *éducation coordonnée* résulte la notion distincte des propriétés de l'espace

Comment s'opère cette association ?

D'une part, nous avons le sentiment des efforts de déplacement nécessaire pour atteindre un objet plus ou moins éloigné de nous, des mouvements commandés à la main pour toucher un objet sous toutes ses faces nous puisons dans ce sentiment un criterium qui nous sert à apprécier les distances, la grandeur ou la forme des objets

D'autre part, nous mesurons par la vue les degrés d'intensité lumineuse des objets éclairés Or, par l'exercice, graduellement, une association s'établit entre la sensation musculaire ou la perception tactile, et la perception visuelle, au bout d'un certain temps d'exercice, l'une rappelle l'autre ou la remplace

L'enfant a appris, par le toucher, la distance et les dimensions d'un objet et, par la vue, la quantité de lumière dont cet objet est éclairé, l'expérience lui apprendra assez aisément que l'éloignement diminue l'impression d'intensité lumineuse, que l'approchement l'accroit, dès ce moment, la dégradation ou l'augmentation de la lumière sera pour lui un signe d'éloignement ou d'approximation des objets ce critérium de la *vue* l'aidera ensuite à évaluer soit la grandeur d'objets dont la distance à son œil lui est connue, soit les distances entre divers objets

Que l'on simule, après cela, une variation d'intensité lumineuse entre objets situés en réalité dans un même plan, on créera l'illusion de formes solides de la troisième dimension , souvent l'illusion sera si forte, que l'image musculaire ou tactile elle-même ne la corrigera pas

Celui qui ne considérerait pas la puissance *actuelle* de perception de l'œil, sans en rechercher plus profondément la nature et les origines, serait tenté de dire avec les nativistes que l'œil a le pouvoir inné de saisir distinctement l'espace Au même titre on pourrait prononcer que l'homme a le pouvoir naturel de juger sur l'heure, par un simple regard, de la joie ou de la peine que reflète la physionomie d'autrui Or, manifestement, le pouvoir de discerner les sentiments de nos semblables est acquis Il est à présumer qu'il en va de même, dans les limites que nous venons de tracer, du *sens visuel de l espace*

83. Justesse des vues d'Aristote sur les sensibles communs.

— On se rappelle qu'Aristote distinguait, à côté de l'objet propre des sens spéciaux, des sensibles communs, objet de plusieurs sens sinon de tous Les *grandeurs* et les *formes*, la *mesure*, le *repos* et le *mouvement* étaient pour lui des « sensibles communs

Nous venons de voir qu'en effet les *grandeurs* et les *formes* relèvent à la fois de la vue et du toucher , il serait même plus exact de dire que la perception de l'étendue relève de *tous* les sens extérieurs Il est de fait que lorsque nous flairons ou que nous goûtons, les odeurs et les saveurs nous paraissent occuper simultanément plusieurs points des narines et de la langue, que les perceptions auditives, — soit à l'aide des contractions des muscles de l'oreille, ou des deux oreilles, soit moyennant l'estimation de la variation d'intensité du son, — nous renseignent plus ou moins distinctement sur la distance, sinon sur la forme de l'objet qui résonne

La *mesure* est aussi, pour Aristote, un objet sensible commun. Mesurer une quantité, c'est déterminer combien de fois une quantité minimale — appelée *unité de mesure* — est contenue dans une quantité plus considérable

Le *nombre* exprime combien de fois une unité de mesure est comprise dans une quantité à mesurer Il est formé par une addition successive d'unités [1] Le sentiment intérieur de mouvements successifs, la perception extérieure d'objets qui sont juxtaposés ou se suivent dans l'espace, suffisent en effet à nous fournir la perception concrète de telle ou telle quantité déterminée, du rapport concret entre deux quantités, d'un nombre concret

Le *mouvement* d'un corps réalise une série de positions successivement occupées par ce corps. L'observation de deux *positions* successives d'un même corps, ou de la variation des positions respectives de deux corps, — leur relation de *distance*, — conduit à la perception d'un mouvement Les sens qui perçoivent les positions et les distances peuvent aussi percevoir concrètement des corps en *repos* ou en *mouvement*.

Nous nous sommes longuement étendu sur la qualité et le caractère d'objectivité de nos sensations, parce que ces questions occupent une place très importante dans les préoccupations des psychologues modernes

Passons à l'étude *quantitative* des sensations

---

[1] Voir *Ontologie*, 3e ed, nos 84 et suiv

III

84. Deux questions à distinguer : l'intensité et la durée. — Sous le nom de *quantité* nous comprenons à la fois l'*intensité* et la *durée* des phénomènes sensitifs

Toute sensation, quelle que soit sa qualité, a une certaine *intensité*, présente le caractère d'une force qui se dépense plus ou moins Peut-on mesurer cette intensité et comment?

A cet effet, on recherche la relation qu'il y a entre l'inten-

[1] Un psychologue français, M Henri Bergson, dont les ouvrages *Essai sur les données immédiates de la conscience Matière et mémoire* ont vivement attiré l'attention a émis l'idée que l'*intensité* ne rentre pas dans la catégorie de la *quantité* La distinction du *plus* et du *moins* dans les sensations accuserait le sentiment d'une *diversité qualitative*

« On dit écrit-il qu'on a plus ou moins chaud qu'on est plus ou moins triste, et cette distinction du plus et du moins, même quand on la prolonge dans la région des faits subjectifs et des choses inétendues ne surprend personne Il y a là cependant un point fort obscur et un problème beaucoup plus grave qu'on ne se l'imagine généralement

» Quand on avance qu'un nombre est plus grand qu'un autre nombre ou un corps qu'un autre corps on sait fort bien en effet de quoi l'on parle Car dans les deux cas il est question d'espaces inégaux et l'on appelle plus grand espace celui qui contient l'autre Mais comment une sensation plus intense contiendra-t-elle une sensation de moindre intensité?

» C'est esquiver la difficulté que de distinguer, comme on le fait d'habitude, deux espèces de quantité, la première extensive et mesurable la seconde intensive, qui ne comporte pas la mesure, mais dont on peut dire néanmoins qu'elle est plus grande ou plus petite qu'une autre intensité Car on reconnait par là qu'il y a quelque chose de commun à ces deux formes de la grandeur, puisqu'on les appelle grandeurs l'une et l'autre, et qu'on les déclare également susceptibles de croître et de diminuer Mais que peut-il y avoir de commun, au point de vue de la grandeur entre l'extensif et l'intensif, entre l'étendu et l'inétendu?

» Si, dans le premier cas, on appelle plus grande quantité celle qui contient l'autre pourquoi parler encore de quantité et de grandeur alors qu'il n'y a plus de contenant ni de contenu? Si une quantité peut croître et diminuer si l'on y aperçoit pour ainsi dire le moins au sein du plus, n'est-elle pas par là même divisible par la même étendue? et n'y a-t-il

site de la sensation et sa *cause externe* ou son *excitant* ces recherches font l'objet de la *psychophysique*

On peut rechercher aussi la relation qu'il y a entre la sensation et ses *effets* dynamiques c'est l'étude du pouvoir *dynamogène* des sensations.

Enfin, toute sensation perceptible doit, pour être aperçue, durer un certain *temps* quel est ce temps ?

85. Intensité de la sensation mesurée par ses antécédents : État général de la question. — Il est manifeste qu'il y a une *certaine* relation de dependance entre l'inten-

point alors contradiction a parler de quantite inextensive ? » *Essai sur les donnees immediates de la conscience,* pp 2-3

L'analyse de M Bergson nous parait defectueuse

M Bergson suppose que *discerner* deux sensations, *compter* des sensations, c'est nécessairement les considérer comme des grandeurs mesurables, donc les rapporter a une commune mesure prise pour unité, et dire combien de fois l'une est contenue dans l'autre

C'est la une erreur fondamentale.

L'*unité* se prend en deux acceptions distinctes l'*unité transcendantale* qui appartient à tout ce qui est , l'*unité de mesure* qui est propre à l'étendue.

Tout fait de sensation est un, dans le premier sens, mais ne l'est pas dans le second

Le sens intime discerne des sensations, les compte , une pluralité de sensations successives forme un nombre plus ou moins grand de sensations successives

Un sujet qui a passe, sous l'influence d'un premier excitant, par une premiere sensation relativement faible, eprouve, sous l'influence d'un second excitant plus fort que le premier, une sensation plus forte il discerne deux sensations d'intensite differente

Le sujet qui discerne ainsi deux sensations de chaud, par exemple, l'une plus intense que l'autre, distingue des degres de sensation de même qualite

Il est vrai que nous *imaginons* naturellement les degres d'intensite de nos sensations sous forme de *grandeurs spatiales* De meme ne nous representons-nous pas la *force* de la pesanteur par la vitesse qu'elle communique a l'unite de masse en une seconde ? Cependant la mesure spatiale de la force n'est pas la force Semblablement, une expression « extensive » de la graduation « intensive » des sensations ne doit pas être confondue avec l'intensite elle-même

Voir plus loin n° 86, et *Ontologie,* n°° 83 et suiv

sité d'une sensation et la quantité de l'excitant qui la provoque deux bougies éclairent plus qu'une, deux voix
résonnent plus fortement qu'une seule lorsque je soulève un kilo, je n'ai pas la même sensation musculaire que
lorsque je soulève une livre Il est superflu d'insister

Cependant, il est aussi d'expérience vulgaire que, à toute
différence d'intensité entre deux excitants, causes extérieures
de nos sensations, ne répond pas une différence perceptible
d'intensité entre les sensations qu'ils provoquent Dans un
salon brillamment éclairé, une bougie de plus ou de moins
ne modifie pas sensiblement l'éclat de l'éclairage, en plein
jour, les étoiles cessent d'être visibles, dans un concert, un
nombre double de chanteurs ne donne pas à l'oreille une
sensation d'une intensité double, lorsque j'ai sur la main un
centigramme et que j'y ajoute quelques milligrammes, je
sens une différence de poids, mais lorsque ces milligrammes
s'ajoutent a un poids d'un kilo, je ne remarque pas l'appoint
ajouté

Il est donc naturel de se demander *quelle* relation il y a
entre l'accroissement ou la diminution des excitants et la
différence perceptible d'intensité entre les sensations qu'ils
provoquent Ce problème fait l'objet de la *psychologie expérimentale* et, plus spécialement, de la *psychophysique*

Subsidiairement, la psychologie expérimentale s'occupe
de déterminer le *seuil* et le *sommet* d'une série de sensations,
c'est-à-dire, l'excitant minimum nécessaire pour provoquer
une sensation perceptible et, a l'extrême opposé, l'excitant
maximum, au dela duquel il n'y a plus de différence perceptible dans les impressions

86. Expériences de Weber. Formule mathématique de Fechner. Exposé et critique.

— Nous savons par les
exemples signalés tout a l'heure, qu'un appoint ajouté a un
excitant n'engendre pas toujours une sensation nouvelle.

Le résultat général des expériences de Weber fut de confirmer et de préciser ce fait d'observation vulgaire Il rechercha quelles différences minimales existaient entre les excitants de même nature lorsqu'ils permettaient au sujet excité de percevoir une différence entre les excitations senties, et l'on peut résumer ainsi les résultats de ses explorations

La quantité qu'il faut ajouter à un excitant pour provoquer une différence perceptible entre l'état présupposé du sujet et la sensation nouvelle, n'est pas une quantité absolue, mais une quantité *relative* Ainsi, par exemple, on peut provoquer une sensation nouvelle en ajoutant 2/3 de milligramme à un poids initial de 2 milligrammes, mais le sujet n'éprouve aucune augmentation de pression, lorsque cet appoint de 2/3 de milligramme est ajouté à un poids initial de 500 gr Cette fois le sujet ne reconnaîtra une différence de sensation, que si l'augmentation de poids est approximativement 500 3 gr De façon générale, Weber croit que l'excitant, qui donne la sensation initiale de pression, doit être augmenté de son tiers pour que la différence de stimulation devienne perceptible Au surplus, la distinction des autres sensations, de celles de l'ouïe, de la vue, etc semble aussi conditionnée par un accroissement *relatif*, différent mais analogue des excitants

D'où la formule générale de la loi de Weber (1834) « L'accroissement de l'excitant, qui doit engendrer une nouvelle modification appréciable de la sensibilité, est dans un rapport constant avec la quantité de l'excitant à laquelle il vient s'ajouter »

Fechner et plusieurs après lui ont tenté d'exprimer en formules mathématiques les résultats des expériences de Weber

Fechner considère comme égales toutes les modifications minima perceptibles , il *suppose égales* les différences entre deux impressions immédiatement consécutives

Représentons par 1, se dit-il, la plus petite différence perceptible entre deux sensations successives, nous pourrions exprimer une série ordonnée de sensations par la série de nombres entiers 1, 2, 3, 4, 5, etc Or cette série forme une *progression arithmétique* [1])

D'autre part, les excitants additionnels capables, d'après les expériences de Weber de provoquer une série successive de sensations, forment entre eux une progression géométrique

D'où cette formule mathématique de Fechner « Pour que les sensations croissent en progression arithmétique, il faut que les excitants additionnels correspondants croissent en progression géométrique »

Les conclusions de Weber et de Fechner ont rencontré de nombreux contradicteurs Les uns les ont critiquées pour les amender, mais ces critiques eux-mêmes n'ont pu jusqu'ici tabler sur des résultats indiscutables Aussi, les psychophysiciens poursuivent sans se lasser leurs laborieuses recherches, ils multiplient les laboratoires de psychologie expérimentale, ils s'ingénient à trouver des méthodes nouvelles, à perfectionner les anciennes, et à les appliquer sur une vaste échelle à toutes nos sensations

D'autres savants repoussent en bloc la psychophysique elle-même parce que, selon eux, le problème poursuivi par les psychophysiciens est insoluble [2])

[1]) On appelle, on le sait, progression *arithmétique* une suite indéfinie de termes tels que chacun d'eux est égal à son précédent augmenté ou diminué d'une quantité constante appelée *raison* arithmétique par exemple 1, 2, 3, 4 forment une progression arithmétique dont la raison est 1 On appelle progression *géométrique* une suite indéfinie de termes dont chacun est avec le précédent dans un *rapport* constant, c'est-à-dire tel que chaque terme est égal au précédent multiplié par une quantité constante Cette quantité constitue la *raison* géométrique Par exemple, 2, 4 8, 16 forment une progression géométrique, dont la raison est 2

[2]) Cfr le R P Hahn, *Revue des Questions scient*, avril 1880, p 680

Pour rencontrer cette dernière critique, il faut avoir soin de distinguer tout d'abord l'œuvre de Weber, de la signification y attachée par Fechner

En effet, l'interprétation mathématique donnée par Fechner à la loi de Weber est défectueuse Elle est de nature a faire croire que le psychologue assimile le développement graduel d'intensité des sensations à une quantité continue divisible en parties commensurables et egales

Pour qu'il y ait progression arithmetique entre les termes d'une serie, il faut que ceux-ci croissent tous d'une quantité *égale*, qui est la raison de la progression Ranger en progression arithmetique les differences perceptibles minimales entre nos sensations, c'est donc supposer que nous avons reconnu l'*égalité* des differences minimales perçues entre nos sensations. Or cette comparaison quantitative entre deux sensations est impossible, car, pour l'effectuer, il faudrait posseder une *unité de sensation*, c'est-à-dire une sensation d'une quantité determinee et fixe prise pour unite

Or manifestement il n'existe pas une pareille unité pour des sensations de *qualité* différente Voir, entendre, goûter, etc sont autant de faits specifiques, irréductibles a une mesure commune

Y en a-t-il une possible pour des sensations d'*intensité* différente dans la même qualité, par exemple, pour des sensations de lumiere ou des perceptions auditives de degre different ?

Non, il n'existe *pas*, — Wundt lui-même le reconnaissait des 1863, — une *unité absolue* de la sensation Nous pouvons bien estimer qu'une sensation est plus forte ou moins forte qu'une autre, mais il nous est impossible de dire combien de fois elle est plus ou moins forte que cette autre

De fait, nous savons que le soleil est plus éclatant que la lune, qu'un coup de canon retentit plus fort qu'un coup de pistolet, mais qui dira si l'éclat du soleil est cent ou mille fois plus fort que celui de la lune, le bruit du canon cent ou mille fois plus fort que celui du pistolet ?

En réalité, les expériences de Weber n'enregistrent pas de pareilles évaluations de l'intensité de la sensation On demande bien au sujet si, à un moment donné, il a perçu une sensation distincte de la sensation précédente ; on ne lui demande pas, on ne peut sérieusement lui demander de *combien* la seconde sensation diffère de la première. Mais nous pouvons mesurer directement l'excitant additionnel nécessaire pour provoquer le plus petit accroissement perceptible de sensation, et arriver ainsi à une estimation *indirecte* des différences perceptibles entre les sensations

C'est un fait acquis qu'une différence identique dans l'excitant, peut tantôt être remarquée, tantôt ne l'être pas Est-il impossible que, multipliant les observations, comparant entre eux les nombres qui représentent les excitants, on constate que les nombres qui représentent la série des intensités discernables les plus rapprochées, sont entre eux dans des rapports constants, définis ? Les expériences de Weber n'autorisent pas d'autre conclusion [1])

---

[1]) D'aucuns ont cru voir dans les recherches des psychophysiciens une négation de la spiritualité de l'âme Quoique nous ne traitions *ex professo* de la spiritualité de l'âme que dans la 3e Partie nous croyons devoir, par anticipation, apaiser les scrupules que ces problèmes psychophysiques pourraient susciter

Interprétées comme elles viennent de l'être, les expériences de Weber ne nous apprennent rien qui ne s'harmonise avec le spiritualisme le plus rigoureux La sensation en effet, est l'acte d'un organe nerveux , elle est donc essentiellement liée au fonctionnement et à toutes les conditions physiques et chimiques de la vie nerveuse L'acte de sentir, dit saint Thomas en une sentence fondamentale que nous voyons confirmée aujourd'hui par une des sciences les plus jeunes et les plus hardies de notre siècle, l'acte de sentir n'appartient ni à l'âme seule ni au corps seul, mais à un sujet composé de l'un et de l'autre

Le discernement des sensations, tant au point de vue qualitatif qu'au point de vue quantitatif, leur association, les émotions qui en résultent spontanément, sont autant d'états psychiques dont le substratum est la substance nerveuse Et s'il est vrai qu'il se produit en nous des actes

Mais, poursuivi-t-on peut-être, l'estimation de la sensation est essentiellement variable, elle varie d'un individu à l'autre, et, chez le même individu, d'un moment à l'autre Comment faire fond sur des expériences qui dépendent de conditions aussi mobiles?

On opérera comme en d'autres départements des sciences, on s'efforcera d'éliminer le plus possible les causes de variations individuelles et l'on prendra des moyennes [1] Il en résultera sans doute, que les conclusions n'auront ni la précision ni la rigueur d'une formule abstraite, mais cela même est avoué par les psychophysiciens les plus ardents.

Écoutez la conclusion finale de Wundt dans ses *Principes de psychologie physiologique*

« Il faut soigneusement distinguer, observe-t-il, entre l'excitant envisagé objectivement, physiquement, et l'excitation physiologique qu'il exerce sur l'appareil nerveux sensitif, comme cet appareil varie beaucoup d'un sens à l'autre, il en résulte pour chaque sens, des conditions physiologiques particulières et, par

d'un ordre supérieur, irréductibles à des fonctions de la vie nerveuse, il est vrai cependant aussi qu'ils ne s'accomplissent pas et ne peuvent s'accomplir sans être précédés et continûment accompagnés de fonctions des centres nerveux Si loin que se vérifient dans le présent et dans l'avenir, les applications de la loi de Weber, il n'y a donc, il ne peut y avoir, entre elles et le spiritualisme d'Aristote et de saint Thomas, aucune contradiction Voir notre étude *La psychologie expérimentale et la philosophie spiritualiste* Lecture faite à l'Académie royale de Belgique, le 9 mai 1900

[1] Pour la description des méthodes employées aujourd'hui par les psychophysiciens, nous renvoyons à l'ouvrage déjà cité plusieurs fois de W Wundt, dont une 3me édition vient de paraître — On consultera avec fruit William James, *Principles of Psychology*, 2 vol London, Macmillan, Ziehen, *Leitfaden der physiologischen Psychologie*, Jena, 1898, Hoffding, *Esquisse d'une psychologie fondée sur l'expérience*, trad fr, Paris, 1900, Scripture, *The new Psychology*, London, 1897, Ladd, *Outlines of descriptive Psychology*, New-York, 1898, Ebbinghaus, *Grundzüge der Psychologie*, Leipzig, 1897 Pour suivre dans le détail les progrès de la psychologie expérimentale, il faut consulter la collection de la Revue fondée par Wundt, *Philosophische Studien* et l'*Année psychologique* publiée depuis 1894 par A Binet

suite, des transformations plus ou moins considérables de l'excitant dans les divers appareils sensitifs

» Les expériences sur les sensations auditives sont celles qui concordent le plus rigoureusement et sur la plus large échelle avec la loi de Weber ; l'accord pour les sensations d'intensité lumineuse, pour les sensations de pression et de mouvement et pour les sensations gustatives est renfermé dans des limites plus étroites ; les sensations thermiques donnent des résultats très incertains ; et quant aux sensations olfactives et aux sensations générales, elles n'ont guère pu jusqu'ici et vraisemblablement ne pourront guère dans l'avenir fournir matière à expériences

» Si donc on ne tient pas compte des conditions physiologiques particulières qui modifient dans l'appareil nerveux l'excitant du dehors, la conclusion qui s'indique, c'est que la loi de Weber n'est pas une loi générale, qu'elle n'est valable au contraire que pour certaines sensations et encore dans des limites bien restreintes

» Mais si l'on tient compte des propriétés physiologiques propres aux différents organes des sens ; si l'on fait attention à ce fait, par exemple, que c'est tout juste là où l'excitant est le moins altéré, — dans les sensations auditives, — que l'accord avec la loi est le plus prononcé, alors la conclusion prend un caractère beaucoup plus positif   Voici comment on pourrait la résumer   Encore que l'universalité de la loi de Weber ne soit pas jusqu'ici puissamment confirmée par l'expérience, encore qu'il soit bien difficile d'admettre qu'elle puisse jamais être démontrée pour toutes les sensations, cependant on n'a pas davantage le droit de lui refuser, au nom de l'expérience, le caractère de loi universelle Pour étayer une conclusion négative de ce genre, il faudrait d'autres arguments que ceux que l'on a empruntés jusqu'ici à la physiologie ou à la psychologie » [1]

87. L'intensité de la sensation mesurée par ses effets.

— Nous avons examiné déjà la relation qu'il y a entre la variation des sensations et les excitants qui les provoquent ; nous avons ainsi cherché à mesurer la sensation prise pour effet, par l'excitant pris pour cause

Ne pourrait-on prendre la question à rebours et chercher à étudier la sensation par certains de ses effets ?

Deux ordres de recherches de psychologie expérimentale s'inspirent de cette idée Indiquons-en l'objet

[1] *Grundzuge der phys Psychologie*, Bd I, S 372 374 Leipzig, 1887

A **Expériences au dynamomètre** [1]. Un premier ordre d'expériences porte sur l'action dynamique produite dans l'organisme par les excitations sensorielles

Une excitation forte qui affecte soit la vue, soit l'ouïe, soit l'odorat, soit le goût, détermine chez le sujet qui l'éprouve une déviation notable de l'aiguille du dynamomètre [2]

1º « En ce qui concerne le sens de l'ouïe, par exemple, M Féré a pu constater à l'aide de différents instruments que les sons ont une action dynamogène qui varie avec leur intensité et leur hauteur, c'est-à-dire que l'intensité des sensations de l'ouïe, mesurée par leur équivalent dynamique, est en rapport avec l'amplitude et le nombre de vibrations »

2º « Pour ce qui est des excitations du sens de la vue, les résultats obtenus ne sont pas moins remarquables L'étude des hallucinations provoquées chez les hypnotiques nous avait déjà montré que les couleurs sont susceptibles d'être classées, au point de vue de leur pouvoir dynamogène, dans un certain ordre, qui paraissait être rouge, orangé, vert, jaune, bleu Des recherches faites sur les sensations réelles nous avaient donné des résultats analogues Les effets sont très nets sur un grand nombre de sujets pour les couleurs les plus actives, mais ils sont particulièrement marqués sur les sujets nerveux que nous avons déjà pris comme réactifs, dans nos précédentes recherches. Ainsi sur celui qui nous a déjà servi de type et dont nous avons donné l'état dynamométrique normal pour la main droite (23), nous voyons que l'impression des rayons lumineux passant soit à travers une lame de verre, soit à travers une lame transparente de gélatine colorées, porte la pression à 42 pour le rouge, pour l'orangé à 35, pour le jaune à 30, pour le vert à 28, pour le bleu à 24

» D'une façon générale on peut dire que, d'après leur pouvoir dynamogène, les couleurs doivent être rangées dans le même ordre que les couleurs spectrales On peut donc ajouter que l'intensité visuelle varie comme les vibrations.

[1] Le *dynamomètre* est un dispositif qui aide à mesurer, sur le vivant, la force globale de certains groupes de muscles, p ex la puissance contractile de la main L'effort de la contraction de la main fait jouer un ressort, et déplace, par suite, une aiguille sur un cadran Le déplacement indique le développement graduel du pouvoir contractile

[2] Ch Féré, *Sensation et mouvement*, ch VI C'est un fait à rapprocher de ce que nous avons dit plus haut du sens musculaire et de ce que nous dirons plus loin du caractère moteur du sens intime

» A propos de l'action si nettement prédominante du rouge, il est intéressant de remarquer que cette couleur est celle qui paraît avoir le plus d'effet sur les animaux, qu'elle paraît être la première à être reconnue par les jeunes enfants

» Enfin, pour terminer, nous ajouterons que grâce à un dispositif expérimental spécial, nous avons pu établir que pour chaque couleur, l'action dynamogène varie avec l'intensité de la lumière ; cependant la lumière blanche paraît avoir peu d'influence relativement, l'affaiblissement dans l'obscurité est moins marqué qu'on ne pourrait le supposer »

3° « Nous avons étudié les saveurs fondamentales par le même procédé, et nous avons vu que l'on peut les classer suivant une gamme dynamique analogue à la gamme des couleurs C'est ainsi que le sucre a une action dynamogène très faible ; le sel a une action beaucoup plus manifeste, et les substances amères sont plus actives par exemple sur le sujet qui nous sert de grossissement, nous voyons que le sucre donne 29, le sel 35, le sulfate de quinine 39 Sans se présenter avec des caractères aussi tranchés, l'action du salé et de l'amer peut être rendue très manifeste sur des sujets normaux »

4° « Notre étude des sensations olfactives est moins avancée ; cependant nous avons pu établir une sorte d'échelle dynamogène des odeurs dans lesquelles le musc paraît occuper la place la plus élevée

» On peut donc dire, en résumé, que toutes les sensations s'accompagnent d'un développement d'énergie potentielle qui passe à l'état cinétique et se traduit par des manifestations motrices susceptibles d'être mises en évidence même par des procédés grossiers comme la dynamométrie » [1])

B **Expériences au pléthysmographe.** — Un second ordre d'expériences porte sur le changement de volume des membres sous l'influence des excitations périphériques et des sensations.

En vertu d'une loi qui est générale en physiologie, le sang afflue abondamment dans tout organe en travail Appliquant ce principe au travail cérébral, Mosso [2]) a mesuré, à l'aide d'un instrument auquel il a donné le nom de *pléthysmographe*

[1]) Ch Féré, *Sensation et mouvement*, ch VI Paris, Alcan, 1887
[2]) A Mosso, *La peur*, ch III et IV

(mesureur des changements de volume), le changement de volume qui se produit dans les vaisseaux capillaires des extrémités, sous l'action de diverses excitations sensitives et sensorielles

Le plethysmographe de Mosso se compose de deux bocaux de verre remplis d'eau, on y introduit les mains du sujet et on calfeutre, avec de l'argile, l'orifice tout autour du poignet, de façon à former un couvercle fermant hermétiquement Seul un tube mince traverse ce couvercle Quand par suite d'une emotion de peur ou d'anxiété par exemple, ou pour tout autre motif, la circulation du sang se trouve activee, le systeme vaso-moteur etant directement influence, chaque vaisseau capillaire se gonfle, le membre qui les contient se trouve augmenté de volume, et cette augmentation chasse un peu d'eau du récipient Cette eau apparaît dans un tube vertical gradué placé dans l'un des bocaux

Un autre appareil dont se servait Mosso, est une sorte de lit où la personne s'étendait Ce lit est forme d'une seule planche basculant sur des couteaux de balance ; dès que le sang afflue à la tête, celle-ci augmente le poids et fait pencher la balance de ce côté.

Mosso a pu observer directement le flux sanguin cerébral chez un ouvrier qui avait eu une partie du crâne enlevée sur un diamètre de quelques centimètres

En y appliquant un stele, l'expérimentateur a obtenu un graphique de pulsations · il a vu ce graphique s'infléchir lorsque pendant le sommeil du patient on prononçait son nom, ou même simplement sous l'influence d'un rêve

Il faut rapprocher des expériences du savant physiologiste de Turin celles de Schiff, à Florence, sur l'élévation de température produite dans les centres nerveux sous l'action des diverses manifestations de la sensibilité, et même, indirectement, de l'intelligence

M. Schiff implante dans le cerveau de certains animaux

narcotisés ou même de poulets non narcotisés, une pile thermo-électrique assez petite pour être embrassée de tous côtés par la masse cérébrale , il attend la guérison complète de la plaie du cerveau, ainsi que celle des trous d'entrée et de sortie du crâne donnant passage aux fils conducteurs , puis il irrite les organes des sens de l'animal, et constate qu'à chaque irritation correspond une déviation d'un certain nombre de degrés de l'aiguille galvanométrique indiquant un échauffement des hémisphères cérébraux

On comprend, d'après ces expériences, la possibilité de comparer les sensations entre elles d'après leur tracé dynamographique ou pléthysmographique, ou d'après les déviations du galvanomètre

88. Durée des phénomènes psychiques. — Nous avons vu plus haut (**51**; voir aussi pl II, fig 6, A et B) de combien d'éléments se compose un arc réflexe

1º On a essayé de mesurer le temps qu'il faut pour le parcourir , cet intervalle de temps s'appelle *temps physiologique* ou *temps de réaction.*

On l'a mesuré pour les excitations auditives, tactiles, lumineuses, et même, quoique avec beaucoup moins de succès, pour les excitations gustatives et olfactives On emploie pour l'expérience un cylindre enregistreur animé d'un mouvement dont la vitesse est connue , au moyen d'une disposition appropriée, par exemple, au moyen d'une aiguille qui est dans le courant d'une pile électrique, on obtient que l'excitation marque automatiquement un trait sur le cylindre au moment où elle est donnée A son tour, la personne en expérience indique au moyen d'une pression exercée sur un tambour en caoutchouc et communiquée par un tube à l'aiguille de l'enregistreur, le moment où elle a perçu une sensation. L'intervalle compris entre les deux traits enregistrés sur le cylindre sert à mesurer le temps de réaction.

Des expériences nombreuses et variées ont été entreprises par Donders et ses élèves à l'Université d'Utrecht à l'effet de déterminer le temps de réaction pour les différentes sensations ; beaucoup d'autres expérimentateurs les ont reprises, elles se poursuivent un peu partout aujourd'hui ; voici quelques résultats qui aideront à fixer les idées

Le temps de réaction de sensations tactiles a été en moyenne de 1/7 de seconde dans les expériences de Donders, de 10,6 centièmes de seconde pour Beaunis

Celui des sensations auditives a été de 1/6 de seconde pour le premier, de 15,9 centièmes de seconde pour le second

Celui des sensations visuelles a été de 1/5 de seconde pour le premier, de 25 centièmes de seconde pour Beaunis

Pour les sensations gustatives, le temps de réaction varie notablement ; il faut en dire à peu près autant des sensations olfactives [1]

2º On ne s'est pas contenté d'évaluer globalement la durée d'un réflexe simple, on a cherché, en outre, à déterminer la

---

[1] Cfr Beaunis, *Recherches expérimentales sur les conditions de l'activité cérébrale,* 2e mémoire, p 68

Personne n'ignore que le travail cérébral est tantôt lent, tantôt rapide il est extrêmement rapide dans le délire, la manie, d'une lenteur frappante chez l'idiot, le crétin, chez certains paralytiques Mais ce sont là des appréciations vagues sans aucun caractère de précision scientifique

« La découverte de ce que les astronomes appellent *l'équation personnelle,* c'est-à-dire l'erreur personnelle, a pu mettre sur la voie de l'expérimentation Cette découverte fut faite par Bessel en 1820

» D'après la méthode dite de Bradley, alors usitée dans les observatoires, on employait un télescope dans lequel était tendu un fil très fin, et l'on notait l'instant précis où l'étoile traversait le fil On employait à cet effet un pendule battant les secondes

» L'observateur avait donc à noter et à réunir deux sensations d'ordre distinct, l'une visuelle, le passage de l'étoile au méridien, l'autre auditive, le son du pendule Cette opération, cependant, serait assez simple, si les sensations étaient simultanées ; mais ce cas ne se présente que très rarement et par hasard, le battement du pendule ne coïncidant presque jamais avec le passage de l'étoile au méridien En fait, voici ce qui se passe

$$e \qquad M \qquad e'$$

durée respective des différentes étapes de son parcours On a donc successivement mesuré

a) la durée de la *contraction musculaire*,

b) la durée du *courant nerveux dans les nerfs moteurs*,

c) la durée du *courant nerveux dans les nerfs sensitifs*,

d) le temps nécessaire à *l'élaboration d'un acte*, tantôt simple, tantôt compliqué, *dans les centres nerveux*

a) On mesure donc, tout d'abord, le temps qu'il faut pour une *contraction musculaire* provoquée par une excitation directe Le mouvement que le muscle exécute s'inscrit sur un tambour en mouvement, on connaît la rapidité du tambour et par suite le temps que représente le mouvement inscrit. Ce temps est de $0'',1$ de seconde environ

b) Lorsque l'on applique une excitation à un nerf moteur encore en connexion avec un muscle, le phénomène total comprend, outre la contraction du muscle, un certain parcours du *courant moteur* Ce parcours varie évidemment avec la hauteur du point excité On excite d'abord le nerf tout près de son insertion dans le muscle, on l'excite ensuite au point le plus éloigné du muscle La distance entre les deux points d'excitation est connue Le retard de la seconde

» Supposons que le fil soit en M , le premier coup du pendule se fait entendre, lorsque l'étoile est en e , au second coup, l'étoile est déjà en e', c'est-à-dire qu'elle a traversé le méridien Pour donner l'instant précis de son passage, il faut donc que l'astronome apprécie la distance eM, qu'il évaluera, par exemple, aux deux tiers de e e' ou de l'espace parcouru en une seconde C'est dans cette évaluation que les observateurs diffèrent

» Les différences d'équation personnelle s'élèvent parfois à plus de 1 seconde, mais le plus souvent elles restent au-dessous de $0'',3$ Elles varient avec les heures de la journée, les dispositions momentanées de l'observateur (circulation du sang, fatigue nerveuse, etc), et peuvent, d'après M Wolf, se réduire, avec beaucoup d'attention et d'habitude, à $0'',1$

» Après l'astronomie, l'expérimentation physiologique entre les mains de Helmholtz de Dubois-Reymond, de Donders, etc mit sur la voie de recherches nouvelles dont nous donnons un aperçu dans le texte » Ribot, *La psychologie allemande contemporaine*, pp 229 et suiv

contraction sur la première mesure le temps que met le
courant nerveux à parcourir cette distance ; on a ainsi le
moyen d'évaluer la vitesse du courant nerveux dans les nerfs
moteurs Cette vitesse est d'environ 39 mètres à la seconde

c) On mesure aussi la durée de transmission de l'impression sensitive On touche, par exemple, un sujet au haut du
bras et on lui dit de donner un signal au moment où il
éprouve une sensation, on le touche ensuite au bout du
doigt et on lui demande de même de donner le signal convenu au moment de la sensation, le second signal est en
retard sur le premier, le retard permet de mesurer la durée
d'un *courant nerveux à travers les fibres sensitives.*

d) En déduisant la durée de la transmission sensitive et
celle de la transmission motrice, de la durée totale de la
réaction, on arrive a établir approximativement la durée du
phénomène dans les centres nerveux, c'est-à-dire d'un *acte
central simple* Cette partie *psychique* du phénomène comprendra au minimum la *perception* d'une impression sensitive, par exemple, d'une irritation tactile, d'un son, d'une
étincelle, *l'association d'une image* motrice, par exemple
d'un mouvement de la main droite, à la perception sensible
antérieure, et enfin, le *commandement* [1] du mouvement
imaginé

e) On peut rechercher ultérieurement la durée d'*actes
cérébraux plus complexes*, par exemple, le temps que
demande un acte de localisation, mettons la localisation
d'une impression tactile à la main gauche, ou encore, le
temps nécessaire pour un acte de discernement, soit entre
une excitation venant de la main droite et une autre
venant de la main gauche, soit entre deux couleurs qui
impressionnent successivement la rétine, et ainsi de suite

---

[1] Voir plus loin notre étude sur le jeu des différentes causes du mouvement spontané,

Citons, dans cet ordre de recherches, deux expériences de Donders

« Donders appliquait aux deux pieds d'un aide des fils de cuivre par lesquels il pouvait faire passer un courant d'induction frappant à volonté l'un ou l'autre pied ; le courant, avant d'arriver au pied, s'inscrivait lui-même, au moment de son passage, sur le cylindre d'un chronographe Il était convenu que lorsque l'irritation frappait le pied droit, l'aide devait faire, de la main droite, un mouvement qui s'enregistrait immédiatement lui-même sur le dit cylindre, et lorsque le courant était dirigé sur le pied gauche, le signal devait être donné de la main gauche

» Dans une première série d'expériences, l'aide était prévenu sur lequel des deux pieds agirait la secousse d'induction il savait donc, d'avance, de laquelle des mains il devait donner le signal ; cette série n'avait pas de but bien spécial, elle servait uniquement à déterminer l'équation personnelle elle donna cependant un résultat nouveau, savoir que la main gauche réagit plus lentement que la main droite Dans la suite, ce retard pour la main gauche devait naturellement être mis en compte et déduit des chiffres obtenus du côté gauche

» Dans la seconde série, l'aide n'était pas prévenu par lequel des deux pieds passerait la secousse d'induction Il devait, par conséquent, distinguer d'abord quel côté venait d'être frappé, et puis choisir la main qui devait donner le signal, toutes les autres conditions de l'expérience demeurant exactement les mêmes L'irritation et avec elle tous les éléments du jugement arrivaient à la conscience exactement comme dans la première série rien n'était changé non plus dans la conduction centrifuge ; il n'y avait donc absolument de changé que l'opération psychique

» Eh bien ! ces expériences donnèrent comme résultat constant une augmentation du temps de réaction de 1 10 de seconde en moyenne C'est le surplus de temps employé par la distinction et par le choix

» Dans une autre série d'expériences analogues, Donders s'adressait au sens de la vue

» Il déterminait d'abord le temps physiologique, c'est-à-dire le temps nécessaire pour que la perception d'une étincelle, s'enregistrant elle-même sur le chronographe fut signalée avec l'une ou l'autre main ; ensuite il faisait apparaître des étincelles colorées, et faisait faire au sujet la distinction entre deux couleurs un mouvement de la main droite devait signaler l'une des couleurs, un mouvement de la main gauche l'autre ; il y avait ici double distinction ou double choix à accomplir ; cette série, exécutée sur cinq personnes donna en effet un résultat encore plus marqué que la précédente, le retard psychologique, s'il est permis de s'exprimer ainsi, fut de 0,12 à 0,18 de seconde » [1])

Telles sont les principales expériences auxquelles les psychologues se sont livrés pour apprécier, soit globalement soit en détail, la durée de nos sensations. Il est incontestable qu'elles ont donné des résultats.

Toutefois, ceux-ci ne sont ni toujours ni absolument concordants : on doit donc se contenter de conclusions approximatives basées sur des moyennes. La chose s'explique du reste aisément, car les conditions d'expérience ne sont jamais que sensiblement les mêmes.

IV

SENSATIONS INCONSCIENTES

89. Limites de la sensibilité consciente ; sensations inconscientes. — La question que nous abordons est délicate, elle exige une grande précision.

Certains critiques ont cru voir une contradiction dans le concept même d'une sensation inconsciente. En effet, disent-ils, « la sensation est la modification consciemment éprouvée par le sujet vivant dans l'effusion de sa vie. Une sensation brute ou inconsciente ne se comprend donc pas » [2])

Nous avions prévu l'objection. Évidemment, disions-nous dans notre première édition [3]), si l'on commence par définir la sensation un état psychologique par lequel le sujet sentant a conscience de saisir les objets, il ne peut être question de sensations dont la conscience nous ferait défaut.

Mais définir ainsi la sensation, ce n'est pas répondre à la question que nous posons, c'est la supprimer.

Or, selon nous, la question se pose.

[1]) Heizen, *Le cerveau et l'activité cérébrale*, p. 76
[2]) *Études religieuses*, 3ᵉ année, nᵒ 12, pp. 896-897
[3]) Page 155.

Il y a, au point de vue de l'intensité, une échelle dans les sensations. Elles varient entre deux limites extrêmes qui correspondent à ce que l'on a appelé le seuil et le sommet de l'excitation

La limite inférieure, en deçà de laquelle l'excitation est trop faible pour causer une sensation perceptible, s'appelle le *seuil de l'excitation* (Reizschwelle) [1], la limite supérieure au delà de laquelle un accroissement d'excitation cesse d'être perceptible, s'appelle le *sommet de l'excitation* (Reizhöhe) Au seuil de l'excitation répond la sensation qui est tout juste perceptible, ou, plus brièvement, la sensation minima ; au sommet de l'excitation, la sensation maxima

Or, ces excitations inférieures au seuil ou supérieures au sommet, de quelle nature sont-elles ?

Augmentez d'un degré la première, elle engendre une sensation consciente ; diminuez d'un degré la seconde, elle provoquera une sensation dont le sujet gardera la conscience faut-il dire que cette différence d'un simple degré entre deux excitations successives fait que les impressions changent absolument de nature ?

Nous ne le pensons pas

[1] On a deux méthodes pour déterminer le seuil d'une sensation ou bien on fait croître graduellement un excitant qui, au début, est en dessous du seuil S, jusqu'à ce qu'il produise une sensation remarquée, donc jusqu'au seuil, ou bien, on diminue un excitant qui dépasse le seuil jusqu'à ce que par degrés on arrive à produire une excitation qui cesse d'être perçue La quantité d'excitation qui, dans le premier cas, est tout juste perceptible est légèrement supérieure à celle qui, dans le second cas, est tout juste imperceptible On prend la moyenne et c'est elle qui fixe le seuil ; le seuil répond donc à l'excitant moyen entre l'excitant tout juste perceptible et celui qui tout juste devient imperceptible

Pour déterminer le sommet de l'excitation, on ne peut recourir qu'à la première méthode L'excès de fatigue qui résulterait pour le sujet en expérience de l'emploi de la seconde en interdit l'usage

Wundt ajoute la remarque qu'une des grandes difficultés de la mesure de certaines sensations, des sensations thermiques, par exemple, vient de ce que l'organe sensible est toujours au-dessus du seuil, par suite des influences permanentes du milieu ambiant

Voici une autre considération du même ordre

Nous avons vu que les phénomènes psychiques ont une durée appréciable On estime qu'une impression lumineuse doit durer environ un huitième de seconde pour être remarquée

Supposons une impression d'un dixième de seconde seulement · dira-t-on que, pour échapper à la conscience, elle n'a plus rien de commun avec la sensation ?

Encore une fois, nous ne le pensons pas

Les impressions subies par les organes des sens, dans les conditions que nous venons de dire, ne sont pas simplement des phénomènes vitaux identiques à la circulation de la sève dans les canalicules d'une plante, « déplacement relatif des particules organiques par l'action matérielle d'un agent » [1]), ce sont des phénomènes d'un ordre spécial, destinés *de par leur nature* à éveiller dans le sujet sentant, la conscience de la présence de quelque chose d'objectif

Faute de certaines conditions, cette conscience ne se produit pas, mais, moyennant ces conditions, elle se produirait ; au contraire, les modifications organiques auxquelles nous refusons le nom de sensations inconscientes n'ont pas pour aboutissant naturel la conscience et, dans n'importe quelles conditions, sont incapables de l'éveiller.

Le concept du phénomène que l'on a appelé « sensation inconsciente » n'est donc pas contradictoire il a un sens défini. Ce n'est pas une *modification* ou une *impression* quelconque subie par un sujet dans l'effusion de sa vie ; ce n'est pourtant pas une *perception consciente* puisque, par hypothèse, l'impression n'est pas aperçue par le sujet qui l'éprouve, c'est une modification du sujet sentant, destinée à devenir consciente ; elle a pour aboutissant normal la conscience, mais, faute de certaines conditions d'intensité

[1]) *Etudes religieuses,* loc cit

ou de durée, la conscience ne se produit pas en fait, l'excitation n'est pas remarquée par le sujet qui la reçoit

Ce concept répond-il a une réalité ?

90. Existence vraisemblable d'actes d'ordre sensitif inconscients.

— Nous ne pouvons évidemment songer à fournir une preuve directe de l'existence de sensations inconscientes, ce serait prétendre que nous avons conscience de modifications inconscientes contradiction manifeste

Mais des inductions fondées nous semblent justifier notre thèse

Le fait qu'il existe des excitations, les unes inférieures au seuil, les autres supérieures au sommet de l'excitation normale, cet autre fait que l'excitation, pour devenir consciente, doit avoir une durée normale, fournissent, semble-t-il, un premier argument Il se dégage suffisamment des considérations émises tout a l'heure

Les observations faites sur le développement de la sensibilité chez les nouveau-nes (59) plaident en faveur de la même these

L'habitude nous fournit, d'ailleurs, une foule d'exemples de phénomènes psychologiques devenus inconscients

Habituellement je ne remarque plus le bruit monotone des passants qui battent le pavé sous mes fenêtres, pourtant, ceci n'est pas douteux le bruit parvient à mes oreilles Lorsque je parle, je n'ai plus du tout conscience des efforts que je fais pour mouvoir mes organes vocaux, ces efforts, je les fais cependant, mais ils sont devenus inconscients.

On sera peut-être tenté de dire que ces actes prétendûment inconscients, sont plutôt vaguement conscients et, d'une façon générale, que l'inconscience psychologique n'est qu'une conscience moins distincte

Au fait, il est très vraisemblable que plusieurs actes qui,

de prime abord, paraissent inconscients, s'accompagnent d'une certaine conscience sourde. Le meunier n'entend plus, croirait-on, le bruit de son moulin, mais que le moulin s'arrête, le meunier s'éveillera aussitôt en sursaut ; l'homme distrait qui erre, préoccupé d'une idée, semble absolument étranger au bruit de la rue, mais qu'une voix connue lui arrive à l'oreille, il la reconnaîtra. Le meunier entend donc sourdement le bruit de son moulin, l'homme distrait perçoit donc vaguement les conversations des passants.

Mais il n'en est pas moins vrai, — ces faits en témoignent, — que la netteté de la conscience présente des dégradations successives auxquelles on n'aperçoit pas de limite : ne serait-il pas, dès lors, arbitraire d'affirmer que ces limites existent nécessairement et que l'inconscience est impossible ?

Certaines expériences curieuses tendent du reste à établir la coexistence, chez un même sujet hypnotisé, d'une vie consciente, normale, et d'une existence psychologique, distincte de la première, secondaire, *inconsciente*.

Cet état complexe est une sorte de distraction profonde et permanente.

L'attention met, peut-on dire, nos organes des sens dans un état d'hyperesthésie spéciale, locale, relative à une certaine sensation ; par répercussion, tout ce qui n'est pas cette sensation ou ne s'y rapporte pas, se trouve dans un état passager de sensibilité moindre, de distraction.

Or, la suggestion hypnotique peut provoquer, d'une manière artificielle, une attention plus intense sur une portion restreinte de la conscience et, indirectement, une distraction permanente à l'égard de tout ce qui est étranger.

Il y a donc là une suppression partielle de la conscience sensible : un état partiel d'inconscience.

Cet état d'inconscience n'exclut pourtant pas une réelle sensibilité. Car l'expérience atteste que, « moyennant l'emploi des mêmes procédés, le sujet se rappelle ce qu'on lui a fait

taire à une époque antérieure lui a-t-on cité un fait, il y a huit jours, il y a un an, le fait n'est pas oublié ; et à la condition qu'on se mette en relation avec lui par les mêmes moyens, on pourra lui faire répéter ce qu'on lui a dit C'est donc le même inconscient qu'on a évoqué à des moments différents, et la mémoire prouve qu'il reste le même dans ses apparitions successives » [1]

Nous reconnaissons cependant que l'existence de sensations inconscientes ne dépasse pas les limites de la vraisemblance. Si quelqu'un voulait soutenir que l'inconscience apparente n'est jamais qu'une conscience très obscure, nous n'y contredirions pas ; car, réduite à ces termes, la question n'a plus de portée réelle et devient insoluble

Les impressions inconscientes ou vaguement conscientes jouent dans notre vie un rôle considérable Elles entraînent après elles des émotions, des inclinations ou des répugnances qui, à notre insu, influent beaucoup sur nos dispositions habituelles, notre bonne ou mauvaise humeur, notre tempérament, notre caractère Cette remarque a beaucoup d'importance au point de vue de l'éducation elle prouve, en effet, qu'il y a lieu de tenir grand compte des impressions qui, dès le plus bas âge, agissent habituellement sur l'âme de l'enfant

V

SIÈGE CÉRÉBRAL DES SENSATIONS

91. Doctrine des localisations cérébrales. — Flourens considérait le cerveau comme un organe *homogène*, dont toutes les parties pourraient se suppléer les unes les autres pour l'accomplissement des diverses fonctions qui lui sont dévolues

La doctrine contraire a généralement prévalu.

[1] Binet, *Les altérations de la personnalité,* 2e partie, ch V, p 131

On peut considérer aujourd'hui comme certain, que différentes régions de la substance grise du cerveau ont des fonctions distinctes. Les fonctions cérébrales sont donc localisées

« Le principe des *localisations cérébrales* est fondé, dit Charcot, sur la proposition suivante L'encéphale ne représente pas un organe homogène, unitaire, mais bien une association ou, si vous le voulez, une fédération constituée par un certain nombre d'organes divers A chacun de ces organes se rattacheraient physiologiquement des propriétés, des fonctions, des facultes distinctes Or, les propriétés physiologiques de chacune de ces parties etant connues, il deviendrait possible d'en déduire les conditions de l'état pathologique, celui-ci ne pouvant être qu'une modification plus ou moins prononcée de l'état normal, sans l'intervention de lois nouvelles » [1]

Dans sa conception générale, cette doctrine est fort ancienne : Saint Thomas, dans sa *Somme théologique* et dans son opuscule sur *Les puissances de l'âme*, assigne une place spéciale aux diverses fonctions de la sensibilité interne « Sensus communis organum, écrit-il, est prima concavitas cerebri, a quo nervi sensuum particularium oriuntur. Phantasiæ organum est post organum sensus communis in parte cerebri Organum æstimativæ ponitur in brutis in posteriori parte mediæ partis cerebri. In hominibus autem ejus organum ponitur media cellula cerebri, quæ syllogistica appellatur Organum autem memorativæ est in posteriori concavitate cerebri » [2]

---

[1] Charcot, *Œuvres complètes*, IV, p 3 Au reste, la spécialisation des fonctions des diverses parties du cerveau est-elle *innée* ou *acquise ,* tient-elle a une *disposition speciale* de ces parties ou a leur *position* et à leurs *connexions* avec les parties voisines ? Ce sont la autant de problemes sur lesquels on n'a guère encore que des conjectures à formuler Voir Wundt, Bd I, S 223

[2] *De potentiis animæ,* cap IV — Ctr *Summ theol ,* Iᵃ, q 78, a 4

Durant ces quarante dernieres annees, on s'est beaucoup préoccupe de déterminer exactement, au moyen de l'observation et de l'expérimentation, les centres cerébraux ou, plus généralement, les centres nerveux qui président aux diverses fonctions de la sensibilite ou de la vie

Depuis longtemps deja on employait, a cet effet, divers procedés *expériences de la physiologie, vivisections, observations pathologiques* .

On irrite, par exemple, mécaniquement ou à l'aide d'un courant electrique, le centre présumé, et l'on observe quel est l'effet provoque par *l'irritation*

On enlève chez un animal, par des *excisions* successives, les parties de la substance nerveuse dont on veut connaître le rôle fonctionnel, et l'on observe quelles sont les fonctions qui sont abolies, ou troublées d'une maniere permanente, a la suite des ablations faites , on tente alors d'appliquer a l'homme, par analogie, — mais il importe de se ressouvenir que ce n'est qu'une analogie '), — la dépendance constatée chez l'animal entre certaines fonctions et certains centres déterminés du système nerveux

On obtient des renseignements plus directs et plus précis en comparant les troubles de la vie sensitive ou intellectuelle que la *clinique* a enregistres, aux lésions cérébrales que l'on remarque à l'autopsie

Une quatrième méthode, inauguree par Flechsig et persé-veramment pratiquee par lui, permet des recherches systé-matiques sur l'ensemble du cerveau et semble autoriser déjà certaines conclusions de grande importance en psychologie

On sait que, à un certain moment de leur developpement,

') Lorsqu'on compare les résultats des experiences pratiquées sur différents animaux, la grenouille, les oiseaux, le lapin, le chien, le singe , lorsqu'on rapproche ces résultats des observations pathologiques chez l'homme, enfant et adulte, il est frappant de voir comment l'étendue de la suppleance des fonctions varie avec l'organisation *speciale* du cerveau

la plupart des fibres du systeme cérebro-spinal offrent cette particularité que leur axe conducteur s'entoure d'une gaine de myéline, la partie axile est de la substance grise, la myéline de la substance blanche

Or, d'après Flechsig — et la plupart des auteurs se sont ralliés à sa manière de voir — la gaine de myéline se forme au moment ou la fibre est mûre pour sa fonction de conduction En conséquence, la myélinisation d'une fibre nerveuse est considérée comme l'indice de sa maturité complete [1] D'autre part, en pratiquant des coupes dans le telencéphale d'un embryon humain âge de huit à neuf mois, Flechsig a constaté que seules les fibres centripetes ou sensitives sont à cette époque pourvues de myéline Grâce à cette coincidence, il s'est efforcé de poursuivre le trajet intracérébral des voies sensitives et de déterminer leurs connexions avec l'écorce grise

Telles sont les methodes

A quels résultats ont-elles conduit ?

92. Les résultats. — 1º Nous savons deja que le *grand sympathique* innerve surtout les *viscères*

Les ganglions du sympathique n'étant pas en communication directe avec le cerveau mais seulement par l'intermédiaire de la moelle epiniere, on comprend qu'à l'état habituel nous n'ayons pas conscience des fonctions des viscères Il peut se faire cependant, dans des processus inflammatoires,

---

[1] « Ce qui prouve bien que telle est la signification que nous pouvons attribuer au phénomène de myélinisation des fibres nerveuses, c'est que si, pour un motif ou l'autre, des fibres nerveuses doivent exercer leur fonction de conductibilité plus vite que normalement, l'époque de myélinisation de ces fibres nerveuses se trouve avancée sous l'influence des stimulations externes L'exemple le plus frappant de ce fait nous est offert par les fibres optiques Chez l'enfant ne avant terme, sous l'influence des excitations retiniennes, ces fibres developpent leur gaine de myéline plutôt que chez l'enfant qui arrive a terme »Van Gehuchten, *Anatomie du systeme nerveux*, 3e ed, vol II, pp 317-318

que l'impression soit conduite jusqu'au cerveau et y éveille le sens intime de la douleur, c'est ainsi, par exemple, que nous souffrons d'une inflammation des intestins

2° Nous savons déjà aussi que les *cornes antérieures* de la moelle épinière sont *motrices* et les cornes *postérieures sensitives*, et que les centres les plus importants de la *vie végétative* se trouvent dans la *moelle allongée*

3° Il est communément admis que le *cervelet* est un centre de la coordination des mouvements, un centre d'*équilibre musculaire* L'histologie établit, en effet, que le cervelet est en relations multiples avec les racines postérieures de la moelle épinière

4° Les centres inférieurs aux hémisphères cérébraux sont généralement considérés comme n'étant ni volontaires ni conscients Il est constant, toutefois, qu'ils président à des actes extrêmement compliqués Goltz est parvenu à conserver en vie un chien auquel il avait enlevé les deux hémisphères cérébraux Or, bien que l'animal, dans ces conditions, se montrât dépourvu de tout ce qui témoigne de la mémoire ou de l'attention, bien qu'il fût incapable de trouver de lui-même, a l'aide des sens, les objets extérieurs, nécessaires à la satisfaction de ses besoins corporels, cependant on ne pourrait l'assimiler à une machine absolument dépourvue de volonté L'animal privé d'hémisphères cérébraux peut encore exécuter des mouvements de course et se tenir debout. Des excitants extérieurs, une poussée, une lumière vive, des bruits très forts le mettent en mouvement, et la manière dont il est agite autorise a conclure qu'il éprouve des impressions de déplaisir et de malaise Il s'irrite, mord, hurle quand on l'enlève du sol ou il se sent en sûreté, et — ceci semble encore beaucoup plus significatif — lorsque, le privant de nourriture, on le met dans l'état ou l'homme ressent la faim, tout son corps s'agite de mouvements plus vifs. Dès qu'il a pris une nourriture suffisante, il incline au repos et l'on voit cet animal, dépourvu cependant d'hémisphères cérébraux, donner des signes de bien-être [1]

5° Nous grouperons sous deux chefs différents, les résultats relatifs aux fonctions spéciales des centres cérébraux chez l'homme, selon qu'ils sont obtenus par les observations cliniques ou par la méthode de Flechsig. Les données recueillies jusqu'à ce jour sont loin d'être complètes, et les interprétations des faits acquis ne sont souvent ni précises ni fermement établies, mais déjà, dans l'état présent de nos connaissances, on peut essayer une topographie des principales fonctions de l'encéphale.

A Les observations faites en pathologie nerveuse peuvent se résumer comme suit

a) Broca le premier, en 1861, observa que la circonvolution frontale inférieure est le siège des mouvements d'expression verbale ; aussi la 3me circonvolution frontale s'appelle-t-elle de son nom, *circonvolution de Broca* [2] On a rencontré des cas d'*aphasie motrice*, ou mieux d'*aphémie*, où le malade pouvait mouvoir la face, lire ou même chanter et se trouvait incapable de parler. Or, danc ces cas, on a remarqué a

[1] Flechsig, *Gehirn u Seele*, S 16 Leipzig, 1896 « Ces expériences de Goltz, observe von Bechterew, paraissent contredire toutes les expériences antérieures et les miennes propres, en attribuant des processus conscients aux régions sous-corticales, mais, ajoute t-il, il y a une remarque importante à faire Les expérimentateurs en opposition avec Goltz avaient extirpé d'un coup les hémisphères cérébraux et noté les résultats produits par cette opération violente, Goltz a procédé par étapes, laissant entre elles des intervalles plus ou moins considérables, il a eu la bonne fortune de conserver ses chiens en vie, l'un 51 jours, l'autre 92 jours, un troisième plus de 18 mois, les blessures ont eu ainsi le temps de se cicatriser et auront pu faciliter la suppléance de certaines fonctions des hémisphères par des centres sous-corticaux » Von Bechterew, *Bewusstsein und Hirnlokalisation*, S 43 Leipzig, 1898

[2] La région de Broca correspond exactement au siège que l'expérimentation a désigné comme étant le centre des mouvements des lèvres, de la langue et du larynx chez le singe V William James, *Principles of Psychology*, vol I, ch II, p 34

l'autopsie, qu'il y avait une lésion de la *3me circonvolution frontale gauche* [1])

L'aphasie motrice est souvent compliquée d'autres troubles d'origine cérébrale, un des plus fréquents est l'*agraphie* Le malade est alors en état de lire des caractères écrits et de les comprendre, mais il lui est impossible d'écrire lui-même, parfois il lui est impossible de se servir d'une plume, parfois il s'en sert mais gauchement La lésion qui produit l'*agraphie* est moins nettement définie que celle de l'aphasie motrice, mais on peut cependant la localiser dans la région qui préside aux mouvements de la main et du bras, approximativement au pied de la *2me circonvolution frontale du côté gauche* Cette circonvolution, centre de l'écriture, s'appelle souvent *circonvolution d'Exner*

b) Le lobe occipital et principalement ses *premières circonvolutions* avec la partie que l'on appelle le *lobule du pli-courbe* sont le centre de la vision Un trouble mental qui se rattache à une alteration de cette partie de la couche corticale porte le nom de *cécité psychique* Le patient est sensible aux impressions optiques, mais il ne les comprend plus Les lettres de l'alphabet, les mots d'une page imprimée, ne lui disent plus rien, il est atteint d'*alexie* Les cliniciens interprètent d'ordinaire ce fait, en supposant que le centre des *images visuelles* ou de la *mémoire visuelle* est affecté, cette supposition *a priori* est possible, mais il est possible aussi que ce soient les fibres d'*association* entre les différents centres sensitifs et moteurs qui soient intéressées D'après cette seconde hypothèse, on serait mentalement aveugle, non pas faute d'images visuelles, mais faute de pouvoir les rattacher aux images sonores ou aux images de mouvements que les lettres ou les mots réveillent naturellement dans un

---

[1]) Chez les gauchers la lesion est à l'hémisphere droit

cerveau normal Mais ceci concerne l'*association* des images dont nous aurons à parler ailleurs

c) Chez l'homme [1]), l'*audition* a pour centre psychique le *lobe temporal* et, dans le lobe temporal, *principalement la circonvolution supérieure*, celle qui touche à la scissure de Sylvius

Nous avons relevé les cas d'*aphémie*, d'*agraphie* et d'*alexie*, dans lesquels le patient est incapable soit de parler, soit d'écrire, soit de lire Il y a des cas d'un autre genre où le patient parle, écrit, lit, mais ne comprend plus ce qu'on lui dit, ce sont des cas de *surdité verbale* ou d'*aphasie auditive.* Le Dr Allen Starr [2]) a recueilli une cinquantaine de cas de surdité verbale, la plupart se compliquent d'aphasie motrice, c'est-à-dire que les sujets à la fois n'entendent plus les termes du langage et ne parviennent que très péniblement à rappeler de leur nom les objets qu'ils veulent désigner, mais sur les cinquante cas, il y en a sept où l'audition seule était atteinte Il se rencontre même des cas où le sens acoustique comme tel n'est pas aboli, le sujet entend les sons, a donc des sensations acoustiques, mais les *mots* lui demeurent sans signification Les termes du langage n'ont pas plus de valeur pour lui que les mots d'une langue étrangère qu'il n'a jamais apprise. Dans tous ces cas de surdité verbale, il a été constaté que la lésion était limitée aux *deux tiers postérieurs de la première et de la seconde circonvolution du lobe temporal*

d) L'anatomie et la pathologie tendent à placer le centre de l'*olfaction* aussi dans le *lobe temporal*, dans l'extrémité antérieure de la *circonvolution de l'hippocampe*

---

[1]) Nous disons *chez l'homme*, parce que Luciani prétend que l'ouïe a persisté chez un chien après extirpation complète du lobe temporal dans les deux hémisphères, Brown et Schafer affirment la même chose du singe Il est vrai que Ferrier conteste que l'extirpation des deux lobes fût complète, mais au moins la question reste-t-elle douteuse

[2]) *Brain,* July 1889

e) Le *goût* aurait probablement aussi son siege dans les *regions inférieures du même lobe temporal*

f) La *sphère tactile*, la plus etendue de toutes, comprend les circonvolutions centrales, le lobule paracentral, la partie voisine de la circonvolution du corps calleux et la partie postérieure des trois circonvolutions frontales Dans toute l'etendue de cette zone corticale viennent se terminer les fibres de la voie sensitive centrale, amenant a l'ecorce toutes les impressions de sensibilite genérale perçues par les terminaisons nerveuses sensitives periphériques de la moitie opposee du corps [1])

---

[1]) « La sphere tactile est, chez l'homme du moins, beaucoup plus etendue que toutes les autres spheres sensorielles reunies Flechsig croit que l'etendue de chacune de ces spheres est en rapport immediat avec le nombre de fibres nerveuses qui constituent les nerfs peripheriques centripetes et centrifuges appartenant a ces sphères

» Cette disproportion entre l etendue de la sphere tactile et l etendue des autres spheres sensorielles ne doit donc pas nous surprendre Les sphères sensorielles ne sont, en somme, que la projection sur notre ecorce cerébrale des surfaces sensibles dans lesquelles se terminent nos nerfs peripheriques La sphere olfactive est peu developpee parce qu'elle n'est que la reproduction, dans le telencephale, de la petite region de la muqueuse des fosses nasales où se trouvent les cellules d origine des fibres olfactives La sphere auditive et la sphere visuelle reproduisent dans notre cerveau, l'une la surface sensible de l'organe de Corti de l'oreille interne et l'autre, l'etendue de la retine A ces trois spheres sensorielles n'aboutissent que des excitations venues du monde exterieur Au contraire, le sens du tact sous toutes ses formes se trouve localise dans toute l'etendue de notre surface cutanee et dans toute l'etendue de nos muqueuses (fosses nasales, conjonctive cavite buccale y compris la langue avec les impressions de la sensibilite gustative, pharynx larynx muqueuse des organes genitaux, etc), rien d'etonnant donc que la partie de l'ecorce cérebrale où se projette la surface tactile de chaque moitie du corps prenne un developpement beaucoup plus considerable D'ailleurs, outre ces excitations externes, la sphere tactile est encore le centre cortical ou aboutissent toutes nos impressions internes, impressions venues de la profondeur même de nos organes et qui nous renseignent sur la position respective des diverses parties de notre corps, de même qu'elle constitue le centre cortical qui tient sous sa dependance tous les mouvements du corps » Van Gehuchten, *Ouv cite*, vol II, p 309.

B Voici enfin les decouvertes dues a la methode de Flechsig

Il y a quelques années, on croyait generalement que toutes les portions de l'ecorce cérébrale sont en connexion directe avec les centres inférieurs On se figurait les cellules de tous les centres inférieurs envoyant des fibres ascendantes dans l'ecorce cerébrale, de là, des fibres descendantes ramenaient, croyait-on, les incitations motrices à la périphérie.

En 1894, Flechsig, a la suite de ses recherches sur la myélinisation, rompit avec la conception traditionnelle [1]). Il divisa les champs cerébraux en *centres de projection* et en *centres d'association*

Les centres de projection, disait-il, sont seuls en connexion directe avec les centres inférieurs et avec nos organes peripheriques, par des fibres de projection, le reste de l'ecorce cérébrale — les centres d'association — est pourvu de fibres, qui relient entre eux les différents centres de projection, mais il n'y existe aucune voie de communication directe avec les centres inférieurs

Flechsig distingue quatre centres de projection la sphere tactile, la sphère visuelle, la sphère auditive, la sphère olfactive et gustative Ces centres de projection sont en connexion avec les organes peripheriques par un double faisceau de fibres nerveuses, les unes ascendantes, sensitives, les autres descendantes, motrices Ces regions de l'écorce sont donc sensitivo-motrices

Les centres d'association sont placés entre les centres de projection et les séparent completement les uns des autres On n'y trouve que des fibres d'association. Les impressions qui arrivent aux sphères sensorielles sont communiquées, par le moyen de ces fibres, aux centres d'association Ceux-ci,

[1]) Flechsig, *Gehirn u Seele*, 2e Aufl, 1896 Leipzig, Veit Voir aussi Flechsig, *Ueber die Lokalisation der geistigen Vorgange* Même editeur, 1896

réagissant alors sur les sphères sensorielles, obligent l'organisme à répondre aux excitations du dehors. Flechsig distingue quatre centres d'association : le centre frontal, le pariétal, le temporal et le centre de l'*insula*.

Lors des premiers travaux, Flechsig enseignait que les centres de projection n'occupent qu'environ un tiers de l'écorce cérébrale ; il croyait que les deux autres tiers sont dévolus aux centres d'association, et voyait dans leur étendue prédominante un des caractères anatomiques distinctifs de l'homme.

Les thèses de Flechsig furent et sont encore contredites par plusieurs auteurs. Les uns se sont attaqués à la distinction spécifique rigoureuse que Flechsig avait établie entre les centres de projection et les centres d'association ; les autres contestent la validité du principe même sur lequel se basent les travaux du neurologue de Leipzig : ils nient, en effet, que l'apparition de la myéline soit un indice de la maturité de la fibre nerveuse, que les faisceaux de fibres, qui ont les mêmes connexions et les mêmes fonctions, se myélinisent simultanément, que la myélinisation des différents faisceaux suive un ordre de succession déterminé [1])

Sous l'influence des critiques dont ses travaux furent l'objet, Flechsig reconnut (48) avoir trop restreint les frontières des centres de projection et avoir établi une délimitation trop nette entre des centres voisins de projection et d'association.

Aujourd'hui, il divise les centres de projection d'après l'époque de la myélinisation de leurs fibres, en *centres primaires*, où l'apparition de la myéline est la plus précoce, et en *centres secondaires*, dont la myélinisation est postérieure à celle des centres primaires. De même, il distingue

---

[1]) Cfr Travaux du XIIIe Congrès international de Médecine (1900) a Paris Section de Neurologie, spécialement les rapports de von Monakow et de E. Hitzig.

dans les centres d'association, d'après leur ordre de maturation, des *zones marginales* et des *régions centrales*

Les zones marginales sont contiguës aux centres sensitifs
Elles forment comme une transition entre les champs riches
en fibres de projection et les champs ou ces fibres font totalement defaut On y trouve regulièrement des fibres de
projection isolées ; exceptionnellement, on y rencontre même
des faisceaux entiers de ces fibres

Les régions centrales des centres d'association sont,
selon toute apparence, des « points nodaux » *(Knotenpunkte)*
de systèmes de fibres associatives longues Elles sont, dans
leur ensemble, caractéristiques du cerveau humain [1]

Les centres de projection sont des centres de perception
ou des *spheres de sensibilité* Les centres d'association
servent à la combinaison des perceptions internes et
externes , Flechsig les appelle « centres *intellectuels* » [2]

Il nous reste à ajouter quelques mots sur la localisation
de la mémoire

Plusieurs physiologistes avaient cru qu'un même organe
nerveux sert à la sensation, à l'imagination et au souvenir,

---

[1] P Flechsig, *Ueber Projections- u Associationscentren*, Le Nevraxe,
vol II Louvain, Uystpruyst Voir aussi *Neurologisches Centralblatt*,
n° 21, nov 1898
Malgré les altérations qu'a subies sa première conception de l'anatomie de l'encephale, Flechsig croit pouvoir conserver la division des
champs de l'écorce en centres de projection et d'association Il écrit
« La presence de fibres de projection isolees dans les centres d'association ne supprime pas l'utilité de cette division Seule la preuve
que, dans les deux groupes, les fibres d'association et les fibres de
projection se presentent en des proportions sensiblement les mêmes,
rendrait cette distinction intenable Or, la methode des dégénérations
secondaires n'a, en des champs nombreux, fait decouvrir jusqu'à present
aucune fibre de projection isolée, a plus forte raison n'y a-t-elle pas
revelé des faisceaux de fibres qui relieraient directement l'ecorce cerebrale avec les organes peripheriques » *Nevraxe*, vol II, p 66.

[2] Voir *Gehirn u Seele* et *Lokalisation*, etc
Les travaux anatomiques de Flechsig renferment, on a pu s'en aper-

ils étaient sur ce point en désaccord avec les scolastiques [1]).

Or, l'expérience a donné raison à ceux-ci

Nothnagel rapporte le cas d'un homme devenu aveugle à la suite d'un ramollissement de la zone corticale des deux sphères visuelles Cet homme conservait le souvenir de l'aspect extérieur des choses, et pouvait encore se représenter des images visuelles preuve que ces images doivent se localiser en dehors de la sphère visuelle

De même, Heubner a observé qu'un malade dont la sphère auditive demeurait intacte, mais était entourée d'une partie ramollie, pouvait répéter tous les mots que l'on prononçait devant lui, mais n'en comprenait plus le sens, et ne pouvait s'en souvenir que durant quelques secondes preuve que le souvenir des images auditives et la perception de la valeur des mots se localisent en dehors de la sphère auditive

Les recherches anatomiques de Flechsig sur la distinction entre les centres de projection et les centres d'association ont montré le bien fondé de la distinction générale des scolastiques entre les sens externes et les sens internes, les conclusions du savant neurologue confirment explicitement aussi leurs vues sur la localisation de la mémoire et de l'imagination [2])

cevoir, des données précieuses pour le psychologue — Le savant histologiste se préoccupe lui-même çà et là, d'une manière directe, des phénomènes cognitifs Malheureusement, sur le terrain de la psychologie proprement dite, il n'a pas toujours le pied ferme, plusieurs de ses conclusions sont aventureuses Plus d'une fois, cédant à une tendance qu'explique, sans la justifier, la nature de ses travaux, il voudrait identifier les faits de la vie soit sensitive soit intellectuelle à des manifestations purement matérielles

[1]) « Oportet esse aliam potentiam quæ recipiat species sensibilium, et quæ conservet » S Thomas, *Summ theol*, 1ᵃ, q 78, a 4

[2]) On sait que saint Thomas appelait le sens estimatif de la bête, lorsqu'il l'attribuait à l'homme, du nom de *cogitative*, et il interprétait le mot *cogitative* en disant *cogitare, id est, coagitare* Flechsig dit de même que les centres d'association pourraient s'appeler aussi centres de cogitation ou de coagitation « Ce sont, écrit-il, des centres d'association de nos différentes sensations et ils nous apparaissent, en conséquence

Nous avons terminé l'analyse des différents caractères qualitatifs et quantitatifs de la sensation. Il nous reste à tirer de cette analyse une conclusion générale sur la *nature de la sensation*, nous préciserons en conséquence la *nature de la puissance sensitive*

VI

NATURE DE LA SENSATION ET DE LA PUISSANCE SENSITIVE EN GÉNÉRAL

93. Nature de la sensation en général. — La sensation est un phénomène vital dont le caractère propre est d'être *cognoscitif*, c'est-à-dire, de mettre le sujet sentant en présence de quelque chose que l'on appelle l'*objet connu*

La *cause objective* de l'acte de connaissance, c'est l'action de la chose à connaître sur le sujet qui doit la connaître, cette action engendre dans le sujet une *détermination — forme intentionnelle, espèce sensible —* en vertu de laquelle le sujet passe de la puissance à l'acte, de l'aptitude à percevoir à l'acte de perception.

La nécessité de cette espèce sensible, préalable à la cognition, entraîne comme conséquence le double rôle *passif et actif du sujet* sentant dans l'acte total de la perception sensible

La sensation ne devient perception que dépendamment d'une réaction des centres cérébraux cela revient à dire que le sens *central*, appelé par les anciens « sens commun », est le complément naturel des sens extérieurs et accomplit avec eux l'acte de *perception*

Il y a dans la nature même des choses un certain fondement au caractère d' « *objectivité* » que nous reconnaissons à nos sensations

comme les instruments d'une « coagitation », ainsi que le latin a prophétiquement désigné la pensée, ils peuvent donc s'appeler aussi plus spécialement « centres d'association et de coagitation » *Gehirn u Seele,* S 24

Ces différentes propositions, dont chacune a été établie en son lieu, se résument en cette conclusion finale Le sens est une puissance capable de percevoir les choses corporelles, sous l'influence d'une détermination — « espèce sensible » — produite dans le sujet avec la coopération de l'objet

Mais il n'y a pas que les sens qui connaissent les choses corporelles, l'intelligence aussi les a pour objet propre Quelle est donc la différence formelle entre l'objet des sens et celui de l'intelligence ?

Le premier est *concret*, le second est *abstrait* Le premier est une chose *particulière*, qui se trouve déterminément ici ou là, à tel ou tel moment. Le second est détaché des particularités inhérentes aux choses matérielles qui existent dans la nature, il n'est lié à aucune circonstance déterminée ni de lieu ni de temps Le sens perçoit *telle* ou *telle* couleur, *tels* ou *tels* degrés du clair et de l'obscur, *tel* son ou *telle* note, *telle* odeur, *telle* saveur, *telle* portion d'étendue ou *tel* degré d'effort musculaire L'intelligence connaît *la* couleur ou *la* lumière, *le* son, *l'odeur, *la* saveur, *l'étendue ou *l'effort la première notion qu'elle élabore — simple conception — lui dit *ce qu'est la chose* présente à l'esprit, ‑ο τί ἐστι, *id quod aliquid est*

Nous compléterons donc notre première conclusion en disant *Le sens est la faculté de percevoir les choses corporelles, dans leur réalité concrète, dépendamment d'une détermination cognitionnelle — « espèce sensible » — produite dans le sujet sous l'action de l'objet.*

De même que le premier effort de la pensée aboutit à l'énonciation mentale qu'une chose est ce qu'elle est, de même, la perception sensible a pour résultat une sorte de jugement qui fait dire au sujet de la sensation ceci est tel ou tel Lorsque l'œil voit du blanc, le sujet dit, à sa façon, que cet objet qu'il voit *est* blanc , lorsque l'oreille entend un son grave ou aigu, le sujet juge, à sa manière, que ce son entendu *est* grave ou aigu ; lorsque la main, au contact d'un corps, éprouve une impression de chaud ou de froid, le sujet dit aussitôt que ce qu'il touche *est* chaud ou froid.

Ainsi s'explique l'unité qui traverse toute la vie animale. Du fait que la perception sensible porte sur l'objet qui provoque la sensation, découle, en effet, ce corollaire : Lorsque l'objet procure au sujet une sensation agréable, l'animal prononce, à sa façon, que cet objet est agréable ; lorsque, au contraire, l'objet procure au sujet une sensation désagréable, l'animal estime l'objet désagréable. Or la perception d'un objet agréable ou convenable, présent au sujet, est une source de plaisir ; la perception d'un objet désagréable ou contraire, présent au sujet, est une source de déplaisir. Le plaisir et le déplaisir, à leur tour, déterminent des appétitions sensibles, des penchants ou des répulsions. Les mouvements spontanés en sont l'effet ultérieur et dernier [1])

Assurément, il n'est pas aisé de comprendre de quelle nature est cette sorte de jugement naturel qui met l'animal en communication avec la réalité objective. Ce n'est pas un jugement proprement dit sur la distinction du moi et du non-moi. Ce n'est pas une simple association de sensations subjectives. C'est quelque chose de *semblable au jugement* que nous portons, au cours du développement de la vie intellectuelle, sur les relations entre les choses et le moi. Aristote, et saint Thomas, qui le commente, se renferment dans une analogie que l'on voudrait plus explicite et plus positive

---

[1]) Sentir c'est en quelque sorte parler, dit Aristote, la perception sensible ressemble à une locution mentale. Lorsqu'une sensation est agréable, le sujet qui l'éprouve formule une sorte de jugement affirmatif et se porte vers l'objet qui lui agrée ; la sensation est-elle désagréable, le sujet émet quasi un jugement négatif et refuse l'objet. Τὸ μὲν οὖν αἰσθάνεσθαι ὅμοιον τῷ φάναι μόνον καὶ νοεῖν· ὅταν δ' ἡδὺ ἢ λυπηρόν, οἷον καταφάσα ἢ ἀποφᾶσα, διώκει ἢ φεύγει. *De l'âme*, III, 7

Mais, fût-il inexplicable, le fait lui-même de la perception sensible du réel ne paraît pas contestable

Notre conscience ne nous dit-elle pas que, avant d'écouter les décisions de l'intelligence, nous nous prononçons sur la réalité et sur les attributs des choses ? Les mœurs des animaux — que l'on se rappelle les mouvements du petit poussin qui, à peine sorti de l'œuf, picore le grain , que l'on songe aux mœurs des abeilles, des fourmis, et à diverses autres manifestations de l'instinct dont il sera question bientôt — s'expliqueraient-elles s'ils n'avaient pas le sentiment que, en face d'eux, des choses sont données ?

On comprend mieux, après ces explications, la portée de la conclusion *Le sens est la faculté de percevoir les choses concrètes, moyennant une détermination que produit en elle la chose perçue*

Quelle est cette détermination ? Comment se produit-elle ? Quel est son rôle ?

La solution de ces questions nous éclairera sur la nature de l'acte perceptif et, par voie de conséquence, sur le pouvoir de perception propre à l'animal

94. Nature de la perception au point de vue subjectif. — L'apparition d'une sensation est subordonnée à l'action d'un excitant sur l'organe des sens Nous avons décrit la nature tantôt *mécanique*, tantôt *physique*, tantôt *chimique* de l'excitant tel qu'il est donné dans le monde extérieur Nous avons suivi son action *physiologique* à travers la substance nerveuse A aucun de ces deux stades, l'excitant n'est identifiable à ce fait interne que nous éprouvons lorsque nous disons je vois, j'entends, je palpe, en un mot, je *sens* La sensation a donc un caractère qui n'est exclusivement ni mécanique, ni physique, ni chimique, ni physiologique on le désigne par des qualificatifs à part *psychologique, psychique, hyperphysique*, ou encore, « *conscient* »,

« *mental* » , les scolastiques emploient, pour traduire la même idée, le mot *intentionalis*, « *intentionnel* ».

Que se passe-t-il dans le sens avant qu'il éprouve une sensation ? Aristote le fait observer avec raison, la considération des stades que parcourt l'évolution de la science aide à comprendre le développement de l'acte sensitif

L'enfant nouveau-né est capable d'acquérir la connaissance de la grammaire, mais il n'a pour elle qu'une *capacité lointaine* L'adolescent, qui a déjà appris la grammaire, n'y songe pas à tout moment, sans doute, mais se trouve néanmoins toujours en état d'y penser la faculté qui chez le nouveau-né était pure puissance, est devenue chez lui un *pouvoir immédiatement préparé à l'action* La conception *actuelle* d'une règle de grammaire marque le stade dernier, définitif, du savoir.

L'intelligence du nouveau né est *pure puissance*, celle du jeune adolescent a qui l'on a enseigné la grammaire possède une science *habituelle* de la grammaire, au moment où il y pense, il en a la science *actuelle*

Le passage de la puissance à l'acte s'appelle, dans la langue d'Aristote, *mouvement*

Le sujet qui passe de la puissance à l'acte *est mû*

De la capacité vide au savoir actuel l'intelligence parcourt donc une sorte de mouvement

L'objet de la science joue le rôle de « moteur », c'est-à-dire de principe actif de ce mouvement

Le sujet de la science est une puissance passive, qui, sous l'influence de l'objet fourni par l'enseignement, est mise en acte, incomplètement, d'abord, par une disposition habituelle surajoutée à la faculté native , complètement, ensuite, par l'exercice actuel du savoir [1])

---

[1]) Dans la langue d'Aristote et de l'École on appelle *passive* une puissance opérative qui, de sa nature, est intrinsèquement incomplète Son complément nécessaire l'actue, — partiellement ou totalement, selon le

La disposition psychique, intermediaire entre la capacité vide et la connaissance actuelle d'une regle grammaticale, est ce que nous avons appelé le déterminant cognitionnel Dans l'espece, il s'agit d'un determinant conceptuel

Or le sens a besoin aussi d'une disposition psychique, analogue a celle que l'intelligence possède dans la science habituelle Cette disposition a pour cause effective l'excitant Le sens est la puissance passive qui la reçoit Lorsqu'il la

cas — et la prepare ainsi immédiatement a l'action Il faut donc bien se garder de confondre une puissance passive avec une puissance incapable d'action Voir *Ontologie*, 3e ed , nos 188 et suiv

De même, Aristote se demande si le fait d'éprouver cette disposition qui le met en exercice est pour le sens une *passion*

Encore une fois, il repond qu'il s'agit simplement de s'entendre sur les mots

Pâtir peut signifier « subir une action nuisible » le corps dont la sante s'altere, se gâte, *pâtit* En ce sens, évidemment, sentir n'est point pâtir

Mais, dans une acception plus generale, *pâtir* peut signifier *recevoir, acquerir une perfection que l'on ne possedait pas* en ce sens la sensation est passion. Φαίνεται δὲ τὸ μὲν αἰσθητὸν εν δύναμει ὄντος τοῦ αἰσθητικοῦ ἐνεργεία ποιοῦν οὐ γὰρ πάσχει, οὐδ'ἀλλοιοῦται · διὸ ἄλλο εῖδος τοῦτο κινήσεως ἡ γὰρ κίνησις τοῦ ἀτελοῦς ἐνέργεια ἦν, ἡ δ'ἁπλῶς ἐνέργεια ἑτέρα ἡ τοῦ τετελεσμένου « Manifestement, la chose sensible produit ce resultat qu'un sujet capable de sentir sorte de son etat de pure puissance et sente actuellement or (a proprement parler) le sens ne subit ni passion ni altération Aussi, le mouvement dont il est le siege est d'une autre espece que le mouvement proprement dit défini precédemment Celui-ci, en effet, est par definition l'acte d un sujet imparfait · des lors, l'acte absolu d'un sujet complet est mouvement dans une autre acception que le precedent » (III, 7) Voir ci-dessous, p 224, en note

Sylvestre Maurus, à propos de ce passage d'Aristote, dit en excellents termes « Passio dicitur dupliciter, proprie nimirum et communiter Passio proprie dicta est quædam corruptio, per quam subjectum ab agente contrario privatur sua perfectione substantiali vel accidentali, ex gr cum homo propter actionem contrarii amittit perfectionem substantialem animæ et moritur, vel perfectionem accidentalem sanitatis ac debiti temperamenti, tum proprie dicitur pati Passio communiter et late dicta est, per quam subjectum, quod erat in potentia ad aliquam perfectionem et formam, ab agente reducitur de potentia in actum, ita ut acquirat formam vel perfectionem qua carebat

» Ita explicatur, quo pacto sensus, dum reducitur ad actum, patiatur vel non patiatur (Sylvester Maurus, in Aristotelis *de anima*, lib II, cap VIII)

reçoit, il passe de la puissance à l'acte Elle détermine donc
la sensation actuelle, telle sensation de tel objet déterminé
d'ou son nom, *déterminant cognitionnel*, species sensibilis [1])

Au surplus, des que cette disposition psychique est produite dans la puissance sensitive, la sensation s'accomplit.

Sous ce rapport, — disons-le en passant — le sens dif-
fere de l'intelligence, car la disposition habituelle que reçoit
et garde l'intelligence, n'entraîne pas inévitablement l'intellection actuelle.

La disposition psychique que les anciens appelaient
« espèce intentionnelle » détermine donc la mise en présence
du sujet et de l'objet sensible

Elle n'est pas l'objet vu, entendu, goûté, mais ce à raison
de quoi le sujet voit les couleurs, entend les sons, goûte les
saveurs, et ainsi de suite Elle n'est pas, disaient les scolastiques, *id quod* percipitur, mais *id quo* fit perceptio.

Dès lors, la connaissance dont elle détermine l'apparition
n'est *pas médiate*, ainsi que se le figurent trop souvent les
adversaires de l'idéogénie aristotélicienne

« Species quæ est in visu, non est quod videtur, sed est
quo visus videt, quod autem videtur est color, qui est in
corpore.

» Similiter quod intellectus intelligit est quidditas quæ est

---

[1]) En plusieurs endroits du περὶ ψυχῆς, Aristote se demande si le passage de la puissance sensitive à l'acte de sensation doit ou peut s'appeler
un *mouvement* (cfr lib III, cap 6) A proprement parler, le mouvement
est l'acte d'une puissance qui demeure en puissance, un acte incomplet
(Voir ci-dessus, no **24**, p 48) Or la disposition psychique complete la
puissance sensitive et la prepare immédiatement à la sensation complète
Elle ne realise donc pas les conditions du mouvement proprement dit
Néanmoins, dans une acception moins stricte, on peut appeler aussi
mouvement la détermination éprouvee par un sujet qui *accomplit* son
acte , en ce sens, la genese d'une sensation est un mouvement, « actus
perfecti »

in rebus, non autem species intelligibilis, nisi in quantum
intellectus in seipsum reflectitur » [1]

La perception *directe* a pour objet la chose sensible,
comme la connaissance intellectuelle *directe* a pour objet
son contenu abstrait. Seule la réflexion révèle la nécessité et,
par suite, l'existence d'une disposition psychique préalable
à toute perception.

Une disposition psychique est donc nécessaire à la genèse
d'une perception.

La terminologie qui la désignait jadis a vieilli, que l'on en
cherche une autre plus adéquate à notre mentalité, fort bien.
Mais l'existence d'une disposition psychique, cause formelle
de l'acte de perception, s'impose, aujourd'hui comme toujours, au psychologue.

Sans doute, nous l'avons déjà reconnu, la façon dont le
sujet parvient, par une activité qui se consomme en lui, à
entrer en communication avec une chose qui n'est pas lui,
est pleine d'obscurités. Comment en serait-il autrement ? Le
propre de la connaissance est de *s'unir* à l'objet connu. Vouloir rompre cette union, mettre à part l'objet et le sujet, l'un
« en soi », dans la nature, l'autre dans l'âme du connaisseur,
c'est prétendre à l'union par la division. Quoi que l'on fasse,
on ne connaîtra point sans connaître, c'est-à-dire sans amener,
d'une certaine façon, dans le sujet cela même qu'il s'agirait
d'analyser « en soi », c'est-à-dire hors du sujet.

Mais autre chose est le fait, autre chose est son interprétation. Le plus ou moins de difficulté que présente celle-ci
n'infirme ni ne confirme celui-là.

Au surplus, les problèmes que soulève la valeur objective
de nos connaissances appartiennent à la *Critériologie.*

Revenons donc à la nature subjective de la perception et
du sens qui l'accomplit.

[1] S. Thomas, Comm. in *de anima*, III, lect. 3.

La sensibilité, dit saint Thomas, n'appartient en propre ni à l'âme ni au corps, mais au sujet composé de l'une et de l'autre Les sens sont des facultés du composé animal « Sentire non est proprium animæ neque corporis, sed conjuncti Potentia ergo sensitiva est in conjuncto sicut in subjecto » [1])

Cette thèse que nous faisons nôtre, se dédouble en ces propositions que nous entreprenons de démontrer

La perception sensible est une opération *hyperphysique*, c'est-à-dire d'une nature supérieure à celles dont sont capables les corps bruts et les substances organisées du règne végétal

La perception sensible nécessite néanmoins la coopération *intrinsèque* d'un organe matériel, elle est donc essentiellement assujettie à la matière

95. Première thèse : La perception sensible est une opération hyperphysique, c'est-à-dire d'une nature supérieure à celles dont sont capables les corps bruts et les substances organisées du règne végétal

La preuve de cette proposition est tout entière dans ce fait que la perception sensible est subordonnée à une disposition *psychique* — ou, selon le mot des anciens, *intentionnelle* — du sujet sentant

Le mode *intentionnel* d'existence de l'objet connu dans le sujet qui, par la perception, se l'assimile, n'est pas identifiable a un processus mécanique, physique ou chimique, il est d'un autre *ordre* que, par exclusion, nous appelons *hyperphysique.*

Aristote a voulu rendre sensible cette diversité du physique et du psychique à l'aide d'une comparaison . De même que la cire reçoit l'empreinte d'un sceau sans rien emprunter

---

[1]) *Summ theol.*, Iᵃ, q 77, art 5

au fer ou à l'or dont le sceau est fait, de même, le sens reçoit des choses senties une impression qui n'emprunte rien à la matière dont elles sont composées. La sensibilité est spécialement affectée par chaque objet qui a couleur, saveur ou son, mais n'est pas constituée par ce qui dans la réalité fait les choses colorées, savoureuses ou sonores [1])

Saint Thomas d'Aquin, commentant ce texte, écrit à son tour · « Sensus recipit formam sine materia, quia alterius modi esse habet forma in sensu et in re sensibili. Nam in re sensibili habet esse naturale, in sensu autem habet esse intentionale et spirituale . Et ideo subjungit quod cera accipit signum idest imaginem sive figuram auream aut æream, sed non in quantum est aurum aut æs. Assimilatur enim cera aureo sigillo quantum ad imaginem, sed non quantum ad dispositionem auri » [2])

La forme *intentionnelle* essentielle à l'acte de perception représente donc la chose corporelle en quelque sorte « spiritualisée », c'est-à-dire dépouillée des propriétés physiques qu'elle possède dans la réalité extrasubjective.

En conséquence, le sujet capable d'un acte de perception n'est pas exclusivement un corps physique — telle la matière brute ou la matière organisée — il possède une propriété *hyperphysique* ou, selon le mot de saint Thomas, une « spiritualité » au moins relative.

Aussi bien, la stérilité des efforts tentés par le monisme matérialiste pour faire rentrer les phénomènes psychiques dans la catégorie des faits d'ordre purement corporel confirme notre thèse. Cette insuffisance du monisme matérialiste ressort et de la divergence des interprétations qu'il a suggérées et de l'aveu d'impuissance de ses partisans les plus autorisés.

[1]) Aristote, *De l'âme*, II, 12
[2]) S. Thomas, in *de anima*, II, lect. 24

Les uns ont dit Les phénomènes conscients sont de nature *chimique* « Le cerveau effectue « la sécrétion de la pensée », disait Cabanis « Les pensées, disait Karl Vogt, sont au cerveau ce que la bile est au foie ou l'urine aux reins » D'autres les considèrent comme des vibrations moléculaires ou atomiques [1)] La plupart se contentent de dire que la conscience est une forme d'énergie, comme la chaleur ou l'électricité

Or, on a tôt fait de *dire* qu'une sensation, une émotion ne sont que des réactions chimiques, des mouvements moléculaires ou atomiques, une forme d'énergie convertible en chaleur, en lumière, en électricité Mais ces assertions n'offrent a la pensée aucun sens intelligible « Quelle connexion imaginable existe-t-il, demandait Du Bois-Reymond, d'une part entre des mouvements déterminés d'atomes déterminés dans mon cerveau, et d'autre part les faits pour moi primitifs, incontestables comme ceux-ci j'éprouve une douleur, j'éprouve un plaisir ; je perçois une saveur douce, je respire un parfum de rose, j'entends un son d'orgue, je vois une couleur rouge ? Il est impossible d'entrevoir comment la conscience pourrait naître du concours des atomes » [2)]

Taine dit que le psychique est « le dedans, la face interne » d'un processus physique ou chimique des centres nerveux [3)]

Fort bien Mais qu'est-ce a dire, sinon que les phénomènes psychiques ont un caractère *spécial*, qui n'appartient pas aux processus physico-chimiques de la nature dépourvue de conscience ? Car, apparemment ce n'est pas chose indifférente qu'un fait ait une existence unique, avec des caractères exclusivement physiques, chimiques, physiologiques, ou qu'il

---

[1)] Büchner, *Force et matière*, 6e ed tr, p 322 Cfr Ribot, *La psychologie anglaise contemporaine*, *La psychologie allemande contemporaine*, passim

[2)] Du Bois-Reymond, *Ueber die Grenzen des Naturerkennens, die sieben Weltraethsel* Leipzig, 1884, S 39

[3)] *De l'intelligence*, liv IV, chap IV

ait, outre ce mode d'existence, la propriété de se poser,
« par un dedans », « par un aspect interne » en face d'un
observateur, la propriété d'être l'objet de conscience

La formule de Taine énonce la difficulté, ne la résout pas

On a essayé d'un autre expédient et l'on a dit que la conscience est un phénomène accessoire qui s'ajoute au processus nerveux, un « épiphénomène »

« Il est essentiel, riposte M Sedgwick-Minot [1]), d'avoir une
notion claire de ce qu'on entend par epiphenomene Étymologiquement, le mot indique quelque chose qui est superposé
au phénomène actuel Il désigne un incident accompagnant
un processus qui est censé n'avoir aucune relation causale
avec le développement ultérieur du processus Dans la
pratique, on s'en sert surtout pour exprimer la relation entre
l'esprit ou la conscience et le corps, et il est communément
employé par les philosophes qui croient que la conscience
n'a aucune relation causale avec n'importe quel processus
physiologique subsequent

» Pendant des années, je me suis efforce de discerner
quelque idée un peu précise sous l'hypothèse de la conscience epiphenomène, mais il m'apparaît de plus en plus
clairement qu'il n'y a aucune idée sous cette hypothèse qui
n'est qu'une phrase vide, un subterfuge se resumant en
réalité à ceci nous pouvons expliquer la conscience très
aisément en admettant tout simplement qu'elle n'a pas besoin
d'être expliquée du tout N'est-ce pas reellement ce que
confesse la fameuse assertion d'après laquelle la conscience
du cerveau n'a pas plus besoin d'être expliquée que l'aquo-
sité de l'eau ? [2])

[1]) *Revue scientifique*, 16 août 1902, p 194
[2]) Le savant psychologue ajoute cette déclaration significative

« Le monisme n'est pas un système de philosophie très robuste, c'est
moins le produit de méditations profondes et originales que le résultat
d'une tendance contemporaine Ce n'est pas la conséquence inévitable
d'un système logique, parce qu'il omet la conscience, c'est plutôt un

96. Seconde thèse : Néanmoins, la perception sensible est essentiellement assujettie à la matière. — *1er Argument, tiré de la relation constante entre la sensation et la vie nerveuse* Il serait superflu de prouver, après l'etude detaillee que nous avons faite de la sensation au point de vue anatomique et physiologique, que l'activite sensitive est dependante de conditions materielles , il est manifeste qu'elle suit la loi et toutes les vicissitudes de la vie nerveuse, qu'elle subit les désordres organiques et partage les troubles fonctionnels du système nerveux

Or, aucune consideration ne vient, par ailleurs, etablir que la sensation est en elle-même intrinsèquement independante de l'organisme et qu'elle n'en depend à la façon de la connaissance intellectuelle — dont nous etablirons plus loin l'immaterialite intrinsèque — que d'une manière *extrinsèque, indirecte*

Donc, cette dependance est *directe, intrinsèque,* en d'autres mots, l'organe lui-même est le sujet de la sensation

Sans doute, une activite cognitive peut ne dépendre de l'organisme que par un moyen terme, *indirectement,* et c'est ainsi, nous le verrons plus loin, que l'activite intellectuelle en depend , mais on ne peut multiplier à l'infini cette interposition de moyens termes, et il serait arbitraire de prétendre qu'il en existe un dans la connaissance sensible, a moins de montrer quel il est ¹)

---

resultat incident d'une impulsion intellectuelle Sa grande popularité denonce son manque de profondeur, et son faible pour les formules simples est caracteristique de cette médiocrite de pensee beaucoup plus ambitieuse que la puissance reelle et qui accepte la simplicité des formules comme l'équivalent de l'évidence »

¹) Aussi saint Thomas, qui n'avait pas hesité a dire que l'opération du sens est en quelque sorte « spirituelle », ajoute-t il aussitôt pour completer sa pensée « Quia dixerat (Aristoteles) quod sensus est susceptivus specierum sine materia, quod etiam intellectui convenit, posset aliquis credere, quod sensus non esset potentia in corpore, sicut nec intellectus Et ideo ad hoc excludendum, assignat ei organum Organum enim

2ᵐᵉ Argument, tiré de l'absence de preuve en faveur de la simplicité du sujet sentant — Il serait arbitraire de reclamer, pour rendre compte de la sensation, une raison superieure a la raison suffisante

Or, la sensation est liee aux conditions concretes, sujette aux déterminations singulieres qui decoulent de la matière et manifestent sa presence

Donc, il serait arbitraire d'attribuer la sensation a un principe dégage de la matière

Plusieurs philosophes spiritualistes, des écoles Platonicienne ou Cartesienne [1], estiment que la sensation demande un sujet simple parce que, elle-même, elle est essentiellement simple et indivisible ; Balmès aussi [2] s'est laisse seduire par cet argument, et pas mal de partisans des doctrines scolastiques l'ont accueilli, sans s'apercevoir qu'il est en contradiction avec les theses les plus fondamentales de l'Ecole Ces auteurs confondent deux notions essentiellement distinctes, *l'unite* ou *l'indivision* actuelle et la *simplicité* ou *l'indivisibilité* (**31** et **32**) La sensation est *une*, elle n'est pas *simple* [3], mais *etendue*, et c'est des lors une illusion de croire que l'on peut demontrer la simplicite ou la spiritualité de l'âme par les caracteres de la sensation

« Je pose la main sur ma table j'ai une sensation de **resistance**, et j'éprouve une impression de froid au contact du marbre , cette résistance, ce froid, je les sens dans toute l'etendue de l'organe et dans chacune de ses parties , je distingue la sensation de la paume de la main, de celle des doigts , je ne confonds pas entre elles les sensations des différents doigts, quoiqu'elles soient de même

sensus, cum potentia ipsa est idem subjecto sed ratione differt potentia a corpore Potentia enim est quasi forma organi » In *de anima*, lib II, lect 24

[1] Duquesnoy, *La perception des sens, operation exclusive de l'âme,* vol I, p 50 — Garnier, *Traite des facultes de l'âme,* vol I, p 443

[2] *Philosophie fondamentale,* liv II, chap II.

[3] Cfr. *Ontologie,* 3e éd , n° 82

nature et egales en intensité ; en un mot, il me semble évident que
la sensation est etendue

» Voyons s'il en est reellement ainsi.

» Conservant la main dans la même position, je leve l'index la
sensation totale n'est plus identique à la précédente ; une partie
de la main cesse d'être en contact avec la table, et une modification
correspondante a lieu dans la perception ; je cesse en même temps
d'eprouver la sensation de resistance et de froid, là où il n'y a plus
tact Ainsi une variation de l'étendue du contact provoque une
variation proportionnelle de la sensation

» Or, si l'organisme ne concourait pas, *dans son etendue*, à produire la sensation, comment pourrait-on rendre compte de la
diversite des deux phenomenes ?

» Je distingue très nettement la sensation suscitee par le contact
de quatre doigts, de celle qui est provoquée par le contact des cinq
doigts ; cependant la conscience m'atteste que l'intensité est la
même Qu'en faut-il conclure, sinon que la sensation est modifiée
extensivement ? En d'autres termes, si les forces élémentaires des
stimulations, quoique plus nombreuses, ne produisent pas une
différence d'intensité, ce n'est pas leur somme globale, ce n'est pas
la resultante de leurs forces combinees qui stimule l'ame, ce
resultat ne peut s'expliquer que si nous saisissons *distributivement*
l'objet Par conséquent, à ce point de vue, la sensation n'est pas
un fait simple, elle est étendue comme l'organisme, car cette perception distributive suppose des parties discernables qui ne peuvent
exister que dans un être étendu et divisible » [1]

3me Argument, tiré du sens intime Le sens intime nous
dit que *nos organes* sont des sujets sentants ; nous sentons
que notre main subit le contact, le chaud ou le froid, que
nos membres souffrent, que nous flairons par le nez et goûtons par la langue, que nos yeux voient et que nos oreilles

---

[1] Fontaine, *La sensation et la pensee*, pp. 29-32 Un philosophe
italien, le Dr Bonatelli a bien voulu soumettre à une critique approfondie
les principales thèses developpées dans cet ouvrage *(Rivista filosofica*
settembre 1900) Il conteste la conclusion de ce second argument On
pourrait aussi bien, dit-il, recuser l'argument de la spiritualité de l'âme
que les spiritualistes deduisent de la connaissance intellectuelle, attendu
que l'objet intelligible est complexe, «gli oggetti della conoscenza intel-
lettiva almeno contengono una pluralità di parti o d'elementi »
Mais notre preuve de la constitution matérielle du sujet sentant n'est
pas tiree de la complexite de l'objet de la perception ; nous la tirons du
caractere *extensif, distributif* de l'acte sensitif.

entendent, en un mot, que ce sont les organes des sens qui sont les principes immédiats de nos sensations

La sensation appartient donc à un sujet *composé*, elle n'est pas l'acte de l'âme, mais du *corps animé* « Sentire non est proprium animæ neque corporis, sed conjuncti Potentia ergo sensitiva est in conjuncto sicut in subjecto »

97. Du siège de la sensation.

— Nous n'avons pu exposer la doctrine scolastique sur la nature subjective de la sensation, sans indiquer déjà *quel est l'organe où la sensation s'accomplit, le siège de la sensation*

La sensation s'accomplit dans les « organes des sens » Sous le nom d'*organes des sens*, il faut entendre, on s'en souvient, un centre cérébral relié par des fibres dites sensitives à un organe spécial de la périphérie (**50**)

Il y a quelques années, les physiologistes attribuaient à peu près unanimement la sensation aux centres nerveux seuls Ils se basaient notamment sur le fait, qu'en interrompant la communication des fibres sensitives avec les centres cérébraux, on empêche la sensation de se produire

Mais la conclusion dépasse les prémisses De ce que l'action des centres cérébraux est nécessaire à la perception sensitive, de quel droit inférerait-on qu'elle y est à elle seule suffisante ?

Tout ce que les faits permettent d'affirmer, c'est que la transmission le long du nerf et la réaction centrale sont nécessaires l'une et l'autre à l'acte sensitif [1])

---

[1]) Le Dr Fontaine, dans sa thèse *La sensation et la pensée* poursuit en ces termes la réponse à l'objection « Si l'ébranlement des centres est une condition *sine qua non*, n'est-ce pas qu'ils ont pour mission d'unifier l'impression organique en opérant, en concours avec l'âme par un travail encore inconnu, cette réduction à l'unité dont l'absence rend toute sensation impossible ? La nécessité de cette unification pourrait porter à croire que la sensation ne se produit que là où la réduction s'accomplit, et, dans la théorie de M Taine, qui n'admet en nous que la

Nous preferons nous en tenir aux informations de l'expérience interne, auxquelles d'ailleurs les physiologistes reviennent de plus en plus

Le sens intime affirme si imperieusement la participation de l'organe peripherique a l'acte sensitif, nous reportons si naturellement la sensation à l'endroit où l'excitation nerveuse péripherique s'est produite, que lorsqu'on coupe un nerf à un sujet, celui-ci attribue encore la sensation de douleur a l'extremite nerveuse ou il a l'habitude de la reporter a l'état normal Sans doute, il y a ici une erreur de localisation, — nous en reparlerons ailleurs — mais cette erreur même accuse l'invincibilite du témoignage de l'experience

Nous croyons donc que l'organe peripherique, le nerf sensitif et le centre cerebral correspondant forment le sujet immediat et sont le siege de la sensation

matière et qui rejette toutes ces « entites scolastiques » appelees âme, pouvoir, faculte, etc, cela peut paraître vraisemblable Mais nous, qui prétendons avoir une âme sentante, nous reclamons, pour l'admettre, des raisons plus puissantes L'intervention des centres, quel que soit leur rôle, n'empêche ni la réaction sensitive de se faire aux extremites, ni la sensation de s'y produire tout entière, car si, *dans son acte*, l'âme depend de la matière, elle n'en reste pas moins, *dans sa nature,* partout la même. absolument impartageable et indivise, et. dès lors, ce qui, pour elle, est reduit à l'unité dans les centres, l'est aussi et en même temps aux extrémités Il n'y a a cela aucun obstacle, ni de la part du corps, ni de la part de l'âme

» Tout ce que l'on peut legitimement inferer du rôle que nous voyons jouer par le cerveau, c'est que l'âme n'opère pas l'unification sans le concours d'organes specialement appropries à ces opérations délicates Encore une fois, si l'on veut y prendre garde, on remarquera là un resultat naturel et une nouvelle preuve de l'union substantielle. Si l'âme était simplement juxtaposee au corps, il ne serait guère besoin, semble-t-il, d'un mécanisme aussi compliqué que celui du système nerveux Au contraire, n'est-il pas logique de considerer ce fonctionnement delicat des organes, comme une perfection plus grande preparant, dans la matiere même, et y facilitant le rapprochement intime qui se fait entre elle et l'âme dans leur union intrinseque ? » (p 77)

Étude spéciale des sens internes

98. Avant-Propos. — On se souvient que nous avions partagé en *plusieurs paragraphes* la *Section* reservee a l'etude des *facultes cognitives* des êtres doués de sensibilité

Le § 1 a été consacré a l'etude de la sensation au point de vue anatomique et physiologique (**44-56**)

Le § 2 nous a donne une *vue d'ensemble* des facultés cognitives sensibles et a mis en lumiere la distinction entre les sens extérieurs et les sens interieurs (**57-66**)

Le § 3 a eu pour objet l'étude speciale des sens *extérieurs*, à un point de vue strictement *psychologique* (**67-98**)

Il nous reste a considérer de plus près dans les §§ suivants, les sens *intérieurs*, le sens commun et le sens intime, l'imagination, l'instinct et la mémoire sensible [1])

§ 4

Étude spéciale du sens commun et du sens intime

SOMMAIRE — 99. Existence du sens commun et du sens intime — 100. Nature des fonctions du sens commun et du sens intime. État de la question — 101 La fonction du sens commun désigne, croyons-nous, un ensemble de fonctions spéciales. — 102 Nature de la fonction du sens intime

99. Existence du sens commun et du sens intime. — Il est de fait que nous sommes capables d'eprouver plusieurs sensations à la fois, j'ai sur ma table un timbre, je le touche, j'en presse le ressort, j'en reçois une impression de

[1]) Rigoureusement parlant, la distinction des sens en *exterieurs* et en *interieurs,* basee sur cette considération que l'organe des premiers est *peripherique,* celui des seconds *central,* n'est pas adéquate Car l'organe des sensations musculaires, des sensations douloureuses peut n'être ni strictement périphérique ni strictement central.

contact et de résistance, je le vois, je l'entends résonner,
ces perceptions tactile, musculaire, visuelle, auditive, s'associent, sont simultanées Ce chien qui vient de happer un
morceau de viande, en flaire l'odeur, et lève subitement la
tête en entendant la voix de son maître, a éprouvé simultanément des sensations du goût et de l'odorat et la sensation
auditive de la voix du maître

Cependant la main qui touche le timbre ne voit pas, l'œil
qui voit ne touche pas, le goût et l'odorat n'entendent pas,
l'oreille qui entend ne goûte ni n'odore, il faut donc qu'il
y ait chez l'homme et chez l'animal un pouvoir, distinct des
sens extérieurs, qui leur permette à la fois de voir et de
toucher, d'entendre et de goûter, bref, un sens qui recueille
et tienne *réunies* les sensations spéciales des sens extérieurs c'est le *sens commun*

Au surplus, nous ne distinguons pas seulement le blanc du
noir, ce que l'œil peut faire, ou l'amer du doux, ce à quoi le
goût suffit, mais nous distinguons aussi, observe Aristote, les
qualités visuelles de blanc et de noir des qualités gustatives
d'amer et de doux, il faut donc, encore une fois, que nous
ayons une aptitude autre que celle de nos sens extérieurs,
qui enveloppe ceux-ci en les dépassant, compare leurs objets
et les *différencie* Or, pour les comparer et les différencier, il
faut les tenir réunis sous une commune observation. Donc,
à nouveau, il nous faut un *sens commun* supérieur aux sens
spéciaux de la sensibilité extérieure

Quand j'écoute si le timbre résonne assez fort pour qu'on
perçoive mon appel, je remarque que j'entends, puisque
j'écoute, quand le chien, entendant au loin la voix de son
maître, tend l'oreille pour entendre d'où elle vient, quand il
regarde, ou qu'il ouvre les narines, pour voir où est son
maître ou pour sentir sa piste, le chien remarque qu'il entend,
qu'il voit, qu'il sent une piste

Dira-t-on que l'œil qui voit, voit son acte de vision, que l'oreille qui entend, remarque sa sensation d'audition, en un mot, que le sens extérieur saisit, outre son objet, l'acte même de sensation qu'il émet ? On ne le soutiendra pas. Il faut donc qu'il y ait chez l'homme et chez l'animal une aptitude autre que celle d'appréhender les qualités sensibles, un *sens des actes* sensitifs, que nous appellerons du nom de *sens intime* et que les psychologues modernes appellent « conscience sensible »

Nous avons vu, du reste, que la sensation ne s'identifie pas avec la *perception* L'existence de limites naturelles à la sensibilité consciente (89), les observations sur la première éducation des sens de l'enfant (59), des expériences de vivisection qui tendent à prouver que certains animaux, privés de leurs hémisphères cérébraux, peuvent demeurer sensibles aux excitations extérieures sans être cependant encore à même d'employer leurs sensations pour la direction de leurs mouvements (92), tous ces faits conduisent à une conclusion commune, à savoir qu'il y a une distinction naturelle entre une sensation brute et une perception consciente, et confirment la thèse qu'il y a chez l'homme et chez l'animal une aptitude qui se réfère à la sensibilité externe sans se confondre avec les sens extérieurs spéciaux, c'est cette aptitude que nous appelons *sens commun* et *sens intime*

Jusqu'ici, nous sommes sur le terrain des faits et l'on ne voit pas que notre proposition, énoncée d'ailleurs en des termes qui sont vagues à dessein et plutôt négatifs que positifs, puisse être sérieusement contestée.

Mais la situation est tout autre lorsque l'on en vient à se demander quelle est positivement la nature du sens commun et du sens intime

Faut-il en faire une *faculté spéciale* dont l'organe serait localisé en dehors des sens ? Ou ne pourrait-on se passer de facultés nouvelles et rendre suffisamment compte des faits, en admettant que les fonctions attribuées anciennement au sens commun et au sens intime sont les fonctions des sens extérieurs eux-mêmes, associées entre elles et liées au sens musculaire, grâce à l'unité de nature du sujet sentant?

Telle est la question que nous voulons examiner.

100. Nature des fonctions du sens commun et du sens intime. Etat de la question.

— Ce qui incline le plus à admettre avec Aristote un *sens commun* distinct des sens extérieurs, c'est le fait que nous *unifions* des qualités sensibles relevant des sens différents et que nous les *distinguons* les unes des autres.

Supposé, dit Aristote, qu'un individu goûte quelque chose de sucré et qu'un autre voie quelque chose de blanc, aucun des deux ne sera en état de *comparer* le blanc et le sucre, aucun ne pourra *discerner* entre elles les deux qualités sensibles. Eh bien ! poursuit-il, suppose que chez nous le sens gustatif et le sens optique fussent deux sens à part sans lien commun, comment arriverions-nous à *unir* leurs objets respectifs dans un même substratum, à *distinguer* l'une de l'autre les qualités que perçoivent des sens différents ?

Or, il est de fait cependant que nous unissons ces qualités et que nous les distinguons.

Donc, conclut Aristote, il faut que nous soyons doués d'*un sens commun* distinct des cinq sens extérieurs.

Et que l'on ne dise pas, insinue-t-il en passant, que l'intelligence suffit à cela.

Car, d'abord, cette explication ne serait pas valable pour l'animal. Et ensuite, pour l'homme lui-même, elle serait inadmissible ; car l'homme unit et distingue non seulement des objets abstraits, ce qui est le propre de l'intelligence, mais aussi des qualités sensibles concrètes, ce qui révèle une faculté sensible, un sens organique.

Il faut donc admettre que le sens commun est une faculté *sensible distincte* des sens extérieurs

Mais cette conclusion ne fait, semble-t-il, que *déplacer* la difficulté. Après tout, l'organe du sens commun est lui-même composé de parties Chacune de ces parties percevra donc, selon la théorie, l'acte spécifique d'un sens extérieur et l'objet de cet acte sensitif Mais ne voit-on pas, dès lors, que chaque partie se trouve dans le cas des individus isolés dont parlait Aristote et auxquels il refusait le pouvoir d'associer, de discerner des qualités spécifiquement différentes ?

Il y a plus Quand nous disons que l'hypothèse d'un sens commun a part déplace la difficulté sans la résoudre, nous ne disons pas assez Au fait, elle la *complique* En effet, une des fonctions que l'on attribue au sens commun, qui prend alors le nom de *sens intime*, c'est la perception de l'*acte des sens extérieurs* L'œil qui voit la lumière et les couleurs est incapable, dit Aristote, de voir son acte de vision ; car, pour qu'il vît son acte de vision, il faudrait qu'il se vît voyant, qu'il se perçût agissant Or, un organe matériel est incapable de *se* connaître lui-même ce qui ne serait ni plus ni moins qu'un acte de reflexion proprement dite Il faut, pour réfléchir, une faculté immatérielle, nous le démontrerons dans la troisième partie La faculté qui accomplit les actes de sens intime doit donc être autre, semble-t-il, que les sens extérieurs, de sorte que nous revenons, par une nouvelle voie, a la thèse Aristotélicienne disant · que *le principe du sens commun et du sens intime ne peut se confondre avec les facultés sensitives extérieures* [1])

Fort bien mais *voir* qu'est-ce se demande Aristote, que ce problème tourmente beaucoup sinon percevoir la lumière et les couleurs ? Pour connaître que l'œil *voit*, il faut donc voir la lumière et les couleurs, et pourtant l'acte de vision

[1]) *De anima*, lib III, c III

n'est ni eclaire ni colore. Il faudrait donc que le sens intime
atteignît à la fois l'objet et l'acte qui le perçoit, la couleur
et l'acte qui la voit. De la, plusieurs consequences qu'il
semble bien difficile d'admettre la premiere, c'est que nous
aurions deux facultes pour un même objet, un sens exterieur
et le sens intime, atteignant l'un et l'autre une même qualite
sensible du monde exterieur , une seconde, c'est que nous
devrions accorder à une même faculte le pouvoir de saisir
des choses aussi diverses qu'une couleur et la vue d'une
couleur, un objet senti et un acte de sensation , une troisième conséquence, enfin, c'est qu'une même faculté serait
affectée à la perception d'objets formellement différents, la
couleur, le son, les odeurs, etc

On a essayé d'échapper a ces conséquences, a la seconde
surtout, en faisant observer que l'organe sentant renferme
en lui la reproduction intentionnelle de la chose sentie et
que même, a dire vrai, la chose sentie et la sensation, considérées en acte, sont une seule et même chose « sensibile
in actu et sentiens in actu sunt idem »

Mais il est douteux que cette reponse satisfasse personne,
aujourd'hui surtout que nous sommes mieux renseignes sur
la nature indécise de la ressemblance entre l'espece sensible
et la chose extérieure qui l'engendre

Comment sortir de cette situation embrouillée ?

Ce qui l'embrouille, croyons-nous, c'est l'idee que le sens
commun et le sens intime doivent constituer *une* faculté
à part, avoir un organe *déterminé*, c'est-à-dire localisé en
dehors des organes des sens, et doué, comme ceux-ci, d'*une*
fonction *spéciale d'association* ou de *discernement*.

Au fond, Aristote et saint Thomas [1]) pressentaient une
autre explication. Au lieu d'assigner au sens commun un

---

[1]) *De anima*, lib III, lect 3ª

organe spécial à part, ils voulaient lui donner pour base l'organe du toucher, tout juste parce qu'ils savaient que cet organe est répandu dans l'organisme entier. C'est là, croyons-nous, le point de départ de la vraie solution.

Le *sens commun* ne désigne pas une faculté spéciale ayant une fonction à part, il représente le pouvoir d'*associer nos sensations*, et le *sens intime* désigne, de son côté, le pouvoir de sentir que les sensations se produisent, autrement dit, que les *organes des sens* sont en *fonction*.

Le travail d'association n'aurait donc pas, selon nous, pour organe un centre cérébral spécial, il dépendrait de l'action combinée des centres cérébraux affectés aux fonctions sensorielles et sensitives, et de la conduction des fibres qui relient ces différents centres entre eux.

Sans aucun doute, l'*association* des sensations réclame tôt ou tard un principe d'unité, sans quoi elles demeureraient *juxtaposées*, plutôt qu'unies, mais nous croyons que la *nature une* du sujet premier d'où toutes les facultés émanent suffit à cela et il serait superflu, pensons-nous, de faire appel à une *faculté* spéciale pour expliquer l'unification de nos sensations dans la perception d'un objet total.

Quant au *sens intime*, il serait dû au sens musculaire qui accompagne l'exercice de la sensibilité extérieure.

Expliquons notre pensée.

101. La fonction du sens commun désigne un ensemble de fonctions. — Pour faire comprendre et pour justifier notre explication, reprenons l'exemple de tantôt.

Lorsque je vois mon timbre, que je le presse et que je le fais résonner, il part de mon œil une impression visuelle qui est conduite au lobe occipital ; de l'oreille, une impression auditive qui va au lobe temporal ; des extrémités de mes doigts, des impressions tactiles qui vont chacune à leur centre cérébral respectif.

Par cela même que ces impressions agissent ensemble, elles provoquent dans le cerveau une réaction synergique qui se traduit psychologiquement par une *association* de sensations visuelle, auditive et tactile, les qualités objectives que ces sensations associées apprehendent nous apparaissent en conséquence comme formant dans la réalité un *tout*, et c'est sous cet aspect d'un tout caractérise par autant de notes qu'il y a de qualités perçues, que l'*objet*, l'objet-timbre, nous apparaît

Ces sensations, comme nous le dirons bientôt, laissent après elles les images des qualités perçues, l'image visuelle, l'auditive, la tactile, dont l'ensemble forme l'image de l'objet primitivement senti

A l'etat normal, ces images s'enchaînent, si bien que, lorsqu'une sensation, celle de la vue, par exemple, reveille l'image visuelle, les autres images, l'auditive et la tactile, revivent de concert avec elle

Qu'en résulte-t-il? C'est que, si j'entends à distance résonner un timbre que je ne vois pas, à ma sensation auditive s'associeront naturellement l'image visuelle et l'image tactile d'un timbre d'une certaine forme et d'une certaine grandeur et j'imaginerai l'objet-timbre, un instrument qui a telle forme pour la vue et le toucher et qui sert a sonner De même l'image de la vue du timbre me rappellera sa forme tactile et l'image de sa sonorité. Suppose enfin que, dans l'obscurite, je le prenne en main, ma perception tactile me fera ressouvenir de sa forme visuelle et du son qu'il émet Bref, dans tous ces cas, une sensation actuelle spéciale reveillera les images des qualités sensibles qui ont été précedemment perçues avec la sensation du moment présent et de ce concert d'activités sensitives résultera pour moi la perception de cet objet concret · un timbre qui résonne

Supposez, au contraire, certains centres psychiques lésés, les centres de l'audition et du toucher, par exemple, ou leur communication avec le centre de la vision interrompue que se passera t-il ? La vue du timbre éveillera encore la réaction des cellules du centre de la vision ; mais cette réaction demeurera isolée, elle n'aura aucune consonance dans les centres voisins de l'audition et du toucher, et il en résultera que la vue de la couleur ou de la forme de l'objet n'éveillera plus les images congénères, la couleur et la forme visuelle n'auront plus d'attache avec la sonorité ni avec la forme tactile, et dès lors le timbre ne sera plus saisi comme un objet qui résonne, il n'y aura plus de perception de l'objet-timbre

Telle est la signification de ces cas de cécité psychique, de surdité psychique, d'agraphie, que nous avons rencontrés plus haut (**92**), il y a là des sensations non rattachées à leur groupe naturel d'images, autrement dit, des sensations qui ne sont plus associées, ne tombent plus sous les prises du sens commun, ne font plus partie d'une perception d'*objet*.

Il semble donc bien que l'*association* de nos sensations dans la *perception d'un objet* ne soit pas *une* fonction ayant son organe propre, mais plutôt la *coordination* naturelle, grâce à l'individualité du sujet sentant, des *sensations* extérieures et de leurs *images* correspondantes

102. Nature de la fonction du sens intime. — Le *sens intime* désigne, on se le rappelle, la faculté de percevoir l'*acte* des sens extérieurs Qu'est-ce, au fond, que cette perception ?

Le sens est incapable de percevoir son propre acte (**99**)

L'hypothèse d'un sens commun qui aurait dans le cerveau un organe spécial et entre autres fonctions celle de percevoir l'acte des sens extérieurs et, moyennant cet acte, l'objet même que l'acte a pour terme, conduit à des conséquences qu'il est bien difficile d'admettre *(ibid)*

Qu'est-ce donc que le sens intime de l'exercice des sens extérieurs ?

Nous croyons pouvoir l'expliquer par une association qui

s'etablit, dans l'individualité du sujet sentant, entre les sensations spécifiques et une sensation uniforme, jointe à toutes les autres, la sensation musculaire Lorsque les organes des sens speciaux fonctionnent, leur appareil musculaire nous donne le sentiment de contractions exercées, et ce sentiment, identique en nature, quelle que soit la sensation extérieure qui l'accompagne, serait le sens intime [1])

En effet, d'une part, chaque fois que nous nous sentons appliquer les sens extérieurs à la perception d'un objet, nous pouvons remarquer qu'il y a chez nous une sensation musculaire, et d'autre part, certains faits d'expérience semblent prouver que l'excitation, même intense, d'un nerf ne suffit pas pour nous donner le sens intime que le nerf agit, lorsque les contractions des muscles du sens excité ne sont point remarquées Expliquons brièvement ces deux arguments

L'application active des sens extérieurs à la perception d'un objet demande un effort musculaire Pour regarder, pour écouter, nous fixons les yeux, nous tendons l'oreille, nous tournons la tête, le tronc, les membres, pour goûter, pour flairer, nous faisons des mouvements de la langue, des lèvres, du nez, pour palper, nous cherchons a imprimer aux doigts des mouvements appropriés, en un mot, chaque fois que nous voulons percevoir nettement ou vivement un objet, nous produisons certaines contractions musculaires pour adapter l'organe à sa fonction.

En même temps que nous faisons ces efforts d'adaptation, nous inhibons d'autres contractions musculaires dont l'effet neutraliserait l'action positive que nous voulons exercer: pour mieux tâter un objet, nous fermons les yeux, pour

---

[1]) Nous reconnaissons donc expressément qu'il n'appartient pas au sens musculaire de nous renseigner sur la *qualite* spécifique des actes sensoriels Le sentiment de l'association des sensations resulte, selon nous, nous l'avons dit, de leur coexistence en un sujet substantiellement un Le R P Peillaube *(Annales de philosophie chretienne,* juin 1898, p. 274) semble avoir mal compris notre manière de voir à cet égard

mieux écouter, nous suspendons la respiration, et ainsi de suite [1])

Donc, l'exercice actif des sens extérieurs s'accompagne de sensations musculaires

Entre les impressions sensorielles et la sensation musculaire qui les accompagne s'établit une association constante le sentiment d'une contraction musculaire, toujours qualitativement le même, se trouve associé à des sensations spéciales, diverses Le résultat d'ensemble de cette association est le sens intime qu'il s'accomplit en nous diverses sensations spéciales

On sera peut-être tenté de dire que, dans les exemples cités, il y a plus que l'exercice du sens intime, qu'il y a de l'*attention*, même de l'attention volontaire

Il est vrai, mais ce fait ne contredit pas notre explication L'attention, en effet, ne change pas la nature de la perception, elle ne fait que la renforcer, le sens musculaire, dont la conscience nous révèle distinctement l'action dans la perception attentive, doit donc se trouver, quoique à un degré moindre, en toute perception [2])

Au surplus, — c'est un second argument confirmatif du

[1]) V W James, *Principles of Psychology*, I, pp 300, 434 et suiv , Wundt, Bd II, S 239, 258 260 Leipzig, 1887 , Darwin, *The expression of the emotions,* ch IX Ribot, *Psychologie de l attention*, ch II

[2]) Il accompagne même l'activité *interne* de l'imagination, de la mémoire, il accompagne l'idéation et la réflexion Chaque fois que notre activité mentale, sous quelque forme que ce soit, prend un certain degré d'intensité, nous éprouvons un sentiment de *tension*, de *respiration coupée*, de *concentration*, nous disons que nous nous *cassons la tête*, que nous nous *creusons la tête*, etc , autant d'expressions qui témoignent que notre activité mentale s'accompagne d'effort musculaire Cette observation concorde tout à fait avec les conclusions des expériences de Ferrier sur les fonctions des lobes frontaux Selon le savant anglais, la destruction de cette partie du cerveau entraînerait une diminution notable du pouvoir attentionnel, et la raison en serait qu'elle supprime les mouvements volontaires de la tête et des yeux Cfr *Cerebral localisation, Croonian lectures*, 1890, p 151

premier, — il semble démontré que l'irritation violente d'un nerf n'engendre pas toujours une sensation consciente. Taine cite le cas d'un soldat qui, dans la chaleur du combat, ne s'aperçut point qu'un boulet lui emportait le bras Voilà donc le nerf d'un sens extérieur excité *le plus fortement possible,* tandis que le sens intime de l'excitation fait défaut Pourquoi fait-il défaut ? Ne serait-ce pas parce que l'attention aux péripéties du combat entraîne vers le dehors toute l'activité du sujet et l'empêche de remarquer le jeu intérieur de sa musculature ?

Mais, nous a-t on objecté, au point de départ de toute la question il y a un fait nous sentons *que nous voyons* Vous voulez expliquer ce fait, mais au lieu de l'expliquer, vous le remplacez par la sensation d'une contraction musculaire

Entendons-nous Nous sentons, dites-vous, *que* nous voyons, et vous appelez cela un *fait* Mais n'est-ce pas plutôt *votre interprétation* d'un fait ?

Non, la conscience ne nous renseigne pas immediatement une sensation interne qui a pour *objet* un acte de vision Elle nous dit que nous avons le sentiment d'agir, qu'en même temps nous voyons, nous ne contestons ni ces faits ni leur simultanéite La question est de savoir comment il faut les interpreter

L'interpretation ordinaire souleve des difficultés que nos critiques n'ont pas, que je sache, resolues D'après l'interprétation que nous proposons, nous croyons sentir *que* nous voyons, tandis que, directement, nous sentons seulement une chose, c'est que nous agissons · nous contractons les muscles des appareils sensitifs, nous avons le sentiment de cette contraction au sentiment uniforme de contraction musculaire se joint tantôt la vision d'une couleur, tantôt l'audition d'un son le sujet éprouve simultanément la sensation musculaire et la sensation spéciale ; confusément, il

attribue la seconde, la plus saillante, comme objet a la première en réalité, elle n'en est pas l'objet, mais la compagne.

Résumons-nous et concluons

Le sens commun, y compris le sens intime qui était
regardé par les Scolastiques comme une fonction du premier, ne serait pas, selon nous, un sens spécial attache a
un organe déterminé le *sens commun* serait le pouvoir
que nous avons d'associer nos sensations pour former la
perception totale d'un objet ce pouvoir a pour base matérielle les centres des organes des sens et leurs fibres commissurales — Le *sens intime* que les psychologues modernes
appellent plus volontiers « conscience sensible », resulterait
de ce qu'un sentiment uniforme de la contraction musculaire qui accompagne l'exercice de la sensibilité externe est
constamment associé aux sensations externes qui résultent
de cet exercice Cette association elle-même ne serait pas
l'œuvre d'une faculté spéciale, mais s'expliquerait suffisamment par l'unité du sujet d'où émanent nos facultés

Poursuivons notre etude sur la sensibilité interne. Qu'est-ce
que l'*imagination*, avec son triple pouvoir de *conservation*,
de *reproduction* et de *combinaison* ?

§ 5.

Étude spéciale de l imagination

SOMMAIRE — I L'imagination *rétentive* 103 L'*image* en
general au point de vue psychologique — 104 Les images Les
divers types de mémoire — 105 L'hallucination — 106 La base
physiologique de l'image — 107 Les propriétes de l'image —
108 Corollaire L'imitation — 109 Le Cumberlandisme —
110 Les attitudes passionnelles des hypnotiques — II L'imagination *reproductrice* 111 L'*association* des images État de la
question. — 112 Les lois de l'association . énoncé — 113 Base

I

L'IMAGINATION RETENTIVE

103. L'image en général au point de vue psychologique. — Je me *représente* — c'est un fait — des qualités et des objets sensibles que je ne perçois pas presentement Je puis très souvent assister à la genese de ces représentations et m'apercevoir qu'elles sont *dérivées*, c'est-a-dire qu'elles proviennent de sensations et de perceptions anterieures , les matériaux dont elles sont formees, je les retrouve dans les realités extérieures , tout m'indique donc qu'elles sont des *suites*, ou, comme dit Taine, des *résidus* de la perception. On les appelle communément des *images* [1])

L'image se comprend surtout par son contraste avec le percept, résultat d'une perception actuelle

La conscience atteste qu'il y a chez nous des etats sensitifs de deux sortes les uns s'accompagnent du sentiment que le sujet est en contact avec une *realité* independante de notre connaissance, les autres ne nous procurent pas d'ordinaire ce sentiment, les uns sont des *présentations* de choses, les autres en sont les *representations* [2]) Les premiers nous donnent des *percepts*, les seconds des *images.*

---

[1]) Les psychologues parlent de l'image d'un son ou d'une sensation musculaire aussi bien que de l'image d'une couleur , les anciens disaient dans un sens plus comprehensif, *phantasma*, phantasme (du mot grec φαντασία, fantaisie, imagination), produit de la *fantaisie* ou de l'imagination

[2]) Herbert Spencer a reuni en tableau les proprietés opposées de ces deux sortes d'états de conscience , il est interessant de les comparer,

A un autre point de vue, l'image s'oppose au concept, comme le concret à l'abstrait.

En résumé, l'*image* est la représentation sensible, concrète de qualités ou de choses matérielles antérieurement perçues, mais actuellement absentes.

104. Les images. — Les divers types de mémoire. —

Chaque espèce de sensation a son image correspondante. Il y a des images de couleurs, de sons, de sensations musculaires, il y a même des « images » de saveurs et d'odeurs.

Le pouvoir de conserver ces images, s'appelle *imagination retentive* ou *mémoire*. Il y a donc plusieurs types de mémoire, notamment le type *visuel*, le type *auditif*, le type

mais il faut ajouter que si cette opposition de caractères se vérifie le plus souvent, elle ne se vérifie pas toujours.

ÉTATS DE LA PREMIÈRE CLASSE	ÉTATS DE LA SECONDE CLASSE
1º Relativement vifs ;	1º Relativement faibles.
2º Antérieurs dans le temps (ou originaux).	2º Postérieurs dans le temps (ou copies).
3º Qualités non modifiables par la volonté.	3º Qualités modifiables par la volonté.
4º Ordre simultané non modifiable par la volonté ;	4º Ordre simultané modifiable par la volonté ;
5º Ordre successif non modifiable par la volonté.	5º Ordre successif modifiable par la volonté ;
6º Font partie d'un agrégat vif qui ne peut être rompu ;	6º Font partie d'un agrégat faible qui peut être rompu ;
7º Qui est complètement indépendant de l'agrégat faible ;	7º Qui est partiellement indépendant de l'agrégat vif ;
8º A ses lois qui dérivent de lui-même ;	8º Et qui a ses lois en partie derivées de l'autre et en partie particulières à lui-même.
9º Ont des antécédents qui peuvent être ou ne peuvent être indiqués ;	9º Leurs antécédents peuvent toujours être indiqués ;
10º Appartiennent à un tout d'étendue inconnue.	10º Appartiennent à un tout restreint à ce que nous appelons mémoire.

Princ. of Psych., § 458.

moteur, selon la prédominance des images visuelles, auditives ou musculaires

105. L'hallucination. — A l'état habituel, nous distinguons nettement nos actes de perception de ceux de l'imagination, mais il peut se faire, dans certaines conditions exceptionnelles, que l'image se présente à nous avec les caractères saillants d'un objet de perception L'*hallucination*, a dit le Dr Ball, est une perception sans objet. Elle diffère de la simple *illusion* qui consiste à mal interpréter l'objet d'une perception

L'hallucine croit voir un tableau, un squelette mouvant, un glaive qu'il ne voit pas, entendre derrière lui des voix, des cris, des menaces qu'il n'entend pas S'il s'avance pour toucher de la main le tableau qui l'obsède ou le squelette qui l'épouvante, il sentira que sa main porte à faux, et il corrigera par le toucher l'illusion de ses yeux; s'il se retourne pour voir qui lui parle, le poursuit de ses cris ou de ses menaces, il ne verra personne, et il opposera les informations de la vue à celles de l'ouie et rectifiera celles-ci par celles-là, certains psychologues en arrivent même ainsi à étudier et à localiser leurs hallucinations

Il arrive cependant que l'illusion hallucinatoire domine avec persistance les excitations normales des autres sens ou même des souvenirs passés, et que le patient reste dupe de son imagination, ce phénomène se produit dans certains états morbides, tels que la manie ou le délire, dont nous n'avons pas à étudier davantage ici la nature [1]

---

[1] Physiologiquement, l'hallucination tient vraisemblablement à ce que l'excitation, au lieu de partir de la périphérie, prend son origine dans les centres cérébraux ou sur le trajet des nerfs sensibles C'est l'interprétation de la plupart des aliénistes V James Sully, *Les illusions des sens et de l'esprit*, p 9 La plupart des physiologistes ont une tendance de plus en plus prononcée à admettre que le processus sensitif et le pro-

106. La base physiologique de l'image. — *Physiologiquement*, qu'est-ce qu'une image ? La sensation laisse après elle, dit-on, une reproduction affaiblie d'elle-même, une copie atténuée, un résidu, une trace, un vestige, que sais-je !

Mais, aux yeux du physiologiste, ce sont là des métaphores, dont le sens propre est à définir

Plusieurs auteurs ont cru l'expliquer en attribuant à la substance nerveuse une *mémoire organique*, comme si le mot *mémoire* n'était pas un terme de psychologie dont il s'agit tout juste de trouver l'équivalent anatomico-physiologique

Au lieu de « mémoire organique », d'autres disent *habitude nerveuse* encore un mot dont la signification est psychologique

Wundt préfère dire que les vestiges des sensations sont des *dispositions fonctionnelles* de la substance nerveuse [1] On lui a objecté que la disposition n'est rien en dehors de l'acte sensitif lui-même, et que par conséquent son explication n'est au fond qu'un mot vide de sens, « une expression scolastique » ([1]) Il réplique en demandant à ses contradicteurs si tout le monde n'admet pas que le muscle acquiert par l'exercice une *disposition* à se contracter, sans que cependant la contraction elle-même y persiste comme telle à aucun degré, et s'il n'est pas dès lors légitime d'accorder à la substance nerveuse une *disposition fonctionnelle* analogue à celle du muscle

Il est permis de *supposer*, en outre, que cette disposition

cessus imaginatif ne diffèrent pas de siège mais seulement d'intensité Dans cette hypothèse, il serait naturel de supposer que, plus l'incitation centrale se répand vers la périphérie et devient ainsi semblable à l'excitation normale, plus aussi l'hallucination est puissante Mais les preuves invoquées à l'appui de cette supposition sont loin d'être décisives Entre l'image et la sensation, il y a vraisemblablement une distinction *qualitative*

[1] *Ouv cité*, Bd II, S 232

acquise de la substance nerveuse est due a un certain changement dans la disposition moléculaire de la fibre ou de la cellule nerveuse, on suppose que lorsqu'un element anatomique a été traverse par une onde nerveuse, son etat moleculaire presente moins de resistance a la propagation d'une onde nouvelle

107. Les propriétés de l'image. — De ce qui precede, decoulent les propriétés de l'image

L'image *représente* les phénomènes sensibles que les sensations nous *présentent*, quoique generalement elle les reproduise plus faiblement on sera donc autorisé à appliquer dans une certaine mesure à l'image, ce que l'on sait de la *qualité*, de l'*intensité* et du *pouvoir moteur* des sensations

Nous avons parlé du caractere *qualitatif* des actes d'imagination · chacun a sa qualité respective, suite de la sensation à laquelle il fait écho

Le fait de l'hallucination a mis en relief le degré possible d'*intensité* d'une image, nous aurons l'occasion d'en reparler à propos du rêve et des suggestions hypnotiques

Bornons-nous donc a appeler ici un moment l'attention sur *le caractère et l'effet moteurs* des images

De même que les fonctions sensorielles ont pour concomitants naturels des contractions musculaires et la sensation de ces contractions, de même les images ont à leur tour pour concomitants des images de mouvements et parfois un certain sentiment de ces mouvements affaiblis

Lorsque nous imaginons une figure de six, sept, huit côtés, nous avons conscience que nous cherchons à effectuer les mouvements qui les décrivent, le gourmet, qui se complaît à songer a un mets savoureux, exécute des mouvements qui lui font venir l'eau à la bouche ; certaines personnes ne peuvent se défendre d'éprouver un frémissement désagréable lorsqu'elles s'imaginent, par exemple, avoir une couverture de laine entre les lèvres, ou entendre un morceau de craie grinçant sur un tableau noir

A plus forte raison, les représentations de mouvements ont-elles un effet moteur

Ainsi, je pense à un objet situé à ma droite ; l'image du mouvement nécessaire pour y porter la main se projette dans mon imagination et mon bras s'innerve pour se diriger de ce côté

Toute représentation d'un mouvement s'accompagne d'une excitation des centres moteurs et d'une onde nerveuse centrifuge provoquant une modification du tonus des muscles qui devront concourir à l'exécution du mouvement

Toute image de mouvement s'accompagne donc d'un commencement d'exécution

Toute représentation d'une ligne, d'une direction, d'un contour, d'une figure quelconque entraîne une représentation du mouvement nécessaire au tracé de cette ligne, de cette figure, et en conséquence provoque les mêmes modifications musculaires.

A notre insu, tout ce que nous nous représentons se projette dans notre musculature Celle-ci peut sembler en repos, mais elle est loin d'être inerte ; des milliers d'excitations nerveuses changent à tout instant sa tonicité, et notre corps est en état de vibration incessante, comme l'air d'une salle sous les ondes sonores d'un orchestre

De ce pouvoir moteur des images se déduisent quelques applications

108. L'imitation. — Les modifications de l'appareil musculaire produites par les représentations de la vue ou de l'imagination donnent la clef de plusieurs phénomènes qui jadis paraissaient mystérieux

Notons d'abord une série de faits que l'on attribuait vaguement autrefois à la *loi d'imitation*.

La vue d'une personne qui bâille ou qui rit nous porte à bâiller ou à rire

Lorsque notre œil suit la mimique d'un acteur sur la scène, les mouvements de celui-ci se projettent dans notre propre corps

Le spectateur des séances d'escrime suit les divers mouvements d'attaque et de defense dont il est le témoin, et chacun de ces mouvements passe, comme un eclair, dans sa propre musculature Tout son corps est parcouru d'ondes motrices, c'est lui-même qui lutte, qui attaque, qui pare, qui vainc ou succombe. Les sensations associées d'aise et de bien-être dans les mouvements justes, d'embarras et de peine dans les faux mouvements, s'éveillent en lui comme chez les lutteurs eux-mêmes

Le même phenomene se produit lorsque nous contemplons un tableau, une œuvre d'art plastique

C'est encore dans le jeu des projections associées aux images optiques, que trouvent leurs causes les entraînements violents des foules au spectacle des luttes les plus diverses, depuis le simple combat de coqs du village jusqu'aux combats de taureaux et d'esclaves dans les amphithéâtres de l'Espagne ou de la Rome ancienne [1]).

109. Le Cumberlandisme.— Cumberland, qui se donnait pour « liseur de pensées », ne faisait en réalité que suivre les contractions ou les relâchements musculaires de la personne prise pour sujet d'expérience

Telles modifications musculaires ou circulatoires qui se passent en moi et qui sont trop faibles, peut-être, pour que je les remarque moi-même, une personne douée d'une

---

[1]) Verriest, *Revue Neo-Scolastique*, no 1, 1894, p 44

sensibilité plus délicate pourra les découvrir Qu'un objet se trouve à vingt pas devant moi, la représentation des mouvements nécessaires pour y arriver est présente à mon cerveau, elle se projette de même dans l'appareil locomoteur, j'indique donc, sans le savoir, la voie à suivre, Cumberland emboîte le pas et je marche sans résistance à sa suite Qu'il dévie du bon chemin, aussitôt une résistance inconsciente se produit en moi, il en subit le choc et, sans le savoir, je l'avertis du changement de direction qu'il doit opérer Plus les mouvements que je me représente sont automatiques, rapides, plus aussi les projections périphériques s'accentuent, deviennent nettes et marquent mieux la route à suivre Le sujet entraîne l'expérimentateur

110. Les attitudes passionnelles des hypnotiques. — Les attitudes passionnelles des sujets hypnotisés s'expliquent d'une façon analogue

Dans l'état d'hypnose, l'état fort des innervations musculaires se substitue à l'état faible Il suffit de susciter chez l'hypnotique l'idée de raideur du bras pour qu'aussitôt tous les muscles entrent en contraction énergique et y demeurent Inversement, lorsqu'on éveille l'idée de paralysie, le bras retombe inerte le long du corps Dans la vie ordinaire, ces mêmes représentations mentales se projettent également dans la musculature et augmentent ou abaissent sa tonicité, mais d'une manière purement latente. Il n'en est plus de même dans les excitations passionnelles, souvent alors le mouvement se réalise involontairement

Tout homme peut, d'ailleurs, se mettre à volonté dans « l'état fort » Tel est l'artisan au travail, le musicien qui exécute une œuvre, l'élève qui écrit, même d'un esprit absent, sous la dictée du maître Chacun réalise ces mouvements quasi automatiquement, sans que la volonté intervienne dans le détail.

Si chacun peut se mettre ainsi dans le « cran de l'action »,
qu'on me permette cette expression, il peut aussi exercer
une contention sur le jeu des projections musculaires et les
tenir plus ou moins en inhibition lorsque, dans l'état émotionnel, elles tendent à devenir manifestes La puissance
individuelle est très variable sous ce rapport, et s'il est des
hommes maîtres d'eux-mêmes, il en est d'autres qui ne parviennent pas à dominer les projections motrices associées
aux emotions qu'ils éprouvent.

Non seulement les représentations mentales entraînent
des modifications dans l'appareil musculaire, mais, à leur
tour, les sensations qui remontent du corps, reveillent
dans le cerveau toutes les images qui leur sont habituellement associées Joignez les mains à un hypnotisé, aussitôt
l'image de la prière, et toutes les représentations connexes,
s'eveillent en lui, elles se projettent dans la musculature
le genou fléchit, le visage prend l'expression de la piété, les
lèvres balbutient une prière Fermez-lui le poing et portez-lui
le bras en avant, aussitôt ses traits expriment l'irritation et la
menace, sa poitrine gronde de colere C'est le jeu dit des
attitudes passionnelles.

Ces phénomènes que l'on réalise chez les sujets hypnotisés, ne sont qu'une amplification de ce qui existe dans le
jeu normal de l'organisme Ces manifestations etranges se
retrouvent, sous une forme mitigée, dans la vie courante [1]

On se rend compte, après les observations qui précèdent,
du rôle que joue en psychologie le pouvoir dynamogene des
images et des idées Il se résume en ce fait que *l'image d'un
mouvement est la cause excitatrice* et plus ou moins *directrice*
de ce mouvement [2]

[1] *Revue Neo-Scolastique*, loc cit
[2] Cfr Fouillée, *La philosophie des idees-forces , L'evolutionnisme
des idees-forces*, liv II, ch 2

D'où cette loi dynamique des images l'image d'un mouvement s'accompagne d'une tendance à réaliser ce mouvement, ou, plus brievement, toute image (toute idee) tend à sa realisation [1])

Apres avoir étudie l'image, au double point de vue psychologique et physiologique, ses proprietes et les lois de son action, passons a l'étude physiologique et psychologique de la *connexion* des images, ou de leur *association*

II

L'IMAGINATION REPRODUCTRICE

111. L'association des images. État de la question. — Nous savons donc ce qu'est l'image, et il est permis de supposer à quelle propriété physiologique de la substance nerveuse il y a lieu d'attribuer sa *conservation* dans la mémoire Ainsi s'explique la fonction *rétentive* de l'imagination

Les images ne sont pas isolées dans notre vie psychologique, elles s'unissent les unes aux autres, comme autant d'anneaux qui se soudent pour former une chaîne Les dispositions nerveuses dont les images ou souvenirs sont l'expression consciente, se trouvent avoir, en effet, un lien de solidarité dans l'organisation cérébrale Aussi, lorsqu'une excitation agit directement sur un centre nerveux, elle atteint souvent, par contre-coup, un ou plusieurs centres voisins *prédisposés* à une action synergique ; lorsqu'une image réapparaît à la conscience, elle en entraîne d'ordinaire plusieurs autres à sa suite Ce phénomène de réapparition des images ou des souvenirs porte le nom d'*association* L'excitation qui, éveillant directement une image, provoque *indirectement*

[1]) Fonsegrive, *Éléments de Philosophie*, p 73
Psychologie 17

le reveil d'une ou de plusieurs images associées, s'appelle du nom de *suggestion* A leur tour, les images reveillées pourront faire revivre des inclinations, des emotions, susciter des mouvements et des actes.

Lorsque les psychologues parlent de « l'association des *idées* », ils entendent par « *idée* » tout contenu de conscience qu'une perception actuelle fait revivre Les « lois de l'association des idees » désignent les *conditions* dans lesquelles s'effectue cette reviviscence de faits connexes qui ont appartenu a la conscience

Comment les « idees » ou images se sont elles soudees ? Qu'est-ce qui fait qu'elles tiennent ensemble et revivent ensemble ? Quelles sont les lois de l'*association* et par consequent de la *reproduction* des images ?

Disons tout de suite qu'une *liaison* entre plusieurs images peut être dirigée par la raison et librement voulue ; il en est ainsi lorsque l'imagination combine, sous la direction de nos facultes superieures, les matériaux fournis par les perceptions et par le sens intime La conception d'un poeme est éminemment une œuvre d'association d'images, de pensées, d'émotions Mais ce n'est pas de ce mode de liaison que nous devons nous occuper ici, car la présente étude est exclusivement consacrée à la vie sensitive et, par suite, aux associations qui se forment indépendamment de notre libre volonté.

Commençons par poser quelques faits , les « lois » s'en dégageront

Quelqu'un me recommande une affaire · pour ne pas l'oublier, je fais un nœud dans mon mouchoir La vue de ce nœud doit me rappeler l'affaire : c'est un moyen d'association

Le jeune étudiant qui, le jour des vacances, aperçoit au loin le clocher de son village, revoit aussitôt dans son imagination sa maison paternelle, son père, sa mère, ses frères, ses voisins, ses amis, etc une perception visuelle reveille tout ce cortège de souvenirs

Un regard jeté sur le portrait d'un ami fait revivre le souvenir de sa personne, rappelle sa demarche, sa voix, telle conversation échangée avec lui, telle circonstance difficile où son dévouement nous a ete précieux

Vous entendez les premieres notes d'un air connu, machinalement vous fredonnez la suite

On vous cite les premiers mots de l'*Art poétique* de Boileau « C'est en vain qu'au Parnasse » vous ne pouvez vous défendre de continuer un téméraire auteur, pense de l'art des vers etc . , le mot *auteur* à son tour appelant une rime, vous poursuivez de l'art des vers atteindre la *hauteur*

La date du 2 septembre 1870 évoque le souvenir de la bataille de Sedan, de Napoléon et de la France, du general de Moltke, de Bismarck, de la Prusse, de l'empereur Guillaume , chez le soldat français, il se rattachera a ces souvenirs un sentiment de confusion et de douleur, l'image des provinces perdues, le désir d'une revanche , chez le soldat allemand, un sentiment de fierté nationale, la volonté de defendre les provinces conquises ; chez tous, une serie successive d'images, d'émotions, de désirs, de résolutions suggeres par une perception auditive, par la date du 2 septembre 1870

Pourquoi, parmi les innombrables associations possibles de nos états de conscience, voyons-nous se former celles que nous venons de prendre pour types ?

Pourquoi celles-la plutôt que d'autres, ou même, à l'exclusion des autres ?

Répondre à ces questions, c'est indiquer les lois de l'*association des idées*, — suivant la formule très défectueuse qui est en usage — ou, plus exactement, les modes habituels *d'association des faits de conscience*

112. Les lois de l'association. Énoncé. — A Bain, qui a analysé avec beaucoup de soin les phénomènes d'association, ramène les lois qui les régissent aux deux lois fondamentales de la *contiguité*, dans l'espace ou dans le temps, et de la *ressemblance*, il y ajoute certaines lois de *composition*, en vertu desquelles des associations simples par contiguité ou par ressemblance forment des associations plus complexes. Voici l'énoncé de ces lois

1re Loi Des actions, des sensations et des émotions, qui se produisent simultanément ou en succession étroite, ont une tendance à former un tout cohérent, de telle façon que, lorsque l'un de ces états se présente plus tard à l'esprit, les autres sont aptes à être réveillés en souvenirs C'est la loi de *contiguité*

2me Loi Les actions, les sensations, les pensées ou les émotions *actuelles* ont une tendance à faire revivre ceux des états *antérieurs* de la conscience qui leur sont *semblables.* C'est la loi de *similitude*

Les lois des associations composées, enfin, peuvent se ramener à cette formule générale ·

3me Loi Les états passés, actions, sensations, pensées ou émotions, revivent plus facilement lorsqu'ils ont, soit par contiguité, soit par similitude, *plus d'un point d'attache* avec l'objet ou l'impression du moment présent [1])

L'exemple du nœud dans un mouchoir est une application de la loi de contiguité dans le temps ou de simultanéité ; celui du clocher qui réveille les souvenirs du foyer paternel, est un cas d'association par contiguité dans l'espace ; le portrait est un exemple d'association par ressemblance, comme aussi l'affinité des rimes *auteur* et *hauteur* dans les deux vers de Boileau Enfin les souvenirs historiques que réveille

---

[1]) A Bain, *The senses and the intellect*, pp 327, 457, 545

la date du 2 septembre 1870 fournissent un exemple d'une association mixte ou composée

Hume, d'abord, et après lui les associationnistes anglais, James Mill, John Stuart Mill, Alexandre Bain, Herbert Spencer, ont incontestablement le mérite d'avoir minutieusement analysé les faits d'association et d'en avoir suivi de près le mécanisme [1] On se tromperait cependant si l'on s'imaginait que les maîtres de la philosophie médiévale ont ignoré ces intéressants problèmes Les lignes suivantes du Docteur angélique sont significatives a cet égard

« Une chose peut en rappeler une autre de trois façons, dit saint Thomas, par *similitude*, par *contraste* ou par *rapprochement* Par *ressemblance* ainsi Socrate fait penser a Platon parce que l'un et l'autre se ressemblent en sagesse , par *contraste* le souvenir d'Hector réveille celui d'Achille , par un *rapprochement* quelconque · par exemple, le souvenir du père suggère l'idée du fils , tout autre rapprochement, — communauté, contiguité, concomitance ou succession — provoque des associations analogues » [2]

A quelle classification des lois de l'association nous attacherons-nous ?

Depuis Aristote jusqu'aux contemporains l'accord existe sur le fait de la connexion et du réveil simultané de certains phénomènes psychiques, mais la détermination des lois de

---

[1] Lire à ce sujet Ferri, *La psychologie de l'association* , Ribot, *La philosophie anglaise contemporaine* , J Sully, *The human mind, a text-book in psychology*

[2] « Quandoque reminiscitur aliquis incipiens ab aliqua re cujus memoratur, a qua procedit ad aliam, triplici ratione Quandoque quidem ratione similitudinis , sicut quando aliquid aliquis memoratur de Socrate, et per hoc occurrit ei Plato, qui est similis ei in sapientia Ouandoque vero ratione contrarietatis , sicut si aliquis memoratur Hectoris, et per hoc occurrit ei Achilles Quandoque vero ratione propinquitatis cujuscumque , sicut cum aliquis memor est patris, et per hoc occurrit ei filius Et eadem ratio est de quacumque alia propinquitate, vel societatis, vel loci, vel temporis » S Thomas, *de Memoria et Reminiscentia*, lect 5ᵃ

l'association a provoqué des discussions qui ne sont pas terminées Le desaccord, toutefois, est plus apparent que réel il tient surtout à la diversité des points de vue auxquels chacun se place pour apprécier les faits

Ainsi plusieurs psychologues ont contesté l'association par *contraste* dont parlent Aristote et saint Thomas.

On répondra que le contraste peut être envisagé comme un cas spécial de la ressemblance Entre deux termes qui n'auraient rien de commun il n'y aurait, en effet, aucune opposition de caractères

Ne forment-ils pas des couples associés, ces termes contrastants que tout le monde a dans la mémoire blanc et noir, grand et petit, au-dessus et au-dessous, jeune et vieux, riche et pauvre, plaisir et peine, vie et mort, vrai et faux, bien et mal ? Lorsqu'un terme du couple se présente, l'autre ne fait-il pas aussitôt son apparition ? [1]

D'autres ont dit qu'il n'y a point d'association par *succession* Munsterberg a démontré expérimentalement que la liaison des faits de conscience par succession immédiate se ramène à la simultanéité

A son point de vue, Munsterberg a raison En effet, dit-il, lorsqu'une serie d'impressions *successives* A B C D s'associent, la cause en est

1º Ou bien que A n'est pas encore éteint dans la conscience lorsque B y apparaît et alors on retombe manifestement dans le cas de la simultanéité ;

2º Ou bien que ladite serie est accompagnée d'une impression qui reste constante pendant tout le temps que dure la série, et alors encore l'association s'explique par simultaneite [2] Ainsi, par exemple, lorsque je visite un musée de tableaux, la sensation provenant des muscles fixateurs de

---

[1] Al Bain, *The senses and the intellect*, pp 467 et suiv

[2] Munsterberg, *Zeitsch f Psych*. I; *Beitrage zur exper Psych*. I, IV. — Cfr Claparede, *L'association des idees*, p 45. Paris, Doin, 1903

l'œil accompagne et relie entre elles les sensations visuelles successives

La distinction des lois de contiguité et de ressemblance a fait aussi l'objet de controverses qui ne sont pas épuisées. Les uns distinguent les deux lois, les autres les identifient ; parmi ces derniers, il en est qui ramenent la contiguité à la ressemblance, il en est qui ramenent au contraire la ressemblance à la contiguité [1]

Nous ne suivrons pas dans le détail ces controverses, on en trouvera l'exposé dans un ouvrage récent, très bien documenté, du Dr Claparède

Le psychologue genevois ramène toutes les lois d'association à une seule *loi de simultanéité subjective*, dont il énonce ainsi la formule « Deux ou plusieurs faits de conscience ne peuvent s'associer mutuellement que s'ils ont coexisté » [2].

Mais, encore une fois, cette these, en apparence si radicale, ne contredit pas l'interprétation commune Sans doute, la simultanéité, dans le sens qui vient d'être dit, est *la* condition *sine qua non* de toute association, mais la nécessité de cette condition, qui n'est mise en doute par personne, laisse subsister la question de savoir par quel mécanisme s'opère la coexistence dans la conscience, des faits psychiques qui y sont associés N'est-ce pas toujours, somme toute, par *contiguité*, spatiale ou temporelle, par *ressemblance* et par cette forme implicite de ressemblance que suppose le *contraste*, ou enfin, par un mécanisme plus complexe que saint Thomas appelle *rapprochement* en général et Bain lois de *composition* ?

Existe-t-il une base materielle aux lois de l'association ?

[1] Claparède, *ouv cit*, pp 23-40 Paris, Doin, 1903.
[2] *Ouv cit*, p 41

113. Base anatomico-physiologique des lois de l'association. — Les cellules nerveuses qui entrent dans la composition du cerveau se caractérisent par les prolongements qu'elles émettent dans plusieurs directions On croyait autrefois que les prolongements des cellules voisines s'anastomosent et forment un réseau continu (Gerlach, en 1871). Plus tard, les histologistes (Golgi, Ramon y Cajal, Van Gehuchten) substituèrent généralement a la théorie du réseau celle de la contiguïté des neurones, d'après laquelle le système nerveux est composé de neurones — cellule nerveuse avec son cylindre-axe et ses diverses ramifications — qui sont simplement contigus mais peuvent, en étendant leurs fibrilles, entrer en contact les uns avec les autres. A l'heure ou nous écrivons ces lignes, certains observateurs (Apathy, Bethe) se prononcent a nouveau pour la continuité des fibrilles nerveuses

Quoi qu'il en soit de la continuité ou de la contiguïté anatomique des neurones, l'interprétation *physiologique* de la vie nerveuse revient toujours a une même supposition fondamentale Lorsque le protoplasme d'une cellule cérébrale est ébranlé, on suppose avec beaucoup de vraisemblance que l'ébranlement se propage, a la façon d'une onde liquide, dans toutes les ramifications.

D'ou ce corollaire

Représentons-nous a, b, deux cellules réunies entre elles par leurs ramifications Chaque fois que la cellule a est excitée, l'excitation s'irradie dans tous les prolongements fibrillaires qui partent de a De même, chaque fois que la cellule b est excitée, l'excitation s'irradie dans les prolongements qui partent de b Donc, l'irradiation sera plus intense sur la voie intercellulaire $a - b$ et $b - a$ que dans les autres directions

En conséquence, la voie $a - b$ sera plus perméable que celles qui relient les autres couples du plexus nerveux.

Donc, toutes choses egales d'ailleurs, entre *a* et *b*, entre *b* et *a* le courant nerveux circulera plus librement, en langage psychologique, entre *a* et *b* l'association s'établira plus naturellement, le couple *a — b* aura une disposition spéciale à revivre dans la conscience

Telle est, en substance, *l'hypothèse physiologique* qui paraît rendre le mieux compte des observations que l'on a reunies à l'appui des « *lois de l'association* » Elle revient donc a dire · *Lorsque deux ou plusieurs processus nerveux élémentaires se sont produits conjointement, l'excitant qui réveille directement l'un d'entre eux tend à réveiller indirectement les autres*

Mais une objection se présente spontanément a l'esprit On concevrait que la reapparition de nos états psychiques s'effectuât avec la régularité et la constance d'une loi naturelle, si chacun d'eux n'appartenait qu'à un seul groupe Mais chacun a appartenu a un nombre considérable de groupes divers Pourquoi revivrait-il avec tel cortege psychique plutôt qu'au milieu d'un autre quelconque ?

La reponse a cette objection n'est pas difficile. Les psychologues ne prétendent pas, en effet, que l'apparition de deux faits psychiques contigus ou semblables soit toujours une raison suffisante de leur réapparition régulière tant s'en faut. La solidité du lien associatif a des degrés et dépend de divers facteurs.

114. Facteurs de l'association. — La reviviscence du couple privilégié peut tenir à des causes nombreuses dont il serait impossible de faire l'énumération complète Mais, *toutes choses égales d'ailleurs*, on ne se trompera pas en disant que la *force* de l'association a pour causes principales l'*intensité* de l'excitation, sa *fréquence*, sa *durée* , les *dispositions* du sujet dispositions *physiologiques* telles que la santé, l'état de fraîcheur ou de fatigue, l'âge, etc.. ; dispositions *psychologiques* ou *morales* [1]), caractere, passions, habitudes , le *nombre des associations* antérieurement etablies et dont le groupe en cause a fait partie

On comprend combien sont variables ces dispositions naturelles ou acquises, propres a chacun de nous , comment, des lors, les excitants extérieurs identiques produisent sur des sujets differents des impressions differentes , comment telle image reveillee la premiere provoquera ou ne provoquera pas l'*attention* du - sujet selon qu'elle lui offrira ou ne lui offrira pas, soit en general, soit au moment présent, de « *l'interêt* » [2]). Aussi avons-nous pris soin de corriger ce que l'enonce des facteurs de l'association aurait eu sans cela d'excessif, par l'expression · *Toutes choses égales d'ailleurs*

En réalite, le type normal des faits d'association est l'association *composée* [3]) et il est toujours malaisé de faire, dans les cas particuliers, le départ des influences multiples et diverses auxquelles l'imagination est soumise.

Les « lois de l'association » permettent bien d'expliquer apres coup, dans une certaine mesure, pourquoi telle association a été réveillée, mais il faut user d'une très grande réserve lorsqu'il s'agit de prédire quelle association se produira dans telle ou telle conjoncture determinee de l'avenir

Saint Thomas deja s'en etait aperçu Il se demande quelles causes expliquent le plus ou moins de facilité ou de ténacité de la mémoire et, preludant aux conclusions de la psycho-

---

[1]) Balmes a ecrit une page superbe, que l'on voudra lire, intitulée *Un seul jour de la vie*, pour montrer jusqu'où va la mobilite de nos jugements sous l'influence de nos dispositions personnelles et de nos passions *Art d'arriver au vrai*, ch XIX, § 3

[2]) L'influence des etats affectifs sur l'association a ete signalee par Shadworth Hodgson, *Time and Space*, p 266 et par M Ribot, *La psychologie des sentiments*, ch XII

[3]) Lire à ce sujet . Bain, *ouv cit*, pp 545-555.

logie moderne, il en distingue deux principales *l'attention
ou l'application et les dispositions personnelles* [1]).

115. Les théories associationnistes. Interprétations abusives de l'association.

— Un philosophe italien, qui a
bien voulu faire l'analyse et la critique de la 5e édition du
présent ouvrage, M Bonatelli, nous reproche de vouloir
expliquer les faits d'association par « une association exclusivement mécanique »

Notre distingué contradicteur commet, pensons-nous, une
double méprise

D'abord, nous déclarons expressément que toutes les
associations ne sont pas régies par les « lois de l'association » Il en est qui se forment librement, par choix, sous la
direction de l'intelligence De celles-là il n'est point question
dans cette partie de notre ouvrage, consacrée à l'étude de
la vie spontanée

Ensuite, même dans les limites de la vie sensitive, nous
nous tenons en garde contre les excès de ces psychologues
qui, avec Taine, Ribot et d'autres, considèrent les associations de la conscience comme un jeu mécanique qui se
passerait en un sujet dépourvu de toute initiative Déjà les
associationnistes anglais avaient poussé a l'extrême l'anatomie de la conscience Ils l'avaient disséquée en menues
sensations ou impressions passives qui, *passivement* toujours,

---

[1]) « Dicta autem consuetudo non firmatur æqualiter in omnibus hominibus, sed accidit quod quidam semel cogitando velocius firment in se
consuetudinem quam alii, si multoties cogitent hoc post illud, quod
potest contingere vel propter majorem attentionem et profundiorem
cognitionem vel propter naturam, quæ est melius receptiva et retentiva
impressionis Et inde etiam contingit, quod nos semel videntes quædam,
magis memoramur eorum quam alia multoties visa Quia ea quibus
vehementius intendimus, magis in memoria manent. Ea vero, quæ super-
ficialiter et leviter videmus aut cogitamus, cito a memoria labuntur »
S Thomas, *de mem. et rem*, lect 5a.

s'agglutineraient, se dissocieraient, sans aucune intervention active du sujet où ces mutations s'accomplissent

Dans la préface de son ouvrage *La psychologie anglaise contemporaine*, M. Ribot n'avait-il pas émis la prétention de faire « une psychologie sans âme » ?

La psychologie expérimentale a puissamment réagi contre ces tentatives arbitraires

Nombreux sont les états psychiques auxquels le sujet conscient apporte inévitablement son attention, or l'attention, *ad-tendere*, est une fonction éminemment active

D'ordinaire, la sensation ne nous apparaît pas, avec sa qualité ou le degré d'intensité qui lui est propre, sans que le sujet la *compare* a une sensation d'une autre qualité ou a une sensation immédiatement antérieure de moindre ou de plus grande intensité. Or ce travail de comparaison, ou, selon le mot anglais, de discrimination, n'est-il pas éminemment *actif* ?

Les associationnistes ont confondu le fait de la coexistence de deux sensations semblables ou dissemblables avec la perception de leur ressemblance ou de leur dissemblance Or, supposé même que la coexistence de deux états psychiques fût toute passive, toujours est-il que la notion de leur ressemblance ou de leur dissemblance implique essentiellement un *acte de perception*

Il est donc radicalement impossible de concevoir une vie psychique sans l'intervention *active* d'un sujet qui se sent vivre ; qui, étant impressionné, *remarque* qu'il l'est, *compare* ses impressions et ses actes ; les *associe* ou les *dissocie*, en un mot, il n'y a pas de psychologie possible sans un principe aperceptif que les psychologues d'aujourd'hui appellent volontiers du nom d'esprit, le *mind* des Anglais

' Le Dr Pierre Janet, dans une préface toute récente à la traduction française des *Outlines of psychology* du Dr Hoffding, souligne en termes heureux cette idée maîtresse du psychologue danois : « La

conscience est essentiellement un effort vers l'unité, une force synthétique . L'activité est une propriété fondamentale de la vie consciente, puisqu'il faut constamment supposer une force qui main-
tienne ensemble les divers éléments de la conscience et en fasse
par leur union le contenu d'une seule et même conscience Cette
conception fondamentale, ajoute M Janet, a joué un rôle considérable dans la psychologie contemporaine Elle a même pénétré dans
la psychologie pathologique, où elle paraît avoir été confirmée par
l'examen de divers troubles mentaux » [1]).

Nous avons étudié jusqu'à présent les fonctions de *conservation* et de *reproduction* de la faculté imaginative Ces
fonctions ressortissent à ce que nous appelons de préférence
aujourd'hui la *mémoire*

Au nouveau point de vue auquel nous nous placerons tout
à l'heure, l'imagination apparaît plus nettement *active* ou
constructive.

Notons néanmoins, en passant, que l'imagination, même
lorsqu'elle est considérée comme le pouvoir de conserver ou
de se représenter les images, ne se confond pas absolument
avec la *mémoire* En effet, le mot *imagination* (φαντασία)
n'éveille pas spécialement l'attention sur la circonstance de
temps , tandis que les mots de *mémoire*, ou de *prévision* et
d'*attente* (anticipatio), font directement allusion au temps,
le premier au passé, les deux autres à l'avenir.

III.

L'IMAGINATION CONSTRUCTIVE

116. L'imagination constructive. — L'imagination n'est
pas simplement le siège d'images qui revivent, d'associations
qui se répètent , elle-même *combine* les images dont elle est
dépositaire et les fait servir à des associations nouvelles et
même à des enchaînements nouveaux d'associations

---

[1]) *Esquisse d'une psychologie*, par le Dr Höffding, trad française
par Léon Poitevin Preface de M le Dr Pierre Janet, pp IV-V
Paris, Alcan, 1900

Ce travail de combinaison peut s'ebaucher seul, il en est ainsi dans nos rêveries et nos rêves, mais il n'est généralement fructueux que sous la conduite de la réflexion

Nous traiterons, ailleurs, du travail de l'imagination qui se fait sous la direction de l'intelligence, et de la liaison reflechie qui en est le resultat.

Les associations d'ordre exclusivement sensitif, varient à l'infini il semble que le caractere distinctif de l'imagination, envisagée sous ce point de vue, soit d'échapper à l'uniformite : aussi a-t-elle été appelée « la folle du logis »

Avant de passer à l'etude des deux facultés cognoscitives, appelées par les anciens scolastiques *estimative* et *mémorative*, nous voulons appliquer les conclusions de l'étude précédente a quelques cas particuliers ; nous examinerons d'abord une association, en partie involontaire et en partie volontaire, qui joue dans notre vie un rôle capital, j'entends parler de l'association du *langage,* c'est-à-dire de la parole, de l'écriture et de la lecture , puis, nous passerons rapidement en revue *quelques faits de psychologie animale,* le *dressage* des animaux et ce que l'on appelle souvent le *langage* des bêtes

IV.

APPLICATIONS

117. L'association et le langage. — Chaque mot du langage représente une association très complexe qu'il est interessant d'analyser

Le mot est composé d'eléments plus simples, les syllabes et les lettres, dont chacune est pour l'oreille un son, pour les organes vocaux un mouvement articulatoire, pour l'œil une forme visuelle et pour la main qui l'écrit une combinaison de mouvements.

L'enfant qui s'essaie à prononcer la lettre *t,* par exemple, s'efforce d'associer à la sensation auditive du son *l* les mouvements de la langue et des lèvres qui concourent à articuler le *l*

Le mot est fait d'une série de couples analogues de sensations auditives et de sensations de mouvements articulatoires Tel, par exemple, le mot *l, a, i, t, lait*

Ce n'est pas tout Le mot envisagé comme élément du langage n'est pas simplement l'association d'un son avec un mouvement d'articulation, car on rencontre des sujets parfaitement en état d'entendre et d'articuler un son et incapables pourtant de comprendre le mot qu'il représente Le mot suppose une association de ce premier couple sensitivo-moteur avec l'image des qualités sensibles dont l'ensemble forme tel objet perçu Au couple sensitivo-moteur s'en rattache donc un autre que nous appellerons, pour abréger, idéo-verbal Au son entendu ou articulé *lait* se relie l'image des qualités sensibles du lait, la représentation de cet aliment qu'est le lait

Chez les personnes qui ont appris à lire et à écrire, le mot représente, en outre, un ensemble de caractères visuels écrits ou imprimés ; l'association des mouvements des yeux nécessaires à la lecture et des mouvements du bras, de la main et des doigts nécessaires à l'écriture s'ajoute aux associations antérieures tout cet ensemble compliqué constitue le *mot*.

En conséquence, l'image du mot précédemment entendu ou prononcé, le mot *intérieur*, comme on l'appelle, dont le mot extérieur est le prolongement naturel, est une image complexe qui comprend une image des sons entendus image *auditive* ou *phonétique*, une image des *mouvements articulatoires* des lèvres, de la langue et du larynx, qui ont servi à prononcer le mot image *musculaire* ou *motrice* de la parole ; une image des caractères lus et des contractions des muscles de l'œil nécessaires pour lire image *visuelle* et *musculaire*, enfin, une image des mouvements de la main necessaires pour ecrire image *tactile* et *motrice* de l'ecriture, ou image *graphique*

Les cas d'*aphasie auditive* ou de surdité verbale, d'*aphasie motrice* ou d'*aphemie*, d'*alexie*, d'*agraphie* decrits plus haut mettent merveilleusement en relief cette complexité etonnante des termes du langage

Tantôt, ces différentes images paraissent avoir une importance à peu près égale dans la memoire il en est ainsi, sans doute, chez la plupart des personnes , tantôt, l'une d'elles predomine au point de reléguer dans l'ombre ou même dans l'inconscience les images congénères il en est ainsi, par exemple, chez certains joueurs qui, les yeux fermés, peuvent conduire une ou même plusieurs parties d'échecs [1]

Mais ces images elles-mêmes, nous l'avons dit, ne forment, dans leur complexité si merveilleuse, qu'une association surajoutée à celle que le travail spontané du sens central avait déjà préalablement établie entre les différentes qualités sensibles qui concourent à former l'objet total d'une perception.

Le jeune enfant, avant d'avoir acquis l'usage de la parole, a déjà pu associer les images d'un objet, par exemple, les images du doux, du liquide, du blanc opaque, de la faim et de la soif satisfaites. Mettez sur une table à sa portée, entre autres objets, quelque chose de brillant contenant un liquide opaque, blanc, il etendra les bras et poussera des cris jusqu'à ce qu'on lui donne son biberon [2] La perception du

---

[1] Il ne faudrait donc pas insister d'une façon trop exclusive sur *l'*imagination ou sur *la* mémoire, comme si elle était une faculte identique chez tous , comme nous le disions ci-dessus (48), il se rencontre des types différents d'imagination ou de mémoire, ou, si l'on veut, *des* imaginations ou *des* memoires Voir Planche III, fig 6 Cfr Ballet, *Le langage intérieur* , Stricker, *Du langage et de la musique* , Ribot, *Les maladies de la memoire*

[2] Preyer, *L'âme de l'enfant*, p 354

liquide blanc reveille chez lui l'image visuelle correspondante, celle-ci fait revivre l'image gustative du doux, le souvenir de la satisfaction que lui a procuree l'apaisement de la faim et de la soif, et ainsi l'image visuelle d'un liquide blanc opaque devient insensiblement pour l'enfant le signe naturel d'une chose qui apaise la faim, de ce qu'il appellera plus tard du nom plus général de nourriture ou d'aliment

Lorsque dans la suite, en présentant le biberon à l'enfant, on articulera à ses oreilles le mot *lait*, il s'ajoutera, au groupe d'images deja constitué dans l'âme de l'enfant pour representer ce qui apaise la faim, une image nouvelle, l'image auditive de la sensation *lait*, a partir de ce moment, la perception du son *lait* suffira a reveiller le groupe entier d'images, tout comme un autre element quelconque du groupe naturel prealablement formé réveillera à son tour l'image auditive *lait* avec les autres images du groupe complet

Plus tard, lorsque l'enfant apprendra à lire et à ecrire, deux nouvelles images, l'image visuelle du signe *lait* et les images tactile et motrice de la main qui écrit le signe *lait*, viendront s'associer au groupe antérieur, de sorte que le groupe complet représentant le lait comprendra, outre les images de sucré, de liquide, de blanc opaque, etc, l'image *auditive* du son entendu *lait*, l'image *visuelle* des caracteres graphiques *lait* et la double image *motrice* de l'*articulation* et de l'*écriture* du même mot.

On voit combien l'association est puissamment à l'œuvre dans la formation du langage

Nous la retrouverons dans la vie animale

118. Applications à la psychologie animale. — Les associations ne sont pas, d'une maniere exclusive, propres à l'homme.

Ainsi, par exemple, les rudes interjections que le charretier adresse à ses chevaux ont pour effet d'associer chez l'animal à tel ou tel cri entendu l'image de tel ou tel mouvement déterminé, d'un mouvement à droite ou à gauche, accéléré ou ralenti

Dresser un animal, c'est associer artificiellement certains mouvements de l'animal à certains cris du maître, de façon que la perception du geste ou du cri du maître réveille l'image des mouvements à exécuter Pour établir ces sortes d'associations, on prend l'animal par ses instincts, on tire habilement parti de son désir de bien-être et de sa peur naturelle de la souffrance physique

Voilà un chien qui se dresse sur ses deux pattes de derriere, lorsque son maître lève l'index en prononçant le mot *Présentez !* L'animal s'avance, les pattes de devant en l'air, on croirait voir un soldat présentant les armes avec la conscience du rôle qu'on lui fait jouer

Qu'a-t-il fallu pour cela? Associer un certain nombre de fois une victuaille ou une caresse au mouvement commandé, au geste et à la voix du commandement, une correction au refus de se plier au dressage c'est tout le mecanisme de ce jeu piquant

Ainsi le charretier a associé certain mouvement de son cheval de trait à la sensation d'un coup de fouet et à la perception auditive d'une rude exclamation ; aujourd'hui que l'association est ancrée dans le cerveau de l'animal, le coup de fouet n'est plus nécessaire, l'exclamation suffit à reveiller l'image du coup de fouet et du mal sensible qu'il produit.

119. Loi de la dissociation des souvenirs. — Nous avons étudié l'association des actes psychiques et les conditions dans lesquelles ils s'organisent Nous devons rechercher s'il y a des lois qui président à leur dissociation et à leur extinction progressive.

La dissociation des actes psychiques, c'est la perte graduelle de la mémoire

La dissolution de la mémoire est générale ou partielle, suivant qu'elle porte sur la propriété de conserver et de reproduire les images en général, ou sur la conservation et la reproduction d'une variété ou même de différentes variétés d'images, telles que les images visuelles, auditives, etc

Dans les deux cas, l'amnésie progressive suit une loi [1])

En cas de dissolution générale « après une lésion cérébrale à marche envahissante », il a été constaté que la perte des souvenirs porte toujours en premier lieu sur les *faits récents* Cependant, à première vue, le contraire semblerait devoir se présenter, à l'état normal, en effet, les souvenirs les plus voisins du présent sont les plus nets

Puis, ce sont les connaissances qui disparaissent, et de nouveau, ce qui est d'acquisition récente s'évanouit avant ce qui est d'acquisition plus ancienne, les souvenirs de l'enfance disparaissent les derniers

Alors se présente l'extinction des sentiments et des faits affectifs

On note que ce que le sujet garde le plus longtemps, ce sont les actes routiniers devenus presque automatiques l'habitude de se lever, de s'habiller, de se livrer au travail manuel, de jouer aux cartes avec habileté même, alors que jugement, volonté, affection ont disparu

Bref, le processus de dissociation des actes psychiques, en passant des faits les plus rapprochés du présent, aux connaissances, puis aux phénomènes affectifs, finalement aux actes quasi exclusivement organiques, suit une loi que M Ribot a appelée la *loi de régression ou de réversion* [2])

Cette loi affirme que l'amnésie descend progressivement de l'instable au stable

[1]) Th Ribot, *Les maladies de la mémoire,* ch II, § III
[2]) *Ibid* , pp 94 et suiv

L'instable, en effet, c'est le fait récent, « mal fixe dans les éléments nerveux, rarement répété, qui a donc la base organique la plus faible »

Le stable, au contraire, c'est l'acte devenu quasi automatique, ancré dans le cerveau, tombe sous la dépendance des centres inférieurs, il survit à l'atrophie de l'écorce cérébrale et de la substance blanche L'acte automatique a donc la base organique la plus résistante à la désagrégation

De là aussi un autre énoncé de la loi de régression *L'amnésie suit la ligne de la moindre résistance, c'est-à-dire de la moindre organisation* [1])

Reste à faire la contre-épreuve de la loi de régression fournie par l'observation Apparemment, « si la mémoire lorsqu'elle se défait suit la marche invariable qui vient d'être indiquée, *elle doit suivre une marche inverse lorsqu'elle se refait* les formes qui disparaissent les dernières, doivent reparaître les premières »

Or, de fait, il en est ainsi La preuve est difficile, vu le manque d'observations, et le peu de fréquence des guérisons dans les cas de perte de mémoire progressive, cependant certains faits significatifs peuvent être invoqués

Taine cite le fait suivant

« Un astronome russe célèbre oublia tour à tour les événements de la veille, puis ceux de l'année, puis ceux des dernières années, tant qu'il ne lui restait plus que le souvenir de son enfance par un arrêt soudain et un retour imprévu, la lacune se combla en sens inverse, les événements de la jeunesse redevenant visibles, puis ceux de l'âge mûr, puis les plus récents, puis ceux de la veille » [2])

Jusqu'à l'heure actuelle donc la loi de régression peut être tenue pour vraie D'autant plus, qu'elle a son pendant dans une loi biologique « C'est un fait bien connu que les structures formées les dernières, sont les premières à dégénérer. » Dans l'ordre biologique

---

[1]) *Les maladies de la mémoire*, p 95
[2]) *De l'intelligence*, t I, liv 2, ch 2, § 4 — M Ribot cite un second cas, d'après les *Mémoires de l'Académie de médecine*, t IV, p 489

encore, la dissolution va du complexe au simple « Nous avons constaté ces deux faits dans la dissolution de la mémoire, *le nouveau périt avant l'ancien, le complexe avant le simple* »[1])

Quant aux dissolutions partielles, elles sont également soumises à la même loi de régression Le genre le mieux étudié de ces dissolutions partielles, c'est l'oubli des signes Par signes on entend ici tout moyen dont l'homme se sert pour exprimer ses sentiments et idées paroles, cris, écriture, gestes

« L'amnésie des signes descend des noms propres aux noms communs, de là aux adjectifs et aux verbes c'est le langage rationnel ; puis, au langage émotionnel ou langage des sentiments, enfin et rarement aux gestes »[2])

Ici encore une fois la dissociation se fait « du moins organisé au mieux organisé, du plus complexe au plus simple, du moins automatique au plus automatique »

En cas de retour « des signes », l'organisation progressive se fait en sens inverse de la désorganisation Les cas observés sont peu nombreux, mais quelques-uns sont typiques et décisifs

Le Dr Grasset[3]) a rapporté le cas d'un homme « atteint d'une impossibilité complète de traduire sa pensée, soit par la parole, soit par l'écriture, soit par les gestes Dans les jours suivants, on vit reparaître peu à peu, la faculté de se faire comprendre par gestes, puis par la parole et l'écriture »

La loi de régression formulée plus haut, semble donc bien présider à la dissociation des souvenirs

Il eût été assez naturel de parler ici de certains états psychologiques tels que le rêve, la folie, le somnambulisme, les suggestions hypnotiques, qui tiennent de près à l'association des images, mais nous croyons que l'on en comprendra mieux la signification après que nous aurons étudié les manifestations supérieures de l'intelligence et de la volonté

Nous avons rendu compte d'une première partie des faits plus ou moins merveilleux que l'on aime à citer en preuve de « l'intelligence » des animaux ; nous allons rencontrer sous le nom d' « instinct » un autre département de la psy-

---

[1]) *De l'intelligence*, p 99
[2]) *Ibid*, p 137
[3]) *Revue des sciences médicales*, 1873, t II, p 648 — R i b o t, p 138

chologie animale ou l'on veut parfois trouver des indices
d' « intelligence »

§ 6

Étude spéciale du sens estimatif expérience et instincts de l'animal

SOMMAIRE — 120 Définitions de termes — 121 L'expérience
sensible des animaux — 122. Les instincts des animaux —
123 Nature et origine des instincts Hypothèses mécanicistes
— 124 Une interprétation de Flourens — 125 Les caractères
psychique et intentionnel de l'instinct — 126 L'hypothèse du
« rêve inné » de Cuvier — 127 Essai d'explication

120. Définitions de termes. — La plupart des auteurs,
soit naturalistes soit psychologues, tombent d'accord que la
perception et l'association n'expliquent pas toute la psychologie animale

L'animal a le sens de ce qui lui est agréable ou desagreable,
de ce qui lui est utile ou nuisible on le voit rechercher son
bien-être, fuir la douleur et le danger

Les scolastiques appelaient « *estimative* » le pouvoir que
possède l'animal de discerner entre ce qui lui est sensiblement bon et ce qui lui est sensiblement mauvais Saint
Thomas désigne aussi ce pouvoir sous le nom de « *prudence
animale* », nous pourrions traduire ces expressions en
français « *le sens du bien-être* »

Des mouvements commandés par le sens du bien-être, les
uns sont uniformes chez tous les representants d'une même
espèce, et devancent l'expérience individuelle , les autres
presentent une certaine souplesse et s'apprennent par l'exercice On attribue souvent les premiers a *l'instinct*, les seconds
a *l'intelligence* [1])

---

[1]) F l o u r e n s, par exemple, s'exprime en ces termes « Il y a chez
l'animal ce qui se fait sans l'avoir appris, et cela tient a *l'instinct*, et il y
a ce qui se fait pour l'avoir appris, et ceci tient à *l'intelligence*, a une
certaine dose d'intelligence Enfin, bien au-dessus, infiniment au-dessus
de *l'instinct* et même de *l'intelligence* des bêtes, il y a l'intelligence de

Mais le mot *intelligence* est fort élastique. Ceux qui l'emploient se rendent compte que l'intelligence humaine possède sur celle de la bête une supériorité qui mérite bien un nom ou un qualificatif spécial et, pour marquer cette supériorité, ils attribuent volontiers à l'animal « une certaine intelligence » tandis qu'à l'homme ils attribuent l'intelligence tout court ; à l'intelligence humaine ils donnent pour synonymes « la *raison* », des attributs « *moraux* »

Ces équivoques sont fâcheuses et les correctifs employés pour y remédier sont insuffisants

La *moralité* présuppose l'intelligence, mais ne la constitue pas

La *raison* est l'intelligence considérée comme pouvoir de raisonner [1])

Ne vaudrait-il pas mieux conserver au mot *intelligence* sa signification traditionnelle : le pouvoir de saisir l'abstrait et l'universel ? [2])

L'animal ne possède, à aucun degré, l'intelligence ainsi définie

On appellerait *sens du bien-être* le pouvoir qu'il a de discerner entre ce qui flatte les sens ou les contrarie, entre ce qui lui est utile ou nuisible.

l'homme, la *raison humaine* La raison s'élève de l'*intellectuel* au *moral* Le *moral* n'appartient qu'à l'homme » *De la vie et de l'intelligence*, 1858, pp 71-78 — de Quatrefages écrit à son tour : « Ce n'est pas dans les phénomènes d'ordre *intellectuel* qu'il faut chercher ce qui nous sépare essentiellement des animaux Il est parfaitement évident que les animaux *raisonnent* et ont, jusqu'à un certain point, *conscience* de leurs actes, ils sont donc *intelligents* En revanche, la *moralité* et la *religiosité* sont deux facultés dont on n'aperçoit pas de traces chez les animaux et qui ont trop de rapports entre elles pour qu'on ne les rattache pas à une même cause, l'*âme humaine* »*Histoire générale des races humaines*, Introduction, p 5

[1]) Malebranche appelle *raison* ce que les anciens scolastiques appelaient à un titre spécial l'intelligence : le pouvoir de connaître immédiatement les principes

[2]) Cette définition sera développée et justifiée dans la troisième Partie.

Les mouvements commandés par le sens de son bien-être s'appelleraient *instinctifs* ou *d'expérience*, selon qu'ils sont antérieurs à l'expérience individuelle ou qu'ils dépendent d'elle. *L'instinct* désignerait l'impulsion, antérieure à l'expérience individuelle, qui détermine l'animal à accomplir certains mouvements uniformes utiles à l'espèce. *L'expérience sensible* désignerait le pouvoir qui se développe et s'étend par l'exercice, en vertu duquel l'animal discerne ce qui est favorable ou défavorable à son bien-être et dirige en conséquence les démarches plus ou moins variées de sa vie individuelle.

121. L'expérience animale. — Les actes de la vie animale dans lesquels l'expérience individuelle intervient pour une certaine part, sont connus. Le chien, le chat, le cheval font beaucoup de choses qu'ils ne faisaient pas à leur naissance, qu'ils ont apprises, que nous leur avons apprises; il y a dans leurs actes de tous les jours une certaine variété provoquée par la diversité des mobiles qui sollicitent ou contrarient leur désir de bien-être.

Voyez, par exemple, les allées et venues de ce chien qui veut pénétrer, à l'heure du repas, dans la salle à manger. Il flaire l'odeur des mets, il entend la voix des maîtres, mais les portes sont closes. Il gratte à la porte, la pousse de ses pattes, s'agite, court d'une porte à l'autre, s'impatiente, aboie, hurle, jusqu'au moment où, la porte étant entr'ouverte, il saute dans la salle et va caresser ceux dont il attend sa part du repas familial.

Le but visible des mouvements du chien est une satisfaction sensible: apaiser sa faim. Tous les mouvements sont commandés par le désir de cette jouissance sensible et dirigés par la perception des rapports qu'il y a entre cette jouissance et les mouvements qui pourront la procurer.

La *perception de rapports concrets* est l'origine de l'expé-

rience animale Il serait arbitraire de la refuser aux animaux
Il n'est personne qui ne soit en état d'alléguer des exemples
dans lesquels la liaison des rapports présente même une
suite assez prolongée et un certain degré de complexité
Pierre Van Beneden aimait à citer le cas d'une guenon qui
jouait depuis longtemps avec un chat Les ongles du chat
avaient poussé et grattaient désagréablement la tête de la
guenon Or, on vit un jour la vieille mère prendre dans ses
bras son petit compagnon et lui mordre les ongles —
J'ignore si le fait est rigoureusement exact, mais j'incline à
l'admettre car, au fait, il ne présente rien d'invraisemblable
La série des actes assez compliqués de la guenon formerait
un bel exemple de ce que Leibniz appelle d'un mot heureux
« les consecutions des bêtes » [1])

Mais il importe de remarquer le caractère distinctif de ces
« consecutions » Elles rattachent à un but *concret* des actes
concrets , la relation entre ces actes et ce but est *concrète*
Jamais, par contre — nous l'établirons dans la troisième
Partie, lorsque nous y comparerons les actes de l'homme
à ceux des animaux, — nous n'observons chez la bête un
acte qui présuppose une connaissance abstractive et universelle, c'est-à-dire de l'intelligence

Ceux qui n'ont pas nettement présent à l'esprit ce critérium
sont exposés à interpréter de travers certains traits parfois
frappants de la vie animale Ainsi William James [2]) rapporte
le trait suivant Un monsieur, voulant faire une promenade
en barquette, trouve que la barquette est mouillée, sale et,
à force de gestes, cherche à faire comprendre à son chien
qu'il a besoin de l'éponge dont il se sert d'habitude pour
la nettoyer Le chien partit, paraît-il, et revint avec l'éponge
N'est-ce pas de l'intelligence ?

---

[1]) Leibniz, *Nouveaux essais sur l'entendement humain*, II, ch XI
et XXXIII
[2]) *Principles of Psychology*, II, 349

Non, car il n'y a en tout cela qu'une perception de rapports concrets

Suppose, au contraire, que le chien n'eût pas trouvé l'éponge dont son maître avait coutume de se servir et que, faute d'éponge, il eût rapporté un torchon dont il n'avait jamais vu son maître faire usage, la démarche du chien eût offert une signification tout autre Elle eût prouvé, en effet, que dans l'éponge et dans le torchon, l'animal n'apercevait pas seulement deux choses concrètes, mais qu'il en abstrayait une propriété commune aux deux, celle « d'absorber l'eau ». Le pouvoir de remarquer que deux ou plusieurs choses possèdent une même propriété et, par conséquent, ont par rapport à un même but le même caractère de moyen utile, c'est un pouvoir d'abstraire et de généraliser Nous l'appelons *intelligence* Nous disons, et prouverons *ex professo* ailleurs, que l'homme en a le monopole

122. Les instincts des animaux. — L'instinct est une impulsion, antérieure à toute expérience individuelle, qui détermine l'animal à accomplir certains actes extérieurs, uniformes, coordonnés, utiles à l'espèce

1° L'instinct est une impulsion *native, antérieure à toute expérience individuelle* c'est ce qui frappe surtout dans les opérations instinctives Nous avons entendu Flourens appuyer sur ce caractère pour opposer l'instinct à l'intelligence Nous avons eu, disait le savant physiologiste, un exemple curieux de « l'innéité » de l'instinct Un jeune castor avait été pris sur les bords du Rhône, à peine venant de naître, il fut transporté et allaité artificiellement au Jardin des Plantes à Paris Ce jeune castor n'avait point vu ses parents et par conséquent n'en avait rien appris Dès son arrivée au Jardin il avait été mis dans une cage et par conséquent n'avait pas besoin de cabane Cependant, dès qu'il put se procurer les matériaux nécessaires, de la terre, de l'eau, des branches, il se mit à bâtir une cabane, et, du premier coup, il la bâtit aussi solide et aussi bonne que les castors les plus exercés

Il en va de même chez les autres espèces animales : avant d'avoir rien appris, l'araignée fait sa toile, le ver à soie son cocon, l'oiseau son nid L'oiseau né dans une cage, élevé en captivité, s'il est mis en liberté se construira le même nid que celui de ses parents, avec les mêmes matériaux, de la même forme, sur la même espèce d'arbre, etc Lorsque des œufs de canard couvés par une poule éclosent, les petits canetons se jettent dans l'eau voisine, malgré les cris d'angoisse de leur mère adoptive

2° L'instinct est une *impulsion* le mot le dit, car *instinct* (de *in-stinguere*, ἐ͂ σ-ίζω) signifie étymologiquement une incitation aiguë, une stimulation interne L'exemple du castor qui se bâtit une cabane sans en avoir besoin, fournit déjà une première preuve du caractère impulsif de l'instinct. Henry Joly cite cet autre fait caractéristique :

Une chenille a filé le premier tiers de son réseau, on l'enlève à ce réseau pour la placer dans un autre, achevé jusqu'aux deux tiers Va-t-elle mettre à profit la partie de son ouvrage qu'elle trouve toute faite par avance ? Au contraire, elle paraîtra très embarrassée, pour compléter le réseau d'emprunt, elle semblera ne pouvoir partir que du premier tiers où elle a laissé le sien, et elle s'essayera en vain à refaire l'ouvrage déjà terminé Ce fait ne nous montre-t-il pas la chenille sous la pression d'une force irrésistible ? [1]

M Fabre, qui a passé quarante ans à étudier les mœurs des insectes, rapporte l'observation suivante

Voici des cellules d'abeilles qui contiennent déjà du miel Je les perce, au fond, d'un trou par lequel les provisions suintent et se perdent
Leurs propriétaires récoltent
Le lecteur s'attend peut-être à une réparation immédiate, réparation très urgente, car il y va du salut de la larve future

[1] H Joly, *L'homme et l'animal*, p 164.

Qu'on se detrompe celui qui récolte continue de récolter, comme si rien d'extraordinaire ne se passait

Pendant trois heures consécutives j'assiste à cet étrange spectacle l'hyménoptère, très actif pour son travail actuel, néglige de mettre un tampon à ce tonneau des Danaides Il s'obstine à vouloir remplir son récipient percé, d'où les provisions disparaissent aussitôt déposées

Il alterne à diverses reprises le travail de maçon et le travail de récolteur, il exhausse par de nouvelles assises les bords de la cellule, il apporte des provisions que je continue à soustraire pour laisser la brèche toujours en évidence Il fait sous mes yeux trente-deux voyages, tantôt pour le mortier et tantôt pour le miel, et pas une fois il ne s'avise de remédier à la fuite du fond de son pot [1])

3º L'instinct pousse à des actes *exterieurs* L'usage veut que l'on ne rapporte pas à l'instinct des actes internes, tels que les fonctions internes de la nutrition, la digestion, la circulation, la formation des tissus, mais nous lui attribuons les mouvements *extérieurs* que fait l'animal pour la recherche ou pour la prehension des aliments

4º L'impulsion instinctive a pour objet des actes *uniformes*

Il ne serait pas exact de dire que les actes accomplis par tous les individus d'une même espèce animale sont toujours *absolument* identiques

L'instinct n'exclut pas une certaine variabilité, un certain degré de plasticité, le loriot, par exemple, emploie dans la construction de son nid des fils tisses par la main de l'homme, or, on peut indiquer la date où l'homme a commencé a tisser, voilà donc un instinct évidemment *acquis* Des perdrix du Canada, qui se couvrent ici d'un petit auvent, ont, sous un ciel plus doux, supprime cet abri inutile [2]) On sait que certaines fourmis ont l'etrange habitude de soumettre à un véritable esclavage, pour se faire servir par elles, d'autres espèces du même ordre, et c'est toujours la

---

[1]) H Fabre, *Nouveaux souvenirs entomologiques,* pp 168-169 Paris, Delagrave, 1882

[2]) Fouillee, *Revue des Deux-Mondes,* octobre 1886

même espèce qui sert d'esclave à la même espece de fourmis jouant le rôle des vainqueurs. Or, un habile observateur, Forel, parvint par d'adroits procedés à amener des fourmis esclavagistes à soumettre à la domestication des espèces toutes différentes, auxquelles elles ne s'adressaient jusque-là que pour leur faire une guerre sans merci [1]

Mais, réserve faite de ces modifications d'ailleurs secondaires, il reste vrai que les actions instinctives des animaux d'une même espece sont semblables et constamment uniformes

Les jeunes ecoliers qui font l'école buissonniere reconnaissent toujours a coup sûr les nids de fauvettes ou de pinsons, de mesanges ou d'alouettes Voyez les cellules hexagonales des abeilles, les galeries souterraines de la taupe, la façon de chasser du loup, du renard ou du chien la ressemblance n'est-elle pas générale et persistante chez tous les individus de l'espèce et n'est-ce pas une ressemblance voisine de l'identité ?

5° Les actes determines par l'instinct sont *coordonnés*

Ils sont souvent d'une complication extrême et merveilleusement ingénieux Prenons deux exemples typiques

C'est un problème de mathématiques très curieux de déterminer sous quel angle précis les trois plans qui composent le fond d'une cellule d'abeille doivent se rencontrer pour offrir la plus grande économie ou la moindre depense possible de materiaux et de travail Ce problème appartient à la partie transcendante des mathematiques, observe Reid, Maclaurin l'a résolu et a trouvé que cet angle est celui sous lequel les trois plans du fond de la cellule se rencontrent en réalite dans la construction des abeilles

Un geomètre suisse a essayé de demontrer que la géométrie des abeilles était imparfaite, Lord Brougham a repris le problème et a démontré, dit Janet, que c'étaient les abeilles qui « avaient raison » [2]

L'instinct, peut-être le plus remarquable du monde, aux yeux de

[1] Cfr. Maisonneuve, *Compte rendu du Congres scientifique des catholiques, 1891, section d'Anthropologie*, pp 51 et suiv

[2] Janet, *Les causes finales*, p 110

Romanes, est celui de certains hyménoptères, notamment des Ammophiles si patiemment étudiées par H Fabre Leur larve ne s'accommode que de chair fraîche, il faut donc mettre à sa portée un gibier qui reste vivant, mais qui soit incapable de lui nuire La solution du problème consiste à paralyser la victime sans la tuer, ce qui ne peut se faire qu'en piquant ou en comprimant certains centres nerveux Voyons comment l insecte s'y prend pour y réussir

L'ammophile nourrit sa larve d'un ver gris de belle taille qui, au lieu de se laisser dévorer, dévorerait lui-même cette larve s'il n'était paralysé Que fait-elle ? Elle saisit le ver par la nuque, elle commence par plonger son aiguillon dans l'articulation qui sépare le premier anneau de la tête, sur la ligne médiane et ventrale, en un point où la peau est plus fine Le dard séjourne dans la blessure avec une certaine persistance C'est là, paraît-il, le coup essentiel, qui doit dompter le ver gris et le rendre plus maniable

L'opérateur happe ensuite la chenille par la peau du dos, un peu plus bas que précédemment, et pique le second anneau, toujours à la face ventrale On le voit alors graduellement reculer sur le ver gris, saisir chaque fois le dos un peu plus bas et chaque fois plonger l'aiguillon dans l'anneau suivant Ce recul de l'insecte et cet enlacement du dos par degrés, un peu plus en arrière à chaque reprise, se font avec une précision méthodique comme si le chasseur aunait son gibier A chaque recul, le dard pique l'anneau suivant Ainsi sont blessés neuf anneaux ; en tout, neuf coups d'aiguillon sur neuf centres nerveux de la victime, quatre segments, les quatre derniers, sont invariablement négligés [1])

Ainsi s'achève l'opération paralysatrice sans que la victime soit réduite à l état de cadavre.

N'est-ce pas d'une habileté chirurgicale consommée ?

6° Enfin, les actes instinctifs offrent tous un caractère d'*utilité* ils sont profitables à la conservation ou à la défense soit de l'individu, soit de l'espèce

Telle est, en raccourci, la description des instincts animaux Quelle est, d'après cela, la *nature* de l'instinct ? Quelle est, en conséquence, son *origine ?*

123. Nature et origine des instincts. Hypothèses mécanicistes. — Une première question se pose. Les instincts des animaux sont-ils aveugles, ou une certaine connaissance préside-t-elle à leurs opérations ?

[1]) J H Fabre, *ouv cite*, pp 20-27.

L'exemple de la chenille qui s'essaie en vain à filer une partie de réseau déjà terminée, celui des abeilles qui s'obstinent à remplir de miel des cellules perforées, tendraient à faire croire que les opérations instinctives se font sans représentation préalable ni du but à atteindre, ni des moyens qui doivent y conduire

Nous savons, par notre expérience personnelle, que des actions qui, à l'origine, nous demandèrent un grand effort d'attention sont devenues, grâce à l'habitude, machinales, en tout semblables à des réflexes inconscients. Il en est ainsi de la marche, de l'écriture, du jeu de piano, etc. Quoi de plus naturel que d'assimiler les opérations instinctives des animaux à ces actions machinales ? D'après cette interprétation, les instincts devraient leur origine à des actes d'intelligence devenus héréditaires et transformés ainsi graduellement en actions mécaniques, ils seraient en quelque sorte de l'*intelligence mécanisée*

Lamarck, Herbert Spencer, Darwin, Romanes adoptent en principe cette théorie et l'appliquent soit à tous les instincts, soit à ceux qu'ils appellent secondaires

Weissmann a contesté, on le sait (**36**), la transmissibilité des caractères acquis par l'individu Selon lui — et plusieurs naturalistes ont amendé la théorie darwinienne d'après ces vues du biologiste allemand, — les instincts seraient le résultat d'ajustements nerveux automatiques, dus exclusivement à des circonstances fortuites, « sans qu'aucune conscience intelligente de l'animal, au cours des générations successives, y ait contribué » [1])

---

[1]) D a r w i n, *Descendance de l'homme*, I, ch. II Darwin attribue ainsi les instincts « primaires » à des variations fortuites produites par les circonstances extérieures générales, telles que la nourriture, le climat, etc puis conservées et propagées grâce à la sélection naturelle les instincts « secondaires » seuls seraient, d'après lui, attribuables à l'intelligence Voici ses paroles « Il est très possible que certains instincts doivent leur origine à des actes d'intelligence devenus héréditaires et trans-

Quoi qu'il en soit de la première origine « intelligente » ou « inintelligente » des instincts, tous les darwinistes ou neo-darwinistes sont d'accord aujourd'hui pour concevoir l'instinct comme une combinaison de mouvements ancrée dans l'organisme animal et dont l'exercice est assimilable en tous points à un jeu d'actions réflexes

« L'instinct, écrit Herbert Spencer, peut être décrit comme une action réflexe composée, c'est un ordre supérieur d'ajustements nerveux automatiques La différence entre les actions qui nous sont propres et celles de l'instinct, par exemple, du gobe-mouches nouvellement éclos, qui attrape avec le bec un insecte, consiste en ceci, c'est que, tandis que chez nous, les combinaisons d'impressions et de mouvements étant presque infiniment variées et ne se répetant qu'avec une rareté relative, elles ne sont pas congénitales mais se sont développées dans le cours de nos premières années, au contraire, chez le gobe-mouches, dans la race duquel une combinaison spéciale est perpétuellement répétée par chaque individu durant sa vie, une telle combinaison est promptement organisée »[1]

Mais cette interprétation mécanique des instincts est inadmissible.

1° D'abord, elle n'est point prouvée

Le fait que la chenille et l'abeille accomplissent un travail inutile a besoin d'être complété Les observateurs qui le décrivent en font la remarque Si au lieu d'apporter le désordre dans une œuvre déja *faite*, vous l'apportez à une œuvre qui *se fait*, l'animal sera en état de parer à l'accident Ainsi, par exemple, une araignée tisse sa toile, vous la déchirez, elle la réparera

formes ainsi graduellement en actions mécaniques Mais la plupart des instincts plus complexes paraissent avoir été acquis d'une manière toute differente, par une sélection naturelle des variations d'actes instinctifs plus simples Chez les animaux inférieurs, l'aptitude à accomplir certains actes instinctifs plus simples aura été acquise, pas à pas, par la variabilité des organes mentaux et par la sélection naturelle, sans qu'aucune conscience intelligente de l'animal dans chaque génération y ait contribué »

[1] *Principles of psychology*, I, § 194

« Voici, écrit M Fabre, une abeille qui construit une cellule,
elle en est aux premières assises de la maçonnerie, la cellule n'est
encore qu'un godet de peu de profondeur sans provision aucune
Je perce le fond de la tasse et l'insecte s'empresse de boucher le
trou L'accident intéresse la partie du travail dont l'hyménoptère
est occupé à l'instant même, c'est un vice de construction, le maçon
le corrige sans devoir sortir de son travail actuel C'est seulement
lorsque l'accident a trait à une œuvre finie dont l'insecte n'a
plus normalement à s'occuper, que l'insecte sera incapable d'y
remédier » [1]

L'analogie avec les actions que, sous l'empire de l'habitude, nous exécutons d'une façon machinale n'est pas pro-
bante D'abord, en effet, comparaison n'est pas raison
Ensuite, une action dite vulgairement *machinale* ne peut
être, en toute rigueur, identifiée à une action *mécanique* La
marche, l'écriture, le jeu des doigts sur les touches d'un
piano ne sont pas de purs reflexes, une intention consciente
les précède et, d'une façon sourde, les dirige et les soutient
tant qu'ils s'exécutent

Donc l'hypothèse darwinienne manque de fondement
« Je vois bien de grands mots, écrit à ce sujet M Fabre, on
invoque la sélection, l'atavisme, mais je préférerais quelques
tout petits faits Ces petits faits, depuis bientôt une quaran-
taine d'années, je les recueille, je les interroge, et ils ne
répondent pas précisement en faveur des théories courantes » [2]

2° Les faits déposent contre l'interprétation mécanique
des instincts

a) Examinons un exemple de près

Il faut une foi singulièrement robuste pour admettre, par
exemple, que le hasard ait pu amener l'ammophile à plonger son
dard neuf fois de suite avec une précision méthodique, juste dans
les centres nerveux de sa victime, que le souvenir de ce premier
succès se soit fixé dans sa mémoire, à l'exclusion du souvenir de

[1] *Ouv cit*, loc cit
[2] *Ouv cit*, p 48

Psychologie.

ses insuccès qui ont dû être infiniment plus fréquents ; et que la transmission de ce souvenir ait pu engendrer chez ses descendants une habitude nerveuse prédominante jusqu'à devenir fatale

Lorsque, pour la première fois, l'ammophile s'est trouvée en présence de sa chenille, rien, d'après la théorie Darwinienne, ne pouvait diriger l'aiguillon Les coups de dard devaient s'adresser à la face inférieure, aux flancs, à l'avant, à l'arrière, indistinctement, d'après les chances d'une lutte corps à corps

Or, combien y a-t-il de points dans un ver gris, a la surface et à l'intérieur ? La rigueur mathématique répondrait une infinité, il nous suffit de quelques cents Sur ce nombre, neuf points sont à choisir , il faut que l'aiguillon plonge là et non ailleurs , un peu plus haut, un peu plus bas, un peu de côté, il ne produirait pas l'effet voulu.

Quelle est la probabilité que le hasard amènera la série des neuf coups nécessaires pour paralyser la victime ? La chance est si faible, répond le calcul, qu'autant vaut la noter zéro et dire que l'arrangement attendu n'arrivera pas

Et cependant la théorie exige qu'il arrive Et il ne suffit pas qu'il arrive une fois, de loin en loin une fois, il faut qu'il se répète coup sur coup et cela dans une même vie d'ammophile, sinon il ne se formerait pas d'habitude transmissible aux générations suivantes

Il y a plus l'instinct de l'ammophile n'est pas de ceux qui peuvent se développer par degrés « L'art d'apprêter les provisions de la larve, observe spirituellement M Fabre, ne comporte que des maîtres et ne souffre pas des apprentis , l'hyménoptère doit y exceller du premier coup ou ne pas s'en mêler Deux conditions, en effet, sont de nécessité absolue possibilité pour l'insecte de traîner au logis et d'emmagasiner un gibier qui le surpasse beaucoup en taille et en vigueur , possibilité pour le vermisseau nouvellement éclos de ronger en paix, dans l'étroite cellule, une proie vivante et relativement énorme L'abolition du mouvement dans la victime est le seul moyen de les réaliser, et cette abolition, pour être totale, exige des coups de dard multiples. un dans chaque centre d'excitation motrice

» Si la paralysie et la torpeur ne sont pas suffisantes, le ver gris bravera les efforts du chasseur, luttera désespérément en route et ne parviendra pas à destination , si l'immobilité n'est pas complète, l'œuf, fixé en un point du ver, périra sous les contorsions du géant Pas de moyen terme admissible, pas de demi-succès Ou bien la chenille est opérée suivant toutes les règles, et la race de l'hyménoptère se perpétue , ou bien la victime n'est que partiellement paralysée, et la descendance de l'hyménoptère périt dans l'œuf » [1]

[1] *Ouv cité*, pp 50-51

b) Darwin lui-même a loyalement avoué la difficulté d'attribuer les instincts merveilleux des fourmis et des abeilles « ouvrières » à une transmission héréditaire d'expériences acquises

On sait que les merveilleux instincts des fourmis et des abeilles sont accomplis par les « ouvrières », c'est-à-dire par ceux de ces insectes qui sont stériles Quelles que soient donc les habitudes qu'ils ont pu contracter, l'intelligence qui a pu dicter, jadis, leurs premières créations, il est certain qu'ils n'ont pu en transmettre le mécanisme à une progéniture qu'ils n'ont pas

Les mâles des abeilles naissent d'un œuf fécondé comment donc les habitudes de ces mâles auraient-elles pu se transmettre aux mâles des générations suivantes, et pourquoi ne se transmettent-elles pas aux ouvrières qui naissent, elles, d'un œuf fécondé ?

Chez les mêmes animaux et chez d'autres, il est des instincts qui ne se manifestent qu'*une seule fois* dans la vie de l'individu , ainsi le vol nuptial, comment admettre qu'un acte qui n'a eu lieu qu'une fois puisse non seulement devenir automatique, mais encore se transmettre à l'infini, avec une sûreté et une précision défiant toute critique ?

Certains instincts se manifestent, chez les animaux, *au moment de la mort* , comment, si l'animal meurt aussitôt après, a-t-il pu les transmettre ?

On voit apparaître, *après la ponte*, certains instincts bien connus (couvage, soin des œufs, etc), comment ceux-ci ont-ils pu se transmettre chez les animaux qui ne pondent qu'une fois dans leur vie et ne peuvent par conséquent transmettre à la progéniture d'une seconde ponte les habitudes prises lors de la première ?

Certains instincts paraissent, il est vrai, facilement explicables par une association acquise et transmise la crainte du chien par le chat, du tigre par la gazelle, des ténèbres par l'homme, etc Voici cependant, dit M Claparède, une objection La première gazelle qui a vu un tigre a certainement été dévorée par lui, puisque, par hypothèse, elle ne possédait pas encore l'instinct qui devait la faire fuir à la vue de ce fauve — à moins que l'on ne fasse l'hypothèse assez hardie que ce n'est qu'une fois mordue ou griffée qu'elle s'est sauvée, pour transmettre à ses héritiers le fruit de son expérience Mais ne voit-on pas qu'alors il aurait fallu que cette gazelle échappât un grand nombre de fois à un tigre qui avait déjà la griffe sur elle, pour que la connexion créée soit assez forte pour s'imprimer dans les centres nerveux hypothèse absurde ! De même pour le chien et le chat, et pour l'homme qui a peur des ténèbres pour avoir associé à l'obscurité des ténèbres l'idée du danger des ours qu'il y rencontrait ! » [1])

[1]) Claparède, *L'association des idées* 142 P 15 1

c) Plusieurs faits déjà cités plus haut prouvent aussi que l'activité instinctive n'est pas le jeu fatal d'un mécanisme.

L'araignée qui répare sa toile déchirée, l'insecte qui pare à un accident survenu à la cellule qu'il construit, prouvent que les circonstances peuvent, dans une certaine mesure, déterminer une interruption dans le travail commencé, faire intercaler, dans une série d'actions en voie d'exécution, une œuvre devenue accidentellement nécessaire

Les changements apportés par le loriot à la construction de son nid, par la perdrix à son abri, par les fourmis à leurs habitudes de domestication, prouvent que l'instinct offre un certain degré de variabilité ou de plasticité.

Or, un jeu mécanique n'est susceptible ni de s'interrompre, ni de se compléter, ni de se modifier

Donc, les actions instinctives ne sont pas soumises exclusivement aux lois fatales de la mécanique [1])

Donc, enfin, il y a chez l'animal autre chose qu'un mécanisme Les opérations de l'instinct sont *dirigées par une certaine connaissance* et *déterminées* par une *intention*

Plus on serre les faits de près, mieux on voit les côtes faibles de l'hypothèse darwinienne L'accumulation fortuite de modifications heureuses protégée par la sélection naturelle ne rend compte ni de la série progressive des organismes, ni des merveilles des instincts Aussi y a-t-il aujourd'hui une tendance de plus en plus prononcée parmi ceux qu'effraye le spectre de la finalité interne, à remplacer l'hypothèse darwinienne des transformations lentes et continues, par celle des sauts brusques, instantanés

Mais le recours à ces suppositions fantaisistes est un saut dans l'inconnu.

---

[1]) On pourrait tirer un argument du même genre des faits rapportés par H o u z e a u sous le nom « d erreurs de l'instinct » *Etudes sur les facultés mentales des animaux*, t I, pp 262 et suiv Mons, 1872

124. Une interprétation illogique de Flourens. — Certains naturalistes avouent que les mouvements variés dont la vie de chaque individu du regne animal nous offre le spectacle, ne sont pas explicables par le jeu de reflexes plus ou moins compliqués Ils font donc appel, pour en rendre compte, à « l'intelligence » des animaux, mais les operations instinctives se feraient, selon eux, « sans intelligence »

Ainsi, le physiologiste Flourens, que nous avons déjà mentionne a propos de l'interpretation de l'instinct, ecrit « Ce que l'animal fait sans l'avoir appris, il le fait par instinct machinal, la ou il y a perception, la commence l'intelligence Quand l'araignee tisse sa toile, c'est l'instinct seul qui agit, quand sa toile est dechirée et qu'elle la répare, c'est l'intelligence qui l'avertit de l'endroit déchire, de l'endroit ou il faut que l'instinct agisse »

Il y a un manque évident de logique dans cette opposition entre certaines œuvres plus ou moins variables qui supposeraient de « l'intelligence » ou, disons mieux, de la spontanéite, et d'autres, instinctives, qui seraient purement machinales

Nous nous refusons à admettre qu'il faut de « l'intelligence » pour réparer une toile déchiree et qu'il n'en faut pas pour la construire tout entière Nous ne nous faisons pas à l'idée d'une industrie qui serait *tour à tour* aveugle et eclairée, automatique et intentionnelle [1]).

Qu'il s'agisse des œuvres uniformes de l'instinct, ou des actions plus ou moins variees qui s'y ajoutent, le probleme est essentiellement le même L'activité animale est-elle automatique ou commandee par une intention et dirigée par une connaissance sensible, en un mot, *spontanée*?

125 Les caractères psychique et intentionnel de l'instinct : Le problème à résoudre. — Nous regardons

[1]) H Joly, *ouv cit*, p 156

comme acquis, d'une part, que les œuvres instinctives ne sont pas aveugles et automatiques, mais éclairées et intentionnelles, d'autre part, nous supposons admis — nous reviendrons ex *professo* sur ce point, dans la troisième Partie, lorsque nous comparerons l'homme et l'animal — que l'animal n'a ni la notion ni la volition du bien abstrait

Dans ces limites, le problème à résoudre est le suivant *Quelle* est la connaissance directrice des œuvres instinctives, *quelle est l'intention* qui stimule l'instinct ?

Nous avouons ne connaître aucune explication complètement satisfaisante

126. L'hypothèse du " rêve inné „ de Cuvier. —

Cuvier comparait les animaux à des somnambules et la connaissance qui dirige leurs actions instinctives à celle d'un rêve inné

L'explication est ingénieuse, mais insuffisante

D'abord, en effet, l'animal a, comme nous, ses alternatives de veille et de sommeil, plusieurs animaux ont des rêves pendant leur sommeil, il semble bien, par exemple, que le chien rêve chasse, et suive parfois de ses aboiements un gibier imaginaire[1] Or, cet état de sommeil et de rêve diffère du tout au tout de celui dans lequel est l'animal lorsque nous le voyons dérouler la série de ses actes instinctifs Donc les opérations instinctives ne sont pas assimilables à des mouvements qui s'exécuteraient sous la direction d'un rêve

L'expérience montre que les manifestations de l'instinct dépendent au moins *partiellement* de *perceptions* Il faut la perception d'une eau pour provoquer chez le jeune canard des mouvements de saut et de natation, il faut la vue de telle paille, de telle brindille pour déterminer l'oiseau à com-

[1] Fouillée, *Revue des Deux-Mondes*, art. cité, p 872.

mencer son nid L'imagination a besoin pour le moins du concours des perceptions extérieures En tout etat de cause, l'hypothese de Cuvier devrait donc être completée, le « rêve inné » serait inefficace sans le concours de l'experience

Or, comment concilier ce rêve *inné*, c'est-a-dire *déterminé* par la nature et *invariablement fixé* par elle, avec les caprices et le jeu intermittent des perceptions extérieures ?

A la rigueur, tant que le travail s'execute normalement, le concours de l'imagination et de l'expérience se comprendrait ; la perception, pourrait-on supposer, fournirait la premiere excitation, le declic de la machine, puis, l'imagination mise en branle ferait defiler l'une après l'autre les images dont elle est supposée dépositaire et dont chacune apporterait, a tour de rôle, aux organes du mouvement l'incitation nécessaire au jeu d'ensemble du mécanisme

Mais comment un travail instinctif, mû par le jeu automatique d'un rêve naturel, pourrait-il s'interrompre et, dans une certaine mesure, se modifier ? Que serait ce rêve inné qui guide l'araignée dans la reparation de sa toile déchirée ; ce rêve a repétition qui apprend a l'abeille a boucher le trou pratiqué a la cellule a laquelle elle est présentement occupée, qui lui apprend a corriger le désordre artificiellement introduit dans sa maçonnerie ?

Il ne semble donc pas que l'imagination dirige *seule*, au moyen d'un « rêve inné », les opérations de l'instinct

127. Essai d'explication. — Quel est le rôle de l'imagination ? Quel bien présente-t-elle a la volonté sensible de l'animal pour l'inciter a agir ?

Il n'est pas vraisemblable que les animaux imaginent le but *éloigné* pour lequel ils travaillent, il faudrait, pour cela, qu'ils eussent par anticipation une vue circonstanciée de l'avenir, ni notre expérience, ni celle des mœurs des animaux ne justifient une conjecture aussi hardie [1])

Est-il croyable, d'ailleurs, que le jeune écureuil connaisse d'avance l'hiver avec ses conséquences, que les ammophiles sachent d'avance que leurs larves auront besoin de chair fraîche ?

Pourquoi, s'ils saisissaient le but final de leurs œuvres, le castor et la chenille dépenseraient-ils leurs efforts à un ouvrage qui n'y conduit plus ?

D'où vient que, lorsque l'on bouleverse l'ouvrage qu'elle a déjà accompli, l'abeille poursuit *en pure perte* un travail qui doit reposer sur celui qui est détruit ? Pourquoi ne commence-t-elle pas par réparer l'ouvrage dont les dégâts rendent inutile son travail actuel ?

Nous ne croyons donc pas que l'animal imagine les résultats *à venir* des œuvres qu'il exécute présentement. Mais, vraisemblablement, il imagine les actes a réaliser *hic et nunc* et dirige ainsi, à chaque moment, l'œuvre en cours d'exécution.

En effet, les observateurs nous l'ont fait remarquer, si l'animal est incapable de retoucher une œuvre deja *faite*, il sait remédier au désordre artificiellement introduit dans l'œuvre qu'il *fait* il a donc conscience des actes qu'il accomplit au moment présent.

Comment se produisent ces images directrices du travail actuel ? Elles semblent le résultat de plusieurs causes, les unes actives, une autre subjective. Une perception extérieure actuelle ou une sensation interne actuelle est la cause exci-

---

[1]) Si les animaux agissent pour un but, pourvoyant a l'avenir, ce n'est pas, dit saint Thomas, qu'ils aient une image de cet avenir « Quod autem operantur propter finem, quasi providentes in futurum, non contingit ex hoc quod habeant aliquam imaginationem ipsius futuri » *De Anima*, lib III, lect 5

tatrice de l'imagination l'excitation produite et l'action imaginative elle-même sont les causes actives ; une certaine disposition naturelle, spéciale a chaque type animal, est la cause passive ou subjective Nous supposons que les excitations determinent l'apparition de certaines images propres à chaque type animal et de ces images seulement L'apparition des images eveille le desir, et le desir incite a l'action.

D'apres cette interprétation, l'instinct serait donc sous la dependance d'un *pouvoir naturel d'association de certaines images*, ayant pour objet, a chaque moment, les actes que l'animal doit executer pour accomplir son œuvre instinctive Ce pouvoir imaginatif varierait avec les especes animales et se limiterait à leurs besoins respectifs ; il trouverait sa raison d'être dans la fin intrinseque de l'individu ou de l'espece, c'est-à-dire qu'il serait commande par les exigences de la conservation de l'animal, de sa défense ou de sa reproduction

Expliquons-nous

La *perception* initiale, origine de la série d'activites coordonnees de l'instinct, serait, par exemple, la vue d'une brindille, d'une forme coloree, l'audition d'un cri, d'un chant, l'odeur d'une piste, ou même une sensation organique interne, telle que la faim, la sensation de chaleur, etc Ce serait là le premier excitateur

Il est d'ailleurs permis de supposer que l'animal nouveau-né possede deja des images de sensations musculaires ; dès avant sa naissance, il a executé, en effet, des mouvements variés qui ont pu laisser des traces dans son imagination [1]

Aussitôt donc la premiere excitation sensitive donnée, l'animal aurait dans sa nature de *former une association d'images*, il imaginerait, par exemple, les mouvements néces-

---

[1] Preyer, *Physiologie speciale de l'embryon*, trad Wiet, 6me partie. *Motilite de l'embryon*, 7me partie *Sensibilite de l'embryon*.

saires a l'acte de prehension des aliments, au saut, a la course, a la fuite, cette association se formerait avant toute experience individuelle, ce serait une synthese *a priori*, comme dirait Kant, les images des actes et des mouvements a executer eveilleraient le desir de les executer, conformément aux exigences du bien-être de l'animal, le désir, finalement, serait la cause determinante du mouvement, de l'action [1]).

La nature de l'instinct et la spécificité des instincts dependraient donc toujours d'un double facteur, d'une perception extérieure et des predispositions naturelles de l'animal

La perception étant donnée, le cortege d'images se formerait et avec lui la sollicitation à l'action, l'incitation motrice et le mouvement correspondants, telle perception etant donnée, telles images suivraient et, par suite, tels mouvements, la perception variant, le mouvement varierait, ces mouvements a leur tour engendreraient des sensations musculaires qui détermineraient la formation spontanée d'images nouvelles et de mouvements nouveaux et ainsi se dérouleraient successivement, non pas mécaniquement et à l'aveugle, mais avec *connaissance et volonté*, les actions compliquees qui nous emerveillent si justement dans l'instinct

Mais chaque espece animale serait reduite a n'avoir, en vertu de sa constitution même, qu'une *puissance restreinte d'association spontanée*, cette puissance limitée serait commandée par la fin de l'animal et ainsi s'expliqueraient, d'une part, la dépendance étroite, si bien étudiée par les naturalistes Darwin, Wallace, etc, entre l'instinct de l'animal et son organisation [2]), d'autre part, la diversite des instincts chez les differentes espèces animales aussi bien que leur uniformité chez tous les individus d'une même espèce

[1]) Voir plus loin, Section 3me, *De la faculte locomotrice,* § 3
[2]) Cfr H Joly, *L'homme et l'animal,* 1re et 2me parties.

Nous n'aurions donc pas besoin de recourir à la conception intelligente d'un plan, à la volition d'une finalité abstraite et à l'agencement intentionnel de tous les moyens à mettre en œuvre pour le réaliser dans son ensemble ce qui est incompatible avec ce que nous savons, par ailleurs, de l'infériorité psychique des animaux, mais, en revanche, nous n'en serions pas réduits à devoir expliquer leurs mœurs si merveilleuses par le jeu fatal d'un pur mécanisme

Enfin, la nécessité soit d'une sensation initiale pour éveiller la fonction de l'imagination, soit de sensations nouvelles, au cours des actions instinctives, nous rendrait compte de ce qu'il y a parfois d'intermittent, de changeant, d'erroné même dans les œuvres de l'instinct

Telle est, sauf meilleure explication, la signification de ces sortes de jugements sensibles que les anciens attribuaient à l'*estimative* et qu'ils appelaient « intentiones insensatæ », par opposition aux sensations proprement dites

L'*estimative* désignait, dans la psychologie scolastique, la faculté que possède l'animal de discerner ce qui lui est avantageux ou désavantageux, agréable ou désagréable. Discerner ces qualités qui ne tombent pas directement sous les prises de la perception extérieure, n'est pas le fait des sens extérieurs, ce n'est pas non plus le fait d'un jugement proprement dit qui aurait expressément pour objet un rapport entre la fin comme telle et les moyens pour l'atteindre, c'est, croyons-nous, le résultat de l'association spontanée, décrite il y a un instant.

L'hypothèse que nous proposons semble être le commentaire de ces lignes de saint Thomas « In operatione formicæ et apis plurimum prudentiæ apparet Sciendum autem est quod opera prudentiæ, formica et apis operantur naturali inclinatione, non ex hoc quod habeant phantasiam determinatam, et distinctam a sensu, non enim phantasiantur aliquid, nisi dum moventur a sensibili Quod autem operantur propter finem, quasi providentes in futurum, non contingit ex hoc quod habeant aliquam imaginationem ipsius futuri sed imaginantur actus praesentes, qui ordinantur ad finem ex naturali inclinatione magis quam ex apprehensione » [1]

§ 7

Étude spéciale de la mémoire sensible

SOMMAIRE — 128 Définition de la mémoire sensible — 129 La reconnaissance ou le souvenir — 130 La situation des souvenirs dans le passé La mesure de notre passé — 131 La mémoire chez l'animal et chez l'homme

128. Définition de la mémoire sensible. — La mémoire sensible est la faculté de *conserver*, de *reproduire* et de *reconnaître* des états de conscience antérieurs en les *rapportant à notre expérience passée*

Le souvenir peut d'ailleurs avoir pour objet tous les actes antérieurs, peu importe qu'ils aient eu pour principe un sens externe ou un sens interne

Sans doute, la *conservation* des états de conscience sous forme d'*images*, leur *reproduction* sous forme d'*associations d'images*, — que nous avons étudiées au § 4 — appartiennent à la mémoire, mais l'acte propre, distinctif de la faculté, c'est la *reconnaissance d'un état de conscience passé*

Tantôt l'élément qui prédomine est la *reconnaissance*, tantôt c'est la *situation de l'événement dans le passé*, mais les deux éléments se retrouvent toujours avec plus ou moins de netteté dans tout exercice de la mémoire.

Qu'est-ce que *reconnaître* un objet ? Qu'est-ce que percevoir le *passé* et *mesurer le temps écoulé* ?

Telles sont les deux questions à résoudre pour éclaircir la notion de la mémoire et pour mettre fin à l'étude des fonctions de la sensibilité interne

---

[1] *De anima*, lib. III, lect 5.

129 La reconnaissance ou le souvenir. — Je me promène distraitement dans une ville etrangere, tout à coup, une physionomie me frappe, je la regarde attentivement, cette personne ne m'est pas inconnue, j'observe sa demarche, ses allures, c'est elle, je la *reconnais* Je me suis trouvé en societe avec elle en telle circonstance, vers telle époque, je me le *rappelle*, je m'en *ressouviens*, peu a peu mes souvenirs se precisent, la personne, ses habitudes, sa demeure, sa famille, revivent dans ma memoire tout un passe ressuscite, je le *reconnais*

Qu'est-ce que ce phénomene de *reconnaissance ?*

La *reconnaissance* est la perception de la similitude de deux representations, l'une actuelle, l'autre passee et connue comme ayant été mienne dans mon passé

Dans l'exemple cité, la reconnaissance est la vue de la similitude de l'objet de ma *perception* actuelle avec une image antérieure du même objet

En d'autres cas, elle est la perception de la similitude de l'objet d'une *image actuelle* avec une autre image antérieure du même objet Apres une ascension au Mont Blanc, je vois en rêve des pics, des cimes neigeuses, des glaciers, à mon réveil, je revois en imagination le Mont Blanc que j'ai vu la veille, je compare l'image de mon rêve a celle qui se dresse, en ce moment, devant ma conscience, je *reconnais* que celle de mon rêve est la même que celle que j'imagine maintenant a l'etat de veille.

Il est a remarquer que la vue de la similitude d'une perception avec une image n'est pas necessairement une *reconnaissance* proprement dite, un *ressouvenir* Un monsieur que je n'ai jamais vu, me présente sa photographie Je vois qu'elle lui ressemble, je *connais* la similitude du portrait et de l'original, je ne la *reconnais* pas

La *reconnaissance* exige, en plus, que l'image a laquelle je compare l'objet de ma représentation actuelle — percept ou image — ait été *mienne* et soit *connue* à l'heure présente comme ayant été *mienne*

La conscience qu'une image ait été mienne est ce que l'on appelle le *sentiment du déjà vu*

Comment s'explique ce sentiment ?

La mémoire conserve et reproduit tous les actes des sens soit externes, soit internes Or le sens intime est le sens de l'activité de nos facultés sensitives La mémoire des sensations perçues par le sens intime nous rappelle donc les actes par lesquels nous nous sommes représenté antérieurement — en perception ou en imagination — les objets Lorsque ce souvenir des sensations du sens intime accompagne la représentation d'un objet, nous avons le sentiment que cette représentation a déjà été *nôtre*, nous sommes en présence du *déjà vu*

Il arrive même que la sensation de l'*activité* imaginative revive dans la conscience sans que l'image objective revive en même temps d'une manière distincte nous disons alors que nous avons vaguement le sentiment du déjà vu sans néanmoins reconnaître l'objet qui a déjà été vu

Plus les objets déjà vus revivent souvent et vivement dans la mémoire, plus nos souvenirs nous deviennent « *familiers* » La « *familiarité* » du souvenir se mesure à la facilité avec laquelle nous faisons revivre les images des objets précédemment perçus et celles de l'activité qui nous les a fait percevoir.

130. La situation des souvenirs dans le passé. La mesure de notre passé. — La mémoire ne nous fait pas seulement *reconnaître* les objets de nos perceptions antérieures, elle peut aussi les *situer*, c'est-à-dire les *fixer* à un moment déterminé du passé

Chaque fois que nous avons conscience qu'une représentation imaginative a déjà été *nôtre*, nous la classons, tout au moins confusément, parmi nos événements passés Or, nous avons le pouvoir d'évoquer le souvenir des événements qui se sont écoulés depuis la première perception de l'objet jusqu'à sa représentation actuelle Mais apercevoir une série d'événements successifs, c'est apercevoir une certaine portion de temps Le premier événement de la série est considéré à un premier *moment*, le second, le troisième, à un second, à un troisième *moment*, le dernier, au *moment présent* La suite des événements de notre vie considérés ainsi l'un par rapport à l'autre, l'un avant, l'autre après, forme notre temps passé Placer dans cette série, à sa place voulue, un événement passe, c'est-à-dire le placer après celui qui, de fait, l'a précédé, avant celui qui, de fait, l'a suivi, c'est *situer*, *localiser* cet événement dans notre passé, c'est fixer la date du souvenir.

Par quel processus psychologique s'opère ce rattachement de nos souvenirs à notre vie passée ?

Des événements extérieurs se *succèdent* dans la réalité, percevoir cette succession, c'est percevoir le temps *objectif*

Au moyen d'*actes intérieurs successifs* nous percevons la succession des événements extérieurs, nous percevons de même la succession des actes qui forment le cours de notre vie consciente Chacun de ces actes perceptifs s'accompagne de sensations musculaires provenant de l'adaptation des organes des sens à leur objet, de la tension des muscles dans l'acte d'attention, de l'alternative de contraction et de relâchement des muscles dans les mouvements respiratoires et les battements du cœur Percevoir *nos actes successifs*, les *sensations musculaires* qui les accompagnent, c'est percevoir le temps *subjectif*, *notre* durée concrète.

De fait, nous ne nous rappelons jamais un temps *vide* d'événements, aussitôt que nous essayons de nous représenter le temps, nous le peuplons, de loin en loin, d'événements marquants qui nous servent de repères, les intervalles

séparés par ces événements ne deviennent eux mêmes distincts pour nous qu'à la condition de se remplir d'événements
d'importance moindre, nous pouvons poursuivre cette sub-
division des intervalles du temps à l'infini, mais toujours en
les comblant au moyen d'événements successifs de plus en
plus rapprochés

Concluons La mémoire sensible *reconnaît* les objets déjà
connus antérieurement *Reconnaître* un objet, c'est apercevoir la ressemblance de cet objet avec une représentation
antérieure de cet objet et avoir conscience que cette représentation a été formée par nous précédemment

Rapporter un souvenir à son passé, c'est se représenter dans
l'imagination, — d'une façon confuse, ou plus ou moins explicite, selon le cas, — la série des événements qui se sont succédé
dans la réalité depuis la première perception, la série des
actes que nous avons accomplis nous-même durant le cours
de ces événements, et placer, au sein de cette double série
objective ou subjective, l'objet ou l'événement que nous
disons reconnaître et la perception que nous nous rappelons
en avoir eue

La mémoire a quelquefois pour objet *direct* l'évaluation
du temps écoulé

Évaluer ou mesurer le temps, d'une façon *concrète,* c'est
comparer une série de changements objectifs et d'actes subjectifs qui se succèdent, à une autre série prise pour terme
de comparaison

Ajoutons que, pour nous former une notion *abstraite* du
temps, nous dépouillons de leurs circonstances particulières
nos perceptions du temps concret [1])

----

[1]) La définition du temps abstrait est du ressort, soit de la Métaphysique générale, soit de la Cosmologie On verra cette question traitée
avec une remarquable pénétration dans la *Cosmologia* du R P De San,
cap IX, et dans l'opuscule du Dr Nys, *La notion de temps d'après saint
Thomas d'Aquin* Louvain, 1898. — Cfr Schneid, *Die philosophische
Lehre von Zeit und Raum.*

131. La mémoire chez l'animal et chez l'homme. — Il n'y a aucune raison de refuser à l'animal la mémoire, telle que nous l'avons décrite dans ce paragraphe.

Il est d'expérience vulgaire que le chien reconnaît son maître, le cheval reconnaît son écurie, il se guide à travers les chemins déjà parcourus, l'éléphant reconnaît, après de longs intervalles, telle personne qui lui a fait du bien, telle autre qui lui a infligé de mauvais traitements.

Les observateurs des mœurs des fourmis citent des cas extraordinairement remarquables de mémoire de ces intéressants insectes. Les fourmis d'une même fourmilière ne se querellent jamais entre elles, et, en revanche, chaque communauté est hostile à toutes les autres : preuve, semble-t-il, qu'elles se reconnaissent entre elles. Sir John Lubbock [1] affirme qu'il en a vu se reconnaître encore après un an et neuf mois de séparation. Donc la mémoire de l'animal, — celle au moins de certains animaux — possède comme la nôtre le pouvoir de *reconnaître* les objets.

L'animal n'est pas davantage étranger à une certaine *estimation du temps concret.*

Les pigeons savent à quel moment de la journée on leur jette à manger et se rassemblent pour ce moment.

Un de nos amis, directeur d'une bibliothèque publique, rentre chez lui, tous les jours, très exactement à midi et à quatre heures. Tous les jours, quelques minutes avant midi et quelques minutes avant quatre heures son chien prend place sur la tablette de la fenêtre jusqu'à ce que le maître soit rentré.

Un autre observateur cite un fait semblable. Quand je vais, dit-il, pour affaire, à la ville voisine, l'après-midi je rentre invariablement à 6,15 h. ou à 7,45 h., par le train. Cet horaire est bien connu de mes trois chiens. A 6 heures, ils sont tous debout, dans l'attente, ou ils vont et viennent, de la maison à la porte qui donne sur la route, et, quand j'arrive enfin, ils sont au bord du chemin à m'attendre. Si, au lieu de rentrer à 6,15 h., je prends le train sui-

[1] *The senses of animals*, ch. XI. London, Kegan, 1889.

vant, les chiens, tenus en éveil de 6 h à 6 h et quelques minutes, regagnent leur couchette ou leurs vagabondages ordinaires, pour recommencer leur joyeux manège, leur attente à la porte au train suivant

L'homme a le privilège de pouvoir soumettre, dans une certaine mesure, sa mémoire sensible à la direction de la raison et aux ordres de sa volonté libre, il peut ainsi travailler activement à recueillir, à préciser, à fixer ses souvenirs spontanés, mais, considérée à part de cette direction, la mémoire de l'animal est pareille à celle de l'homme, de même nature que celle-ci

Passons à l'étude des facultés appétitives de la vie animale

ARTICLE PREMIER

Actes de la vie sensitive.

DEUXIÈME SECTION

Appétition sensible et appétit sensitif

§ 1

Notion de l'appétition sensible.

SOMMAIRE — 132 Notion provisoire de l'appétition sensible — 133 Inclination naturelle et inclinations spontanées — 134 L'émotion ou la passion — 135 Évolution psychologique de la passion : Passion, affection, émotion, inclination, appétition — 136 Une classification fautive des facultés de l'âme — 137 Division des passions

132. Notion provisoire de l'appétition sensible. — Dans toute la Première Section du présent article, on s'est attaché à l'étude de la connaissance sensible et des facultés de connaître.

La connaissance rend l'objet présent au connaisseur. *Cognitum est in cognoscente*

La vie sensible offre un second aspect Lorsque, par le moyen d'une connaissance, une chose est représentée au sujet, celui-ci est attiré ou se porte vers l'objet connu le mouvement du sujet vers un objet connu s'appelle une *appétition*, une *volition*

L'objet connu, terme de l'appétition, s'appelle *fin, cause finale, bien.*

Le principe immédiat, le sujet récepteur immédiat de l'appétition, s'appelle *appétit, volonté.*

La vie de relation — c'est-à-dire l'ensemble des actes par lesquels un sujet est en relation avec le monde extérieur —

comprend donc deux catégories d'actes · les uns mettent les choses extérieures en présence du sujet, les autres inclinent le sujet vers les choses les uns s'appellent actes d'*appréhension*, de *perception*, de *cognition*, les autres, actes d'*appétition*, de *volition*, de *tendance* Les deux groupes de facultés correspondantes s'appellent respectivement facultés *appréhensives, perceptives, cognitives*, facultés *appétitives, volitives, de tendance*

Lorsque l'on oppose la faculté appétitive, commune à l'homme et à l'animal, à cette autre faculté appetitive qui est propre à l'homme et dont nous aurons à parler dans la *Troisième Partie*, on appelle celle-là appétit *sensitif*, appétit *inférieur*, volonté *sensible*, celle-ci appetit *suprasensible*, *supérieur, raisonnable*, ou souvent *volonté* tout court

On aurait tort de s'imaginer que l'appetition sensible apparaît brusquement dans le règne animal elle est, au contraire, la manifestation d'une perfection qui a son analogue dans les règnes inférieurs de la nature

Cette idee ressortira de la comparaison suivante entre l'*inclination naturelle* et l'*inclination volontaire* ou *spontanée*

133. Inclination naturelle et inclinations spontanées.

— Lorsque l'on discute l'existence ou la non existence de causes finales dans la nature, on a souvent le tort d'opposer les causes finales aux causes efficientes et de se demander ensuite si les œuvres de la nature dependent de celles-ci ou de celles-là L'oiseau a des ailes, il vole Vole-t-il parce qu'il a des ailes, demande-t-on, ou a-t-il des ailes pour voler ?

Les finalistes de l'École d'Aristote récusent cette alternative

La cause finale complete la cause efficiente

Laissées à elles seules, les forces d'un sujet donné posséderaient tout ce qu'il faut pour produire un effet , chacune d'elles serait donc cause efficiente, mais elle ne serait pas

intrinsèquement déterminée à produire exclusivement, constamment l'effet qui, harmonieusement combiné avec ceux
que produisent les autres forces du sujet, réalise d'une
manière constante un même effet total Cet effet total constant est celui que l'on dit *propre* à ce sujet, *naturel* a ce
sujet.

Un de cubique est une cause efficiente, fabriquée par la
main de l'homme Il présente six faces Lorsqu'il est jeté,
aucune détermination intrinsèque ne lui fait présenter uniformément, constamment une seule des six faces, par exemple,
le six au contraire, le de a jouer est indifférent a la présentation de l'une quelconque des six faces A chaque coup
de dé, la présentation de telle face au lieu de l'une des cinq
autres est l'effet d'une cause extérieure, de la main qui a
jeté le de Le dé à jouer est un spécimen de cause efficiente
indéterminée, que les anciens appelaient *indifferens, ad
utrumlibet*

Les causes efficientes sont-elles toutes des causes de ce
genre, ou, au contraire, y a-t-il dans la nature des sujets
affectés d'une détermination intrinseque, à raison de laquelle
leurs forces produisent de concert un même effet, exclusivement, constamment le même ?

C'est en ces termes que se pose le problème de l'existence de causes finales dans la nature

La *détermination passive* par le moyen de laquelle la cause
efficiente est mise à même de produire son effet propre et le
produit uniformément, constamment, lorsque ses conditions
d'efficience sont données c'est l'effet immédiat de la cause
finale, la causalité de la cause finale en exercice, la finalisation de la cause finale

Le résultat de cette finalisation, c'est que l'agent qui
l'éprouve est déterminé à agir comme il agit dès lors, ses
actes et leurs œuvres sont aussi effets de la cause finale La
fin est cause des autres causes, « finis est causa causarum ».

Or, la philosophie finaliste d'Aristote et des scolastiques pose en thèse que tous les êtres de la nature sont sujets à une inclination interne qui les détermine à avoir une opération propre, et à produire, en conséquence, des effets distinctifs, toujours uniformement les mêmes

Dans les règnes végétal et animal, l'ordre harmonieux et persistant que présentent les organismes, même, dans le règne minéral, la récurrence constante des mêmes espèces chimiques, l'uniformité et la constance des mêmes lois, sont des indices manifestes de finalité interne, effet de causes finales

Il est indéniable, d'ailleurs, *a priori*, que des causes qui produisent régulièrement un même effet ne sont point indifférentes, « ad utrumlibet ». Vouloir, d'une part, qu'une cause soit *indifférente*, c'est-à-dire également disposée à produire ceci ou cela, et constater, néanmoins, d'autre part, que cette cause ne produit pas ceci ou cela, mais toujours ceci et jamais cela, n'est-ce pas se mettre dans la nécessité de dire qu'une cause indifférente aux deux termes d'une alternative n'y est pas indifférente, ou, en d'autres mots, qu'un agent que rien ne détermine à une action propre et exclusive a néanmoins une action propre et exclusive ?

N'est-ce pas inévitablement se contredire ?

Voilà donc, en resumé, la teleologie aristotelicienne [1]

Mais, *autre* est la causalité de la cause finale dans la nature physique et dans le développement de la vie des organismes, *autre* est cette causalité dans le développement de la vie sensitive ou de la vie propre à l'homme La, la finalisation consiste en une inclination de nature, ici, elle consiste en une *appétition spontanée*, soit sensible, soit raisonnable

En vertu de leur nature même, le minéral et le végétal agissent d'une façon uniforme et constante, « operantur *ex*

[1] Cfr *Ontologie*, 3e ed, pp 460 et suiv

intentione natura », disait-on dans l'École. Aussi, dès que nous sommes assurés que les conditions extrinsèques, nécessaires à leur entrée en exercice, sont réalisées, nous savons comment ils agiront

Au contraire, les actes distinctifs de la vie sensitive ou raisonnable ne sont pas prédéterminés par la nature seule soit de l'animal, soit de l'homme ils sont dépendants d'une inclination vers un objet qu'un jugement préalable des sens ou de l'intelligence a jugé bon

Voici un baquet d'eau à proximité d'un animal l'animal se portera vers cette eau, s'il la trouve *hic et nunc* bonne à boire, il s'en détournera avec indifférence, s'il n'a pas soif et ne juge pas que *hic et nunc* elle lui fera du bien Les choses destinées à la satisfaction des besoins de l'animal doivent être jugées agréables ou utiles, pour émouvoir la tendance à laquelle elles répondent.

Cette inclination, essentiellement subordonnée à une connaissance, n'est donc pas purement « physique », elle mérite une qualification spéciale les anciens l'appelaient « sensibilis », « elicita », nous pouvons l'appeler appétition *spontanée*

La faculté, principe et siège de l'appétition sensible, s'appelle, non plus simplement *appetitus naturalis*, tendance naturelle, mais *appetitus sensibilis, appetit sensitif, volonté sensible*

En résumé, l'appétition sensible est donc une inclination en vertu de laquelle l'animal se porte vers un objet qu'il juge bon

Lorsqu'on définit le bien, *a posteriori*, par ses effets, on l'appelle « le terme des appetits », c'est-à-dire l'objet des tendances des êtres, « bonum est quod omnia appetunt »

Le mal est le contraire du bien

La tendance qui incline l'être vers son bien, le porte à repousser ce qui y est contraire « La haine qu'on a pour quelque objet ne vient, dit Bossuet, que de l'amour qu'on a pour un autre » [1])

134. L'émotion ou la passion.

Dans les traités contemporains, le mot « *appétition* sensible » a complètement disparu

Le mot *passion* qui était couramment usité autrefois pour désigner les diverses formes d'activité de l'appétit sensitif, ne se rencontre plus guère que chez les moralistes Encore s'y attache-t-il alors le plus souvent une signification défavorable, celle d'un « dérèglement », d'un « excès »

Les mots *inclination, penchant* qui, par leur étymologie,

---

[1]) Les idées que nous avons developpées dans ces deux dernières pages sont admirablement condensées en ces lignes que nous empruntons a saint Thomas d'Aquin

« Dupliciter contingit aliquid ordinari et dirigi in aliquid sicut in finem uno modo per se ipsum, alio modo ab altero Per se quidem in finem dirigi non possunt nisi illa quæ finem cognoscunt, oportet enim dirigens habere cognitionem ejus in quod dirigit sed ab alio possunt dirigi in finem determinatum quæ finem non cognoscunt Quandoque enim id quod dirigitur in finem, solummodo impellitur a dirigente, sine hoc quod aliquam formam a dirigente assequatur propter quam ei competat talis directio vel inclinatio et talis inclinatio est violenta, sicut sagitta inclinatur a sagittante ad signum determinatum Aliquando autem id quod dirigitur vel inclinatur in finem, consequitur a dirigente vel movente aliquam formam per quam sibi talis inclinatio competat unde et talis inclinatio erit naturalis, quasi habens principium naturale et per hunc modum omnia naturalia, in ea quæ eis conveniunt, sunt inclinata, habentia in se ipsis aliquod inclinationis principium, ratione cujus eorum inclinatio naturalis est, ita ut quodammodo ipsa vadant, et non solum ducantur in fines debitos violenta enim tantummodo ducuntur, quia nihil conferunt moventi, sed naturalia vadunt in finem, in quantum cooperantur inclinanti et dirigenti per principium eis inditum Appetere nihil aliud est quam aliquid petere, quasi tendere in aliquid ad ipsum ordinatum » *)

Les substances minerales et végétales ont donc un « appétit naturel » qui les incline vers ce qui leur est bon Mais elles *ne se dirigent point*

---

*) *De verit*, q 22, art 1

rappellent « l'*appétition* » — *petere ad* – des anciens, sont d'un emploi de plus en plus rare

Il faut en dire autant des termes *affection, affect* qui ne se retrouvent plus guère que dans les expressions phénomènes *affectifs*, vie *affective, affectivité*

Les termes *sensations, sentiments* sont encore en usage, mais ils prêtent à l'équivoque

Le mot qui dans la psychologie contemporaine, a detrôné tous les synonymes d'autrefois, c'est le mot *émotion*

Or, tous les etats connus sous les differents noms que nous venons de parcourir offrent un double caractère, l'un *physique*, l'autre *psychique*

Sous son aspect *physique* l'emotion est une « *commotion* organique* », un trouble dans la circulation du sang, dans les mouvements respiratoires, dans les battements du cœur, etc

vers ce qui leur est bon Pour *se diriger* vers un terme, il faut le connaître il n'y a donc que les êtres doues de connaissance, l'animal et l'homme, qui soient capables de *se porter* vers leur fin naturelle

L'appetit animal n'est pas soumis à la même loi que la nature aveugle La tendance physique d'un être qui ne connaît pas est adéquatement determinee par la presence des conditions physiques d'action, la mise en jeu de l'appetit animal exige, au contraire, l'intervention de l'activite psychique

D'ou la fixite invariable des mouvements physiques, d'une part, et, d'autre part, l'indetermination relative et la variabilité des appétitions de la bête et de ses mouvements

« Appetitus naturalis habet necessitatem respectu ipsius rei in quam tendit, sicut grave necessario appetit locum deorsum, appetitus autem sensitivus non habet necessitatem in rem aliquam, *antequam apprehendatur sub ratione delectabilis vel utilis*, sed apprehenso quod est delectabile, de necessitate fertur in illud non enim potest brutum animal inspiciens delectabile, non appetere illud Sed voluntas non habet necessitatem respectu hujus vel illius rei, quantumcumque apprehendatur ut bona vel utilis Unde datur intelligi quod objectum appetitus naturalis est hæc res inquantum talis res, appetitus vero sensibilis hæc res inquantum est conveniens vel delectabilis, objectum vero proprium voluntatis est ipsum absolute » *)

*) S Thomas, *De verit.*, q 25, art 1

Ce trouble se traduit par des gestes, par des cris, par des mouvements de tout genre [1])

Sous son aspect interne, *psychique*, l'émotion est l'objet de la « conscience », disons mieux, du sens intime, elle est perçue comme une modification agréable ou désagréable du sujet sentant

Mais la sensation de l'émotion n'est pas l'émotion, elle la présuppose, puisqu'elle la perçoit

L'émotion est formellement la modification organique agréable ou désagréable au sujet et perçue comme telle par lui

Est agréable la modification organique provoquée par une activité favorable au bien-être du sujet, est désagréable la modification organique provoquée par une activité défavorable au bien-être du sujet

Dès le moment où le sujet a perçu une modification agréable, il peut vouloir non plus seulement l'objet qui l'a provoquée, mais le plaisir même qu'elle lui a procuré Il peut de même fuir non seulement l'objet qui lui a causé une douleur, mais se détourner de cette douleur elle-même

Il y a donc lieu de distinguer parmi les objets des tendances animales, deux espèces de biens ou de maux le bien utile et le bien « délectable », agréable, le mal nuisible et le mal pénible.

L'émotion est le mouvement de l'animal qui se porte vers un bien connu — bien utile ou agréable — ou qui se détourne d'un mal connu — nuisible ou pénible

L'émotion ne diffère donc pas essentiellement de l'appétition spontanée elle ajoute seulement une nuance, la secousse physique, aspect extérieur du phénomène Aussi l'émotion

---

[1]) Voir a ce sujet Mosso *La paura* Du même auteur *Sulla circolazione del sangue nel cervello dell uomo (Reale Accad dei Lincei*, 1880) — De Sarlo e Bernardini, *Ricerche sulla circolazione cerebrale durante l'attività psichica* Reggio, 1892

repond-elle exactement a ce que les anciens appelaient la
« passion »

Voici comment s'exprime saint Thomas a ce sujet « Pro-
priissime dicuntur *passiones animæ* affectiones appetitus sensitivi motus appetitus sensitivi [1] Puis il ajoute que le mot
passion animale, outre le mouvement de l'appetit, signifie
encore une commotion organique « In omni passione animæ
additur aliquid vel diminuitur a naturali motu cordis , in
quantum cor intensius vel remissius movetur, secundum
systolem aut diastolem, et secundum hoc habet rationem
passionis » [2]

Et encore « Est autem et alia naturalis transmutatio
organi, prout organum transmutatur quantum ad suam naturalem dispositionem, puta quod calefit aut infrigidatur et
ad actum appetitus sensitivi per se ordinatur hujusmodi
transmutatio » [3]

Donc le mouvement d'attraction ou de repulsion que le
sujet eprouve en presence d'un bien ou d'un mal represente
par l'imagination et reconnu comme tel, auquel vient s'ajouter
une commotion organique, est appelé par l'Ecole *passion*
animale [4]

Notons incidemment que la *passion* designe aussi, dans
une acception dérivee et *indirecte*, les modifications affectives de l'appetit raisonnable de l'homme, a cause de leur
solidarite naturelle avec les passions animales Le nom propre
de ces affections suprasensibles est celui de *sentiments* Nous
en parlerons dans la Troisieme Partie

Revenons à la terminologie de la vie affective En suivant
l'evolution du phenomene psychologique appele autrefois

[1] *Summ theol*, 1ª 2ᵉ, q 20, art 1, ad 2, 1ª 2ᵉ, q 22, a 2, *De Ver*,
q 26, a 3 Voir Lepidi, *Opuscules philosophiques*, 1ʳᵉ serie, Paris,
Lethielleux, 1899
[2] 1ª 2ᵉ, q 22, a 2, *De Ver*, q 26, a 2 et 3.
[3] 1ª 2ᵉ, q. 22, a 2, ad 3
[4] Lepidi, *ouv cit*, p 194

passion, aujourd'hui *émotion*, nous nous rendrions compte des nuances propres aux différentes appellations synonymes

135. Évolution psychologique de la passion : Passion, affection, émotion, inclination, appétition. — La *passion* est la mise en acte de l'appétit animal, par l'*attrait* du bien que lui présente l'imagination On l'appelle *passion*, parce qu'elle est une *impression subie* par la puissance appétitive [1]

Le mot *passion* a pour synonymes *affection* ou *affect* Saint Augustin le note expressément « Les mouvements de l'âme que les Grecs appellent πάθη, dit-il, les latins les designent fréquemment par *affectiones* ou *affectus,* quelques-uns d'une façon plus expressive traduisent *passiones* » A quoi saint Thomas ajoute · « Ex quo patet quod passiones animæ sunt idem quod affectiones » [2]

L'affection ou impression que produit dans l'appétit sensitif un bien sensible, met en mouvement la puissance appétitive vers le bien que les sens lui présentent, cette mise en mouvement, cette *motion* est à proprement parler l'*émotion (e* et *movere)* de l'appétit

Considérée par rapport à son terme, cette mise en mouvement de l'appétit est une *inclination* (clinamen, de λίνειν, pencher vers), un *penchant*

Le mouvement de l'appétit vers le bien auquel il est incliné est l'acte d'*appétition.*

L'*appétition* est un terme générique qui s'applique à la relation de l'acte appétitif avec son bien, peu importe que celui-ci soit supposé absent ou présent ; « appéter » signifie en général *aimer*

Le mouvement de la faculté pour entrer en possession

---

[1] « Bonum habet quasi virtutem attractivam » *Summ Theol*, 1ª 2æ, q 23, art 4

[2] *Ibid*, 1ª 2æ, q 22, art 2, *sed contra.*

d'un bien est le *désir*, ou, pour parler le langage des anciens moralistes, la *concupiscence* d'un bien

La prise de possession du bien désiré engendre l'apaisement du désir, l'attachement de la faculté au bien qu'elle possède c'est le *plaisir*, la joie

Si le bien provoque un mouvement d'attraction vers l'objet, le *mal*, par contre, détermine un mouvement de *répulsion*

L'acte appétitif envisagé a un point de vue générique, par rapport au mal dont il se détourne, s'appelle la *haine*, le contraire de l'amour

Le mouvement qui éloigne d'un mal absent, mouvement contraire au désir, porte le nom d'*aversion* (fuga, abominatio).

Enfin, l'acte de l'appetit que fait naître la presence d'un mal, est le contraire du plaisir et de la joie, c'est la *douleur* ou la *tristesse*

Les phénomènes affectifs portent aussi les noms moins précis d'*impressions*, de *sensations*, de *sentiments*

L'*impression* designe, en effet, toute modification subie par une puissance passive quelconque, soit appetitive, soit cognoscitive

Les termes de *sensation* et de *sentiment*, par exemple, dans l'expression « J'ai la sensation ou le sentiment de la faim ou de la soif », expriment non pas directement une affection, mais plutôt *le sens intime* d'une affection Nous éprouvons une affection par exemple le désir de manger ou de boire ; le sens intime de cette disposition affective s'appelle sensation ou sentiment C'est une connaissance plutôt qu'une affection Une connaissance vague, pourtant, qui nous permettra éventuellement d'opposer la sensation ou le sentiment à la notion comme un acte de cognition obscure a une perception distincte

On emploie cependant, par metonymie, en prenant l'effet pour la cause, les termes de *sensation* et de *sentiment* pour désigner des états affectifs proprement dits Il arrive alors souvent qu'on les oppose l'un à l'autre, le premier désignant des affections sensibles, le second étant réservé à des affections de la volonté suprasensible nous parlons, par exemple, du sentiment de l'honneur, de sentiments chevaleresques, et ainsi de suite

Si l'analyse qui précède est exacte, il s'ensuit qu'il n'y a pas lieu de rapporter les affections ou les sentiments à un genre spécial de facultés, — « sensibilité » ou « affectivité » — que l'on opposerait aux facultés cognitives et aux facultés volitives

136. Une classification fautive des facultés de l'âme.
— Nombreux sont les psychologues modernes qui rangent les faits psychiques en trois catégories representations, mouvements, emotions En consequence, les puissances de l'âme seraient l'intelligence, la volonté, la sensibilité [1]

Cette classification nous paraît fautive en plusieurs points ·

D'abord, le mot « intelligence » est trop élastique, il n'est pas synonyme de « faculté représentative »

Ensuite, les mouvements volontaires sont distincts des actes de volonté qui les commandent, il est donc inexact de ranger les uns et les autres sous une même appellation mouvements ou phénomènes moteurs

Enfin, les emotions n'appartiennent pas à une faculte ou à un genre de facultés à part, autres que les facultés cogni-

---

[1] « La sensibilité, écrit M Marion, est la faculté de jouir et de souffrir La sensation ou le sentiment est l'acte de cette faculté, la manifestation actuelle de la sensibilité

» Il y a, ajoute-t il, dans l'acte de la sensibilité trois moments à distinguer 1º l'inclination, qu'on appelle encore penchant ou tendance, c'est l'état du sujet sensible tendant vers le plaisir et fuyant la douleur, mais antérieurement à toute experience, 2º l'emotion, c'est le plaisir ou la peine resultant de l'inclination satisfaite ou contrariée, 3º la passion qui tient à la fois de l'inclination et de l'emotion, c'est une inclination violente procurant de vives emotions » Leçons de psychologie appliquée à l'education, 15me leçon.

tives et appétitives. Les émotions sont des mouvements de la volonté qui se porte vers un bien ou se détourne d'un mal. La sensation de plaisir ou de peine résulte de la perception de ces attraits ou de ces répulsions du sujet sentant.

Saint Thomas est très explicite sur ce point; nous lui avons entendu dire plus haut : « Passiones sunt motus appetitus sensitivi ». Il dit ailleurs : « Per sensualem motum intelligitur motus appetitus sensitivi »

Les Allemands appellent les émotions « Gemüthsbewegungen » et Maudsley, à propos du mot *emotion*, écrit : « Ce mot est une induction résumant l'expérience du genre humain, et le terme *commotion*, jadis en usage pour désigner ces phénomènes, exprime le fait encore plus clairement »

A son tour, M. Ribot écrit : « Un fait fondamental et irréductible est à la racine de toute émotion : une attraction ou une répulsion, un désir ou une aversion, bref, un mouvement ou un arrêt de mouvement » [1])

137. Division des passions. — Toutes les passions ne dérivent pas d'un même principe spécifique ; il en est qui ont pour objet le bien comme tel ; il en est dont le bien est, sans doute, l'objet final, mais dont l'objet immédiat est le renversement d'un obstacle qui s'oppose à l'acquisition d'un bien. Il n'est pas possible, semble-t-il, que les unes et les autres appartiennent à une même faculté.

Aussi, disaient les scolastiques, il faut distinguer dans l'âme sensitive deux appétits, l'un qu'ils appellent *concupiscible*, l'autre qu'ils appellent *irascible*

Il n'existe pas en français de termes propres consacrés pour désigner ces deux mouvements de l'appétit. Nous en retrouvons cependant l'idée dans la double acception du mot *cœur* « Avoir du cœur » signifie en effet, selon le cas,

---

[1]) *Psychologie des sentiments*, ch. VII, p. 92

aimer ou oser, avoir un cœur *aimant* (appétit concupiscible) ou un cœur *vaillant* (appétit irascible)

Ne pourrait-on pas traduire les deux expressions scolastiques par les mots « propension à la *jouissance* » et « propension à la *lutte* » ?

De fait, observe saint Thomas, s'il n'y avait chez l'animal et chez l'enfant qu'une tendance d'*inclination au bien*, la difficulté, loin de favoriser et d'accroître la tendance, la contrarierait et en diminuerait l'intensité [1] Or, au contraire, la difficulté donne souvent un surcroît de vigueur à la volonté On voit l'animal s'exposer à ce qui lui est nuisible pour atteindre un bien difficile. Et qui ne connaît ce dont l'homme est capable pour s'insurger contre un obstacle et conquérir finalement l'objet de ses désirs ?

Tandis que la bête s'abandonne aux satisfactions de ses sens, on la voit parfois brusquement s'y arracher pour courir sus à l'ennemi, affronter des coups, en souffrir sans lâcher prise Est-ce là le propre d'une faculté qui aurait pour unique tendance de jouir ?

Au surplus, la propension à la jouissance témoigne d'une disposition plutôt *réceptive*, au rebours de la propension à la lutte qui témoigne d'une disposition *active* par la première, en effet, le sujet attire à lui et cherche à s'unir ce qui lui fait plaisir, tandis que, par la seconde, il se met au-dessus de ce qui lui est contraire ou nuisible pour en triompher en vainqueur Il y a donc entre les deux propensions de l'appétit une opposition analogue à celle qui fait distinguer dans la vie intellectuelle deux facultés, l'une passive, l'autre active,

---

[1] « Bonum, inquantum est delectabile, movet concupiscibilem , sed si bonum habeat quamdam difficultatem ad adipiscendum, ex hoc ipso habet aliquid repugnans concupiscibili Et ideo necessarium fuit esse aliam potentiam quæ in id tenderet, et ratio est eadem de malis , et hæc potentia est irascibilis Unde ex consequenti passiones concupiscibilis et irascibilis specie differunt » 1ª 2æ, q. 23, a 1, ad 3.

l'intellect potentiel et l'intellect actif nouvelle indication en faveur de la distinction d'une double volonté sensitive [1]

Voilà donc un premier résultat acquis les mouvements de l'appétit sensitif procèdent de deux facultés différentes, selon qu'ils inclinent au bien ou qu'ils tendent à triompher d'un obstacle

Les passions du premier groupe comprennent, nous l'avons vu déjà, l'*amour*, le *désir*, la *jouissance*, ou leurs contraires, la *haine*, l'*aversion*, la *douleur* [2]

Les passions du second groupe sont l'*espoir* ou le *désespoir*, la *hardiesse* ou la *crainte*, enfin la *colère* L'espoir et le desespoir naissent dans l'âme en face d'un objet aimé dont l'acquisition est difficile on espère quand l'acquisition est jugée possible, on désespère quand elle est réputée impossible La hardiesse et la crainte viennent du spectacle d'un mal menaçant difficile à écarter celui qui est hardi

---

[1] « Irascibilis est alia potentia a concupiscibili Nam aliam rationem appetibilitatis habet aliquid ex hoc quod est arduum cum quandoque illud quod est arduum, a delectatione separet, et rebus circumstantibus immisceat, sicut cum animal relicta voluptate cui vacabat, aggreditur pugnam nec retrahitur propter dolores quos sustinet Et iterum una earum, scilicet concupiscibilis, videtur ordinata ad recipiendum hæc enim appetit ut ei suum delectabile conjungatur, altera vero, scilicet irascibilis, est ordinata ad agendum, quia per actionem aliquam superat id quod est contrarium vel nocivum, ponens se in quadam altitudine victoriæ super ipsum Hoc autem communiter in potentiis animæ invenitur, quod recipere et agere ad diversas potentias pertinent, sicut patet de intellectu agente et possibili » *De verit*, q 25, a 2

[2] « In motibus autem appetitivæ partis, bonum habet quasi virtutem attractivam, malum autem virtutem repulsivam Bonum ergo primo in potentia appetitiva causat quamdam inclinationem seu aptitudinem seu connaturalitatem ad bonum, quod pertinet ad passionem *amoris*, cui per contrarium respondet *odium* ex parte mali Secundo, si bonum sit nondum habitum, dat ei motum ad assequendum bonum amatum, et hoc pertinet ad passionem *desiderii* vel *concupiscentiæ*, et ex opposito, ex parte mali est *fuga* vel *abominatio* Tertio, quum adeptum fuerit bonum, dat appetitus quietationem quamdam in ipso bono adepto, et hoc pertinet ad *delectationem* vel *gaudium*, cui opponitur ex parte mali *dolor* vel *tristitia* » 1a 2æ, q 23, a 4

Psychologie.

veut la lutte, celui qui est craintif fuit le mal ou le danger
La colère excite à se venger d'un mal présent[1] La colère
n'a pas de passion contraire[2]

La propension à la lutte est subordonnée à la propension
au plaisir En effet, qu'est-ce qu'un obstacle à l'appétit, sinon
ce qui empêche l'appétit de jouir ? Qu'est-ce donc que la
lutte contre l'obstacle, sinon l'effort pour obtenir ou pour
défendre la possession du plaisir convoité ? L'appétit irascible
est, selon le mot de saint Thomas, la *force protectrice*,
« propugnatrix », de l'appétit concupiscible[3]

Les mouvements de l'appétit irascible procèdent donc
originairement de l'appétit concupiscible, et ils y aboutissent

Comme, d'ailleurs, l'amour de soi est la source des mouvements de l'appétit concupiscible, il y a lieu de conclure

---

[1] « In passionibus autem irascibilis præsupponitur quidem aptitudo
vel inclinatio ad prosequendum bonum vel fugiendum malum ex concupiscibili, qua absolute respicit bonum vel malum Et respectu boni
nondum adepti est *spes* et *desperatio* Respectu autem mali nondum
injacentis est *timor* et *audacia* Respectu autem boni adepti non est
aliqua passio in irascibili, quia jam non habet rationem ardui, sed ex
malo jam injacenti sequitur passio iræ Sic igitur patet quod in concupiscibili sunt tres conjugationes passionum, scilicet *amor* et *odium*,
desiderium et *fuga, gaudium* et *tristitia* Similiter in irascibili sunt tres,
scilicet *spes* et *desperatio, timor* et *audacia*, et *ira*, cui nulla passio
opponitur Sunt ergo omnes passiones specie differentes undecim sex
quidem in concupiscibili, et quinque in irascibili, sub quibus omnes
animæ passiones continentur » 1ª 2æ, q 23, a 4

[2] La colère n'a pas de passion contraire. Le bien *présent* n'engendre
pas de passion d'irascibilité, il ne peut engendrer que le *plaisir* ou la
joie, il n'y a pas d'irritation à l'égard d'un bien que l'on possède, il n'y
a pas d'ardeur à la lutte pour le bien qu'on a déjà

Le mal *présent* n'engendre pas deux passions d'irascibilité, mais une
seule, la *colère* En effet, si le mal présent est capable de produire un
mouvement qui éloigne l'être de lui, la passion n'est autre que la *douleur*
ou la *tristesse*, et s'il provoque un mouvement qui porte vers ce mal,
pour prendre empire sur lui, c'est la colère Cfr Gardair, *Les passions
et la volonté*, p 71

[3] « Irascibilis quodammodo ad concupiscibilem ordinatur, sicut propugnatrix ipsius ad hoc enim necessarium fuit animali per irascibilem
victoriam de contrariis consequi ut concupiscibilis sine impedimento suo
delectabili potiretur cujus signum est quod propter delectabilia pugna

que l'amour de soi est le principe générateur de *toutes* les passions [1])

Bossuet s'est rallié à la classification scolastique des passions, la page que l'on va lire résume très bien l'enseignement traditionnel de l'École à ce sujet, et fait voir comment toutes les passions se ramènent à l'amour « Otez l'amour, il n'y a plus de passions, et posez l'amour, vous les faites naître toutes »

« L'amour est une passion de s'unir à quelque chose on aime une nourriture agréable, on aime l'exercice de la chasse Cette passion fait qu'on aime de s'unir à ces choses et de les avoir en possession

La haine, au contraire, est une passion d'éloigner de nous quelque chose je hais la douleur, je hais le travail, je hais une médecine pour son mauvais goût, je hais un tel homme qui me fait du mal, et mon esprit s'en éloigne naturellement

Le désir est une passion qui nous pousse à rechercher ce que nous aimons, quand il est absent

L'aversion, autrefois nommée la fuite ou l'éloignement, est une passion d'empêcher que ce que nous haissons ne nous approche

La joie est une passion par laquelle l'âme jouit du bien présent et s'y repose

La tristesse est une passion par laquelle l'âme, tourmentée du mal présent, s'en éloigne autant qu'elle peut, et s'en afflige

Jusques ici, les passions n'ont eu besoin pour être excitées que de la présence ou de l'absence de leurs objets, les cinq autres y ajoutent la difficulté

L'audace, ou la hardiesse, ou le courage, est une passion par laquelle l'âme s'efforce de s'unir à l'objet aimé, dont l'acquisition est difficile

est inter animalia, scilicet propter coitum et cibum, ut dicitur in 8 *de Animalibus* Et inde est quod omnes passiones irascibilis habent et principium et finem in concupiscibili nam ira incipit ex aliqua tristitia illata, quæ est in concupiscibili, et terminatur post vindictam adeptam ad gaudium, quod iterum est in concupiscibili, et similiter spes incipit a desiderio vel amore, et terminatur in delectatione » *De verit*, q 25, art 2

[1]) « Pondus meum amor meus, eo feror quocumque feror », dit saint Augustin *Confess* lib XIII, ch 9 Saint Thomas, à son tour, écrit « Omnes passiones ex amore causantur, amor enim inhians habere quod amatur cupiditas est, id autem habens eoque fruens lætitia est Amor ergo est prima passionum concupiscibilis » *Sum Theol*, 1a 2æ, q. 25, a. 1, ad 2

La crainte est une passion par laquelle l'âme s'éloigne d'un mal difficile à éviter.

L'espérance est une passion qui naît en l'âme, quand l'acquisition de l'objet aimé est possible, quoique difficile ; car, lorsqu'elle est aisée ou assurée, on en jouit par avance et on est en joie.

Le désespoir, au contraire, est une passion qui naît en l'âme, quand l'acquisition de l'objet aimé paraît impossible.

La colère est une passion par laquelle nous nous efforçons de repousser avec violence celui qui nous fait du mal, ou de nous en venger. Cette dernière n'a point de contraire, si ce n'est qu'on veuille mettre parmi les passions l'inclination de faire du bien à qui nous oblige. Mais il la faut rapporter à la vertu, et elle n'a pas l'émotion ni le trouble que les passions apportent.

Les six premières passions, qui ne présupposent dans leurs objets que la présence ou l'absence, sont rapportées par les anciens philosophes à l'appétit qu'ils appellent concupiscible. Et pour les cinq dernières, qui ajoutent la difficulté à l'absence ou à la présence de l'objet, ils les rapportent à l'appétit qu'ils appellent irascible.

Outre ces onze passions principales, il y a encore la honte, l'envie, l'émulation, l'admiration et l'étonnement, et quelques autres semblables, mais elles se rapportent à celles-ci.

Ainsi, il paraît manifestement qu'en quelque manière qu'on prenne les passions, et à quelque nombre qu'on les étende, elles se réduisent toujours aux onze que nous venons d'expliquer.

Et même nous pouvons dire, si nous consultons ce qui se passe en nous-même, que nos autres passions se rapportent au seul amour et qu'il les enferme ou les excite toutes. La haine qu'on a pour quelque objet ne vient que de l'amour qu'on a pour un autre : je ne hais la maladie que parce que j'aime la santé, je n'ai d'aversion pour quelqu'un, que parce qu'il m'est un obstacle à posséder ce que j'aime. Le désir n'est qu'un amour qui s'étend au bien qu'il n'a pas, comme la joie est un amour qui s'attache au bien qu'il a. La fuite et la tristesse sont un amour qui s'éloigne du mal par lequel il est privé de son bien et qui s'en afflige. L'audace est un amour qui entreprend, pour posséder l'objet aimé, ce qu'il y a de plus difficile ; et la crainte, un amour qui, se voyant menacé de perdre ce qu'il recherche, est troublé de ce péril. L'espérance est un amour qui se flatte qu'il possédera l'objet aimé ; et le désespoir est un amour désolé de ce qu'il s'en voit privé à jamais, ce qui cause un abattement dont on ne peut se relever. La colère est un amour irrité de ce qu'on veut lui ôter son bien, et s'efforce de le défendre. Enfin, ôtez l'amour, il n'y a plus de passions ; et posez l'amour, vous les faites naître toutes » [1])

[1]) Bossuet, *Connaissance de Dieu et de soi-même*, ch. I, n. 6

Descartes s'est écarté de la classification scolastique des passions, mais la critique qu'il en a faite prouve qu'il l'a mal comprise. Il propose un dénombrement nouveau en six passions « simples et primitives, la première est l'admiration, les autres sont l'amour, la haine, le désir, la joie et la tristesse, toutes les autres sont composées de quelques-unes de ces six, ajoute-t-il, ou bien en sont des espèces » [1]

Bien d'autres essais de classification ont été tentés. Celui de Hume est resté célèbre. Selon le fondateur de la philosophie de l'association, « les passions et émotions sont les unes directes, les autres indirectes. Celles-ci comprennent l'orgueil, l'humilité, l'ambition, la vanité, l'amour, la haine, l'envie, la pitié, la malice, la générosité et leurs dépendances. Les premières sont le désir, l'aversion, le chagrin, la joie, l'espérance, la crainte, le désespoir et la sécurité » [2]

Al Bain, dans un appendice à son ouvrage *The emotions and the will*, fait une sorte de trace historique des classifications des émotions [3].

Il en compte une douzaine. Lui-même en a créé deux que Herbert Spencer a justement critiquées et que M. Ribot appelle « un travail indigne d'un pareil psychologue » [4] Quant à M. Ribot, il s'attache à dissocier les émotions simples, primitives, irréductibles par l'analyse à une autre émotion, — il en compte cinq la peur, la colère, la tendresse, l'amour-propre, l'émotion sexuelle — des émotions composées et s'efforce d'expliquer comment — par trois procédés, évolution, arrêt de développement, composition (mélange et combinaison) — les secondes dérivent des

[1] D e s c a r t e s, *Les passions de l'âme*, 2me partie
[2] H u m e, *Treatise on human nature*, B II, part I, sect I
[3] Ces classifications ont pour auteurs Reid Dugald Stewart, Thomas Brown, Sir W Hamilton, Kant, Herbart, Waitz, Nahlowsky, Herbert Spencer, Wundt, Shadworth, H Hodgson
[4] *La psychologie des sentiments*, ch X

premières [1]) Cette méthode génétique, pratiquée par M Ribot, conduirait à des résultats sérieux si l'on pouvait la pratiquer sans obéir à des vues préconçues

Somme toute, la classification scolastique des passions n'est pas parfaite, mais il est douteux que l'on en ait jusqu'à présent trouvé une meilleure

§ 2

Nature de l'appétit sensitif

SOMMAIRE — 138 L'appétit sensitif est d'un ordre supérieur à l'inclination de nature des corps bruts ou des végétaux — 139 L'appétit sensitif n'est cependant qu'une puissance organique — 140 La multiplicité des inclinations de l'appétit sensitif explique l'apparence de liberté des mouvements de l'animal — 141 Une méprise familière aux matérialistes — 142 Le cœur est-il l'organe des émotions ?

138. L'appétit sensitif est d'un ordre supérieur à l'inclination de nature des corps bruts ou des végétaux. — *1er Argument* L'appétition sensible est déterminée par une représentation sensible.

Or, la connaissance assigne au sujet qui la possède un rang supérieur à celui des êtres qui en sont dépourvus, car ceux-ci sont renfermés dans les limites étroites de leur être physique, tandis que le premier a la puissance de s'enrichir par une sorte de prise de possession de tous les êtres qu'il connaît. « In habentibus cognitionem sic determinatur unumquodque ad proprium esse per formam naturalem, quod tamen est receptivum specierum aliarum rerum, sicut sensus recipit species omnium sensibilium, et intellectus recipit species omnium intelligibilium »

Donc, l'appétition spontanée, étant formellement dépendante d'une connaissance, est d'un ordre supérieur aux

---

[1]) *Ouv. cit*, Introduction

inclinations naturelles des êtres en général « Sicut igitur formæ alium modo existunt in habentibus cognitionem supra modum formarum naturalium, ita oportet quod in eis sit inclinatio supra modum inclinationis naturalis quæ dicitur appetitus naturalis »

Donc, enfin, l'appetit sensitif, principe immediat des appetitions sensibles, est superieur a la tendance naturelle des corps soit organisés soit inorganisés

Et comme il n'y a point de communauté de nature entre les phénomènes mécaniques ou physico-chimiques des corps bruts et le fait de la connaissance, la superiorité de l'appetit sensitif sur la tendance naturelle des corps organisés ou inorganisés, n'est pas une supériorité de degré, mais une superiorité de *nature*, ou plutôt, une superiorité d'*ordre* ou de *règne*

2ᵈ Argument L'evidence des faits que nous venons d'analyser a arraché a Du Bois-Reymond cet aveu que nous avons déjà rappelé **(95)**

« Aucun arrangement, aucun mouvement imaginable des particules matérielles ne peut nous aider à comprendre le domaine de la conscience Quelle connexion pourrait-on imaginer entre des mouvements déterminés d'atomes déterminés dans mon cerveau, et des faits primitifs, incontestables comme ceux-ci j'éprouve une douleur, j'éprouve un plaisir, je perçois une saveur douce, je respire un parfum de rose, j'entends un son d'orgue, je vois une couleur rouge, etc ? Il est complètement impossible aujourd'hui et il demeurera à jamais impossible de comprendre les processus « spirituels », à l'aide de la mécanique des atomes du cerveau c'est là une vérité qui n'exige pas d'explication » [1]

139. L'appétit sensitif n'est cependant qu'une puissance organique. — S'il est vrai que l'appétit sensitif est supérieur aux inclinations naturelles des êtres dépourvus de connaissance, il ne faudrait cependant pas l'assimiler à une

[1] Du Bois-Reymond *Die Grenzen des Naturerkennens*, S 37 6ᵗᵉ Aufl Leipzig, 1884

puissance spirituelle, il ne réside pas dans l'âme seule mais dans le corps informé par l'âme, en un mot, dans le *composé* (**96**)

Preuve de la thèse 1ᵉʳ Argument tiré de l'observation — Est-il bien nécessaire de citer encore des faits ?

Qui ne connaît, par exemple, les manifestations physiques du plaisir ?

La circulation augmente au cerveau, ce qui se traduit notamment par l'eclat des yeux, la respiration devient plus active, par suite, la temperature du corps s'eleve, les echanges nutritifs sont plus abondants « Dans la joie, écrit Lange, toutes les parties du corps profitent et se conservent plus longtemps ; l'homme dispos est bien nourri et reste jeune C'est une verite banale que les gens bien portants sont contents » L'innervation des muscles volontaires s'exprime par une exubérance de mouvements, par des cris de joie, le rire et les chants.

Dans la tristesse ou le chagrin, on observe les manifestations contraires troubles de la circulation, contraction des vaso-moteurs, syncope, abaissement de la respiration ou changements perpétuels dans son rythme, retentissement sur la nutrition, inappetence, indigestion, arrêt ou diminution des secretions, vomissement Les muscles volontaires de la voix, du visage, du corps entier, subissent les mêmes influences

Des experiences faites à l'aide du plethysmographe de Mosso confirment remarquablement les observations précédentes et conduisent à ces deux conclusions generales

Les émotions agreables s'accompagnent d'un accroissement de vitalite

Les émotions désagréables sont liees à la diminution ou à la desorganisation des fonctions vitales [1]

---

[1] Cfr Ribot, *La psychologie des sentiments*, pp 29 et suiv

2ᵈ Argument tiré de la corrélation entre l'appetit sensitif et le sens — En effet, l'appetit sensitif est à la sensation et à l'acte de l'imagination ce que le mobile est au moteur le bien perçu ou imaginé est la cause *motrice*, l'appetit sensitif est le *mobile,* sollicité au mouvement

Or, il y a proportion entre le mobile et son moteur naturel, entre un sujet passif et la cause active capable de le mouvoir la puissance passive se caractérise, en effet, par la disposition qu'elle offre à l'efficience de son principe actif connaturel « Passiva et mobilia distinguuntur secundum distinctionem activorum et motivorum, quia oportet motivum esse proportionatum mobili et activum passivo, et ipsa potentia passiva propriam rationem habet ex ordine ad suum activum » [1]

Mais les actes de perception et d'imagination sont intrinsequement liés à des organes

Donc la volonté sensitive aussi, à la différence de la volonté intellective, est intrinsequement liée à un organe, bref, elle est une faculté organique

3ᵐᵉ Argument tiré de l'experience interne — De même que, à côte et au-dessous de la connaissance intellectuelle qui a pour objet l'abstrait et l'universel, il y a chez nous des connaissances sensitives qui perçoivent le concret et le singulier, de même, au-dessous des aspirations de l'âme raisonnable vers les objets suprasensibles et de la joie que nous eprouvons à les posséder, il y a incontestablement des desirs d'ordre inférieur ayant pour objet des biens particuliers, et il y a une jouissance du même ordre, correspondante, à entrer en leur possession

Nous eprouvons même souvent qu'il y a *opposition* entre ces tendances différentes, souvent nous ne parvenons à

[1] *Sum Theol*, 1ᵃ 2ᵃᵉ, q 80, a 2

suivre les sollicitations de l'appetit superieur, qu'a la condition de lutter contre l'attrait de desirs ou d'émotions sensibles

Il y a donc bien une faculté appétitive inferieure distincte de la volonté intellective et qui ne depasse pas le niveau d'une faculté organique

Ce que nous constatons chez nous directement par la conscience, nous pouvons l'appliquer par analogie a l'animal La similitude de structure des organismes et la spontaneite des mouvements de l'animal, justifient cette induction

Puisque l'appetition sensible est une inclination consécutive a une connaissance sensible et dependante d'elle, « quamlibet formam sequitur aliqua inclinatio », quelle est ou *quelles sont les inclinations* de l'appétit sensitif?

Puisque l'appetit sensitif réside dans un organe, *quel est cet organe?*

140. Multiplicité des inclinations de l'appétit sensitif, cause de l'apparence de liberté chez l'animal. —

L'être sensitif étant, avant tout, un être vivant, possede pour inclination primordiale la tendance naturelle commune a tous les vivants elle a pour terme la conservation, l'évolution et la perpétuation de l'être organise

A la réalisation de cette tendance primordiale servent les inclinations sensibles, soit qu'elles aient pour objet direct la nutrition ou le développement de l'organisme, soit qu'elles aient pour but immédiat la protection ou la defense de l'animal et, par voie de conséquence, sa conservation [1]

Ces inclinations sensibles proviennent, les unes, de la

---

[1] Sergi dit tres exactement que la sensibilite est la *sentinelle* de la vie et qu'elle est, a ce titre, nécessaire a la conservation , il propose en consequence d'appeler *esthophylattique* le principe de conservation de la vie, envisage comme principe de sensibilite et moyen de defense chez l'animal. *Ouv. cit*, cap II, 27

perception d'objets présents, d'autres, de l'imagination et de l'association des images, en l'absence des objets, d'autres enfin, des jugements du sens estimatif

Bien qu'il n'y ait aucune raison d'admettre que l'animal soit jamais libre de choisir entre plusieurs objets, cependant les inclinations qu'il est dans le cas d'éprouver sont si multiples, si variées, si mobiles, que ses mouvements peuvent souvent présenter l'apparence d'une certaine liberté

Mais ce n'est qu'une apparence

Il est surabondamment prouvé par ailleurs que, si l'animal a de la spontanéité, il n'a pas de liberté [1]

A ce propos, relevons incidemment une méprise familière aux matérialistes

141. Une méprise familière aux matérialistes. — Les passions que nous avons analysées et décrites dans les pages précédentes appartiennent à l'animal comme à l'homme. La plupart des matérialistes, habitués à confondre le spiritualisme avec la forme outrée que lui a donnée Descartes, ne paraissent pas s'en douter Dans un livre récent, qui fit beaucoup de bruit, M. Le Dantec soutient qu'il n'y a pas de différence *essentielle* entre l'intelligence de l'homme et celle de l'animal A l'appui de sa thèse, il allègue complaisamment plusieurs menus faits qui démontrent que son chien est « affectueux », « joyeux », « envieux », « orgueilleux », etc. [2]

L'argument porte à faux

L'animal a, comme l'homme, toutes les passions qui dépendent de représentations sensibles, mais cela ne prouve pas qu'il ait de l'intelligence, car *l'intelligence* est le pouvoir d'abstraire et de généraliser Les *sentiments* que précède

---

[1] Ces notions seront comparées plus loin Cfr Cornoldi, *La filosofia scolastica* Lezione LX

[2] Le Dantec, *Le conflit*, ch III,

et dirige une connaissance intellectuelle sont les seuls qui appartiennent exclusivement à l'homme

142. Le cœur est-il l'organe des émotions? — L'expérience témoigne de relations intimes entre le cœur et les passions — et, par voie de conséquence indirecte, entre le cœur et les sentiments les plus élevés de l'âme — Les émotions pénibles ont pour effet de ralentir les pulsations du cœur, elles se traduisent par la pâleur du visage, par l'affaissement général de l'organisme Par contre, la joie et l'espérance accélèrent les pulsations cardiaques, activent le jeu de la circulation, font affluer le sang aux organes et nous donnent la sensation d'aise et de vitalité

Le sentiment de ces faits psycho-physiologiques trouve spontanément son expression dans le langage ne disons-nous pas, lorsque nous sommes dans la douleur ou dans la crainte, que nous avons « le cœur gros », « le cœur serré », lorsque nous sommes sous l'impression de sentiments agréables, que nous avons « le cœur leger », « le cœur dilaté », que « le cœur palpite de joie, tressaille d'allegresse » ?

Comment expliquer ce témoignage de la conscience ? Comment justifier ce langage spontané ?

Le cœur serait-il l'*organe* de l'appetit sensitif, le *siege* de la sensibilité affective et des passions ?

Non, l'organe de la sensibilité affective n'est pas le cœur, mais les centres nerveux

Le cœur est un organe de la vie *végétative*, l'organe central de la circulation du sang, il n'a. *directement*. rien de commun avec la sensibilité ni cognitive, ni appetitive ou affective

Les organes de la vie *psychique* sont les centres nerveux, les actes de perception, les appétitions, les émotions sont liés intrinsequement à l'activité de la substance nerveuse et ne peuvent avoir avec le tissu musculaire du cœur qu'une relation *indirecte*

En quoi consiste cette relation *indirecte* du cœur avec l'activité des centres nerveux et les manifestations de la vie psychique ?

Elle consiste en ce que les *variations* de l'activité cérébrale ont leur retentissement dans le cœur, tandis que les *variations* de mouvement du cœur se répercutent à leur tour dans le cerveau et, par suite, dans la vie psychique

Le cœur, en effet, est en relation avec les centres nerveux, tout d'abord par l'intermédiaire de deux nerfs, le pneumogastrique, dont l'action est modératrice, et le grand sympathique, dont l'action est accélératrice Entrons dans quelques explications

Les contractions musculaires du cœur, origine du mouvement circulatoire du sang dans les vaisseaux, ne sont pas, il est vrai, *absolument* dépendantes du centre cerébro-spinal ; une expérience devenue familière en physiologie fait voir, en effet, que le cœur même isolé de l'organisme, continue à battre un certain temps Des ganglions nerveux microscopiques qui l'entourent ou qui sont logés dans ses parois suffisent à cette incitation rythmique ; il semble même qu'ils n'y sont pas toujours nécessaires et que la fibre musculaire du cœur, dans certains cas, possède un pouvoir autonome de contraction

Mais l'*intensité*, la *vitesse* et la *régularité* des contractions cardiaques sont continuellement influencées par le centre cérébro-spinal.

Deux faisceaux de fibres nerveuses appartenant respectivement au nerf *pneumogastrique* et au *grand sympathique* relient le cœur au grand centre nerveux L'excitation du premier *ralentit*, l'excitation du second *accélère* les mouvements du cœur, le premier a sur le cœur une action *modératrice*, l'action du second est *accélératrice*

Les émotions agréables ou désagréables sont consécutives à des perceptions ou à des représentations imaginatives de choses agréables ou désagréables Selon qu'un objet est jugé bon ou mauvais, agréable ou désagréable, les représentations qu'il suscite sont évidemment différentes Les formes d'activité cérébrale dont ces représentations sont l'expression psychologique, sont donc différentes dans les deux cas, leur action sur les centres moteurs, et finalement sur les contractions cardiaques, doit varier en conséquence

Les perceptions et les images cérébrales correspondent à des excitations des centres sensitifs supérieurs lorsque ceux-ci réagissent sur le centre moteur du pneumogastrique, ils ralentissent la circulation du sang, diminuent la nutrition des tissus et des cellules et, par voie de conséquence, affaiblissent, dépriment, abattent l'organisme

Au contraire, les phénomènes psychiques, qui des centres supérieurs agissent sur le grand sympathique, activent l'action du cœur, font affluer le liquide nutritif en abondance au sein des tissus L'effet est un sentiment de vitalité, d'énergie, des désirs plus ardents, des espérances plus vives, les émotions du plaisir et du bien-être, les tressaillements de la joie

Bien que les centres nerveux supérieurs n'aient pas sur les mouvements du cœur une action directe, ils ont donc néanmoins sur eux, par un processus *indirect*, une influence *réelle* ils sont la source de *variations* de mouvements liées à nos émotions [1]

Le cœur est encore en relation avec les centres nerveux par l'intermédiaire des nerfs vaso-moteurs qui sont répartis dans les tuniques des vaisseaux sanguins, artériels et veineux, règlent leur diamètre d'ouverture et déterminent ainsi la

[1] On trouvera cette considération développée dans une charmante conférence du R P Van Tricht, *Le cœur de l'homme.*

quantité de sang qui circule dans l'organisme Or, selon que
cette quantité est plus ou moins abondante, les contractions
du cœur augmentent ou diminuent en conséquence, et
comme les nerfs vaso-moteurs sont aussi en relation avec
les centres supérieurs, ils les avertissent de la situation du
cœur

Enfin, le cœur est en relation avec les centres nerveux par
l'intermédiaire des nerfs qui président à la respiration. Le
fonctionnement régulier du cœur est sous la dépendance
des fonctions respiratoires car le sang qui fournit l'aliment
aux tissus de l'économie doit être un sang oxygéné, pour
que le sang ait la *qualité* voulue, il faut donc que les mouvements respiratoires amènent aux poumons l'oxygène nécessaire à sa composition normale, aussi les troubles de la
respiration se répercutent sur les mouvements du cœur, et
réciproquement les troubles de la circulation affectent les
fonctions respiratoires

Telle est la triple dépendance anatomique et fonctionnelle
du cœur par rapport aux centres nerveux

Dès lors, les émotions qui agissent directement sur les
centres cérébraux, agissent en même temps, par contre-coup,
sur les mouvements du cœur, sur la circulation du sang et
par voie de conséquence, sur la nutrition des éléments de
l'économie et sur la santé générale De même, les modifications qui se produisent dans les contractions du cœur, dans
la constriction ou la dilatation des vaisseaux sanguins, dans
l'oxygénation du sang dépendamment des mouvements respiratoires, agissent sur la quantité et sur la qualité du sang
qui va irriguer le cerveau et l'activité psychique, soit cognitive, soit appétitive ou affective, s'en ressent inévitablement

« Quand on dit que le cœur est *brisé* par la douleur, le cœur
a été arrêté par une impression soudaine, d'où quelquefois la
syncope, et des crises nerveuses Le cœur *gros* répond à un
prolongement de la diastole, qui fait éprouver dans la région pré-
cordiale un sentiment de plénitude et de resserrement Le cœur

qui *palpite* n'est pas seulement une formule poetique, mais une realité physiologique les battements sont rapides et sans intensité La facilité avec laquelle le cœur se vide, la regularité de la circulation étant entretenue par une pression insignifiante, répond au cœur *léger* Deux cœurs *unis* battent à l'unisson sous l'influence des mêmes impressions Dans le cœur *froid*, les battements sont lents et tranquilles, comme sous l'influence du froid ; dans le cœur *chaud*, c'est le contraire Quand on dit à quelqu'un qu'on l'aime de *tout son cœur*, cela signifie physiologiquement, que sa présence ou son souvenir éveillent en nous une impression nerveuse qui, transmise au cœur par le pneumogastrique, fait reagir notre cœur de la façon la plus convenable à provoquer dans notre cerveau un sentiment ou une emotion Chez l'homme, le cerveau doit, pour exprimer ses sentiments, avoir le cœur à son service » [1])

Reste un dernier point à élucider Comment se fait-il que le cœur nous semble jouer, dans notre vie affective, le rôle qui en réalité appartient au cerveau ? D'où vient que la conscience spontanée et le langage general n'attribuent pas les émotions au cerveau mais au cœur ?

La conscience n'attribue pas les émotions au cerveau, parce que les fonctions cérébrales qui accompagnent les sensations et les sentiments échappent à la conscience, et comme, pour exprimer une chose, il faut en avoir conscience, les phénomènes cérébraux ne peuvent servir à l'expression de la sensibilité affective

En revanche, les concomitants indirects des phénomènes affectifs, à savoir les battements du cœur et plus généralement les phénomènes circulatoires et respiratoires, sont tels que leurs modifications quelque peu intenses sont perceptibles par le sens intime Donc ils peuvent servir à l'expression de la sensibilité affective

Pour être indirects, ces phénomènes n'en sont pas moins

---

[1]) Cl Bernard, *La science experimentale Étude sur la physiologie du cœur* (1865), et Cyon, Discours à l'Académie de St-Petersbourg *Le cœur et le cerveau,* trad dans la *Revue scientifique* (22 novembre 1873) , Mosso, *Sulla circolazione del sangue nel cervello* (1880) et *la Paura ;* Ribot, *La psychologie des sentiments,* p 119

en liaison constante avec les phénomènes psychiques et dès lors, il y a une connexion naturelle entre *les variations d'intensité* des passions et les phénomènes circulatoires, et il est permis par conséquent de prendre ceux-ci pour l'expression de celles-là

La conscience spontanée *symbolise* ainsi l'amour par le cœur, mais son jugement fait abstraction du point de savoir si le phénomène sensible auquel le symbole est emprunté est lié directement ou indirectement au phénomène psychique de l'amour, si le cœur est ou n'est pas, en rigueur de termes, *l'organe proprement dit* et le siège immédiat de la sensibilité appetitive ou émotive

Quelle partie du cerveau est l'organe de l'appétit sensitif ?

Les physiologistes ne distinguent communement dans la substance corticale que deux sortes de centres, les uns perceptifs, les autres moteurs

Il est vrai que, sous le nom de centres *psycho-moteurs*, ils n'entendent pas seulement les centres d'où partent des incitations de mouvements, mais les centres d'origine de mouvements *volontaires,* c'est-a-dire de volitions de mouvements La zone qu'ils appellent psycho-motrice réunit donc, dans leur pensée, les centres originaires de certains *mouvements* et les centres de la *volition* de ces mouvements.

Mais on peut se demander ultérieurement s'il n'y a pas dans les centres psycho-moteurs, des centres *moteurs*, au sens strict du mot, et des centres *volitifs,* c'est-à-dire appetitifs, passionnels, ou, du moins, des éléments nerveux servant a l'incitation *motrice*, et d'autres servant aux desirs et aux emotions de la *volonté* sensitive.

L'attention des physiologistes ne paraît guère s'être portée sur cette question [1])

[1]) V Frank, *Dictionn encycl des sciences medicales,* art nerveux, Ribot, *Les maladies de la volonte,* p 168

En tout cas, dans l'etat actuel de la physiologie cérébrale, la question n'est certainement pas résolue.

Nous avons étudié la *sensation* et l'*appétition*, passons à l'étude des actes de *locomotion*

Cette étude fera l'objet de la *Troisième Section* de cet *Article Premier*

ARTICLE PREMIER

Actes de la vie sensitive.

TROISILME SECTION

Le mouvement spontané

SOMMAIRE — § 1. Le mouvement au point de vue anatomique et physiologique 143 L'appareil locomoteur. — 144 La contraction musculaire — § 2 Le mouvement au point de vue psychologique. Les mouvements spontanés chez l'homme et chez l'animal 145 *Notion* du mouvement spontané — 146 *Existence* de mouvements spontanés — § 3 *Fonctionnement* du mouvement spontané 147 Rôle respectif des sens, de l'appétit sensitif et du système musculaire dans la production du mouvement spontané. — 148 Corollaire. La faculté appétitive et la faculté de locomotion sont distinctes — 149 Remarque sur la complexité de la plupart des mouvements de l'animal

§ 1

Le mouvement au point de vue anatomique et physiologique

143. L'appareil locomoteur. — Les organes de l'appareil locomoteur sont les muscles et les os.

Les *os* forment un assemblage de pièces solides, passives, articulées entre elles comme des leviers, et composant, par leur réunion, le squelette. Ces leviers sont reliés entre eux et rendus dépendants les uns des autres par des organes actifs d'une nature particulière, susceptibles de se raccourcir en exerçant un effort sur les leviers : ce sont les *muscles*.

Les muscles, avec les os, forment les membres.

Le *muscle* est composé de fils très minces, les fibres musculaires ; celles-ci dérivent originairement de cellules , elles sont, en quelque sorte, des cellules allongées. On y trouve encore, disséminés çà et là, des noyaux cellulaires.

On a distingue deux sortes de muscles, ceux qu'on a appeles volontaires ou *stries* et d'autres qu'on a appelés involontaires ou *lisses* [1]) (Pl IV, fig 1, A et B)

Ceux-ci se forment par une transformation tres simple des cellules embryonnaires , les cellules musculaires s'allongent, elles s'effilent à leurs deux extremités , en même temps leur protoplasme se transforme en substance musculaire et leur noyau s'allonge en forme de bâtonnet

Dans les fibres du muscle *strie*, la fusion des cellules embryonnaires s'opere d'une manière complète, et les faisceaux de fibres presentent manifestement une *striation transversale*

144. La contraction musculaire. — La fibre musculaire est *irritable* et *contractile* L'irritabilité est la propriété que possède le muscle de repondre a un excitant par un mouvement Sous l'incitation du nerf moteur, la fibre se raccourcit ou *se contracte*, en d'autres mots, elle diminue son diametre longitudinal et augmente son diametre transversal

La propriéte de se contracter qui appartient à la fibre musculaire porte le nom de *contractilité*

La contraction du muscle détermine le mouvement de nos organes, de nos membres, et le déplacement du corps entier, elle fait l'effet de la vapeur sur le piston d'une machine à vapeur , par leur contraction ou par leur relâchement, les muscles changent la position des os les uns par rapport aux autres et mettent ainsi les membres et le corps entier en mouvement

---

[1]) Il ne faudrait pas donner à l'opposition entre les muscles striés et les muscles lisses une portee exclusive , ce serait une erreur

Il ne faudrait pas croire non plus que les muscles dits *volontaires* ou stries n'interviennent point dans les mouvements reflexes Tous les muscles de l'organisme servent aux reflexes, aussi bien les muscles striés que les muscles lisses.

A vrai dire, le muscle est toujours contracte, il n'est jamais tout à fait relâche, même lorsque l'organisme n'opere aucun mouvement apparent, le muscle est sous l'influence d'une excitation nerveuse habituelle qui le maintient à l'état de tension ou de *tonicité*

Les modifications qui se produisent dans l'état du muscle impressionnent les fibres nerveuses sensitives qui y sont attachées, et ainsi l'action musculaire peut être sentie (sens *kinesthesique* ou du *mouvement*, improprement appelé *sens musculaire*)

La contraction musculaire s'accompagne de differents phenomenes physiques (degagement de chaleur, variations electriques) et chimiques (formation d'acide lactique et d'acide carbonique)

Les combinaisons de substances hydrocarbonees avec l'oxygène du sang constituent de véritables combustions, la est la source du calorique, qui se dégage lorsque le muscle se contracte, et de l'énergie mécanique, qui se dépense dans la contraction elle-même [1])

Nous venons de voir ce qu'est le mouvement envisagé au point de vue *anatomique* et au point de vue *physiologique*

Au point de vue *psychologique*, le mouvement, qui nous

---

[1]) Le travail que le muscle produit consomme du calorique le muscle devrait donc, semble-t-il, se refroidir par l'exercice, or, il est constaté qu'il s'échauffe Comment expliquer cela ?

De fait, les physiologistes ont demontre que la contraction musculaire s'accompagne d'un abaissement de temperature Mais le muscle en action est le siege de deux phenomenes contraires l'un, mecanique, physique, est la production d'un mouvement et, par suite, une depense de calorique, un abaissement de temperature, mais l'autre, chimique, est une production de chaleur et, par suite, une elévation de température Le phenomene le plus apparent, l'echauffement du muscle est le resultat d'une différence

De même — nous notons ceci en passant — Schiff a montre que le cerveau actif s'echauffe Mais il se produit, durant le travail cerebral, des alternances de refroidissement et d'echauffement, dont le resultat net, sensible est l'echauffement constate par Schiff

intéresse spécialement, c'est le mouvement volontaire ou *spontané*

A ce mouvement on reconnaît la vie sensitive ou animale

Qu'est-ce que le mouvement *spontané* et en quoi diffère-t-il du mouvement *réflexe* et du mouvement *automatique* ?

Plusieurs psychologues nient qu'il y ait des mouvements spontanés et les assimilent à des réflexes . comment prouve-t-on l'*existence* de mouvements spontanés ?

Enfin, quels sont les différents facteurs du mouvement spontané , quel est leur *rôle* respectif ; bref, quel est le *fonctionnement* du mouvement spontané ?

Nous avons déjà répondu aux deux premières questions , nous nous contenterons de rappeler ici en quelques lignes (§ 2) les idees développées plus haut (41 et 42).

Puis (§ 3), nous demêlerons les causes dont le jeu combiné explique la production du mouvement spontané

§ 2

Le mouvement au point de vue psychologique   Les mouvements spontanés chez l'homme et chez l'animal.

145. Notion du mouvement spontané. — Le mouvement spontané s'oppose au mouvement *réflexe*, soit simple, soit coordonné , il diffère du mouvement *automatique* Il a pour cause déterminante, non pas exclusivement une action mecanique, physique ou chimique, mais la poursuite d'un bien sensible ou la fuite d'un mal sensible c'est là sa caractéristique

146. Existence de mouvements spontanés. — On sait que, pour Descartes et pour Malebranche, l'animal n'est qu'un « automate, une machine mouvante ».

Les matérialistes ne nient pas la sensibilité de l'animal ni ses mouvements volontaires, mais ils sont conduits par leurs principes à donner de ces manifestations de la vie sensitive ou motrice une interprétation toute mécanique

Nous avons établi (42) par le témoignage de notre conscience que certains de nos mouvements, sans être *librement* voulus, sont néanmoins déterminés par des antécédents *psychiques* [1] Il serait arbitraire, avons-nous ajouté, d'attribuer ces mêmes mouvements, lorsque des animaux en sont les auteurs, à des causes exclusivement mécaniques.

Que l'on se rappelle les mouvements du chat qui guette le garde-manger, l'exemple de la guenon qui lime les ongles du chat, les opérations merveilleuses des abeilles, des fourmis, de l'ammophile, etc

De bonne foi, peut-on nier que ces divers mouvements soient *intentionnels ?*

§ 3

Fonctionnement du mouvement spontané

147. Rôle respectif des sens, de l'appétit sensitif et du système musculaire dans la production du mouvement spontané. — Plusieurs causes contribuent à la production du mouvement volontaire ·

La *cause finale dernière*, c'est toujours le *bien-être* de l'animal ; l'effet immédiat de cette cause finale, c'est l'inclination naturelle du sujet sentant vers tout objet qui entretient ou accroît son bien-être.

---

[1] Voici l'echelle des mouvements que l'on rapproche des mouvements spontanés

Mouvements chez l'animal ou chez l'homme			
Reflexes	simples p ex rotulien	conscients.
	compliques p. ex toux	inconscients
Automatiques		
Volontaires	*spontanés*	instinctifs
	libres	varies.

De cette inclination primordiale de l'appétit sensitif émanent des inclinations particulières ou *appétitions sensibles*, qui sollicitent l'animal, soit à accomplir des œuvres uniformes, — inclinations *instinctives*, instincts, — soit à exercer certaines opérations plus ou moins variées, — inclinations *sensibles*, désirs — Ces appétitions sont les *causes déterminantes* des mouvements de l'animal, elles *appliquent* à l'acte sa puissance locomotrice

Les facultés appréhensives et appétitives de l'animal n'entrent en jeu que sous l'excitation d'une cause extérieure, de sorte que le monde extérieur — le *milieu* — est aussi un des facteurs nécessaires du mouvement spontané, il est la cause efficiente externe de la perception sensible, il exerce donc une action *réelle* sur la production du mouvement spontané Mais son action, pour être *réelle*, n'est pas *déterminante*, le milieu est cause *éloignée et partielle*, et non pas cause prochaine, encore moins cause adequate du mouvement Seule *l'appétition sensible* est la *cause prochaine et déterminante* du mouvement spontané Bref, le milieu est *cause excitatrice* du mouvement spontané, mais il n'en est pas cause d'une manière adequate ni même déterminante

L'inclination sensible etant consecutive à une connaissance sensitive et en particulier à un acte de l'estimative qui discerne les qualités avantageuses ou désavantageuses, agréables ou désagréables d'un objet ou d'une action, on dira que les sens et en particulier les sens internes sont les *causes directrices* du mouvement spontané

La nature de l'animal est évidemment, ici comme ailleurs, la *cause efficiente première* de l'action Le système nerveux et le système musculaire en sont les *causes efficientes immédiates*, ou, avec plus de précision, la *cause instrumentale*, la nature *exécute*, par leur intermediaire, les mouvements spontanés

Toutes ces idées sont admirablement résumées en ces quelques lignes de saint Thomas d'Aquin

« Viso de virtute sensitiva apprehensiva, videndum est de virtute motiva Motiva autem sensitiva dividitur, quia quaedam est naturalis, quaedam animalis Naturalis est quae non movet per apprehensionem nec est subjecta imperio rationis et talis est virtus vitalis et pulsativa quae movet arterias et cor secundum dilatationem et constrictionem Motiva animalis est quae movet per apprehensionem et haec dividitur, quia quaedam movet per modum dirigentis, quaedam per modum imperantis, quaedam per modum exequentis Motivae per modum dirigentis sunt phantasia et aestimativa, in quantum appetitui ostendunt formam vel intentionem convenientem vel disconvenientem Motivae autem imperantes et facientes motum sunt concupiscibilis et irascibilis quae sunt partes appetitus sensitivi Vis exequens motum istum est vis exterior quae diffusa est in musculis et lacertis et nervis membrorum » [1]

148. Corollaire : La faculté appétitive et la faculté de locomotion sont distinctes.

— Du départ des différentes causes qui concourent à la production du mouvement spontané, il résulte que la faculté appétitive et la faculté de locomotion ne peuvent être confondues

C'est, d'ailleurs, un fait d'expérience que les deux facultés sont séparables non seulement certains animaux inférieurs que l'on peut croire doués d'appétit sensitif sont privés de mouvement, au moins du mouvement de déplacement, mais ne voyons-nous pas tous les jours, dans des cas de paralysie, que l'homme *commande* un mouvement sans qu'il ait gardé la puissance naturelle de l'*exécuter* ? La faculté volitive est intacte, mais la faculté de locomotion est frappée d'impuissance Non seulement donc une faculté est distincte de l'autre, mais elle peut même subsister sans l'autre

Saint Thomas appelle aussi l'attention sur le double fait d'observation que nous venons de signaler

[1] S. Thomas, *De potentiis animae*, cap 5

« Dicendum quod quamvis sensus et appetitus sunt principia
moventia in animalibus perfectis non tamen sensus et appetitus,
inquantum hujusmodi, sufficiunt ad movendum, nisi superadde-
retur eis aliqua virtus Nam in immobilibus animalibus est sensus et appetitus, non tamen habent vim motivam Hæc autem vis
motiva non solum est in appetitu et sensu, ut imperante motum,
sed etiam est in ipsis partibus corporis, ut sint habiles ad obedien-
dum appetitui animæ moventis Cujus signum est, quod quando
membra removentur a sua dispositione naturali, non obediunt
appetitui ad motum » [1]

Il suffit, nous semble-t-il, de lire attentivement ces lignes
et surtout de les rapprocher de celles que nous avons citées
au numéro précédent, pour se convaincre que le saint Docteur
a parfaitement distingué la faculté appétitive de la motilité.

Plusieurs auteurs se sont évidemment mepris sur sa pensée
à cet égard

Si certains textes paraissent attribuer le mouvement à
l'appétit sensitif, c'est que celui-ci applique la faculté locomotrice a son acte, mais il n'en reste pas moins une faculté
spéciale ; bien plus, saint Thomas en fait un *genre* à part

« Secundum quod anima inclinatur et tendit in rem exteriorem
sunt duo *genera* potentiarum, unum scilicet appetitivum, secundum
quod anima comparatur ad rem extrinsecam ut ad finem, qui est
primus in intentione, aliud autem motivum secundum locum,
prout anima comparatur ad rem exteriorem, sicut ad *terminum
operationis et motus* Ad consequendum enim aliquod desideratum
et intentum omne animal movetur » [2]

149. Remarque sur la complexité de la plupart des mouvements de l'animal.

— Il ne peut plus y avoir de
doute sur la diversité naturelle du mouvement réflexe et du
mouvement spontané Mais, si ces deux types de mouvements
sont nettement tranchés, il est tres rare que la réalité nous
en fournisse des exemples sans mélange, presque tous sont
partie volontaires, partie réflexes ou même automatiques

[1] *Sum Theol*, 1a 2æ, q. 78, a 1, ad 4
[2] 1a 2æ, q 78, a. 1. C

Ainsi en est-il des diversités qualitatives du spectre solaire, les couleurs sont naturellement différentes, le rouge et l'orangé, le vert et le bleu sont de qualité différente, mais il y a entre elles, dans les radiations solaires, tant de nuances délicates interposées, qu'il est de fait impossible de dire où l'une finit et où l'autre commence.

Aussi est-ce bien à tort que plusieurs physiologistes, Ch. Richet [1]), par exemple, prétendent tirer un argument en faveur de l'identité du réflexe et du mouvement spontané, de l'impossibilité pratique où nous sommes souvent d'en faire le départ.

Cette complexité de nos mouvements est une preuve nouvelle de l'unité intime du composé humain et de la solidarité de toutes les fonctions qui en partent.

D'où vient cette complexité ?

Il est établi expérimentalement [2]) que les centres nerveux supérieurs ont une action d'inhibition ou d'arrêt sur les centres subordonnés. Nous avons rencontré un exemple frappant de cette action dans l'influence exercée par l'encéphale sur les contractions du cœur et, par voie de conséquence, sur la circulation sanguine, c'est-à-dire sur des mouvements même automatiques. Les réflexes les plus violents n'échappent pas à cette action inhibitrice. l'éternuement, par exemple, ne peut pas toujours, il est vrai, être empêché, mais il peut l'être parfois, et toujours il peut être atténué par un effort de volonté. Nous pouvons, dans une certaine mesure, contenir ou exagérer nos mouvements d'expression ; nous pouvons même susciter en nous des émotions factices, témoin le pouvoir de simulation que l'homme possède.

---

[1]) *Essai de psych gen*, passim.

[2]) A mesure que l'on détruit chez l'animal les parties les plus élevées de la moelle épinière, le pouvoir réflexe des parties inférieures s'accentue.

Aussi, a mesure que l'action des centres psycho-moteurs diminue, celle des ganglions de la base ou des centres medullaires semble-t-elle augmenter, et reciproquement. De la cette conséquence, que beaucoup d'actes originairement spontanes tombent graduellement sous l'action préponderante, sinon exclusive, de centres reflexes, tels sont les mouvements coordonnes de la marche, de la voix, de l'écriture, etc

Il y a donc la une premiere explication à la complexité habituelle de nos mouvements et a l'impossibilité ou nous sommes souvent de les dissocier l'action des centres supérieurs sur les centres inferieurs sensitifs ou moteurs

Une autre raison de la difficulté d'isoler le mouvement spontane du mouvement réflexe, c'est que tres souvent le même organe sert indifferemment à les executer l'un et l'autre.

Il est donc aisé de comprendre a quelles complications inextricables peut donner lieu la combinaison des actes multiples de la faculté de locomotion, mais cela n'infirme en rien la diversité de nature des mouvements qui s'enchevêtrent ainsi, et que le sens intime et la comparaison nous ont fait nettement differencier au debut de cette etude.

ARTICLE SECOND

Nature et propriétés du premier principe de la vie sensitive.

AVANT-PROPOS

150. Objet de cet article. — Il s'agit de tirer les conclusions des deux premiers articles de ce chapitre qui avait pour objet la *nature de la vie sensitive* Nous avons étudié d'abord, au point de vue anatomique et physiologique (Art I), puis, au point de vue psychologique (Art II), les fonctions de la vie sensitive les sensations externes et internes, l'appétition, le mouvement spontané et les facultés qui sont les principes *immédiats* de ces diverses fonctions Des *actes* de la vie sensitive et de leurs principes immédiats nous devons remonter au principe premier ou à la *nature* d'où ils émanent. L'acte, en effet, procède de l'être et le manifeste, ou inversement, l'être substantiel se traduit dans son acte, selon l'adage de l'École *Operari sequitur esse*

Deux thèses nous renseigneront sur la *nature* du sujet premier de la sensibilité (§ 1) — Lorsque cette nature nous sera connue, nous insisterons sur quelques-unes de ses *propriétés* (§ 2)

Les deux thèses sur la nature du sujet sentant sont les suivantes

Première thèse *Le sujet premier de la sensibilité est une substance une, mais composée*

Seconde thèse *Le sujet premier de la sensibilité est d'une nature supérieure à celle du végétal*

.

§ 1

Nature du sujet premier de la sensibilité

151. Première thèse : Le sujet premier de la sensibilité est une substance une, mais composée. — *Explication de la thèse*. L'être doué de sensibilité n'est pas un agglomérat d'éléments matériels et de forces, mais une *substance* vitalement *une* et une *nature*, par rapport à laquelle les forces ne sont que des accidents et des principes dérivés d'action Néanmoins, le premier principe de la vie animale n'est pas, comme tel, une substance, il ne subsiste et n'agit qu'en union avec la matière première, en sorte que le sujet subsistant est un composé matériel

Cette thèse combat deux théories contraires l'une à l'autre :

La première partie de la thèse affirme l'*unité* de substance et de nature du sujet sentant et s'oppose au mécanisme matérialiste

La seconde partie de la these affirme la *composition* substantielle du sujet sentant et s'oppose aux spiritualistes cartésiens qui voudraient identifier l'âme de la bête avec une substance immatérielle et simple.

152. Preuve de la première partie de la thèse : Le sujet sentant est substantiellement un. — *1ᵉʳ Argument, tiré de l'observation de la vie animale.* — Il suffit d'un simple coup d'œil sur le règne animal pour constater que les animaux présentent les manifestations d'activité les plus variées, soit que l'on considère les démarches qui se produisent à tous les instants dans la vie de chaque animal, soit que l'on considère les opérations des instincts ces manifestations d'activité si variées constituent un fait immense dont nous cherchons en ce moment la raison suffisante

Dans des conditions extérieures identiques, les animaux d'espèces différentes présentent les manifestations d'activité les plus variées ; dans les conditions les plus différentes, les individus d'une même espèce présentent invariablement les mêmes manifestations d'activité Pour se faire une idée de la quantité incalculable de ces actions variées, il suffit de songer un instant, d'abord, à ce qui se dépense a chaque moment, de forces mécaniques, physiques et chimiques dans les appareils, les organes, les éléments cellulaires, d'un organisme compliqué, ensuite, aux sensations, aux images, aux associations, aux appétitions, aux mouvements de tous genres qui s'y produisent. Néanmoins, toutes ces manifestations d'activité convergent d'une façon harmonieuse et stable vers la réalisation d'un même résultat, à savoir la conservation, la reproduction, la protection ou la défense de l'animal, en un mot, son bien-être

Cette convergence demande sa raison suffisante.

Or, cette raison suffisante n'est pas dans les conditions extérieures ou de milieu, attendu que ces conditions changent dans l'espace et dans le temps et que la convergence s'en montre indépendante [1]).

Elle n'est pas davantage dans une action extrinsèque

---

[1]) Il est superflu de faire remarquer que cette indépendance a néanmoins ses limites, attendu que le milieu est cause partielle du mouvement spontané (147)

incessamment renouvelée de la Providence, nous l'avons démontré à propos de la nature de l'être vivant **(29)**

Donc cette cause est *intérieure* au sujet sentant

Mais elle n'est pas dans les principes secondaires d'action, organes particuliers ou éléments anatomiques de l'animal, puisque c'est tout juste de ces organes et de ces éléments qu'il faut expliquer le concours ordonné et persistant

Donc il y a chez l'animal un principe *premier* qui fait converger vers un même terme tous les éléments de l'organisme et leurs forces respectives, les sensations, les appétitions et les mouvements spontanés de l'animal, en un mot, il y a chez lui un sujet premier, un principe premier d'énergie, ou, en langage technique, une *substance* et une *nature*

2ᵈ Argument, tiré du sens intime et appliqué à l'animal par analogie — Quel que soit l'organe par lequel nous exercions une perception ou éprouvions une sensation, que nos yeux voient, que nos oreilles entendent ou que nos membres éprouvent une sensation de contact ou de chaleur, de plaisir ou de souffrance, nous attribuons toujours toutes ces fonctions de la sensibilité au *même être sentant* Donc le sens intime nous atteste l'unité et l'identité substantielle de l'homme, en tant qu'il est le principe et le sujet premier de perceptions et d'appétitions sensibles

L'unité constatée chez nous, l'analogie la fait affirmer de l'animal

Donc, d'une façon générale, nous pouvons conclure que l'animal est substantiellement un.

153. Preuve de la deuxième partie de la thèse : Le sujet premier de la sensibilité est une substance composée. — Il n'y a pas une seule fonction de la vie animale qui nous apparaisse comme intrinsèquement indépendante de la matière Au contraire, nous avons vu que la sensation et l'appétition, et, par voie de conséquence, le mouvement spontané ont pour sièges et pour principes immédiats des organes matériels

Or, tel acte, telle nature, « *opera t sequitur esse*

Donc le principe premier des fonctions sensitives n'est pas une âme simple, formant à elle seule une substance, mais il est une substance matérielle composée, dont l'âme sensitive n'est que le principe formel, essentiellement dépendant, pour exister et pour agir, de la matière [1]

Plusieurs auteurs spiritualistes estiment, il est vrai, que les caractères de la sensation sont incompatibles avec l'étendue et ils concluent a la *simplicité* du sujet sentant [2].

---

[1] « Cum anima sensitiva non sit forma subsistens, habet se in essendo ad modum aliarum formarum corporalium quibus per se non debetur esse, sed esse dicuntur, inquantum composita subsistentia per eas sunt » *Sum Theol*, 1ª 2ᵃᵉ, q 118, a 1

[2] « La sensibilité, écrit B a l m e s, nous révèle un ordre d'existences distinctes de la matière Quelque parfait qu'on le suppose, l'organisme, purement matériel, ne s'élève jamais à la sensation La matière est, d'une manière absolue, incapable de sentir Si l'être composé pouvait sentir, la sensibilité ne serait qu'un assemblage de sensibilités Il est incontestable que la sensation appartient essentiellement à l'être *un* et qu'on ne peut la diviser sans la détruire , donc nul être composé n'est capable de sensation , donc la matière, quelle que soit la supériorité de son organisation, ne peut sentir Donc l'âme des animaux est un être simple » B a l m e s, *Phil fond*, liv II, ch II, pp 12-16

« Un sujet composé de parties, ou, pour parler plus simplement, un sujet étendu, tel que nos organes ou les portions les plus délicates de nos organes, ne peut absolument pas percevoir, c'est-a-dire connaître Qu'est-ce, en effet, que percevoir ? Que se passe-t-il chez moi quand je dis « Je perçois telle étendue lumineuse ou tangible, ou tel son » ? Considérons bien la chose avec le regard de la conscience quand un homme dit je perçois le sujet *percevant* désigne par le mot *je*, saisit, par lui-même tout entier, et dans un instant indivisible, l'une de ces étendues qu'on peut supposer aussi grandes ou aussi petites qu'on voudra Or, si le sujet percevant avait en lui la moindre étendue, il ne saisirait pas l'objet externe par tout lui-même a la fois il devrait promener successivement chacune de ses parties intégrantes sur les diverses parties intégrantes de l'objet à percevoir ainsi il ne pourrait jamais percevoir

Ces auteurs commettent une méprise ils confondent
l'*indivision*, c'est-à-dire l'*unité*, avec l'*indivisibilité* ou la
simplicité La conscience atteste l'*unité* de la sensation, elle
n'atteste point sa simplicité

Lorsque je pose la main sur une tablette de marbre, j'ai
une sensation de dureté, cette sensation est étendue, elle
est répartie sur les très nombreux corpuscules du tact
répandus sur la surface de ma main, neanmoins, l'organe
qui éprouve la sensation étant *un*, exempt de parties actuellement divisees, la sensation apparaît *indivise, une* à ma
conscience

Mais cette sensation de la dureté du marbre peut être
extensivement diminuée ou augmentée il suffit, pour cela,
que je diminue ou que j'augmente la surface de contact de
la main avec le marbre.

Et que l'on ne dise pas Mais la sensation est essentiellement indivisible on sent ou l'on ne sent pas la dureté du
marbre, on voit ou on ne voit pas, on entend ou on n'entend
pas, et ainsi de suite.

---

en un instant, comme le fait le *moi* Voilà qui est suffisant pour la
démonstration, mais trop peu pour la vérité tout entière, car ce langage
bien examiné conserve encore la trace d'un reste d'illusion Nous soutenons donc qu'un sujet qui n'est pas absolument simple et inetendu ne
pourra jamais en aucune façon, ni en un instant, ni successivement, percevoir une étendue materielle, si petite qu'elle soit, ni, par consequent,
l'une des parties intégrantes de l'objet, tâchons de le bien comprendre,
dès que le sujet *percevant* est étendu, qu'importe que l'étendue à percevoir soit infiniment petite ! elle a toujours des parties ou du moins des
faces distinctes, dès lors, le sujet percevant est réduit à promener successivement ses propres parties sur les parties ou les faces de l'objet,
et, par conséquent, il ne peut jamais l'embrasser d'un seul coup et par
tout lui-même, c'est cependant ce qui a lieu dans l'acte le plus spontané
de perception, comme nous l'atteste la conscience Ainsi nous avons
démontre notre theoreme *il est impossible qu'un sujet étendu accom-
plisse jamais l'acte de percevoir une etendue aussi petite que l'on
voudra* » Duquesnoy, *La perception des sens, opération exclusive
de l'âme*, I, pp 104 et suiv — Voir de même Paul Janet, *Le cerveau
et la pensee*, pp 172-173

Nouvelle méprise Assurément, la notion abstraite que l'on exprime par les mots *toucher, voir, entendre* se vérifie ou ne se vérifie pas, *en son entièreté*, avec tous les éléments que ces notions comportent *essentiellement*, mais il en va de même des propriétés physiques — qui sont assurément corporelles, celles-là — telles que la chaleur, l'électricité Un corps est chaud ou ne l'est pas, il est électrisé ou ne l'est pas

Mais un corps chaud est plus ou moins chaud, un corps électrisé est plus ou moins électrisé, et, de même, tel sujet qui touche les corps éprouve sur une plus ou moins grande surface la sensation tactile, applique à la vision ou à l'audition une portion plus ou moins considérable de la rétine ou de la membrane du tympan et possède en conséquence des sensations plus ou moins étendues

154. Explication de la composition substantielle de l'animal. — Comment faut-il interpréter l'union de la matière et du principe psychique dont le résultat est le composé animal ?

Nous avons vu plus haut déjà (**28**), que la substance organisée est composée de matière première et d'un premier principe de vie que l'on appelle *l'âme* du vivant

Or le premier principe de la sensibilité est le même que le premier principe de sa vie végétative, en d'autres mots, il n'y a chez l'animal qu'*une seule* âme, *une seule* forme substantielle En effet

1º Il n'y a aucune raison d'en supposer deux

2º Les fonctions de la sensibilité dérivent, nous venons de le voir, d'un principe substantiel Or, les fonctions de la sensibilité sont *intrinsèquement inhérentes* à des organes *vivants*, c'est-à-dire intrinsèquement inhérentes à la matière, en tant que la matière est informée par une forme substantielle, organisatrice et vivante . témoin la dépendance de la vie sensitive à l'égard de l'état des organes et des conditions de la vie organique Donc, la forme substantielle d'où procèdent les fonctions de la sensibilité, c'est la forme substantielle d'où procède la vie organique

3º Les fonctions de la sensibilité, à savoir l'appétition et le mouvement spontané, ont manifestement pour but *intrinsèque* le bien-être de l'animal , les fonctions vitales aussi ont pour but intrinsèque le bien-être de l'animal

Mais dire que les fonctions sensitives et les fonctions organiques ont le même but intrinsèque, c'est dire qu'elles émanent de la même forme substantielle, car la réalité qui est forme substantielle n'est pas une autre réalité que la tendance naturelle de l'être vers son but intrinsèque (29)

Donc l'animal, en tant qu'animal, est informé par la même forme substantielle que le vivant en tant que vivant, en d'autres mots, il n'y a chez l'animal qu'*une seule* forme substantielle

155. Preuve de la seconde thèse : La nature animale est supérieure à la nature végétale. — *1er Argument, tiré des caractères de la connaissance sensitive et de l'appétition sensible.* — Cette preuve se trouve dans les considérations que nous avons développées plus haut sur la nature de la sensation (**95**) et sur la nature de l'appétition sensible (**138**)

Une faculté ne peut, en effet, dépasser en perfection la nature d'où elle émane

Or, les facultés sensitives de perception et d'appétition témoignent d'une perfection qui dépasse celle des forces physico-chimiques

En effet, le mode intentionnel d'existence de l'objet connu dans le sujet, qui se l'assimile par la connaissance, est inexplicable par les forces de la matière brute. La forme *intentionnelle* représente l'objet, en le dépouillant des conditions physiques de son existence reelle, et, jusqu'a un certain point en le spiritualisant, ainsi que s'exprime saint Thomas

2d Argument — Au surplus, l'impuissance des efforts des positivistes a faire rentrer les phenomenes psychiques dans la catégorie des faits d'ordre purement corporel, impuissance qui se traduit a la fois par la divergence de leurs interpretations et par l'aveu sincere de leurs représentants les plus autorisés, confirme la these

Les materialistes et les positivistes n'ont essaye, a notre connaissance, que trois explications des phénomenes psychiques selon les uns [1]), ils seraient de nature chimique, comme la digestion des aliments ou la secretion de la bile par le foie, selon d'autres [2]), ils seraient des vibrations moléculaires ou atomiques, selon M. Taine [3]), ils seraient le dedans, la face interne de phénomenes physiques ou chimiques des centres nerveux.

Or, on a bientôt dit qu'une sensation, une emotion ne sont que des réactions chimiques, des mouvements vibratoires, mais ce langage ne presente, en réalité, aucun sens intelligible.

Dire avec Taine, que la sensation est le dedans d'un phénomene physique ou chimique, c'est dire, en d'autres mots, que les phénomènes psychiques ont un caractere spécial, tout autre que les phenomènes physiques ou chimiques ordinaires, car apparemment ce n'est pas chose indifferente pour un fait physique ou une combinaison chimique d'avoir à la fois un dedans et un dehors, ou de n'avoir purement et simplement qu'un dehors Des lors, surgit aussitôt la question D'où vient a certaines réactions privilégiées leur aptitude à presenter un *double* aspect ?

[1]) *Cabanis, Karl Vogt*, etc
[2]) Buchner, *Force et matière*, 6e ed fr, p 322
[3]) Taine, *De l'intelligence*, liv 4, ch. IV.

Est-ce d'un principe *special*, d'ordre superieur aux forces des règnes minéral et végétal ? C'est ce que nous demandons ce principe special, nous l'appelons principe sensitif ou *âme sensitive*

156. La ligne de démarcation entre l'animal et le végétal.

— La sensation etablit donc une distinction de nature entre les deux catégories generales d'êtres vivants que l'on range respectivement sous les noms de végétaux et d'animaux, ou sous les noms, admis de préference aujourd'hui, d'êtres inanimes et d'êtres animes

Objectivement, la ligne de démarcation entre ces deux classes d'êtres existe . celui qui a des sensations est un animal, celui qui n'en a pas est un végétal

Mais il n'est pas toujours aisé de *reconnaître* cette démarcation naturelle : la sensation ne se révele que par le moyen de l'appetition et du mouvement spontane Or, lorsqu'on descend aux degrés inferieurs de l'échelle animale, les signes qui distinguent le mouvement volontaire du mouvement réflexe ou même de la simple irritabilité du protoplasme, sont souvent difficiles à saisir De la, les hesitations des naturalistes sur la place a assigner a certains êtres appelés litigieux

« La limite entre le regne animal et le regne végétal, dit fort bien Milne Edwards, n'est pas toujours aussi facile à reconnaître qu'on le croirait au premier abord, car il existe des etres d'une grande simplicité de structure qui semblent etablir le passage entre ces deux groupes, et qui embarrassent quelquefois le naturaliste lorsqu'il cherche à les classer ; mais dans l'immense majorité des cas, rien n'est plus facile que de distinguer un animal d'une plante, et les incertitudes dont nous venons de parler, tiennent peut etre a l'imperfection de nos connaissances plutôt qu'à la nature des choses ; aussi ne convient-il pas de nous y arrêter ici, et pouvons-nous dire, d'une manière générale. que les animaux diffèrent des plantes par des caractères d'une haute importance, tires en même temps de la nature des phénomènes par lesquels la vie se manifeste chez ces êtres, de leur mode de structure et de la composition

chimique des principales matieres constituantes de leur corps Les
actes que les vegetaux executent, ont uniquement pour objet la
nutrition de l'individu ou la reproduction d'individus nouveaux
Chez les animaux, la vie se manifeste sous une forme plus
compliquee a la faculté de se nourrir et de se reproduire, viennent
s'ajouter le pouvoir d'exécuter, sous l'influence d'un moteur
interieur des mouvements qui tendent a un but déterminé, et la
faculté de sentir, c'est-à-dire de recevoir des impressions du dehors
et d'en avoir la conscience De là est venu le nom d'*êtres animés*,
que l'on donne aux animaux par opposition aux vegetaux que l'on
appelle des *êtres animés*

» Ainsi les vegetaux sont des corps qui se nourrissent et qui
peuvent se reproduire, mais qui ne sentent ni ne se meuvent
volontairement Les animaux sont des corps qui se nourrissent,
se reproduisent, sentent et se meuvent volontairement » [1]

On sait que Cl Bernard s'est inscrit en faux contre la
classification des êtres vivants en deux regnes, le regne
animal et le règne végetal, il a pretendu montrer

« que les plantes possèdent, comme les animaux la sensibilité,
la possession de cette faculte demontrant l'unité fonctionnelle des êtres vivants, depuis la plante la plus dégradée jusqu'à
l'animal le plus élevé en organisation » [2]

A vrai dire, les arguments du savant physiologiste nous
paraissent peu dignes de lui

§ 2

Propriétés corollaires de la nature sensitive

157. L'âme des bêtes naît et meurt avec le composé.
— Nous avons vu plusieurs psychologues modernes prétendre que l'âme des bêtes est immaterielle Balmes notamment insiste beaucoup sur ce point [3]

Que penser de cette affirmation ?

---

[1] *Zoologie*, 13e ed, pp 10 et 11 — Voir Domet de Vorges, *La met
en presence des sciences*, p 159
[2] *Leçons sur les phenomenes de la vie communs aux animaux et aux
vegetaux* Paris, 1878
[3] *Phil fond*, liv 2, ch II, n 15

Rien n'empêche d'appeler l'âme animale *incorporelle*, si l'on veut désigner par là, qu'elle dépasse en perfection les substances *corporelles* soit minerales, soit végetales, où il n'y a en jeu que les forces *générales* de la nature materielle , mais ce serait une erreur de lui attribuer une immaterialite proprement dite, en ce sens que l'âme sensitive constituerait une substance essentiellement complete [1])

L'âme sensitive n'ayant pas d'autre existence que celle du composé, elle prend naissance avec le compose et finit avec lui Il ne peut être question, des lors, ni de creation ni d'immortalité, ni même d'annihilation de l'*âme* des bêtes, consideree *seule* toutes ces questions s'inspirent de la même idée erronée, d'après laquelle l'âme des bêtes serait capable d'exister et d'agir par elle-même sans devoir être intrinsequement unie à la matière [1])

158. Unité du composé animal. — Sa divisibilité ou son indivisibilité. — Nous avons vu que l'organisme animal est *un* ou *indivis*, mais qu'il n'est pas *simple* ou *indivisible*

Les spiritualistes, que nous avons taxes plus haut d'exageration, se demandent souvent si l'*âme des bêtes* est *indivisible*

L'âme des bêtes, comme telle, n'est ni divisible ni indivisible, attendu que, comme telle, elle n'existe pas , elle n'a pas de subsistance propre, à part de celle de l'organisme qu'elle informe et dans lequel elle est comme immergée, « penitus immersa », selon le mot de saint Thomas La

---

[1]) Nous reviendrons *ex professo*, dans la 3me Partie, sur la notion d'immaterialite

[2]) « Quidam posuerunt animas sensitivas animalium a Deo creari Quæ quidem positio conveniens esset, si anima sensitiva esset res subsistens, habens per se esse et operationem Et ideo cum non sit forma subsistens, habet se in essendo ad modum aliarum formarum corporalium, quibus per se non debetur esse, sed esse dicuntur, inquantum composita subsistentia per eas sunt » 1a 2æ, q 118, a. 1

question ne peut donc porter *directement* que sur la divisibilité ou l'indivisibilité de *l'animal* et s'applique, d'une façon *indirecte* seulement, à l'*âme sensitive* Celle-ci n'est, en effet, ni divisible ni indivisible *per se*, pour emprunter le langage de l'École, mais seulement divisible ou indivisible *per accidens*, en tant que le composé animal est divisible ou indivisible *per se*

Posée en ces termes, la question n'est pas autre que celle traitée plus haut à propos des organismes végétaux (**32**) Nous y avons vu qu'il y a des organismes divisibles et qu'il y en a d'indivisibles Il y en a qui sont divisibles, c'est-à-dire chez lesquels *certaines* parties peuvent régénérer le tout Mais les organismes supérieurs sont *indivisibles* leurs parties ne peuvent plus, après leur séparation, régénérer l'ensemble, la seule individualité possible à ces degrés supérieurs de l'échelle animale, c'est l'organisme entier [1])

[1]) Voir la discussion de cette question chez les scolastiques, et en particulier chez S u a r e z, *Disp metaphysicæ*, disp XV, sect X J o a n n e s a S T h o m a, *Phil nat*, p III, q 7, art 2

CHAPITRE II

ORIGINE DE LA VIE SENSITIVE.

— — · — —

159. L'origine première de la vie et le problème de l'origine des espèces. — La question embrasse à la fois les organismes des deux règnes végétal et animal.

L'origine *immédiate* des êtres animés nous est connue (**34**) « Omne vivum ex vivo » Tout être vivant vient d'un ou de plusieurs êtres vivants, doués du pouvoir de se reproduire

Or, nous avons vu (**38**) que la première cellule vivante n'a pu sortir, par « génération spontanée », de la matière minérale

Nous avons vu aussi (**155**) que la sensibilité est supérieure à la vie végétale et ne peut, dès lors, en être issue

Donc l'Auteur de la nature a dû intervenir dans son œuvre, au moins pour y introduire et la vie et la sensibilité.

Est-il intervenu, en outre, pour produire les espèces de chacun des deux règnes du monde organique ? Dans quelle mesure ?

La série des êtres vivants issus d'ancêtres communs et indéfiniment féconds entre eux forme ce que, en histoire naturelle, on appelle une *espèce*

Nous savons que le maintien et le développement du monde organique ne sont pas livrés aux caprices du hasard, nous voyons, d'une façon générale, les types se conserver, sensiblement les mêmes, à travers les mille variations de l'espace et de la durée · les types qui se reproduisent et forment les espèces sont d'une certaine façon, dans certaines limites, *permanents*

D'où une première conclusion dans un certain sens, les espèces sont *fixes.*

Mais, d'autre part, les produits de la génération ne sont pas identiques aux générateurs, ils ne leur sont que plus ou moins semblables, et plus ou moins semblables entre eux L'hérédité comporte une certaine variabilité

Les éleveurs le savent Lorsque deux êtres vivants présentent un caractère accessoire utile, on peut, par leur accouplement, accentuer ce caractère et former ainsi une collection d'individus issus d'ancêtres communs et pourvus d'un même caractère secondaire cette collection, les naturalistes l'appellent une *race*

D'où cette seconde conclusion Les types spécifiques ne sont pas *absolument* fixes

Du rapprochement de ces deux conclusions surgit un problème La fixité des espèces n'est-elle pas seulement apparente ?

Puisque la sélection artificielle produit des *races,* ne peut-elle pas aussi produire des *espèces* nouvelles ? Si elle en est incapable, la nature ne porterait-elle pas dans son sein des ressources plus puissantes qui y réussiraient ?

Tel est le vaste et captivant problème de l'*origine des espèces* Les types spécifiques du monde organique sont-ils tels depuis l'origine, ou ont-ils subi, au cours des âges, des changements assez profonds pour que, d'un ou de plusieurs types primitifs aient pu sortir tous les types actuellement connus ?

Longtemps, les naturalistes furent unanimes à penser que les types spécifiques ont été, dès le principe, constitués tels qu'ils sont aujourd'hui et que, s'ils peuvent donner naissance à des variétés et former des *races,* ils sont incapables de produire une *espèce* nouvelle

Darwin — qui avait eu deja des precurseurs, notamment Lamarck — pensa qu'il y a lieu d'attribuer à la nature un pouvoir analogue mais superieur à celui que possèdent les eleveurs — *selection naturelle* — et supposa que tous les représentants actuels des deux règnes pourraient deriver de quelques types primitifs

La *doctrine de la fixité des espèces* s'appelle aussi le *fixisme*, ou encore — la différenciation etant généralement attribuee à l'intervention du Createur — le *créationnisme*

La doctrine opposée s'appelle generalement *doctrine de l'evolution, évolutionnisme, theorie de la descendance, transformisme*

Le *darwinisme* propose une explication spéciale du mecanisme qui aurait preside à la transformation des espèces D'après cette explication, les animaux pourraient être considéres comme des ennemis perpétuellement en lutte pour la conquête de leur nourriture ou pour la satisfaction de leurs besoins. Dans cette lutte, les individus que le hasard a pourvus d'un caractère secondaire utile l'emportent sur leurs concurrents moins heureusement doues les plus faibles succombent, les plus aptes survivent, et, par la transmission hereditaire du caractere nouvellement acquis, les mieux doues forment progressivement une espece nouvelle

La concurrence vitale, « struggle for life », la survivance du plus apte et l'elimination des faibles, qui en sont les corollaires, sont les procedés par lesquels s'accomplit la « selection naturelle » a laquelle Darwin attribue la differenciation des especes, des genres, des ordres, des embranchements

Il y a une tendance assez forte aujourd'hui, parmi les évolutionnistes, à expliquer l'évolution, non point avec Lamarck et Darwin par des modifications lentes et continues, mais avec von Hartmann, par des sauts brusques, intermittents.

Certains matérialistes poussent la théorie de l'évolution à l'extrême. Ils rattachent le développement de l'univers, celui du monde moral aussi bien que celui du monde matériel, à des transformations d'une matière éternelle, existant par elle-même.

Ce « monisme matérialiste » est arbitraire et faux. La Cosmologie démontre la contingence de la matière, nous avons fait voir déjà que le végétal ne s'explique pas par les forces générales de la matière brute, que l'animal diffère essentiellement du végétal ; nous établirons prochainement que l'homme diffère essentiellement de l'animal.

En tout état de cause, c'est donc dans les limites d'un même règne organique, soit végétal, soit animal, que se pose le problème de la transformation des êtres vivants.

Que penser de ce problème ?

160. Examen du problème de l'origine des espèces. — Il est de *fait* que, dans les temps historiques, on ne connaît pas de preuve décisive de la transformation d'une espèce en une autre, le transformisme n'est donc pas établi par des expériences directes.

Au contraire, l'observation directe et l'expérience témoignent positivement, universellement, constamment contre la transformation des espèces, dans l'état actuel de la nature vivante.

En a-t-il été autrement à l'origine ? Ne peut-on pas *supposer* que les limites dans lesquelles se renferment nos observations sont trop restreintes, pour permettre une conclusion générale qui serait légitimement applicable aux âges de formation des êtres organisés ? En étudiant l'action des forces de la nature dans le passé, n'arriverait-on pas à justifier l'*hypothèse* que nos espèces actuelles descendent de formes ancestrales communes ?

Cette hypothèse a incontestablement pour elle, au moins

dans ses lignes principales, le suffrage d'un grand nombre de naturalistes.

En outre, elle peut invoquer un certain nombre de faits qui plaident en sa faveur, notamment : l'existence d'une certaine gradation parmi les êtres qui ont fait successivement leur apparition sur notre globe, l'unité de plan que l'anatomie comparée a reconnue dans toute la série des vertebres, la similitude, révélée par l'embryogénie, entre les phases successives parcourues par l'embryon, et la série présumée des espèces dans l'hypothese transformiste, ou, comme s'expriment les transformistes, « les repetitions ontogéniques de la phylogenie », enfin, quelques faits etranges dont la theorie de la descendance propose une explication, à savoir la disparition de certaines espèces qui ont vecu aux âges préhistoriques, le faible succombant devant le fort, la « régression », c'est-à-dire « l'évolution rétrograde » de certains types dont l'etat larvaire rappelle le type primitif, l'existence de certains organes appeles rudimentaires, dont le rôle est difficile sinon impossible à assigner dans la théorie créationniste, et qui seraient, pour les partisans du transformisme, soit des vestiges d'un etat passé, soit des adaptations progressives à un état à venir

Toutefois, pas un de ces faits ne constitue au profit de la theorie transformiste un argument probant

D'abord, succession n'est pas filiation que l'on se rappelle le sophisme *post hoc, ergo propter hoc* — Ensuite, similitude n'est pas identité, comparaison n'est pas raison — Enfin, la disparition de certains types, les cas de « regression », les organes « rudimentaires » ne fournissent en faveur du transformisme qu'une présomption, pour en tirer une preuve, lés evolutionnistes devraient établir que l'explication proposée par eux est la seule plausible

D'autre part, plusieurs objections se dressent contre la doctrine de l'evolution

D'abord, la régularité et la stabilité des lois biologiques sont inconciliables avec une interprétation mécaniste de l'évolution Or, si l'on suppose chez les êtres vivants un principe interne d'évolution transformiste, ne suppose-t-on pas équivalemment chez eux une tendance interne à se détruire eux-mêmes ? Cette supposition n'enferme-t-elle pas une contradiction ?

Puis, de deux choses l'une · Ou l'évolution est supposée avec Darwin s'opérer insensiblement, et alors comment expliquer les solutions de continuité, les *missing links,* que la paléontologie aussi bien que l'observation d'aujourd'hui constatent entre les types soit fossiles, soit actuels ? Ou les transformations sont supposées se produire brusquement, et alors comment concilier cette supposition avec le fait universellement reconnu que la nature n'agit pas par saccades, *natura non facit saltum ?*

Troisième objection demeurée jusqu'ici sans réplique · si l'évolution est la loi générale des êtres vivants, comment comprendre que de nombreuses espèces se soient maintenues depuis l'origine ?

Mais le point faible de la théorie transformiste, c'est l'absence complète de preuve d'observation ou d'expérience [1]) On se rejette, je le sais, sur la brièveté de la durée des âges préhistoriques Mais, en premier lieu, c'est la une échappatoire et non une preuve En second lieu, un fait

---

) « Je reconnais sans peine, écrit M Yves Delage, que l'on n'a jamais vu une espèce en engendrer une autre, ni se transformer en une autre, et que l'on n'a aucune observation absolument formelle démontrant que cela ait jamais eu lieu J'entends ici une vraie bonne espèce, fixe comme les espèces naturelles et se maintenant, comme elles, sans le secours de l'homme

» A plus forte raison cela est-il vrai pour les genres »

Cette déclaration du savant biologiste est accompagnée de la note suivante

« Beaucoup de transformistes seront scandalisés sans doute en lisant cette déclaration Je suis cependant absolument convaincu qu'on est ou

grave infirme la valeur de la réplique Les bacteriologistes
placent artificiellement les bactéries, dont ils veulent expéri-
menter l'action, dans des conditions diverses, de choix Les
bacteries se multiplient, on le sait, avec une rapidite prodigieuse D'après M Cohn, certaines bactéries, dans un milieu
particulièrement favorable, pourraient donner en trois jours,
quatre mille sept cent soixante-douze billions de descendants [1] L'experience réalise donc, à leur profit, dans des
intervalles de temps relativement courts, des conditions de
transformabilité pareilles a celles que la nature est supposee
avoir offertes, durant des periodes considérablement plus
longues, à des types dont la reproduction est considerable-
ment plus lente

Or, le degré d'action des bactéries varie, sans doute, avec
le milieu de culture , cette action peut être atténuée ou
rendue plus virulente au gré de l'experimentateur, mais la
specificité de cette action et par conséquent celle du microbe
lui-même se maintiennent invariablement Si nous ne nous
trompons, ces conclusions de la bacteriologie infirment
beaucoup l'hypothese evolutionniste.

De tout quoi il résulte que, même pour un partisan de la
finalité, la doctrine de la descendance, — fût-elle restreinte
à un seul regne organique, — ne dépasse pas les limites
d'une hypothèse toute provisoire

Peut-être les faits sur lesquels elle s'appuie cadreraient-ils
avec une explication finaliste qui laisserait à la nature creée
son rôle providentiel.

---

n'est pas transformiste, non pour des raisons tirees de l'histoire naturelle, mais en raison de ses opinions philosophiques S'il existait une
hypothese scientifique, autre que la descendance, pour expliquer l'origine
des especes, nombre de transformistes abandonneraient leur opinion
actuelle comme insuffisamment demontree » Yves Delage, *L'heredite
et les grands problemes de la biologie generale* Paris, 1895

[1] Cohn, *Untersuchungen uber Bacterien* (Beitr. zur Biol. der
Pflanzen Vol I, 2er und 3er Th)

Mais nous ne voulons pas pour le moment nous avancer plus loin sur ce terrain

Nous mettons fin à l'étude de la vie *sensitive* ou *animale*

Dans un premier chapitre, nous avons vu ce qu'est la vie sensitive ou animale (quid est? *nature*) dans le second, d'où elle vient (unde est? *origine*), il n'y a pas lieu de consacrer un chapitre spécial à l'étude de la destinée ou de la *fin* de l'animal (ad quid?), car nous savons que la fin de l'animal est son bien-être et son âme n'a pas d'autre destinée que le composé

Abordons donc l'etude de la vie supérieure, intelligente et volontaire, de l'âme humaine.

———

TABLE DES MATIÈRES.

INTRODUCTION.

OBJET ET MÉTHODE DE LA PSYCHOLOGIE

PREMIÈRE PARTIE.

La vie organique ou végétative.

AVANT-PROPOS.

CHAPITRE I.

NATURE DE LA VIE.

ARTICLE PREMIER.

Notion de la vie.

§ 1. — *Notion vulgaire de la vie*

ARTICLE SECOND

Nature de l'être vivant

CHAPITRE II
ORIGINE DE LA VIE ORGANIQUE

-

DEUXIÈME PARTIE.
Vie sensitive ou animale.

CHAPITRE I.
NATURE DE LA VIE SENSITIVE OU ANIMALE

ARTICLE PREMIER
Actes de la vie sensitive

PREMIÈRE SECTION
La connaissance sensible

§ 1. — *La sensation au point de vue anatomique et physiologique.*

TROISIÈME SECTION

Le mouvement spontané

§ 1 — *Le mouvement au point de vue anatomico-physiologique*

§ 2 — *Le mouvement au point de vue psychologique Les mouvements
spontanés chez l'homme et chez l'animal*

§ 3 — *Fonctionnement du mouvement spontané*

ARTICLE SECOND

Nature et propriétés du premier principe de la vie sensitive.

AVANT-PROPOS

§ 1 — *Nature du sujet premier de la sensibilité*

§ 2 — *Propriétés corollaires de la nature sensitive*

— - - —

CHAPITRE II

ORIGINE DE LA VIE SENSITIVE.

Fig 1

(V n 13)

- *A* Cellule-type
- *B* Cellules végétales
- *C* Cellules animales

- *n* noyau
- *pr* protoplasme ou cytoplasme
- *m* membrane

Fig. 2

(V n 35)

A Ovule
- *vg* vesicule germinative ou noyau
- *vit* vitellus ou protoplasme
- *m* membrane vitelline

B Spermatozoide (element mâle des animaux)
B' Anthérozoide (element mâle des plantes)
- *t* tête (renfermant le noyau)
- *f* filament ou queue

C Union de deux noyaux pour la récondation
- *pmn* pronucleus mâle
- *pnf* pronucl femelle
- *g* globul polaires
- *pr* protoplasme
- *m* membrane

Fig. 3 [1]

(V n 14)

Phases de la division cellulaire indirecte ou de la caryocinèse

A **Cellule au repos** — *c*, les deux centrosomes

B **Stade du peloton Prophase [2]** — La nucléine — substance caractérisée par sa grande colorabilité (chromatine) — forme un *spirème pelotonné* non continu Les centrosomes s'éloignent l'un de l'autre, pour gagner deux pôles opposés du noyau Ils deviennent chacun le centre d'une irradiation protoplasmatique, appelée *aster* Les filaments entre les deux centrosomes forment un *fuseau*

C **Fin de la prophase** — La membrane nucleaire disparaît Le spireme se montre nettement compose de plusieurs segments, qui se plient genéralement en forme d'anses On les appelle *anses chromatiques*

D **Phase de la couronne ou de la plaque equatoriale Debut de la metaphase** — Le fuseau est achevé, les anses chromatiques se rangent dos à dos, en forme de couronne ou de plaque, dans le plan equatorial du fuseau *ep*, couronne ou plaque equatoriale

E **Metaphase** — Les phases antérieures portent le nom de *prophases*, parce qu'elles preparent la division proprement dite A la métaphase, la division veritable commence Les anses chromatiques se sectionnent dans le sens de leur longueur en deux moitiés egales *(ep)*, *n*, nucleoles

F **Anaphase** — Les anses chromatiques montent vers leur pôle respectif A ce moment elles constituent les *couronnes polaires* *tf*, filaments reunissants Les centrosomes se sont dedoubles en vue de la division cellulaire suivante

H **Telophase.** — Un noyau se constitue a chaque pôle au moyen des chromosomes.

I Division achevee

Fig. 4 [3].

Coupe longitudinale à travers le cône végétatif d'une racine d'oignon (grossissement de 800 diamètres) On y retrouve les stades principaux de la division cellulaire indirecte *a*, cellules au repos, le noyau presente un reseau de chromatine et des nucleoles intensement colorés *b*, noyaux au stade du peloton *c*, phase de la couronne equatoriale *d*, phase des couronnes polaires *e*, cellules-sœurs, apres la division *m*, membrane *pr*, protoplasme *n*, noyau *nu*, nucleole

---

[1]) D'après Edmund Wilson, *The Cell* London, Macmillan, 1900

[2]) Figure modifiee d'après les auteurs plus recents, qui n'admettent plus le peloton continu

[3]) *The Cell*, p 4.

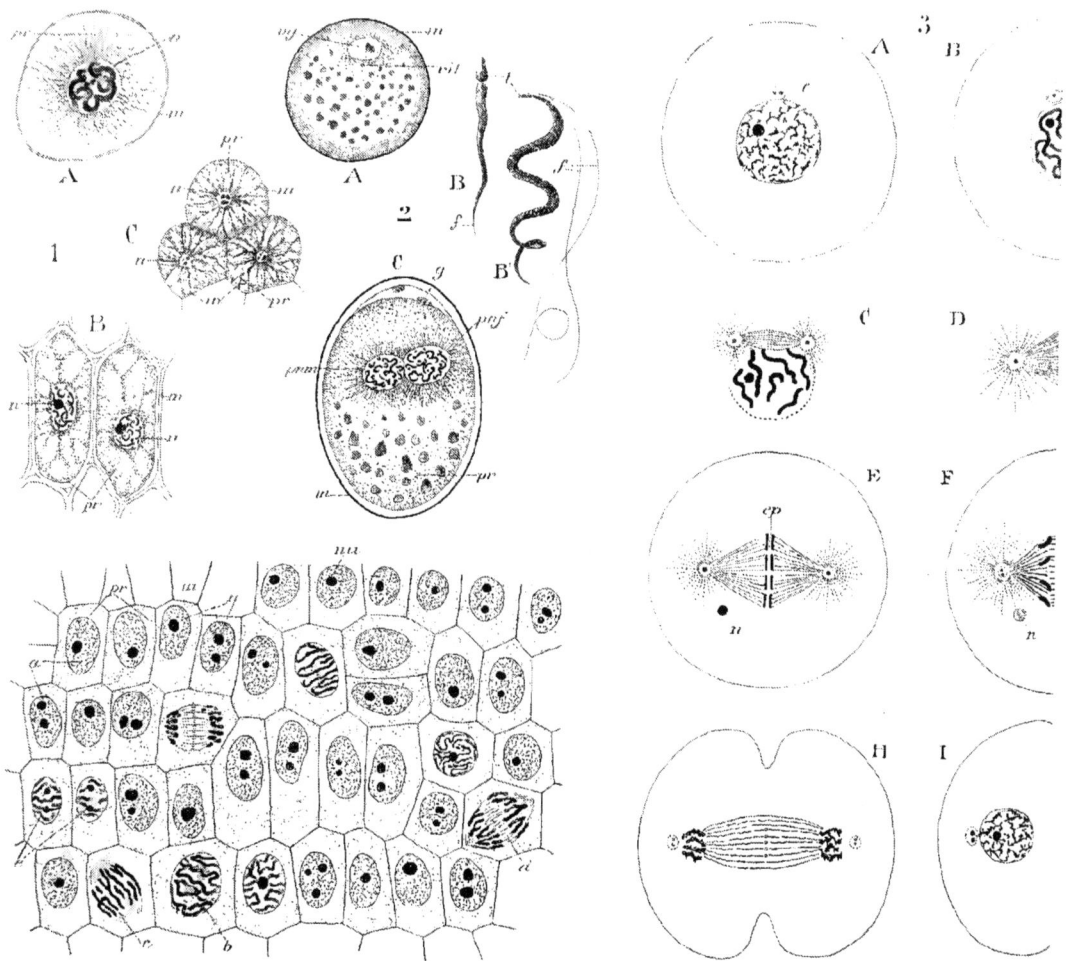

PLANCHE II

L'axe cerebro-spinal vu par sa face anterieure Grandeur nat ¼

Fig 1)
(V n 16)

I à XII	nerfs cerebraux	hyp	hypophyse
C I à C VIII	8 nerfs cervicaux	ch	chiasma optique
DI à DXII	12 nerfs dorsaux	pc	pedoncules cerebraux
LI à LV	5 nerfs lombaires	o	olive
SI à SV	5 nerfs sacrés	c	cervelet
C'I	nerf coccygien		
ft	filet terminal		

Face externe de l'hemisphere gauche

Fig 2)
(V n 40)

ss	scissure de Sylvius
R	sillon de Rolando
ip	scissure interparietale
F₁ F₂ F₃	circonvolutions frontales
A	circ centrale anterieure ou frontale ascendante
B	circ centrale posterieure ou parietale ascendante
P₁ P₂ P₃	circonvolutions parietales
T₁ T₂ T₃	circonvolutions temporales ou sphenoidales
O₁ O₂ O₃	circonvolutions occipitales

Schema de la repartition des elements nerveux dans la partie centrale du système cerebro-spinal

Fig 3)
(V n 49)

AA	moelle épinière avec ses commissures
B	region de la protubérance
C	cervelet
D	ganglions de la base couches optiques, corps striés
EE	substance grise corticale, circonvolutions cerebrales
aa	racines anterieures
pp	racines postérieures

Fig. 4.
(V n 47)

A Cellule nerveuse	n	noyau
	pr	protoplasme
	r	ramifications
B Fibre nerveuse	cy	cylindre-axe d'un prolongement de la cellule nerveuse
	my	myeline
	m	membrane ou gaine de Schwann
	e	etranglement

Schema de la moelle epinière

Fig 5.
(V n 46 et 48)

ca	cornes anterieures avec cellules motrices
cp	cornes posterieures
A L P	cordons anterieur, lateral, postérieur
1	faisceau pyramidal du cordon lateral
2	faisceau pyramidal du cordon anterieur ou faisceau de Turck
3	cordon posterieur
4	faisceau cerebelleux du cordon lateral
5	faisceau de Gowers
6 et 7	faisceaux fondamentaux du cordon lateral et anterieur
a et p	sillons anterieur et posterieur
ra et rp	racines anterieures et posterieures des nerfs
g	ganglion spinal

Fig. 6.
(V n 51)

A Arc reflexe simple	1	terminaisons peripheriques de la fibre sensitive
	2	fibre sensitive centripète
	3	cellule sensitive des ganglions spinaux
	4	ramifications cellulifuges de la substance grise de la moelle
	5	ramuscules protoplasmatiques d'une cellule motrice des cornes anterieures
	6	cellule motrice des cornes anter
	7	fibre centrifuge motrice
B Arc reflexe complexe	a	neurone sensitif peripherique
	b	neurone sensitif central
	c	neurone moteur central
	d	neurone moteur peripherique

D'après M A V. Gehuchten, *Anatomie du systeme nerveux de l'homme*
(2   I   Lystituist 1900)

Pl. II.

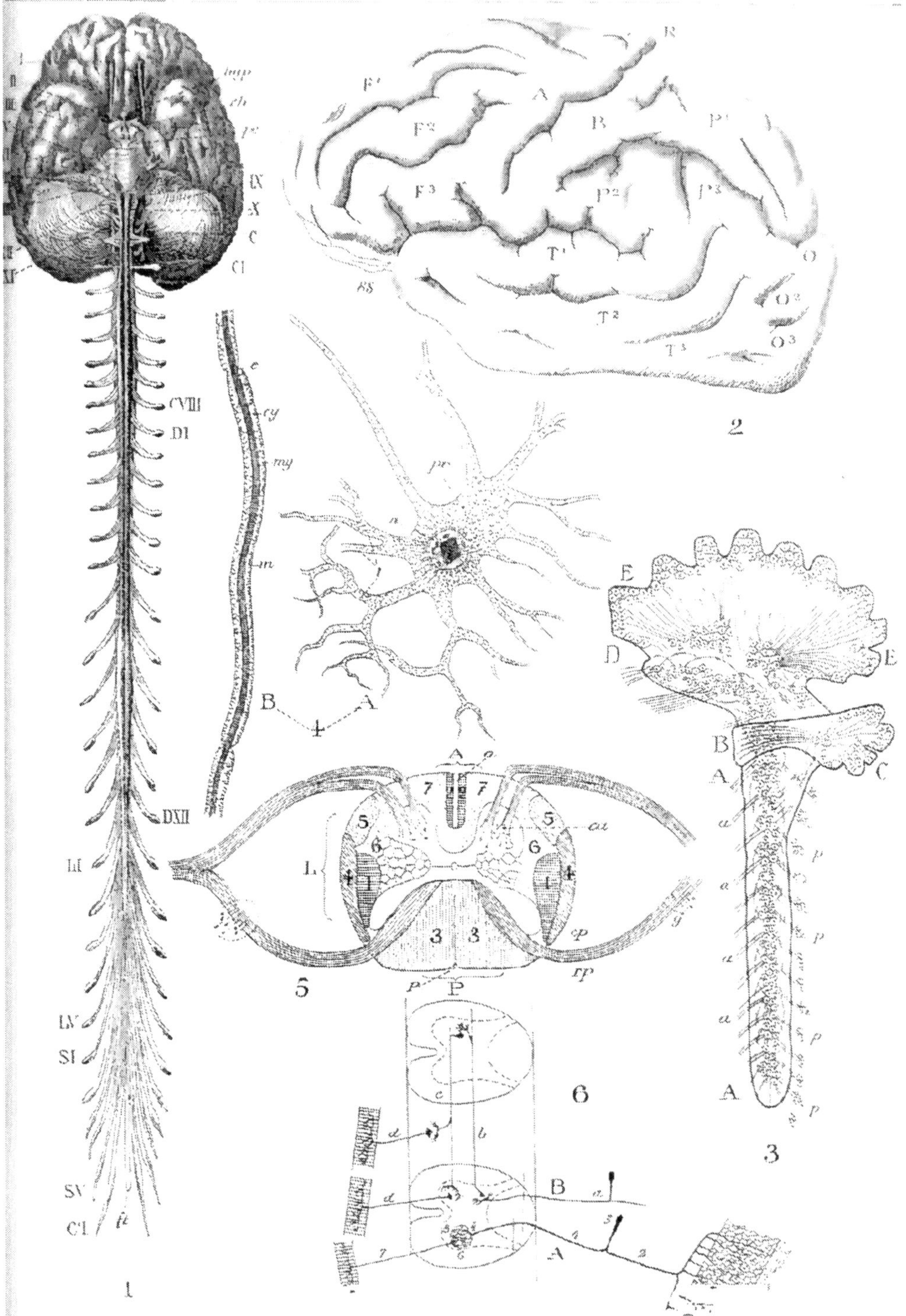

1
2
3
5
6
R
F¹
F²
F³
A
B
P¹
P²
P³
T¹
T²
T³
O
O²
O³
CVIII
DI
DXII
LI
LV
SI
SV
CI
IX
X
C
CI
E
D
B
A
C
P
L

PLANCHE III

Fig 1
(V n 50 et 56)
{ Une papille nerveuse de l'homme prise dans la peau de la face antérieure de l'index A l'intérieur de la papille est placé le corpuscule du tact dans lequel pénetrent les fibres nerveuses (Frey, Précis d'histologie)

Fig 2
(V n 50 et 56)
{ A Organe gustatif du lapin Section verticale
B Corpuscule du goût

Fig 3
(V n 50 et 56)
Cellules de la region olfactive chez l'homme (Frey, Ouv c
{ a cellule epitheliale terminee inférieurement par un prolongement ramifie
b cellules olfactives avec leurs filaments descendants d
c bâtonnet périphérique
e petits prolongements avec cils vibratiles

Fig. 4, A
(V n 50 et 56)
Organe de Corti d'apres Retzius, figure schematisée
{ a cellules de revêtement
b cellules acoustiques externes
c cellules acoustiques internes
d cellules de Deiters
e fibres de Corti
f canal de Corti

Fig. 4, B
(V n 50 et 56)
Cellule auditive avec poils auditifs (Frey, Ouv c)
{ c cellule auditive
p poils auditifs
n nerf
f fibrilles nerveuses

Fig 5
(V n 50 et 56)
Coupe schematique de la retine . partie nerveuse (Frey, Ouv c)
{ b bâtonnets
c cônes
d epanouissement de la fibre conique en un fin reseau de fibrilles, dans la couche intermédiaire
f granulations de la couche granuleuse interne
g entrecroisement des fibrilles dans la couche moleculaire
h cellules ganglionnaires
h' prolongements du cylindre-axe
i couche de fibres nerveuses

Fig 6
(V n 117)
Schéma de Charcot
{ CAC centre auditif commun
CAM centre de la mémoire auditive des mots, dont la lésion détermine la surdite verbale
CVC centre visuel commun
CVM centre de la memoire visuelle des mots, dont la lesion determine la surdite verbale
IC centres dits intellectuels ou s'associent les diverses images
CLA centre de la mémoire motrice d'articulation, dont la lesion determine l'aphasie motrice (type Broca)
CLE centre de la mémoire motrice graphique, dont la lésion determine l'agraphie.

Pl. III

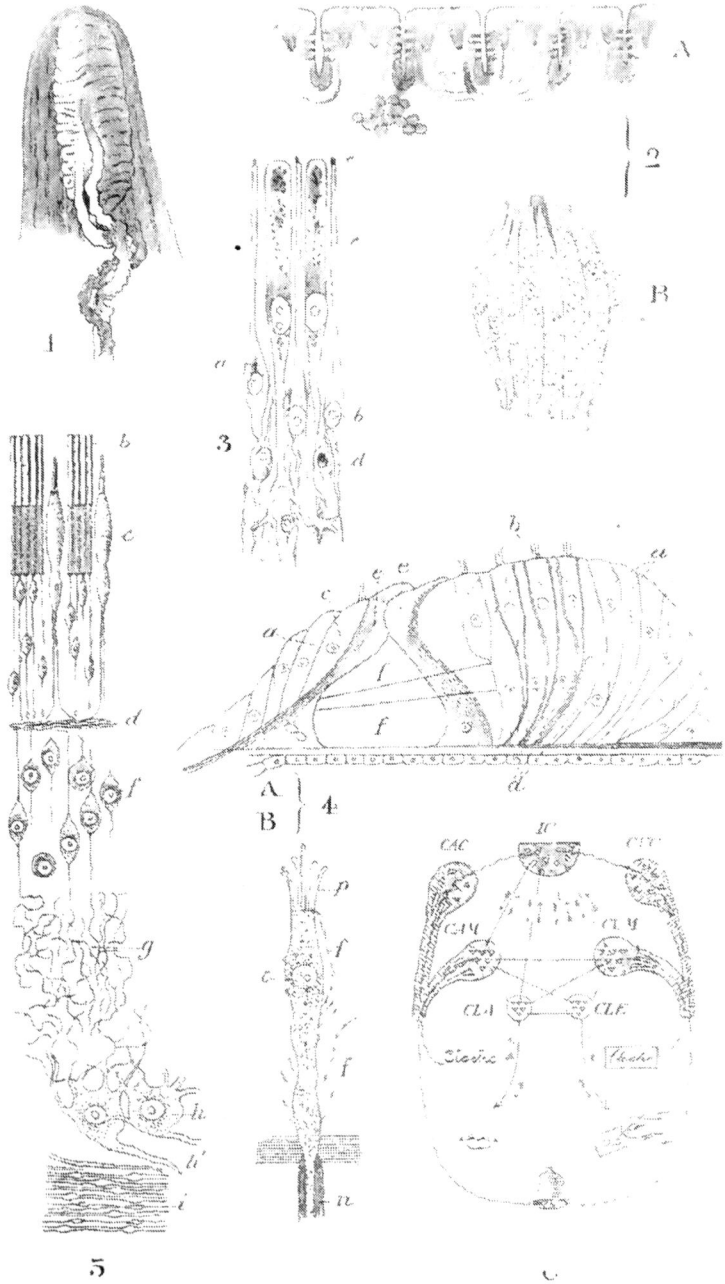

PLANCHE IV

Fig 1 { Fibres musculaires { A fibre musculaire lisse
{ B fibre musculaire striée

Fig 2 {
Schema représentant la formation des glandes
Les glandes se forment par *invagination*, dans les tissus
sous-jacents, de la membrane épithéliale de l'embryon
Si le tube glandulaire conserve sensiblement le même
diamètre sur tout son trajet, on a une *glande tubuleuse*
(1, 2, 3), s'il se termine par une dilatation, la glande est
dite *acineuse* (4, 5, 6) — Lorsque le tube est ramifié, les
glandes sont simples (1, 4, 5), sinon, elles sont composées (2, 3, 6) — *ce*, conduit excréteur *ag*, acinus
glandulaire

Fig 3
(V n 17) {
A [1]) Fragment d'une section transversale schématique de
l'intestin grêle la musculature étant a l'état lâche
Grossissement d'environ 25 diamètres

p villosités intestinales
s réseau sanguin formé par les ramifications
capillaires d'une artériole et d'une veine
l canalicule lymphatique
f follicule solitaire
m muqueuse
mt muscles circulaires de la muqueuse
ml muscles longitudinaux de la muqueuse
mt' muscles circulaires de la sous-muqueuse
ml' muscles longitudinaux de la sous-muqueuse
per péritoine
mes mésentère

B [2]) Même section, la musculature étant contractée

Fig 3 {
C [3]) Villosité intestinale (grossie environ 70 fois)

a artériole
v veinule
l canal lymphatique
e revêtement épithélial
c cuticule traversée par des canalicules très fins

Fig 4
(V n 17) {
Schema représentant la circulation sanguine et lymphatique, la partie hachée indique le trajet du sang veineux,
l'autre, le trajet du sang artériel, les flèches indiquent
le sens des courants, *od* oreillette droite, *og* oreillette
gauche, *vd* ventricule droit, *vg* ventricule gauche,
a aorte, *ta* troncs artériels, *ai* artère se rendant à *I*,
intestins, *ah* artère hépatique se rendant a *F*, foie,
cmi capillaires des membres inférieurs, *ctms* capillaires de la tête et des membres supérieurs, *ap* artère
pulmonaire, *vp* veine pulmonaire, *p* poumons, *t* tra-
chée-artère, *vcs* veine cave supérieure, *vci* veine cave
inférieure, *vh* veine porte *vsh* veines sus-hépatiques,
vch vaisseaux chylifères, *vl* vaisseau lymphatique

Fig. 5. {
Veine ouverte

v valvules, c capillaires

[1]) Heitzmann, *Anatomie des Menschen*, IV, p 267
[2]) Henri Blanc, *L'homme*, p 124 Lausanne, 1901
[3]) *Ibid*, p 158

Pl. IV

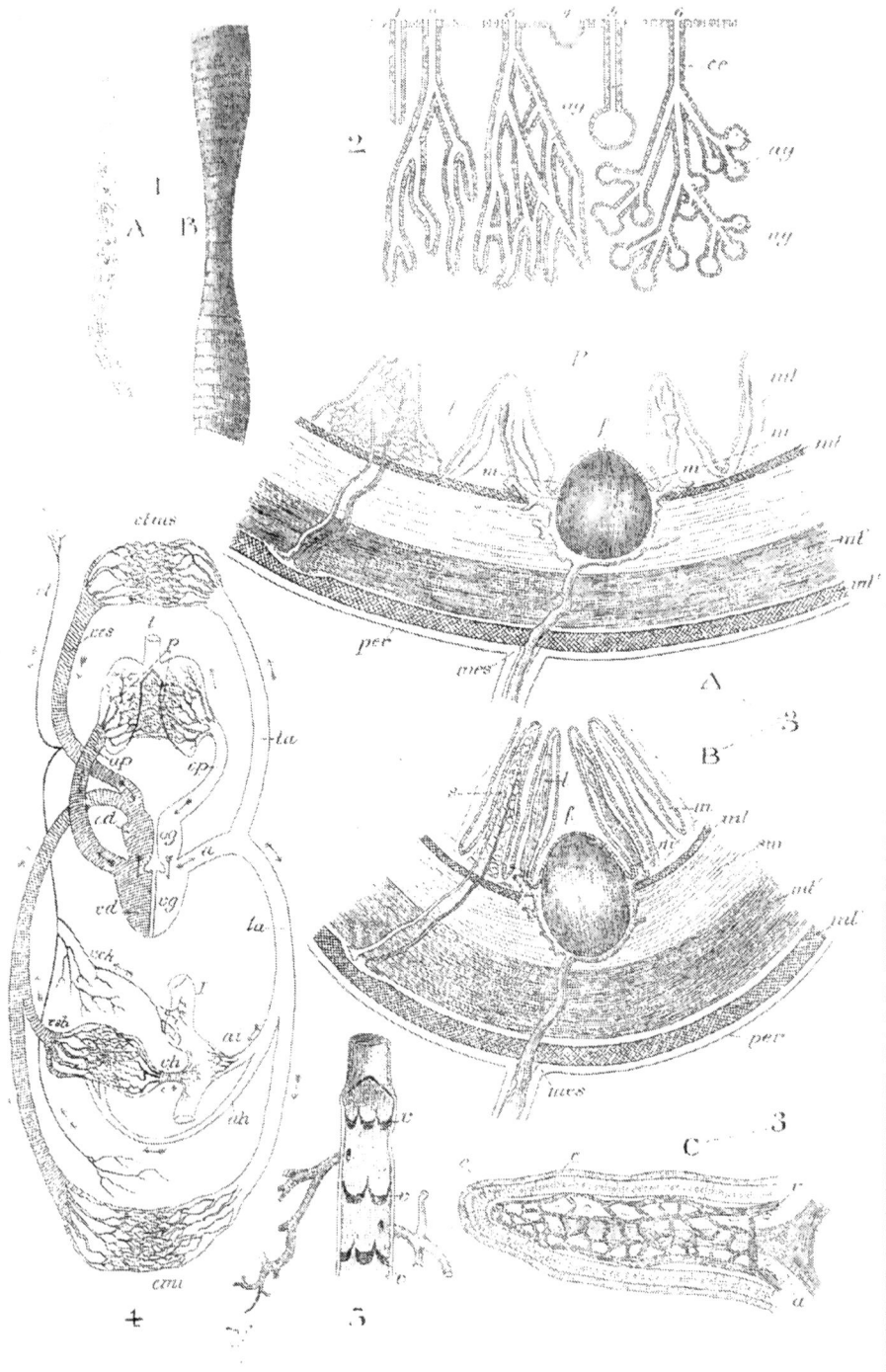

PSYCHOLOGIE

--

TOME II

--

Vie intellectuelle ou raisonnable

BIBLIOTHÈQUE DE L'INSTITUT SUPÉRIEUR DE PHILOSOPHIE

COURS DE PHILOSOPHIE

VOLUME III

PSYCHOLOGIE

PAR

le Cardinal D. MERCIER

Archevêque de Malines
Président honoraire de l'Institut supérieur de Philosophie à l'Université de Louvain
Membre de l'Académie royale de Belgique

4 PLANCHES GRAVÉES SUR PIERRE

HUITIÈME ÉDITION
TOME II

LOUVAIN
Institut supérieur de Philosophie
1, rue des Flamands, 1

PARIS
FÉLIX ALCAN, Éditeur
108, Bd St-Germain, 108

1908

DES PRESSES DE L IMPRIMERIE « NOVA ET
VETERA » (INSTITUT SUPÉRIEUR DE PHILO-
SOPHIE) — LOUVAIN, RUE DE TIRLEMONT,
138-140 ET RUE VESALE, 4 — J CLAES, DIR.

AVANT-PROPOS A LA SIXIEME EDITION.

—

La présente édition a subi des changements assez considérables. Les développements qu'elle a pris nous ont décidé à la partager en deux tomes. Le *tome I* comprend les deux premières parties des éditions antérieures, celles qui ont pour objet la vie organique et la vie animale; le *tome II* traite de la vie intellective.

Au point de vue anatomique et physiologique, on a essayé de mettre l'ouvrage au courant des nouveaux travaux de neurologie; le lecteur pourra immédiatement s'en convaincre en jetant un coup d'œil sur les quatre planches annexées au volume.

Au point de vue psychologique, l'auteur a tenu compte des critiques, bienveillantes d'ailleurs, qui lui ont été adressées, parmi lesquelles il aime à citer celles de M. Bonatelli *(La Psychologie di D. Mercier,* dans la *Rivista Filosofica,* Settembre-Ottobre 1903).

L'étude des actes d'imagination a été remaniée: on a recherché quels sont les facteurs de l'association, ce qui n'avait pas été fait dans les études antérieures.

Dans le tome II, on s'est attaché à mieux accuser les caractères respectifs de l'association passive, toute spontanée, et de l'association active qui se pratique sous la direction de l'intelligence et de la volonté libre. On a eu ainsi l'occasion de montrer l'échec de l'Associationnisme tel que l'avait inauguré Hume et l'ont interprété Bain, Ribot, etc.

A propos de la psychologie animale, on a distingué l'activité rigoureusement instinctive et celle où l'animal est capable d'une certaine expérience, afin de faire mieux voir la différence entre l'activité animale et l'activité humaine. On a aussi discuté avec plus d'attention les théories mécanistes des instincts, approfondi l'étude de la mémoire sensible et donne plus d'importance à l'étude des émotions

Dans la Troisième Partie (tome II), l'auteur s'est efforcé de définir, avec plus de rigueur, l'abstraction, et de déterminer avec plus de précision les marques propres de l'objet abstrait. Dans les éditions antérieures, on prouvait le fait de l'abstraction mentale par un seul argument tiré de la conscience. Le langage a fourni un second argument qui contribuera à fortifier le premier. Les objections de l'empirisme à l'interprétation spiritualiste de l'abstraction ont fait l'objet d'une discussion attentive.

On a traité d'après un plan nouveau la question fondamentale de l'origine des idées, exposé avec plus de développements les preuves du libre arbitre et les principales objections du déterminisme.

Dès les premières éditions de l'ouvrage, on avait parlé incidemment des émotions et des sentiments et montré qu'il n'y a pas lieu de les rattacher à une faculté à part qui porterait le nom de sensibilité ou d'affectivité. Mais on a, cette fois, étudié *ex professo* le fait émotif ; comparé les principales théories interprétatives du sentiment, la théorie physiologique, la théorie intellectualiste, la théorie dictée par l'aristotélisme thomiste ; on a pu, alors, déduire de cette comparaison quelle est la place du sentiment dans la vie psychique. On a tenté, ensuite, un essai, provisoire d'ailleurs, de classification des sentiments.

Dans les pages consacrées à divers états psychiques qui, à raison de leur complexité, échappent à une perception bien nette, on a fait une place, non seulement, comme déjà dans les éditions précédentes, à la suggestion, à l'autosuggestion, à l'hypnose, mais aussi à la suggestion mentale, à la télépathie, à l'écriture automatique et aux phénomènes spirites.

Les preuves de la spiritualité de l'âme sont présentées sous une forme nouvelle ; l'auteur a transporté ici une preuve d'expérience, inspirée du περὶ ψυχῆς d'Aristote, qu'il avait exposée dans une brochure intitulée *La psychologie expérimentale et la philosophie spiritualiste*.

Les preuves de l'unité substantielle du moi, qui aussi ont été remaniées, ont donné occasion à quelques aperçus nouveaux sur le phénoménisme psychologique et la substantialité du moi ; sur le parallélisme psycho-physique, soit empirique, soit moniste, la théorie préférée de nombreux psychologues à l'heure présente ; sur le moi, enfin, et ses facultés.

En guise de conclusion à l'étude du moi, on trouvera une brève synthèse de la psychologie aristotélicienne et thomiste, et l'on pourra mesurer l'avantage qu'elle a sur l'empirisme positiviste et sur le spiritualisme classique, pour expliquer l'ensemble des faits établis expérimentalement ou attestés par la conscience.

Deux tables détaillées des matières, l'une onomastique, l'autre idéologique, sont jointes au tome II de l'ouvrage.

D. Mercier

Louvain, le 25 mars 1904.

———

AVANT-PROPOS A LA HUITIÈME EDITION.

La septième edition du present ouvrage ne fut qu'une reimpression de l'edition précédente. La huitième edition a subi quelques remaniements, mais ils sont d'importance secondaire et n'exigent ni commentaire ni éclaircissement.

D. J. MERCIER

Malines, le 5 août 1907

TROISIÈME PARTIE

De la vie intellective ou raisonnable.

AVANT-PROPOS

161. Objet de la troisième Partie. — Nous avons à considérer, dans cette troisième Partie, les manifestations d'activité propres à l'homme, et les facultés d'où elles procedent immédiatement, pour remonter ensuite à la nature d'où dérivent les unes et les autres

L'etude de la *nature* de l'homme fera l'objet du *Chapitre I*

Puis, nous rechercherons quelle est l'*origine* de l'homme ce sera la matière du *Chapitre II*

Enfin, nous nous demanderons quelle est sa *destinee* ce sera la matière du *Chapitre III*.

Nous embrasserons ainsi tous les problemes fondamentaux que comprend la philosophie de l'âme humaine, ou, pour mieux dire, la philosophie de l'*homme*, car la triple étude que nous venons d'annoncer nous fera connaître l'homme par ses causes suprêmes, *formelle* et *materielle* (nature), *efficiente* (origine), et *finale* (destinée).

Le *Chapitre I* intitulé · *La vie intellective ou raisonnable* comprendra *trois Articles*.

L'*Article Premier* aura pour objet les *actes* propres à l'homme *La connaissance intellectuelle et l'intelligence (Section I)*, *la volition et la volonté (Section II)* Dans une troisième section du même Article, nous appliquerons les notions, acquises dans les deux premières, à la *comparaison entre l'activité de l'homme et celle de l'animal (Section III)*

Un *Second Article* aura pour objet les *mutuelles influences de la vie sensitive et de la vie intellective* et l'analyse de *certains états complexes* qui résultent de leur jeu combiné

On y comparera *l'imagination et l'intelligence (Section I)*, *l'appétit sensitif et la volonté (Section II)*

Enfin l'*Article Troisième*, consacré à la *nature* de l'âme humaine, traitera successivement de la nature de *l'âme* envisagée *en elle-même (Section I)* et de la nature de *l'âme* envisagée *dans son union avec la matière (Section II)*

Voici donc les divisions et subdivisions de cette Troisième Partie

3me Partie. — L'homme

- **Chap. I.** Sa *nature*
  - **Art 1.** — *Actes et facultes* propres à l'homme
    - **Sect Ire** — Connaissance intellectuelle et intelligence
    - **Sect. 2me.** — Volition et volonte
    - **Sect. 3me.** — Comparaison entre l'activité de l'homme et celle de l'animal
  - **Art 2** — *Influences mutuelles* des facultes
    - **Sect. 1re.** — Imagination et intelligence
    - **Sect. 2me.** — Appetit sensitif et volonté
  - **Art. 3.** — *Nature* de l'âme de l'homme
    - **Sect 1re** — L'âme en elle-même
    - **Sect 2me** — L'âme unie à la matière

- **Chap. II.** — Son *origine*

- **Chap. III.** — Sa *destinee*

CHAPITRE I

NATURE DE L'AME HUMAINE.

—

ARTICLE PREMIER

Actes et facultes propies à l'homme.

PREMIÈRE SECTION

La connaissance intellectuelle et l'intelligence

162. Objet de cette section. — La connaissance intellectuelle suppose essentiellement, comme toute connaissance, l'union d'un *objet* connu avec le *sujet* qui le connaît, d'un objet intelligible avec l'intelligence

Quel est cet *objet* ?

Comment est-il saisi par le sujet, en d'autres mots, comment s'opère l'*union* de l'objet pensé avec l'intelligence qui le pense, dans l'acte de la pensee ?

Nature et *origine* de la connaissance intellectuelle, telles sont les deux questions principales que nous avons à résoudre dans cette première Section (§§ 1 et 2)

Elles concernent nos *premières* connaissances intellectuelles

Or, l'intelligence se développe, passe de la puissance à l'acte et d'un acte simple à des actes plus compliqués. Comment l'intelligence passe-t-elle du premier acte aux suivants, en d'autres mots, quel est le *processus de son développement ?* (§ 3).

§ 1

Objet de la connaissance intellectuelle

163. Notions préliminaires : Objet matériel et objet formel de l'intelligence : objet formel commun ou propre. — La question *Quel est l'objet de la pensée ?* est susceptible d'une double interprétation

Elle peut signifier, en effet, d'une façon générale *Quels sont les objets* accessibles à la pensée, qu'est-ce qui est compris dans le champ de la connaissance intellectuelle ? La question, ainsi entendue, porte sur l'objet *matériel* de l'intelligence, elle vise la somme des objets qui sont, n'importe de quelle façon, connaissables par l'intelligence

Mais ces objets qui tous sont, *d'une certaine façon,* intelligibles, sont de nature très différente substance ou accident, corps ou esprit, êtres contingents ou Être nécessaire Qu'y a-t-il, a proprement parler, d'intelligible chez tous ? Sous quelle formalité, commune à tous, tombent-ils sous les prises de la faculté intellectuelle ?

Cette *formalité* à raison de laquelle les choses intelligibles sont intelligibles, on peut l'appeler *objet formel commun* de l'intelligence, ainsi se trouve définie la seconde acception de la question posée plus haut *Quel est l'objet de la pensée ?*

Cet objet formel, c'est l'*être* ou le *vrai*, l'*être* designe toute chose soit existante, soit possible, le *vrai* designe l'être en tant qu'il est en rapport avec une intelligence.

Si tous les objets accessibles a la pensée l'etaient dans les mêmes conditions en d'autres mots, si tous les objets intelligibles etaient de même nature, ils seraient proportionnés au même titre et dans la même mesure à la capacité de la faculté intellectuelle, et, dans ce cas, l'intelligence aurait *un objet formel, un seul*, toujours le même.

Mais les objets accessibles a la pensée, étant de nature differente, ne peuvent répondre tous de la même maniere à la puissance de la faculté. Il y aura nécessairement un objet place immediatement a la portée de la faculté, elle le connaîtra tout d'abord et, par son intermediaire, connaîtra tout ce qu'elle pourra atteindre au delà ce sera l'objet formel *propre* de l'intelligence

Quel est cet objet propre de l'intelligence, son objet *primordial, immédiat, direct, proportionné, connaturel ?*

Insistons sur cette notion de l'objet propre, car elle est capitale en psychologie

La connaissance de l'objet propre est *immédiate*, c'est-a-dire fournie directement par l'objet lui-même

La connaissance *médiate* d'un objet ne vient pas de l'objet lui-même, mais de choses distinctes de lui, en rapport avec lui

La connaissance mediate s'obtient au moyen de la *négation* et de l'*analogie*

La connaissance *negative* présuppose une connaissance positive d'un objet et supprime de cet objet soit une perfection, soit une imperfection

La notion de la *mort*, celle de la *simplicité* sont négatives, la première exclut une perfection, la vie, la seconde exclut une imperfection, la composition

La connaissance *analogique* renferme toujours une négation, elle est opposée à la connaissance *propre* Celle-ci saisit une perfection, telle qu'elle est dans la réalité les notions d'*action*, de *division* sont positives et propres

Lorsqu'une perfection, connue d'abord telle qu'elle est dans la nature, est appliquée ensuite à une chose d'une autre nature, avec la réserve exprimée ou sous-entendue que, dans ce second cas, l'attribution ne se fait pas dans le même sens que dans le premier, l'attribution se fait « *analogiquement* », la connaissance du second objet, comparée à la connaissance positive et propre du premier, est « *analogique* › Nous avons une notion *propre* de la coexistence de deux corps superposés, une connaissance *analogique* de la présence de l'âme dans le corps

Saint Thomas appelle l'objet propre d'une faculté ce qui est connu *primordialement et par soi*, « *primum et per se* »

L'objet connu par l'intermédiaire de l'objet propre s'appelle l'objet *impropre, consécutif, médiat, indirect* de la faculté

Ensemble, l'objet propre et l'objet impropre comprennent l'objet formel *commun* ou *général* de la faculté

Nous nous proposons de démontrer les deux thèses suivantes

PREMIERE THÈSE *L'intelligence a pour objet formel commun l'être, tout ce qui est*

SECONDE THÈSE *L'intelligence humaine emprunte son objet propre aux choses sensibles, elle se le représente abstraitement et universellement — Le suprasensible n'est connu par elle que médiatement, par des procédés de négation et d'analogie.*

164. Première thèse : L'objet formel commun de l'intelligence, c'est l'être. Preuve de la thèse. — L'être en général désigne tout ce qui existe ou peut exister

Preuve positive L'intelligence connaît l'être — Chaque fois que la pensée s'exerce, son objet s'offre à elle comme *une chose*, comme *quelque chose* qui existe ou peut exister Donc *l'être* est l'objet commun de l'intelligence

Preuve exclusive L'intelligence ne connaît que l'être — L'intelligence connaît des objets de nature différente, des substances et des accidents, des corps et des esprits, des êtres contingents et l'Être nécessaire or, il n'y a à ces objets différents qu'un seul caractère commun, l'être ; donc, la seule raison formelle assignable à l'intelligence, c'est l'être

Donc l'être est, il est seul le terme de tous nos actes intellectuels, donc enfin l'objet commun et adéquat de l'intelligence, c'est l'être [1] Si c'est l'être, c'est le vrai [2]

Il faut même généraliser l'énoncé de la thèse et dire que l'objet de *toute* intelligence, c'est l'être

Mais alors, si *toute* intelligence a l'être pour objet, il y a lieu de s'enquérir comment *chaque* intelligence entre en possession de cet objet, par *quel objet* elle débute, et à quels objets elle est conduite ultérieurement Nous arrivons ainsi à la question de l'objet *propre* à chaque intelligence

165. Seconde thèse : L'objet propre de l'intelligence humaine est emprunté aux choses sensibles, mais il est abstrait et universel. Sens de la thèse. — Seules les

[1] « Objectum intellectus est ens intelligibile , quod quidem comprehendit omnes differentias et species entis possibiles quidquid enim esse potest intelligi potest » *Cont Gent*, II, 98

[2] « Illud quod primo intellectus concipit quasi notissimum, et in quo omnes conceptiones resolvit, est ens Verum et ens differunt ratione per hoc quod aliquid est in ratione veri quod non est in ratione entis , non autem ita quod aliquid sit in ratione entis quod non sit in ratione veri , nec per essentiam differunt, nec differentiis oppositis invicem distinguuntur » Quaest disp *De veritate*, art. I.

choses sensibles sont a la portee immediate de l'intelligence humaine Des choses suprasensibles. elle n'a que des connaissances *impropres*, négatives et analogiques

Tout le contenu *positif* de nos concepts se trouve realise dans les choses sensibles, soit dans l'objet des sens exterieurs, soit dans l'objet des sens internes, c'est dans l'expérience sensible que nous le saisissons la premiere fois

Aussi, ce qu'il y a de *positif* dans nos concepts des êtres suprasensibles est commun aux êtres materiels aussi bien qu'aux êtres suprasensibles

Ce qui est *propre* aux êtres supramateriels, nous ne le connaissons pas positivement, mais seulement a l'aide de *négations* et d'*analogies*

La these ne signifie donc pas que nous n'avons des êtres spirituels aucun concept positif, mais les concepts positifs que nous avons d'eux, nous ne les avons vus realises que dans les choses sensibles et, dès lors, ils ne nous disent pas ce qui est caracteristique de l'esprit il en est ainsi des concepts d'être, d'unite, d'activité, de connaissance

Mais l'objet intelligible emprunte aux choses sensibles est *abstrait* étant abstrait, il ne peut être confondu ni avec le percept ni avec l'image

En effet, l'objet d'une perception ou d'une representation imaginative est *tel objet, hoc aliquid,* c'est-a-dire une chose affectee de notes determinatrices, de telle quantite, de telles qualites, exerçant telle action, subissant telle autre action, il est pose determinement a tel endroit, existe a tel moment : bref, il est *hoc aliquid, hic, nunc*

Sous cet enveloppement de notes determinatrices, la chose est dite *concrète (cum crescere,* accrue)

Une chose concrete est seule telle qu'elle est elle est *singulière*, une substance singuliere, consideree comme un tout, s'appelle une chose *individuelle,* un individu, *indivi-*

duum L'objet des sens est donc tel objet *déterminé, concret, singulier* ou *individuel*

Or, cette chose perçue ou imaginée, l'intelligence se la représente sans se représenter les notes déterminatrices qui la particularisent la *chose* pensée est pensée à part de telle quantité, de telles qualités, de telle localisation, soit dans l'espace, soit dans le temps ainsi soustraite aux déterminations matérielles, spatiales, temporelles — abstracta ab hoc, hic, nunc — on la dit *abstraite*

Ajoutons que cet objet abstrait peut, en vertu d'un travail dont nous expliquerons prochainement le mécanisme, devenir, et devient naturellement *universel*, c'est-à-dire, applicable à une infinité de sujets individuels

Les scolastiques appelaient ces objets intelligibles, les *quiddités*, ou encore les *raisons intimes* des choses

Le mot *quiddité* désigne, d'une façon générale, *ce que quelque chose est*, ou ce que l'on répond à la question τί ἐστι, *quid est ?* qu'est-ce que la chose ? τὸ τι ἐστι εἶναι, l'être que la chose est

Répondre à cette question, c'est faire connaître les *caractères* de la chose Le mot *raison, ratio rei*, désigne indéterminément ces caractères c'est-à-dire tout ce qui, plus tard, nous *rendra raison* de la chose, contribuera à nous expliquer ce qu'elle est, sa nature, son activité, etc

On a répété souvent que l'intelligence a pour objet propre l'« essence » ou la « nature » des choses matérielles L'expression n'est pas heureuse

L'*essence* désigne, en effet, l'ensemble des notes à raison desquelles une chose est ce qu'elle est et sans lesquelles elle ne peut ni être réalisée ni même être conçue Or, qui de nous connaît ce qui fait ainsi l'essence du cheval, du chêne, de l'or, du plomb ? Personne Il est donc dangereux de faire croire que nous connaissions immédiatement l'essence *spécifique* des êtres Avant d'arriver aux notions complexes d'*espèces*, l'intelligence doit passer par des notions plus indéterminées de *genres*, non seulement par des notions de substances, soit spécifiques soit génériques, mais par des notions d'*accidents* Pour signifier que l'intelligence ne saisit de prime abord que ces notions indéterminées, nous préférons dire qu'elle a pour objet les *quiddités* ou les *raisons* des choses

Nous opposons cet objet aux faits superficiels qui sont perceptibles par les sens [1]), et nous disons a cet effet « raisons *intimes* » des choses

La these comprend deux parties

La première partie affirme que l'intelligence emprunte son objet immédiat aux choses sensibles et non pas à des essences separees de la matiere, ni a la substance spirituelle de notre âme, ni enfin à une intuition de l'Être divin, comme on le soutient dans les ecoles platonicienne, cartesienne, ontologiste ou panthéiste

La seconde partie affirme, a l'encontre des sensualistes et des positivistes de toute nuance, que l'intelligence a néanmoins un objet propre superieur à celui de l'expérience sensible, parce que l'objet qui dans la nature est sensible, est dans la pensée abstrait et universel

En resumé *L'objet direct de l'intelligence est emprunté à l'expérience sensible, mais il est abstrait et universel.*

---

[1]) « Nomen intellectus quamdam intimam cognitionem importat, dicitur enim intelligere, quasi intus legere [*]) Et hoc manifeste patet considerantibus differentiam intellectus et sensus nam cognitio sensitiva occupatur circa qualitates sensibiles exteriores, cognitio autem intellectiva penetrat usque ad essentiam rei Objectum enim intellectus est quod quid est Cum autem cognitio hominis a sensu incipiat quasi ab exteriori, manifestum est quod quanto lumen intellectus est fortius, tanto potest magis ad intima penetrare » *Sum Theol*, 2ª 2ᵃᵉ, q 8, a 1

[*]) Nous reviendrons sur cette etymologie qui ne paraît pas exacte

**166. D'où vient la difficulté du problème idéolo-
gique ?** — Il semblerait, à première vue, qu'il ne dût rien y
avoir de plus simple que d'assigner à notre intelligence son
objet propre ; l'œil a pour objet les couleurs, l'oreille, les
sons, il semble naturel de croire qu'il est tout aussi aisé de
dire quel est l'objet de la pensée, et l'on se demande d'où
vient qu'il y ait à ce sujet des vues divergentes

Mais, lorsque l'on considère la multiplicité des actes de
connaissance dont l'âme humaine est le principe, l'intimité
naturelle qui les rattache les uns aux autres et qui les fait
s'enchevêtrer dans notre vie mentale, l'impossibilité où nous
sommes de les observer autrement que par la conscience et
la réflexion, lorsqu'on apprécie alors la violence qu'il faut
toujours se faire pour s'arracher aux sollicitations du monde
extérieur et se reporter sur la vie intime de l'âme, on s'étonne
moins des difficultés qui entourent le problème idéologique
et des controverses qu'il a toujours soulevées

**167. Preuve de la première partie de la seconde
thèse : L'intelligence emprunte son objet propre aux
choses sensibles.** — *1ᵉʳ Argument, tiré des conditions
d'exercice de la pensée intellectuelle* — L'activité intellectuelle
est dépendante des conditions anatomiques et physiologiques
du système nerveux [1]), à telle enseigne que ce qui affecte le

---

[1]) Depuis longtemps on cherche quelle relation il y a entre le cerveau
et la mentalité On a mis en cause les circonvolutions cérébrales, les
complexités de l'organe, le poids du cerveau, etc mais on n'a pas
abouti jusqu'à présent à des conclusions Voici néanmoins, à titre docu-
mentaire, quelques observations recueillies par un anthropologiste de
Prague, M Mathiega, et rapportées par M De Parville dans une de
ses dernières causeries scientifiques, M Mathiega a eu soin de tenir
compte des poids relatifs du corps entier et du cerveau

Le cerveau le plus lourd qu'ait rencontré M Mathiega est celui d'un
jeune homme de 25 ans, de haute stature (1ᵐ 80) et de forte corpulence,
ce cerveau pesait 1 820 gr Les cerveaux de femme les plus lourds
n'arrivent pas à plus de 1 500 gr Le plus léger pesait 1 020 gr (25 ans,

système nerveux affecte aussi la pensée Ainsi, une lésion
des centres nerveux suspend ou trouble l'exercice de la
pensée, les agents physiques, tels que la chaleur et l'électricité, agissent sur le système nerveux et sur la pensée
deux degrés de chaleur de plus nous donnent le délire, un
froid intense empêche le travail de l'esprit, l'oxygène et
l'acide carbonique, la composition normale ou anormale du
sang, les alcools, divers poisons agissent en bien ou en mal
sur l'intelligence, exaltent ou paralysent son action [1]), bref,

1m 50 de hauteur) En moyenne, M Mathiega a trouvé que le cerveau
masculin pèse 1 400 gr et le cerveau féminin 1 300 gr

Le résultat le plus intéressant est celui que l'auteur a obtenu en
mettant en regard le poids moyen du cerveau selon le genre de travail
Il a pu opérer sur 235 poids cérébraux d'individus de fonctions et de
culture intellectuelle très différentes Voici son petit tableau

Occupations	Nombre de cas	Poids moyen
Journaliers	14	1 410
Ouvriers, manœuvres	34	1 433
Portiers, gardes, surveillants	14	1 436
Mecaniciens	123	1 450
Gens d'affaires, commis, musiciens pro- fessionnels, photographes, etc	28	1 468
Médecins, professeurs, etc	22	1 500

Ici, il apparaît assez nettement que l'organe s'accroît en raison de la
fonction, puisque l'on passe des journaliers (1 410) aux médecins, etc
(1 500)

Cette statistique est trop insuffisante pour qu'il soit permis d'en tirer
quelque conclusion certaine, cependant, elle est intéressante dans son
ensemble parce qu'elle tend à montrer que, tout de même, les individus
qui font fonctionner leur cerveau, qui le nourrissent par conséquent
davantage, accroissent son poids Si l'on trouve, d'ailleurs, un poids
énorme de cerveau chez un imbécile, cela ne détruira pas la règle,
parce que l'individu a pu travailler beaucoup, sinon bien

Chez le fou, le cerveau travaille, mais sans profit, comme le fait une
machine affolée C'est pourquoi on peut rencontrer des cerveaux lourds
dans toutes les catégories d'individus, sans qu'il soit permis d'en conclure que ces cerveaux étaient bien équilibrés et qu'ils appartenaient
à des hommes de valeur Le poids du cerveau peut être un indice de
supériorité intellectuelle, mais il n'en est pas la caractéristique absolue

[1]) Voir Richet, *L'homme et l'intelligence*, III.

l'intelligence subit, dans son exercice, l'influence des agents du milieu extérieur et de l'organisme

Or, cette dépendance ne peut s'expliquer que de deux manières

Ou bien, la pensée est elle-même une fonction du système nerveux

Ou bien, la pensée exige le concours d'une activité qui, elle, est fonction du système nerveux

A priori et à ne regarder que les faits que nous venons de considérer, ces deux explications sont également plausibles

Mais la première est inconciliable avec une autre catégorie de faits que nous alleguerons dans la seconde partie de la these

Donc, la seconde explication est la vraie la pensée est dépendante des conditions anatomiques et physiologiques du système nerveux, parce qu'elle est dépendante de l'exercice des sens externes et internes et que les sens externes et internes ont pour organe le système nerveux

En quoi peut consister cette dependance, sinon en ce que l'objet de la pensée doit être préalablement perçu par les sens externes et internes ?

Or, un objet perceptible par les sens externes ou internes est, par definition, un objet sensible

Donc l'objet de la connaissance intellectuelle est emprunté aux choses sensibles

2ᵈ Argument, tire de la conscience — 1° *a)* Il n'y a pas de conception mentale qui ne s'accompagne d'un tableau de l'imagination Pas de notion sans phantasme, dit Aristote

Διὸ οὐδέποτε νοεῖ ἄνευ φαντάσματος ἡ ψυχή [1])

Chaque fois que la pensée prend naissance, l'image appa-

---

[1]) *De anima*, III, 7

rait, aussi longtemps que l'effort de la pensée se prolonge, elle le soutient

Tantôt le phantasme est une image naturelle la représentation sensible d'un arbre, d'une feuille, un paysage, un portrait, tantôt c'est une figure géométrique, un symbole arithmétique, algébrique, tantôt une forme artistique, tantôt, enfin, le tableau imaginatif n'évoque plus directement aucun objet déterminé mais sert à en évoquer indifféremment un grand nombre, il consiste dans les signes du langage

L'image est si étroitement liée à la conception intellectuelle qu'il faut un effort pour les distinguer, pour n'avoir pas fait cet effort, les matérialistes les ont confondues

Le cardinal Cajetan n'hésite pas à affirmer que l'expérience doit fournir, non seulement la matière du concept et, par conséquent, celle des termes du jugement, mais aussi un specimen de leur union. « Necessario cognitio complexa principiorum præexigit sensitivam experimentalem » [1]

Au surplus, n'éprouvons-nous pas souvent l'effet de l'imagination et des passions qu'elle éveille sur le cours de notre vie intellectuelle ou de notre vie morale ? Une image surgit tout à coup et *distrait* l'esprit de l'objet auquel il était appliqué, elle l'*obsède* et l'empêche de poursuivre le travail entrepris, elle éveille les passions et, par voie de conséquence, fixe exclusivement sur une chose ou sur un aspect des choses qui momentanément nous intéresse l'attention de l'intelligence

Les moralistes savent que, aux heures de passion, sous l'influence de la peur ou l'attrait de la volupté, le jugement *s'aveugle*, la volonté *s'égare* cela veut dire que, l'attention étant absorbée par un seul côté des choses, ce qui en temps de calme paraîtrait honnête, juste, prudent ne paraît plus

[1] Cajetan, *Comm in Post Anal* II, 13 Nous avons examiné ce point en Criteriologie, 6e ed , 1906.

tel, ce qui revolterait une volonté maitresse d'elle-même la seduit — la détourne du droit chemin, suivant la belle expression latine *scorsum ducere* — La source la plus ordinaire des « *tentations* » est dans une influence exagérée de l'imagination et, par suite, des passions sur nos facultés supérieures

La conscience personnelle témoigne donc, de diverses manières, que pour penser nous nous aidons d'images, non pas d'une façon occasionnelle ou intermittente, mais regulièrement, toujours, *naturellement*

b) De même, pour faire comprendre notre pensee à autrui, nous avons recours aux images, aux exemples

Chaque idee s'exprime sous une forme sensible Nous aimons à produire nos jugements et nos raisonnements sous des dehors qui parlent à l'imagination, et ceux qui sont chargés d'initier l'enfance à la vie intellectuelle savent le prix de la méthode intuitive en pédagogie Les maximes de la sagesse populaire revêtent generalement une forme sensible « La fable se trouve dans toutes les litteratures et à tous les âges de celles-ci sous forme de mythes, de contes ou de romans, elle enveloppe les verites les plus élevées de la religion, comme les adages les plus simples de la vie quotidienne » [1]).

Tels sont les faits dont l'ensemble forme la majeure de notre demonstration

Or, supposé que l'objet de la pensée fût spirituel, divin, ou a n'importe quel titre suprasensible, l'intelligence n'aurait besoin d'image ni pour penser, ni pour éveiller chez autrui la pensee, au contraire, une image sensible serait, dans ce cas, un obstacle plutôt qu'un auxiliaire

Donc, l'objet propre de l'intelligence doit être un objet

[1]) Ch Sentroul, *La Fontaine fabuliste*, p 7

senti et imagine, bref, un objet sensible « Nihil est in intellectu quod non prius fuerit in sensu » [1])

2º *L'analyse du contenu de la pensée confirme et complète
les premières informations de la conscience* — En effet, nous
connaissons des êtres immatériels, notre âme, par exemple,
et l'Être divin Le fait ne sera pas, à coup sûr, conteste par
les auteurs ultraspiritualistes auxquels nous nous adres-
sons ici

Or, comment nous représentons-nous ces êtres immatériels ?

Des concepts qui seraient immédiats, c'est-à-dire, empruntes
aux êtres immatériels eux-mêmes, nous les représenteraient
par des caractères qu'ils possèdent réellement, nous feraient
voir ce qu'ils sont positivement, nous diraient par quoi leur
nature est distincte des êtres matériels

Or, il n'en est pas ainsi nous ne parvenons à nous faire
une idee de la nature distinctive des êtres suprasensibles
que par voie de *négation*, ou par voie d'*analogie*, ce qui n'est
en définitive qu'une autre forme du procédé de négation
nos idees des êtres qui ne sont pas sensibles sont celles de
l'immatériel, du spirituel, du suprasensible, de l'infini, etc
qui toutes impliquent ou la négation des imperfections du

---

[1]) « Hoc quilibet in seipso experiri potest, dit saint Thomas, quod
quando aliquis conatur aliquid intelligere, format sibi aliqua phantasmata
per modum exemplorum, in quibus quasi inspiciat quod intelligere studet
Et inde est etiam quod quando aliquem volumus facere aliquid intelligere, proponimus ei exempla ex quibus sibi phantasmata formare possit
ad intelligendum Ideo necesse est ad hoc quod intellectus actu intel-
ligat suum objectum proprium, quod convertat se ad phantasmata, ut
speculetur naturam universalem in particulari existentem Si autem
proprium objectum intellectus nostri esset forma separata, vel si formæ
rerum sensibilium subsisterent non in particularibus, secundum plato-
nicos, non oporteret quod intellectus noster semper intelligendo con-
verteret se ad phantasmata. » *Sum Theol*, 1ª 2ᵉ, q 84, a 7

monde corporel, ou une comparaison avec des choses sensibles

Donc l'objet connaturel de l'intelligence n'est pas immatériel, mais emprunté aux réalités sensibles

3me Argument, tiré du langage — Le langage confirme le témoignage de la conscience

Les adversaires de l'idéologie aristotélicienne souscrivaient sans trop de répugnance à l'origine matérielle des idées qui ont trait au monde sensible, mais ils ne conçoivent pas que l'on rapporte à une aussi humble origine les idées de l'ordre métaphysique, moral et religieux

Or, en remontant aux étymologies de ces idées supérieures, — par exemple aux idées d'être, de connaissance, de pensée, d'intelligence, de sagesse, à celles de vertu, de relation, de devoir, de droit, de justice, a celles enfin d'âme, d'esprit, de Dieu [1]), — on aboutit toujours a des notions dont le sens est matériel

---

[1]) 1º Le verbe substantif trahit partout une origine matérielle En latin, il se forme de deux racines la première es (s), en sanscrit *as*, dont as-u souffle vital, vie, la seconde fu — φυ, croître

Dans les langues germaniques

En gothique, *visan* signifie demeurer et être dans les deux sens, l'un matériel, l'autre immatériel

En neerlandais *wezen*, être, dans le sens immatériel exclusivement

En sanscrit *vas* n'a que le sens matériel demeurer

2º *connaître*, cognoscere, γιγνώσκειν, de γίγνεσθαι, être engendre De même, les mots *concevoir, concept, conception* se rattachent tous a l'idée de génération corporelle

3º *apprehender, apprehension, comprendre* (com-prehendre), trahissent manifestement une origine matérielle Il en est de même des mots *penser* (pendere, pensare, peser), *estimer* (æstimare, æs, terme de banque), *considerer* (sidus, notion d'astrologie), *reflechir* (re-flectere, replier), et ainsi de suite

4º *intelligence*, non pas de intus legere, comme le croyait saint Augustin et comme on l'a souvent redit après lui, mais inter-legere, recueillir parmi diverses choses

5º *sagesse*, sap-ientia, sap-idus, savourer, en neerlandais zap, beseffen

Ajoutons que nous parlons couramment de la *profondeur*, de l'*eleva-*

Un philologue de grand renom, Max Muller, a essaye de dresser une table des racines primitives des langues indo-européennes ; il en compte 121, ajoutant que ce nombre pourrait encore être reduit Évidemment, il serait hasardeux de prétendre que cette table est complète et exacte, nous laissons l'examen de la question aux hommes compétents, mais indubitablement, dans leur teneur générale, les conclusions de la philologie confirment la psychologie scolastique, car elles tendent à établir que les racines primitives des langues expriment des concepts de choses matérielles

Voici, par exemple, quelques specimens de racines sanscrites prises au hasard dans la table de Max Muller ; nous citons les vingt premières

Creuser, enchevêtrer, lier, peser, detruire, gaspiller, aiguiser, gratter, mordre, manger, partager, couper, rassembler,

tion de la pensee, de la *largeur*, de la *hauteur* des vues intellectuelles, d'un jugement *droit*, *ferme*, de raisonnements *serres*, de convictions *solides*

6º *vertu*, virtus, vis, force, vires pour *vises*, virere, verdir, *viridis*, vert, racine sanscrite *vi*, se mouvoir avec force (Comparez l'expression une *verte* vieillesse)

Tout le monde parle de *niveau moral*, de *l'elevation* ou de la *degradation* de l'âme, de *l'exaltation* des sentiments, d'une douleur morale *profonde*, *aigue*, *cuisante*

7º *relation*, relatus, porter en arrière

8º *devoir*, en latin debere, contraction pour *de-hibere*, dehabere, tenir de le sens du mot *habere* n'est pas douteux

9º *droit*, dirigere, en grec ὀρέγω, en néerlandais rekken, faire un mouvement de tension.

10º *justice*, jus dicere, jus dont la racine se trouve en sanscrit *yu*, joindre, lier

11º *âme*, anima, ἀνέμος, souffle, vent, en sanscrit *an* signifie respirer

12º *esprit*, spiritus, souffle, respirer, aspirer

13º *dieu*, de la racine *div*, d'où *divus*, divin Ζεύς, Δι-ός pour ΔιF-ός

Deus, Dieu, vient de la racine *div*, soit directement et alors le sens primitif de *Deus* serait *brillant*, *lumineux*, soit indirectement, de manière que le sens de *div* comme substantif serait *ciel* et que *Deus* signifierait le *celeste* (Cf Fick. Wörterbuch, etc)

étendre, mélanger, éparpiller, arroser, trembler, jeter par terre, tomber, etc [1])

Sans doute, ces racines ne sont pas les premières du langage humain, mais il est permis de présumer, par analogie, que si l'on arrivait aux racines *véritablement* primitives, on se trouverait en présence d'expressions qui trahiraient aussi une origine sensible

4ᵐᵉ Argument, tiré du caractère naturel de l'union de l'âme et du corps — L'union de l'âme et du corps est naturelle témoin l'horreur instinctive que nous avons de la mort

Or, l'union de l'âme et du corps ne serait pas naturelle, si l'âme ne trouvait dans le corps un auxiliaire pour le déploiement des facultés qui lui appartiennent en propre Si, en effet, l'âme pouvait se suffire pour exercer son activité supérieure, le corps lui serait un fardeau inutile

Donc le corps doit pouvoir être l'auxiliaire de la pensée et de la volition raisonnable

Mais il ne coopère pas, nous le verrons sous peu, à la constitution intrinsèque du sujet de la pensée et de la volition raisonnable.

Donc il est l'auxiliaire de l'âme, parce qu'il apporte à son activité supérieure un concours *extrinsèque*

Ce concours extrinsèque, on se l'explique les facultés corporelles fournissent les matériaux sur lesquels s'exerce l'activité de l'esprit, en d'autres mots, les sens et l'imagination présentent à l'esprit son objet propre

Donc, enfin, l'objet connaturel de la pensée est celui que des facultés organiques — les sens et l'imagination — peuvent saisir, en un mot un objet sensible

A vrai dire, cependant, cet argument fait voir la *raison intrinsèque* pour laquelle l'objet de l'intelligence est l'intel-

---

[1]) Max Muller, *Science of thought* Appendix.

ligible perçu dans le sensible, plutôt qu'il ne fournit la preuve *que* tel est son objet

Si l'on n'y prenait garde, l'argument tournerait dans un cercle vicieux En effet, qu'est-ce qui nous permet d'*induire* que le sujet premier de la pensée et de la volition est composé de matière et d'esprit et que l'union des deux composants est *naturelle*, sinon le *fait* que la pensée et la volition se présentent toujours, chez l'homme, associées à des actes de facultés sensitives et par conséquent organiques ?

168. Seconde partie de la thèse : L'objet de l'intelligence est abstrait. Preuve tirée de la conscience. — Lorsque, par un effort de réflexion, je démêle le contenu de ma conscience, quelles sont les représentations que j'y trouve ? Assurément, j'y trouve des percepts et des images, pourvus de caractères déterminateurs, inséparables de cette chose concrète, posée ici ou là, à tel ou tel moment — hoc, hic nunc — mais j'y trouve aussi des objets dépouillés de ces caractères et que pour ce motif j'appelle *abstraits*. — abstractum ab hoc, hic, nunc — Tandis que, à leurs caractères *concrets* je reconnais les objets des sens externes ou internes, en un mot, le *sensible*, le signe distinctif de l'*intelligible* est son caractère *abstrait*, et nous appelons *intelligence* le pouvoir de se représenter abstraitement le sensible.

1º Dans la forêt où je me promène en ce moment, il y a des milliers de chênes, sur chacun d'eux des milliers de feuilles il n'y a pourtant pas deux feuilles identiques Chacune d'elles diffère des autres, par sa teinte, par sa forme, par le nombre et la disposition de ses nervures, aussi bien que par la position qu'elle occupe ici, sur ce chêne, dans telle allée, en ce jour d'été où je la considère

Néanmoins, lorsque, jetant les yeux sur la sapinière qui est là, à vingt pas, je compare la feuille de chêne aux aiguilles de sapin, je ne fais plus attention à aucun des détails qui me faisaient tantôt distinguer les unes des autres les feuilles de chêne, je ne regarde plus que ce qu'elles ont de commun cette fois, mon objectif est de concevoir *ce qu'est la feuille de chêne*

Ce qu'est la feuille de chêne, est un *abstrait*, το τι εστι, *quod quid est*, la *ratio rei*, l'objet de la définition de la feuille de chêne La définition que nous en donnerons ne sera ni complète, ni même peut-être en tous points fidèle, celle du botaniste ne serait elle-même que provisoire mais le degré de perfection de la représentation n'est pas en cause pour le moment, nous voulons seulement constater que nous cherchons de la feuille de chêne une définition abstraite, et que la définition approximative que nous en donnons est composée de notions abstraites

La notion de la feuille de chêne est le fruit d'une abstraction « *physique* »

2º Nous percevons ou nous nous figurons *ce* triangle formé de trois pièces de bois blanc placé *ici* dans nos mains, en *ce* moment, mais nous avons conscience de nous représenter aussi *le* triangle, à part de toutes déterminations de matière sensible, de lieu et de temps La définition des géomètres Le triangle est une figure à trois angles et à trois côtes, nous dit ce qu'est *un* triangle quelconque, *le* triangle, elle exprime la notion du triangle *abstrait*

La notion du triangle néglige, outre les particularités individuelles, toutes les qualités sensibles, elle est le fruit d'une abstraction *mathématique*

3º Enfin, par un troisième effort, plus pénétrant que les précédents, l'esprit arrive aux notions *métaphysiques* Dépouillez, par la pensée, une chose d'expérience de ses caractères particuliers, détournez l'attention des changements qu'elle subit supprimez mentalement sa figure et sa quantité, bref, tous les attributs propres à une catégorie déterminée d'êtres, il vous restera *ce quelque chose*, τοδε τι, qu'est toute chose d'expérience, la *substance* des choses c'est la le premier objet que l'intelligence saisit confusement lorsqu'elle entre en contact avec la réalité, c'est aussi le dernier résidu de l'analyse du contenu de la conscience, opérée par la raison réfléchissante [1])

La these est fondamentale Insistons-y, et, afin d'en mieux préciser la signification et la portée, allons au devant des objections qu'elle peut soulever

Possedons-nous effectivement ce pouvoir d'abstraire que nous nous attribuons ? Sommes-nous capables de nous représenter *une* feuille de chêne qui ne soit pas *telle* feuille de chêne, *un* triangle qui ne soit pas *ce* triangle, *une* chose qui ne soit pas *cette* chose ? Non seulement, objectera-t-on, *la* feuille pretendûment abstraite est, dans la nature, realisee en telle ou telle feuille particulière, mais aussi, *l'idée* de la feuille de chêne, celle du triangle, celle de la chose, ne sont-elles pas necessairement incarnées dans un specimen concret, perçu ou imagine, de feuille de chêne, de triangle, de chose ?

Il y a dans cette objection une équivoque.

Lorsque la raison réfléchissante considere avec attention, pour se le rendre distinct, un type abstrait, elle le reporte aussitôt, par une pente naturelle, à un sujet concret · La feuille de chêne est identifiee a telle feuille déterminée, le triangle a tel triangle plan ou spherique, équilateral, isocele, scalene, la chose, a telle ou telle chose de la nature

L'attribution du type abstrait a un sujet concret est a la fois si apparente et si nécessaire, que plusieurs philosophes l'ont consideree comme l'acte essentiel de l'intelligence et ils ont dit, en conséquence, que le premier acte de l'esprit est un jugement [2])

[1]) Cfr *Ontologie* 3e ed, n 7
[2]) Le mot *pensee,* en latin *cogitatio, coagitatio,* exprime bien la complexite de la représentation intellectuelle ou l'abstrait est indissolublement uni au concret

Mais l'objet abstrait est reporté mentalement à n'importe quel sujet concret la feuille de chêne, parce qu'elle est conçue abstraitement à part des caractères déterminateurs de cette feuille de chêne, est identifiable à n'importe quelle feuille de chêne, n'importe où, n'importe quand, le triangle, parce qu'abstrait, est attribuable à n'importe quel triangle, la chose, parce qu'abstraite, est attribuable indifféremment à une chose quelconque

L'applicabilité d'un objet abstrait à n'importe quel sujet concret constitue son *universalité*

L'universalité du type abstrait n'est cependant pas actuelle, elle n'est que *potentielle* elle consiste en ce que, par un acte de la raison réfléchissante, il est identifiable à des sujets concrets en nombre illimité, attribuable à chacun d'eux indifféremment

On voit maintenant où est la réponse à l'objection des sensualistes ·

Il est vrai que nous ne possédons pas d'idée abstraite sans un ou plusieurs spécimens concrets auxquels nous l'attribuons réflexivement

Mais aucun objet pensé ne serait indifféremment attribuable à tous les spécimens concrets, s'il était concret il est donc *abstrait* Son caractère abstrait est la raison suffisante de son universalité aptitudinale

L'attribution du type abstrait aux sujets individuels *suit naturellement* la réflexion de l'intelligence sur la représentation abstraite, l'abstraction précède l'attribution de l'abstrait à un sujet, la notion est logiquement et naturellement antérieure au jugement.

169. Les propriétés du type abstrait. — Critique du langage scolastique à ce sujet. — Le concept abstrait possède plusieurs propriétés, les scolastiques disent couramment qu'il est *universel, nécessaire, immuable, éternel.*

Les ontologistes, abusant de cette terminologie, ont tenté d'identifier ces caractères des « idées » ou des « essences intelligibles » avec les attributs de l'Être divin

Les scolastiques ont senti le besoin de dissiper l'équivoque et ont dit Dieu est *absolument* nécessaire et immuable, les essences ne le sont que *conditionnellement*, Dieu est *positivement* immense et éternel, les essences ne le sont que *négativement*, Dieu possède *actuellement*, d'une manière éminente, toute la perfection de ses œuvres, les essences sont universelles en ce sens seulement qu'elles sont susceptibles de réalisations individuelles.

Ces distinctions, sur lesquelles nous reviendrons lorsque nous discuterons l'ontologisme, sont fondées, mais nous doutons qu'elles résolvent adéquatement les difficultés auxquelles elles sont destinées à répondre

Une terminologie plus rigoureuse est ici nécessaire

D'abord, on a tort de mettre sur le même pied, en leur appliquant le même vocable, *propriété*, des attributs divers Le type abstrait est indépendant des circonstances d'espace et de temps mais cette double indépendance n'est pas une « propriété », c'est-à-dire une suite nécessaire de l'état abstrait, elle le constitue

Au surplus, cette double indépendance n'a rien de commun avec l'universalité dans l'espace, c'est-à-dire avec l'ubiquité ou l'immensité, ni avec l'éternité qui coexiste à tous les temps L'objet abstrait n'est ni partout ni toujours, il est seulement pensé à part de n'importe quel endroit de l'espace et de n'importe quel moment du temps Pour opposer l'indépendance de l'espace et du temps à l'universalité et à l'éternité positives, nous voudrions pouvoir créer deux néologismes et dire que le type abstrait est *délocalisé* et *extemporané*

L'universalité, la *nécessité*, *l'immutabilité* sont, dans l'acception rigoureuse du mot, des « *propriétés* » des essences abstraites, toutefois, elles ne résultent pas *actuellement* des essences, mais seulement elles ont les essences pour *fondement*

Le type abstrait, a raison même de ses origines, coexiste dans la pensée humaine a des images particulières La raison considère réflexivement le type lui-même et le sujet particulier dont il est extrait, elle voit que celui-ci est la réalisation de celui-là L'imagination offre plusieurs réalisations du même type, en chacune d'elles la raison l'aperçoit L'application d'un même type abstrait a un nombre indéfini de sujets particuliers, perçus ou imaginés, engendre l'*universalité* du type Celle-ci n'appartient donc pas formellement a l'objet abstrait, en tant qu'abstrait, elle est subordonnée à un *acte de relation* opéré par la raison réfléchissante

Tandis que l'esprit applique l'objet abstrait a n'importe quel sujet individuel, il l'universalise aussi en ce sens qu'il l'applique a ces sujets n'importe ou, n'importe quand ils existent, n'importe ou, n'importe quand l'imagination se les figure exister Si l'on se plaît a appeler « immensité » ou « éternité » cette attribution indifférente du type a n'importe quel lieu, a n'importe quelle date, on n'oubliera pas que l'immensité et l'éternité ainsi entendues dépendent aussi d'un *acte de relation* de la raison réfléchissante

Enfin, dernière et importante propriété du type abstrait il est *le fondement de relations hypothétiquement nécessaires* Lorsque la raison réfléchissante oppose un type abstrait à lui-même, elle le voit nécessairement identique a lui-même : qu'une chose existe dans la nature ou dans la pensée, elle est nécessairement ce qu'elle est, il est impossible qu'elle ne soit pas ce qu'elle est. De même, lorsque la raison réfléchissante décompose un type abstrait en ses éléments constitutifs, il se produit entre le type total et ses constituants partiels entre les différentes notes qui composent le type, des relations nécessaires, les unes affirmatives, les autres exclusives

On a répété souvent que l'objet abstrait est *nécessaire*
Encore une fois, cette façon de parler est très défectueuse
Le concept abstrait n'est pas nécessaire Son objet peut ne
pas exister, lui-même peut n'être pas pense Mais, *supposé
qu'il existe dans l'esprit*, il devient l'origine de rapports qui
ne peuvent pas ne pas être tels qu'ils sont La nécessité
mystérieuse de l'objet de l'intelligence est donc simplement
une *nécessité conditionnelle de rapports*

Une relation qui est *nécessairement* telle qu'elle est, est
immuablement telle

En résume, l'universalité, la nécessité, l'immutabilité ne
sont pas des propriétés inhérentes au type abstrait comme
tel, l'*universalité* regit la *relation* du type abstrait avec les
individus dans lesquels il est réalisé ou imaginativement
représente, par suite, elle regit aussi la relation du type avec
les divers endroits ou les divers moments où il est réalisé
ou représenté

La *nécessité* et l'*immutabilité* régissent les *relations* d'identité, soit totale soit partielle, du type avec lui-même ou avec
ses notes constitutives

Reprenons la preuve que l'objet de la pensée est abstrait
L examen du langage confirmera l'argument que nous avons
tire directement de la conscience

**170. Seconde partie de la thèse : Preuve tirée du
langage.** — 1º Le *nom*, observe Taine, — le nom d'*arbre*,
par exemple — possède une double propriété, la propriété
d'éveiller en nous les images des individus qui appartiennent
a une certaine classe et de ces individus seulement, et la
propriété de renaître chaque fois qu'un de ces individus
se présente à notre mémoire ou à notre expérience et seulement lorsqu'un d'entre eux se présente

Or, d'ou vient que chaque fois que j'observe des pins, des
hêtres, des châtaigniers, des frênes, des bouleaux, je pro-

nonce mentalement le nom d'*arbre* ? D'ou vient que, lorsque
le nom d'*arbre* se presente a ma memoire, il reveille les
images des pins, des hêtres, des châtaigniers, des frênes, des
bouleaux, celles-la et pas d'autres ? De ce que le mot *arbre*
exprime certains caractères propres à l'arbre, communs a
tous les arbres, par exemple, l'élan du tronc fixe au sol et
l'epanouissement des branches, deux caracteres qui nous
permettent de reconnaître ce quelque chose l'arbre

Ces caracteres sont un *abstrait*, dont le nom est l'expression

Grâce à leur signification abstraite, les termes du langage
permettent aux hommes de s'entendre entre eux et d'echanger
leurs idees

La presence d'un objet sensible eveille simultanément
plusieurs perceptions et, par suite, plusieurs idées La simple
presentation a autrui d'un objet de la nature aurait le même
résultat global L'arbre peut faire penser au tronc, aux
racines, aux branches, aux feuilles, l'esprit peut, à l'occasion de cette representation complexe, concevoir les idees
de hauteur, de minceur, de forme, celles de vie, d'espece,
celles de substance ou d'accident, d'être, ou d'autres plus
éloignees telles que les idees de liberte, de revolution,
d'indépendance, etc

Or, l'entente de deux intelligences suppose qu'au même
moment les deux conçoivent, en presence d'un même objet,
les mêmes idées

L'expérience sensible seule ne reussirait donc pas à l'etablir

Mais chaque nom repond a un aspect de la chose de la
nature L'emploi du nom eveille exclusivement l'attention
sur cet aspect unique Les deux intelligences qui le saisissent
sont a l'unisson, elles s'entendent, se parlent

Le langage est ainsi à la fois l'expression de la pensee
abstraite et le moyen fourni par la nature pour fixer les
résultats du travail abstractif et les communiquer à autrui

2º *L'évolution des termes du langage* confirme la thèse. Originairement, nous venons de le voir, un même nom *arbre* s'applique dans un même sens, d'une manière que l'on appelle *univoque*, aux individus d'une même classe, c'est-à-dire d'un même genre ou d'une même espèce.

Mais le développement de la pensée suit aussi une loi d'*analogie*. Elle ne va pas seulement du même au même, de la notion d'arbre à l'arbre-pin, à l'arbre-hêtre, à l'arbre-châtaignier, et ainsi de suite, elle va aussi du semblable au semblable, par exemple, de la notion de la feuille d'arbre à celles de la feuille de papier, de la feuille de métal, etc.

Alors encore, cependant, une notion commune domine et rattache les unes aux autres les différentes acceptions du mot.

Ainsi, de la feuille d'arbre l'esprit abstrait l'idée d'une chose plate et mince et l'applique successivement au papier, au métal, etc.

À l'origine, le mot *gagner* (au XIᵉ siècle *guadagnier*) signifiait *paître* (de l'ancien haut allemand *waidanjan*, en allemand moderne *weiden*). Cette signification première du mot est encore employée en vénerie. Les bêtes sortent pour aller *gagner* dans les champs. De là l'idée de *cultiver* pour y gagner sa nourriture, l'idée est conservée dans le mot *regain*. Par suite, en vieux français, *gaaignier* signifie chasser, piller, faire du butin. D'où l'idée de se rendre maître d'une place, « *avoir ville gagnée* ». Puis l'idée de s'emparer d'une place conduit à l'idée d'occuper un lieu où on a intérêt à arriver : *gagner le rivage, gagner le port*, par extension, *le feu gagne la maison voisine*, et, au figuré, *le sommeil le gagne*. En même temps se développe une autre série de sens : faire un profit, *gagner de l'argent, gagner le prix d'une course, gagner le cœur de quelqu'un*. Enfin, l'on applique le mot ironiquement à ce qui est tout le contraire d'un avantage : *il a gagné une bonne pleurésie*. Partout se montre à travers ces transformations le trait commun qui domine et relie entre eux les divers sens du mot *gagner*, l'idée d'acquérir, d'obtenir quelque chose qui profite ; et l'on suit en quelque sorte cette idée dans les phases diverses de la vie sociale, appliquée d'abord aux fruits que la terre fournit à l'homme, puis au produit de sa chasse, au butin qu'il fait à la guerre, enfin au profit qu'il tire du commerce et de l'industrie, etc.

Mais l'esprit ne suit pas toujours cette voie simple, qui consiste à étendre une même idée à une série de sens analogues au sens primitif Au lieu de partir d un caractère unique applique successivement a des objets différents, il peut considérer dans l'objet primitif divers caractères, dont chacun sert de point de départ a autant d extensions ou de groupes d'extensions nouvelles

Le *pain* est un aliment fait d'une masse de farine pétrie et cuite au four, de là trois idées l'idée de masse, l'idée de pâte et l'idée d'aliment L'idée d'aliment conduit au sens figuré de subsistance *avoir le pain quotidien, gagner son pain* L'idée de pâte conduit au sens de *pain à cacheter*, de *pain à chanter* L'idée de masse conduit au sens de *pain de sucre*, de *pain de suif*

La *queue* d'un animal considérée comme appendice du corps, donne la *queue de la poêle*, et, au figuré la *queue d'un parti* considérée dans sa forme allongée, la *queue de billard*, et, au figuré, la *queue des spectateurs*

Dans ces exemples, comme dans les précédents, il y a extension du sens primitif, mais avec cette différence que le point de départ, simple dans les premiers *(feuille, gagner)* est multiple dans les derniers *(pain, queue)*

Dans d'autres cas, l'esprit commence par appliquer, comme tout à l'heure, le nom de l'objet primitif à un second objet qui offre avec celui-ci un caractère commun, mais ensuite, oubliant pour ainsi dire ce premier caractère, il part du second objet pour passer a un troisième qui présente avec le second un rapport nouveau, sans analogie avec le premier, et ainsi de suite, de sorte qu'à chaque transformation la relation n'existe plus qu'entre l un des sens du mot et le sens immédiatement précédent

Mouchou est d'abord l'objet qui sert a se *moucher* (de *mucus*) La pièce d'étoffe qui sert a cet usage donne bientôt son nom au *mouchou* dont on s'enveloppe le cou Or celui-ci, sur les épaules des femmes, retombe d ordinaire en pièce triangulaire, de là le sens du mot en marine. pièce de bois triangulaire qu'on enfonce dans un bordage pour boucher un trou.

Dans tous les exemples précédents, on a vu les applications du mot *s'étendre,* en vertu d'analogies multiples que l'esprit découvre entre l'objet primitif et les autres objets que le mot sert a désigner

Dans d'autres cas, au contraire, l'esprit restreint progressivement la signification d'abord plus générale d'un mot : la compréhension du mot augmente, mais, inversement, sa sphere d'application se rétrécit.

Labourer (de *laborare*) s'applique à tout travail, avant de se dire seulement du travail de la terre. On disait autrefois : L'armée *laboure* pour refaire un pont.

Menuisier s'est dit primitivement de l'ouvrier d'un corps de métier quelconque qui était chargé des ouvrages les plus menus ; il y avait des menuisiers en orfèvrerie, en serrurerie, etc. Vers la fin du XVI° siècle, le mot finit par se restreindre aux ouvriers qui travaillent le bois [1]

Ainsi, tantôt la langue, obéissant aux lois de l'analogie, poursuit dans ses extensions les plus éloignées une idée première toujours apparente à travers ses transformations *(feuille, gagner)*, ou elle étend le nom de l'objet primitif à d'autres objets qui présentent avec celui-ci des séries diverses de caractères communs *(pain, queue)*, ou elle fait passer le nom d'un premier terme à une succession d'objets différents, par l'extension du caractère commun qui relie chacun des termes de la série à celui qui le précède *(mouchoir)* Tantôt, par une marche directement opposée, elle procède de restrictions en restrictions, rétrécissant plus ou moins le caractère général exprimé par le terme primitif *(labourer, menuisier)*

Toujours l'évolution du langage suit les lois de la pensée.

En résumé, originairement un nom *arbre* s'applique d'une manière *univoque* à tous les individus d'une même classe, c'est-à-dire d'un même genre ou d'une même espèce.

Puis, le sens primitif est *étendu* à des objets de nature différente, mais qui se ressemblent par un de leurs caractères ; le mot *propre* revêt des significations *analogiques* Ce processus analogique se fait tantôt en ligne directe, tantôt suivant plusieurs lignes collatérales.

Dans d'autres cas, au contraire, la signification originelle est restreinte à un nombre d'objets de moins en moins considérable

[1] Hatzfeld et Darmesteter, *Dictionnaire général de la langue française*, Introduction, II

Bref, de même que le type abstrait devient universel, et que son universalité s'étend plus ou moins loin, de même le mot a une extension plus ou moins large, soit dans un sens univoque, soit dans un sens analogique

3º Enfin, *le langage, considéré dans son ensemble*, appuie la thèse

Le langage n'est pas un assemblage de formes extérieures moulées exactement sur des idées, mais une œuvre personnelle, fruit d'un effort d'approximation vers un idéal abstrait sinon, il n'y aurait pas un art de bien dire et le penseur, — poète, orateur, philosophe, — ne souffrirait pas de l'insuffisance de la parole pour traduire ses sentiments ou ses pensées

Conclusion générale Il est établi par deux arguments tirés, l'un de la conscience, l'autre du langage, que nous possédons des connaissances dont l'*objet* a des caractères tout opposés à ceux des connaissances sensibles, externes ou internes A l'adage scolastique qui résumait plus haut la première partie de la thèse « Nihil est in intellectu quod non prius fuerit in sensu », il y a donc lieu d'ajouter « sed alio modo est in sensu, alio autem modo in intellectu »

Or, à des objets formellement différents répondent des *actes* formellement différents, des actes formellement différents réclament des *facultés* différentes, il faut, en conséquence, affirmer que l'homme possède une *faculté spéciale d'abstraction et de généralisation* cette faculté s'appelle *intelligence, entendement* ou *raison*

171. Objections et réponses. — A la thèse précédente, on a fait plusieurs objections qui se ramènent aux suivantes

1re objection Nous ne possédons pas de notions abstraites,

2de objection La notion abstraite ne présente rien de caractéristique et ne légitime donc pas la prétention d'attribuer à l'homme une faculté supra-sensible, car l'imagination possède des images générales et l'animal lui-même n'en est pas dépourvu — Reprenons ces objections

Ire Objection — Le pouvoir d'abstraire que nous revendiquons pour l'intelligence est chimérique objecte Berkeley

« J'ignore, écrit-il, si d'autres que moi possèdent ce merveilleux pouvoir de former des idées abstraites, mais pour ce qui me concerne, je trouve que j'ai la faculté de m'imaginer ou de me représenter à moi-même les idées de ces choses particulières que j'ai perçues, et de les composer ou de les diviser de manières variées. Je puis m'imaginer un homme avec deux têtes ou bien la partie supérieure d'un homme jointe au corps d'un cheval. Je puis considérer la main, l'œil, le nez, chacun de ces organes séparément du reste du corps. Mais je ne puis imaginer une main ou un œil qui n'ait une forme et une couleur particulières. De même, l'idée d'homme que je me fais à moi-même, doit être ou bien d'un blanc, ou bien d'un noir, ou d'un basané, l'idée d'un homme d'une taille élevée, petite ou moyenne.

» Je ne puis par aucun effort de pensée concevoir l'idée abstraite décrite ci-dessus. Il m'est également impossible de former l'idée abstraite d'un mouvement qui serait distinct du corps en mouvement et qui ne serait ni rapide ni lent, ni curviligne ni rectiligne ; et on peut dire la même chose de toutes les autres idées abstraites et générales.

» A dire vrai, il y a une abstraction dont je suis capable elle consiste à considérer l'une sans l'autre diverses parties d'un tout ou diverses qualités d'un objet, lorsque ces parties ou ces qualités, pour être coexistantes en fait, n'en sont pas moins séparables les unes des autres. Mais je nie que je puisse concevoir séparément des parties qui ne peuvent pas exister séparées ; ou que je puisse former une notion générale par un procédé abstractif de ce genre. Cependant l'*abstraction*, au sens propre du mot, est subordonnée à cette possibilité. Je suis fondé à présumer que la plupart des gens se trouvent dans mon cas » [1].

Stuart Mill tient pour irréfutable cette objection de Berkeley

---

[1] Berkeley, *Principles of human knowledge*, Introduction

Réponse 1º Dans les premières lignes de cette objection, Berkeley confond une *association* ou une *dissociation sensible* avec l'abstraction intellectuelle Imaginer un homme à deux têtes, ou une tête d'homme sur un corps de cheval, c'est démembrer un tout en ses parties integrantes, les unir ou les desunir avec leurs caractères concrets cette opération n'a rien de commun avec l'abstraction

2º Dans la suite de son objection, Berkeley confond ces deux choses *considérer à part*, separatim considerare, et *considérer comme étant séparés*, considerare separata L'abstraction est un acte de *précision* et non pas d'*exclusion*, suivant ces paroles de saint Thomas « Ea quæ sunt in sensibilibus abstrahit intellectus, non quidem intelligens ea esse separata, sed separatim vel seorsum ea intelligens » [1] Par l'abstraction l'esprit considere à part, des caractères qui, dans la réalité et dans les representations sensibles, sont inséparablement unis Sans doute, l'idee d'homme est l'idée d'un type qui, dans la réalite, est blanc ou noir ou basane, grand, petit ou moyen, mais l'idée d'homme représente la nature humaine sans représenter ni la couleur ni la taille à raison desquelles les hommes en chair et en os sont blancs, noirs ou basanés, d'une taille élevee, petite ou moyenne

3º Lorsque l'auteur insiste · Il m'est impossible de me representer un homme qui n'aurait pas une taille elevée, petite ou moyenne, un mouvement qui ne serait ni rapide ni lent, ni curviligne ni rectiligne, nous lui répondons par ces distinctions

Je ne connais pas un objet abstrait — l'homme, le mouve-

---

[1] *De anima*, III, lect 12 Quelques lignes avant le passage cite, saint Thomas avait dit « Eorum quæ sunt in rebus conjuncta, contingit unum sine altero intelligi, et vere, dummodo unum eorum non sit in ratione alterius Si enim Socrates sit musicus et albus, possum intelligere albedinem, nihil de musica intelligendo ».

ment — *sans connaître simultanément* la réalité concrète d'où je l'abstrais et à laquelle je l'applique, *je l'accorde.*

Je n'ai pas conscience de *distinguer* un objet abstrait de la chose d'expérience à laquelle je l'emprunte et l'applique, *je sous-distingue.*

Spontanément, *je l'accorde*;

Réflexivement, *je le nie.*

La pensée abstraite s'accompagne toujours d'un spécimen concret auquel elle emprunte originairement et reporte ensuite son propre contenu, et les deux éléments de la représentation complexe sont si étroitement unis que, de prime abord, nous ne les discernons pas (**168**). Mais la réflexion nous les fait discerner. Puisque je conçois un homme qui peut *indifféremment* être blanc ou noir ou jaune ou rouge, apparemment c'est que, tel que je le conçois, il n'est pas blanc, sinon il ne pourrait pas aussi être noir; il n'est pas noir, sinon il ne pourrait pas aussi être blanc; il est considéré à part de la blancheur, de la couleur noire, jaune ou rouge.

On ferait voir de même que l'idée de mouvement est abstraite.

2e Objection. — Les sensualistes s'efforcent de supprimer la distinction naturelle entre « l'image et l'idée », et prétendent que l'image, aussi bien que l'idée, est universelle.

Réponse. Pour un observateur superficiel l'image peut, en effet, au premier abord, paraître universelle. Mais l'image prétendûment générale n'est, en réalité, qu'une image *confuse*: elle l'est d'abord, parce que toute image est déjà, dans les conditions ordinaires, une représentation *décolorée* de perceptions antérieures; ensuite parce que, à cause de l'instabilité bien connue de la substance nerveuse et de la multiplicité des excitations auxquelles celle-ci est à chaque instant soumise, les images se succèdent avec une telle *mobilité* devant le regard de la conscience, qu'elles se fusionnent, en apparence, en une image unique en réalité, cependant, cette « image confuse » n'est pas une image, mais une *succession ininterrompue d'images*

Lorsque des excitants lumineux discontinus agissent sur l'œil avec une rapidité suffisante, ils engendrent la sensation d'un cercle lumineux continu Une succession rapide d'images produit de même le sentiment d'une image persistante

Cette interprétation de « l'image générale » que nous avons proposée, dès les premières éditions de notre ouvrage, a reçu récemment une remarquable confirmation M Binet a pratiqué sur deux jeunes filles les expériences suivantes Il les invite à imaginer le personnel de la maison, à se rappeler une promenade faite la veille Elles parlent décrivent ce qu'elles voient en imagination M Binet note leurs descriptions, leurs impressions D'un moment à l'autre, les images varient, appellent d'autres images, au lieu d'un tableau fixe, plus ou moins vif ou effacé, nous avons affaire à un mouvement de va-et-vient d'images flottantes [1].

Quant à la nature de ces images, il suffit de fixer l'atten-

[1] B i n e t, *L'intelligence,* étude expérimentale Paris, 1903 J'extrais de ce livre de M Binet le passage suivant il est curieux comme analyse exécutée par une fillette de quatorze ans

« Je crois que j'ai des multitudes d'images chaque fois seulement elles sont tellement vagues, et me laissent si peu le temps d'y penser que je les oublie aussitôt D'habitude je ne dis que les images dont je me souviens Il y en a une multitude d'autres qui sont très vagues et mêlées aux réflexions — D Que te rappelles-tu le mieux les réflexions ou les images ? — R Je me rappelle mieux les réflexions, car je me parle, je formule les mots, tandis que, pour les images, il n'est pas possible que je m'en souvienne beaucoup Quelquefois, elles ont l'air de venir ensemble, et je ne puis les séparer Quand je cherche une image, il y en a beaucoup qui s'en vont avant que j'en aie trouvé une

» Les images qui restent sont celles dont je me suis aperçue, que j'ai vues quand elles sont venues Les autres je n'en ai pas conscience, je ne les vois qu'après qu'elles sont parties quand c'est fini Au moment même je ne m'aperçois pas que je les ai » *Ouv cit,* p 124

tion sur un trait quelconque de l'une d'entre elles pour le voir nettement défini, concret, inapplicable à plusieurs.

Aussi bien, plus l'*image* s'applique à un nombre considérable de choses particulières, plus elle est confuse ; au contraire, plus l'*idée* s'applique à un nombre considérable de sujets, plus elle est distincte.

Comparez, à ce point de vue, d'une part, l'image d'un chien commune à plusieurs chiens de races différentes, l'image d'un vertébré, celle d'un animal, celle d'un vivant etc., d'autre part, l'idée d'être comparée à celles de corps, de corps vivant, d'animal, de chien.

Puisque la perfection progressive d'une série d'images et la perfection progressive des idées correspondantes suivent des lois opposées, c'est un signe que l'image et l'idée sont de nature différente [1])

Certains psychologues empiriques font grand état des

---

[1]) La distinction entre l'image et l'idée est vivement accusée dans cette belle page de Taine « A la vérité, devant le mot *arbre*, surtout si je lis lentement et avec attention, il s'éveille en moi une image vague, si vague qu'au premier instant je ne puis dire si c'est celle d'un pommier ou d'un sapin. De même, en entendant le mot *polygone,* je trace en moi-même fort indistinctement des lignes qui se coupent et tâchent de circonscrire un espace, sans que je sache encore si la figure qui est en train de naître sera quadrilatère ou pentagone. Mais cette image incertaine n'est pas l'arbre abstrait, ni le polygone abstrait, la mollesse de son contour ne l'empêche pas d'avoir un contour propre ; elle est changeante et obscure, et l'objet désigne par le nom n'est ni changeant ni obscur ; il est un extrait très précis ; on peut en beaucoup de cas donner sa définition exacte. Nous pouvons dire rigoureusement ce qui constitue le triangle, et presque rigoureusement ce qui constitue l'animal. Le triangle est une figure fermée par trois lignes qui se coupent deux à deux, et non cette image indécise sur fond noirâtre ou blanchâtre, aux pointes plus ou moins aiguës, qui tour à tour, à la moindre insistance, se trouve scalène, isocèle ou rectangle. L'animal est un corps organisé qui se nourrit, se reproduit, sent et se meut, et non ce quelque chose informe et trouble qui oscille entre des formes de vertébré, d'articulé ou de mollusque, et ne sort de son inachèvement que pour prendre la couleur, la grandeur, la structure d'un individu.

» Ainsi, entre l'image vague et mobile suggérée par le nom et l'extrait précis et fixe noté par le nom, il y a un abîme. — Pour s'en convaincre,

images ou « portraits composites » obtenus par Fr Galton au moyen de la photographie [1]). En fixant, par un procédé de superposition successive, les traits de plusieurs personnes appartenant à une même famille ou atteintes d'une même maladie, par exemple, de la tuberculose, Galton réalise ce qu'il appelle « le type » de la famille ou du tuberculeux

N'y a-t-il pas là, nous dit-on, une réalisation *matérielle* du procédé d'abstraction et de généralisation que nous revendiquons pour l'intelligence ?

Manifestement non Ce prétendu portrait du « type » d'une famille ou d'une catégorie d'individus malades ou criminels, est le portrait d'une personne particulière, qui tient de plusieurs autres, peut-être mais dont tous les traits sont déterminés Rien de commun entre cette reproduction « composite » et le type abstrait et général

3me Objection — A l'argument que nous avons tiré du langage on a fait cette objection L'animal aussi a son langage, le chien comprend son maître qui lui crie *apporte*, le cheval de trait comprend son conducteur qui tire à *hue et à dia*, les poussins comprennent le cri de leur mère éplorée, quand apparaît au loin l'épervier Donc, ou le langage n'est pas l'expression d'idées abstraites, ou, s'il l'est, ces idées sont communes à l'animal et à l'homme

que le lecteur considère le mot *myriagone* et ce qu'il désigne Un myriagone est un polygone de dix mille côtes Impossible de l'imaginer, même coloré et particulier, à plus forte raison général et abstrait Si lucide et si compréhensive que soit la vue intérieure, après cinq ou six, vingt ou trente lignes, tirées à grande peine, l'image se brouille et s'efface et cependant ma conception du myriagone n'a rien de brouillé ni d'effacé, ce que je conçois, ce n'est pas un myriagone comme celui-ci, incomplet et tombant en ruine, c'est un myriagone achevé et dont toutes les parties subsistent ensemble j'imagine très mal le premier et je conçois très bien le second ce que je conçois est donc autre que ce que j'imagine, et ma conception n'est point la figure vacillante qui l'accompagne »
Taine, *De l'intelligence*, I, 36-38

[1]) *Inquiries into human faculty*, p 339

Réponse Un cri peut évoquer chez l'animal une image concrète, puis susciter une émotion, soit une crainte, soit un désir, l'émotion elle-même peut déterminer la représentation concrète de tel ou tel mouvement a exécuter L'association du signe sensible et du mouvement a exécuter peut être, soit naturelle, soit le résultat d'un dressage artificiel Mais le cri n'est pas l'expression d'un *objet pensé*, ce n'est pas un *nom*

Les objections de l'empirisme n'infirment donc pas, mais confirment la these L'intelligence abstrait.

172. Corollaire : Toute connaissance intellectuelle des choses sensibles est abstractive. — Une faculté qui s'exerce sans liberté, ne peut avoir deux manières d'agir contraires l'une a l'autre Or, l'intelligence est le sujet de représentations abstractives, elle ne peut donc être le sujet de représentations qui incluraient les caractères déterminateurs des choses concretes

Sans doute, l'intelligence se représente les individus et les distingue entre eux Mais l'objet individuel, tel que le saisit l'intelligence, est forme de notes abstraites, dont chacune est attribuable a plusieurs, bien que réunies elles ne soient applicables qu'a un seul

Aussi, tandis que la connaissance *sensible* des individus est antérieure a la connaissance intellectuelle des types génériques ou spécifiques, celle-ci est antérieure a la connaissance intellectuelle des individus

Néanmoins nous avons conscience de saisir l'individu avec ses caractères individualisateurs, parce que les facultés sensitives qui les perçoivent, sont enracinées dans le même sujet substantiel que l'intelligence Le même moi connaît directement l'abstrait par l'intelligence, et, par les sens, le concret « Sicut homo cognoscit diversis viribus cognitivis omnia rerum genera, intellectu quidem universalia et immaterralia, sensu autem singularia et corporalia , ita angelus per unam intellectivam virtutem utraque cognoscit » [1]

La conscience que le type spécifique n'est pas de lui-même présent à l'esprit, mais est tiré de représentations imaginatives, engendre le sentiment réfléchi que le type de l'espèce est incarné dans une réalité concrète et, en ce sens, il est permis de dire que, par une sorte de réflexion sur l'image, l'intelligence atteint l'individu

« Non possemus cognoscere comparationem universalis ad particulare, nisi esset una potentia quæ cognosceret utrumque Intellectus igitur utrumque cognoscit, sed alio et alio modo Cognoscit enim naturam speciei, sive quod quid est, directe extendendo seipsum, ipsum autem singulare per quamdam reflexionem, inquantum redit super phantasmata, a quibus species intelligibiles abstrahuntur » [2]

173. Remarque : Les différents degrés d'abstraction.

— Il y a des degres dans l'abstraction et, par consequent, dans la généralisation

Tantôt l'intelligence saisit les qualites sensibles des choses materielles en ne négligeant que leurs *notes déterminatrices* elle se forme ainsi les idees de lumiere, de chaleur, d'arbre, de cheval, idées *physiques ,* tantôt, elle fait abstraction de ce qui est *matiere sensible,* sans cependant exclure tous les caractères intellectuellement representables de la matiere elle se forme ainsi les idees *mathématiques* de la ligne, de l'angle, du triangle, etc , tantôt, enfin, elle supprime tout ce qui appartient exclusivement aux êtres matériels, et ne retient que des notes applicables a des êtres même immatériels , ainsi s'elaborent les concepts *métaphysiques*

---

[1] *Sum theol*, 1ª 2ᵃᵉ, q 57, art 2 Cfr *ibid*, ad 1
[2] *De anima*, III, 8 Cajetan, commentant le passage de la *Somme theologique* cite plus haut (1ª 2ᵃᵉ, q 57, art 2), ecrit a son tour « Non adunantur in intellectu nostro cognitiones singularium sic quod ipse cognoscat singularia, nisi forte argutive et indirecte ex admixtione ad sensus ».

de la substance, de l'unité, de la verité, de la bonté, etc .) [1]).

Nous savons quel est l'*objet* de la pensée Il s'agit de nous enquérir *comment* nous arrivons a le penser, « *quomodo fit ipsum intelligere* » Problème *idéogénique* genèse de la pensée

§ 2

Origine des connaissances intellectuelles

SOMMAIRE 174 Exposé général du problème idéogénique Solution d'Aristote et de saint Thomas d'Aquin — 175 Résumé de l'idéogénie thomiste en quatre propositions — 176 Les grands systèmes historiques d'idéologie — 177 Développement et preuve de la première proposition L'intelligence est une puissance passive — 178 Critique de l'idéalisme platonicien — 179 Critique de l'ontologisme — 180 Critique de l'idéologie de Descartes — 181 Critique de la théorie des idées innées — 182 Preuve de la seconde proposition L'imagination et l'intellect actif produisent dans l'intelligence le déterminant conceptuel préliminaire à l'intellection — 183 Opinion de Suarez sur le rôle des sens dans la formation de l'idée Exposé et discussion — 184 Objection et réponse — 185 Preuve de la troisième proposition L'intelligence, déterminée par l'espèce intelligible, perçoit ce que la chose est — 186 Preuve de la quatrième proposition L'intelligence ne connaît qu'indirectement l'espèce intelligible et, par elle, la nature du sujet pensant — 187 L'intellect actif et l'intellect possible sont deux facultés réellement distinctes — 188 Les divers éléments constitutifs de la pensée

174. Exposé général du problème idéogénique. Solution d'Aristote et de saint Thomas d'Aquin. — Lorsque le psychologue veut remonter aux sources de ses connaissances, il lui est aisé de voir que beaucoup d'entre elles ont été tirées, par un travail personnel, de connaissances antérieures La systématisation des notions qui ensemble forment une science est une œuvre personnelle. Les raisonnements qui entrent dans une science, les propo-

---

[1]) Cfr *Ontologie*, 4e ed , n 1 et suiv

sitions qui entrent dans un raisonnement sont le resultat d'un travail que chacun suit aisément dans sa pensée Les seules connaissances dont l'origine souleve un problème sont les premieres les *simples concepts*.

Ces concepts elementaires expriment immediatement **(167)** des choses d'experience sensible. Le mode d'application des premiers concepts a des realités suprasensibles peut faire l'objet de recherches interessantes, sans doute, mais ne fournit pas le theme du probleme fondamental de l'ideogenie

Nous nous plaçons donc, par hypothese, en presence de concepts élémentaires de choses sensibles

Ils sont, nous le savons, inséparables d'images ou de symboles sensibles, mais en eux-mêmes ils sont abstraits au surplus, il en decoule naturellement des rapports universels et necessaires.

Quelle est l'origine de ces notions premieres ?

Ce ne serait pas resoudre le probleme que de dire L'idee se confond soit avec la sensation, soit avec l'image sensible ; ou encore L'idee n'est que la sensation transformée

Ce ne serait pas résoudre le problème, mais l'escamoter

Autres sont les caracteres du percept et de l'image, autres ceux du concept ils s'opposent les uns aux autres contradictoirement Aucune « transformation » ne peut faire sortir les seconds des premiers

L'*empirisme* (ἐμπείρω, *experiri*) est donc convaincu d'insuffisance.

Sous cette désignation elastique *empirisme* on range les systemes qui attribuent à l'experience sensible seule l'origine de *toutes* nos connaissances

L'empirisme *materialiste* proclame ouvertement l'identité de nature de la sensation et de l'idee le *positivisme* la suppose Le positiviste pretend, en effet, que l'experience sensible conduit seule à la connaissance certaine. Or, l'objet

de la connaissance intellectuelle est, par définition, suprasensible Le positiviste doit donc le juger inconnaissable

Quelque nuance qu'il revête, l'empirisme — matérialiste,
positiviste – supprime, au lieu de chercher à le résoudre,
le problème idéogénique

Le caractère suprasensible, « spirituel » du concept est
une donnée de ce problème il ne se pose que pour ceux
qui reconnaissent entre les représentations intellectuelles
et celles des sens une différence, non de degré mais de
nature, pour les *spiritualistes*

Nul, plus que Platon, n'a opposé l'une à l'autre l'expérience et la science, la sensation et l'idée D'après lui, l'idée
n'emprunte rien aux phénomènes sensibles Pour penser,
l'esprit doit se soustraire le plus possible aux sens et
aux passions, et contempler dans l'intérieur de l'âme, les
« idées », c'est-à-dire une hiérarchie de formes éternelles
Ces idées font partie de l'intelligence , elles préexistent à
l'expérience , dès l'abord, elles sont la lumière du jugement
et posent les normes d'après lesquelles l'esprit apprécie le
plus ou moins de bonté, de beauté, de vérité, d'unité des
choses périssables

Aristote s'élève contre cette opinion de son maître
Nous n'avons pas conscience d'être ainsi dès l'origine en
possession de notions toutes faites Nous n'avons pas qu'à
les découvrir, nous avons à les former L'intelligence fait
l'homme *capable* de connaître, elle ne lui donne aucune
connaissance A l'origine, l'intelligence est comparable à
une tablette qui ne porte encore aucun caractère, « tabula
rasa in qua nihil scriptum »

L'intelligence n'est donc pas originairement en acte,
suivant le mot d'Aristote, mais en puissance, νους δυναμιγος,
possibilis intellectus Elle est une puissance « passive »,
« réceptive » Sans doute, elle est capable d'agir et elle
agira , mais elle ne se suffit pas pour entrer en exercice.

Elle s'exeicera lorsqu'elle aura reçu un complément intrinseque qui, à l'origine, lui fait defaut Ce complement, qu'Aristote et les scolastiques appelaient « espece intelligible », « forme intelligible », nous avons propose de l'appeler *déterminant cognitionnel* ou *intellectuel* Cette expression repond a sa fonction idéogénique, car « l'espèce intelligible » doit imprimer a la faculté la détermination qui rend immediatement possible l'acte intellectif

Voila donc une premiere thèse L'intelligence *acquiert* ses idées

Comment les acquiert-elle ? D'ou vient à la puissance réceptive sa détermination complémentaire ?

Rien ne s'actualise soi-même L'intelligence ne pourrait donc se déterminer elle-même a l'intellection

Le déterminant conceptuel viendra necessairement du dehors

La cognition intellectuelle realise une sorte de mouvement, la mise en acte de la faculte est une sorte de motion, quel en est le moteur ?

La connaissance intellectuelle prend naissance au contact de l'expérience sensible il n'est pas une notion dont le contenu ne reproduise un objet de perception, dont l'emploi ne requière la collaboration de l'imagination . l'expérience sensible est donc, au moins pour une part, cause de la production de l'idee

Mais elle ne peut en être la cause unique, car les objets sensibles ne pourraient se mettre en contact avec l'intelligence qu'autant qu'elle aurait un organe ; or elle n'en a pas Si elle se trouvait assujettie a un organe, elle ne dépasserait pas la perception du concret, elle ne s'en degagerait pas, elle ne pourrait « abstraire »

Reste donc que l'entendement soit mis en acte par un moteur capable d'une efficience immaterielle, agissant de concert avec les sens La cause efficiente principale du déterminant conceptuel s'appelle, en langage aristotélicien et scolastique, *intellectus agens*, ποιητικόν, intellect actif L'imagination, au service de l'intellect actif, joue le rôle de cause efficiente instrumentale.

Cette seconde conclusion est admirablement exprimée par saint Thomas d'Aquin « In receptione qua intellectus possibilis species rerum accipit a phantasmatibus, phantasmata se habent ut agens instrumentale et secundarium, intellectus vero agens, ut agens principale et primum Et ideo actionis effectus relinquitur in intellectu possibili secundum conditionem utriusque, et non secundum conditionem alterius tantum intellectus possibilis recipit formas ut intelligibiles ex virtute intellectus agentis, sed ut similitudines determinatarum rerum ex cognitione phantasmatum » [1]

D'après saint Thomas d'Aquin, d'accord en cela avec la généralité des scolastiques, l'action combinée des sens et d'une faculté immatérielle, l'intellect actif, est la raison *nécessaire* et *suffisante* de la production du déterminant conceptuel préliminaire a l'exercice de l'intellection.

Tous les spiritualistes ne se rallient pas a cette interprétation · Les uns — les *Platoniciens*, les *Ontologistes*, — estiment que l'espèce intelligible introduit dans le mécanisme de la pensée un rouage inutile Les autres — les *innéistes*, les *traditionalistes* — croient que l'expérience sensible, n'importe dans quelles conditions on la suppose agir, est incapable de coopérer a un effet spirituel ils en concluent que les idées doivent être « innées » ou que la « traduction », organe de transmission de la Révélation primitive, doit les communiquer aux intelligences

Nous ne nous étendions pas ici sur ces divers systèmes idéologiques Pour le moment, nous exposons, nous ne discutons pas Nous supposons donc valable l'explication

[1] *De veritate*, q. 10, art. 6, ad 7

thomiste de la genèse de l'espèce intelligible Dès lors, la mise en acte de l'intelligence est expliquée · rien ne lui manque plus pour agir Elle agira, donc, elle connaîtra. Connaître, pour elle, c'est voir ce qu'une chose est, exprimer mentalement la « quiddité » d'une chose. Saint Thomas appelle le concept » *verbum mentis* », parole mentale. Toute chose sensible peut, sous l'action de l'intellect actif, mouvoir l'intelligence à un acte d'intellection La puissance intellectuelle peut recevoir toutes les formes cognitionnelles possibles, elle peut tout connaître, « intellectus possibilis potens omnia fieri »

Néanmoins, nous n'avons pas immédiatement conscience de la présence en nous de ces déterminations cognitionnelles elles ne sont pas ce que, tout d'abord, nous connaissons, *id quod* intelligimus, mais ce par quoi la faculté est déterminée à l'intellection de l'objet intelligible, *id quo* intelligimus

La réflexion de l'intelligence sur son premier acte intellectif lui apprend à se connaître elle-même en s'étudiant, elle se voit capable d'opérations immatérielles, avec la coopération indispensable des sens ; c'est là sa base d'élan pour s'élever à la compréhension de la nature composée, à la fois spirituelle et matérielle, de l'être humain [1])

---

[1]) Les scolastiques ont résumé en quelques adages les points fondamentaux de leur théorie idéogénique Ils ont considéré 1o Le *fait* de la cognition 2o les *causes productrices* de la connaissance , 3o la *nature de l'effet* produit par ces causes , 4o la *relation* de la connaissance avec la nature du connaisseur

1o *Le fait* — Il est impossible, évidemment, d'exprimer autrement qu'en termes de connaissance ce fait spécial primitif et, par conséquent, indéfinissable, que nous appelons une connaissance, mais nous pouvons chercher à analyser les caractères sans lesquels le fait ne se conçoit pas L'un de ces caractères, c'est l'*immanence* de l'activité cognitive l'autre, c'est la *reproduction*, par voie de *ressemblance*, du connu dans le connaisseur « Cognitum est *in* cognoscente » « Omnis cognitio fit *secundum similitudinem* cogniti *in* cognoscente »

2o *Les causes* — L'acte de connaître n'est ni l'acte de l'objet ni l'acte du sujet, c'est l'acte du sujet en tant que celui-ci est impressionné,

Il ne sera pas inutile de condenser en quelques propositions, dont nous aurons ensuite à fournir la preuve, cette théorie idéogénique de saint Thomas d'Aquin

175. Résumé de l'idéogénie thomiste en quatre propositions. —

PREMIÈRE PROPOSITION *L'intelligence est une puissance passive — intellect potentiel — qu'une action extrinsèque doit déterminer à l'intellection*

actualisé, différencié par l'objet ; la connaissance réclame le concours d'un double principe d'efficience, et c'est de leur action combinée qu'elle est le résultat « Omnis res quamcumque cognoscimus, congenerat in nobis notitiam sui *Ab utroque enim paritur notitia, a cognoscente et cognito* » Ainsi s'exprime saint Augustin (*de Trin* , 12) Les scolastiques comparent souvent aussi l'acte de connaître à l'acte d'engendrer l'espèce intentionnelle est comme la semence qui féconde la puissance cognitive et qui ainsi donne naissance à la reproduction mentale ou psychique de l'objet extérieur

3º *La nature de l'effet* — La présence de l'objet dans le sujet qui le connaît, n'est pas la reproduction de l'entité physique de cet objet , ce n'est pas selon sa nature propre que l'objet se retrouve chez le connaisseur cognitum non est in cognoscente ad modum cogniti, au contraire, la connaissance étant un acte immanent du connaisseur, c'est par un acte du connaisseur et, par conséquent, conforme à la nature du connaisseur que l'objet est connu *Cognitum est in cognoscente ad modum cognoscentis* — Receptum est in recipiente per modum recipientis — Modus cognoscendi rem aliquam est secundum conditionem cognoscentis, in quo forma recipitur secundum modum ejus

4º *Relation entre la connaissance et la nature intime du sujet connaissant* — Ce qui fait la supériorité de l'être capable de connaître sur celui qui est dépourvu de connaissance, c'est que celui-ci n'a que sa forme naturelle et qu'il lui est impossible d'élargir la sphère qu'elle lui assigne, tandis que le premier a le privilège d'acquérir, outre sa forme naturelle, la forme, au moins intentionnelle ou idéale, des objets étrangers En conséquence, plus est étendue la sphère des objets qu'un sujet est capable de connaître, plus le sujet s'éloigne de la condition naturelle des substances purement corporelles, en d'autres mots, un être doué de connaissance est d'autant plus élevé en perfection qu'il est moins matériel « Ratio cognitionis ex opposito se habet ad rationem materialitatis » (1ᵃ 2ᵃᵉ, q 84, a 2) « Secundum ordinem immaterialitatis in rebus, secundum hoc in eis natura cognitionis invenitur » *De verit* , q 2, a 2

DEUXIÈME PROPOSITION *La détermination de la puissance intellective à l'intellection a une double cause efficiente : l'imagination et une force abstractive, immatérielle, ποιητικόν, intellect actif*

TROISIÈME PROPOSITION *Lorsque la puissance intellective est en possession d'un déterminant conceptuel, elle passe de la puissance à l'acte, intellige, c'est-à-dire se dit à elle-même ce que la chose est*

QUATRIÈME PROPOSITION *L'intelligence connaît d'abord, directement, les quiddités des choses sensibles, elle ne se connaît elle-même que par réflexion*

Avant de passer à la preuve de ces propositions, mettons en présence de la théorie scolastique les grands systèmes historiques d'idéologie

176. Les grands systèmes historiques d'idéologie. —

A la base des problèmes idéologiques se trouve la supposition que la connaissance intellectuelle possède un objet formellement différent de celui des sens

Les *sensualistes* [1]) ne nient pas expressément cette diffé-

---

[1]) Le *sensualisme,* que l'on appelle aussi parfois le *sensisme,* est souvent identifié avec l'*empirisme* ou la *philosophie empirique* Dans cette acception générale il est donc représenté dans la philosophie moderne par le *sensualisme* proprement dit, par le *matérialisme* et par le *positivisme*

1o Le *sensualisme* a pour auteurs Locke et surtout Condillac Le sensualisme prétend que l'*objet* pensé ne diffère pas en nature, mais en degré seulement, de l'objet des sens et que la cause non pas simplement subordonnée, mais *principale,* de la production de l'idée, c'est l'image sensible

Locke avait accordé à l'âme une puissance de *réflexion* sur les données des sens, à l'effet de garder une distinction entre la sensibilité et l'intelligence Condillac se débarrassa de cette puissance de réflexion qu'il déclara inutile et essaya de montrer comment toute notre activité psychique, donc aussi nos idées, se ramène à des *sensations transformées* Celles-ci il les attribue, non aux sens, mais à une âme immatérielle pour laquelle les facultés organiques font office de cause occasionnelle

2o La *psychologie de l'association* de plusieurs psychologues anglais

rence, mais ils la ment virtuellement Car, selon eux, l'idée
ne serait qu'une « sensation transformée » Or, n'importe
comment le sensible soit transforme, il n'en peut sortir que
du sensible, c'est-a-dire du concret et non de l'abstrait, du
particulier et non de l'universel

L'*idéalisme* platonicien nous est déjà connu Tout objet
de perception sensible est variable, périssable Or, nous
avons conscience de vivre en commerce avec un monde de
réalités immuables, éternelles. Donc, il y a un monde intelligible, τόπος νοητός, indépendant de notre expérience, antérieur
à elle La grandeur de l'homme consiste a se dégager des
lisières des sens pour le contempler en liberté.

D'ailleurs, les choses d'expérience elles-mêmes, comment
en jugeons-nous ? N'est-ce pas d'après des types superieurs

explique par les lois de l'association tous les produits de l'activité
de l'esprit, c'est donc du sensualisme pur, avec cette simple différence
que l'*association* cérébrale et psychique remplace ici les procédes de
transformation de Locke et de Condillac

3o Le *matérialisme* est le sensualisme poussé a ses dernières conséquences C'est la négation radicale de tout ce qui dépasse la matière.
De la matière douée de forces matérielles, dans la nature extérieure,
de la matière et des forces matérielles chez le sujet connaissant, c'est,
pour le matérialiste, le dernier mot de tout ce qui est

4o Le *positivisme* est moins brutal dans ses négations Il affecte plutôt
de se cantonner dans une abstention systématique, ce qui lui a valu en
Angleterre et en Amérique le nom d'*agnosticisme* L'observation et
l'expérience n'atteignent jamais, dit-il, que des phénomènes (de la aussi
son nom de Phénoménalisme), des faits simultanés ou successifs y a-t-il
des entités comme celles que la métaphysique appelle substance, cause,
principe de vie âme sensitive, âme raisonnable Être nécessaire et
absolu ? Nous n'en savons rien et ne pouvons rien en savoir.

Il est aisé de voir cependant que, du positivisme au matérialisme, la
pente est facile et l'histoire de la philosophie contemporaine atteste
que, entre le langage de Comte, de Littré, de Huxley etc, et celui des
matérialistes les plus décidés, il n'y a guère de nuance perceptible

Pour la critique de ces systèmes nous n'avons qu'à renvoyer a la
thèse fondamentale, 2e partie, relative a l'objet propre de la connaissance intellectuelle (§ 1) et a la 2e partie de la Proposition II, où l'on
démontrera la nécessité d'une efficience immatérielle pour expliquer la
production, dans l'intellect possible, d'un déterminant conceptuel dégage
des conditions de la matière

aux choses contingentes, à telle enseigne que la perfection de celles-ci se mesure sur le degré auquel elles participent à ceux-là ? Nous jugeons que des choses sont égales, que l'une est plus grande ou plus petite que l'autre, que des choses sont justes, bonnes belles ces jugements ne présupposent-ils pas la connaissance d'un type absolu d'*égalité*, de *justice*, du *bien en soi*, du *beau en soi* ? Dès notre enfance nous comparons entre elles les choses de la nature, pour juger dans quelle mesure elles participent de certains caractères absolus D'où Platon conclut que « l'égalité, la beauté, la bonté, la justice, la sainteté, et toutes les autres choses dont nous reconnaissons, dans nos demandes et dans nos réponses, l'existence, doivent avoir été connues de nous avant notre naissance » [1])

Les types intelligibles de Platon s'appellent *Idées*, εδη D'où le nom *Idéalisme* donné à l'interprétation platonicienne de l'origine des connaissances intellectuelles

L'*Ontologisme* est étroitement apparenté à l'idéalisme platonicien.

Le nom *ontologisme*, opposé à celui de *psychologisme*, vient de ce que, selon les ontologistes, les idées ne sont pas des modifications de l'âme intelligente (ψυχή) mais des réalités objectives distinctes de l'âme (οντα) posées en face d'elle, contemplées par elle

Or, que sont ces réalités intelligibles ?

Elles ne sont, en définitive, que Dieu lui même.

Non pas, assurément, Dieu en son essence infinie mais Dieu considéré dans ses *attributs* L'objet de l'intuition directe de l'intelligence c'est l'idée de l'absolu, de la vérité absolue, de la bonté absolue, de la substance absolue, de la cause absolue ou infinie.

---

[1]) *Phédon*, trad Saisset, pp 45 et suiv

Ces perfections absolues sont la *lumiere* de l'intelligence dans cette lumiere, les choses creées, variables, contingentes deviennent intelligibles

Il doit en être ainsi, car les choses créées, d'elles-mêmes ne sont manifestement ni necessaires, ni universelles, ni eternelles D'aucune façon, d'ailleurs, le fini ne pourrait nous donner la notion de l'infini

D'après l'ontologisme, la connaissance se fait sans l'intermediaire de formes représentatives, elle s'adresse directement a son objet, τὸ ὄν L'intelligence n'a donc que faire d'espèces intelligibles

L'innéisme, au contraire, reconnaît la nécessité de formes psychologiques qui orientent l'activite de l'esprit Mais les partisans des idées innees croient que ces formes ne peuvent tirer leur origine de l'experience , aucune cause, ni materielle ni immaterielle, ne pourrait, selon eux, les en faire sortir. En conséquence, ils les ont supposées « innees »

Tout au moins, ils jugent nécessairement » innées » les idées les plus elevées de l'âme, celles qu'ils appellent, en termes peu précis, « d'ordre metaphysique, moral et religieux »

Les partisans des idées innées ne les interprètent pas tous dans le même sens Selon les uns, elles sont des *idées proprement dites,* créées par Dieu , selon les autres, elles consistent en une *aptitude* que l'âme aurait de se former elle-même, sans concours effectif etranger, les formes représentatives des choses qu'elle connaît [1])

---

[1]) Descartes pose en thèse qu'il est essentiel a l'âme de « penser », c'est-a-dire de se connaître et de trouver dans la connaissance de soi le type de toute autre realite connaissable Dans quel sens admet-il des idées innees ? On a beaucoup discute a ce sujet Le philosophe français ne paraît pas être reste toujours d'accord avec lui-même sur ce point M. Bouillier estime que les idees innées de Descartes sont des idees qui existent en germe dans toutes les intelligences *(Dict des sc phil,* au mot Descartes) Mais dans certains passages de ses lettres, Descartes

Si les idées nous sont innées, les phénomènes sensibles ne sont que des occasions qui nous permettent de les apercevoir en nous

Les *traditionalistes* ne croient pas que les perceptions sensibles suffisent à ce rôle excitateur Ils veulent que le commerce social y est indispensable La « tradition » dont l'éducation est le véhicule, est donc l'auxiliaire naturel de l'âme dans l'acquisition des connaissances relatives à Dieu, à la morale, à la religion

Telles sont, dans leur forme systématique ¹), les théories

semble bien identifier l'idée innée avec la *faculté* de penser « Je n'ai jamais écrit, dit-il, ni jugé que l'esprit ait besoin d'idées naturelles qui soient quelque chose si différent de la faculté qu'il a de penser Mais bien est-il vrai que, reconnaissant qu'il y avait certaines pensées qui ne procédaient ni des objets du dehors, ni de la détermination de ma volonté, mais seulement de la faculté que j'ai de penser, pour établir quelque différence entre les idées ou les notions qui sont les formes de ces pensées, et les distinguer des autres qu'on peut appeler *étrangères* ou *faites à plaisir*, je les ai nommées *naturelles*, mais je l'ai dit au même sens que nous disons que la générosité, par exemple, est naturelle à certaines familles, ou que certaines maladies, comme la goutte ou la gravelle, sont naturelles à d'autres, non pas que les enfants qui prennent naissance dans les familles soient travaillés de ces maladies aux ventres de leurs mères, mais parce qu'ils naissent avec la disposition ou la faculté de les contracter » *Lettre 38e*, éd Garnier, IV, 83

¹) Au surplus, voici, dans l'ordre chronologique, quelques aperçus plus détaillés sur les représentants les plus connus des théories spiritualistes non scolastiques

1º Selon *Platon*, donc l'esprit humain a pour objet des « idées » (εἶδος, ἰδέα), c'est-à-dire les essences mêmes des choses ce qu'il y a en elles d'un, d'éternel, d'absolu, le type d'après lequel se règlent les phénomènes, par exemple, l'homme en soi, la santé, la beauté, et, avant tout, le bien, le bien absolu (ἀνυπόθετον) On a beaucoup discuté sur la nature des idées platoniciennes, mais il est certain que, dans la pensée du fondateur de l'Académie, elles existent en soi, séparées des choses L'esprit a donc pour *objet*, selon Platon, des universaux réels Les *idées* éclairent l'âme, elles sont en elles-mêmes un objet de contemplation et, d'après elles l'esprit juge des choses d'expérience

2º Selon *Descartes*, nous le savons déjà l'objet naturel de la pensée c'est le moi et nous naissons avec des *idées innées*, que Dieu met dans l'âme en même temps qu'il la crée

3º *Kant* suppose données certaines modifications passives de la sen-

les plus célèbres de l'histoire de la philosophie sur l'origine des idées.

A ces théories opposons la preuve de l'idéogénie d'Aristote et de Thomas d'Aquin

177. Développement et preuve de la première proposition : L'intelligence est une puissance passive —

L'expression scolastique « puissance *passive* » ne désigne pas une puissance dépourvue d'action La puissance « passive » et la puissance « active » sont l'une et l'autre *opera-*

sibilité, c'est ce qu'il appelle les phénomènes, et il pose en thèse que connaître c'est unir, à ces modifications passives, des formes *a priori*, nécessaires, universelles, qui jaillissent exclusivement de nos facultés telles seraient les formes de l'espace et du temps, celles de cause, de substance, etc L'*objet* de la *pensée*, c'est le fruit de la synthèse naturelle des formes *a priori* avec les phénomènes passifs de la sensibilité On appelle ce système du nom de philosophie critique ou de *Criticisme*

4o Pour les *ontologistes*, Malebranche, Gioberti, Ubaghs, etc., l'*objet* premier de l'intelligence c'est Dieu et les idées divines, le premier *acte* intellectuel c'est l'intuition de Dieu

L'ontologisme doit son origine et ses succès à une interprétation erronée de deux faits idéologiques Ces deux faits, les voici

Les essences des choses matérielles, grâce à l'état d'abstraction sous lequel nous les saisissons, sont rapportables à un nombre indéfini d'individus, et peuvent ainsi devenir *universelles*, les essences universelles forment la base de propositions qui, dans un sens très légitime mais ayant besoin d'explication, sont *nécessaires* et *éternelles*

Nous ne possédons pas seulement des connaissances qui se réfèrent aux choses finies, mais nous atteignons, dans une certaine mesure, l'*Infini* lui-même

Or, les ontologistes se sont mépris sur la vraie signification de ce double fait idéologique Ils se sont imaginé que, pour rendre compte des caractères d'universalité, de nécessité et d'éternité, des essences des choses et de leurs rapports, et pour justifier la présence en nous de l'idée de l'Infini, il fallait admettre que Dieu lui-même, l'Être nécessaire et éternel, l'Être infini, est le terme immédiat de la pensée, l'objet propre de l'intelligence

« Les ontologistes, écrit Ubaghs, sont d'accord à dire que Dieu, l'Être parfait, toujours présent à l'esprit, est aperçu par une vision intellectuelle, une intuition immédiate, une perception directe de l'âme, sans interposition d'aucune image ou idée intermédiaire » « Dieu, en tant qu'il contient les vérités universelles et immuables, est la véritable lumière de

tives, *principes immédiats d'action* mais, tandis que celle-ci est complète, de manière que son entrée en exercice est subordonnée seulement à la présence de conditions *extrinsèques*, celle-là, au contraire, a besoin de recevoir un complément *intrinsèque* pour être mise immédiatement à même d'exercer son action

Le complément intrinsèque de la puissance intellectuelle portait, dans la langue de l'École, le nom de *forme intelligible* ou d'*espèce intelligible*.

A la *forme*, qui signifie *acte déterminateur*, correspond la

notre esprit, sans laquelle rien ne nous est intelligible, rien ne peut, je ne dis pas être senti ou perçu, mais conçu par l'homme » *Ouv cit*, p 11

Catholiques qu'ils étaient, les ontologistes devaient avoir à cœur de sauvegarder la distinction entre la vision de Dieu que la Foi nous promet comme fin suprême de notre vie *surnaturelle*, et la vision qui serait, selon eux, à l'origine même du développement *naturel* de l'esprit Aussi Malebranche distingue-t-il entre la substance divine prise absolument et la substance divine en tant que relative aux créatures, en d'autres mots, il réserve pour la vie surnaturelle la connaissance de l'*essence* de Dieu et revendique seulement pour objet naturel de l'intelligence les *idées modèles* des choses telles que le Créateur a dû les concevoir pour appeler le monde à l'existence

«Les esprits ne voient pas, dit-il, la substance divine prise absolument, mais seulement en tant que relative aux créatures et participable par elles »

D'autres essayent à leur tour de placer une distinction entre l'essence de Dieu qui serait l'objet de la vision béatifique, et l'existence ou les attributs de Dieu, à l'exclusion de son essence, ce qui serait l'objet naturel de l'esprit dans la vie présente

5o La *philosophie de Rosmini* est très voisine de la précédente L'objet de la pensée ce n'est pas directement Dieu, il est vrai, c'est l'*être*, mais les caractères de l'être, l'universalité, la nécessité, l'absolu, tels que Rosmini les comprend, doivent logiquement le conduire à identifier l'être en général avec l'Être divin Aussi le Rosminianisme semble-t-il aboutir nécessairement à l'ontologisme Quant à l'*origine* de l'idée d'être, Rosmini est d'avis qu'elle doit être innée, car elle est la condition *sine quâ non* de toute activité intellectuelle « Sans l'idée d'être, dit-il, l'esprit humain ne pourrait faire aucune opération rationnelle, de telle sorte que, complètement privé de la faculté de penser et de comprendre, il cesserait d'être intelligent Lorsque l'homme possède l'idée d'*être*, c'est-à-dire lorsqu'il sait ce que c'est que l'être ou l'existence, nous voyons tout de suite comment il peut transformer

matière, sujet déterminable, la *puissance* de l'entendement
Le mot *espèce, species,* εἶδος, appelle davantage l'attention
sur le rôle *représentatif* de la forme intelligible Dans la
langue philosophique d'aujourd'hui, on emploie souvent
l'expression *idée habituelle* Nous avons proposé de traduire
espèce intentionnelle par *déterminant cognitionnel* et *espèce
intelligible* par *déterminant intellectuel, conceptuel*

Quoi qu'il en soit de l'expression, la forme intelligible est
le surajouté qui est nécessaire à l'entendement pour le mettre
immédiatement à même de concevoir un objet Lorsqu'elle

la sensation en idée Lorsque nous éprouvons des sensations, nous
pouvons, en effet, nous dire c'est un être limité et déterminé par la
sensation Par exemple, quand je vois une étoile, je puis me dire mentalement c'est un être lumineux, et autres choses semblables » Rosmini,
Esquisse des systèmes de philosophie moderne, § 8

6º *L'idéalisme transcendantal* de Fichte, qui a donné naissance au
système de l'*identité absolue* de Schelling et au système de l'*idée
absolue* de Hegel, est issu du criticisme de Kant Pour le philosophe
de Kœnigsberg, l'objet de la pensée est une inconnue, le produit d'une
synthèse naturelle auquel nous ne savons s'il y a rien qui réponde dans
la réalité, suivant Fichte, nous savons que rien n'y répond et que rien
ne peut y répondre Voici comment il raisonne Les *objets* de la connaissance sont, tous, des produits de l'acte de connaissance, mais l'acte
de connaissance est le produit de l'esprit humain, c'est pourquoi les
objets de la connaissance sont aussi des produits de notre propre esprit
Ces objets, continuait-il, peuvent être réduits à l'univers possible, à Dieu
et à nous-mêmes Conséquemment l'univers, Dieu et nous-mêmes sont
autant de produits de notre esprit, qui les place devant lui comme objets
de sa connaissance

Fichte explique ensuite comment l'esprit humain produit de lui-même
toutes ces choses Bien entendu, il ne s'agit, dans le système, que de
créations « représentatives » et non point de productions d'êtres réels
Il n'y a de réel que l'action, « l'agir pour l'agir » Par une première
création ou affirmation le *moi* se fait, sans toutefois être une substance
distincte de ses actes Avant que l'homme dise *moi*, il n'existe pas
encore sous la forme de *moi* Par une seconde affirmation, le *moi*
établit ou crée le *non-moi*, c'est-à-dire le monde extérieur, la divinité,
tous les objets de la pensée humaine quels qu'ils soient Or, ces deux
actes par lesquels notre esprit produit le *moi* et le *non-moi*, sont cor-
rélatifs l'un ne peut exister sans l'autre, l'esprit humain ne peut
s'affirmer sans s'opposer à ce qui n'est pas *lui-même* il ne peut affirmer

est donnée, l'intelligence peut déployer son acte connaturel d'intellection, se dire à elle-même ce qu'est la chose. Cette *locution mentale* par laquelle l'intelligence se dit à elle-même ce qu'une chose est, τὸ τί ἦν εἶναι, est le résultat final de l'élaboration de la pensée.

Saint Thomas d'Aquin affectionnait cette expression significative locution mentale, « verbum mentis », pour désigner la pensée à son stade définitif, les scolastiques qui vinrent après lui créèrent la qualification synonyme de *species intelligibilis expressa*, afin de mieux souligner sa relation avec la

le *non-moi* sans l'opposer au *moi* et sans trouver que le premier diffère du second.

Cette double création du *moi* et du *non-moi*, Fichte l'appelle aussi *intuition*. Celle-ci a donc deux termes opposés réciproquement l'un à l'autre. Grâce à cette mystérieuse opération, Fichte croit avoir expliqué non seulement l'origine de la connaissance humaine, mais encore l'existence du monde extérieur, et Dieu lui-même.

7o Aux systèmes ultra-spiritualistes se rattache aussi le *traditionalisme*. Les traditionalistes de Bonald, La Mennais, Bautain, Bonetty, Ubaghs, etc., estiment que l'objet de l'intelligence est supérieur aux choses matérielles, et c'est précisément parce qu'ils croient que l'expérience est incapable de rendre compte des caractères de l'objet pensé, qu'ils ont imaginé leur système. La parole est pour eux, la cause productrice ou tout au moins pour les plus modérés, la cause excitatrice de l'idée. La parole est donc antérieure à l'idée et, par conséquent, il eût été impossible à l'homme de l'inventer. C'est de Dieu qu'elle nous vient. La Révélation divine est la cause première de nos idées; le commerce social, en particulier le langage, est l'organe qui nous les transmet, ou, tout au moins, le langage est la condition physiquement nécessaire de la conscience que nous avons, soit des idées métaphysiques, morales et religieuses que la plupart des traditionalistes mitigés supposent *innées*, soit de la connaissance consciente et réfléchie de l'Être divin, selon les traditionalistes ontologistes. Le traditionalisme ainsi entendu n'est plus qu'un moyen subsidiaire au service soit de la théorie des idées innées, soit de l'ontologisme.

Tous ces systèmes, spiritualistes à l'excès, sont en contradiction avec la Proposition I, où nous ferons voir que l'intelligence n'est qu'en puissance à l'origine, avec la 1re partie de la Proposition II, où nous aurons à démontrer le rôle actif de l'image dans la formation de l'idée, enfin, avec notre thèse fondamentale sur l'objet propre de l'intelligence humaine (167). Il serait donc superflu d'en entreprendre à nouveau la discussion.

forme intelligible, principe de l'acte intellectif, appelée alors par contraste *species intelligibilis impressa*

Entre les deux états de l'intelligence placée successivement sous la détermination de l'espèce intelligible et de la locution mentale, Aristote établissait la même distinction qu'entre le sommeil et la veille

La thèse contredit tous les systèmes — Idéalisme de Platon, Ontologisme, Innéisme — qui supposent que dès le principe l'âme pensante est *en acte*, soit en vertu de sa nature, soit à raison de formes innées

La *preuve de la thèse* sort de ces faits de conscience l'intelligence peut se trouver en trois états *capacité radicale*, *intellection actuelle*, état d'*instruction* ou de *science habituelle*, intermédiaire entre la capacité pure et simple et la pensée actuelle Dans cet état moyen, l'intelligence est munie de tout ce qu'il faut pour penser une chose au gré de la volonté

L'enfant qui n'a pas encore appris les éléments de l'arithmétique, a la *faculté* de comprendre un jour le rapport d'égalité $7 + 5 = 12$ Le maître qui enseigne présentement a son élève la vérité de ce rapport en a la perception *actuelle* La leçon finie, le maître et l'élève penseront a autre chose, mais ils sont *instruits* de la proposition $7 + 5 = 12$ et il leur sera loisible d'y repenser, quand ils le voudront

Or, suppose que l'intelligence fût, dès l'origine, en possession de tous les éléments nécessaires à l'exercice de la pensée, il n'y aurait pas lieu de distinguer dans son évolution ces trois stades successifs ou elle connaîtrait une chose ou, au moment où elle ne connaîtrait pas, un commandement de la volonté suffirait toujours pour la lui faire connaître

Donc l'intelligence ne réunit pas, dès l'origine, toutes les conditions intrinsèques nécessaires a l'intellection avant de percevoir une première fois une chose donnée, elle a besoin d'une détermination complémentaire celle-ci se retrouve chez l'homme instruit, déjà en possession d'un certain savoir

Et qu'on ne dise pas que le second état diffère seulement du premier par une facilité plus grande à produire l'action

L'enfant n'a pas seulement moins de facilité que le mathématicien pour penser que sept et cinq font douze il n'est pas capable de le penser, parce qu'il ne possède pas les *éléments objectifs* du rapport à saisir

S'il s'agissait de rapports qui n'ont pas encore fait, ni pour le mathématicien ni pour l'enfant, l'objet d'une connaissance, il serait exact de dire que le premier a une facilité plus grande que le second pour les *découvrir*, mais lorsqu'il s'agit d'un rapport que l'un a perçu, et que l'autre ignore, il y a entre les deux intelligences une disproportion radicale le mathématicien a le pouvoir de penser, quand il le veut, le rapport $7 + 5 = 12$, à l'enfant qui n'a pas acquis les notions des nombres 7 et 5, il n'est pas seulement difficile, il est impossible d'énoncer ce même rapport

Saint Thomas est d'avis que la conscience nous renseigne directement le fait de l'élaboration des espèces intelligibles « Percipimus nos abstrahere formas universales a conditionibus particularibus » [1])

Sans doute, nous avons conscience de faire effort pour dégager d'une image sensible l'objet que nous voulons penser abstraitement.

Cependant il est difficile de dire si la nécessité de cet effort est due à l'absence de l'espèce intelligible dans l'intellect, ou à l'absence d'une representation imaginative appropriée au réveil d'une espèce déjà formée.

L'argument de saint Thomas n'a, semble-t-il, qu'une valeur confirmative

[1]) *Sum Theol*, 1ª 2ᵉ, q 79 a 4, c

Il est un autre argument, familier aux scolastiques, qui est franchement insuffisant

L'intelligence, dit-on, est originairement indéterminée, *potens omnia fieri* Or, quand elle connaît, elle connaît déterminément ceci et non cela Donc elle a dû recevoir intermédiairement une détermination, une « espèce intelligible »

Oui, l'intelligence a besoin d'une influence actuelle, pour concevoir ceci et non cela Mais est il rigoureusement démontre que cette influence consiste en la réception d'un déterminant cognitionnel ?

A priori, ne serait-on pas en droit de supposer avec les ontologistes, que ce qui sollicite dans telle direction l'attention de la faculté, c'est l'apparition objective de telle Idée divine ? Ou, avec les innéistes, que l'experience actuelle est nécessaire pour éveiller une idée innée qui sommeillait dans l'esprit ?

Mais la these peut être prouvée indirectement par le rejet des théories adverses

178. Critique de l'idéalisme platonicien. — 1° La connaissance est une action essentiellement immanente . elle est une manière d'être du sujet qui connaît Des lors, l'objet intelligible, — « l'idée » de Platon — doit prendre les caractères de l'intelligence Celle-ci est contingente, singulière, elle a commencé dans le temps et il n'est pas intrinsèquement impossible qu'elle finisse dans le temps Donc, à supposer qu'il existe, dans l'ordre ontologique, des types nécessaires, immuables, éternels, leur représentation objective dans la pensée humaine ne peut être, en état de cause, que contingente, variable, temporelle et, par conséquent, la théorie idéogénique de Platon manque son but

La nécessité, l'universalité, l'éternité, ne sont pas des

attributs reels de types reels, mais des lois, conditionnelles qui regissent les rapports du monde intelligible **(169)**

2º L'argument fondamental de Platon prouve trop et part d'une equivoque

L'argument prouve trop Les « idees », telles que l'égalité, la justice, la sainteté, la beauté, la bonté, ne peuvent être le fruit d'une élaboration subjective, nous dit-on, car elles dominent la pensée et règlent immuablement ses jugements

Mais alors, ou existent-elles ?

En Dieu ? Dans ce cas, il faut conclure que l'intelligence humaine a l'intuition de l'Être divin et nous tombons dans les inconvenients de l'ontologisme **(179)**

Hors de Dieu, comme une sorte de soleil objectivement present à l'âme, simple reflet cependant de l'Être divin ? S'il en etait ainsi, il faudrait conclure avec Platon que, ces idees étant eternelles, l'existence d'âmes eternelles serait le cor-relatif necessaire de la realite des « idées » [1]

L'argument platonicien s'appuie sur une équivoque Les appreciations *reflechies* que nous portons sur les caracteres, soit absolus, soit comparatifs, des choses d'experience, pre-supposent effectivement la notion abstraite de ces caractères,

[1] « Il faut donc tenir pour constant, Simmias, que si toutes ces choses, que nous avons toujours a la bouche, je veux dire le beau, le juste, et toutes les essences de ce genre existent veritablement, et si nous rap-portons toutes les perceptions de nos sens à ces notions primitives, comme a leur type que nous trouvons d'abord en nous-mêmes, il faut necessairement, dis-je, que, comme toutes ces choses-la existent, notre âme ait existe aussi avant que nous naissions et si ces choses-la n'existent point, tous nos discours sont inutiles Cela n'est-il pas con-stant ? et n'est-ce pas egale necessite, si ces choses-la existent, que nos âmes existent aussi avant notre naissance, et si ces choses-la ne sont pas, que nos âmes ne soient pas non plus ?

» Cette necessite, Socrate me paraît egalement sûre, et de tout ce discours, il resulte qu'avant notre naissance notre âme existe, ainsi que ces essences dont tu viens de parler, car, pour moi, je ne trouve rien de si évident que l existence de toutes ces choses, le beau, le bon, le juste, et tu me l'as suffisamment demontre » *Phedon*, pp 47-48

nous jugeons que deux choses sont egales, parce que, lorsque nous considerons la grandeur de l'une et de l'autre, nous les voyons verifier le concept abstrait d'egalité, nous disons les choses justes, saintes, belles ou bonnes, parce que nous leur trouvons les éléments objectifs qui entrent dans nos définitions abstraites de la justice, de la saintete, de la beaute, de la bonte

Mais s'ensuit-il que les concepts d'egalite, de justice, de sainteté, de beaute, de bonte, qui nous servent de modèles et de guides dans nos jugements, soient indépendants de l'experience ?

Non, ces concepts sont *abstraits* des donnees d'expérience et attribués ensuite, par des *actes de réflexion et d'application réfléchie*, aux sujets particuliers qui les verifient.

Nous avons traite ce point *ex professo* en Ontologie nous y renvoyons [1])

179. Critique de l'ontologisme. — La these fondamentale des ontologistes est en opposition avec plusieurs faits de conscience, elle est condamnee par les conséquences auxquelles elle mene logiquement, les arguments dont elle se réclame tiennent à des équivoques

I *La thèse* qui attribue à l'intelligence l'intuition de l'absolu *est en opposition avec plusieurs faits de conscience*

Premier fait La connaissance que nous avons de Dieu, si elle Lui etait immediatement empruntee, nous renseignerait sur ce qui appartient en propre a Dieu Or le contenu *positif* de nos idees de la bonté absolue, de la substance absolue etc, est le même que celui des idees de la bonte en general, de la substance en général, etc

Second fait Toute connaissance intellectuelle depend

---

[1]) Cfr *Metaphysique generale*, 4e éd, 1905, nos 22-27

des *sens* Cette dépendance ne s'expliquerait pas si l'intelligence avait pour premier objet le *suprasensible*, l'absolu

Les ontologistes essaient une réponse a cet argument La conscience ne nous renseigne pas, disent-ils, sur l'acquisition des connaissances *directes*, son témoignage ne porte que sur l'exercice de la pensée *réfléchie* Or, nous accordons que les sens sont nécessaires à l'exercice de la réflexion · ils en sont la *cause occasionnelle, excitatrice* Mais les psychologistes appliquent illogiquement et arbitrairement cette loi de dépendance a l'ordre des connaissances spontanées

Cette reponse est sans valeur D'abord, il serait fort étrange que l'activité spontanée et l'activité réfléchie de la pensée fussent soumises à des lois opposées Ensuite, supposé que la perception sensible fût l'excitant nécessaire du *premier* acte de réflexion, au moins la *suite* du travail de réflexion devrait être indépendante des sens Or, il n'en est pas ainsi Aussi longtemps qu'elle se poursuit, la reflexion a besoin d'être soutenue par l'imagination Donc

II *La thèse ontologiste est condamnée par ses conséquences* En effet 1º Si nous avions l'intuition de l'essence divine,

a) Nous serions nécessairement en possession du bonheur complet ,

b) Il n'y aurait plus d'erreur sur Dieu ,

c) Il n'y aurait pas de doutes possibles a son sujet [1]).

Or, il est incontestable que l'homme ne possède point le bonheur dans la vie présente , qu'il y a, chez l'homme, relativement a Dieu, et des erreurs et des incertitudes

---

[1]) La preuve de la nécessité logique de ces consequences se trouve dans les lignes suivantes que nous empruntons a saint Thomas « Quidam dixerunt quod primum quod a mente humana cognoscitur etiam in hac vita, est ipse Deus, qui est veritas prima, et per hunc omnia alia cognoscuntur Sed hoc aperte est falsum quia cognoscere Deum per essentiam est hominis beatitudo unde sequeretur omnem hominem

Donc, nous ne voyons pas, dans la vie présente, l'essence de Dieu

2° Les ontologistes sont logiquement amenés à poser en Dieu une multiplicité réelle de formes intelligibles, tandis que l'Être divin est absolument simple.

De fait, les distinctions entre l'essence de Dieu et son existence, entre l'essence et les attributs de Dieu n'existent pas réellement dans l'Être divin, mais trouvent leur origine dans les procédés d'induction et d'analogie qui nous sont indispensables parce que les perfections attribuées par nous à Dieu sont empruntées aux créatures Les ontologistes qui s'arrogent l'intuition de l'absolu devraient ne présenter comme expression toute simple de la perfection de Dieu, qu'une idée unique et toute simple elle-même

III Reste à apprécier *les deux raisons* qui ont amené les ontologistes, Malebranche, Gioberti, le cardinal Gerdil et d'autres, à cette affirmation paradoxale que nous serions dotés, dès la vie présente, de l'intuition de l'essence divine Elles se confondent avec les deux éternelles objections que font les spiritualistes exagérés à l'idéologie aristotélicienne

1re Objection — L'objet de la perception sensible et de l'imagination est contingent, singulier, variable, passager ; l'objet de la pensée est nécessaire, universel, immuable, éternel

Or, de ce qui est contingent, singulier, variable, passager, il est impossible de faire sortir quoi que ce soit de nécessaire, d'universel, d'immuable, d'éternel

Donc la théorie scolastique est incapable de rendre compte, par l'expérience sensible, des caractères de l'objet de la pensée et, par conséquent, elle supprime la distinction essentielle entre l'objet des sens et celui de l'intelligence, en un mot, elle est *sensualiste*.

beatum esse Et præterea, cum in divina essentia omnia quæ dicuntur de ipsa sint unum, nullus erraret circa ea quæ de Deo dicuntur quod experimento patet esse falsum Et iterum ea quæ sunt prima in cogni- -tione intellectus oportet esse certissima unde intellectus certus est se ea intelligere quod patet in proposito non esse » In lib Boetii *de Trinitate*, q 1, art 3

Reponse Nous distinguons la mineure De ce qui est contingent, etc . il est impossible de faire sortir quelque chose de nécessaire etc . dans le sens ou nos contradicteurs interprètent ces caractères de l objet de la pensée, *nous l'accordons.*

De ce qui est contingent, etc il est impossible de faire sortir quelque chose de nécessaire etc dans le sens defini par nous, *nous sous-distinguons.*

En ne faisant appel qu'a des facultés sensitives, comme le veulent les sensualistes, *nous l'accordons* ;

En faisant appel a la fois aux sens exterieurs et a l'imagination pour presenter sensiblement l objet a la pensée, a l intellect actif pour *abstraire* de l'objet sensible l'objet intelligible, et a l'intelligence pour *concevoir* l'objet abstrait et pour *l'universaliser* par voie de reflexion et de relation, *nous le nions*

Et nous nions le consequent et la consequence.

Expliquons-nous L'idéologie distingue l objet des sens de celui de l intelligence et précise les caractères de l objet de l intelligence

Les sens et l'intelligence ont *materiellement* le même objet, mais, autre est l'objet *formel* des sens, autre celui de l'intelligence. L'objet formel des sens est concret, particulier, celui de l'intelligence abstrait, universel

Mais si l'objet de l intelligence est abstrait et nous apparait, par voie de conséquence, nécessaire, universel, immuable, éternel, il faut bien se garder de confondre ces differents caractères d'un objet abstrait avec les attributs de l'Être divin

L'Être divin *existe* nécessairement, Il *est absolument*, c'est-a-dire, independamment de n'importe quelle condition, en d'autres mots, Il existe et il est impossible qu'Il n existe pas

L'objet de l intelligence peut parfaitement ne pas exister et même n'etre pas un objet de pensée pour nous, il n'est donc pas le moins du monde nécessaire, absolument parlant Mais, *pose qu'il soit connu* par une intelligence qui a pour fonction de le concevoir sans son existence, sans les sujets singuliers où il est concrètement realise, il fournit par cela même matiere à *des relations nécessaires*

Ainsi, en Dieu, une *nécessité absolue d'existence* , dans le domaine des objets abstraits, une *nécessité hypothetique de rapports*

De même, l'Être divin peut, si l'on veut, s'appeler *universel* en ce sens qu'Il renferme suréminemment dans son essence *infinie* la plénitude *actuelle* de toutes les perfections Mais les essences n'ont qu'une plénitude *potentielle* indéfinie , c'est-à-dire que, dans l'hypothèse où il y a une intelligence pour les connaître, elles peuvent être mises en relation avec des sujets individuels de même genre ou de même espèce indéfiniment

Enfin, l Être divin est *immuable* et *éternel* positivement Il existe, identique à Lui-même, partout et toujours Les essences abstraites, on les dit *immuables*, en ce sens, que l'on peut faire abstraction de toutes les déterminations contingentes qui varient sans cesse en elles dans la nature réelle ; on les dit *éternelles*, parce que, étant conçues abstraitement, elles ne sont confinées dans aucune portion déterminée de l'espace et du temps

Mais, encore une fois, entre la *compréhension infinie actuelle* de l'essence divine et l'universalité *potentielle* des essences abstraites , entre l'immutabilité et l'éternité *positives* de la première et l'immutabilité et l'éternité *négatives* des secondes, il n'y a de commun que le nom

2ᵉ Objection — La théorie scolastique est incapable de rendre compte du fait que nous connaissons l'Infini

En effet, les choses qui tombent sous l'expérience sont finies

Or, le fini ne peut contenir l'infini

Donc il est impossible que l'expérience nous fournisse l'idée de l'infini.

Réponse Nous nions l'antécédent.

Nous accordons la majeure de la preuve

Nous distinguons la mineure Le fini ne peut contenir l'infini *réel, nous l'accordons.*

Le fini ne peut contenir l'infini *logique*, en d'autres mots, l'objet de l'idée du fini ne peut contenir l'objet de notre *idée* de l'infini, *nous sous-distinguons*

Il ne peut contenir l'*objet formel* de notre idée de l'infini, *nous l'accordons.*

Il ne peut contenir l'*objet matériel* de notre idée de l'infini, c'est-à-dire les éléments que, par les procédés d'abstraction, puis de synthèse, de négation et de transcendance, nous faisons servir à la formation de *notre idée*, de l'infini, *nous le nions.*

Instance — Mais, réplique-t-on, cette explication ne tient pas

En effet, vous supposez l'idée du fini antérieure à celle de l'infini.

Or, le fini est la négation de l'infini ; l'idée négative est postérieure à l'idée positive, qu'elle affecte d'une négation.

Donc, l'idée de l'infini ne peut être déduite de celle du fini ; elle ne peut nous venir que de l'infini lui-même

Réponse Nous accordons la majeure, mais *nous nions la mineure* et nous nions l'assertion sur laquelle on essaie de l'appuyer.

Pour concevoir le fini, il n'est pas nécessaire de concevoir préalablement l'infini.

L'idée du *fini* ou du *limité* est l'idée d'une certaine quantité ou d'une certaine perfection avec, en plus, la négation d'une perfection ultérieure Pour concevoir une quantité ou une perfection *comme finie*, il faut donc la comparer à une quantité *plus grande* ou à une perfection *supérieure* mais il n'est pas nécessaire que cette quantité ou cette perfection, prise pour terme de comparaison, soit infinie

Voici une salle de dix mètres de longueur lorsque je considère simplement qu'elle a dix mètres de longueur, j'ai le concept d'une certaine grandeur, lorsque je considère qu'elle est suivie d'une autre salle qui a elle-même cinq mètres, je vois que la première pourrait couvrir l'espace occupé par la seconde, au lieu d'avoir dix mètres en avoir quinze, et alors je conçois la salle de dix mètres comme *limitée*, *finie*

Je n'ai pas comparé le fini à l'infini il m'a suffi de comparer, entre elles, deux quantités d'inégale grandeur pour me former le concept d'*une* quantité limitée ou *finie*

Ultérieurement, l'intelligence peut *abstraire* des réalités limitées le concept de *la limite ou du fini* en général

De fait, nous concevons abstraitement *la limite* comme la négation ou la privation d'une réalité ultérieure soit au point de vue quantitatif soit au point de vue qualitatif

Or, dès que l'intelligence possède le concept de *la limite*, et qu'elle se trouve en présence de perfections limitées, il lui est loisible de supprimer mentalement la limite — procédé d'élimination ou de négation — et rien ne l'empêche alors d'appliquer à un Être suprême les perfections créées ainsi dépouillées de leurs imperfections, à la condition qu'elle corrige encore, par un procédé de surélévation ou de transcendance, ce qui reste d'inévitablement défectueux dans son concept le mieux épuré

Bien plus, posé *le fait* que l'âme humaine n'a pas d'autre destinée que la connaissance la plus parfaite possible de l'Être suprême (voir la 3me Partie), la raison doit avoir une prédisposition naturelle à se former la notion de l'Infini Aussi cette notion est-elle d'une acquisition spontanée, nécessaire, facile, au point que l'on a pu aisément la croire innée, aussi constitue-t-elle un apanage universel et inaliénable du genre humain[1]

Donc l'idée de l'infini peut se déduire et se déduit naturellement de la considération des perfections finies et il n'est point nécessaire de recourir, pour en expliquer la présence en nous, à une vision intuitive de l'Infini lui-même[2]

[1] Cfr Kleutgen *Die Philosophie der Vorzeit,* 5te Abhandlung 3tes Hauptst, I

[2] Voir sur cette question M Dupont *Theodicee,* th XXXV

180. Critique de l'idéologie de Descartes. — La conception de la puissance *passive* a fait défaut à Descartes Aussi, au lieu de se représenter l'intelligence comme une aptitude de l'ame à se laisser imprégner par les choses, Descartes a vu en elle une substance essentiellement active, capable de tirer de son fonds et la notion du moi et celle des esprits, et celle de Dieu, et celle des choses sensibles extérieures [1]

Sans doute, l'âme est en état de percevoir en elle, des le moment ou elle a conscience d'agir, le fait de son existence L'action ne se révèle point, en effet, sans mettre au jour l'existence de la cause agissante qu'elle enveloppe Il suffit pour cela de la moindre action vitale qui monte jusqu'a la conscience, le sentiment général de notre vie interne, que l'on a appelé du nom de *cénesthesie* et que plusieurs philo-

---

[1] Dans ses remarques sur « un certain placart imprime dans les Pays-Bas en 1647 », Descartes écrit « Personne que je sache n'a dit avant moi que l'âme ne consiste precisement que dans ce principe interne, ou dans cette faculte que l'homme a de penser Je n'ai jamais ecrit ni juge que l'esprit ait besoin d'idées naturelles, qui soient quelque chose de different de la faculte qu'il a de penser Rien ne peut venir des objets extérieurs jusqu'à notre âme par l'entremise des sens, que quelques mouvements corporels, mais ni ces mouvements mêmes, ni les figures qui en proviennent ne sont conçus par nous tels qu'ils sont dans les organes des sens D'où il suit que même les idees du mouvement et des figures sont naturellement en nous et a plus forte raison les idees de la douleur, des douleurs, des sons et de toutes les choses semblables nous doivent-elles être naturelles, afin que notre esprit, a l'occasion de certains mouvements corporels avec lesquels elles n'ont aucune ressemblance, se les puisse representer La vue ne represente de soi rien à l'esprit que des peintures, ni l'ouie que des sons et des paroles si bien que tout ce que nous concevons de plus que ces paroles et ces peintures, comme les choses signifiees par ces signes, doit necessairement nous être représenté par des idees, *qui ne viennent point d'ailleurs que de la faculte que nous avons de penser* et qui par conséquent sont naturellement en elle, c'est-à-dire sont toujours en nous en puissance, car être naturellement dans une faculte ne veut pas dire y être en acte, mais en puissance seulement, vu que le nom même de faculté ne veut dire autre chose que puissance »

sophes ont cru devoir rapporter a un sens fondamental a part, porte avec lui une conscience sourde de l'existence du moi

Mais, reserve faite de cette notion primitive de la présence de l'âme a elle-même, toutes les richesses de l'intelligence sont tributaires de causes efficientes dont elle subit l'action

Il n'en est pas une dont le contenu ne trahisse une origine sensible, dont l'emploi ne requiere la collaboration de l'imagination et, par necessite, du mecanisme cerebral ; consultez à ce sujet la conscience, consultez la physiologie du cerveau, descendez jusqu'aux premieres assises du langage, partout la dependance de la pensee a l'egard du monde sensible s'accuse irresistablement (**167**)

Il est familier aux spiritualistes de l'ecole cartesienne de distinguer les idees en idées pures et en idees mixtes, les premieres etant censees le produit de l'esprit seul, les secondes étant supposees provenir du concours de l'imagination ou des sens Or, la conscience temoigne qu'il n'y a pas d'idées pures Toutes nos représentations intellectuelles requièrent le concours des sens et de l'esprit Elles dependent des sens pour se produire, elles en dependent pour se reproduire Toujours l'idée a une image pour substratum sans lequel elle ne revit pas

Il n'y a pas jusqu'a l'Etre apprehende par nous comme la Pensée substantielle, comme le suprême Esprit, que nous ne nous representions a l'aide d'eléments empruntés au monde de la matiere Tous les éléments positifs du contenu de notre idee de Dieu sont attribuables aux choses d'experience sensible aussi bien qu'a Dieu lui-même nous sommes obliges de recourir a une negation pour marquer ce contenu positif d'un signe qui le rende applicable à Dieu seul

Si Descartes avait remarque la distinction capitale qu'il y a lieu de faire entre le sentiment de la présence de l'âme envisagée comme principe de vie même corporelle et sensitive, et les notions intellectuelles de *ce que sont* les corps, de *ce qu'est* l'âme, de *ce qu'est* Dieu, il ne se serait pas laissé aller à cette formule aussi vague que tranchante il est essentiel à l'âme de penser

De la critique de l'idéalisme platonicien, de l'ontologisme et de l'idéologie de Descartes découle une conclusion générale L'intelligence *n'est pas en acte, de sa nature*

L'est-elle au moyen de formes accidentelles qui lui seraient surajoutées dès l'origine par le Créateur ?

181. Critique de la théorie des idées innées. — *L'innatisme est dépourvu de preuves, il est démenti par la conscience, il est illogique*

1º *L'innatisme est dépourvu de preuves* — Il se réclame de ces trois arguments

Les caractères de nécessité, d'universalité, d'éternité de nos idées ne s'expliquent pas par la théorie aristotélicienne de l'abstraction N'étant pas le fruit d'une abstraction des données sensibles, les idées doivent nous être innées

Nous possédons l'idée de l'infini Or, les causes finies ne peuvent nous la donner Elle doit donc nous avoir été fournie par Dieu lui-même, c'est-à-dire implantée dans l'âme dès l'origine

Les appréciations que nous portons sur les choses d'expérience présupposent la connaissance d'une norme d'appréciation

Nous avons montré plus haut (**179**) la faiblesse de ces arguments

2º *L'innatisme est démenti par la conscience* — Assurement, la théorie innéiste n'est pas prouvée par le témoignage direct de la conscience indiscutablement, nul n'a conscience d'avoir, dès le principe, des idées toutes faites

Au contraire, nous l'avons montré, la distinction d'un stade de pure potentialité, autre que celui de la connaissance habituelle, est inconciliable avec la thèse innéiste.

Cet autre fait que nous ne pensons point sans l'aide de
l'expérience sensible est aussi en opposition avec l'innatisme. Si les formes intelligibles existaient en nous, toutes
faites dès l'origine, les facultés organiques seraient plus
nuisibles qu'utiles aux facultés supérieures, et il s'ensuivrait
cette autre conséquence, que l'union de l'âme avec le corps
serait contraire à la liberté de l'âme, anti-naturelle.

3° *La théorie des idées innées est illogique.* — En effet
a) La plupart des partisans de la théorie nous accordent
le pouvoir de tirer de l'expérience les idées des choses
sensibles, mais ils estiment que les idées métaphysiques,
morales et religieuses ne peuvent avoir une aussi humble
origine.

Or, les idées métaphysiques, morales et religieuses sont
déduites, par des procédés de négation et d'analogie, des
idées des choses sensibles. Nous l'avons fait voir déjà partiellement plus haut (**161**), nous y reviendrons plus bas (**183**)

Donc, si nous sommes capables de nous former les premières, nous le sommes aussi de nous former les secondes

b) De l'aveu des innatistes, nous attribuons à bon droit
l'objet des idées métaphysiques, — par exemple, celui des
idées de substance, d'accident, de cause et d'effet — aux
choses sensibles. Or, de deux choses l'une : ou nous les
leur attribuons à l'aveugle, et alors nos jugements sur la
réalité n'ont plus qu'une valeur conjecturale ; nous tombons
ainsi dans l'idéalisme critériologique, une des formes du
scepticisme : ou nous les leur attribuons avec la conscience
d'être dans le vrai, et alors il faut savoir avouer que *nous
apercevons dans les choses* les objets des notions que nous
leur appliquons. Mais si nous sommes capables *d'apercevoir
dans les choses* les objets des notions métaphysiques, la
nécessité de posséder celles-ci par avance ne se justifie
plus. Si nous pouvons *retrouver* dans les choses l'objet

des idees, c'est qu'il n'y a aucune impossibilité physique à les y *trouver*

L'innatisme est donc *inconséquent* lorsque, d'une part, il refuse à l'esprit la faculté d'abstraire des choses d'expérience ses *premières* idées et que, d'autre part, il lui accorde le pouvoir de reconnaître l'identité objective d'idées prétendûment innées, avec la réalité

Le *traditionalisme* ne demande pas ici une discussion spéciale, il ne constitue en idéologie qu'une théorie auxiliaire Celle-ci a été discutée en Critériologie

Nous revenons à notre proposition fondamentale L'intelligence humaine n'est qu'*en puissance*, « *potentielle* », par nature, νους δυναμικός A l'origine, elle est comme une toile vierge qui ne porte encore aucun trait, « tabula rasa in qua nihil est scriptum »

Puisque l'acte de la pensée présuppose la formation d'une espèce intelligible, comment celle-ci se forme-t-elle ? C'est l'objet de la seconde des propositions qui, ensemble, forment la thèse complète d'Aristote sur l'idéogénie

182. Preuve de la seconde proposition : L'imagination et l'intellect actif produisent dans l'intelligence le déterminant conceptuel préliminaire à l'intellection. — Cette proposition est un corollaire de la thèse établie précédemment sur l'objet propre de la pensée

Un effet ne peut être supérieur à sa cause

Or l'objet de la pensée est supérieur à l'objet des sens

Donc l'objet de la pensée n'a pas sa cause adéquate dans les opérations des sens

Mais l'intelligence ne se suffit pas pour produire en elle-même l'objet intelligible car elle n'est qu'en puissance, or, un sujet en puissance est incapable de s'actualiser soi-même

Donc une cause suprasensible, autre que l'intelligence, est

necessaire a la production de l'intelligible Cette cause doit être active d'elle-même, c'est-à-dire intrinsequement complete

La superiorité de l'objet pense sur l'objet des sens consiste en ce qu'il est degage des conditions individuelles propres aux choses matérielles

Donc la cause qui unit son action à celle des sens, doit être une force d'abstraction qui degage l'objet de la pensee des conditions individuelles propres aux choses materielles nous appelons cette force abstractive *intellect actif*

Le cardinal Cajetan resume parfaitement le rôle des deux intellects en ces quelques mots « Omne quod est in potentia non reducitur in actum nisi per aliquod ens actu sed intellectus noster est in potentia ad intelligibile Ergo non reducitur in actum nisi per intelligibile in actu Sed intelligibile in actu quoad quidditates naturales non invenitur in rebus Ergo oportet fieri Ergo ex parte intellectus oportet ponere virtutem factivam et hanc vocamus intellectum agentem » [1]

Il résulte de l'analyse de l'objet de la pensee, que les sens et l'imagination jouent un rôle *actif* dans la formation de l'idée

Quel est ce rôle et quel est celui de l'intellect actif ?

Une seule hypothèse concilie l'action de ces deux facteurs et se trouve d'accord avec l'ensemble des faits observés la representation imaginative (phantasma) est cause, mais cause *instrumentale*, l'intellect actif est *cause efficiente principale* de l'idee

L'objet imagine est affecté de déterminations particulieres, sans doute, mais il n'en renferme pas moins, sous ces déterminations, ce que nous retrouverons plus tard sous forme abstraite dans la pensee « Callias est hic homo », dit avec profondeur saint Thomas La personne de Callias, que les sens perçoivent, est la nature humaine personnifiée Puisque les

[1] *Comm. in Sum Theol*, 1a 2æ, q 79, art 3

sens perçoivent cette personne qu'est Callias, ils perçoivent matériellement tout le contenu de la nature humaine Vienne donc une faculté immatérielle qui associe son action à celle de l'acte imaginatif, s'empare de la réalité concrète, en négligeant, cependant, les déterminations particulières qui l'affectent l'union de la faculté immatérielle et de l'imagination nous expliquera la production de l'espèce intelligible abstraite dans l'intelligence L'effet — l'espèce intelligible abstraite et immatérielle, — ne dépasse plus alors sa cause, puisque l'intellect actif est une cause immatérielle, l'effet est la reproduction de l'objet, car l'image, au service de l'intellect actif, engendre l'idée

Donc, l'intellect actif et l'imagination sont la cause efficiente complexe de la production du déterminant conceptuel, le premier à titre de cause principale, la seconde à titre de cause subordonnée

La représentation imaginative est la condition *sine quâ non* de l'entrée en exercice de l'intellect actif Celui-ci, puissance complète, agit naturellement, aussitôt que les conditions extrinsèques nécessaires à son activité sont données Il agit donc. Son action est une efficience abstractive dont l'effet est reçu dans l'entendement

Cet effet est la détermination de l'entendement à l'intellection

Encore faut-il que la représentation imaginative réponde aux besoins de la pensée Moyennant une image quelconque l'intelligence peut avoir une vague notion que *quelque chose* lui est présent. Mais les objets intelligibles plus compréhensifs ne se forment régulièrement qu'après un travail plus intense et souvent répété d'imagination et d'association d'images Bref, le « phantasme » que les scolastiques jugent nécessaire à la pensée, doit être *approprié* à l'acte que doit fournir l'intelligence

Nous croyons pouvoir conclure, que l'hypothèse scolas-

tique assigne a la genèse du concept ses causes suffisantes
et necessaires et présente, par conséquent, les caracteres
d'une théorie scientifique [1])

On trouvera une confirmation de la doctrine thomiste
dans la refutation de l'opinion de Suarez sur le rôle du
phantasma

183. Opinion de Suarez sur le rôle des sens dans la formation de l'idée. Exposé et discussion. — Suarez ne veut pas que le « phantasma » coopere a la production du determinant conceptuel ; il lui prête le rôle d'une cause quasi materielle, ou d'une cause exemplaire, ou enfin d'une cause excitatrice, mais attribue la causalite efficiente à l'intellect actif seul « Sensibilis cognitio minime concurrit efficienter ad actionem productivam speciei intelligibilis, sed habet se

[1]) Pour couper court a differentes objections que pourrait soulever le rôle de cause efficiente attribue au phantasma, il importe de faire attention aux remarques suivantes

L'acte de l'intellect agent est distinct de l'acte imaginatif, mais l un et l'autre procedent de facultes enracinees dans une même âme, capables par consequent de se completer et de s'associer naturellement dans une commune efficience, pour atteindre un resultat auquel ni l'une ni l'autre ne pourrait isolement aboutir

1º *Il ne s'agit donc pas de s'imaginer grossierement un fluide plus ou moins subtil* qui emancrait d'une faculte, pour passer dans une autre separee d'elle ; une pareille emanation n'est ni possible, ni necessaire elle n'est pas possible, car l'intellect agent est spirituel, et ne peut, dès lors, être source d'un effet materiel ; elle n'est pas necessaire car si, comme principe immediat d'action, l'intellect actif est reellement distinct de l'imagination, neanmoins les deux facultes appartiennent a un même sujet la substance du compose humain

2º *Il ne s'agit pas davantage de se representer le phantasma comme spiritualise*, au sens propre du mot, comme changeant de nature et devenant lui-même *formellement* intelligible car l'imagination, faculte organique, ne peut être le substratum d'un accident immateriel ; il n'y a de spirituel et de formellement intelligible que l'espece intelligible, et celle-ci a pour sujet l'intellect possible C'est donc bien a tort que l'on nierait la causalite reelle de l'intellect actif sur le phantasma, sous pretexte qu'elle entraînerait logiquement la spiritualisation de ce dernier Puisque le phantasma contient reellement l'objet du concept, — Callias

ad instar materiæ, aut excitantis animam aut vero ad instar exemplaris » [1])

Suarez laisse au lecteur l'embarras du choix entre trois interprétations vraisemblablement aucune ne lui aura paru décisive De fait, aucune des trois n'est acceptable

1° Suarez appuie sa *première* interprétation sur ce passage de saint Thomas « Non potest dici quod sensibilis cognitio sit totalis et perfecta causa intellectualis cognitionis, sed magis quodammodo est materia causæ » [2]) Or, autant ce langage est en harmonie avec la conception idéogénique du Docteur d'Aquin, autant il est en désaccord avec celle du philosophe espagnol Saint Thomas est d'avis que l'intellect actif est intrinsèquement uni a l'imagination , de l'union des deux causes résulte une seule causalité totale le phantasma y coopère pour ainsi dire, *quodammodo,* a la façon d'une

---

est hic homo, — cet objet n'est pas a créer ni a transformer il existe et puisque l'intellect actif est naturellement uni aux facultés sensitives, pourquoi ne pourrait-il déployer son acte, dépendamment de l'acte imaginatif, tout comme celui-ci se déploie dépendamment de l'acte des sens extérieurs , unir sa puissance à celle de l'imagination et imprimer ainsi *(par négation ou abstraction)* à la faculté cognitive la manière d'être que celle-ci est capable de recevoir ? Les scolastiques ne voulaient pas dire autre chose, lorsqu'ils avaient recours a leurs comparaisons bien connues « Reddere phantasmata actu intelligibilia , illuminare phantasmata abstrahere naturam communem a phantasmate »

Ces métaphores, familières aux scolastiques, étaient autant d'expressions équivalentes, pour dire que l'intellect agent est la cause efficiente nécessaire de la formation de l'espèce intelligible , sans lui, en effet, l'objet imaginé resterait obscur, invisible pour l'entendement il ne devient visible, intelligible, qu'a la condition de devenir assimilable par une connaissance abstractive, et il ne devient ainsi assimilable qu'après avoir été isolé des caractères qui le particularisaient dans le phantasma Sur toutes ces questions d'idéologie, on pourra consulter, outre les grands docteurs scolastiques, Kleutgen, *Die Philosophie der Vorzeit* Innsbruck, 1878, et *Beilagen,* 3e Heft, Liberatore, *Traité de la connaissance intellectuelle ,* Zigliara, *Della luce intellettuale e dell' ontologismo ,* Lahousse, *Præl Met Spec* Vol II Lovanii, 1888

[1]) *De anima,* lib IV, cap II. nos 10-14
[2]) *Sum Theol ,* 1a 2æ, q 84, art 6

cause matérielle, *ad instar materiæ*, l'intellect actif, à la façon d'une forme, *ad modum formæ* Mais, aux yeux de Suarez, le phantasma n'est nullement associé à l'action de l'intellect actif, il n'est donc à aucun titre matière, comme à aucun titre celui-ci n'est comparable à une cause formelle Dès lors, quel sens Suarez peut-il attacher à ces paroles « Phantasma præbet veluti materiam intellectui agenti ad efficiendam speciem intelligibilem » ?

Au surplus, dans l'acception rigoureuse du mot, on appelle cause *matérielle* ce dont une chose est faite, ce en quoi la forme est reçue, *id ex quo aliquid fit et in quo forma recipitur* Or, Suarez en tombe d'accord, l'espèce intelligible, étant spirituelle, ne peut sortir de l'image ni l'avoir pour sujet récepteur L'espèce intelligible a pour sujet l'entendement

2º L'image n'est pas *cause exemplaire* deux raisons le prouvent péremptoirement — D'abord, la cause exemplaire est un modèle d'après lequel l'agent se dirige pour produire son œuvre Or l'intellect actif ne peut agir d'après un modèle, car s'il possédait ce pouvoir, il serait capable de connaître, il ferait alors double emploi avec l'entendement — Ensuite, si l'on suppose la pensée déjà en exercice, copiant un modèle, on sort de la question présente, qui porte exclusivement sur le *premier* exercice de la faculté cognoscitive

3º Reste la troisième interprétation proposée par Suarez le phantasma serait *cause excitatrice* de l'intellect actif Mais, qu'est-ce à dire, « cause excitatrice » ? L'image produit-elle dans l'intellect actif un effet positif, une excitation ? Suarez n'ose attribuer à l'image une efficience *instrumentale* sur une faculté immatérielle, comment lui prêter l'efficience d'une cause *principale* ?

Au reste, que serait cette excitation ? Une modification *intrinsèque* de la faculté ? Mais l'intellect actif est, d'après les scolastiques et d'après Suarez lui-même, une faculté *intrinsèquement complète* Aussi bien, si on la supposait incomplète, il faudrait un nouveau mécanisme pour la compléter et le problème de la formation de l'espèce intelligible ne serait que déplacé

Aucune des interprétations autres que celle proposée par saint Thomas ne paraît donc défendable « Quod in receptione qua intellectus possibilis species rerum accipit a phantasmatibus phantasmata se habent, ut agens instrumentale et secundarium, intellectus vero agens ut agens principale et primum » [1])

« Abstrahit intellectus agens species intelligibiles a phantasmatibus, in quantum per virtutem intellectus agentis accipere possumus in nostra consideratione naturam specierum sine individualibus conditionibus, secundum quarum similitudinem intellectus possibilis informatur » [2])

184. Objection et réponse.

— Mais, dira quelqu'un, l'explication thomiste du rôle du « phantasma » n'est-elle pas contradictoire ? L'image seule n'agirait pas, on le reconnaît, sur l'entendement On l'affirme pour barrer le chemin à la philosophie sensualiste.

Or, en présence de l'intellect actif et quel que soit le rôle que l'on suppose joué par lui, elle demeure matérielle

Comment, dès lors, pourrait-elle, en union avec l'intellect actif, avoir sur l'entendement une efficience dont seule elle serait incapable ?

Effectivement, l'image demeure matérielle, elle est le résultat d'une cérébration qui n'a rien d'immatériel, elle réside dans un cerveau qui est matériel

Mais la cause *instrumentale*, parce que *instrumentale*, possède une action qu'elle n'aurait point si elle agissait

---

[1]) *De verit*, q 10, art 6, ad 7
[2]) *Sum Theol*, 1ª 2ᵃᵉ, q 85, art 1, ad 4

sans la cause principale qui la met en œuvre Le ciseau de Phidias taille dans le marbre un chef-d'œuvre Incontestable ment il coopère à la production du chef-d'œuvre

Seul, cependant, le ciseau ne produirait, ni en tout ni en partie, le chef-d'œuvre

Lorsque, pour une part, il le produit, comment opère-t-il ? Il fournit l'action propre au ciseau, il le taille

L'action de la cause *instrumentale* est réelle, encore que l'instrument ne change pas de nature dans la main de celui qui l'emploie

De même l'intellect actif ne change pas la nature de l'image Mais il emploie ce qui, dans l'image, peut être conçu à l'état abstrait, pour produire dans l'entendement la représentation virtuelle du type concrète dans l'image.

Saint Thomas écrit fort à propos « Instrumentum habet duas actiones, unam instrumentalem, secundum quam operatur, non in virtute propria sed virtute principalis agentis aliam autem habet actionem propriam, quæ competit sibi secundum propriam formam sicut securi competit scindere ratione suæ acuitatis, facere autem lectum inquantum est instrumentum artis *non autem perficit instrumentalem actionem, nisi exercendo actionem propriam* scindendo enim facit lectum » [1]

185. Preuve de la troisième proposition : L'intelligence, déterminée par l'espèce intelligible, perçoit ce que la chose est.

— Cette proposition découle des deux précédentes L'entendement est à l'origine une puissance réceptive, qui ne se suffit pas pour agir mais aussitôt qu'elle est en possession d'un déterminant conceptuel, rien ne lui manque plus pour entrer en exercice elle intellige, c'est-à-dire exprime mentalement *ce qu'est l'objet*

[1] *Sum Theol*, 3ª q 62, art 1, ad 2

Toutefois, cette notion première, acquise sous l'influence combinée de l'imagination et de l'intellect actif, représente un objet *abstrait*: comment celui-ci devient-il *universel*?

A l'état abstrait, observe avec beaucoup de pénétration saint Thomas, l'objet pensé n'est ni individuel ni universel [1], mais il peut devenir l'un et l'autre.

Il deviendra universel, lorsque l'intelligence *réfléchira* sur le produit abstrait de la pensée et que, le voyant dégagé des caractères individualisateurs, elle *le mettra en rapport* avec des sujets individuels, en nombre indéfini, le leur *appliquera*, *l'identifiera* avec ce qu'il y a de commun à tous.

Grâce à cette universalisation du type abstrait, l'intelligence domine les individus, et lorsqu'elle édifie une science, elle possède les raisons sous lesquelles ils sont saisissables.

186. Preuve de la quatrième proposition : L'intelligence ne connaît qu'indirectement l'espèce intelligible et, par elle, la nature du sujet pensant. — De prime abord, l'intelligence saisit ce qu'une chose est. La conscience atteste que l'acte intellectif est aperçu postérieurement à l'objet qu'il présente à la faculté. « Alius est actus quo intelligo lapidem, observe saint Thomas, alius est actus quo intelligo me intelligere lapidem. »

Nous n'insisterons pas sur ce fait de conscience: il est le revers de celui sur lequel toute l'idéologie aristotélicienne est basée, que l'objet *immédiat* de l'intelligence est la quiddité abstraite des choses sensibles.

---

[1] « Ideo, dit le saint Docteur, si quæratur utrum ista natura (natura humana considerata modo absoluto ut abstracta) possit dici una vel plures, neutrum concedendum est, quia utrumque est extra intellectum humanitatis et utrumque potest sibi accidere. Si enim pluralitas esset de ratione ejus, nunquam posset esse una, quum tamen una sit secundum quod est in Socrate. Similiter, si unitas esset de intellectu et ratione ejus, tunc esset una et eadem natura Socratis et Platonis, nec posset in pluribus plurificari. » *De ente et essentia*, IV

La raison intrinsèque de ce fait, la voici L'acte seul est connaissable, une puissance ne tombe sous la pensée que par l'intermédiaire de son actualité Or l'intelligence est essentiellement en puissance Il faut donc qu'elle soit mise en acte avant de devenir pour elle-même un objet de connaissance

Mais cette mise en acte est subordonnée à l'action d'un objet autre qu'elle-même

Donc sa première démarche la met en contact avec un objet étranger Seule la conscience de cette démarche la révèle ensuite à elle-même

« Species rei intellectæ in actu est species ipsius intellectus, et sic per eam seipsum intelligere potest Non enim cognoscimus intellectum nostrum, nisi per hoc, quod intelligimus nos intelligere. Intellectus possibilis qui est tantum in potentia in ordine intelligibilium, non intelligit, neque intelligitur, nisi per speciem in eo susceptam » [1])

Cette quatrième proposition va directement à l'encontre de l'idéalisme contemporain L'idéaliste se figure que la conscience saisit directement la représentation mentale et qu'après cela elle s'épuise vainement à vouloir s'arracher à elle-même pour aller, par delà le phénomène mental, saisir la réalité Il n'en est point ainsi L'idéologie montre que *l'objet d'expérience* est présent, sous forme abstraite, à la pensée, avant que celle-ci s'aperçoive elle-même [2])

Pour compléter l'exposé de l'idéologie aristotélicienne et thomiste, fournissons quelques éclaircissements sur certains points de doctrine qui ont été peu développés dans les pages précédentes

Quelle distinction y a-t-il entre les deux intellects ?

[1]) De *anima*, III, 9
[2]) Il nous suffit d'avoir indiqué ici en passant ce point de vue critériologique

Quelle distinction y a-t-il entre les divers éléments constitutifs de la pensée : l'objet intelligible, l'espèce intelligible, l'acte intellectif, le concept ?

187. L'intellect actif et l'entendement sont des facultés réellement distinctes. — De la preuve de la seconde proposition il résulte, que l'intellect actif et l'intellect potentiel, νοῦς ποιητικός et νοῦς δυναμικος, sont deux facultés différentes. Leurs actes sont, en effet, spécifiquement différents ; l'intellect actif est une cause efficiente qui produit l'espèce intelligible nécessaire à l'acte de cognition ; l'entendement est la faculté qui, sous la détermination de l'espèce intelligible, accomplit l'intellection.

Or, produire une forme intelligible et la recevoir, agir et pâtir, sont des processus irréductibles.

Donc les facultés dont l'une est principe producteur, l'autre sujet récepteur de la forme intelligible, sont réellement distinctes.

« Necesse est igitur in anima intellectiva esse has differentias, ut scilicet unus sit intellectus, in quo possint omnia intelligibilia fieri, et hic est intellectus possibilis ; et alius sit intellectus ad hoc quod possit omnia intelligibilia facere actu, qui vocatur agens » [1])

188. Les relations entre les éléments de la pensée. — Nous voulons rechercher comment se distinguent les uns des autres les divers éléments qui contribuent à l'intégration de la connaissance intellectuelle : la chose connue, le déterminant intellectuel, l'intellection, le concept. Pour résoudre cette question, nous n'aurons qu'à commenter ce beau texte de saint Thomas d'Aquin :

« Intelligens autem in intelligendo ad quatuor potest habere ordinem : scilicet ad rem quæ intelligitur, ad speciem intelligibilem, qua fit intellectus in actu, ad suum intelligere, et ad conceptionem

[1]) *De anima*, III, 10

(conceptum) intellectus Quae quidem conceptio a tribus praedictis
differt A re quidem intellecta, quia res intellecta est interdum
extra intellectum, conceptio autem intellectus non est nisi in intellectu, et iterum conceptio intellectus ordinatur ad rem intellectam
sicut ad finem, propter hoc enim intellectus conceptionem rei in
se format ut rem intellectam cognoscat Differt autem a specie
intelligibili, nam species intelligibilis qua fit intellectus in actu,
consideratur ut principium actionis intellectus, cum omne agens
agat secundum quod est in actu actu autem fit per aliquam
formam, quam oportet esse actionis principium Differt autem
ab actione intellectus, quia praedicta conceptio consideratur ut
terminus actionis, et quasi quoddam per ipsam constitutum
Intellectus enim sua actione format rei definitionem, vel etiam
propositionem affirmativam seu negativam Haec autem conceptio
intellectus in nobis proprie verbum dicitur hoc enim est quod
verbo exteriori significatur vox enim exterior neque significat
ipsum intellectum neque speciem intelligibilem, neque actum
intellectus, sed intellectus conceptionem qua mediante refertur
ad rem » [1])

1° Entre la *chose* de la nature, « res intellecta » et l'intellection, « ipsum intelligere », manifestement la distinction
est *réelle* Point de contestation a ce sujet

2° Entre le determinant intellectuel — « species intelligibilis », que les scolastiques recents appelerent species
intelligibilis impressa », — et l'acte intellectif, la distinction
est *réelle*, mais *inadéquate*

Elle est *réelle*, car la determination subjective de la faculte
est une forme accidentelle surajoutee a celle-ci Elle est
inadéquate, car cette determination est une modification
vitale de la faculté or, entre un sujet et la forme accidentelle immanente qui le perfectionne, il y a une distinction
réelle, mais incomplete

3° Entre l'intellection et l'*objet* intelligé [2]), il n'y a pas

[1]) *Quæst disp de potentia*, art 1
[2]) L'*objet* (ob-jectum, ob-jicere) est la *chose*, en tant qu'elle est supposee *presente a l'intelligence*

de distinction réelle Les scolastiques répètent volontiers l'adage aristotélicien *Intelligens in actu et intelligibile in actu sunt idem*

Il y a néanmoins entre les deux une *distinction de raison* En effet, connaître n'est-ce pas, en quelque manière, se dédoubler, opposer en soi-même le connu au connaisseur, l'objet au sujet ?

En réalité, l'acte subjectif qui, en face de soi, pose l'objet est unique, mais présente un double aspect sous un aspect, il est l'*objet* intelligible, le *verbum mentis*, le *concept*, — ce que les scolastiques aiment à appeler espèce intelligible exprimée, species intelligibilis *expressa*, — mais sous un autre aspect, en tant que le sujet *regarde* l'objet pensé, l'acte mental est *cognition, intellection, conception, appréhension, intentio in rem intellectam*

4º Enfin, entre le déterminant conceptuel et le verbe mental, — entre la species intelligibilis *impressa* et la species intelligibilis *expressa* — il y a distinction *réelle*

En effet, nous l'avons vu, entre le déterminant intellectuel et l'intellection il y a une distinction réelle or, l'intellection et le verbe mental sont en réalité identiques , donc, le déterminant intellectuel et le verbe mental diffèrent réellement

La chose se comprend, d'ailleurs L'espèce intelligible (impressa) n'est pas formellement mais *virtuellement* la représentation de la réalité elle dispose immédiatement l'intelligence à produire la représentation *formelle* de la réalité

Ajoutons que l'acte intellectif est une disposition qui met partiellement en acte la volonté

§ 3

Processus du développement de l'intelligence

189. Objet de ce paragraphe : La marche progressive de la pensée. — On s'est attaché jusqu'à présent à considérer la formation du *premier objet* de la pensée, l'intellection de ce premier intelligible s'appelle *simple conception, simple appréhension* νόησις, le fruit de cette conception s'appelle *concept, notion, idée* [1]), νόημα

Soit ce chêne vigoureux, aux branches larges et touffues, planté dans la forêt l'intelligence mise en relation avec lui par l'intermédiaire des sens, se forme la notion de *quelque chose*, d'un *sujet* élevé, touffu, de couleur verte, planté là, dans cette forêt

La pensée, de prime abord, possède un terme unique, aussi simple qu'il peut l'être *ce quelque chose* présente à l'intelligence, tiré de l'expérience sensible Spontanément l'enfant traduit cette notion première, susceptible d'être abstraite de tout objet sensible, par ces mots qui lui sont si familiers *ceci, cela*, qu'est *ceci* ? qu'est *cela* ?

Or, à l'âge adulte, nous remarquons que les objets présents

---

[1]) Autrefois, l'*idée* désignait un concept envisagé comme modèle à imiter, mais aujourd'hui le mot n'a plus cette signification précise si ce n'est exceptionnellement en matière d'art et d'esthétique Et alors encore, le mot consacré c'est plutôt *idéal*

à la pensée sont complexes comment se sont formés ces objets complexes ?

Par une suite d'opérations, qui ont consisté, tantôt a unir, tantôt à désunir les produits élémentaires des premières abstractions

Aristote appelle ces secondes opérations de l'intellect σύνθεσις και διαίρεσις, *compositio et divisio*, leur résultat ἀπόφανσις, *enunciatio*, une énonciation, un dire L'énonciation est d'abord affirmative, puis négative

L'affirmation, κατάφασις, attribue quelque chose a quelque chose , la négation, ἀπόφασις, refuse quelque chose a quelque chose κατάφασις δὲ ἐστιν ἀπόφανσις τινος κατά τινος ἀπόφασις δὲ ἐστιν ἀπόφανσίς τινος ἀπό τινος [1])

On reconnaît les deux opérations mentales au signe que voici La notion simple est dépourvue de vérité comme de fausseté , les mots *figure, angle, côté,* n'expriment en effet, ni vérité ni erreur Au contraire, une proposition, soit affirmative, soit négative, est nécessairement vraie ou fausse. La proposition « Le triangle est une figure à trois angles et à trois côtés » est vraie , au contraire, la proposition « Le triangle a plus de trois angles et de trois côtés » est fausse

Est vraie l'énonciation qui unit mentalement ce qui réellement est uni, ou sépare mentalement ce qui réellement est désuni L'énonciation contraire a la réalité est fausse Ἀληθεύει μὲν ὁ τὸ διῃρημένον οἰόμενος διῃρῆσθαι καὶ τὸ συγκείμενον συγκεῖσθαι ἔψευσται δὲ ὁ ἐναντίως ἔχων ἢ τὰ πράγματα [2])

Les affirmations les plus immédiates sont des « principes », l'esprit les énonce aussitôt qu'il en a saisi les termes, parce que l'évidence de leur convenance ou de leur non-convenance s'impose tout de suite, irrésistiblement

[1]) *Peri Hermeneias,* cap 6
[2]) *Metaph ,* IX, 10

Exemples Ce qui est, est, l'être n'est pas le non-être, principes d'*identité* et de *contradiction* L'intelligence adhère nécessairement a ces principes aussitôt que les termes de l'énoncé lui sont présents

Tout le travail de la pensée humaine consiste d'abord a abstraire des choses d'expérience des notions simples, puis à les unir ou a les désunir en notions complexes sous la direction des premiers principes

Ainsi s'élaborent les « essences spécifiques » dont les définitions déroulent la formule

Lorsque l'esprit n'aperçoit pas d'emblée si deux intelligibles doivent être unis ou désunis, il a la ressource de les comparer a un même troisième terme *(raisonnement)*. La perception du rapport que les deux premiers termes ont avec le troisième *(terme moyen)* facilite la perception du rapport qu'ils ont entre eux

Ce recours a des intermédiaires logiques, — procède *discursif* dis-currere — révèle une imperfection, sans doute, mais est indispensable au progrès de la pensée humaine

On comprend sans peine que le raisonnement ne diffère pas essentiellement des synthèses ou analyses logiques qui s'opèrent entre deux termes

Nous ajoutons que l'union ou la désunion de deux termes, — le jugement — ne diffère pas essentiellement de la simple appréhension Aussi bien une faculté n a qu'une opération L'intelligence voit abstractivement que quelque chose est Quoi qu'elle fasse. elle voit cela et ne peut voir autre chose Dans la simple appréhension. elle voit un terme intelligible Dans le jugement elle voit encore un terme intelligible, a savoir l'identité de deux termes placés simultanément sous son regard.

Saint Thomas se demande si l'intelligence peut connaître simultanément plusieurs objets Non répond-il, si ce n'est en ce sens que le jugement appréhende formellement un terme commun à plusieurs

« Sicut ad unitatem motus requiritur unitas termini, sic ad unitatem operationis requiritur objecti . Et sic intellectus noster simul intelligit subjectum et praedicatum, prout sunt partes unius propositionis ; et duo comparata, secundum quod conveniunt in una comparatione . Ex quo patet quod multa, secundum quod sunt distincta non possunt simul intelligi , sed secundum quod uniuntur in uno intelligibili, sic simul intelliguntur » [1])

Nous disions, il y a un instant, que le travail de la pensée a pour résultat la formation d'objets intelligibles complexes sous la direction des principes

En outre, l'intelligence applique ses notions aux choses d'expérience et tâche à comprendre comment et dans quelle mesure cette application est légitime Elle s'enquiert enfin du point de savoir si l'existence des choses d'expérience autorise ou n'autorise pas l'affirmation qu'il existe un ordre de réalités immatériel, transcendant

Ces problèmes appartiennent à la *Critériologie*, que nous considérons comme une dépendance de l'idéologie

L'étude psychologique de l'évolution de la pensée comprendra donc un double objet Le développement *subjectif* de la pensée — Son progrès dans la connaissance des *réalités objectives*

1re Question Comment l'intelligence se développe-t-elle *subjectivement* , quels sont les différents modes sous lesquels se produit l'*intellection* ?

2e Question Comment l'intelligence perfectionne-t-elle sa connaissance des choses corporelles , comment passe-t-elle des corps, son premier *objet*, aux substances spirituelles et à Dieu ?

[1]) *Sum Theol* , 1ª 2ᵃᵉ, q 58, art 2

190. Le développement subjectif de l'intelligence. —
Nous avons dit que les opérations de la pensée, si variées
soient-elles, relèvent toutes d'une même faculté Vérifions
cette thèse d'abord sur les multiples manifestations de l'acte
de *simple apprehension*, puis sur les *opérations ultérieures*
de l'esprit, le jugement et le raisonnement

Lorsque, sous l'influence d'une inclination affective, l'esprit
est attaché a la considération d'un objet, indépendamment
de ceux qui l'entourent, on dit qu'il y fait *attention*

L'attention se porte tantôt sur un seul caractère de
l'objet, indépendamment de ceux qui lui sont unis, tantôt
sur l'ensemble des caractères qui constituent l'essence de
l'objet, mais a part des caractères qui l'individualisent,
dans la réalité, l'acte de l'esprit, envisage sous cet aspect,
s'appelle du nom d *abstraction*

L'abstraction est le fondement de la *généralisation*

L'abstraction opère dans l'esprit l'*analyse* des notes de
l'objet connu

Lorsque l'esprit réunit a nouveau des notes préalablement isolées, il fait une *synthèse*

Lorsque nous nous représentons successivement deux
objets et que nous percevons entre eux un rapport, l'apprehension, ou mieux, la double apprehension que nous faisons
alors s'appelle une *comparaison*

La *distinction* est un acte par lequel l'esprit voit qu'un
objet n'est pas le même qu'un autre objet

La connaissance d'une chose existante présente a celui
qui la connaît, est un acte d *intuition*, on l'appelle aussi très
souvent du nom de *perception* On oppose alors la perception
des choses existantes a la *conception* des choses idéales

Lorsque l'intelligence a pour objet les actes de l'âme,
principalement ses actes spirituels, l'apprehension prend le
nom de *conscience*

La connaissance se produit tantôt sous l'influence exclu-

sive de l'objet, et alors elle est dite *directe*, tantôt sous
l'influence de la volonté libre qui nous fait repenser a un
objet déja abstrait ou à l'acte mental qui l'a abstrait, et dans
ce cas, elle est dite *réflexe* ou *réfléchie* La reflexion est
ontologique, objective, ou *psychologique, subjective,* selon
que l'attention se concentre sur l'*objet* du concept direct,
ou sur l'*acte* du *sujet*

Les actes que nous venons de décrire, ne different que
par des traits accidentels au fond, ils sont identiques,
une simple appréhension de ce que quelque chose est, « quod
quid est »

Or, le jugement et le raisonnement sont eux-mêmes,
essentiellement, des actes d'appréhension

En effet, *juger*, c'est voir que deux objets deja appre-
hendés se conviennent ou ne se conviennent pas Le jugement est donc un acte d'appréhension qui a pour objet
formel l'identité des termes de deux apprehensions anterieures On l'appelle *apprehensio complexa* ou *complexorum,*
par opposition à l'apprehension simple, *apprehensio incom-
plexa* ou *incomplexorum*

Le *raisonnement* est un enchaînement de jugements La
raison compare deux termes extrêmes a un même terme
moyen, a l'effet de voir s'ils sont ou ne sont pas identiques

En resumé, et les actes d'appréhension, sous leurs formes
multiples, et les actes de jugement et de raisonnement sont
foncierement un seul et même acte, l'appréhension ou la
vue de ce que quelque chose est

Il suffit donc d'une faculte pour l'accomplir dans le langage courant, on l'appelle aujourd'hui assez indifféremment
intelligence, entendement ou *raison*

Mais le langage d'autrefois était plus précis on appelait
la faculté cognitive *intelligence,* lorsqu'elle a pour objet des
verites immediates ou des *principes,* on lui donnait le nom

de raison, lorsqu'elle déduit de principes antérieurs, des
vérités médiates, des *conclusions*

La connaissance médiate portait le nom de *science*
Cependant la science, au sens rigoureux du mot, ne s'appliquait qu'à la connaissance des choses *par leurs causes*,
à la science des choses par leurs causes suprêmes on réser-
vait un nom spécial, la *sagesse* [1])

La *raison*, disions-nous, ou la faculté de raisonner, n'est
pas autre, au fond, que la faculté de juger ou de concevoir

Or, la raison est *théorique* ou *pratique*, selon qu'elle se
borne à *connaître* un objet (θεωρεῖν), ou qu'elle applique sa
connaissance à une *action* à accomplir (πράσσειν), à la direction
de la conduite de la vie ou à l'exécution d'œuvres extérieures La pensée théorique se meut dans le domaine de
l'universel, de l'absolu, la connaissance pratique, au contraire, descend au particulier, au relatif La raison pratique
utilise les notions générales, les principes abstraits, elle les
applique à des actes particuliers « Intellectus speculativus
considerat aliquid verum esse vel falsum in universali quod
est considerare simpliciter, intellectus autem practicus appli-
cando ad particulare operabile, quia operatio in particularibus est » [2])

A certains égards, la distinction entre la pensée théorique
et la pensée pratique est de toute première importance —
on le verra dans l'étude du libre arbitre — mais au point de
vue où nous nous plaçons en ce moment, cette importance
s'efface Le but extrinsèque de la connaissance n'affecte

---

[1]) Cette distinction s'appliquait particulièrement chez les scolastiques
aux *habitus* de l'esprit Ceux-ci sont des dispositions habituelles *acci-*
dentelles qui se surajoutent à la faculté, la perfectionnent, et lui facilitent la connaissance théorique ou pratique des choses Les scolastiques
en distinguaient en tout *cinq* l'*intelligence*, la *science*, la *sagesse*, la
prudence et l'*art* Les trois premiers *habitus* concernent la raison
théorique ou spéculative, les deux derniers, la raison pratique

[2]) *De anima*, III, 12

pas essentiellement la faculté cognitive elle-même, et dès lors, la raison soit *spéculative*, soit *pratique*, est une seule et même faculté.

La raison pratique, lorsqu'elle se prononce sur les actes humains envisagés dans leurs rapports avec la fin de la nature, s'appelle *conscience morale*.

Enfin, ajoutons que la *mémoire* ne constitue pas une faculté à part. Elle désigne, en effet, soit la conservation d'idées acquises, soit la connaissance du passé. Or, la conservation d'idées acquises ne demande pas une faculté autre que celle de les acquérir: l'intelligence étant spirituelle et par suite incorruptible, on ne s'expliquerait même pas comment elle perdrait son savoir acquis.

Parmi les connaissances que l'intelligence a ainsi le pouvoir de conserver, il faut aussi ranger celle de ses actes, car, observe saint Thomas, « intellectus non solum intelligit intelligibile, sed etiam intelligit se intelligere tale intelligibile », donc, dans ce sens encore, la mémoire relève de l'intelligence.

La connaissance du passé, *comme tel*, n'est pas, à proprement parler, l'œuvre de la mémoire intellective, attendu que l'intelligence considère son objet à part de la circonstance de temps, « objectum intellectus est æternum, inquantum abstrahit ab hic et *nunc* ».

En résumé, toutes les démarches de la pensée ne sont que des phases progressives d'un même acte intellectuel, et ainsi se trouve expliqué, sous son aspect *subjectif*, le processus de développement de l'intelligence humaine [1].

Comment s'accomplit ce processus, au point de vue des *objets* intelligibles ?

---

[1] Nous avons fait remarquer en Logique (**45**) que tout le matériel de nos langues les plus opulentes est tiré de quelques racines conceptuelles abstraites, moyennant l'emploi de dix catégories et de quelques procédés de composition et de métaphore.

**191. Le développement objectif de l'intelligence :
1º La connaissance des substances corporelles. —**
L'esprit débute par la connaissance des choses corporelles
et nous dit ce qu'elles sont

Dire adéquatement ce qu'une chose est, c'est nous faire
connaître son *essence*, c'est-à-dire, ce qu'elle est et sans quoi
elle ne pourrait ni être réalisée ni être conçue. L'intelligence
saisit toujours son objet *abstraitement*, ses notions des
essences sont indéterminées, *génériques*, d'abord, puis *spécifiques* Connaître l'essence spécifique d'une chose, c'est
connaître son genre prochain et sa différence spécifique,
la définir.

Mais nous n'arrivons pas d'emblée à l'essence spécifique
des choses nous commençons par saisir leurs *qualités*,
comme quelque chose de concret et de subsistant, nous ne
distinguons pas, de prime abord, entre la *substance* comme
telle et les *accidents* qui l'affectent et y sont inhérents, entre
les qualités *contingentes*, d'une part, et les caractères *nécessaires*, c'est-à-dire, les *propriétés naturelles* ou les notes
essentielles du sujet, d'autre part A ce premier stade donc,
notre connaissance est toute descriptive plus tard, par voie
de *comparaison* et au moyen de l'*induction*, nous parvenons
à discerner parmi les qualités d'une chose, celles qui sont
variables de celles qui sont des *propriétés nécessaires*, les
accidents de la *substance*, et nous nous approchons ainsi,
d'une manière *médiate*, de la connaissance de l'*essence spécifique* des êtres et de ce *premier fond substantiel* qui demeure
invariable chez eux à travers les variations incessantes de
leurs accidents [1])

Bref, les *substances*, même corporelles, ne sont connues,
dans leur *essence*, que d'une manière *médiate* et par voie

---

[1]) Cfr D Mercier, *Les origines de la psychologie contemporaine*,
pp 411-418, *Metaph gen*, 1ᵉ éd Introduction, pp I-III

d'induction Qu'en est-il de la connaissance des substances *spirituelles* ?

192. 2° La connaissance de l'âme. Énoncé de la thèse. — Le propre de l'âme humaine n'est pas, comme se l'imaginait Descartes, de penser, mais d'informer la matière pour en faire un corps et l'animer [1]), ce corps qu'elle informe et anime, l'âme le rend *apte* à éprouver des sensations ; puis, dépendamment des actes de sensibilité externe et interne, l'âme est *apte* à penser et à vouloir Mais, originairement, elle n'a que la *puissance* de penser, il faut qu'elle soit informée par une espèce intelligible pour exercer l'*acte* de la pensée

Or, une chose n'est connaissable que dans la mesure où elle est actuelle « ens actu et verum convertuntur »

Donc, parce que, dans le principe, l'intelligence n'est pas en acte, elle n'est pas intelligible en acte L'âme ne se connaît donc pas d'elle-même, immédiatement, — comme le voulait Descartes, — parce que, d'elle-même, de sa nature, elle n'est pas susceptible d'être connue

Telle est la raison intime pour laquelle l'âme s'ignore.

De fait, l'expérience atteste qu'elle s'ignore Elle atteste d'abord que l'âme ne connaît même son *existence* qu'à la condition d'agir et de se voir agissante ; elle atteste ensuite que l'âme ne connaît sa *nature* que d'une manière *indirecte* et *réflexe*, au moyen de *concepts négatifs et analogiques*

Prouvons cette double thèse.

193. Preuve de la thèse. Première partie : L'âme connaît son existence en ses actes. — En effet, chaque fois que nous avons conscience d'exister, c'est dans une manifestation de notre activité, dans une sensation, une

---

[1]) Voir plus loin, Art 2ᵈ, Sect II

pensee, une volition, que nous voyons notre existence engagee

Au contraire, quand nous n'avons pas conscience d'agir, dans un profond sommeil, dans une syncope, nous nous ignorons absolument « *In hoc enim aliquis percipit se animam habere, et vivere, et esse*, dit admirablement saint Thomas, *quod percipit se sentire et intelligere et alia hujusmodi vitae opera exercere* » [1] Et dans ce sens le mot de Descartes est exact « Je doute, donc je suis »

194. Preuve de la thèse. Deuxième partie : L'âme connaît sa nature moyennant une réflexion sur ses actes antérieurs. — *1er Argument* Supposé que l'âme connût directement ce qu'elle est, elle aurait sur sa nature spirituelle, simple, incorruptible, des concepts positifs et absolus

Or, ces concepts sont négatifs et relatifs *négatifs* en ce qu'ils ont de distinctif, *relatifs*, car ce qu'ils nous disent de l'âme est emprunte aux corps auxquels ils l'opposent

Donc, c'est par voie *indirecte* ou *reflexe* que nous arrivons a connaître la nature spirituelle de l'âme

2d Argument Une connaissance naturelle, immédiate, est certaine et l'est sans demonstration , témoin la connaissance des premiers principes sur lesquels il n'y a ni ignorance, ni doute, ni erreur possibles et qui excluent toute demonstration

Or il règne, sur la nature de l'âme humaine, de l'ignorance, des doutes et des erreurs , la spiritualité et les autres propriétés de l'âme peuvent et doivent se demontrer

Donc, la nature de l'âme humaine n'est pas l'objet d'une connaissance naturelle, immédiate de l'intelligence

---

[1] *De verit*, q 10, a 8, in C

195. 3° La connaissance de Dieu. Énoncé de la thèse.
— Nous savons déjà que Dieu n'est pas l'objet direct de l'intelligence humaine. *Quel est le procédé indirect* qui nous conduit jusqu'à Lui ?

Nous ne pouvons connaître l'*existence* de Dieu que *par voie de démonstration.* L'application du principe de causalité à l'existence de choses contingentes prouve qu'il doit exister un Être nécessaire, dont l'essence est l'existence même, et c'est Lui que nous appelons Dieu [1]

Pour nous former une idée de *ce que* Dieu est, c'est-à-dire de sa *nature* ou de son *essence,* nous avons recours au triple procédé que l'on appelle de *composition* ou de *synthèse,* de *négation* ou d'*élimination,* et de *surélévation* ou de *transcendance*

Nous comprenons que Dieu doit posséder Lui-même les perfections que nous voyons dispersées dans ses œuvres et nous les Lui attribuons : procédé de *composition*

Mais nous savons que ces perfections ne peuvent avoir en Lui les imperfections inhérentes aux choses créées, ni être confinées dans les limites qui enserrent les choses contingentes ; nous éliminons des perfections divines tout ce qui est imperfection ou limite : procédé de *négation*

Toutefois, même dépouillées de leurs imperfections et débarrassées de leurs limites, les perfections de ce monde créé gardent un défaut essentiel, elles sont plusieurs, et, parce que plusieurs, se limitent les unes les autres.

Or, la perfection infinie exclut la limite et, par conséquent, la multiplicité. De plus, telles que nous les concevons, les perfections créées n'ont rien qui ne se conçoive même chez un être simplement fini et, par conséquent, elles ne sont pas exclusivement propres à l'Être divin. Donc, pour rendre notre concept exclusivement applicable à Dieu, nous devons recon-

[1] Nous traiterons ce point en *Theodicée*, 1re Partie : L'existence de Dieu

naître que les perfections créées, même après la suppression de leurs imperfections et de leurs limites, restent infiniment au-dessous de la réalité divine, et confesser que, pour les rendre attribuables à Dieu, il faudrait les surélever à l'infini procédé de *surélévation* ou de *transcendance*, complément obligé des deux premiers

DEUXIÈME SECTION

Volition et volonté

Cette section sera partagée en trois paragraphes

§ 1 L'acte volontaire nécessaire — § 2 L'acte libre — § 3 Les suites de l'acte de volonté Les états affectifs, les sentiments

§ 1.

L'acte volontaire nécessaire

SOMMAIRE — 196 Notions préliminaires Le bien, l'amour spontané du bien, la volonté — 197 Objets divers de la volonté les biens — 198 Notions du nécessaire, du volontaire, du déterminé — 199 Le déterminisme Déterminisme absolu et déterminisme scientifique — 200 La volonté est le principe d'actes nécessaires

196. Notions préliminaires : Le bien ; l'amour spontané du bien ; la volonté. — Les choses sont disposées dans la nature, on ne peut le nier, de manière à satisfaire aux besoins ou aux convenances des êtres. Voici une plante ses organes sont arrangés de façon à favoriser la vie de la plante qu'une des parties soit dérangée, et les fonctions vitales ne s'exercent plus ou ne s'exercent plus aussi bien L'arrangement des parties qui composent la plante est donc en harmonie avec ses besoins ou son utilité

On peut différer d'avis sur l'origine de ces relations harmonieuses Le darwiniste dira qu'elles sont le résultat de ren-

contres heureuses, de circonstances indépendantes les unes
des autres. Les produits moins heureux des circonstances
ont succombé, les mieux avantagés ont survécu et se sont
perpétués, mais aucune cause intentionnelle n'a présidé ni a
la coordination des éléments, ni à la combinaison de leurs
énergies. Le finaliste, au contraire, est d'avis que la convergence des éléments et de leurs forces a été voulue et
que, dès lors, son résultat heureux est un *but*, une *fin*.

Mais finalistes et antifinalistes demeurent d'accord que les
choses de la nature *ont réussi*, c'est-à-dire que des résultats
heureux, profitables aux êtres, sont obtenus.

On appelle *bien* ce qui *est profitable aux êtres*.

Si ce bien a fait, avant sa réalisation l'objet d'un vouloir,
si le sujet qui en profite était destiné à en tirer profit, on
dira avec raison que le bien est ce qui est profitable aux
êtres et vers quoi ils penchent. Aristote s'inspirait de cette
conception finaliste, lorsqu'il disait : Le bien est l'*objet des
désirs des êtres*, « ce que les êtres appètent, id quod omnia
appetunt »

Que les êtres inconscients soient poussés vers ce qui leur
est bon, ce n'est pas chose évidente à première vue.

Mais il n'y a pas de doute que, par nos facultés sensitives,
nous nous portons vers des choses que nous désirons et que
nous avons le sentiment de les désirer. L'animal éprouve les
mêmes désirs sous l'attrait d'objets qui lui sont présentés
par les sens. Le chat qui guette le garde-manger, le chien
de chasse qui poursuit un lièvre, le cheval qui hâte le pas
vers l'écurie, voient, imaginent ce qui leur est bon et le
désirent.

Les biens sont, de la part de l'animal, l'objet de désirs
guidés par un jugement des sens. Ces biens s'appellent
sensibles.

L'animal juge certaines choses bonnes pour lui et va vers
elles, certaines autres mauvaises pour lui et s'en écarte,

mais son attention est absorbée par la réalité concrète, il est incapable de la dominer et d'y considérer à part *ce qui fait la bonté* des choses qu'il trouve bonnes, la *défectuosité* des choses qu'il trouve mauvaises Cette considération abstraite appartient en propre à l'homme l'*amour de la bonté* est propre à la *volonté humaine* L'objet formel de la volonté raisonnable est *le bien, comme tel,* c'est-à-dire *ce à raison de quoi les choses sont dignes d'amour*

Dès que la raison a abstrait, elle généralise En dehors et au-dessus des biens particuliers, elle conçoit donc un bien idéal qui réunirait en lui tout ce qu'il y a de bonté disséminée dans les biens particuliers cet idéal, quintessence des biens finis, on l'appelle couramment le *bien général,* le *bien universel*

De prime abord, la raison n'en aperçoit pas la réalisation, elle n'est même pas assurée qu'il est réalisable elle se contente de le considérer à l'état abstrait, indéterminément Un travail de réflexion est requis — il appartient à la Morale et à la Théodicée de le décrire — pour montrer que cet idéal est réel en l'Être divin et n'est réel qu'en Lui

Le *vouloir propre à l'homme* est donc l'acte qui a pour objet formel le bien abstrait et universel

La *volonté raisonnable* désigne tantôt la faculté, principe immédiat des actes par lesquels l'homme se porte vers le bien abstrait et universel ; tantôt la nature même d'où dérive la faculté

On remarquera qu'il y a à la fois *continuité* et *gradation* dans la nature.

Il y a *continuité* De la molécule à l'être intelligent, il y a au sein de chaque être une propension au bien, une ὄρεξις, un « appétit » du bien, suivant l'expression d'Aristote et de la scolastique

Il y a *gradation* L'appétit *naturel* entraîne inconsciemment le minéral et le végétal ; l'appétit *sensitif* porte l'animal vers *des biens* qui ont fait l'objet d'une appréciation *sensible*, et ses appétitions s'accompagnent de sens intime ; l'appétit *intellectif* ou *raisonnable* se porte avec conscience vers *le bien*

Les lignes suivantes de saint Thomas rendent admirablement ces idées

« Omnia suo modo per appetitum inclinantur in bonum, sed diversimode Quædam enim inclinantur in bonum per solam naturalem habitudinem, absque cognitione, sicut plantæ et corpora inanimata Et talis inclinatio ad bonum vocatur *appetitus naturalis* — Quædam vero ad bonum inclinantur cum aliqua cognitione, non quidem sic quod cognoscant ipsam rationem boni, sed cognoscunt aliquod bonum particulare, sicut sensus, qui cognoscit dulce et album et aliquid huiusmodi Inclinatio autem, hanc cognitionem sequens, dicitur *appetitus sensitivus* — Quædam vero inclinantur ad bonum cum cognitione qua cognoscunt ipsam boni rationem, quod est proprium intellectus Et hæc perfectissime inclinantur in bonum, non quidem quasi ab alio solummodo directa in bonum, sicut ea quæ cognitione carent, neque in bonum particulariter tantum, sicut ea in quibus est sola sensitiva cognitio, sed quasi inclinata in ipsum universale bonum Et hæc inclinatio dicitur *voluntas* » [1]

197. Divers biens, objets de volition. — Le bien est donc ce vers quoi se porte la volonté. Métaphoriquement, l'acte de la volonté est considéré comme un mouvement vers ce qui est bon pour elle Le terme auquel elle s'arrête, ce qui est *bien en soi* et voulu pour soi est un bien *absolu*, l'objet de la volonté qui s'achemine vers son terme, ce qui est bien par rapport à un bien absolu, est un bien *relatif*, *utile* Du point de vue finaliste, le bien absolu s'appelle *fin*, le bien relatif *moyen*

D'après une loi psychologique bien établie, le déploie-

) *Sum Theol*, 1ª 2ᵃᵉ, q 59, art 1, C

ment puissant de l'activité d'un sujet est pour lui, s'il est capable de conscience, une source de plaisir Le mouvement de la volonté vers le bien apporte donc au sujet une jouissance Au premier moment, la volonté se porte vers l'objet bon, mais, à un second moment, elle se portera soit vers l'objet bon, soit vers le plaisir qu'elle a goûté à le saisir L'objet bon est le bien *objectif*, le plaisir que sa possession apporte au sujet est le bien *agréable*, « bonum delectabile »

Le bien objectif capable de donner pleine satisfaction à la volonté c'est le bonheur, dans l'acception objective du mot, « beatitudo objectiva », la jouissance qui résulte de la satisfaction adéquate de la volonté c'est le bonheur, dans l'acception subjective du mot, la félicité, « beatitudo subjectiva, formalis »

Le bien objectif, vers lequel se porte la volonté lorsqu'elle est guidée par la saine raison, est appelé par les moralistes bien *honnête*, « bonum honestum » [1])

198. Notions du nécessaire, du volontaire, du déterminé. — Qu'est-ce qui est *nécessaire* ?

On appelle parfois *nécessaire* ce qui se réalise toujours, *impossible* ce qui ne se réalise jamais, *possible, contingent* ce qui parfois se réalise et parfois ne se réalise pas

Ce langage manque de rigueur philosophique, une chose n'est pas nécessaire parce qu'elle se réalise toujours, impos-

[1]) « In motu appetitus, id quod est appetibile terminans motum appetitus secundum quid, ut medium, per quod tenditur in aliud, vocatur utile Id autem quod appetitur ut ultimum terminans totaliter motum appetitus, sicut quædam res in quam per se appetitus tendit, vocatur honestum, quia honestum dicitur quod per se desideratur Id autem quod terminat motum appetitus, ut quies in re desiderata, est delectabile » *Sum Theol*, 1ª 2ᵃᵉ, q 5, a 6, C Voir le développement de ces notions dans la thèse de L De Lantsheere, *Du bien au point de vue ontologique et moral*

sible parce qu'elle ne se réalise jamais, mais, parce qu'elle
est nécessaire, elle se réalisera toujours parce qu'elle est
impossible, elle ne se réalisera jamais

On dit encore Est nécessaire ce qui ne peut être empêché,
contingent ou possible, ce qui peut l'être

Mais ces définitions sont empruntées à une relation extrinsèque et accidentelle il est vrai que le nécessaire ne peut
être empêché, mais ce n'est pas pour cette raison qu'il est
nécessaire, c'est parce qu'il est nécessaire, qu'il ne peut
être empêché

Est *nécessaire* ce qui, de par sa nature, est déterminé
à se réaliser, *impossible* ce qui est déterminé à ne pas se
réaliser, *possible* ce qui est adéquatement déterminé ni à
l'être, ni au non-être, peu importe d'ailleurs que les deux
branches de l'alternative soient également ou inégalement
probables [1])

Nécessaire est synonyme de *naturel*, ce qui est exigé par
la nature du sujet et, par suite, s'accomplit en conformité
avec sa tendance fondamentale

Dans cette acception rigoureuse, le *nécessaire* s'oppose à
ce qui est *forcé, contraint,* « violent » On appelle force ou
« violent », ce qui se produit sous l'action d'une force extérieure, contrairement à la tendance naturelle du sujet Les
eaux d'un fleuve sont naturellement portées vers la mer
l'homme les force à remonter vers leur source Chaque embryon a sa loi naturelle d'évolution l'expérimentateur fait
violence à cette loi et produit un monstre

Le *nécessaire* et le *contraint* rentrent l'un et l'autre dans

---

[1]) « Illud dicitur necessarium, quod in sua natura determinatum est
solum ad esse, impossibile autem quod est determinatum solum ad non
esse, possibile autem quod ad neutrum est omnino determinatum, sive
se habeat magis ad unum quam ad alterum, sive se habeat æqualiter
ad utrumque, quod dicitur contingens ad utrumlibet » S Thomas,
in Peri Hermeneias, 1, lect 14

une notion plus large, celle du *déterminé*, « determinatum ad unum ».

Le *volontaire*, dans l'acception stricte du mot, est ce qui procède *nécessairement* de la volonté, sous la direction de l'intelligence. L'acte proprement volontaire exclut, d'une part, la contrainte et l'inconscience, d'autre part, la liberté. Car la liberté, — nous le dirons plus au long tout à l'heure — est la négation de la détermination de la volonté a un vouloir unique.

199. Le déterminisme. —

Le déterminisme énonce que tout événement est déterminé par ses antécédents. Aussi bien, comment la science serait-elle possible si, entre un événement et la condition ou les conditions de son apparition il n'y avait pas une relation constante, nécessaire ? Les lois, telles que les comprennent les sciences d'observation, sont-elles autre chose que l'énoncé des relations invariables entre un événement et ses conditions antécédentes ? La persuasion que ces lois existent, qu'une fois découvertes elles ne varieront pas et permettront de prévoir les résultats a venir, est le nerf de toute recherche scientifique [1]

Mais le déterminisme est interprétable en deux sens.

Selon les uns, il serait absolu et universel. Tout événement, aucun excepté, trouverait en certains antécédents observables la raison *adéquate*, c'est-à-dire nécessaire et suffi-

[1] Le mot *déterminisme* a été introduit dans la science par le célèbre physiologiste français Claude Bernard. La science expérimentale recherche, dit-il, les *causes matérielles* ou les *conditions matérielles* immédiates des phénomènes. Les deux mots *causes* et *conditions* sont chez lui synonymes. Lorsque toutes les conditions d'un phénomène sont connues, on connaît la loi du phénomène si nous pouvons les réunir dans une expérience, nous verrons le fait se reproduire d'une manière constante, nécessaire. « Le tout est donc d'établir le *déterminisme* des faits, c'est-à-dire l'ensemble des conditions de ces faits » « Un pheno-

sante de son apparition Que ces antécedents fassent, en tout ou en partie, defaut, l'evénement ne se produira pas Qu'ils soient donnés, l'évenement se produira

Mais d'autres font observer que cette formule absolue du determinisme dépasse les faits etablis Certes, tout événement est conditionne par certains antecédents materiels, faute desquels il ne se produira pas ; il y a donc entre ceux-ci et l'apparition de l'évenement qu'ils conditionnent, un lien de dépendance necessaire, mais il n'est pas demontre que la condition necessaire d'un évenement en est toujours la condition *suffisante* (**39**).

S'il se produit des actes libres, le déterminisme absolu sera convaincu d'exagération le déterminisme modéré seul est conciliable avec l'existence du libre arbitre

Ajoutons que le détermmisme porte l'une des épithètes *mécanique, physique, psychologique*, selon que les antécedents des phénomènes sont consideres comme *mécaniques, physiques, psychologiques*

Le déterminisme scientifique ne doit pas être confondu avec le *fatalisme* Celui-ci soumet les événements aux caprices d'une puissance souveraine qui les domine ; celui-là, au contraire, les considere comme régis par des lois invariables

200. La volonté est le principe d'actes nécessaires
— En présence d'un bien quelconque qui lui est presenté par l'intelligence, la volonte agit *nécessairement* N'éprou-

mene dont le determinisme est entierement etabli devient une chose immuable, dont on peut predire rigoureusement l'apparition dans tous les cas ou se trouveront réalisees les circonstances de sa production il comporte une certitude absolue » Voir C l a u d e   B e r n a r d, *Leçons de physiologie operatoire*, 3ᵐᵉ leçon Cfr *La science experimentale*, passim — *Introduction a l'etude de la medecine experimentale*, 3ᵐᵉ partie, ch II

vons-nous pas nécessairement de la sympathie pour ceux
qui nous font du bien, de l'antipathie à l'égard de ceux qui
nous font du mal ? La sincérité, le désintéressement attirent,
l'égoïsme, le mensonge, la trahison répugnent, écœurent
Autant d'inclinations volontaires qui se produisent *spontanément*, devançant toute réflexion

Mais il y a plus Certains *objets* s'imposent tellement à la
volonté que, même après réflexion, elle ne peut les refuser
Chacun de nous se forme vaguement un idéal qui réunit
tout le bonheur désirable il a, sans doute, le pouvoir d'y
penser ou de ne pas y penser, mais il lui est impossible d'y
penser sans le désirer [1] De même, les biens que l'on considère
comme inséparables du bonheur complet — telles l'existence,
la vie, l'intelligence — nous les voulons de toute nécessité
Par rapport à ces biens, l'exercice de la volonté n'est pas
nécessaire, mais son orientation l'est [2]

---

[1] Nous ne voulons pas anticiper sur l'étude du libre arbitre, mais dès
ce moment ces paroles de Cajetan trouvent ici leur application « Sciendum est quod aliquid dupliciter liberum dicatur, scilicet quoad exercitium, vel quoad specificationem actus secundi , per oppositum, dupliciter
etiam dicetur naturale Ita quod operationum alia est libera quoad
utrumque, ut electio quia et libere eligimus, et libere, si eligimus,
determinamus nos ad alteram partem contradictionis ex parte objecti
— Alia vero est libera quoad exercitium, sed naturalis quoad specificationem, ut velle bonum, et intelligere principia quoniam libere exer-
cemus aut abstinemus nos ab usu talium actuum, sed si circa hæc objecta
operandum nobis est, non est in libertate nostra determinare nos ad
alteram partem contradictionis ex parte objecti — Alia autem est
naturalis utroque modo ut sunt omnes operationes nullo modo subditæ
libertati » *Comment in Sum Theol*, 1ª 2ª, q 60, a 1

[2] « Est quoddam bonum quod est propter se appetibile, sicut felicitas,
quæ habet rationem ultimi finis et hujusmodi bono ex necessitate
inhæret voluntas naturali enim quadam necessitate omnes appetunt
esse felices Si essent aliqua bona, quibus non existentibus, non posset
aliquis esse felix, hæc etiam essent ex necessitate appetibilia et maxime
apud eum qui talem ordinem perciperet et forte talia sunt *esse, vivere*
et *intelligere* et si qua alia sunt similia » *In Peri Hermeneias*, I, 14

§ 2

L'acte libre

201. Notion de l'acte libre : La liberté prend racine dans une indétermination du jugement. — L'acte libre est un acte non-nécessaire de la volonté.

L'acte volontaire exclut la contrainte, l'acte libre l'exclut *a fortiori*

L'acte volontaire nécessaire est déterminé, l'acte libre ne l'est pas

L'acte libre est tel que, en présence de tous les antécédents nécessaires à sa production, il dépend de la volonté de le vouloir ou de ne le vouloir pas

Or le vouloir est consécutif à un jugement « nihil volitum nisi præcognitum », on ne veut que ce que l'on a jugé bon En revanche, ce qui est jugé bon exerce inévitablement un attrait sur la volonté, y produit une inclination.

Dès lors, le vouloir ne sera libre que si le jugement l'est

Et puisque *libre* est synonyme de *non-déterminé,* la possi-

bilité de la liberté du vouloir est conditionnée par l'indetermination du jugement

En fait, la liberté psychologique s'appelle couramment *libre
arbitre*, c'est-à-dire *libre jugement* « Tota ratio libertatis,
dit saint Thomas, ex modo cognitionis dependet. Appetitus
enim cognitionem sequitur, cum appetitus non sit nisi boni,
quod sibi per vim cognitivam proponitur Et ideo si judicium cognitivæ virtutis non sit in potestate alicujus, sed sit
aliunde determinatum, nec appetitus ejus erit in potestate
ejus, et per consequens nec motus vel operatio absolute » [1]

Mais où trouver place, dans un jugement, à l'indetermination ?

Le jugement affirme qu'un prédicat convient ou ne convient pas à un sujet cette affirmation n'est-elle pas l'exclusion nécessaire de la contradictoire ?

Sans doute, dans l'ordre abstrait, toute proposition immédiate commande l'assentiment , toute proposition médiate
dont la connexion avec des prémisses immédiates est évidente, commande de même l'assentiment

Mais un acte de volonté est concret

Or un même acte concret peut être simultanement en
connexion avec divers principes abstraits

La raison pratique, qui applique les principes de la raison
speculative à la conduite de la vie remplit un double rôle
elle énonce abstraitement les règles de conduite — *ratio
practica universalis* — et elle en fait l'application aux cas
particuliers — *ratio practica particularis*

Cette application ouvre accès à l'indetermination du jugement, au « libre arbitre »

Soit cette proposition Le fils doit respecter son père
Proposition abstraite, nécessaire, dont l'évidence s'impose

[1] *De verit*, q 22, art 2

a la raison et dont la bonte objective conquiert inevitable-
ment le consentement de la volonte

Mais les actes que la volonté exécute ne sont pas abstraits,
ils sont enveloppés de toutes les circonstances inhérentes à
la vie personnelle du sujet, ils se realisent a tel endroit de
l'espace, a tel moment du temps C'est moi qui me connais
comme fils , qui en un tel reconnais mon père , moi-même
j'apprecie telle démarche particulière qui, *hic et nunc*, m'est
demandee et dois me decider a l'execute

Or, nous le prouverons plus loin, parce qu'elle est particulière, personnelle, cette demarche, eût-elle, dans l'ordre
abstrait, conquis deja l'approbation de ma raison pratique et
le consentement spontane de ma volonté, peut toujours, par
un acte ultérieur de réflexion et de volonté, être voulue ou
récusée

Ma raison approuve, sans doute, que j'honore mes parents ,
mais, pour les honorer, il faut que je me gêne , il faut, peut-
être, que je me soustraie a des occupations pressantes et
m'impose un deplacement qui, en ce moment, m'est difficile
A un point de vue, il est bon de témoigner a mon pere cette
déference qui lui revient , à un autre point de vue, il est bon
d'être plus soucieux de mes aises Deux jugements pratiques
contradictoires devancent la décision de ma volonté je garde
la liberté du jugement definitif, j'ai mon libre arbitre, je suis
libre [1])

---

[1]) « Ratio speculativa seu scientifica non movet, sed in quiete est,
quia nihil de imitando vel fugiendo dicit Ratio autem practica, quædam
est universalis, et quædam particularis Universalis quidem, sicut quæ
dicit, quod oportet talem tale agere, sicut filium honorare parentes Ratio
autem particularis dicit quod hoc quidem est tale, et ego talis, puto quod
ego filius, et hunc honorem debeo nunc exhibere parenti Hæc autem
jam opinio movet, non autem illa quæ est universalis Aut si utraque
movet, illa quæ est universalis movet ut causa prima et quiescens, particularis vero ut causa proxima, et quodammodo motui applicata Nam
operationes et motus in particularibus sunt, unde oportet ad hoc, quod
motus sequatur, quod opinio universalis ad particularia applicetur Et

202. Preuves du libre arbitre. — Les preuves du libre arbitre se ramènent aux trois suivantes

La conscience aidée de la réflexion atteste le fait de la liberté

Diverses conditions relatives a l'ordre moral et social confirment, par le témoignage de l'humanité, le témoignage de la conscience individuelle

La considération du rapport d'inadéquation entre le bien universel, objet de la volonté, et la bonté partielle contenue en tout acte de volonté, prouve que tout vouloir spontané peut, moyennant réflexion, devenir l'objet d'un vouloir libre En effet, la raison réfléchissante peut prononcer a la fois qu'il est bon de vouloir l'acte spontané et son objet, qu'il est bon de ne pas les vouloir, la volonté a donc le choix entre agir et n'agir pas, elle est libre

203. Preuve basée sur la conscience. — Un jeune homme dispose d'une certaine somme d'argent pour ses menus plaisirs Il s'est dit qu'a son premier jour libre il fera avec ses amis un voyage d'agrément Le but du voyage est fixé le jour est convenu

Dans l'intervalle, il rencontre un ouvrier malade qui manque de pain Il a pitié du malheureux, s'il lui venait en aide, il ferait une bonne et belle action

Mais il est engagé a l'égard de ses amis, le voyage lui plaît, d'ailleurs, puis, il y en a tant qui ont mieux que lui les moyens de faire la charité doit-il se priver du peu qu'il a ?

Il hésite, pèse le pour et le contre Les deux partis ont du bon, aucun ne s'impose irrésistiblement

Finalement, la pitié pour le pauvre malade l'emporte, la

propter hoc, etiam peccatum in actionibus accidit quando opinio in particulari operabili corrumpitur propter aliquam delectationem vel propter aliquam aliam passionem quæ talem universalem opinionem non corrumpit » S Th, *De anima*, lib III, lect 16.

decision est prise je soulagerai un malheureux, je n'accom-
pagnerai pas mes amis en excursion

Cette decision est un acte libre

En effet, le jeune homme a conscience que, si des motifs
l'engagent à secourir l'ouvrier malade, ils ne l'y déterminent
point

La determination n'est donc pas causee adéquatement par
les motifs objectifs qui le sollicitent, elle vient *de lui-même*,
il *se* determine

Nous sommes souvent dans le cas de ce jeune homme La
volonte veut le bien sur la presentation de l'intelligence Or,
en maints cas, l'intelligence aperçoit des motifs d'agir et des
motifs d'ecarter une action, la volonte est simultanement
attiree vers un parti et détournee de ce même parti La conscience nous fait voir alors que la volonte, consideree formellement en tant qu'elle est sous l'influence des motifs, demeure
indeterminee Cet etat d'indetermination psychologique est
un caractère distinctif de la volonte raisonnable on l'appelle
du nom de *liberté*

La liberte prend racine dans l'intelligence, mais appartient
formellement a la volonte « Libertas est *radicaliter* ab intellectu, *formaliter* in voluntate »

Objection — J Stuart Mill objecte que le sentiment de la
liberté est impossible

« En effet, dit-il, pour avoir conscience d'être libre, il
faudrait avoir conscience que, avant d'avoir choisi, j'aurais
pu choisir autrement Or, la conscience me dit ce que je
fais ou ce que je sens, mais *ce que je suis capable de faire*
ne tombe pas sous la conscience » [1]

Cette objection ne peut manquer de frapper les esprits
formes a la scolastique Seul l'acte est connaissable, les

[1] Stuart Mill, *Examination of Hamilton's philosophy*, 6th ed, p 580

puissances ne sont saisissables que dans les actes où elles sont engagées. Donc, semble-t-il, il est impossible de connaître l'acte réputé libre avant qu'il existe. Or, quand il existe, il est déterminé. Donc l'indétermination de la faculté, c'est-à-dire la liberté, échappe inévitablement à la conscience.

Réponse. On a répondu à l'objection en disant : Il y a ici confusion. Ainsi que l'observe M. Fouillée, nous ne percevons pas seulement en nous des décisions *achevées*, nous percevons encore des décisions *incomplètes*, des tendances à agir, des représentations de mouvements à moitié acceptées. Or les tendances sont déjà plus que la puissance ; elles constituent des actes, mais des actes incomplets, auxquels manque un dernier achèvement. Ces premiers actes constituent un intermédiaire entre la pure puissance et l'acte déterminé. Ma volonté n'est donc plus en puissance, elle est en acte ; elle peut être objet d'expérience.

Cette réponse atténue la difficulté, peut-être, mais la supprime-t-elle ?

Lorsque je perçois dans ma volonté ces tendances, « ces actes incomplets, ces commencements d'acte, auxquels manque un dernier achèvement », je ne suis libre qu'autant qu'il dépend de moi de les compléter, de changer les velléités en déterminations absolues. Avoir conscience de ma liberté, c'est donc avoir le sentiment d'une force en partie appliquée et en partie applicable, qui a commencé l'acte, mais ne l'a pas achevé. Or précisément, cette faculté d'achever, qui n'a pas encore son emploi, qui se réserve, est, comme telle, pure puissance [1])

Cette critique nous paraît fondée.

Si la velléité ne contient le vouloir libre qu'en puissance,

[1]) Alibert, *La psychologie thomiste*, p 306

celui-ci n'est pas connaissable en celle-là, car, on l'affirme sans réserve, seul l'acte tombe sous la conscience

Si, d'ailleurs, la velléité contenait le vouloir libre à l'état d'acte, elle ne serait plus un acte « incomplet »

Il faut donc chercher à parfaire la solution précédente

Où la conscience aperçoit-elle l'indétermination de la volition libre ?

Dans le *devenir* de la volition libre

Stuart Mill oppose le pouvoir à l'acte, comme si, entre les deux, il n'y avait pas de milieu L'acte est déterminé, dit-il, le pouvoir est inconnaissable

Oui, l'acte accompli est déterminé ; oui, la puissance, comme telle, est inconnaissable Mais entre la puissance et son acte, il y a un intermédiaire réel *l'actualisation* de la puissance, le *devenir* de l'acte libre

D'une part, j'ai l'expérience d'actes qui émanent irrésistiblement de ma volonté je me rends compte que le motif qui les suscite est alors, à lui seul, déterminant

D'autre part, j'ai l'expérience d'actes, qu'un motif me sollicite à vouloir, mais, de prime abord ne détermine pas ; qui, néanmoins, un moment après, sont déterminément voulus Je rapproche la sollicitation du premier moment au vouloir déterminé du moment suivant, je vois que la première n'est pas identique au second celui-ci est la sollicitation plus quelque chose qui, émanant de ma volonté, convertit la sollicitation en détermination J'ai donc conscience que la détermination du vouloir libre est, en dernier ressort, l'œuvre de ma volonté

Aussi ai-je conscience d'être libre, aussi longtemps que se prolonge la volition, parce que, à chaque moment de la durée de son devenir, je surprends en moi la force agissante sans laquelle elle ne deviendrait pas

Le sentiment de la liberté psychologique enferme donc un double élément d'abord, une sollicitation provenant d'un motif objectif, ce motif m'influence mais ne me determine pas ; ensuite, une suppleance positive a l'insuffisance du motif objectif La determination libre résulte de la combinaison des deux influences ; toutefois, celle de la volonté est seule decisive on l'appelle le *consentement* de la volonté

Aussi faut-il dire avec Aristote L'objet de ma liberté est ce qu'il est en mon pouvoir de faire ou de ne point faire Βουλευόμεθα δὲ περὶ τῶν ἐφ' ἡμῖν πρακτῶν [1])

Ou avec Thomas d'Aquin *La volonte est maîtresse de ses actes.* « Hoc est proprium voluntatis ut sit domina suorum actuum » [2]) « Spiritualis substantia domina est actus sui, quia in ea existit agere et non agere » [3])

Ou avec Descartes *Être libre, c'est être maitre de soi*

Le fait que le vouloir est subordonne au consentement de ma volonté me dit l'insuffisance du motif objectif

L'expression « Lorsque l'homme agit, il a conscience qu'il pourrait ne pas agir », ne signifie donc pas que le pouvoir de ne pas agir tombe directement, comme tel, sous les prises de la conscience Ne pas agir est une negation que serait un pouvoir qui aurait pour terme le rien ?

L'expression signifie Lorsqu'une determination se produit, j'ai conscience qu'elle est causee par mon consentement Par ailleurs, lorsqu'une sollicitation se produit et que j'y refuse mon consentement, la sollicitation demeure sollicitation et n'est point suivie de determination Donc la volonté est seule maîtresse de ses déterminations Dire qu'elle a conscience d'être seule maîtresse de ses déterminations,

---

[1]) *Eth Nic* , lib III, cap V, 7

[2]) *De verit* , q 22, art 5, ad 7

[3]) *Cont Gent* , II, 47 L'encyclique *Libertas* de Léon XIII exprime elégamment la même pensee « Libertas eorum est qui rationis et intelligentiæ sunt participes, propria , eademque, si natura ejus consideretur, nihil aliud est nisi facultas eligendi res, ad id quod propositum est, idoneas, quatenus qui facultatem habet unum aliquod eligendi e pluribus, is est *factorum suorum dominus* »

c'est dire equivalemment que les motifs lui laissent le pouvoir d'agir ou de n'agir point

Objection — Mais cette interprétation de l'acte libre n'est-elle pas la négation du principe de raison suffisante ? Ce que la volonté ajouterait aux motifs, ne serait-ce pas un effet sans cause ?

Réponse L'objection n'est qu'une pétition de principe Elle rappelle cette boutade d'un médecin matérialiste du XVIIIe siecle « Je n'ai jamais trouvé l'âme humaine au bout de mon scalpel »

Mais l'âme que vous auriez trouvee au bout d'un scalpel ne serait pas le principe immatériel dont nous affirmons l'existence Somme toute, vous nous faites un grief de ne pas nous contredire

L'objection des déterministes est de la même force Nous soutenons qu'il y a en nous un principe capable de ne pas se laisser déterminer par des antécédents matériels Et vous nous faites un grief de dire, que certains actes de la volonté ne trouvent pas en ces antecedents leur raison suffisante Lorsque vous prétendez qu'ils devraient l'y trouver, vous *postulez a priori* la vérité du determinisme absolu et, du même coup, vous supposez gratuitement la fausseté de notre these, contradictoire de la vôtre

Est-ce à dire que le vouloir libre soit un saut temeraire dans l'inconnu ?

Non, car la volonté est incapable de vouloir un objet que la raison ne l'ait jugé bon La raison peut se tromper sans doute et amener fallacieusement la volonte à prendre un bien apparent pour un bien réel, mais, en tout état de cause, la volonté ne veut et ne peut vouloir que ce que l'intelligence lui présente comme bon.

La volition peut donc être motivee sans cesser d'être libre.

Objection — Une autre objection consiste a dire que le sentiment de la liberté est une illusion. Celle-ci aurait pour cause l'ignorance des motifs qui nous font agir.

Réponse. Chose étrange, les déterministes les plus décidés sont et demeurent dupes de l'illusion qu'ils prétendent avoir si habilement déjouée [1])

L'illusion est tellement enracinée en eux qu'ils ne parviennent pas a s'y soustraire, même après qu'ils se sont convaincus du caractère illusoire de leur sentiment.

Il n'est pas vrai que le sentiment de la liberté coïncide avec l'ignorance des motifs qui nous font agir. Au contraire,

---

[1]) « Singulier spectacle, écrit M. Balfour, celui de tout le genre humain qui se croit libre dans ses décisions, tandis que, en fait, si le déterminisme a raison, il n'existe pas de liberté. Un observateur qui nous regarderait d'en haut s'amuserait fort à nos dépens; il aurait surtout plaisir à voir, au milieu de cette scène comique, une poignée de philosophes qui, sachant parfaitement que la doctrine abstraite du libre arbitre est une absurdité, se mêlent à la foule, à leurs heures d'hésitation et de délibération, tout comme s'ils avaient les croyances rudimentaires du sauvage » *)

Le poète Lucrèce était mieux avisé. Tout matérialiste qu'il fût, il rendait témoignage à l'évidence du sentiment de la liberté. Bien que l'âme ne soit, pensait-il, à l'égal du corps, qu'un assemblage fortuit d'atomes, il reconnaissait que nous sentons en nous un certain pouvoir indépendant, qui nous permet de lutter contre les objets extérieurs et de résister à nos passions, un je ne sais quoi qu'il ne pouvait dénommer « *vis nominis expers* », un empire arraché au destin, « *fatis avolsa potestas* »

La liberté est due, poursuivait-il, à une certaine déclinaison des atomes, d'où résultent certains mouvements imprévus dans la succession invariable des effets et des causes et qui est capable de déranger à un moment donné leur enchaînement fatal.

L'explication était puérile; elle ne prouve que mieux combien devait être impérieux chez le penseur matérialiste le sentiment de sa liberté **)

*) Balfour, *The foundations of belief*, p. 21

**) *Le poème de la nature*, traduct. Martha. *Le poème de Lucrèce*, pp. 177-179

quand le sentiment de la liberté est-il le plus fort ? Lorsque, avec calme, nous mûrissons un projet, considérant avec attention le but à atteindre, calculant les moyens, pesant leurs avantages et leurs inconvénients, et que, dans la pleine possession de notre volonté, nous arrêtons le plan d'action et nous décidons à nous mettre résolument à l'œuvre Lorsqu'une action se produit par surprise, sans que nous ayons conscience des motifs qui nous font agir, nous protestons volontiers que nous n'en sommes pas responsables

Mais, dit-on, c'est à des motifs inconscients que vous cédez

Supposition gratuite, répondrions-nous, dictée par ce préjugé arbitraire que la liberté est impossible, et la liberté est déclarée *a priori* impossible, parce qu'on postule gratuitement la vérité du déterminisme absolu et par conséquent la fausseté d'une thèse qui y contredirait

Le problème ne doit pas être résolu *a priori* Il s'agit d'une question de fait

Nous avons conscience d'être libres, donc nous le sommes, au déterministe de mettre ses affirmations d'accord avec le fait du libre arbitre [1])

Objection — On a eu souvent recours aux suggestions hypnotiques pour infirmer la valeur du témoignage de la conscience psychologique en faveur du libre arbitre

Le sujet hypnotisé est un « automate », dit-on, à la merci

---

[1]) Certains psychologues voudraient ériger en principe que la psychologie doit être déterministe « La psychologie, écrit M Hoffding, doit, comme toute autre science, être déterministe ; elle doit partir de la supposition que la loi de la causalité s'applique à la vie de la volonté aussi bien qu'aux autres manifestations de la vie et à la nature matérielle »
Absolument pas, réplique M Ladd La psychologie n'a pas le droit de faire une pareille supposition Elle doit prendre les faits de conscience, les mettre au jour, les décrire, tels qu'ils sont, et, si possible, les expliquer Mais elle ne doit pas les altérer Au nombre de ces faits

de l'operateur, il n'y a pas d'action, bonne ou mauvaise, qui ne puisse lui être commandée et ne soit irrésistiblement obéie

Reponse Pour constituer une objection valable contre la thèse du libre arbitre, la suggestion hypnotique devrait réunir les trois conditions suivantes conserver au sujet hypnotisé l'usage normal de ses facultés, notamment celui de la *réflexion*, lui imprimer une suggestion *irrésistible*, tout en lui laissant la conviction *qu'il est libre* Supprimez l'une quelconque de ces trois conditions, l'objection perd sa valeur

En effet, qu'un homme, privé de l'usage de sa raison, — tel l'aliéné ou l'homme ivre — obéisse passivement aux ordres d'autrui, rien d'étonnant

Qu'il subisse, dans une mesure variable, soit à l'état ordinaire, soit a l'état d'hypnose, l'influence d'autrui, sans perdre absolument le pouvoir d'y resister, le fait encore une fois n'offre rien d'etrange

Enfin, qu'il perdît l'usage de sa liberté sans garder l'illusion d'être libre, le fait serait assurement curieux mais n'infirmerait pas le témoignage de ceux qui ont la conscience d'être libres

Or ces conditions ne se vérifient point

D'abord, l'irresistibilite des suggestions est très contestable. Les professeurs de l'école de Nancy, Bernheim, Lie-

la psychologie constate celui d'un choix conscient et délibere Ce fait ne se presente certes pas avec les apparences d'un phénomène auquel s'applique la loi de causalite dans les conditions où celle-ci regit la nature materielle Au contraire, il sort des profondeurs d'une âme qui se dirige elle-même » [*]

On ne peut donc, par une fin de non-recevoir, ecarter la preuve de conscience du libre arbitre

[*] Ladd, *Outlines of descriptive psychology* New York, 1898 p 305

beault, Beaunis, Liegeois, étaient d'accord, en effet, sur le caractere irrésistible des suggestions hypnotiques , mais, des 1894, Delbœuf les contredit et soutint, appuyé sur des experiences personnelles, que l'hypnotisé conserve son sens moral et la possession de sa volonté. Le Dr Milne Bramwell, de Londres, affirma, au Congres international de neurologie tenu a Bruxelles en 1897, « qu'une seule fois, au cours de huit années de pratique, il avait reussi à faire commettre a un de ses patients un crime imaginaire ». La base de l'objection est donc peu ferme [1])

Les expériences rapportées par les professeurs de Nancy seraient explicables de deux manières. Ou le sujet hypno-

---

[1]) Dans la *Revue Neo-Scolastique*, novembre 1897, nous avons rendu compte du debat contradictoire qui s'est produit au Congrès de Bruxelles sur le caractère des suggestions criminelles. Le Dr Milne Bramwell y a apporte les resultats d'une experience de huit années.

Il déclare avoir placé dans un etat de somnambulisme complet plusieurs sujets tres intelligents et capables de bien s'observer eux-mêmes, il les a questionnes et « les a tous trouves en possession d'une connais- » sance de leur etat mental et du monde exterieur, aussi claire qu'a » l'etat de veille » Ce sont les propres termes du Dr Bramwell

Le savant medecin anglais allegue deux expériences caracteristiques dont il est l'auteur

Il suggère a une personne hypnotisee de mettre un morceau de sucre dans la tasse d'une amie en disant que c'est de l'arsenic La personne obeit et met un morceau de sucre dans la tasse de son amie

A la même personne, le Dr Bramwell suggère de soustraire une montre apres le reveil , la suggestion n'est pas acceptee

L'operateur rehypnotise la personne, la questionne, et peut s'assurer qu'elle a parfaitement compris qu'il s'agit, non de crimes a commettre reellement, mais d'experiences de laboratoire

Elle s'est prêtee a la premiere comedie, parce qu'il ne peut y avoir aucune apparence de mal a mettre dans la tasse d'une amie ce que l'on sait avec certitude être un morceau de sucre, lors même qu'il plaît à un monsieur d'appeler faussement ce morceau de sucre de l'*arsenic* Mais elle a refuse d'obeir a la seconde suggestion, parce que le fait qu'il s'agit d'une experience n'empêche pas la montre d'être le bien d'autrui, et qu'il lui repugne non seulement de prendre mais même d'avoir l'air de prendre le bien d'autrui

» Je ne soustrairais pas une montre, repond-elle, même dans la per-

tise se prête librement à des actes matériellement délictueux, parce qu'il sait qu'il se prête à une inoffensive comédie, à « des crimes de laboratoire », il a confiance que l'hypnotiseur ne lui fera pas commettre une action réellement mauvaise. Ou peut-être l'action suggérée est suivie d'effet, parce qu'elle se trouve d'accord avec les dispositions habituelles du sujet qui la reçoit.

En second lieu, les expérimentateurs ont rarement pris la précaution de s'assurer que le sujet avait gardé le pouvoir de réfléchir sur ses dispositions intérieures et, dès lors, sur quoi se baserait-on pour affirmer qu'il avait la conscience d'être libre ? Le Dr Bramwell en faisait la remarque « Il est

» suasion que la suggestion n'est qu'une expérience, parce que ce serait » prétendre commettre un crime. Cependant, je mettrais un morceau de » sucre dans la tasse d'une amie, si j'étais sûre que c'est bien du sucre, » supposé même que l'on me dît que c'est de l'arsenic, parce qu'alors je » ne prétendrais pas commettre un crime »

Une distinction aussi subtile, ajoute le savant anglais, n'aurait pas été possible au sujet dans son état normal et il tire des faits cette conclusion, que non seulement l'hypnose ne réduit pas le sujet à l'état d'un « automate », mais qu'elle développe même souvent chez lui « un sens des convenances supérieur à celui qui était naturel »

Il nous souvient d'une expérience semblable à celle qu'apporte le Dr Bramwell. C'était à Paris, à la Salpêtrière en mai 1887 Un interne de M Charcot, en présence de plusieurs témoins, soutenait l'irrésistibilité de la suggestion hypnotique. Il voulait nous en fournir la preuve. On suggère donc à un sujet en état de somnambulisme de me voler mes gants. J'avais avec une négligence voulue, laissé dépasser de mes poches mes gants et mon mouchoir, et je feignais de concentrer mon attention sur un plan fixé au mur. Tandis que le sujet s'avance lentement dans ma direction l'opérateur lui donne itérativement l'ordre de me voler mes gants. La personne s'y refuse. L'interne insiste en disant « Mais prenez donc les gants de Monsieur, ce sont les miens, il me les a confisqués hier soir dans un salon » Sur ce la personne enlève les gants de ma poche et l'opérateur de conclure au succès de l'opération

Évidemment, la personne avait fait preuve non pas d'inconscience et d'automatisme, mais d'un sens moral très net et d'une délibération très ferme prendre les gants d'autrui eût été un vol, la personne s'y refuse. Reprendre un bien confisqué et le restituer au véritable propriétaire est un acte de justice, le sujet obéit

a espérer, disait-il, qu'à l'avenir on parlera moins de l'automatisme des hypnotisés et que les crimes de laboratoire ne seront plus cités a l'appui de cette these, sans que le sujet ait été interrogé dans l'hypnose et que l'operateur soit ainsi mis à même de decouvrir la réalité » [1])

D'après ce qui précède, on comprendra que, pour mener avec rigueur l'enquête recommandée par le savant anglais, il importe de contrôler deux choses bien distinctes

Le sujet hypnotisé temoigne-t-il par ses demarches qu'il est *passivement soumis à des impulsions déterminantes* ? Ou se comporte-t-il comme quelqu'un dont la libre initiative est attenuée peut-être, mais non point annihilée ?

Le sujet hypnotisé a-t-il *conscience qu'il est libre* ? Ou a-t-il la persuasion qu'il ne l'est pas ou ne l'est plus ?

Tant que ces points ne seront pas éclaircis, on ne sera pas fondé à tirer argument des suggestions hypnotiques contre le temoignage de la conscience normale en faveur du libre arbitre. L'hypnose est obscure, la conscience normale est lumineuse. Celle-ci pourra jeter du jour sur celle-là, mais les ombres de la premiere n'eclipseront pas l'eclat de la seconde.

204. Preuve confirmative de l'argument de conscience. — Les hommes *louent* ceux qui font bien, *blâment* ceux qui font mal, on donne à autrui des *conseils*, des *commandements*, l'autorite porte des *lois*, elle etablit pour les sanctionner un systeme de *recompenses* et de *châtiments*

Les partisans du libre arbitre ont toujours tiré argument de ces faits, mais ne les ont pas toujours interprétés avec assez de rigueur pour en former une preuve valable de la liberté

Il n'est pas vrai que, dans un monde deterministe, la

[1]) Brain, 1896, pp. 490 et 494,

distinction entre le bien et le mal moral, le mérite et le
démérite, les conseils, les lois, les récompenses et les
châtiments n'auraient plus aucune signification, aucune
raison d'être

« Il faut convenir, disait Leibniz, qu'il est permis de tuer un
furieux quand on ne peut s'en défendre autrement On avouera
aussi qu'il est permis, souvent même nécessaire, de détruire des
animaux venimeux ou fort nuisibles, quoiqu'ils ne soient pas tels
par leur faute

» On inflige des peines à une bête, quoique destituée de raison
et de liberté, quand on juge que cela peut servir à la corriger ; c'est
ainsi qu'on punit les chiens et les chevaux, et cela avec beaucoup
de succès

» On infligerait encore aux bêtes la peine capitale, si cette peine
pouvait servir d'exemple

» Donc, puisqu'il est sûr et expérimenté que la crainte des châtiments et l'espérance des récompenses servent à faire s'abstenir les
hommes du mal et les obligent à tâcher de bien faire, on aurait
raison et droit de s'en servir, quand même les hommes agiraient
nécessairement » [1]

Mais, dans un monde déterministe, ces divers actes n'auraient pas *la signification* qu'y attache la conscience de
l'humanité Tout le monde considère, en effet, comme *responsable* l'auteur des actes bons ou mauvais, dignes de
louange ou de blâme, de récompense ou de châtiment
Or l'auteur est jugé responsable, parce qu'il est supposé
avoir été maître de ses actes « On ne blâme pas quelqu'un
d'être né cul-de-jatte, on s'avise encore moins de l'en punir
ou de l'en déclarer responsable, observe finement Aristote,
on s'apitoie sur son sort Le blâme et la punition ne tombent
juste que lorsqu'on les inflige à des personnes qui ont pu
ne pas faire le mal qu'elles ont fait, et la responsabilité
suppose toujours qu'il dépendait de celui qui est jugé responsable de faire ou de ne point faire ce qu'il a fait Ainsi
de la louange et des récompenses on ne loue pas, on ne

[1] *Essais de théodicée*, 1re Partie, §§ 68-71

recompense pas un homme pour son génie, mais pour le bon usage qu'il en fait » [1])

La façon dont les hommes apprécient la conduite de leurs semblables prouve donc qu'ils croient à la liberté morale Cette persuasion universelle confirme le témoignage que rend à chacun de nous sa conscience individuelle

205. Preuve intrinsèque du libre arbitre. — Avant de fournir cette preuve, précisons les conditions dans lesquelles se produit l'acte que nous appelons libre Préalablement à la libre détermination, plusieurs actes cognoscitifs et volitifs ont dû se produire

Représentation sensible, d'abord, intellectuelle, ensuite, d'un ou de plusieurs objets capables d'émouvoir la volonté

Jugements spontanés du sens estimatif et de la raison sur ces objets, bons ou mauvais

Mouvements spontanés de la volonté sensible et de la volonté intellective attraits, répulsions

Ces mouvements attirent l'*attention* de la raison sur les objets qui émeuvent la volonté Les avantages et les désavantages de l'objet, les inclinations favorables ou défavorables qu'il produit suivant l'aspect sous lequel on le considère, forment la matière de jugements successifs dont l'ensemble porte le nom de *délibération* (du mot latin *librare*, peser), *consilium*

---

[1]) *Eth Nic* lib III, cap V — Cfr Piat, *Aristote*, p 278 *Collection des grands philosophes* « Les notions morales, écrit M Noel, supposent la *responsabilité* humaine Or le déterminisme détruit la responsabilité. L'homme, dans cette hypothèse, n'est plus la source d'une activité qui le constitue père de ses actes Ils ne lui appartiennent plus La conscience n'est que le *théâtre* où se produisent les déterminations du vouloir Son influence sur elles est nulle, aussi nulle que celle d'un spectateur qui, de sa fenêtre, verrait un assassinat se commettre dans la rue et ne pourrait quitter sa place pour l'empêcher Or, on n'est responsable que de ce qu'on fait soi-même » *La conscience du libre arbitre*, ch IV, § 1 « L'argument moral », p 169. Tout ce § 1 est à lire.

L'attention intellectuelle est abstractive elle nous fait concevoir *le bien* comme tel, *la bonté* des choses et mène graduellement à la conception d'un idéal où la notion de bonté serait adéquatement réalisée Cette conception soulève dans l'âme des *aspirations spontanées*, naturelles, *vers le bien absolu*

Soutenue par l'influence des objets et des modifications affectives qu'ils provoquent, l'attention se prolonge, le regard de l'esprit pénètre plus ou moins profondément dans l'analyse des objets, remarque leur action sur les puissances appétitives du sujet, et ainsi surgit la *réflexion* spontanée à l'origine, l'attention fait place à la pensée réfléchie

Celle-ci considère les objets *en tant qu'ils influencent la volonté* Elle considère la bonté et la défectuosité de l'objet — réflexion *objective* — , elle considère les impressions bonnes ou mauvaises qu'éprouve le sujet — réflexion *subjective, psychologique*

La délibération, fruit de l'attention et de la réflexion, peut se poursuivre durant un temps plus ou moins considérable, atteindre plus ou moins loin les suites éventuelles des actes spontanés ; elle se prolongerait même indéfiniment, si un pouvoir supérieur n'intervenait pour y couper court La raison réfléchissante est ce pouvoir Elle met un terme à la délibération, elle tranche, prend une *décision* (decidere, couper).

La décision prise, suit la *volition réfléchie* de l'acte décidé le vouloir formellement libre

Enfin, si la décision a porté sur l'acte d'une faculté autre que la volonté elle-même, *l'acte commandé* par la volonté s'exécute

Où donc, dans cette série d'actes, la liberté se produit-elle ?

Dans la délibération, dans la décision, mais elle réside formellement dans le vouloir et se continue aussi longtemps que le vouloir s'accomplit.

Nous avons conscience, en effet, que, dans une large mesure, nous-mêmes conduisons le cours de nos délibérations, disposons notre plan d'action, arrêtons l'attention sur un objet ou sur un aspect de l'objet, la detournons d'un autre objet ou d'un autre aspect du même objet, bref, nous avons conscience que nous *préparons nous-mêmes notre décision définitive*

Nous avons conscience de prolonger ou de suspendre à notre gre, l'examen de la cause qui occupe notre attention ; lorsque nous y mettons fin, *la décision est nôtre*

De cette décision suit *la détermination du vouloir*, comme des racines sort la plante Libre dans ses origines, le *vouloir* est *libre en lui-même* tant qu'il dure, nous avons conscience qu'il n'est pas necessité par une cause antecédente, mais qu'il demeure sous la dependance de la volonte elle-même, suivant ce mot de saint Thomas « Secundum hoc aliquid libere fieri dicitur, quod est in potestate facientis » [1]

Voilà où se revèle la liberté Comment s'explique-t-elle ? Quelle est la preuve causale de la determination libre ?

Il faut remarquer que l'experience ne met à la disposition de la volonte que des *biens* particuliers · *ce* bien, non *le* bien

La raison reflechissante compare *ce* bien à l'idéal qui est *le* bien, *tout* bien, elle voit leur non-identité

Elle conclut que *ce* bien peut être voulu par une volition réfléchie, attendu qu'il est *un* bien, mais peut n'être pas voulu, parce qu'il n'est pas *le* bien [2]

---

[1] *De verit*, q 22, a 6, q 24, a 3

[2] « Si proponatur aliquod objectum voluntati quod sit universaliter bonum et secundum omnem considerationem, ex necessitate voluntas in illud tendet, si aliquid velit non enim poterit velle oppositum Si autem proponatur sibi aliquod objectum quod non secundum quamlibet considerationem sit bonum, non ex necessitate voluntas feretur in illud Et quia defectus cujuscumque boni habet rationem non boni, ideo illud solum bonum quod est perfectum et cui nihil deficit, est tale bonum quod voluntas non potest non velle quod est beatitudo Alia autem

En présence de ce double jugement de la raison réfléchissante, la volonté demeure indéterminée [1] Donc la détermination finale, si elle se produit, ne viendra pas de l'objet seul, mais de la volonté celle-ci est maitresse de son vouloir, elle est libre

La même argumentation peut être présentée sous cette autre forme

La *volition* spontanée d'un bien quelconque, soit d'un bien particulier, soit même du bien complet, tel que présentement il nous est connu, n'est point la prise de possession du bien complet, mais seulement un moyen qui nous en rapproche

Or la volonté — c'est-à-dire, la nature — aspire nécessairement au bien complet et n'a de cesse qu'elle ne le possède

La raison réfléchissante compare *cette volition* a la *prise de possession* du bien complet et voit leur non-identité

Elle juge que cette volition peut être réflexivement voulue, car elle est un *moyen* qui conduit au bonheur, mais aussi elle juge que cette volition peut n'être pas réflexivement

---

quælibet particularia bona inquantum deficiunt ab aliquo bono, possunt accipi ut non bona, et secundum hanc considerationem, possunt repudiari vel approbari a voluntate, quæ potest in idem ferri secundum diversas considerationes » *Sum Theol* 1a 2æ q 10, art 2, c

[1] « Homo vero per virtutem rationis judicans de agendis, potest de suo arbitrio judicare, inquantum cognoscit rationem finis et ejus quod est ad finem, et habitudinem et ordinem unius ad alterum et ideo non est solum causa sui ipsius in movendo, sed in judicando et ideo est liberi arbitrii, ac si diceretur liberi judicii de agendo vel non agendo » S Thomas, *De verit*, p XXIV, a 1, in c

« Judicium autem est in potestate judicantis secundum quod potest de suo judicio judicare de eo enim quod est in nostra potestate possumus judicare Judicare autem de judicio suo est solius rationis, quæ super actum suum reflectitur, et cognoscit habitudines rerum de quibus judicat, et per quas judicat unde totius libertatis radix est in ratione constituta » *Ibid*, a 2, in c

voulue, car elle n'est qu'un moyen qui nous rapproche du
bonheur et non le bonheur lui-même [1])

Ce double jugement laisse la volonté indéterminée il
dépend d'elle seule de *se déterminer a vouloir* ou de *se
déterminer a ne vouloir pas*, d'un vouloir *réfléchi*, la volition
spontanée elle est *libre*

En ce sens, nous souscrivons à une formule qui a fait
fortune dans l'école criticiste de Renouvier *Les* motifs de
mon vouloir sont *mes* motifs Sainement interprétée, cette
formule est une traduction élégante de la pensée de saint
Thomas « Secundum hoc aliquid libere fieri dicitur, quod
est in potestate facientis » [2])

Nous disions que même la volition du bonheur demeure,
dans les conditions de la vie présente, la matière d'un acte
libre En effet, le bonheur suppose la possession d'un bien
qui réponde à toutes les aspirations de notre nature et soit
inamissible Or, aucun bien présent n'est adéquat à nos aspirations , aucun n'est inamissible, car toute chose d'expérience est contingente et, pour ce motif même, peut toujours nous échapper. Donc, toute volition spontanée peut
faire la matière d'une volition libre

Objection — « Il n'y a rien de plus contestable que le
postulat allégué des objets inadéquats, n'épuisant pas la

---

[1]) « Homo non ex necessitate eligit Et hoc ideo, quia quod possibile
est non esse, non necesse est esse Quod autem possibile sit non eligere
vel eligere, hujus ratio ex duplici hominis potestate accipi potest Potest
enim homo velle et non velle, agere et non agere potest etiam velle
hoc aut illud, et agere hoc aut illud Cujus ratio ex ipsa virtute rationis
accipitur Quidquid enim ratio potest apprehendere ut bonum, in hoc
voluntas tendere potest Potest autem ratio apprehendere ut bonum non
solum hoc quod est velle aut agere , sed hoc etiam quod est non velle
et non agere Et ideo homo non ex necessitate, sed libere eligit »
Sum Theol , 1ª 2æ, q 13, art 6
[2]) *De verit* , q. 22, art 6 , q 24, art 3

capacité d'une puissance psychologique, la laissent dans l'indifférence

Je contemple un chef-d'œuvre artistique, par exemple le Moïse de Michel-Ange beauté réelle, mais limitée, qui n'épuise pas l'idéal du beau ni la capacité de mes facultés esthétiques Il y a dans les beaux-arts des œuvres dignes d'admiration une cathédrale gothique, le tableau de la transfiguration, l'Énéide Le Moïse ne réalise donc pas toutes les formes de la beauté, il n'en est qu'une expression partielle, et toutefois je l'admire nécessairement, je ne suis pas maître de lui refuser mon admiration Voilà un démenti infligé au principe général

Le principe souffre donc au moins une exception, savoir, celle du sentiment Or, s'il admet une exception, pourquoi n'en admettrait-il pas deux ? Il est impossible de se fonder sur une affirmation générale, démentie par des cas particuliers » [1]

Réponse Cette critique porte à faux

Le principe sur lequel est basée la preuve causale du libre arbitre n'est pas celui sur lequel est appuyée l'objection, à savoir « Les biens inadéquats laissent la volonté dans l'indifférence »

En présence d'un bien, même inadéquat, un premier mouvement de la volonté est nécessaire (**200**) Lorsque je contemple un chef-d'œuvre, « je ne suis pas maître de lui refuser mon admiration », spontanément, je suis en admiration devant lui. *Posita causa, sequitur effectus*

Mais je suis libre de ne pas contempler le chef-d'œuvre et de me refuser la jouissance esthétique que sa contemplation me procure *Sublata causa, tollitur effectus.*

Or, pour m'arracher librement à cette jouissance, que

---

[1] A l i b e r t, *La psychologie thomiste*, pp. 319-321

dois-je faire ? *Réfléchir*, considérer qu'elle est un bien, mais n'est pas le seul bien désirable Y renoncer est aussi un bien, la matière d'un sacrifice méritoire Il m'est donc loisible de continuer à regarder le chef-d'œuvre et de l'admirer, il m'est loisible de m'en détourner Je suis libre

Il y a deux conditions essentielles à la liberté du vouloir, l'une *ontologique* — le caractère *inadequat* du bien presenté à la volonté — l'autre *psychologique* — la *réflexion* sur le double aspect du bien, sa bonte et sa défectuosité De ces deux conditions, l'auteur de l'objection n'a remarqué que la première.

La réflexion sur un bien inadequat est nécessaire pour faire surgir dans la conscience deux jugements opposes D'où l'indétermination intellectuelle — liberum judicium, liberum arbitrium — racine de la liberté du vouloir réfléchi

206. Corollaire : Le libre choix n'a pour objet que les moyens. — Il resulte de l'analyse précédente que le vouloir libre a pour objet un *moyen*

En effet, le champ d'action de la liberté ne s'étend pas au dela des moyens qui conduisent à nos fins Seulement, il faut ajouter que la fin en vue de laquelle nous prenons librement un moyen peut, à son tour, si elle n'est pas la fin ultime, faire l'objet d'une délibération et, par suite, d'une volition libre subordonnée à une fin ultérieure [1])

Supposé que je sois decide à aller de Bruxelles à Rome, je suis libre de choisir mon itineraire par Paris ou par Bâle·

---

[1]) Delibérer, c'est rechercher comment faire pour bien faire « Consilium est inquisitio circa operabilia », « inquisitio rationis ante judicium de eligendis » Or, dit saint Gregoire de Nysse « Non de fine, sed de his quæ sunt ad finem, est consilium » La fin, comme telle, n'est pas objet de délibération « Finis in operabilibus habet rationem principii eo quod rationes eorum quæ sunt ad finem, ex fine sumuntur Principium autem non cadit sub quæstione, sed principia oportet supponere in omni inquisitione Unde cum consilium sit quæstio, de fine non est consilium,

le but est fixé, les moyens sont libres Neanmoins, ce qui est but ici — le voyage à Rome — peut être mis en deliberation Si mon but était de passer l'hiver dans le Midi, je serais libre d'aller soit à Rome, soit à Nice, à Gênes ou ailleurs Cette fois, le voyage à Rome devient moyen et, par suite, objet d'un choix Mon nouveau but — sejourner dans le Midi — peut à son tour devenir moyen et alors, à nouveau, faire l'objet d'un libre choix

Neanmoins, la subordination de la fin actuelle a une fin plus élevée ne peut se poursuivre indefiniment , sinon, le vouloir libre ne prendrait jamais naissance « Si non esset finis ultimus, nihil appeteretur, dit saint Thomas, nec aliqua actio terminaretur, nec etiam quiesceret intentio agentis » Aussi la nature incline-t-elle irrésistiblement la volonté vers le bien en general tout au moins cet objet indéterminé est-il voulu necessairement il pose à la série des fins particulières un terme ultime et explique, en conséquence, la possibilité d'un choix libre des moyens

Il est donc rigoureusement vrai le mot d'Aristote · Nous ne deliberons pas sur les fins, mais sur les moyens Βουλευόμεθα δ'οὐ περὶ τῶν τέλων, ἀλλὰ περὶ τῶν πρὸς τα τέλη

Le medecin délibere-t-il s'il guérira, l'orateur s'il persuadera, le législateur politique s'il fera de bonnes lois ? Non Tout homme qui se met à l'œuvre a une fin en vue. Puis, il regarde comment et par quels procédés il l'obtiendra S'il aperçoit plusieurs moyens, il cherche quel est le plus aisé et le meilleur , s'il n'y en a qu'un, il se demande comment ce moyen le conduira à son but, puis comment il arrivera à ce moyen, jusqu'à ce qu'il s'arrête à un premier

sed solum de his quæ sunt ad finem Tamen contingit id quod est finis respectu quorumdam, ordinari ad alium finem sicut etiam id quod est principium unius demonstrationis, est conclusio alterius Et ideo id quod accipitur ut finis in una inquisitione, potest accipi ut ad finem in alia inquisitione Et sic de eo erit consilium » 1ª 2æ, q 14, art 2

motif d'action, lequel sera le dernier que la raison découvrira
L'homme qui délibère doit ainsi chercher, et analyser de
manière à se former d'avance tout son plan d'action [1]

Saint Thomas d'Aquin reproduit les enseignements de
son maître, lorsqu'il définit la liberté La faculté de choisir
ce qui conduit à une fin « Facultas electiva eorum quæ sunt
ad finem » [2]

Leon XIII, dans son Encyclique *Libertas*, dit de même
« Libertas est facultas eligendi res, ad id quod propositum
est, idoneas »

207. Les formes de la liberté : Liberté d'exercice, liberté de spécification, liberté morale. Liberté des contradictoires, liberté des contraires.

— On distingue
deux formes principales de la liberté, celles que saint Thomas
a appelées *liberté d'exercice* et *liberté de spécification*. La
première a pour objet un *acte* elle consiste à embrasser ou
à repousser réflexivement, une *volition* spontanée d'un bien
La seconde suppose l'exercice de l'activité décidée et s'applique à la détermination de *l'objet* du vouloir réfléchi entre
plusieurs biens, elle spécifie celui sur lequel la volonté
arrêtera librement son choix

La liberté de spécification s'appelle liberté *morale*, lorsque
le choix s'effectue entre deux ou plusieurs biens d'ordre
moral

A un autre point de vue, la liberté s'appelle *de contradiction — libertas contradictionis —* quand elle se décide entre
deux contradictoires, entre agir et ne pas agir, entre prendre
un bien et ne pas le prendre Elle s'appelle *de contrarieté
— libertas contrarietatis —* quand elle se décide entre deux
contraires, par exemple entre agir dans une direction et

---

[1] *Eth Nic*, lib III, 11
[2] *Sum. Theol*, 1ª 2ᵉ, q. 62, art 8

agir dans la direction contraire, entre vouloir le bien et vouloir son contraire, le mal

De ces diverses formes de la liberté, laquelle est essentielle au libre arbitre ?

208. La liberté est essentiellement une liberté d'exercice, elle désigne la propriété a raison de laquelle la volonté se détermine à vouloir. — La liberté des contraires, assurément, n'est pas essentielle au libre arbitre

Nous pourrions alléguer que Dieu est libre, bien qu'essentiellement inaccessible au mal Mais nous ne voulons pas sortir des considérations psychologiques

Choisir le mal, c'est se méprendre car, au fond, ce que la volonté, toute volonté veut, nécessairement, toujours, c'est le bien Mais il se fait qu'un mal soit pris pour un bien A la base de la volition d'un mal, il y a donc toujours une erreur Celle-ci est une imperfection, par suite, le choix d'un mal en est une, et dès lors la faculté de mal choisir ne peut être de l'essence du libre arbitre — Nous reviendrons plus loin sur ce sujet

La liberté des contradictoires est donc seule essentielle au libre arbitre Elle porte tantôt sur l'exercice de la volonté, tantôt sur la spécification de l'objet de son choix. Mais l'exercice du vouloir a une priorité de nature sur la détermination de son objet avant de vouloir *ceci*, il faut *vouloir*

La forme essentielle, primordiale de la liberté psychologique, c'est donc la liberté du vouloir ou liberté d'exercice Lorsque je suis en possession de toutes les conditions extérieures ou intérieures necessaires a l'exercice de ma volonté, je ne suis cependant pas determiné à vouloir, je suis maître de mon vouloir, c'est-à-dire que je puis me déterminer moi-même a agir, mais je puis aussi, toutes les conditions extérieures et intérieures demeurant identiques, me determiner a ne pas agir

La liberté est une propriété de l'intelligence et de la volonté en vertu de laquelle l'homme possède un *pouvoir d'autodétermination*

Ce pouvoir est-il une « indifférence d'équilibre » ?

209. La liberté d'indifférence et le déterminisme psychologique : Position de la question. — J'ai donc le pouvoir de me déterminer moi-même à agir. En ce pouvoir réside l'essence de ma liberté. Je suis le maître de mes actes.

Mais alors, je puis donc agir comme bon me semble ?

Si je suis libre parce que je me détermine, je serai donc d'autant plus libre que ma détermination émanera plus complètement de mon vouloir seul ? Ma liberté se perfectionnera dans la mesure où je m'affranchirai des motifs d'action ; elle arrivera à son comble lorsque ma volonté, ne subissant plus l'influence d'aucun motif, sera établie dans une indifférence parfaite ?

Trois cas réalisent cette indifférence idéale

Premier cas La volonté est en présence de deux biens que la raison juge parfaitement *égaux* Je n'ai *aucune* raison de *préférer* l'un à l'autre Lorsque j'en prendrai un, je le prendrai parce qu'il me plaira de le prendre ma volonté sera souveraine

Imaginez l'âne de Buridan, placé à égale distance de deux picotins d'avoine absolument les mêmes.

Au lieu de deux picotins d'avoine, supposez deux verres d'eau de même volume, à égale distance de vos lèvres ; deux louis d'or également brillants, à proximité de votre main.

Second cas Dans le cas précédent, deux biens égaux s'offrent au choix de la volonté Mais il peut se présenter un cas où aucun bien désirable ne se rencontre ni dans l'un ni dans l'autre des partis en présence.

M Alfred Fouillée imagine cette supposition Deux points noirs sont écrits sur une feuille blanche Ma plume est tenue, à deux centimètres de hauteur, à distance égale des deux points Il est décidé que je laisserai tomber ma plume sur un des deux points, mais je n'ai aucune raison de la poser sur l'un plutôt que sur l'autre L'équilibre de ma volonté est parfait

Si je possède la liberté d'indifférence, la voilà réalisée

Troisième cas Dans les deux cas précédents, ma conscience est éveillée Je vois que j'ai devant moi deux motifs égaux , je vois que je n'en ai aucun , je me déciderai à mon gré, peut-être, « comme il me plaira », mais au moins je saurai ce que je fais , avant d'agir, j'ai regardé

J'ai la faculté d'agir autrement et ceci devient le pur caprice, le *stat pro ratione voluntas*, un saut dans les ténèbres J'ai une intelligence qui discerne entre le bien et le mal, entre un bien moindre et un bien meilleur, je vois clairement que le parti A vaut mieux que le parti B, mais il me plaît de fermer les yeux à la lumière et d'opter aveuglément, au hasard, pour l'un quelconque des deux partis, ou même pour le moins bon des deux, tout simplement parce qu'il me plaît d'agir à ma fantaisie

Après avoir imaginé ces trois cas, revenons à notre question L'homme possède-t-il la liberté d'indifférence ?

Il semble que oui Car, enfin, à quoi se réduit mon pouvoir de *me* déterminer, si mes déterminations me viennent de l'objet voulu ? Déterminisme pour déterminisme, celui qui procède de causes finales est-il moins destructif du libre arbitre que celui qui provient de causes efficientes ?

L'indifférence d'équilibre est donc, semble-t-il, la condition *sine qua non* de la liberté psychologique

On peut imaginer que l'âne de Buridan se laisserait mourir de faim, parce que rien ne l'attire vers un picotin plutôt que vers l'autre. A supposer qu'il en fût ainsi, la raison en serait que l'âne est une bête. L'homme agirait autrement : placé entre deux partis identiques, il se déciderait pour l'un des deux, à son gré, car il a le pouvoir d'agir comme il lui plaît. Au besoin, il jouerait à pile ou à face pour se décider.

N'avons-nous pas conscience que trop souvent, hélas ! nous nous déterminons à choisir le bien le moins parfait, ou même le mal, suivant l'adage bien connu : *Video meliora proboque, deteriora sequor ?* Dans ce cas, puisque le principe de la détermination n'est pas du côté des motifs, il procède donc d'un vouloir sans motif : c'est la volonté qui se décide à sortir de son indétermination.

Instituez, ajoute-t-on parfois, cette expérience décisive : Un déterministe conteste votre pouvoir de choisir le parti qui vous plaît. Pariez cent contre un avec lui, qu'il ne réussira pas à vous faire poser ce verre, que vous tenez en main, du côté qu'il vous suggérera. Il vous dit de le mettre à gauche, vous le mettrez à droite. Qu'il vous suggère de le mettre à droite, vous le porterez à gauche. Vous poursuivrez ce manège aussi longtemps que vous le voudrez et que sa patience et la vôtre le permettront.

Vous êtes donc bien le maître de vos mouvements, vous en disposez avec une souveraine indifférence.

Cette liberté d'indifférence est chimérique, impossible, immorale, répond Leibniz.

Elle est *chimérique*. La volonté n'est jamais indifférente. L'univers constitue une vaste harmonie où chaque monade coopère à la réalisation du plus grand bien de l'ensemble. « Quoique je ne voie pas toujours la raison d'une inclination qui me fait choisir entre deux partis qui paraissent égaux, il y aura toujours quelque impression, quoique imperceptible, qui me détermine » [1]

Elle est *impossible* Soit que l'on suppose la volonté dénuée de motifs, soit qu'on la suppose influencée par des motifs égaux, la conception d'un choix positif par une volonté indifférente est également absurde car il serait la négation du principe de raison suffisante [2]

Cette prétendue liberté d'indifférence présente même quelque chose d'*immoral* Car, si elle est une perfection, il faudra l'attribuer à Dieu « C'est donc que Dieu, avant de créer le monde, ne voyait rien de meilleur dans la vertu que dans le vice, et que ses idées ne lui montraient pas que la vertu fût plus digne de son amour que le vice. » Et « cela

---

[1] *Theodicee*, n 305

[2] « Vouloir qu'une détermination vienne d'une pleine indifférence absolument indéterminée, est vouloir qu'elle vienne naturellement de rien L'on suppose que Dieu ne donne pas cette détermination elle n'a donc point de source dans l'âme, ni dans le corps, ni dans les circonstances, puisque tout est supposé indéterminé, et la voilà pourtant qui paraît et qui existe sans préparation sans que rien y dispose, sans qu'un ange, sans que Dieu puisse voir ou faire voir comment elle existe C'est non seulement sortir de rien, mais même c'est en sortir par soi-même » [*]

On ne se méprend pas moins, lorsqu'on prête à l'homme la puissance de se déterminer en présence de motifs parfaitement égaux [**], car c'est un principe absolu que rien ne se fait sans raison Or, dans le cas donné, il n'y en a pas pour qu'on prenne à gauche plutôt qu'à droite, et précisément parce qu'il y en a autant pour aller dans le premier sens que dans le second L'âne de Buridan serait mort de faim entre ses deux picotins d'avoine, si quelque impulsion secrète n'était venue rompre l'équilibre et le tirer ainsi de son mauvais pas [***]

[*] Leibniz, *Theod*, n 320
[**] *Ibid*, n 304
[***] *Ibid*, n 305-307 L'argumentation de Leibniz repose sur son fameux *principe de la raison suffisante*, « en vertu duquel nous considérons qu'aucun fait ne saurait se trouver vrai ou existant, aucune énonciation véritable, sans qu'il y ait une raison suffisante pourquoi il en soit ainsi et non pas autrement, quoique, le plus souvent, cette raison ne puisse point nous être connue » *Monadologie*, 32

ne laisse nulle distinction entre le droit naturel et le droit positif Il n'y aura plus rien d'immuable ou d'indispensable dans la morale » [1])

On connaît la conclusion de Leibniz La liberté n'est que la spontaneité d'une nature intelligente, « spontaneitas intelligentis » La volonté cede toujours à l'attrait du plus grand bien On ajoutera, je le sais, que, si elle le suit determinement, elle ne le suit pas necessairement, *non necessario sed certo*, mais il faut reconnaître que c'est la une affirmation et non une explication La doctrine de Leibniz est l'expression du determinisme psychologique

Sommes-nous donc dans l'alternative de choisir entre la liberté d'indifférence et le déterminisme psychologique ?

210. Solution de la question. — Paul Janet, s'inspirant des idees de Jouffroy, repond aux partisans du determinisme psychologique, que très souvent les deux biens entre lesquels le choix doit se faire ne sont pas comparables Supposez, dit-il, d'une part, un motif eleve, d'autre part, un mobile interessé Où est la commune mesure ? [2])

Soit Mais est-ce là autre chose qu'une echappatoire ? Car enfin, ces deux biens qui, théoriquement, ne devraient pas être compares, ne sont ils pas en fait rapportes a un même etalon, tantôt egoiste, tantôt desinteresse, d'apres les dispositions de chacun ?

Au surplus, il y a des biens de même ordre, rapportables a un même type, entre lesquels la volonte est invitée a choisir deux verres d'eau, deux louis d'or Autre exemple A un artiste, grand amateur de tableaux, on offre le choix entre une croûte et une toile de maître est-il libre ? Préférera-t-il, est-il admissible qu'il préfère le médiocre au meilleur ?

---

[1]) *Theod*, 180
[2]) *Traité de philosophie*, chap VI, n° 251

On cite l'adage *video meliora proboque, deteriora sequor*, mais cette citation est à côté de la question. L'adage se vérifie, lorsque la volonté se trouve placée entre un bien abstrait et un autre, concret, présenté *hic et nunc* à la volonté. J'ai conscience, alors, que le bien jugé *abstraitement* le meilleur n'est pas toujours celui qui, concrètement, est voulu. Mais lorsque le choix doit se faire entre deux biens concrets présentés *hic et nunc* à la volonté, n'est-ce pas inévitablement le meilleur qui emporte la préférence ?

Certes, je puis considérer et comprendre qu'il est bon, qu'il est méritoire à un fils d'honorer ses parents et ne pas, cependant, vouloir *hic et nunc* donner à mon père telle marque de respect que je lui devrais ; à cette action élevée je préférerai peut-être une satisfaction vulgairement égoïste *video meliora proboque, deteriora sequor.*

Pourquoi ? N'est-ce pas parce que, pratiquement, j'estime cette satisfaction inférieure meilleure pour moi, en ce moment, dans les dispositions où je me trouve présentement, dans les circonstances concrètes où je suis appelé à agir ? Or c'est dans son milieu concret qu'il faut envisager la volonté, c'est là qu'il faut la voir à l'œuvre.

L'expérience du pari est irrelevante.

En effet, on suppose le parieur décidé à gagner son pari, attendu qu'il doit le gagner pour prouver la liberté qu'à tort ou à raison il s'attribue. Or, pour gagner son pari, il n'a pas le choix entre deux mouvements, l'un à droite, l'autre à gauche. A chaque moment, il doit faire le mouvement contraire de celui que son partenaire déterministe lui a suggéré. Donc, à chaque moment, un seul mouvement conduit au résultat visé : la volonté n'a qu'un moyen pour arriver au but que, par hypothèse, elle s'est assigné : elle n'est pas libre dans le choix de ses mouvements.

On a confondu une alternance de mouvements, tous spontanés d'ailleurs, avec la liberté de leur alternance.

Faut-il donc conclure, avec Leibniz, que la volonté va toujours déterminément à son plus grand bien ?

Non Il est arbitraire de prétendre que la volonté est toujours sous l'influence, consciente ou inconsciente, d'un motif prévalent.

Entre deux verres d'eau, entre deux louis, entre deux chemins de même longueur et de même direction, et autres alternatives du même genre, il semble indiscutable que la volonté est objectivement indifférente De même, dans la supposition de M Fouillée, aucune sollicitation objective n'attire la volonté à droite plutôt qu'à gauche, à gauche plutôt qu'à droite elle est donc, à ce point de vue objectif, indifférente.

S'ensuit-il qu'elle ne puisse librement se décider et que, si elle prend une décision libre, sa détermination soit « sans raison suffisante » ?

Non D'abord, il est à remarquer que la détermination ne sera pas toujours une décision *libre* Une foule d'actes de la vie courante sont spontanés et, dans la plupart des cas où la volonté n'a aucun intérêt à se prononcer entre deux partis, elle se laissera aller vraisemblablement à n'importe lequel des deux, sans prendre la peine de délibérer ni, par conséquent, d'exercer sa liberté

Galton qui avait épluché le détail d'une journée de farniente passée à la campagne, avait peine à y démêler, disait-il, un seul acte réfléchi, délibéré, libre.

Mais enfin, même dans les cas d'indifférence objective, nous croyons qu'une décision libre est possible La question se pose donc Comment l'est-elle ?

La volonté jette-t-elle, comme on l'a dit, le poids de son action dans un des plateaux de la balance, pour sortir d'équilibre ?

La métaphore est ingénieuse, mais quel en est le sens ? La volonté n'est pas une cause efficiente qui déplace un mobile pour elle, agir c'est aimer, rien autre Or, dans l'hypothese ou nous nous sommes placés, il n'y a dans les deux objets de l'alternative rien a aimer, au moins rien à preférer Comment la volonte peut-elle donc vouloir sortir de son indifference ? « Vouloir qu'une determination vienne d'une pleine indifference absolument indéterminee, n'est-ce pas, comme le disait Leibniz, vouloir qu'elle vienne naturellement de rien ? »

Mais Leibniz n'a pas remarque que la volonte peut vouloir son acte, pour lui-même, comme l'intelligence est capable de penser sa pensee En l'absence de toute raison objective, il m'est loisible de porter la main sur le verre d'eau qui est a ma droite ou sur le louis d'or qui est a ma gauche, uniquement pour cette raison, d'ordre *psychologique*, que j'aime a agir J'exerce ma volonte pour le plaisir de l'exercer

J'éprouve, en outre, un plaisir special a exercer ma volonte, sans y être nécessite, parce que j'y trouve, outre le plaisir de l'action, le sentiment de mon independance personnelle

La décision, sans motif objectif, a donc sa raison suffisante dans les ressorts de ma vie psychologique

Ce motif, d'ordre psychologique, pourra même contrebalancer ou dépasser en poids ceux que je trouverais peut-être dans la réalité objective, si j'y faisais attention Mais j'ai le pouvoir de n'y faire pas attention En cela, je suis deraisonnable, sans doute, mais j'ai le pouvoir d'être déraisonnable

Il m'appartient donc d'agir déraisonnablement Je fermerai les yeux aux considerations objectives qui regleraient ma conduite si je voulais être raisonnable et je dirai, si bon me semble *stat pro ratione voluntas*

Une piece de vingt francs m'attire plus qu'une piece d'un franc, si je cédais à la « prévalence » objective, je choisirais la pièce de vingt francs, mon choix serait raisonnable, mais il me plaît d'agir à ma fantaisie, cela flatte mon amour-propre, je suis mon caprice et je repousse la piece de vingt francs

Tel le prodigue qui jetterait un diamant à la mer, pour se donner le vif sentiment de son indépendance

Toute faute délibérée est, à la bien considérer, un acte de folie L'animal est irraisonnable , l'homme, qui est raisonnable, a le privilege de deraisonner

Dans les trois cas que nous avons supposés plus haut, la liberté d'indifference trouve donc place, elle s'explique sans contredire au principe de raison suffisante

Mais, hâtons-nous de l'ajouter, ces suppositions portent sur des cas exceptionnels

Normalement, l'homme tient compte, dans la conduite de sa vie, des motifs objectifs et se decide pour le parti ou il trouve son plus grand bien

S'y décide-t-il librement ?

Le déterministe pretend que, en presence de deux biens inégaux, il m'est impossible de ne pas prendre déterminement le meilleur Est-ce vrai ?

Il y a ici une équivoque

L'*objet* d'une preference renferme deux elements un *bien* et sa *supériorité* sur le bien auquel on le préfere

La *préférence* elle-même comprend et la *volition* d'un bien, et la *préference*, comme telle, c'est-a-dire l'election d'une *supériorite*

Tout bien, en tant que bien, peut être librement voulu Toute volition spontanee peut être librement consentie Il suffit pour cela que, sous un aspect quelconque, l'objet apparaisse, d'une part, comme un bien, mais que, d'autre part, il soit mis en comparaison avec le bien total et juge inferieur a lui, que la volition spontanee soit, d'une part, jugée bonne, mais, en même temps, mise réflexivement en rapport avec la satisfaction plénière de la volonte et, a ce point de vue, jugée insuffisante

Même lorsque la volonte est en présence d'un moyen unique, la raison peut toujours se demander, suivant la juste réflexion d'Aristote, comment elle l'emploiera et aussitôt il y a lieu à l'exercice du libre arbitre

Mais lorsque la raison, détournant l'attention des rapports qu'il y a entre *ce* bien et *le* bien, entre *ce désir* spontané et *le repos complet* de la volonté, la concentre sur la *comparaison* entre deux biens particuliers ou entre deux désirs, est-elle encore libre ?

Non La *préférence,* comme telle, n'est pas libre Il est physiquement impossible à la volonté de ne point préférer le bien que la raison pratique juge, *hic et nunc,* somme toute, le meilleur

Assurément, l'artiste à qui l'on offre deux tableaux d'inégale valeur a la faculté de choisir le moins bon des deux Libre à lui de se dire Je ferais bien de modérer ma passion de collectionneur En définitive, ce tableau de maître que l'on m'offre ne fera pas mon bonheur , après quelque temps je l'aurai remise avec beaucoup d'autres au milieu d'œuvres que je ne regarde plus Ne ferais-je pas mieux de m'exercer à maîtriser mes penchants, même légitimes ? Il choisira donc, je le suppose, le moins bon tableau

Mais c'est que, dans le cas donné, il a considéré ce moins bon tableau comme *le meilleur* moyen de moraliser sa volonté C'est à ce titre qu'il l'a préféré [1])

Le tableau le meilleur peut donc être choisi, il peut ne l'être pas

Le moins bon peut être voulu, il peut ne l'être pas

Aucun des deux choix ne s'impose à la volonté celle-ci a le pouvoir, en présence de chacun des deux termes de l'alternative, de consentir au choix ou de s'y refuser elle a la *liberté d'exercice*

---

[1]) Saint Thomas dit excellemment « Nihil prohibet si aliqua duo æqualia proponantur secundum unam considerationem, quin circa alterum consideretur aliqua conditio per quam emineat. et magis flectatur voluntas in ipsum quam in aliud » *Sum Theol* , 1a 2æ, q 13, art 6, ad 3.

Mais lorsqu'on a décidé de choisir un tableau, et que l'attention se concentre exclusivement sur la valeur artistique *relative* des deux toiles, la *préférence* pour celle qui est jugée la meilleure s'impose à la volonté.

Le mendiant peut faire un acte d'abnégation et refuser une pièce d'or : entre deux actes envisagés sous leur aspect moral, l'un honnête, accepter une pièce de monnaie de cuivre, l'autre héroïque, ne pas accepter une pièce d'or, il choisit l'acte héroïque, moralement le meilleur. Mais si, abstraction faite de la moralité respective des deux actes, le mendiant ne considérait que la valeur pécuniaire comparative des deux pièces de monnaie, il serait fou de ne pas choisir la pièce d'or plutôt que la pièce de cuivre.

Entre deux biens, considérés au même point de vue, choisir délibérément le moindre, ce ne serait pas faire acte de liberté mais de folie.

Leibniz a raison lorsqu'il écrit : « Il ne faut pas s'imaginer que notre liberté consiste dans une indétermination ou dans une indifférence d'équilibre ; comme s'il fallait être incliné également du côté du oui et du non, et du côté de différents partis, lorsqu'il y en a plusieurs à prendre. Cet équilibre est absolument contraire à l'expérience » [1]

Le cardinal Cajetan dit admirablement : Il est essentiel à la nature, à toute nature d'avoir un seul terme : en conséquence, prenez n'importe quelle nature, elle tend de toutes ses forces, *autant qu'elle le peut*, vers sa fin propre. La nature intelligente n'échappe pas à cette loi universelle : *dans la mesure du possible*, elle incline toutes ses facultés vers sa fin qui est unique. Mais, d'une façon générale, une faculté intellectuelle ne se laisse pas enserrer dans une direction unique, vers un unique objet. Seule la tendance qui a pour

[1] Leibniz, *Théodicée*, 1re partie, § 35 Œuvres publiées par Paul Janet.

objet le bien universel est déterminée et exclusive de toute
autre détermination « Ratio naturae consistit in hoc quod est
determinari seu determinatum esse ad unum , consequens
est ut in omni habente rationem naturæ, secundum omnes
ejus vires inveniatur determinatio ad unum, juxta capacitatem
ejus Et sic natura intellectualis, secundum omnes vires suas,
erit determinata ad unum, *juxta capacitatem ejus* Non com-
patitur autem gradus intellectualis ratio determinationem ad
unum elicitive, nec determinationem ad unum objective,
universaliter , sed respectu alicujus objecti tantum (scilicet
respectu boni universalis) » [1]

Il y a donc un leurre dans l'expérience que propose Fouillée
pour mettre à l'épreuve le libre arbitre

Il suppose accordé que la liberté est essentiellement la
faculté de préférer, sans motif objectif, une chose à une
autre Or, dit-il, lorsque ma plume est tenue à égale distance
des deux points A et B, je n'ai aucun motif objectif de poser
la plume sur l'un plutôt que sur l'autre La supposition
réalise donc les conditions idéales d'une expérience de mon
libre arbitre Mais dans cette expérience, je ne suis pas libre
Donc je ne le serai jamais

La preuve que, dans cette expérience, je ne suis pas libre,
la voici, d'après M Fouillée Il n'y a à la situation supposée
que deux dénouements possibles et tous deux sont l'effet du
hasard Ou je ne ferai plus attention à rien, je fermerai les
yeux et laisserai aller ma main à l'aventure Ou je prome-
nerai les yeux d'un point à l'autre et, à un moment donné,
fatigué de l'expérience, je poserai la plume sur celui des
deux points auquel je me trouverai penser et qui aura, par
cette coïncidence, une raison de plus en sa faveur Dans les
deux hypothèses, pour me décider, je renonce à me décider,
et je laisse le hasard décider pour moi

[1] *In Sum Theol*, 1ª, q 60, art 2

On pourrait repondre à M Fouillée qu'il m'appartient de faire attention au point A et de ne point faire attention au point B c'est donc moi qui ferai pencher la plume vers A plutôt que vers B

L'observation serait juste, mais ne déplacerait-elle pas simplement la question ?

Si aucune raison objective ne m'invite à préférer A à B, il n'y en a pas davantage qui m'invite à vouloir être attentif à A plutôt qu'à B

S'ensuit-il que je doive me decider pour A ou pour B, uniquement parce que je le veux ?

Ce serait identifier l'acte libre a un vouloir capricieux

Que faut-il conclure ?

Suis-je ou ne suis-je pas libre de *choisir* l'un des deux points, par exemple le point A ?

Suis-je ou ne suis-je pas libre de *préférer* un point à l'autre, par exemple le point A au point B ?

Oui, je suis libre de *choisir* le point A . par hypothèse, je veux agir, toucher un des deux points Or après réflexion, je vois qu'a tenir compte des seuls motifs objectifs, je ne sortirais pas de mon indécision , mais je pose la plume sur le point A, pour un motif psychologique, savoir, pour toucher un point, *pour agir* D'autre part, je ne pose pas la plume sur le point B, parce que je n'ai pas besoin de toucher le point B, pour atteindre mon but, *pour agir* Je touche donc librement le point A J'ai la *liberté d'exercice*

Mais je ne suis pas libre de poser la plume sur A *plutôt que sur* B, parce que je n'ai aucun motif de *préférer* le premier point au second

Je n'ai aucun motif *objectif*, par hypothese.

Je n'ai aucun motif *psychologique*, car, soit que je touche A, soit que je touche B, mon but est atteint, dans les deux cas, *j'agis*, bien plus, j'agis dans les deux cas identiquement

Or une préférence raisonnable ne peut être que motivée
Donc, je n'ai pas, en ce cas, la *liberté de préférence* [1)]

Conclusion Il ne faut pas se représenter la volonté libre
sur le type d'un mobile en équilibre instable, elle est un
mobile orienté vers le bien absolu, comme l'aiguille d'une
boussole est orientée vers le nord Si elle rencontrait le
bien absolu, elle serait irrésistablement attirée vers lui Mais,
parce qu'il ne s'offre nulle part à elle, parce que des biens
limités sont seuls à sa portée, elle garde toujours à leur
égard un pouvoir de résistance dont aucun moteur ne
triomphe Elle dispose finalement elle-même de ses déterminations, l'acte libre est, suivant le mot si expressif des
Anglais, une « *self-determination* », et la liberté est essentiellement la propriété en vertu de laquelle l'homme est
αὐθαίρετος, capable de se déterminer lui-même à choisir

211. La liberté morale et le pouvoir de mal faire. —

Lorsque la liberté a pour objet des actes *moraux*, c'est-à-dire
considérés dans leur rapport avec la fin de la nature raisonnable, elle s'appelle *liberté morale*.

On définit parfois la liberté morale la faculté de choisir
entre le bien et le mal Il se fait que la liberté humaine vérifie
cette définition — elle est une *libertas contrarietatis*, faculté
de choisir entre des contraires — mais, en droit, la liberté
morale n'implique pas le pouvoir de choisir le mal Ce pouvoir est, nous l'avons déjà fait observer, une imperfection

---

[1)] « Considerare utrum hoc sit agendum, aut hoc, quod est deliberare,
opus est rationis Et in tali consideratione necesse est accipere aliquam
unam regulam, vel aliquid hujusmodi, ad quod mensuretur quid sit magis
agendum Manifestum est enim quod homo desiderat id quod est magis
in bonitate, et id quod est melius, melius autem semper dijudicamus
aliqua mensura, et ideo oportet accipere aliquam mensuram in delibe-
rando quid sit magis agendum Et hoc est medium ex quo ratio practica
syllogizat quid sit eligendum » *De anima*, III, lect 16

du libre arbitre, tout comme le pouvoir de se tromper est une faiblesse de la raison

Le jeune homme qui, après délibération, emploie son argent soit à soulager un malheureux, soit à faire une excursion avec ses amis, agit librement dans les deux cas, il agit honnêtement. Suppose qu'il n'eût pas la faculté d'employer son argent à des plaisirs coupables, il n'en demeurerait pas moins libre de faire un choix entre une œuvre de charité et un plaisir licite

Mais l'homme peut se tromper, prendre un bien apparent pour son bien véritable, choisir le premier au lieu du second

La raison de ce choix malheureux est que, de la nature humaine émanent plusieurs facultés dont chacune a son objet propre Or, ce qui est bon pour une faculté ne l'est pas nécessairement pour la nature Telle volupté qui flatte les appétits inférieurs est mauvaise pour l'homme raisonnable

Lorsque la volonté se décide pour un bien inférieur au détriment de l'honnêteté, elle viole sa loi naturelle, elle commet un désordre, elle abuse de sa liberté

Aussi le mal moral s'appelle une *défaillance*, une *faute*, une *chute*, l'homme *tombe* dans le mal, dit-on, il y *succombe*, *s'y laisse aller, s'y laisse entraîner*

Puisque la liberté de mal faire est une imperfection du libre arbitre, il est insensé de revendiquer, pour soi ou pour autrui, cette liberté comme un droit

L'homme n'a qu'un droit fondamental, celui de marcher librement vers sa fin et, conséquemment, de disposer librement des moyens qui y conduisent

Le mal moral le détourne de sa fin

Il serait donc contradictoire de revendiquer comme un droit la liberté de mal faire.

Aussi, lorsqu'une autorité légitimement constituée empêche — dans les limites et avec les précautions que la prudence commande — soit au sein de la famille, soit au sein des sociétés, le mal ou l'erreur qui y mène, elle protège la liberté morale

Prétendre à une liberté sans frein, c'est prétendre à la *licence*, contrefaçon de la vraie liberté [1]

212. Les conditions d'exercice du libre arbitre. —

La volonté est libre, mais elle est dépendante immédiatement de l'organisme et médiatement, d'une façon générale, de conditions matérielles *dans quelle mesure* en dépend-elle et *quelle est la nature* de cette dépendance ?

Oui, *dans une certaine mesure*, l'exercice du libre arbitre

---

[1] L encyclique *Libertas* à laquelle nous avons déjà fait des emprunts, s'exprime en ces termes « Nihilominus quoniam utraque facultas (voluntas et ratio) a perfecto abest, fieri potest ac sæpe fit, ut mens voluntati proponat quod nequaquam sit reapse bonum, sed habeat adumbratam speciem boni, atque in id sese voluntas applicet Verum sicut errare posse reque ipsa errare vitium est, quod mentem non ex omni parte perfectam arguit, eodem modo arripere fallax fictumque bonum, esto indicium liberi arbitrii, sicut ægritudo vitæ, est tamen vitium quoddam libertatis Ita pariter voluntas, hoc ipso quod a ratione pendet quando quidquam appetat quod a recta ratione dissideat, vitio quodam funditus inquinat libertatem, eademque perverse utitur Ob eamque causam Deus infinite perfectus, qui, cum sit summe intelligens et per essentiam bonitas, est etiam summe liber, malum culpæ velle nulla ratione potest nec possunt propter contemplationem summi boni, beati cœlites »

On lira avec plaisir cette page d'Aug Nicolas qui commente la même pensée « L'homme est libre, seul il a été créé en puissance de sa volonté Le soleil obéit à la nécessité, il ne peut s'écarter de son orbite il n'est pas arbitre de sa volonté L'homme s'avance libre et peut faire ce qu'il veut L'univers est esclave l'homme encore une fois est libre

» Mais de quelle façon est-il libre, et en quoi consiste cette prérogative prodigieuse qui le distingue de tous les autres êtres de la création ?

» La doctrine révolutionnaire nous fait vivre depuis quatre-vingts ans sur cette erreur, que dès là que nous sommes libres, nous sommes indépendants Confondant ainsi la liberté avec l'indépendance, elle va se heurter contre la nature des choses qui la dément de tout son poids

» Méconnaissant cette première loi du double jeu de notre liberté et de notre dépendance, qui, en s'entre-croisant, forment comme la trame

dépend de l'état de l'organisme et, plus généralement, de conditions matérielles

En effet, les deux facultes qui coopèrent directement a l'acte libre, — l'intelligence et la volonte — dépendent, dans leur exercice, des facultés sensibles Celles-ci sont assujetties a des organes et, par conséquent, leur fonctionnement normal est subordonne a l'integrite et au fonctionnement normal de l'organisme

Donc l'exercice de la liberte depend, indirectement, de l'etat de l'organisme et, plus generalement, de conditions materielles

Il est d'experience, du reste, que les conditions physiques telles que le climat, le regime, les dispositions naturelles et hereditaires, aussi bien que les influences morales de tra-

historique de l'humanité, elle ne peut ensuite que fausser la notion de notre liberte consideree en elle-même

» Elle a accredite en effet cette autre erreur, qui regit tout le mecanisme de nos libertes que la liberte pour l'homme consistant a choisir entre le bien et le mal, il faut la respecter dans ce choix, le lui menager et le lui faciliter par toutes sortes de moyens Et comme le bien se presente tout d'abord avec le caractère de devoir et de contrainte, il suit qu'il faut contrepeser en quelque sorte ce desavantage, en mettant du côte du mal la plus grande somme de tolerance et de faveur

» Elle a confondu ainsi la liberté avec la licence, par une suite de sa première confusion de la liberté avec l'indépendance

» De cette double erreur s'inspirent toutes nos libertes liberte de conscience, liberté des cultes, liberte de la presse, liberte d'association, etc Toutes ces libertes sont conçues comme impliquant autant que possible la liberte de negation, la liberte d'irreligion, la liberté d'outrage, la liberté de subversion la liberte du mal sous toutes ses formes, la licence et le dechaînement

» Il y va de la liberte, pense-t-on, de ne pas toucher a ces libertés là, parce qu'il y va du choix entre le bien et le mal, qui est de l'essence de la liberte même, laquelle entendue ainsi paraît courir, en effet, beaucoup plus de risques du côte du bien qui oblige que du côté du mal qui affranchit

» Tout cela aboutit sans doute aux abîmes, mais tout cela, il faut en convenir, est logique, le principe étant admis

» Ce principe, que la liberte du bien est la condition de la liberté du mal, et que ces deux libertes derivent de l'essence de la liberté même,

dition ou d'éducation, informent considérablement l'exercice habituel du libre arbitre

Dans quelle mesure ?

Exceptionnellement, l'action peut en être déterminante, mais la preuve du libre arbitre nous autorise a affirmer que, en règle générale, elle ne l'est pas

En dehors des cas exceptionnels bien connus — ivresse, folie — ou de certains autres plus ou moins problématiques — hypnose profonde, hystérie, dégénérescence — les influences nuisibles de l'organisme sur le libre arbitre sont plus ou moins déprimantes mais n'abolissent pas la responsabilité personnelle.

Les déterministes allèguent, cependant, contre la liberté deux ordres de faits

Les propensions prétendûment irrésistibles au crime, que l'on rencontrerait chez les criminels

L'uniformité et la constance de divers faits d'ordre moral

seduit encore nombre d'âmes généreuses qui s'y tiennent fermement, en dépit de ses consequences révolutionnaires Il constitue le *Liberalisme*

» Eh bien ! ce principe est faux

» La liberté consiste dans la faculté de choisir la liberté est choix

» Mais de choisir entre quoi ? Entre le bien et le mal ?

» En fait, il est incontestable que l'homme a la possibilité d'un tel choix, la possibilité de choisir le mal Il faut même dire que cette possibilité est la condition necessaire de notre état d'épreuve en cette vie Mais est-ce là une *faculté* qui rentre dans ce grand *don* de la liberté qui nous distingue, qui soit de son *essence*, tellement que sans elle la liberté ne pourrait plus se concevoir ? N'est-ce pas au contraire une de ces infirmités qui tiennent a l'imperfection de notre nature, et qui ne nous a été laissée que pour nous élever en la dominant ?

» Il en est de la liberté comme de toutes les autres facultés de notre être, comme de l'entendement, comme de la volonté Or, dira-t-on que raisonner faux est de l'essence de l'entendement ? que se porter au mal est de l'essence de la volonté ? Dira-t-on que c'est la une prerogative de l'entendement et de la volonté ? Ne dira-t-on pas plutôt que c'en est le desordre et la faiblesse ? Incontestablement

» Cela n'est pas moins vrai de la liberté, d autant que la liberté participe si étroitement de l'entendement et de la volonté, qu'on peut dire qu'elle n'en est que l'exercice » *L'Etat sans Dieu*

Enfin, une dernière objection contre le libre arbitre est tirée de l'impossibilité qu'il y aurait à le concilier avec la loi de la conservation de l'énergie

Donnons une brève réponse à ces trois objections.

213. Les criminels irresponsables Le criminel-né.

— L'existence de « criminels irresponsables » ne prouverait rien contre le fait de la responsabilité de l'homme normal, pas plus que l'aliéné ne témoigne contre la saine raison

Au surplus, les anthropologistes ont fait justice de la thèse lombrosienne, d'après laquelle il existerait un « type criminel », c'est-à-dire une catégorie d'individus portés irrésistiblement au crime, reconnaissables à certains indices anatomiques, physiologiques, psychologiques, dont l'ensemble formerait le type du « fou moral », du « criminel-né » [1] Sans doute, sous diverses influences — hérédité, alcoolisme, débauche, habitudes vicieuses, certain régime des prisons, etc — la responsabilité est, chez plusieurs sujets, atténuée, il est vraisemblable que chez quelques-uns elle n'est pas ou n'est plus suffisante pour justifier le qualificatif *criminel* Il y a des monstres sociaux qui ne devraient pas tomber sous les coups de la justice *pénale*, mais contre lesquels la société a néanmoins le droit et le devoir de se prémunir ou de se défendre, au nom de la *mission générale de gouvernement* qui lui incombe [2] A côté d'eux, il y a un nombre plus ou moins considérable de sujets faibles, qui offrent peu de résistance aux sollicitations troublantes du milieu où ils vivent, entre la maladie et l'état de pleine responsabilité, s'échelonne une série d'intermédiaires aussi le vœu de la justice pénale est-il que l'on considère non le crime

---

[1] Cfr *Logique,* 4e éd , no 144
[2] Cfr M a u s, *De la justice pénale,* p. 222

abstrait, mais le criminel et que la peine soit, dans la mesure du possible, *individualisée*, c'est-à-dire appropriée à l'état du sujet auquel elle est infligée

Mais, encore une fois, il serait arbitraire d'ériger l'exception en règle et de nier la responsabilité parce qu'il y a des irresponsables

214. L'uniformité et la constance de divers faits moraux. — Si les individus qui composent le corps social étaient libres, leurs actes varieraient Partant, les résultats d'ensemble que relève la statistique morale devraient, dit-on, varier

Or, la statistique morale révèle une constance remarquable de certains faits moraux, tels que les mariages, les naissances illégitimes, les crimes contre les personnes ou contre les propriétés, les suicides, etc [1]

Donc, conclut-on, les actes réputés libres sont, aussi bien que les événements physiques, régis par le déterminisme.

Réponse Il y a, à la base de cette objection, une erreur de fait et une erreur d'interprétation

Il y a une erreur *de fait* Parce que l'homme est libre, on

---

[1] Voici quelques échantillons Quetelet a observé que c'est entre 25 et 30 ans que l'on se marie le plus De 1841 à 1845, les chiffres sont les suivants

> *Hommes* 2681, 2655, 2516, 2698, 2698
> *Femmes* 2119, 2012, 1981, 2126, 2183

Durckheim cite le nombre des suicides constatés dans les différents pays de l'Europe Voici, pour la France, les chiffres constatés de 1849 à 1860

3583, 3596 3598, 3676, 3415, 3700, 3810, 4189, 3967, 3903, 3899, 4050

Voir Quetelet, *Du système social et des lois qui le régissent*, 1848, p 68 — Durckheim, *Le Suicide*, 1897, p 9 On trouvera des statistiques détaillées, très instructives, relatives à la criminalité en Belgique, dans la *Statistique judiciaire de la Belgique*, 1900-1902

se figure aisement que tous ses actes doivent l'être et qu'aucun des elements qui les constituent n'est determine. On oublie que l'acte libre a pour condition essentielle la réflexion Or, combien d'actes irreflechis dans les vies les plus serieuses! Combien sont exclusivement guides par l'imagination, inspirés par la passion, determines par l'egoisme, domines par la routine! Il y a donc une première erreur a croire que des actes sont libres pour la seule raison qu'ils ont l'homme pour auteur et pourraient, théoriquement parlant, émaner de sa liberte

Une seconde erreur, celle-ci *d'interprétation*, consiste a croire qu'un acte libre est, dans tous les elements qui le constituent, indeterminé On se represente la volonté libre comme un mobile dans un équilibre absolument instable, et l'on se dit que la moindre cause extérieure doit fatalement changer sa vitesse et sa direction D'autre part, le milieu dans lequel s'exerce l'activité volontaire est suppose extrêmement variable La volonte libre, pareille a une girouette, devrait donc obeir aux influences successives et contraires de tous les vents D'où lui viendraient la regularite et la constance des déterminations ?

Mais cette conception de la volonte libre, de même que celle des conditions dans lesquelles elle se determine sont contredites par l'experience

En fait, dans un grand nombre de circonstances, les *intentions* de la generalité des hommes sont spontanées Non seulement leur intention dernière, — la volition de leur plus grand bien — l'est toujours, mais leur intention immediate l'est souvent L'instinct de la conservation, l'instinct de la reproduction, l'amour naturel des parents pour leurs enfants, celui des enfants pour leurs parents, la recherche du bien-être ou de l'interêt personnel impriment à la volonté des poussees auxquelles generalement elle obeit sans attendre une decision reflechie. Il s'ensuit que, lorsque les circonstances sont sensiblement les mêmes, les hommes obéissent pour la plupart aux mêmes intentions ; comme aussi les hommes qui forment une même catégorie spéciale, — par exemple, les représentants d'une même profession — s'inspirent spontanément, pour la plupart, des mêmes motifs

Or, il n'est pas rare que l'intention détermine l'action

Tantôt, en effet, l'intention n'est réalisable que par un seul moyen, et alors quiconque veut la fin doit vouloir le moyen

Tantôt l'intention est réalisable par divers moyens, mais le moyen le plus approprié a la fin s'indique clairement au choix d'une volonte raisonnable, et alors encore la plupart des hommes — soit en général, soit dans une même categorie spéciale — adopteront le même moyen

Dans ces deux hypothèses une même intention spontanée déterminera chez la plupart une manière d'agir uniforme, constante

Les divergences d'action se produisent seulement lorsque plusieurs moyens s'offrent au choix de la volonte et qu'il n'apparait pas clairement lequel d'entre eux est le meilleur

« On delibere sur le choix des moyens lorsque l'on ne voit pas quel est determinement le bon Lorsque le moyen est determiné, on n'a pas besoin de deliberer » Ainsi s'expriment Aristote et saint Thomas d'Aquin [1])

Il arrivera donc souvent que les hommes en général ou les hommes d'une même condition, placés dans des circonstances analogues, agiront uniformément.

Ils pourront, néanmoins, agir librement

N'eusse-je qu'un moyen pour arriver a une fin, il me sera loisible d'examiner comment, pourquoi, a quel moment je

---

[1]) « Philosophus radicem contingentiæ assignavit ex parte consilii, quod est eorum quæ sunt ad finem et tamen non sunt determinata In his enim in quibus media sunt determinata, non est opus consilio » *In Peri Hermeneias*, I, 14

l'emploierai. A plus forte raison pourrai-je, si j'en ai plu
sieurs à ma disposition, choisir le meilleur, et ne pas l'adopter
sans faire usage de ma liberté

L'uniformité de certains actes moraux n'est donc pas
incompatible avec leur liberté

Leur constance ne l'est pas davantage

Il est à remarquer en effet que, pour une même catégorie
d'individus, considérés sous un même aspect, les conditions
d'exercice de la volonté libre ne changent pas à tout instant
Au contraire, un *milieu social* ne se modifie d'ordinaire que
de façon lente et graduelle Par *milieu social* on entend
l'ensemble des influences, les unes physiques, les autres
morales, familiales, sociales, religieuses qui enveloppent une
catégorie déterminée d'individus et qui sont les principaux
facteurs de leur éducation

Il en résulte qu'un groupe d'hommes, considérés sous un
même aspect et observés durant une période assez restreinte,
agissent semblablement

L'uniformité approximative et la constance relative de
certains actes humains n'excluent donc pas leur liberté

Donnons de ces principes abstraits quelques applications

Chacun de nous est libre de se mettre demain en voyage
ou de demeurer chez soi Mais beaucoup, ayant intérêt à
voyager, se décideront librement à se mettre en voyage Le
fait n'est point douteux, et l'administration des chemins de
fer ne fera pas chômer son personnel, elle organisera les
trains sur tout le réseau avec la certitude de remplir un
service nécessaire

De même, il n'est personne en Belgique ou en France qui
ne puisse à la rigueur s'interdire librement de correspondre
demain avec autrui par la poste, par le télégraphe, par le
téléphone Néanmoins on est sûr que de nombreuses communications postales, télégraphiques, téléphoniques seront

echangees dans ces deux pays, parce que l'interêt d'un grand nombre sera de les echanger et que le grand nombre suivra raisonnablement son interêt

Il existe donc, dans la societe des manieres d'agir uniformes et constantes des êtres libres, analogues aux manieres d'agir uniformes et constantes des agents physiques il y a donc, en ce sens, des « lois » morales analogues aux lois physiques

Donc une certaine regularite n'est pas incompatible avec la liberte

D'ou vient, par exemple, la quasi-invariabilite constatee dans le *taux* des mariages, en Belgique et en France, entre 25 et 30 ans ?

Encore une fois, de l'uniformite des libres déterminations des individus sous la double poussee de l'instinct sexuel et de l'interêt et de la *stabilite relative* du milieu social

La plupart des jeunes gens et des jeunes filles sous l'influence de sentiments et d'instincts communs a tous, sont poussés a se marier En gens raisonnables, ils cherchent generalement a se marier a l'âge ou ils seront dans les meilleures conditions pour fonder une famille et pourvoir a sa subsistance Cet age est, parait-il dans nos pays en Belgique et en France, entre 25 et 30 ans Est-il etonnant que ce soit l'âge ou les mariages sont le plus frequents ? Est-il etonnant que, lorsque les conditions d'existence sont sensiblement les mêmes, leur frequence relative ne varie pas notablement ?

Aussi la contre-épreuve est-elle fournie par les statistiques chaque fois qu'une cause exceptionnelle — une epidemie, une guerre — bouleverse les conditions d'existence la courbe reguliere des evenements moraux fait place a une ligne violemment brisee

En general aussi, chaque homme possede à un certain

âge, un ensemble de *dispositions habituelles*, les unes au bien, les autres au mal — vertus, vices — qui donnent a sa vie morale une empreinte caractéristique, a l'homme son *caractère*

Or, la plupart du temps, même lorsqu'il agit avec reflexion et liberte, l'homme agit en conformite avec son caractère, à telle enseigne que la moralite de sa conduite peut généralement être prévue.

Donc, aussi longtemps que le milieu social demeurera sensiblement le même, les individus d'un même groupe suivront sensiblement, soit en bien, soit en mal, la même façon d'agir

Quant à dire pourquoi le chiffre absolu des evénements moraux est d'autant, — pourquoi il y a en France une moyenne annuelle de quatre mille suicides environ, pourquoi cette moyenne n'est ni de trois mille ni de cinq mille — on ne le peut, sans démêler au préalable l'echeveau complexe des causes multiples dont chaque evenement social est la resultante Explique-t-on, d'ailleurs, la regularité et la constance du nombre relatif des enfants des deux sexes ? La météorologie explique-t-elle pourquoi la pluie tombe, par exemple, les trois septièmes des jours de l'année dans un pays donné ?

La régularité et la constance des evénements moraux, revélées par la statistique morale, sont donc compatibles avec l'existence de la liberté individuelle bien comprise et ne sont pas un argument en faveur du determinisme absolu

215. Le libre arbitre et la loi de la conservation de l'énergie. — Les partisans du determinisme mecanique universel et absolu objectent que l'exercice du libre arbitre compromettrait la constance de l'energie de l'univers

La constance de l'energie de l'univers n'est pas tellement certaine, que la conscience du libre arbitre dût baisser pavillon devant elle, s'il y avait entre les deux thèses une antinomie irreductible[1])

Neanmoins, nous ne voulons point contester ici la loi de la conservation de l'energie L'usage du libre arbitre y contredit-il ?

Tout vouloir libre s'accompagne d'appetitions sensibles, de même que toute pensee abstraite s'accompagne de l'exercice de l'imagination

Or, les operations des sens et de l'appetit sensitif ont pour sujet un organe et les fonctions des organes sont soumises a la loi de la conservation de l'énergie

Donc les actes de la volonté libre, considerés en eux-mêmes, ne contredisent pas a cette loi générale

La portée de l'objection est ainsi restreinte aux cas ou la volonte libre commande des mouvements corporels autres que ceux qui se produiraient si l'organisme etait exclusivement soumis a l'action des forces de la nature

Dans ces cas, en effet, il y a une difficulte à resoudre

Supposons que, par un commandement libre, l'homme modifie les conditions d'équilibre des centres nerveux et produise ainsi un mouvement différent de celui qui devait naturellement resulter de ces conditions d'equilibre d'où vient l'incitation cérebrale necessaire a la production du nouvel equilibre ?

Ou la volonte perd une quantite de force vive équivalente au travail qu'elle produit, dans ce cas, la loi de la

---

[1]) On ne met pas en question la constance de l'energie d'un système clos, c'est-a-dire d'un système qui n'est soumis au travail d'aucune force exterieure Mais on peut se demander si notre univers materiel forme un pareil système clos, si toutes les forces materielles qu'il contient sont des forces mecaniques ou du moins des forces telles que leur energie soit évaluable en energie mécanique, si, par consequent, toutes les formes de l'energie de l'univers materiel se substituent les unes aux autres suivant une loi de rigoureuse equivalence Ces assertions, pour vraisemblables qu'elles soient, ne sont pas évidentes

conservation de l'énergie est respectée, sans doute, mais alors aussi on identifie la volonté à une force mécanique et l'on fait fi de son immatérialité

Ou la volonté produit dans les centres nerveux son incitation motrice, sans perdre un équivalent de force vive dans ce cas, la volonté ajoute une action à l'énergie du système de l'univers, et cette action trouble inévitablement la constance de l'énergie totale

Dans les deux cas, l'intervention d'une volonté libre dans la production d'un mouvement corporel n'est-elle pas inconciliable avec la loi de la constance de l'énergie ?

Réponse Nous avons discuté *ex professo* ailleurs cette objection [1]).

Disons seulement ici que c'est à tort que l'on y fait de la volonté libre une cause efficiente, source d'effets mécaniques La volonté est sollicitée à agir par une cause finale, par le bien que lui présente l'intelligence L'intérêt que j'ai à produire tel mouvement de mon bras sollicite ma volonté à commander librement ce mouvement. Par le fait qu'elle veut son intérêt, la volonté applique à l'action la puissance locomotrice de l'organisme Elle ne dépense à cet effet aucune force vive, parce que sa volition n'agit pas au dehors La volition est immanente, par le fait qu'elle s'accomplit, l'appétit sensitif et la faculté locomotrice entrent en mouvement Or ces deux facultés sont régies dans leur exercice par la loi de l'équivalence des forces de la nature et ne peuvent dès lors compromettre la loi de la constance de l'énergie

[1]) *Le déterminisme mécanique et le libre arbitre,* dans la *Revue catholique,* 1884

§ 3

Les suites de l'acte volontaire   Les états affectifs, les sentiments.

SOMMAIRE 216. Le plaisir et la douleur — 217 Preuves de la théorie aristotélicienne et thomiste du plaisir et de la douleur — 218 Existe-t-il des états indifférents ? — 219 Analyse psychologique de l'émotion sensation, sentiment La sensibilité affective n'est pas une faculté spéciale — 220 Les théories interprétatives du sentiment théorie physiologique, théorie intellectualiste, théorie thomiste — 221 Essai de classification des sentiments

216. Le plaisir et la douleur. — Les actes de la volonté s'accompagnent généralement, sinon nécessairement et toujours, de plaisir ou de douleur Qu'est le *plaisir* ? Qu'est son contraire, la *douleur* ?

On ne définit pas le plaisir ; on le décrit d'après ses conditions d'existence et en remontant aux causes qui provoquent sa naissance et son épanouissement

Le plaisir appartient aux êtres doués de sens intime ou de conscience , il résulte d'une *action* qui, *subjectivement* et *objectivement*, est « *parfaite* »

Une action est parfaite *subjectivement*, lorsque la puissance qui la produit agit avec toute la vigueur dont elle est capable

Elle est parfaite *objectivement*, lorsque son objet répond à la fin naturelle du sujet qui en est le principe [1]

Telle est la théorie d'Aristote [2] et de saint Thomas [3],

---

[1] « Ubicumque invenitur in aliquo cognoscente operatio perfecta, ibi etiam invenitur operatio delectabilis Delectatio est operationis perfectio »

« Circa unumquodque optima operatio est operantis optime dispositi per respectum ad id quod est potissimum inter ea quæ subjacent virtuti talis operantis » S Thomas, *Comm in lib Arist*, Ethic X, lect 6

[2] *Morale a Nicom*, éd Didot, X, 5

[3] *Op. cit*

reprise, mais d'une façon incomplète, par Hamilton [1]) et plus récemment par Fr Bouillier dans son intéressante monographie *Du plaisir et de la douleur*

1º Pour qu'une énergie engendre tout le plaisir qu'elle est capable de faire naître, il faut qu'elle se déploie *pleinement*, c'est-à-dire, le plus possible, sans toutefois aller jusqu'à l'excès qui amène la fatigue et l'épuisement première condition du plaisir, la *plénitude* de l'activité

2º Il ne s'ensuit pas, cependant, que l'intensité du plaisir croisse toujours en proportion du nombre des facultés en exercice et du degré d'énergie déployé par chacune d'elles, en deçà des limites de la fatigue ou de l'épuisement L'action, en effet, est le moyen par lequel le sujet s'approche de sa fin, elle doit donc, pour être parfaite, se subordonner à la fin naturelle du sujet [2])

D'où ce corollaire L'homme n'est pas une collection d'énergies parallèles, plus ou moins coordonnées, mais il constitue une *nature une*, d'où jaillissent des énergies multiples, il s'ensuit que ces énergies doivent tendre toutes harmonieusement, hiérarchiquement, au but de la nature d'où elles émanent Une faculté inférieure doit demeurer subordonnée aux facultés supérieures, si elle s'exerce aux dépens de celles-ci, elle apportera au sujet considéré dans l'intégrité de sa nature le désordre, le trouble, une cause de déplaisir ou de douleur

217. Preuves de la théorie. — Cette théorie se justifie par deux arguments l'un est d'observation, l'autre est tiré d'une expérience

---

[1]) *Lectures*, II 485 et suiv Cfr. Stuart Mill, *Examination of W Hamilton's philosophy*, ch XXV

[2]) « Quælibet operatio sensus est maxime delectabilis quando et sensus est potentissimus, id est optime vigens in sua virtute, et quando operatur respectu objecti maxime convenientis » *Loc cit*

1er Argument, tiré de l'observation psychologique 1º Autant nous avons de *sources d'activité* consciente, autant nous avons de *sources de plaisir* jouissances de la santé et du bien-être, satisfactions des sens, plaisirs de l'esprit, joies du cœur, plaisir du mouvement

2º *Pas de plaisir sans activité*, ainsi que l'observe Aristote Ce que les Italiens appellent le « dolce far niente » n'est pas l'inaction, mais une activité libre et facile qui suit un effort prolongé ou une tension exagérée

3º Avec le *degré d'activité* croît le *degré de plaisir* Ainsi, par exemple, l'obscurité, une lumière insuffisante nous déplaisent, le grand jour nous fait plaisir, une vérité insignifiante nous ennuie, un problème qui exerce puissamment l'esprit procure une vive jouissance

De même, la *continuation* de l'action fait *durer* le plaisir Néanmoins, il y a des limites à l'intensité et à la durée du plaisir comme il y en a à l'intensité et à la durée de notre activité normale L'activité de l'homme, en effet, est toujours, soit directement, soit indirectement, dépendante de l'organisme, or la *santé* de l'organisme est subordonnée à un exercice modéré et intermittent des organes, l'accroissement du plaisir ne peut donc être, ni en intensité ni en durée, illimité [1])

---

[1]) « Assignat (Aristoteles) rationem quare delectatio non possit esse continua Et dicit quod nullus continue delectatur, quia laborat in operatione quam consequitur delectatio Et sic operatio non efficitur delectabilis Hoc autem ideo est, quia omnia quæ habent corpora passibilia non possunt continue operari propter hoc quod eorum corpora immutantur a sua dispositione per motum qui conjungitur operationi Cuilibet enim operationi rei habentis corpus ipsum corpus aliqualiter deserit vel immediate, sicut operationi sensitivæ quæ per organum corporeum producitur, vel mediate, sicut operationi intellectivæ quæ utitur operationibus virtutum sensitivarum quæ fiunt per organa corporea. Sic igitur ex quo non potest esse continua operatio, neque etiam delectatio potest esse continua Delectatio enim consequitur operationem, ut dictum est » *Loc cit*

Cette réserve faite, cependant, il est vrai de dire que tout exercice « *parfait* » d'activité est source de plaisir et que le plaisir augmente, en intensité et en durée, dans la proportion où se développe l'activité

D'où cette conclusion de saint Thomas, qui résume la théorie « Si ergo operatio perfecta est delectabilis, perfectissima autem delectabilissima, consequens est quod operatio, in quantum est perfecta, est delectabilis Delectatio ergo est operationis perfectio »

1º Enfin, observe finement Aristote, pourquoi la nouveauté nous plaît-elle ? Parce qu'elle suscite un plus grand effort d'attention, une activité plus intense

Pourquoi, inversement, la monotonie est-elle ennuyeuse ? Parce qu'une faculté n'est pas capable de soutenir longtemps avec intensité un même effort et que, dans la mesure où l'activité se ralentit, le plaisir diminue [1])

2d Argument Preuve expérimentale MM Binet et Féré ont observé que les sensations agréables ou désagréables correspondent a une exageration ou a une diminution d'energie Le fait a ete constaté pour les sensations auditives, visuelles, gustatives et enfin, plus recemment, pour les sensations olfactives [2])

---

[1]) « Nova magis delectant, quia a principio mens inclinatur studiose circa hujusmodi propter desiderium et admirationem, et ita intense, id est vehementer circa hujusmodi operatur Et ex hoc sequitur delectatio vehemens sicut patet de illis qui studiose aspiciunt aliquid quod prius non viderunt, propter admirationem Postea autem quando consueti sunt videre, non fit talis operatio, ut scilicet ita attente videant vel quodlibet aliud operentur, sicut prius, sed negligenter operantur, et ideo etiam delectatio minus sentitur » *Loc cit*

[2]) Citons un fait à titre de spécimen « M le docteur G qui est très sensible a l'action des odeurs, a bien voulu, ecrivent MM Binet et Feré, nous servir de sujet d'experience Apres avoir pris la force dynamometrique de la main droite qui varie de 50 a 55 dans plusieurs epreuves, nous approchons vivement de ses narines un flacon contenant

Stuart Mill et d'autres ont soulevé quelques objections, mais, si elles portent, c'est contre la théorie écourtée de Hamilton et non pas contre celle d'Aristote

Ces objections tendent à prouver qu'une énergie, même intense, n'est pas toujours cause de plaisir Nous l'accordons, bien plus nous le soutenons, et c'est pour cela que nous avons rattaché le plaisir non à l'activité, comme telle, fût-elle énergique, mais à l'activité *parfaite*, à celle qui est non seulement *intense*, mais *naturelle*, c'est-à-dire, en harmonie avec la destinée naturelle de l'agent qui la produit

218. Existe-t-il des états indifférents ? — Existe-t-il, peut-il exister des états neutres, c'est-à-dire des états de conscience également purs de tout sentiment de peine ou de plaisir ? Le problème est délicat et très controversé. D'ailleurs, la complexité et la mobilité de nos sentiments peuvent aisément fausser les résultats de l'introspection

M Bouillier ne croit pas à l'existence d'états indifférents. « Considérons-nous, dit-il, à l'un de ces moments de calme et d'apparente indifférence, où il semble que rien ne nous émeuve et que notre sensibilité engourdie demeure comme suspendue entre le plaisir et la douleur Cette apparence trompeuse d'insensibilité et de sécheresse recouvre toujours quelques sensations plus ou moins faibles d'aise ou de

du musc pur qui nous a été obligeamment prêté par notre cher ami, M Ch Girard, directeur du laboratoire municipal, c'est dire qu'il s'agit d'un produit parfaitement sûr. M G declare que cette odeur est extrêmement désagréable , sa force dynamométrique, prise à ce moment, donne 45, c'est dire qu'elle semble diminuée La même expérience est reprise plus tard, mais en laissant le flacon à distance, de telle sorte que l'impression arrive atténuée , M G déclare alors que cette odeur est très agréable, et sa physionomie exprime très nettement la satisfaction , il donne alors une pression de 65, c'est-à-dire une augmentation de 10 à 15, d'un sixième ou d'un cinquième » Binet et Féré, *Sensation et mouvement*, ch VI et IX Paris, 1889 Cfr. *Revue philosophique*, avril 1885

malaise, quelques sentiments plus ou moins legers et confus de joie ou de tristesse qui, pour n'avoir rien d'excitant et de vif, n'en sont pas moins reels » [1])

M Ribot critique cette thèse « Ce que M Bouillier nous propose, dit-il, c'est de nous *observer* Dès lors, il ne s'agit plus de la conscience naturelle, à l'etat brut, mais de cette conscience un peu artificielle que crée l'attention Nous regardons non avec nos yeux, mais a travers un microscope nous amplifions, nous grossissons le phenomène : et ici la methode de grossissement est perfide A certains états subconscients, elle fait franchir le seuil de la conscience , elle les fait passer de la pénombre à la lumière et dispose à croire que tel est leur etat ordinaire » [2])

Les psychophysiciens, specialement ceux de l'école de M Wundt, ont cru s'être assuré expérimentalement que le passage du plaisir a la douleur traverse un point mort Ils representent graphiquement le phénomène par une courbe dont les valeurs positives correspondent aux etats agréables, les valeurs négatives aux états penibles. Le point nul répondrait à la zone d'indifférence

Dans ce domaine, comme ailleurs, l'expérimentation est capable de rendre de grands services. Mais l'on ne peut se flatter de lier le cours des phénomènes à une formule géométrique Nous retrouvons ici la pretention que nous avons critiquee déjà au sujet des lois de Fechner, de vouloir ramener l'intensité de nos états de conscience à l'étalon mathématique

M Sergi [3]), à son tour, déduit de ses theses générales sur le plaisir et la douleur l'existence de sensations indifférentes. La douleur, d'après lui, manifeste un antagonisme entre

---

[1]) *Du plaisir et de la douleur*, ch. XI.
[2]) *La Psychologie des sentiments*, p 78. Paris, 1896.
[3]) *Psychologie physiologique*, liv. IV, ch. I.

les excitations extérieures et la réaction intérieure Cette tourmente de l'organisme provoque un abaissement de ses énergies Le bien-être au contraire résulte d'un accroissement de vitalité, par suite de l'harmonie entre les influences du dehors et l'activité organique. Quand les excitations extérieures ne modifient pas notre activité interne, c'est-à-dire quand nous sommes parfaitement adaptés au milieu environnant, nous nous trouvons dans une période d'indifférence.

La question, on le voit, n'est pas tranchée Toutefois, avec M Ribot, nous inclinons vers la thèse de l'indifférence Il semble difficile d'admettre que certaines perceptions ou représentations, sans cesse répétées, continuent à être pour le sujet une cause d'agrément ou de désagrément la vue de mes meubles rangés dans leur ordre habituel ne me cause aucun plaisir ou déplaisir appréciable, et, si le plaisir ou le déplaisir n'existent qu'en quantités infinitésimales, la psychologie, ainsi que Bain le dit justement, n'a pas à s'en inquiéter [1])

Quoi qu'il en soit, une modification passive qui n'engendrerait a aucun degré le sens intime d'un plaisir ou d'une douleur, ne mériterait pas le nom d'*affection* ou de *sentiment*.

En effet, qu'est-ce qu'une affection, un sentiment ?

219. Analyse psychologique de l'émotion : sensation, sentiment. — La sensibilité affective n'est pas une faculté spéciale. — On sait que les psychologues modernes distinguent généralement trois groupes de phénomènes psychiques : les uns perceptifs ou intellectifs, les autres volitifs ou « moteurs », d'autres enfin affectifs ou émotifs Les scolastiques n'admettent pas cette classification, ils se con-

[1]) Th Ribot, *ouv cit*, p 79.

tentent de distinguer deux genres de facultés les unes appréhensives, cognitives, les autres appétitives, volitives.

Précisons la question

Les manifestations psychologiques appelées « emotions, affections, sentiments », etc, semblent *passives*, la perception et l'appétition sont *actives* comment les premières seraient-elles identiques aux secondes ? Dès lors, les manifestations emotives ou affectives ne forment-elles pas un groupe à part, auquel il est convenable de donner un nom distinctif — *sensibilité, affectivité* — et le scolastique ne devra-t-il pas, en harmonie avec sa théorie générale des facultés, distinguer trois ordres de puissances de l'âme, les unes perceptives, les autres volitives, les troisièmes, enfin, emotives ou affectives ?

Pour résoudre cette question, nous devons commencer par l'analyse de l'*émotion*

Nous voulons envisager ici l'emotion en général, sensible ou suprasensible, sensation ou sentiment

L'émotion est une modification passive, agreable ou desagréable, perçue par la conscience, elle est produite par une représentation d'un bien ou d'un mal, réside dans les facultés appétitives et les détermine a s'attacher au bien ou à repudier le mal que les facultés perceptives leur présentent

1º D'abord, disons-nous, l'*émotion* est une *modification passive, agréable ou désagréable, perçue par la conscience* — Toute modification passive est une impression, mais pas à proprement parler une « affection », surtout pas une « émotion » La connaissance sensible est déterminée par une excitation du sens — « espece sensible, determinant cognitionnel » — mais cette excitation ne s'appelle ni une affection ni moins encore une émotion Elle justifie néanmoins l'idée de passivité qui s'attache à la sensation et l'opposition que la conscience établit entre la passivité relative de la sensation et l'activité propre à la connaissance, à la perception **(57)**

La connaissance intellectuelle, à son tour, est subordonnée à une modification passive — « espèce intelligible » reçue dans le νοῦς δυναμικός — mais, encore une fois, cette modification passive ne porte pas le nom d'affection ou d'émotion

Pour être « affective », l'impression passive doit être « agréable ou desagreable » au sujet, c'est-a-dire engendrer en lui un changement qui se révele au sens intime ou à la conscience sous forme de plaisir ou de douleur

Supposé que les excitations produites dans un sujet passent par un point mort où elles ne se traduisent ni sous forme de plaisir ni sous forme de douleur, du coup la modification « indifferente » ne rentrerait plus a proprement parler dans la catégorie des « emotions »

Aussi, saint Thomas a-t-il raison de dire que les πάθη des Grecs, les *passiones* ou *affectiones animæ* des Latins ne s'accomplissent pas sans une certaine « immutation corporelle », sans une commotion ou émotion physique » (134).

De fait, nous ne nous disons « affectes », ou à plus forte raison « émotionnés », que lorsque nous éprouvons une impression d'une certaine vivacite

L'affection est donc, en premier lieu, une modification passive assez intense, pour se révéler au sens intime ou a la conscience, sous forme d'emotion agréable ou desagréable les expressions *sensation*, *sentiment*, lorsqu'elles servent a désigner les affections, évoquent specialement l'idée du sens intime ou de la conscience du phenomene affectif

2º *L'émotion est une impression produite par une représentation soit perceptive soit imaginative d'un bien ou d'un mal* — Une impression agreable ou desagreable peut avoir pour cause immédiate un excitant physique Un bon dîner suivi d'une bonne digestion provoque un agrément; une mauvaise digestion, un desagrement, une promenade au grand air fait du bien, une brûlure fait mal Personne n'appellera

ces sensations agréables ou désagréables des « émotions »,
à l'instar de l'émotion joyeuse de l'enfant qui, après une
séparation de plusieurs mois, se jette dans les bras de sa
mère, ou des émotions pénibles de la mère qui suit, anxieuse,
les derniers râles de son enfant mourant

Les représentations des objets, de ce qu'ils contiennent
de bon ou de mauvais pour le sujet, font naître les passions ;
celles-ci excitent et soutiennent l'attention ; l'attention, à son
tour, intensifie les émotions

3º *L'émotion a son siège dans les puissances appétitives* —
Nous ne séparons pas l'appétit sensitif de la volonté suprasensible, ni celle-ci de celui-là

En fait, de même que, dans l'ordre cognitionnel, la pensée et
l'image vont de conserve, de même, dans l'ordre volitionnel,
l'amour sensible et l'amour suprasensible s'éveillent l'un
l'autre et s'épanouissent ensemble. Les passions animales,
— qui ne le sait ? — influencent la volonté ; les mouvements
les plus élevés de la volonté ont leur retentissement dans la
vie sensible, jusque dans la vie physique

Sans doute, on distinguera dans la vie affective les *sensations* et les *sentiments*, selon que la cause immédiate de
l'affection sera sensible ou suprasensible ; on parlera de la
sensation de la faim ou de la soif, du sentiment du devoir
ou de l'honneur, mais, dans la plupart des cas, on dira indifféremment sentiment ou sensation sans heurter la conscience.
Il peut se faire, en effet, que la part de la sensibilité physique
soit réduite à un minimum et que l'élément suprasensible
apparaisse seul distinctement à la conscience c'est le cas
lorsque nous parlons du sentiment de l'honneur ou du devoir,
mais généralement l'impression des deux puissances appétitives est simultanément ressentie et l'état psychique complexe qui en résulte peut indistinctement se traduire par les
expressions *sensation* ou *sentiment* Nous parlons ainsi de

sensation ou de sentiment de faim, de soif, de fatigue, de bien-être, de joie, de douleur, etc. [1])

Mais, dira-t-on, sont-ce bien les puissances appétitives qui sont le siège des émotions ?

Le vouloir n'est-il pas éminemment *actif*, le sentiment *passif* et n'est-il pas pour le moins paradoxal d'attribuer le premier et le second a une même faculté ? Ne faut-il pas plutôt faire a la « sensibilité affective » une place a part dans la classification soit des événements psychiques, soit des facultes de l'âme ? [2])

Nous ne le pensons pas. La suite de cette analyse justifiera, si nous ne nous trompons, notre dire.

4º *L'émotion est une passion qui determine a l'action.* — Sans doute, on peut envisager l'opération de la volonté sous divers aspects. Lorsqu'on l'envisage poursuivant son but ou subordonnant à cette poursuite les moyens qui doivent la conduire à sa fin, — *intention, désirs, résolutions,* — on la voit en activité ; mais lorsque le but est atteint, le mouvement

---

[1]) Saint Thomas fait observer que les affections appartiennent surtout à l'appétit sensitif « Ratio passionis magis proprie invenitur in actu appetitus sensitivi quam intellectivi » *Sum Theol*, 1ª 2æ, q 22, art 3

[2]) L'opposition apparente entre la passivité inherente au sentiment et l'activité propre au vouloir est le principal point d'appui de la division tripartite des evenements psychiques. Cette opposition devait induire en erreur des esprits auxquels la notion d'une *puissance operative passive* faisait défaut (Cfr *Metaphysique générale*, 191) Descartes etait de ceux-là. Il ne comprit pas l'évolution d'une faculté qu'une impression subie, une « *passion* », determine à l'action

L'erreur passa dans la philosophie allemande par l'intermédiaire de Leibniz

Elle se trouve a la base des theories esthetiques de Sulzer (1720-1799), de Mendelssohn (1755) *)

Jean Nicolas Tetens (1736-1805), le principal représentant de la psychologie empirique en Allemagne au XVIIIe siècle, professa ouvertement la division tripartite *Denken, Fuhlen und Wollen* Kant la couvrit de l'autorité de son nom et la repandit dans la circulation generale

*) Cfr Windelband, *Geschichte der Philosophie*, I, 556

de recherche cesse et, en ce sens, la volonté se repose,
— *possession, satisfaction, apaisement* — « quies in bono
adepto »

L'union de l'objet aimé avec la faculté qui le désirait
engendre une modification que la volonté subit, en cela, la
volonté est passive

Mais tandis que, dans l'ordre mécanique, le repos désigne
la négation du mouvement, ici le repos ne désigne que la
negation du desir, la suppression de la recherche Aussitôt
qu'elles sont unies à leur objet, les puissances appétitives
redoublent d'énergie pour s'attacher plus etroitement, plus
ardemment, à ce qui leur procure la jouissance qu'elles ont
commence a savourer.

L'évolution des puissances volitives est ainsi marquee par
une alternance de passions et d'actions, qui rend compte des
aspects opposés sous lesquels le jeu de ces puissances nous
apparaît

L'idee vous vient que vous pourriez gagner le gros lot,
vous en eprouvez par avance un sentiment de plaisir Vous
espérez gagner ce lot, vous le désirez Vous craignez de le
voir vous échapper. Le tirage se fait, a la nouvelle que votre
numero est sortant, vous tressaillez de joie

Vous assistez un soir d'eté a un beau coucher de soleil,
vous êtes ravi Vous regardez, vous regardez encore, a mesure
que votre contemplation est plus active, votre jouissance
s'accroît.

A la vue du crucifix, l'âme chrétienne est emue de com-
passion Elle désire ardemment ne plus offenser son Sau-
veur, elle veut l'aimer, l'aimer toujours, se dévouer a son
service L'amour, le dévouement apaisent sa douleur

Qu'est cette succession d'actions et d'emotions. sinon
l'évolution d'une faculté qui tend vers son objet, le désire
quand il est absent, y atteint, s'unit à lui, en jouit ?

Sans doute, d'une part, le sentiment est passif, mais il

n'est pas qu'une impression subie. Lorsque l'âme est séduite par l'espérance d'un gain imaginaire, ravie par un beau spectacle de la nature ou captivée par un chef-d'œuvre, passionnée pour une noble cause, elle a conscience qu'à son impression se mêle un mouvement, souvent intense, de la volonté.

Tout sentiment est amour. Or aimer n'est-ce pas vouloir? « Amare est velle », dit saint Thomas [1]) Salluste n'a-t-il pas fidèlement traduit le sentiment délicat de l'amitié en disant : « Idem velle, idem nolle, ea demum firma amicitia est » ?

« Quid est ergo amor, dit admirablement saint Augustin, nisi quædam vita, duo aliqua copulans vel copulare appetens? » [2])

Sans doute, d'autre part, le vouloir est actif, mais le principe qui l'exerce ne s'imprègne-t-il pas de jouissance à mesure que, dans les conditions voulues d'intensité et d'harmonie, il se déploie? Ne subit-il pas le choc de la douleur dans la mesure où son action est contrariée? Hé, quoi! La volonté agirait de toutes ses forces pour saisir son objet, le bien, et au moment où elle l'atteindrait, elle cesserait d'agir! Un principe actif tendrait donc à s'annihiler!

Non, la vérité est que la volonté est une faculté passive qui a besoin, pour agir, d'être menée à l'action; lorsque l'attrait de son objet l'a émotionnée, elle agit, elle aime, elle désire, elle jouit, elle aime jouir, elle jouit d'aimer.

Le sentiment est donc une impression suivie d'action.

Il n'y a pas lieu de lui faire une place à part dans la classification des opérations et des facultés de l'âme.

Si cette analyse est fidèle, on entrevoit aussitôt que l'émotion est un phénomène complexe et l'on ne sera pas étonné que son interprétation ait donné lieu à des vues divergentes.

[1]) *Cont. Gent.*, IV, 19
[2]) *De Trinit.*, VIII, 10.

220. Les théories interprétatives du sentiment : théorie physiologique, théorie intellectualiste, théorie thomiste. — Les émotions sont inséparables de manifestations physiques (139). La joie se traduit par une exubérance de mouvements, par le rire, par des cris, par le chant, la tristesse, par un relâchement des muscles, par une diminution des fonctions vitales, par des larmes.

L'homme gesticule, rit, chante, apparemment parce qu'il est joyeux ; il s'affaisse physiquement, pleure parce qu'il est triste.

Non, disent de nombreux physiologistes ou psychologues, l'homme est joyeux parce qu'il rit, parce qu'il chante ; il est triste, parce qu'il pleure ; il est en colère, parce qu'il frappe

Ainsi s'expriment Lange, William James, Ribot [1]

Supprimez l'extériorisation, disent-ils, le geste, le cri, etc ; vous supprimez également l'émotion. Joignez les mains à un sujet hypnotisé, faites-lui ployer le genou, vous lui donnerez le sentiment de la prière ; tendez-lui le bras, fermez-lui le poing, vous le mettrez en colère.

MM. Dumas et Sollier ont fait des expériences sur des aliénés et sur des sujets normaux : elles montrent que des caractères physiologiques nettement tranchés correspondent aux caractères psychiques. De plus, chez un même individu, l'émotion change proportionnellement aux variations organiques

---

[1] Selon Lange *(Les émotions* Paris, Alcan, 1895), « l'idée » n'exerce aucune influence sur nos émotions Selon W James, elle exerce une causalité *indirecte*, elle provoque des mouvements qui, a leur tour, causeront l'émotion Quant à M Ribot, il ne voit dans le côté psychique du sentiment qu'un « épiphénomène » En tête de son livre *La psychologie des sentiments* (Preface, IX), il écrit « La thèse que j'ai appelée physiologique rattache tous les états affectifs a des conditions biologiques et les considère comme l'expression directe et immédiate de la vie végétative c'est celle qui a été adoptée sans restriction aucune dans ce travail »

N'y a-t-il pas, d'ailleurs, des émotions dues manifestement à des causes exclusivement physiques ? Le vin donne la joie, l'alcool du courage, le haschisch produit l'exaltation, les douches la calment [1])

A ces arguments basés sur des faits physiques, s'en ajoutent d'autres, d'ordre psychologique. N'avons-nous pas conscience que parfois nous sommes tristes, chagrins, sans savoir pourquoi ?

Il n'y a, d'ailleurs pas de commune mesure, dit W. James, entre une perception intellectuelle et un état corporel. On ne comprendrait donc pas comment une idée pourrait avoir son contre-coup dans l'organisme.

« Ce qu'il y a de certain, écrit M. Dumas. c'est que les idées ne sont en elles-mêmes ni gaies ni tristes, qu'un événement qui nous attriste peut réjouir un voisin et nous réjouit nous-mêmes, si nos dispositions d'esprit viennent à changer ; ce n'est donc pas l'idée qui fait l'émotion c'est le processus d'association dont elle est l'origine » Donc l'idée n'a point de contenu sentimental ; celui-ci est dû à l'arc reflexe dont l'idée n'est que l'occasion.

Aux antipodes de la théorie *physiologique* se place une theorie *intellectualiste*. d'après laquelle le sentiment serait d'ordre representatif. Inspirée par la psychologie cartesienne, esquissée par Leibniz chez qui les sentiments sont des « perceptions confusément conscientes » [2]) elle a été expressément

---

[1]) Cfr Dumas, *Recherches experimentales sur la joie et la tristesse* (*Revue philosophique,* juin-août 1896)

[2]) Selon Leibniz, l'activité caracteristique de la monade est la representation. Mais il ne faut pas attacher a ce mot l'idée d'une representation consciente. Chez la monade inferieure du monde inorganique, les perceptions sont inconscientes; chez les monades superieures, elles donnent lieu aux idées claires et distinctes ; entre ces deux extrêmes, il y a une serie continue de degres intermediaires ; le sentiment occupe un de ces echelons intermediaires, il n'est ni inconscient ni conscient, il est confusement conscient

formulee par Herbart pour qui le sentiment naît tout entier du jeu des représentations Une representation n'existerait jamais seule dans la conscience Or la lutte des représentations constituerait la douleur, leur harmonie la joie Les impressions seraient d'autant plus vives que les représentations sont plus contrastantes.

Que penser de ces deux theories contraires ?

Les partisans de la premiere theorie ont mal pose la question

Il n'est pas evident *a priori* que la relation entre le « physique » et le « psychique » inherents aux emotions doit être celle d'une cause à son effet [1]. Le sens intime et la conscience nous disent, au contraire, que les émotions sensibles — les *sensations* — sont à la fois indissolublement physiques et psychiques A elles, aussi bien qu'aux perceptions effectuees par les sens, s'applique la doctrine formulée en ces termes par saint Thomas · « Sentire non est proprium neque animæ, neque corporis, sed compositi» Quant aux sentiments, si élevés soient-ils, ils s'accompagnent toujours, dans une certaine mesure, d'une émotion passionnelle et retombent ainsi, indirectement, dans le domaine des faits physiques.

Dès lors, les expériences de MM. Dumas et Sollier — encore que, dans le détail, leurs résultats soient contestés — n'ont rien qui doive nous surprendre

Donnez libre carrière aux gestes, aux cris, vous favoriserez, vous exalterez en même temps l'émotion ; contenez-les, vous la contrarierez.

De fait, « le vin réjouit, l'alcool donne du courage, etc. . » ; tels mouvements imprimés à un sujet hypnotisé lui donnent l'émotion qu'ils expriment ; mais l'on aurait tort d'en conclure

---

[1] M Ribot lui-même en fait la remarque ; mais il semble l'avoir aussitôt oubliée pour absorber le psychique dans le physique

avec M Ribot « que tous les etats affectifs sont l'expression directe et immédiate de la vie végétative » Selon toute vraisemblance, les mouvements communiqués aux hypnotiques agissent sur eux par suggestion, c'est-à-dire par l'entremise de l'imagination Même l'action du vin et de l'alcool n'est pas purement physique, elle affecte aussi l'imagination et, par celle-ci, les émotions.

L'homme qui se dit chagrin ou joyeux « sans savoir pourquoi » n'a pas analysé les causes de son état affectif, mais il a d'ordinaire conscience « qu'il voit tout en noir » ou « qu'il voit tout en rose » l'element représentatif n'est pas absent de ses émotions, mais il n'est qu'entrevu

Les deux derniers arguments cités à l'appui de la théorie physiologique confondent la représentation avec l'idée La représentation imaginative n'est pas immatérielle, elle a son siège dans le cerveau pourquoi n'aurait-elle pas sa repercussion sur les phénomenes vaso-moteurs, sur les fonctions respiratoires, etc de l'organisme ? Assurement, l'idée abstraite n'est ni gaie ni triste, mais toute idée vivante est liee à une image, l'image suppose une certaine cérebration qui s'effectue dans telles conditions subjectives, variables d'individu à individu, ou d'un moment à l'autre chez le même individu Aussi « un evenement qui nous attriste peut réjouir un voisin et nous réjouirait peut-être nous-mêmes à un autre moment »

Au surplus, que peuvent être, pour un physiologiste, ces « épiphénomènes » dont aime à parler M Ribot ?

On conçoit un phénomène immateriel, intercale dans une série de phénomènes matériels, sans liaison appréciable avec eux Mais que serait, dans une suite d'événements materiels, un événement matériel lui-même, qui « se superposerait » aux autres, sans être influence par ceux qui le précèdent ni influencer ceux qui le suivent ? (95)

Aucun argument sérieux, ni de fait ni de raisonnement, ne milite donc en faveur de la thèse qui identifie toutes les émotions avec des fonctions physiologiques

D'autre part, l'interprétation exclusivement intellectualiste des sensations et des sentiments est indéfendable

Elle a un premier tort Elle ne distingue pas les sensations des sentiments et les confond, sous des termes mal définis, « idée » ou « élément intellectuel »

Elle s'explique en grande partie par cette circonstance historique que, suivant la conception cartésienne, l'âme n'est que principe pensant · dès lors, tout fait interne, qui tombe ou est susceptible de tomber sous la conscience, ne peut être que « pensée », le corps y est forcément étranger

Mais cela même est une tare héréditaire qui vicie la théorie

Le sentiment n'est jamais complètement séparé des passions corporelles.

Est-il vrai, d'ailleurs, que le contraste avive toujours les impressions ? N'y a-t-il pas des tristesses profondes qui bannissent la joie, des tressaillements de joie qui font oublier le chagrin, des impressions de dégoût qui empêchent de rien savourer ?

Au surplus, fût-il vrai que la douleur va de pair avec une lutte de représentations, la joie avec leur harmonie, il s'ensuivrait seulement que les émotions sont produites par un conflit ou par un accord de représentations, la conscience n'en protesterait pas moins contre leur identification essentielle. *Cum hoc, ergo propter hoc*

Le succès momentané de la théorie intellectualiste est dû principalement à la réaction qu'elle opposait aux excès de la théorie matérialiste.

Il est dû aussi partiellement à l'usage qui en a été fait, non sans profit, en esthétique. L'impression du beau, observent avec raison Leibniz, Kant, Schiller, contient quelque chose de mystérieux qu'une analyse trop minutieuse fait évanouir Ce qui est clair, distinct est objet de perception scientifique, seul ce qui est imprécis, vague donne une émotion esthétique

L'observation est fondée, mais en premier lieu elle n'est pas universellement applicable au beau et, en second lieu, elle ne prouve pas la théorie au profit de laquelle elle a été invoquée.

Elle n'est pas universellement applicable au beau Lorsque Newton a découvert l'harmonie des mondes et que, ravi, il tombe à genoux devant cette révélation de la grandeur, de la sagesse, de la puissance du Créateur, il voit, il contemple le beau Après une étude analytique, historique, philologique, de la *Divine Comédie*, n'y a t-il pas une jouissance incomparable a embrasser d'un regard synthétique l'idee qui relie et domine les parties et les développements du chef-d'œuvre ? Qui jouit le plus intensément d'une belle cathédrale gothique, celui qui a l'entrée du porche se laisse confusément impressionner par la majesté de l'ensemble, ou celui qui, apres avoir démembré l'ossature de l'édifice, pénètre le détail de ses proportions et saisit son harmonieuse unité ?

Sans doute, il arrive qu'une évocation aux amples contours donne une jouissance esthétique que ne donnerait pas une description détaillée et précise C'est alors au spectateur à compléter par lui-même son impression première Percevoir, c'est agir Agir, c'est se donner une jouissance (217). L'œuvre d'art ne doit pas tout dire. Celle qui ne demanderait au spectateur aucun effort, le priverait du plaisir de mettre du sien dans l'interprétation de l'œuvre qu'il admire ¹) Mais si l'œuvre d'art ne doit pas tout dire clairement, elle doit

---

¹) Là est la part de vérité de l'impressionnisme en matière d'esthétique.

cependant en dire assez pour qu'un effort aisé l'interprète avec sécurité elle doit demeurer intelligible [1]

L'examen des deux théories contraires, — la théorie physiologique et la théorie intellectualiste, — sur la nature du sentiment, nous ramène à l'interprétation thomiste

Il y a des impressions agréables ou désagréables dont la cause directe est physique le plaisir d'une bonne digestion, la douleur causée par une brûlure Mais l'on n'appelle *émotions, sentiments* que les modifications affectives qui ont pour cause immédiate la perception sensible, ou la représentation soit imaginative, soit intellectuelle et imaginative à la fois, d'un bien et d'un mal

L'*image* alimente l'émotion. Qu'est-ce qui nourrit la douleur de la mère qui pleure son fils ? Mille détails menus qui échappent à tout autre qu'à elle, la dernière parole du défunt, son dernier regard, la couche funèbre, sa place dans la chambre mortuaire, une lettre, un cahier, une médaille, etc. Les maîtres de la littérature ne doivent-ils pas leur succès, avant tout, à la fécondité de leur imagination ? Témoin Dante dans l'épopée, Shakespeare dans le drame, Balzac, Dickens, dans le roman.

Les représentations *intellectuelles* stimulent les sentiments. « Une pensée que l'on croit vraie est parfois irrésistible », observe M Rauh [2] Suivant tous les maîtres de la vie morale

[1] Les symbolistes décadents, p ex Stéphane Mallarmé, ont souvent méconnu cette condition essentielle de la perception du beau littéraire, en outrant la vérité esthétique dont nous parlons ci-dessus

[2] *De la méthode dans la psychologie des sentiments*, p 182 Paris, Alcan, 1899 « Si l'on songe, écrit encore M Rauh, à la puissance du mobile religieux, qui, s'il ne l'est tout entier, est pour une grande part aujourd'hui moral, si l'on songe encore à ce qui se mêle à tous nos actes de préoccupations sociales, si l'on songe à quel point les actes les plus humbles sont transfigurés par là, on se demande si le mobile rationnel n'est pas infiniment puissant, et n'occupe pas dans la vie de l'homme adulte et civilisé autant de place que les besoins organiques eux-mêmes. .
» Ce que nous venons de dire s'applique aux sentiments collectifs, aux

ou spirituelle, la méditation est la source des affections qui préparent les résolutions viriles de la volonté M. J. Payot [1]) est d'accord sur ce point avec saint Ignace et sainte Thérèse

La vérité aimée est le puissant levier de la vie morale. On connaît la noble pensée de Goethe « Grosse Gedanken und ein reines Herz, das ist's was wir uns von Gott erbitten sollten »

D'ailleurs, si la vérité comme telle suffisait à l'homme, pourquoi se vouerait-on à un ordre déterminé de recherches plutôt qu'à un autre ? Pourquoi l'homme d'étude s'attacherait-il avec prédilection à sa spécialité scientifique ?

La représentation d'un bien ou d'un mal est donc le principe d'où sort l'émotion, elle n'est pas l'émotion elle-même

L'émotion réside dans les puissances appétitives

L'émotion sensible, la passion proprement dite, a pour sujet l'appétit sensitif. L'élément corporel et l'élément psychique la constituent indissolublement. Il ne faut pas demander si le premier est cause du second ou inversement le second principe du premier, les deux sont unis en un même sujet

grands courants de passion populaire Karl Marx et les sociologues modernes qui ne voient dans l'histoire que l'histoire de nos besoins, soutiennent que la Revolution française fut une simple révolution économique, idéalisée par les écrivains du siècle qui suivit Mais une transfiguration de ce genre ne suit pas, elle accompagne les besoins économiques eux mêmes L'émancipation économique apparaît comme le moyen d'une émancipation supérieure Sans cette idéalisation, le besoin par lui-même ne ferait pas une révolution On peut soutenir que c'est là un manteau brillant jeté sur la bassesse de nos instincts, mais c'est un luxe nécessaire et dont l'humanité ne s'est jamais passée Lors même qu'une révolution serait purement économique, le mobile n'en serait pas pour cela un simple besoin Le besoin de pain devient dans certains cerveaux *l'idée du pain* pour tous, et par là une forme de l'idée de justice Concevoir comme satisfaite l'universalité des appétits, c'est encore penser, et c'est ainsi intellectualisé que le besoin peut soulever le monde »

[1]) Payot, *L'éducation de la volonté*, p 20 Paris, Alcan

Le sentiment, dans l'acception spécifique du mot, appartient à la volonté immatérielle, mais il est toujours associé, dans une certaine mesure, au jeu de l'appétit sensitif D'où la complexité ordinaire des états affectifs et la difficulté que le psychologue éprouve à les analyser

221. Essai de classification des sentiments. — On peut tenter la classification des sentiments à un double point de vue, l'un subjectif, l'autre objectif

Au point de vue subjectif, on envisage l'acte en rapport avec son objet ; au point de vue objectif, on considère en lui-même l'objet des sentiments

Au premier point de vue, il y a lieu d'appliquer aux sentiments la division générale qui a été appliquée ailleurs aux passions

Tout sentiment est amour

L'amour d'un bien que l'on ne possède pas est un *désir*, le désir doublé d'un effort pour vaincre les obstacles qui s'opposent à l'acquisition du bien convoité, c'est l'*espérance*

L'amour d'un bien que l'on a à soi, pour soi, procure la *joie* La joie complète résulte de la possession de tout ce que l'on aime, c'est, ou plutôt, ce sera le bonheur.

La *haine* est le contraire de l'amour, l'*aversion*, le contraire du désir, la *crainte*, la *défiance* ou le *désespoir*, le contraire de l'espérance ; la *douleur*, le *malheur*, le contraire de la joie et du bonheur

Le *sentiment* est une inclination de l'âme vers un bien présenté par l'intelligence. Ce bien peut, dans la réalité, être soit sensible, soit suprasensible, mais, en tout état de cause, l'objet du sentiment doit être jugé bon par l'intelligence ; à ce titre, il est toujours un bien *rationnel*.

Les inclinations engendrent, en se répétant, des dispositions de plus en plus stables de la volonté · à ces états de la volonté s'étend aussi le nom de *sentiment*

Au second point de vue, on envisage l'*objet* des sentiments

Lorsque le sujet a pris conscience que la possession d'un bien lui a procuré une jouissance, il peut ensuite rechercher ce bien ou aussi le plaisir qui en résulte Les moralistes distinguent, en conséquence, le *bonum in se* et le *bonum delectabile*

L'amour dont le motif principal est la bonté intrinseque de l'objet aimé est *desinteresse*, celui dont le motif principal est une satisfaction obtenue ou esperée, est *interessé*. Les scolastiques appelaient celui-ci *amor concupiscentiæ*, celui-là *amor benevolentiæ* vel *charitatis*, charité

Autant il y a de biens divers, au jugement de l'intelligence, autant il y a de sentiments

On ne peut songer a les énumerer tous, mais on distinguera entre autres l'amour des biens sensibles et des plaisirs qu'ils procurent, l'amour de soi, l'amour d'autrui, l'amour de biens superieurs aux choses d'experience, plus spécialement l'amour de Dieu

1º L'amour des biens et des plaisirs sensibles ne porte pas de nom spécial lorsqu'il est modéré, mais lorsqu'il excède la mesure, on appelle *cupidité*, *avarice*, l'amour des biens extérieurs, *sensualité*, *volupté*, l'amour des satisfactions sensibles ou des plaisirs physiques.

2º L'homme aime sa propre nature, il aime à se perfectionner, *il s'aime*

Tous les êtres de la nature, observe saint Thomas, sont inclinés vers ce qui leur est bon L'homme aussi obeit à cette loi générale. Il s'aime donc Il aime ce qu'il est, il aime ce qu'il est capable de devenir

Il aime sa propre excellence et cet amour lui donne le *sentiment de sa dignité personnelle.*

Il aime à développer ses capacités, à connaître le vrai, à vouloir le bien moral amour naturel de la science, amour de l'honnêteté , a celui-ci se rattache le sentiment de la responsabilité personnelle

L'homme aime même à agir pour agir a penser pour penser, à vouloir pour exercer le vouloir. A cette tendance se rattache le besoin d'independance, l'ambition sous diverses formes, par exemple l'ambition du pouvoir [1])

Les inclinations qui ont le moi pour objet sont appelées souvent « egoistes » , on les oppose aux inclinations « altruistes » qui se portent vers autrui Quelle est la source de ces derniers sentiments ?

3º L'homme s'aime d'un amour necessaire Or, tout ce qui fait un avec moi, devient d'une certaine façon moi-même L'homme aimera donc tout ce qui, d'une certaine façon, lui est uni

Il aimera la nature humaine dans les autres, car tous les hommes sont unis en une même espece « Je suis homme, dit le poete, et rien de ce qui est humain ne me laisse indiffé-rent »

La sympathie naturelle pour l'homme s'appelle *philan-thropie*

Les membres d'une même famille sont rattaches les uns aux autres par une communauté d'origine, par les liens du sang amour paternel, maternel, filial, fraternel

La communauté de certains intérêts particuliers produit des *sentiments de solidarité*, des inclinations « corporatives » , la communauté de race, de langue, de traditions histo-riques, engendre le *sentiment patriotique*

---

[1]) « Cum amor sit boni, bonum autem sit et in substantia et in acci-dente, dupliciter aliquid amatur uno modo, ut bonum subsistens, altero modo, ut bonum accidentale sive inhærens Illud quidem amatur ut bonum subsistens, quod sic amatur ut ei aliquis velit bonum Ut bonum vero accidentale sive inhærens amatur id quod desideratur alteri sicut amatur scientia, non ut ipsa sit bona, sed ut habeatur Unde homo naturaliter appetit suum bonum et suam perfectionem Et hoc est amare seipsum » *Sum Theol*, 1ª, q 60, art 3

Enfin, l'*amitié* identifie, par un libre choix, les intérêts de deux amis « Idem velle, idem nolle, ea demum firma amicitia est », dit Salluste

Ces divers sentiments altruistes s'appuient sur ce principe de profonde psychologie « Homo naturaliter seipsum diligit Illud autem quod est unum cum aliquo, est ipsummet unde unumquodque diligit id quod est unum sibi » [1])

Néanmoins, observe saint Thomas, ceux qui nous sont unis ne sont pas rigoureusement un avec nous aussi *l'homme s'aime* naturellement plus que les autres « La charité bien ordonnée commence par soi-même » Sicut plus est esse unum quam uniri, ita amor magis est unus ad seipsum quam ad diversa quæ ei uniuntur

4° L'homme *aime* aussi le bien qu'il considère au-dessus de lui Il conçoit un *idéal* de beauté, de grandeur morale, il l'aime sentiments esthétiques, admiration, culte des héros, etc

5° Enfin, il *aime* naturellement *Dieu* sa nature l'incline à aimer Dieu *plus que soi-même*

Naturellement, observe saint Thomas, on aime celui dont on tient l'être, plus qu'on ne s'aime soi-même Voyez, dit-il, les mouvements réflexes de l'organisme un coup vous menace aussitôt la main se lève pour protéger la vie de l'ensemble la partie s'expose pour le tout Il est bon que le chirurgien ampute au patient un membre pour lui sauver la vie Quand la patrie est en danger, tout bon citoyen est prêt à donner sa vie pour elle, et la raison approuve sans réserve ce courage patriotique Les pionniers de la civilisation, les explorateurs, les missionnaires, exposent leur santé, leur vie pour le progrès de l'humanité on les proclame des héros

La conscience de l'humanité place donc le bien général

---

[1]) *Sum Theol*, 1ª q 60, art 4

au-dessus du bien particulier, le bien de l'organisme au-dessus du bien de l'organe, le bien de la famille, celui de la patrie, celui de l'espèce au-dessus du bien des individus

Or Dieu est le bien universel, tout être tient de Lui ce que sa nature contient de bon, d'aimable

Donc la loi de toute nature est d'aimer Dieu plus qu'elle-même

La loi de la nature humaine, notamment, est d'aimer Dieu plus qu'elle-même

Supposer que l'homme eût une inclination naturelle à s'aimer plus que Dieu, serait supposer que sa nature est d'elle-même portée au desordre, ce qui est impossible

« Quia igitur bonum universale est ipse Deus, et sub hoc bono continetur etiam angelus et homo et omnis creatura, quia omnis creatura naturaliter secundum id quod est, Dei est, sequitur quod naturali inclinatione etiam angelus et homo plus et principalius diligat Deum quam seipsum Alioquin, si naturaliter plus seipsum diligeret quam Deum, sequeretur quod naturalis dilectio esset perversa, et quod non perficeretur per caritatem, sed destrueretur » [1])

L'amour de Dieu par dessus toutes choses est la source des *sentiments religieux* qui se traduisent en adoration, en reconnaissance, en obeissance craintive ou confiante, etc selon le point de vue sous lequel l'âme considere Dieu par rapport à elle.

Nous avons termine l'etude des actes qui appartiennent en propre à la nature humaine Avant de passer a une etude nouvelle, rapprochons les uns des autres les actes de l'homme et ceux de l'animal et voyons comment les premiers forment au profit de la nature humaine une véritable caracteristique

[1]) *Sum Theol*, 1a, q 60, art 5

TROISIÈME SECTION

Etude comparative entre les actes de l homme et ceux de l'animal

SOMMAIRE. — 222 La question de la distinction entre l'homme
et l'animal Deux propositions à établir — 223 Preuve de la
première proposition L'homme connaît l'universel — 224 Preuve
de la seconde proposition . L'animal ne connaît pas l'universel
— 225 Conclusion

222. Etat de la question. — La pensée sous ses différents modes, la volition spontanée du bien universel et la
volition libre, sont des actes que nous avons dit appartenir
en propre à l'homme, à tous les hommes et exclusivement
à l'homme

En est-il réellement ainsi ?

Ou plutôt non, la question est plus simple Les actes
de la volonté raisonnable et libre sont subordonnés à l'acte
de la pensée La question principale est donc de savoir
si la pensée appartient en propre à l'homme. Cette question résolue, on admettra en conséquence que l'homme,
et l'homme seul, est doué de volonté raisonnable et de
liberté

Les hommes sont-ils donc reellement et sont-ils seuls
capables de pensée ? La pensée, on se le rappelle, c'est la
conception de l'abstrait et la connaissance des relations
universelles, nécessaires, indépendantes de l'espace et du
temps, qui existent entre les objets abstraitement conçus

Il s'agit donc finalement de savoir si les hommes, et les
hommes seuls, connaissent l'abstrait et l'universel

Nous prouverons qu'il en est ainsi

Nous conclurons alors que la connaissance de l'universel
établit une distinction non de degré, mais *de nature*, entre
l'homme et l'animal , qu'elle forme un caractère commun à

tout homme, *propre* à l'homme, bref, une *caractéristique* de l'espèce humaine [1])

Nous avons deux propositions à établir

PREMIÈRE PROPOSITION *Les hommes connaissent l'universel*

SECONDE PROPOSITION *Les hommes seuls connaissent l'universel, l'animal ne le connaît à aucun degré*

Après avoir demontré cette double proposition, nous *concluons La connaissance de l'universel établit une difference de nature* entre l'homme et l'animal, elle réunit les conditions d'une veritable *caractéristique*

223. Preuve de la première proposition : L'homme connaît l'universel. — En effet

1º L'observation directe atteste qu'il n'y a pas d'homme, si ignorant, si dégradé soit-il, qui ne vive dans un commerce habituel avec l'universel et qui ne se rende compte de la

---

[1]) Les differences psychologiques etablissent seules, d'apres nous, une barrière infranchissable entre l'homme et l'animal Néanmoins, les anthropologistes font remarquer avec raison que, même au point de vue anatomique et physiologique, il existe entre l'homme et l'animal des différences notables

Les organes chez l'homme et l'animal se correspondent, il est vrai, mais le plan de structure est tout different L'homme a l'attitude verticale, l'animal a l'attitude horizontale L'homme est preneur, l'animal est grimpeur Alors que la colonne vertebrale de l'homme présente les trois courbures, cervicale, dorsale et lombaire, aussi bien marquées que possible, ces courbures sont à peine perceptibles chez l'animal

La tête humaine est egalement tres caracteristique

Toutefois, le caractere physique différentiel le plus important est le developpement inegal du cerveau Tandis que le poids du cerveau represente chez l'Europeen deux ou trois pour cent du poids total du corps, chez l'animal, chez l'orang-outang, par exemple, il ne presente qu'un demi pour cent *)

*) Cfr Deniker, *Races et peuples de la terre*, pp 17-29 — Keane, *Ethnology*, ch II.

signification des caractères d'universalité et de nécessité de
certains principes. Chacun peut le constater autour de soi,
les anthropologistes l'ont observé chez les peuples les moins
civilisés ; il suffit de consulter les documents dans lesquels
ils ont consigné le résultat de leurs observations ethnolo-
giques, les publications de de Quatrefages, par exemple, la
thèse que nous soutenons y est défendue au nom de la
science, sans aucune preoccupation philosophique.

« Si j'interroge un homme sans culture intellectuelle, un homme
des champs, observe judicieusement le P. de Bonniot [1], on con-
viendra sans peine qu'il n'hésitera pas à me dire combien font
deux et deux. Savoir cela ne suppose pas beaucoup de science,
mais suppose toute la raison. Quel est l'état de la pensée du
paysan le moins instruit, en face de cette proposition : *Deux et deux
font quatre ?* Je ne crains pas de le dire, ce paysan voit dans une
parfaite évidence que cette vérité est nécessaire et universelle ;
non pas qu'il entende ces expressions ou autres semblables, mais
l'acte de son intelligence est dans des conditions équivalentes.
Il sait très bien que deux ajouté à deux ne peut pas donner trois
ou cinq ; il sait très bien que deux et deux font quatre en tout
temps et en tous lieux ; il sait très bien que cette vérité s'applique
partout et *toujours* à *tout* ce qui est susceptible de numération ; il
ne se rend aucunement compte de ce qu'il sait très bien, mais
voulez-vous mettre en relief, toucher du doigt cette conviction,
essayez de la repousser par quelque contradiction familière, dites
à ce paysan que si deux et deux font quatre quand on parle de
bœufs ou d'écus cela n'est pas vrai quand on parle de pierres ou
d'éléphants, dites-lui que deux et deux jadis faisaient trois et
feront cinq dans un temps à venir, que même en ce moment il est
des pays étrangers où deux et deux font six, dites-lui que les
savants, ayant reconnu des inconvénients à l'état actuel des choses,
sont sur le point de changer tout cela, et que, grâce à de pro-
chaines découvertes, en achetant deux fois deux bœufs, le labou-
reur en aura six, et l'éleveur qui aura fait ce marché trouvera,
livraison faite, qu'il n'en a donné que trois. Peut-être hésitera-t-il
d'abord, il se demandera s'il comprend bien, si par hasard vous ne
parlez pas autrement que tout le monde ; mais assurez-lui que vos
expressions n'ont rien de mystérieux, que vous entendez, par les
mots, exactement la même chose que lui ; alors, soyez-en bien sûr,

[1] *Études religieuses*, 5e série, I, p. 644

ou bien il vous tournera le dos, persuadé que vous vous moquez de lui, ou bien il croira que vous voulez seulement plaisanter et il rira, si toutefois il ne se laisse pas aller à penser que votre tête déloge. Pourrait-il mieux marquer que, d'après lui, on ne peut *sérieusement* révoquer en doute la *nécessité* et l'*universalité* de cette vérité *Deux et deux font quatre ?* »

2° Chez tous les hommes, on trouve *le langage, le progrès personnel,* c'est-à-dire réfléchi et voulu, *la moralité* et *la religiosité* autant d'indices naturels de connaissances abstraites et universelles. Donc, tous les hommes connaissent l'abstrait et l'universel.

Preuve de la majeure On n'a pas encore trouvé jusqu'ici une seule peuplade qui n'ait son *langage,* qui ne témoigne, soit par son activité à l'heure présente, soit par les produits d'une civilisation antérieure qu'elle a laissés, de certains *progrès* intentionnels, qui ne possède certaines règles de *morale* et certains principes de *religion* [1])

Preuve de la mineure a) Le *langage* suppose, à plus d'un titre, le pouvoir d'abstraire et de généraliser En effet

α) Parler, au sens propre du mot, ce n'est pas simplement émettre des cris, fût-ce des cris articulés [2]), c'est rattacher, comme le reconnaît Darwin lui-même [3]), des notions définies à des sons ou à des gestes déterminés, employer des signes qui, pour tous ceux qui les emploient ou les perçoivent,

---

[1]) Consulter entre autres W h i t n e y, *Language and the study of language,* 4e ed, p 399 , Marquis de N a d a i l l a c, *Les premiers hommes et les temps préhistoriques, passim* , de Q u a t r e f a g e s, *L'espèce humaine Hommes fossiles et hommes sauvages , Introduction à l'étude des races humaines,* etc , *passim* , T i e l e, *Manuel de l'histoire des religions,* trad Vernes, 1885, p 12 , A R e v i l l e, *Prolégomènes à l'histoire des religions,* 1887, p 44 , G Ratzel, *Volkerkunde,* 2te Aufl, I, S 37 , V a n d e n G h e y n, *La religion,* 1re partie, ch I « L'universalité de la religion »

[2]) Sur le langage réflexe, v. F e r e, *Rev phil* , janvier 1896

[3]) *Descendance de l'homme,* I, ch II, p 57 de la trad M o u l i n i é — Cfr M o n c a l m, *L'origine de la pensée et de la parole,* pp 55, 94 — K u s s m a u l, *Les troubles de la parole,* pp 2 et 3

n'importe où, n'importe quand, expriment ou éveillent une même représentation intérieure

Or les images sensibles varient d'individu à individu, elles varient d'un moment à l'autre chez le même individu. Seules les représentations intellectuelles ont un objet stable, à l'abri des variations individuelles et des fluctuations du temps

Donc les signes du langage ne traduisent pas au dehors des représentations imaginatives, ils expriment et éveillent des représentations intellectuelles

Celles-ci échappent aux variations individuelles et aux fluctuations du temps, parce que leur objet est *abstrait* des circonstances individuelles, spatiales, temporelles **(170)**

Dans les choses sensibles, l'intelligence discerne, moyennant un travail inductif *(Logique, 104)*, les *propriétés* ou du moins ce que, à tort ou à raison, elle considère comme les *propriétés* inaliénables des objets A ces propriétés, aux sujets qui les possèdent, elle attache des noms, les signes conventionnels du langage De par la nature de l'objet qu'ils représentent, ces signes sont d'un emploi général et permanent

Le langage est donc bien l'expression de notions abstraites et universelles

β) Le langage humain ne se compose pas de mots isolés, mais de propositions

Or, dans une proposition, le *prédicat* est *abstrait*

« Ce qui est particulier, dit Aristote, par exemple Cléon, Callias, etc ne peut faire fonction de prédicat, mais ce qui est universel s'affirme du particulier ou d'un sujet moins universel, par exemple, l'homme de Callias, ou l'être animé de l'homme » [1]

γ) Les patientes investigations de la linguistique semblent converger vers cette conclusion que tous les noms ont été

[1] *Analyt pr* I, 27

primitivement des *termes généraux* énonçant un attribut
général d'un sujet donné C'est la thèse formelle de Max
Muller Si, dit-il, le mot *rex*, roi, signifiait primitivement
« conduisant ici » , *man-u-s*, homme, « pensant ici » ou plutôt,
quelqu'un conduisant ici, *quelqu'un* pensant ici , c'est donc
que ces mots étaient à leur origine des termes généraux
désignant à la fois tous ceux qui conduisent et tous ceux
qui pensent Ce n'est que par le fait de leur application à
telle ou telle personne qu'ils sont devenus des termes singuliers Ainsi en est-il lorsque nous disons « ce roi », ou « cet
homme » ; ces termes redeviennent, du reste, généraux
lorsque nous les employons au pluriel « hommes », « rois »,
ou avec l'article indéfini « un roi », « un homme »

Même les noms *propres*, poursuit Max Muller, étaient
originairement des noms communs *Quintus* est en réalité
un nom donné dans le principe au *cinquième* enfant , suppose plusieurs familles de cinq enfants, rien n'eût empêché
d'énoncer une proposition générale de ce genre-ci « Tous
les *quinti* sont exempts du service militaire » [1])

Donc la première application d'un nom est toujours générale, il ne devient singulier ou propre que moyennant une
restriction qui y est ajoutée dans la suite

b) Le *progrès personnel*, « ex propria inquisitione » [2]), suppose des idées abstraites et générales

Le progrès ainsi entendu, n'est pas le résultat passif de
l'action d'autrui, il est le fruit de l'initiative de celui qui
l'accomplit , il suppose la perception d'un but réalisable
par *différents* moyens, la perception de la *relation* commune
qui les relie au but à atteindre, et la *conscience réfléchie*
d'une activité dirigeable dans le sens du but et utilisable
a cet effet

[1]) Max Muller, *Science of thought*, ch VIII. p 446
[2]) S. Thomas, *de verit.*, q. 10, a 7, ad 7

Or, et ces notions et ces actes de réflexion impliquent le pouvoir d'abstraire et de généraliser

« J'ai en mon esprit l'idée d'une horloge, dit Bossuet, ou de quelque autre machine. Pour la faire, je ne me propose aucune matière déterminée, je la ferai également de bois ou d'ivoire, de cuivre ou d'argent. Voilà ce qui s'appelle une idée universelle, qui n'est astreinte à aucune matière particulière.

» J'ai mes règles pour faire mon horloge. Je la ferai également bien sur quelque matière que ce soit. Aujourd'hui, demain, dans dix ans, je la ferai toujours de même. C'est là avoir un principe universel que je puis également appliquer à tous les faits particuliers, parce que je sais tirer de ce principe des conséquences toujours uniformes.

» Loin d'avoir besoin, pour mes desseins, d'une matière particulière et déterminée, j'imagine souvent une machine que je ne puis exécuter, faute d'avoir une matière assez propre et je vais tâtant toute la nature et remuant toutes les inventions de l'art, pour voir si je trouverai la matière que je cherche » [1]

c) La *moralité* enfin et la *religiosité* sont aussi des caractères distinctifs de l'espèce humaine. Toutefois, ce ne sont que des caractères consécutifs, dérivés. Le caractère primordial, encore une fois, c'est la perception de l'universel.

En effet, les *relations* et les *lois morales* sont des *principes universels et nécessaires,* qui s'appliquent à la direction de la volonté libre vers sa fin suprême ; la *religiosité* suppose la démonstration, au moyen du *principe* de causalité, de l'existence de Dieu et la connaissance de la loi naturelle qui subordonne l'homme à son Dieu.

Donc, la moralité et la religiosité reposent sur les notions du nécessaire et de l'universel.

La *première* proposition est établie. Tous les hommes connaissent l'abstrait et les relations nécessaires, universelles, intemporelles qui surgissent de l'analyse d'objets intelligibles abstraits.

---

[1] *De la connaissance de Dieu et de soi-même,* ch. V, § 5.

224. Preuve de la seconde proposition : L'animal ne connaît pas l'universel. — 1º L'animal *ne prouve pas* qu'il connaisse l'universel

En effet, *a)* on a montré plus haut (**121**) que les actes les plus remarquables des animaux les plus sagaces s'expliquent par des percepts, des images, des associations d'images et par la perception empirique de rapports concrets.

b) Nous venons de voir que la connaissance de l'universel se traduit naturellement, partout et toujours, par des signes extérieurs, tels que le langage, le progrès personnel, la pratique de la morale et de la religion.

Or, les hommes sont unanimes a reconnaître que les animaux ne presentent pas ces signes extérieurs, et il n'est plus contestable aujourd'hui que les efforts tentés par Darwin pour les leur attribuer, ont piteusement echoué

Donc les animaux ne manifestent pas qu'ils aient la connaissance de l'universel.

Il serait, des lors, arbitraire de prétendre qu'ils le connaissent

Si l'on s'obstinait à le prétendre, on serait tenu d'expliquer d'ou vient que leur connaissance reste latente et est impuissante à se traduire au dehors

c) De plus, si l'on voulait accorder à l'animal le pouvoir d'abstraire et d'universaliser, c'est-à-dire une véritable *intelligence*, au sens défini plus haut, il faudrait logiquement pousser plus loin et dire que leur intelligence dépasse en perfection la nôtre

Il est incontestable, en effet, que les animaux atteignent, dès le principe, à des résultats qu'une vie d'efforts ne nous permet pas de réaliser temoin, par exemple, les œuvres de l'abeille, de l'ammophile, des fourmis, etc (**122-127**)

Mais personne n'oserait attribuer à l'animal une intelligence superieure à la nôtre.

Donc il faut la lui refuser purement et simplement.

2º L'animal prouve *positivement* qu'il est dépourvu de la connaissance de l'universel

Les limites étroites dans lesquelles se renferment les opérations souvent si merveilleuses de chaque espèce animale et la fixité invariable de leurs œuvres [1]) sont incompatibles avec la possession d'idées universelles des êtres capables d'abstraire et de généraliser concevraient nécessairement un même but à des points de vue différents, et verraient qu'il est réalisable par des moyens différents.

« Si, dans ces petites têtes (d'abeilles), écrit le P de Bonniot, on surajoute quelque raison à l'instinct, je prétends qu'il est absolument impossible que l'uniformité ne soit pas brisée Pourquoi ? Parce que, instruite par l'expérience, la raison ne peut pas s'apercevoir qu'il y a un progrès possible et ne pas se mettre en mesure de réaliser ce progrès entrevu Supposez un instant que, dans une ruche, par exemple, chaque ouvrière soit raisonnable, ou, ce qui est exactement la même chose, qu'elle puisse se dire qu'il y a telle modification avantageuse a donner a la cellule qu'elle construit, aussitôt c'en sera fait, et à moins d'un plan imposé efficacement par la reine ou par son ministère à toute la colonie, la petite cité prendra les formes les plus inattendues Cent hommes, c'est-à-dire cent êtres incontestablement raisonnables, réunis dans une plaine, se disposent, sans concert préalable, a construire chacun sa demeure L'œuvre achevée, combien croyez-vous que l'on comptera de maisons, de chambres qui se ressemblent ? » [2])

« Ne doit-on pas être étonné, dit Bossuet, que ces animaux à qui on veut attribuer tant de ruses, n'aient encore rien inventé, pas une arme pour se défendre, pas un signal pour se rallier et s'entendre contre les hommes, qui les font tomber dans tant de pièges ? S'ils pensent, s'ils raisonnent, s'ils réfléchissent, comment ne sont-ils pas encore convenus entre eux du moindre signe ? Les sourds et les muets trouvent l'invention de se parler par leurs doigts Les plus stupides le font parmi les hommes , et si l'on voit que les animaux en sont incapables, on peut voir combien ils sont

---

[1]) « Animalia bruta in sui principio accipiunt naturalem æstimationem ad cognoscendum nocivum et conveniens, quia ad hoc ex propria inquisitione pervenire non possunt Homo autem ad hæc et multa alia potest per rationis inquisitionem pervenire , unde non oportuit quod omnis scientia ei naturaliter insit » S Thomas, *De verit*, q 18, art 7, ad 7

[2]) *Et rel.*, l c.

au-dessous du dernier degré de stupidité, et que ce n'est pas connaître la raison que de leur en donner la moindre étincelle »[1]

225. Conclusion. — *Tous* les hommes connaissent l'universel (Prop I), les hommes *seuls* le connaissent (Prop II),
la connaissance de l'universel établit donc une différence
essentielle entre l'homme et l'animal

Le langage, le progrès, la moralité et la religiosité sont
aussi des caractères distinctifs de l'espèce humaine, mais
ils présupposent l'abstraction (Prop I), seule, par conséquent, la connaissance abstractive et universelle constitue
un caractère *primordial* et réunit toutes les conditions d'une
véritable *caractéristique*

[1] *De la connaissance de Dieu et de soi-même*, ch V, § 7

ARTICLE SECOND

Les mutuelles influences
de la vie sensitive et de la vie suprasensible

226. Objet de cet article. — Nous avons vu plus d'une fois, incidemment, que les perceptions et appétitions *sensitives* ou *inférieures* et les perceptions et appétitions *intellectives* ou *supérieures* s'influencent réciproquement

Il nous a paru utile de réunir ici, dans un Article spécial, les observations éparses sur le chemin parcouru jusqu'à présent, et de chercher dans les mutuelles influences de la vie sensitive et de la vie raisonnable l'explication de certains états psychologiques difficiles à démêler

Cette étude servira en même temps de préparation à la thèse de l'unité substantielle du composé humain.

Nous etudierons dans une *Première Section* les mutuelles influences des sens et de la raison, dans une *Seconde Section* celles de la volonté et des multiples activités de l'âme, cependant, les deux Sections empiéteront inévitablement l'une sur l'autre

PREMIERE SECTION
Les sens et la raison

227. Solidarité " du corps et de l'esprit „, des sens et de la raison. — Nous n'avons pas l'intention d'insister ici sur les relations entre ce que l'on appelle couramment « le corps et l'esprit » nous avons vu que la vie psychique sensible et, par contre-coup, la vie intellectuelle dépendent de l'intégrité des organes et suivent toutes les vicissitudes de la vie nerveuse (152) Des faits nombreux établissent que l'esprit, de son côte, réagit sur le corps Les préoccupations morales et les travaux excessifs de l'esprit sont une des causes principales des troubles nerveux et de l'aliénation mentale Une emotion violente peut causer une paralysie, et ainsi de suite ¹)

Mais ce ne sont pas ces faits, qui doivent appeler en ce moment notre attention, nous voulons considérer l'inter-dependance *immédiate* des fonctions sensitives et des actes intellectuels

Or, à ce point de vue, la dependance des actes intellectuels à l'égard de la sensibilité ne peut plus faire de doute, car il appartient aux sens, nous le savons, de presenter à l'intelligence l'objet sur lequel son activité doit s'exercer.

Inversement, la dépendance des fonctions sensitives à l'égard des activités superieures n'est pas contestable L'homme absorbé par un travail intellectuel ne voit pas ce qui se passe autour de lui, on parle, on discute à ses côtés, il n'entend rien ; nous disons qu'il est *distrait* oui, il est distrait de ce qui est étranger à sa pensee dominante, la *distraction* est le résultat et l'indice de la concentration de l'activite mentale sur un seul objet, elle est le revers du « monoideisme » Ce fait, et beaucoup d'autres analogues s'expliquent par ces deux lois psychologiques ·

1ʳᵉ Loi Tout acte de l'âme a un certain retentissement

¹) Al Bain, *L'esprit et le corps*, ch II

sur les autres « Una operatio, dit saint Thomas, cum fuerit intensa, impedit aliam »

2de Loi. La volonté libre commande aux autres activités de l'âme et peut, en conséquence, distraire, au profit de l'activité intellectuelle, une partie de l'énergie qui se dépenserait sans cela en fonctions sensitives

Ces deux lois psychologiques, combinées avec celles qui régissent l'association des images (**111** et suiv), nous permettront d'entrevoir la nature de certains états exceptionnels ou anormaux, tels que le *rêve* et l'*hallucination*, le *délire* et la *folie*, le *somnambulisme* naturel, le magnétisme ou l'*hypnose*, etc.

Avant tout, commençons par caractériser l'état normal habituel de l'âme, l'*état de veille* et l'état opposé à la veille, le *sommeil*

228. L'état de veille. — Laissés à eux-mêmes, les sens perçoivent, l'imagination ou la mémoire réveillent et associent des images ou des souvenirs ; la volonté inférieure recherche des biens sensibles, l'intelligence pense, juge, raisonne, la volonté, enfin, se porte vers le bien universel ou vers les biens particuliers qui en participent ou y conduisent

Ces diverses manifestations actives de l'âme se distinguent les unes des autres par des caractères nettement tranchés, s'opposent les unes aux autres, de façon que, à l'état normal, nous sommes peu exposés à les confondre.

De plus, à l'état normal, elles sont sous la dépendance, au moins négative, de la volonté libre Celle-ci, par l'empire qu'elle exerce sur elle-même et sur les autres opérations de l'âme, peut toujours, quand elle le veut, — au moins dans une certaine mesure, — appliquer l'activité des sens ou celle de l'intelligence dans une direction préférée ou les empêcher de se poursuivre dans la direction où elles sont spontanément engagées.

Sans doute, le travail de l'imagination par exemple, se produit spontanément, suivant les lois ordinaires de la contiguïté ou de la ressemblance, mais, a l'état de veille, il peut toujours se faire sous le contrôle de la réflexion et la conduite de la volonté libre

Cet empire de la volonté libre sur nos operations cognitives, — et non la simple reproduction passive de certains groupes de sensations ou d'images, — est le principal facteur du progrès de la pensée

L'opposition naturelle que présentent, aux yeux de la conscience, les perceptions sensorielles et les représentations imaginatives et le pouvoir que la volonté libre exerce, sous forme de commandement positif ou sous forme d'inhibition, a l'egard de toute activité psychique, sont donc les deux traits distinctifs de l'etat de *veille*

L'effacement plus ou moins complet de cette double cause nous explique les divers états psychologiques, — le sommeil, le rêve, l'hallucination, etc.. — que nous opposons à la veille

Avant d'analyser ces divers états, arrêtons encore un moment l'attention sur la vie psychique normale, pour apprecier une interprétation deterministe que les associationnistes de l'école de Hume en ont donnée

229. La vie psychique normale. — Echec de l'Associationnisme de Hume.

— D'après Hume et ses disciples, toutes les manifestations psychiques s'expliqueraient par des associations passives d'impressions élémentaires ou d'idées dérivées de ces impressions, l'âme ne serait qu'un faisceau de représentations En 1880, M. Ribot écrivait dans son *Introduction à la Psychologie anglaise contemporaine* « La théorie nouvelle — l'Associationnisme des positivistes anglais — montre que les divers procédés de l'intelligence ne sont que les formes diverses d'une loi unique qu'imaginer,

déduire, induire, percevoir, etc., c'est combiner des idées
d'une manière déterminée, et que les différences de facultés
ne sont que des différences d'association »

Cet Associationnisme à outrance a échoué

D'abord, on y confond l'*intelligence*, pouvoir d'abstraire,
d'induire, de déduire, avec les pouvoirs sensibles de perception et d'imagination (**93** et **165**)

Ensuite, dans l'interprétation des événements psychiques
sensibles, on néglige l'intervention *active* du sujet (**115**)

Ajoutons que cette théorie associationniste donne de la
diversité des événements psychiques une explication verbale
Qu'il y ait dans le sujet des facultés ou qu'il n'y en ait pas,
toujours est-il que les faits internes — imagination, déduction,
induction, perception, etc — se présentent à la conscience
avec des caractères différents Vous attribuez leur différence
à « des différences d'association » Mais d'où vient à l'association le pouvoir de diversifier des faits qui, par hypothèse,
seraient homogènes ? [1])

Le principal tort des associationnistes à outrance est de
méconnaître la distinction entre l'association spontanée et
celle qui se fait d'une manière réfléchie

A la première s'appliquent les « lois de l'association » qui
ont été étudiées plus haut (**112**), la seconde domine ces lois,
oriente en vue d'un but choisi la *direction* des pensées et,
par voie de conséquence, exerce une grande influence sur
la genèse, le cours, l'intensité des sentiments M Wundt

---

[1]) M Claparède dit fort justement « Expliquer par un même principe
des manifestations spécifiquement différentes revient à ne rien expliquer
du tout Il est vrai que les psychologues associationnistes ont nié que
les différences fussent spécifiques mais rien ne montre mieux l'embarras où ils se trouvaient, que cette fâcheuse obligation de devoir nier,
après s'être vantés de faire de la psychologie « positive », les *faits* les
plus évidents qui s'offrent à l'introspection. » *L'association des idées*,
p. 318

demande avec raison que l'on ne confonde point les « liaisons *associatives* » avec les « liaisons *aperceptives* » [1]

« Sinon, dit Renouvier, comment expliquerait-on la diffé-rence qui existe entre la suite des actes mentals d'un homme qui assemble en rêve des idees dites incohérentes, mais rigoureusement soumises à l'association, et la suite des actes mentals du même homme qui réfléchit et enchaîne des jugements ? »

Ni la perception de la réalité objective, ni le jugement, ni le raisonnement, ni *a fortiori* les œuvres plus complexes de l'invention et du genie ne s'expliquent par l'association seule

Sans doute, l'association n'est pas étrangère à la percep-tion. Lorsque je regarde une orange, je la perçois sphérique et, pourtant, je n'ai sous les yeux qu'une demi-sphere Lorsque nous regardons une caricature, un zigzag évoque l'idee d'une main, ce point est un œil, ce gribouillage, une perruque Lorsque je vois devant moi deux longues allees d'arbres paralleles, elles me font l'effet de converger [2] Aristote en faisait déja la remarque, toute perception a ses concomitants « accidentels », elle est, en somme, le résultat d'une inter-prétation « Nous voyons un objet blanc, disait-il ; la blan-cheur seule affecte l'œil , cependant, nous jugeons que l'objet blanc est le fils de Diarès » (68)

Aussi James Sully a pu dire « Le percept se forme par la fusion d'une sensation reelle avec des images de sensa-tions » [3] Et M Ribot · « Pour percevoir, il faut une synthèse

---

[1] *Psych Phys*, II, 380. « La these de Hume, dit-il, d'apres laquelle notre âme n'est qu'un faisceau de representations, est inadmissible Elle est nee de cette opinion, que les representations s'unissent d'elles-mêmes, ou par une sorte de hasard, suivant des rapports internes et externes On oublie une condition sans laquelle aucune association n'apparaîtrait a la conscience, a savoir *l'aperception*, que nous saisissons immediate-ment comme *activite* interne »

[2] Cfr Thiery, *Die geometrisch-optische Tauschungen*

[3] *Les illusions des sens et de l'esprit*, ch. II, pp 16-17, 2me edit , 1889.

d'images » [1]) On comprend, en conséquence, combien de la perception à l'*illusion* le passage est facile « Dans la perception, continue M Ribot l'élement sensoriel est principal, l'élement représentatif secondaire Dans l'illusion, c'est l'inverse, ce que l'on tient pour perçu, est simplement imagine, l'imagination assume le premier rôle »

Mais, ces réserves faites, il n'en est pas moins vrai que le *sentiment de la realité objective* n'est pas le fruit d'une association d'impressions subjectives

« Il est absurde de penser qu'une *somme* de sensations de rouge, de rond, de parfume, puisse nous donner un total absolument différent, au point de vue qualitatif, des éléments additionnes, à savoir l'idée de *realité objective* » [2]) — D'ou provient alors cette idée ? (**93**)

Suivant certains psychologues, l'association creee entre deux idees rendrait compte du jugement Mais autre est l'association entre deux idees, « rose », « belle », ou encore « montagne », « or », autres sont les jugements La rose ou cette rose est belle, la montagne ou cette montagne n'est pas d'or

Dira-t-on que ces jugements expriment le sentiment de la communication cérébrale entre deux images ?

Mais cette communication existe aussi bien dans l'association que dans le jugement pourquoi en avons-nous le sentiment dans ce second cas et non dans le premier ?

D'ailleurs, la sensation d'un trajet cérébral serait subjective Or, nous ne disons pas seulement J'ai simultanément la sensation d'une rose et de quelque chose de beau, celle d'une

---

[1]) *Essai sur l'imagination creatrice,* p 79 Paris, Alcan, 1900
[2]) « On pourrait objecter qu'il s'agit non d'une addition, mais d'une *combinaison* Mais alors, comment se fait-il que les composantes continuent à subsister, avec toutes leurs qualités intactes, à côte du produit ? L'eau ne nous montre plus les proprietes qu'ont à l'etat libre l'oxygene et l'hydrogene » C l a p a r e d e, *ouv cit* p 323

montagne et celle de l'or, je dis : La rose *est* belle, la montagne n'*est* pas d'or.

Tout jugement, d'ailleurs, demande l'exercice d'un pouvoir *actif*, que ne suppose pas le fait de l'association. Juger, c'est reconnaître qu'un prédicat convient à un sujet. Cette reconnaissance est manifestement *active*.

Si l'association n'explique pas la perception d'un rapport entre deux idées, à plus forte raison n'explique-t-elle pas la perception du rapport de deux idées avec une même troisième, ou la perception du rapport entre des rapports, — le raisonnement.

Enfin, l'association passive est incapable d'expliquer ce que les psychologues appellent *imagination créatrice* ou *constructive*. Si l'association agissait seule, sensations, images, idées anciennes, pourraient bien s'arranger s'amalgamer différemment dans le sujet ; nous aurions des rêveries, par exemple, mais des créations *véritablement humaines*, certainement pas. Les « créations » de l'industrie, de l'art, seraient impossibles ; le « génie » serait un vain mot. Le déterminisme psychologique seul n'expliquerait pas l'apparition de quelque chose de véritablement *nouveau* dans la conscience.

Revenons aux états psychologiques opposés à la veille.

230. Le sommeil, le rêve, l'hallucination.

— L'état de veille est intermittent. L'activité vitale n'a pas toujours la même intensité ; l'activité psychique qui caractérise l'état de veille se ralentit par intervalles, si elle n'est même pas, parfois, complètement suspendue. Cet état de vie ralentie, c'est le *sommeil*.

Quelles que soient les conditions physiologiques [1]) immédiates du sommeil, il est certain que, psychologiquement,

[1]) On a beaucoup écrit sur la nature physiologique du sommeil. On est d'accord à dire que le caractère dominant du sommeil, c'est la sus-

le sommeil amène un ralentissement notable, sinon une suspension complète de la perception des choses extérieures et de la conscience de nos actes, du mouvement et de l'attention volontaire Qu'en résulte-t-il ?

A l'état de veille, nous établissons spontanément une distinction naturelle très nette entre l'objet de nos percep-

pension périodique de l'activité des centres nerveux supérieurs, mais quelle est la cause immédiate de cette suspension périodique ?

Deux ordres de faits nous semblent ici spécialement dignes d'attention

Un premier ordre de faits a été mis en lumière par les observations et les expériences de Mosso sur la circulation cérébrale le célèbre physiologiste italien a observé que, pendant le sommeil, le sang afflue davantage dans les parties profondes du cerveau et est moins abondant à sa partie périphérique il en résulte que les fonctions qui ont leur siège dans la couche corticale ont leur activité abolie ou ralentie.

Un second ordre de faits est du ressort de la chimie physiologique Il a été exposé jadis (23 juillet 1887) par M Errera, dans la *Revue scientifique*

En vertu de la loi rythmique d'assimilation et de désassimilation qui régit le fonctionnement de la vie, l'activité des tissus nerveux laisse après elle, observe M Errera, des déchets qui finissent par devenir encombrants et par rendre le travail plus difficile, elle engendre des corps appelés leucomaïnes qui sont des substances toxiques, empoisonnant en quelque sorte les tissus d'où la fatigue et le besoin de sommeil

Pendant le sommeil, l'activité nerveuse se ralentit, la quantité des déchets éliminés dépasse celle qui se produit à nouveau et par suite, l'encombrement diminue, en second lieu, les leucomaïnes se décomposent et sont expulsées Cette double cause expliquerait le rôle réparateur du sommeil

On voit, observe M Errera, que si nous nous posons la question « Pourquoi dormons-nous ? », nous avons la consolation de pouvoir répondre en paraphrasant le mot de Molière « Parce qu'il se forme en nous des substances dormitives »

Mathias Duval a tenté une théorie histologique du sommeil Il attribue aux prolongements nerveux des mouvements amiboïdes Tantôt, dit-il, la cellule se soustrait aux excitations externes, se contracte et interrompt le contact avec les éléments voisins, tantôt elle renforce son activité, s'allonge et adhère plus intimement aux prolongements voisins Ces modifications devraient expliquer, d'après l'auteur, la plupart des états psychologiques, tels que le sommeil, les anesthésies, les paralysies hystériques, etc Cette théorie a été combattue par de nombreux histologistes, notamment par Kolliker et Ramon y Cajal

D'autres auteurs ont appelé l'attention sur la disparition, — sous

tions et l'objet de nos imaginations ou de nos conceptions [1]),
par leur *opposition* surtout, la perception et la conception
se distinguent nettement l'une de l'autre A mesure que
l'attention aux choses extérieures diminue, nous nous écar-
tons de l'état de veille complète, nous oscillons vers l'état
de sommeil L'homme qui s'abandonne à des conceptions
qui lui plaisent, se laisse aller à ce que nous appelons la
rêverie [2])

A mesure que la perception s'efface, elle donne plus de
relief à l'imagination, peu à peu la rêverie devient presque
un *rêve*, et instinctivement, observe Garnier, nous adres-
sons des gestes et des paroles aux objets de nos rêveries
Que, sous l'influence d'une imagination extraordinairement
vive ou par suite d'un état pathologique des centres nerveux,
un homme se laisse emporter par ses conceptions sans les
comparer avec l'entourage extérieur, il pourra prendre des
images intérieures pour des réalités Cette espèce de projection au dehors d'une image intérieure en l'absence de la
chose extérieure à laquelle on la reporte, s'appelle une *hallucination* Une image sans le correctif de la perception ou de
la raison est donc l'origine de l'hallucination Saint Thomas
avait déjà interprété ainsi ce phénomène psychologique

l'influence de certains réactifs, ou par suite d'excitations violentes et
prolongées, — des petits appendices piriformes qui recouvrent les prolongements protoplasmatiques des cellules nerveuses de l'écorce Ils
supposent que cette disparition provoque une interruption de contact
et amène, en conséquence, la suspension d'activité qui caractérise le
sommeil

Mais nous ne donnons ces explications physiologiques qu'à titre d'in-
ventaire Les résultats de l'expérience sont peu concordants et peu
précis Au surplus, le fait fondamental que ces théories présupposent,
à savoir l'indépendance des neurones, n'est pas lui-même universellement admis

[1]) Nous prenons ici le mot *conception* au sens qu'il a souvent dans le
langage courant où il désigne un acte de l'imagination ou de l'esprit
par opposition à la perception sensorielle

[2]) Garnier, *Traité des facultés de l'âme*, t I, l IV, § 10

« Cum offeruntur imaginariæ similitudines, inhæretur eis quasi ipsis rebus, nisi contradicat sensus aut ratio » [1])

Nous en avons tous parfois, au moins de rudimentaires, même à l'état de veille, mais les hallucinations proprement dites, complètes, sont le fait de certains individus ou de certains états exceptionnels

Revenons au rêve Pendant le sommeil, l'attention cesse d'être dirigée par la volonté libre, les images et les idées ne sont plus combinées en vue d'une fin rationnelle, mais s'associent au gré de causes indépendantes de la volonté En outre, l'imagination et l'esprit manquent du correctif de la perception C'est le règne de la conception sans direction et sans contrôle C'est le *rêve*

On comprend l'incohérence habituelle des rêves, faute d'attention volontaire, on comprend l'unité qui s'y rencontre parfois, jusqu'à un certain point, à raison des lois de l'association spontanée, ou sous l'empire d'une émotion vive, toute subjective, qui peut nous dominer L'effacement de la perception explique ainsi les hallucinations du rêve et les illusions des songes [2])

231. La folie. — On a appelé la *folie* « le rêve de l homme éveillé » A l'état normal, l'homme a le pouvoir d'appliquer l'attention de ses facultés cognitives à la connaissance des choses et de subordonner ses actes à une fin rationnelle voulue, en deux mots, il est maître de sa raison et de sa volonté Les notions courantes de la folie et de l'aliénation mentale désignent comme *fou* ou *aliéné* (alienus a se) celui qui a perdu cette possession de soi consciente et libre

Faute d'une direction éclairée, les associations d'images et d'affects se font capricieusement, l'imagination est ainsi

---

[1]) *De malo*, III, a 3, ad 9
[2]) Voir Alfred Maury, *Le sommeil et les rêves*, ch III Paris, 1871 James Sully, *Les illusions des sens et de l'esprit*, ch VII Paris 1889.

abandonnée sans frein aux divagations de ses rêves c'est là l'état de folie

Sans doute, l'aliéné n'est pas privé de la perception extérieure comme l'homme qui rêve pendant son sommeil mais ses perceptions, n'étant plus conduites par une volonté éclairée, n'exercent plus de contrôle sur l'imagination, la vie psychique est désemparée. c'est *l'aliénation mentale*

Lorsque l'aliéné déraisonne sur tous les sujets, son état porte le nom de *manie* ou de *folie générale* Mais le plus souvent, à la suite d'une émotion, — peur, désespoir, orgueil, amour, etc, — certaines images et certaines conceptions se fixent dans l'imagination et dans l'esprit à l'exclusion des autres la manie est alors *partielle*, relative à un ordre particulier de conceptions ou d'affections, on l'appelle du nom de *monomanie*

Le *délire*, — qui n'est pas, d'ailleurs, un symptôme particulier à la manie, mais qui accompagne souvent diverses autres maladies, telles que la méningite, la fièvre typhoïde, l'épilepsie, etc, — est une *folie passagère* elle se caractérise surtout par la fréquence des hallucinations, c'est principalement l'aliénation de l'attention

Quand, au contraire, l'empire de la volonté sur les passions et les actes extérieurs est surtout aliéné, l'état de folie porte plutôt le nom de *folie furieuse*

La *démence*, que l'on appelle aussi idiotisme accidentel, l'*idiotisme* et le *crétinisme*, ne sont pas tant des formes de la folie que des états accidentels ou originels de débilité native ou d'oblitération plus ou moins profonde de l'activité de l'âme [1])

---

[1]) Voir Maudsley, *La pathologie de l'esprit*, ch IX « Les groupes cliniques des maladies mentales » Paris, 1883 — Meynert, *Psychiatrie* Wien, 1890 — P Flechsig, *Die Grenzen geistiger Gesundheit und Krankheit* Leipzig, 1896

Les causes principales de la décheance psychique sont l'hérédité, les abus alcooliques et les excès veneriens

L'attention a été fort portée, ces dernieres années, sur la transmission héréditaire des troubles nerveux L'hérédité de l'aliénation mentale dans ses differentes formes est aujourd'hui universellement admise ; et les travaux d'Esquirol, de Parchappe, de Guislain, de Brierre de Boismont, de Baillarger, de Moreau de Tours, n'ont fait que reveler des degres dans l'évidence de cette cause [1])

L'hérédité est le grand facteur de la *dégénérescence* On entend sous ce nom « l'etat pathologique de l'être qui, comparativement à ses générateurs les plus immediats, est constitutionnellement amoindri dans sa résistance psycho-physique. Cet amoindrissement qui se traduit par des stigmates permanents, est essentiellement progressif, sauf regénération intercurrente, quand celle-ci fait defaut, il aboutit plus ou moins rapidement a l'aneantissement de l'espece » [2]).

232. Le somnambulisme naturel. — Le *somnambulisme naturel* ne doit pas être identifié avec le rêve, il en differe incontestablement. Dans le rêve ordinaire, les perceptions et les mouvements sont presque abolis et il semble que l'empire de la volonté sur les unes et les autres soit a peu pres nul Le somnambule, au contraire, a certaines perceptions très nettes, celles de la vue, par exemple, celles du toucher surtout, il se deplace avec plus de dexterité qu'a l'etat de veille, preuve que la volonté dirige la faculté motrice mais le champ de son observation extérieure et de ses mouvements volontaires est tres restreint. Le somnambule est dans l'état d'un homme très fortement préoccupé, c'est une sorte d'Archimède absorbé par son problème.

[1]) Voir Ch Fere, *La famille nevropathique* Paris, Alcan, 1894
[2]) Magnan et Legrain, *Les degeneres*, p 79 Paris, Rueff, 1895

Un somnambule nomme Castelli, rapporte Garnier [1]), allumait une bougie pour écrire, si l'on en allumait d'autres et qu'on soufflât la sienne, il se croyait dans l'obscurité et allait à tâtons rallumer sa bougie, il ne voyait que celle-là

Une autre différence entre le rêve ordinaire et le somnambulisme consiste en ce que, dans ce second état, il y a perte complète, à l'état de veille, de tout souvenir de ce qui s'est passé pendant le somnambulisme Alors que le rêve laisse des souvenirs parfois très vifs, le somnambule, à son réveil, ne se souvient plus de rien Par contre, dans une nouvelle phase somnambulique, le souvenir de ce qui s'est passé pendant les phases antérieures revit

233. L'hystérie. — L'hystérie peut être rapprochée du somnambulisme

Dans l'hystérie, en effet, aussi bien que dans le somnambulisme, les perceptions nettes et les mouvements sont conservés

Mais, tandis que parmi ces perceptions et mouvements, certains sont diminués (anesthésie, insensibilité partielle, paralysie), les autres semblent, au contraire, profiter de cette abolition et présenter une plus grande acuité (hyperesthesie sensible ou douloureuse).

L'hystérie constitue un état pathologique, plus voisin de la veille que le somnambulisme Cet état est aussi plus durable, il peut durer des années Cependant, l'hystérie n'est point une affection nerveuse permanente, elle apparaît momentanément chez une grande fraction de nos semblables, hommes et femmes, en particulier à certaines périodes de développement, ou à la suite d'un traumatisme grave accidentel ou d'une forte perturbation émotive L'inhabilité de coordination d'ensemble est l'indice caractéristique de

---

[1]) *Traité des facultes de l'âme*, I, p 479

l'hystérie [1] Au point de vue sensitif, certaines perceptions des sens externes sont démesurément renforcées, l'attention y est concentrée et exagérée jusqu'a provoquer des hallucinations Au point de vue associatif, la vivacité des images ira jusqu'a s'affirmer comme réalité, les hystériques contractent un appetit de mentir Au point de vue affectif, la même tendance se retrouve dans une propension désordonnée a occuper tout le monde de soi et a se rendre intéressant De la la soif d'émotion et le besoin de se sentir vivre intensement, le désir de courir des dangers poussera souvent au vol, aux aventures, aux rixes

L'hystérie tient donc, semble-t-il, du sommeil en ce qu'elle est encore susceptible de réparation, elle semble un état provisoire, le réveil peut venir, il n'en est pas de même de l'*épilepsie* qui souvent manifeste des contractions tétaniques analogues a celles de l'hystérie mais qui réunit en outre les

[1] A x e n f e l d et H u c h a r d, dans leur *Traite des nevroses*, 2ᵉ éd, 1883, pp 958 et suiv (Cfr R i b o t, *Les maladies de la volonte*, p 112), s'expriment ainsi sur le caractère des hystériques « Un premier trait de leur caractère est la mobilité Elles passent d'un jour d'une heure, d'une minute à l'autre, avec une incroyable rapidité, de la joie a la tristesse, du rire au pleur, versatiles, fantastiques ou capricieuses elles parlent dans certains moments avec une loquacité étonnante, tandis que dans d'autres elles deviennent sombres et taciturnes, gardent un mutisme complet ou restent plongées dans un état de rêverie ou de dépression mentale tantôt elles éclatent en sanglots d'autres fois, au contraire, elles se mettent a rire d'une façon immoderee sans motifs serieux

» Leur caractère change comme les vues d'un kaleidoscope Hier elles étaient enjouées, aimables et gracieuses aujourd'hui elles sont de mauvaise humeur, susceptibles et irascibles Elles éprouvent une antipathie tres grande contre une personne qu'hier elles aimaient ou estimaient, ou au contraire témoignent une sympathie incompréhensible pour telle autre aussi poursuivent-elles de leur haine certaines personnes avec autant d'acharnement qu'elles avaient autrefois mis de persistance a les entourer d'affection

» Les hystériques s'agitent et les passions les menent Leur volonte est toujours chancelante et défaillante, dans un état d'équilibre instable, elle tourne au moindre vent comme la girouette sur nos toits, la mobilite, l'inconstance et la mutabilite, dans leurs desirs dans leurs idees et leurs affections résument tout leur etat mental »

caractères d'une véritable affection pathologique entachant l'organisme d'une tare stable, elle présente même parfois des lésions anatomiques observables, tandis qu'on n'en a pas observé jusqu'à présent dans l'hystérie

234. La suggestion, l'autosuggestion, la suggestibilité. — La suggestion est une excitation qui, éveillant directement une image, provoque indirectement le réveil d'une ou de plusieurs images associées et détermine, par suite, une action.

Ainsi comprise, la suggestion est active Considérée passivement, elle est une impression communiquée a un sujet et acceptée par lui sans le consentement préalable de sa libre volonté

Il est admis, en effet, que l'adhésion réfléchie a la parole d'autrui, l'acceptation librement consentie de son influence ne portent pas le nom de « suggestion » [1]

---

[1] « La suggestion, écrit M Alfred Binet, est une pression morale qu'une personne exerce sur une autre Ce n'est pas une opération purement physique, mais une influence qui agit par l'intermediaire de l'intelligence, des émotions, des volontés Par suite de la pression morale, l'individu suggestionné agit et pense autrement qu'il le ferait s'il était livré à lui-même Ainsi, quand après avoir reçu un renseignement, nous changeons d'avis et de conduite, nous n'obéissons pas a une suggestion, parce que ce changement se fait de plein gré, il est l'expression de notre volonté, il a été décidé par notre raisonnement, notre sens critique, il est le résultat d'une adhésion à la fois intellectuelle et volontaire

» Quand une suggestion a réellement lieu, celui qui la subit n'y adhère pas de sa pleine volonté et de sa libre raison, sa raison et sa volonté sont suspendues pour faire place à la raison et a la volonté d'un autre » *La suggestibilité*, 1900

La définition proposée par Bernheim ne diffère pas au fond de la précédente, mais elle a besoin d'être interprétée La suggestion, dit-il, est « l'acte par lequel une idée est introduite dans le cerveau et est acceptée par lui » *Ouv cit*, p 24 — La suggestion n'introduit pas directement une « idée » dans un cerveau, elle réveille une image qui, a son tour, pourra susciter une idée L'idée suggérée est acceptée sans consentement formel préalable

La suggestion n'est pas le simple réveil d'une image, mais le réveil d'une image qui détermine une action

En effet, en vertu d'une loi psychologique déjà signalée plus haut (**107**) *Toute idée suggérée et acceptée tend à se faire acte*, en langage physiologique *Toute cellule cérébrale actionnée par une sensation ou une idée actionne les fibres nerveuses motrices et, par suite, les organes du mouvement qui doivent réaliser l'objet de cette idée* Cette loi fondamentale, que le docteur Bernheim propose d'appeler loi de l'*idéodynamisme*, nous donne la clef de l'influence exercée par la suggestion sur la pensée et ultérieurement sur l'action du sujet suggestionné

Néanmoins, la suggestion n'agit pas *directement* sur la volonté, mais par l'intermédiaire de l'imagination et de l'appétit sensitif Elle propose au sujet un objet qui invite à l'action [1])

L'attention des psychologues fut surtout appelée sur la suggestion par certaines expériences dans lesquelles un sujet hypnotisé se trouvait être plus ou moins complètement à la merci d'un magnétiseur Aussi durant longtemps, l'idée d'une action étrangère fut regardée comme essentielle à la suggestion Mais lorsque ce phénomène fut étudié de plus

---

[1]) « Aucune créature, écrit saint Thomas, ne peut influencer *directement* la volonté humaine, pas même lui imprimer la plus légère inclination Dieu seul le peut, créateur de la volonté, il a seul sur elle une action assez profonde pour y produire, ou y changer, telle inclination qu'il lui plaît, *non potest ulla creatura* directe agere in *voluntatem ut eam immutet necessario, vel* qualitercumque *inclinet quod Deus potest* » Nulle volonté créée ne peut agir sur une volonté étrangère, sur ma volonté ou sur la vôtre, par un autre moyen qu'en lui proposant un objet, qui la sollicitera avec plus ou moins de succès, c'est-à-dire par voie de persuasion « *potest extrinsecus aliquid proponendo voluntati eam aliqualiter inducere, non tamen immutare* » S Thomas, *De veritate*, q 22, art 9, cité par le P Coconnier, dans son beau livre *L'hypnotisme franc*, p 368 Paris, Lecoffre, 1897.

ples, on lui trouva des analogies avec ce qui se passe chez
les sujets normaux, à l'état de veille ordinaire, et l'on dis-
tingua, à partir de ce moment, l'*autosuggestion* et l'*allosuggestion* ou *suggestion* tout court L'allosuggestion est produite par les paroles, par les gestes, par un signe quelconque
d'une personne étrangère L'*autosuggestion* est l'excitation
produite, consciemment ou inconsciemment, par la seule
influence du sujet

La *suggestibilité* est l'aptitude à être influencé par une
suggestion, sans y opposer de résistance

Tout le monde est suggestible, quoique à des degrés différents Dites à quelqu'un « Vous avez une mouche sur le
front », aussitôt il fera un geste pour la chasser Il vous a
cru sans délibérer, et a agi en conséquence, il a été suggestionné Les charlatans, les séducteurs et, dans une mesure
variable, les avocats, les orateurs, les professeurs, etc , sont
des suggestionneurs, ceux qui les entendent sont toujours
plus ou moins accessibles à leurs suggestions

Qu'est-ce qui favorise la suggestibilité ? Qu'est-ce qui y
rend réfractaire ?

Certaines personnes croient que la suggestibilité est
propre aux névropathes et qu'elle est en raison inverse de
la puissance de l'intelligence C'est une erreur, dit Bérillon
« Les enfants imbéciles, idiots, résistent mieux à la suggestion
que les enfants robustes, bien portants, dont les antécédents
héréditaires n'ont rien de défavorable » [1] Les expériences de
M Binet confirment cette observation

La vivacité de l'imagination, d'une part, l'absence de
réflexion, d'autre part, sont les deux conditions les plus
favorables à la suggestion Aussi les enfants les plus jeunes,
— pourvu, bien entendu, qu'ils soient en état de comprendre

[1] B é r i l l o n, *L'hypnotisme et l'orthopédie mentale*, cité par B i n e t,
op cit, p 17

la suggestion — sont les plus suggestibles Les caracteres
refléchis sont les plus réfractaires aux suggestions d'autrui

On a remarqué que les suggestions directes reussissent
moins que les indirectes Sans doute, parce qu'elles provoquent davantage la reflexion du sujet et l'incitent a resister
à des injonctions trop ouvertement imposees Les suggestions indirectes sont géneralement plus efficaces Encore
ont-elles moins de succes, a mesure qu'elles sont plus
souvent renouvelees, sans doute, parce que l'attention du
sujet, éveillée par la repetition, neutralise l'automatisme de
la première suggestion

On a eu tort de tirer argument des suggestions contre le
libre arbitre Notre conscience réfléchie nous fait distinguer
nettement entre un acte machinal, dont les causes déterminantes nous echappent, et un acte que nous avons analyse
et que, après deliberation réfléchie, nous nous decidons
nous-mêmes à vouloir (**203**)

L'*autosuggestion* est vaguement connue depuis longtemps
Les medecins ont observé l'influence de l'imagination sur
les fonctions vegetatives On rapporte des exemples de
fourmillements ou de douleurs qui apparaissent dans diverses
regions du corps par le seul effet de l'imagination [1] Ajoutons la pratique de la thérapeutique suggestive [2] Qui ne
connaît, d'ailleurs, les malades imaginaires ?

On a souvent affirmé que l'imagination peut faire affluer

---

[1] Ribot, *L'imagination creatrice*, p 8

[2] M Lechalas cite un fait curieux Il institua, dit-il, cette experience
qui eut pour effet de guérir un rhumatisme « Le traitement consista
dans une suggestion le plus souvent d'une demi-heure, faite chaque soir
en regardant fixement un point brillant sur le boîtier de ma montre
Pendant ce temps j'executais en imagination les mouvements douloureux
en m'efforçant de me persuader que je pourrais les executer sans souffrance J'attendais alors jusqu'au lendemain pour essayer de faire ces
mouvements en huit jours mon rhumatisme etait guéri » *Annales des
sciences psychiques*, 1895

le sang aux artères jusqu'à y déterminer un suintement, des
stigmates Nous eûmes jadis l'occasion d'assister, à la Salpêtrière, à des expériences faites en vue de provoquer par
suggestion l'apparition de stigmates Le sujet imaginait un
bracelet serrant au poignet, un cercle sanguinolent devait
se former, disait-on, à l'endroit où se concentrait l'imagination Peut-être, avec de la bonne volonté, pouvait-on discerner
à l'avant-bras un cercle plus fortement teinté que les parties
avoisinantes, mais aucune des expériences dont nous fûmes
témoin ne réussit à faire suinter une gouttelette de sang
L'autosuggestion n'était-elle pas chez l'opérateur ?

Les idées préconçues, le fanatisme, la routine sont autant
de formes différentes d'autosuggestion [1] Mais l'état où
domine le plus la suggestion, c'est l'hypnose

[1] Il faut peut-être rattacher à l'autosuggestion certains faits curieux
que les psychologues appellent « cristallomancie » ou, avec les Anglais,
expériences de « cristal gazing »

La divination par les miroirs a été pratiquée dans l'antiquité, dans
l'Inde, chez les Égyptiens, chez les Grecs La voici, sous sa forme
moderne, telle qu'elle est reprise par des Européens civilisés « Vous
prenez une boule en verre, dit M Pierre Janet, et vous la disposez dans
des conditions particulières le plus commode, c'est de la placer dans
un endroit qui ne soit ni complètement obscur, ni complètement lumineux, il faut une certaine lumière légère, qui vienne seulement caresser
la boule Voici le procédé classique on se place en plein jour, on entoure
le cristal d'écrans, de paravents ou d'étoffe noire, puis on installe le sujet
commodément et on le prie de regarder fixement Il n'aperçoit au début
que des choses insignifiantes tout d'abord sa propre figure, puis le
reflet vague des choses environnantes, les couleurs de l'arc-en-ciel, un
point lumineux, en un mot, les reflets que présente d'ordinaire une boule
de verre Au bout d'un certain temps les choses changent, c'est-à-dire
que la boule s'obscurcit de plus en plus, il ne distingue plus rien, le
reflet, les objets, tout s'efface, tout devient sombre, la boule semble se
recouvrir d'une vapeur, c'est le bon moment Le nuage s'épaissit de plus
en plus et au milieu de ce nuage il voit apparaître des dessins, des
figures d'abord très simples, des étoiles, des lignes, par exemple, des
barres noires sur fond blanc, mais aussi quelquefois des lignes plus
précises et plus intéressantes comme des lettres, des chiffres. Au bout
de quelques instants encore, il aperçoit des figures colorées, des person-
nages, des animaux, des arbres, des fleurs. Il regarde avec émotion, il

235. L'hypnose ; description de l'état hypnotique. —

L'*hypnose* — que l'on appelait autrefois *somnambulisme artificiel* ou *magnétisme animal* — est un état intermédiaire entre la veille et le sommeil, susceptible d'être provoqué artificiellement et consistant principalement, semble-t-il, dans un état de suggestibilité *anormale* qui place le sujet hypnotisé sous la dépendance plus ou moins complète de l'hypnotiseur

Nous disons que c'est un état intermédiaire entre la veille et le sommeil, les phénomènes que l'on réunit sous le nom d'hypnose, n'exigent pas, en effet, de sommeil proprement dit, comme on le croyait autrefois (d'où le nom d'hypnose, ὕπνος, sommeil), mais ils supposent cependant un état différent de la veille normale, une sorte de demi-sommeil ou d'engourdissement [1])

se complaît dans ce petit spectacle, d'autant plus qu'il y a des variantes Chez quelques personnes, les images sont immobiles, chez d'autres elles remuent, disparaissent, reapparaissent, se saluent, parlent il y a même des sujets qui entendent ces conversations, ce qui devient tout a fait intéressant ! » *Névroses et idées fixes*, p 412

Les images que les experiences attribuent au sujet sont de trois categories 1º Les unes, il les connaît et en a conscience, ou les a connues, mais oubliées, 2º les autres, il les possédait « physiologiquement », mais n'en avait jamais eu conscience, 3º d'autres, enfin, representeraient des scènes qu'il n'a jamais pu, ni consciemment ni inconsciemment, imaginer

1º Les premieres s'expliquent par des hallucinations autosuggestives, favorisees par un état physiologique voisin de l'hypnose, dont il sera question tout à l'heure

2º Dans cet etat, il n'est pas étonnant que des modifications physiologiques dont le sujet n'a pas conscience deviennent de veritables représentations Ainsi une personne voit dans le cristal le numero 3244 qu'elle affirme n'avoir jamais vu L'examen des faits a montre que ce numero etait celui d'un billet de banque que la personne avait change le matin. Elle avait donc vu le numero, mais ne l'avait pas regarde et n'en avait pas conserve de souvenir conscient

3º Les cas de clairvoyance, de prevision de l'avenir rentrent dans une categorie de faits dont il sera question plus loin

[1]) V Beaunis, *Le somnambulisme provoqué*, pp 11 et 23 Paris, 1887.
— Bernheim, *Hypnotisme, suggestion, psychotherapie*, leçon IV Paris, 1891.

L'etat hypnotique peut être provoqué artificiellement les procedes employes jadis a cet effet variaient a l'infini avec chaque magnétiseur, c'etaient des passes, des manipulations de tous genres, plus tard on se contenta de fixer les yeux du sujet en lui appliquant les pouces sur les sourcils, les autres doigts enserrant les tempes, ou bien on eut recours à une impression sensorielle faible, mais prolongée, monotone, comme le tic-tac d'une montre

Chose singulière! Ces procedes si bizarres, les uns simples, les autres complexes, semblent n'avoir rien de commun, et cependant ils engendrent tous des effets identiques Ce fait n'indique-t-il pas qu'aucun n'est nécessaire? L'abbe Faria et surtout le docteur Liebeault l'ont pensé Ils ont supposé qu'un seul elément est essentiel a ces procédes divers, la *suggestion* Le sujet s'endort (ou est hypnotisé), se sont-ils dit, parce qu'il doit dormir, parce qu'on lui *suggere* le sommeil (ou l'hypnose).

L'école de Nancy [1]) considère comme établi que seule la suggestion produit l'hypnose. Les passes, les gestes, la fixation des yeux ne seraient utiles que pour renforcer la sug-

---

[1]) A la Salpêtriere, du temps de Charcot, la conception de l'hypnose etait tout autre On la regardait comme une nevrose qu'on ne produit que chez les hysteriques, nevrose a trois phases lethargie, catalepsie, somnambulisme les trois etats differents peuvent, croyait-on, se présenter d'emblee primitivement, isolement, ils peuvent encore se produire successivement, dans tel ou tel ordre, par la mise en œuvre de certaines pratiques La lethargie se transforme en catalepsie par l'ouverture des yeux du sujet, la catalepsie redevient léthargie par l'occlusion des yeux ou l'obscurité Les deux se transforment en somnambulisme par friction legere du vertex, et le somnambulisme devient de nouveau lethargie par une compression legere des globes oculaires L'etat de lethargie est rebelle aux suggestions Voir Binet et Fere, *Le magnetisme animal*, ch VI Paris, 1887

Mais la conception de l'ecole de Nancy, representée par Liébeault, Bernheim, Beaunis, Liegeois, a prévalu de plus en plus generalement sur celle de Paris.

gestion, en l'incarnant dans un acte propre à concentrer l'attention du sujet

Incontestablement, la suggestion joue un grand rôle dans le sommeil hypnotique ; il semble même qu'une idée, par exemple l'idée du sommeil, suffit parfois à le déterminer Mais généralement il est produit par une action simultanée de facteurs, les uns psychologiques, les autres physiques ou physiologiques Peut être les facteurs physiques ou physiologiques — les passes, la fixation soit d'un point brillant, soit du regard du magnétiseur, etc , — ne sont-ils que des adjuvants de la suggestion psychologique Quoi qu'il en soit, une *suggestibilité anormale*, peut-être parfois *absolue*, caractérise l'hypnose Et vraisemblablement si cette suggestibilité anormale est un état *secondaire* qui trouve sa raison d'être dans une disposition plus profonde de la vie des sens, de l'imagination et de la mémoire [1]), néanmoins elle demeure, jusqu'à présent, le caractère le plus saillant de l'état hypno-

[1]) M Pierre Janet dit aussi qu'il considère la suggestibilité ou l absence de volonté personnelle comme un phénomène secondaire dépendant de plusieurs autres choses Pour lui, les signes distinctifs du somnambulisme seraient plutôt dans des phénomènes de mémoire et de sensation

« On constate, en effet régulièrement dans la pensée des individus qui, pour une raison ou pour une autre, ont eu des périodes de somnambulisme, trois caractères ou trois lois de la mémoire qui leur sont particuliers 1o oubli complet pendant l'état de veille normale de tout ce qui s est passé pendant le somnambulisme , 2o souvenir complet pendant un somnambulisme nouveau de tout ce qui s est passé pendant les somnambulismes précedents 3o souvenir complet pendant le somnambulisme de ce qui s'est passé pendant la veille La troisième loi présente peut-être plus d'exceptions et d irregularités que les deux autres , aussi dans cette étude, qui a surtout pour but de donner une idée générale du somnambulisme, insisterons nous un peu moins sur elle Mais les deux premières, malgré la diversité que présentent toujours des phénomènes aussi complexes, sont si générales et si importantes qu'elles peuvent être considérées comme le signe caractéristique de l'état somnambulique » *L'automatisme psychologique* Paris. 1889, p 73

Ces faits pourraient mettre, en effet, sur la voie d'une explication plus profonde de l hypnose mais avant tout il importe de bien s assurer de leur généralité Celle-ci n'est pas jusqu'à présent incontestée

tique, celui qui nous aide le mieux à distinguer cet état
d'autres états voisins ou similaires

La suggestibilité hypnotique est très variable

L'homme n'est guère moins hypnotisable que la femme.

Les personnes capables de fixer énergiquement l'attention
sur une idée sont plus facilement hypnotisables que les personnes à l'esprit obtus ou volage Les aliénés sont exceptionnellement réfractaires à l'hypnose Les sujets dociles,
soit par faiblesse nerveuse, comme les hystériques, soit par
habitude, comme les militaires, sont des sujets de choix

La pratique habituelle de l'hypnotisme facilite progressivement l'entrée en hypnose Les suggestions directes réussissent aussi bien que les suggestions indirectes ; même la
repétition d'une même suggestion accroît la suggestibilité
du sujet

La suggestibilité hypnotique peut être poussée fort loin
Jusqu'où ?

Est-il vrai que la suggestion s'impose au sujet *malgré lui* ?

Lorsqu'elle est acceptée, est-elle entraînante, *absolue*, au
point de ne plus laisser place au libre arbitre et à la responsabilité personnelle ?

Ces deux questions ne sont pas résolues.

En thèse générale, les magnétiseurs demandent au sujet
un acquiescement passif à leurs opérations et l'expérience a
relevé divers cas où, par une résistance obstinée, le sujet
se montrait rebelle à tous les procédés d'hypnotisation Mais,
en revanche, les expérimentateurs vous citeront de nombreux
cas où la résistance la plus opiniâtre aurait été vaincue

Il est de fait que, le consentement du sujet une fois donné,
la réhypnotisation souffre de moins en moins de difficulté.

La seconde question surgit alors La suggestion est-elle,
peut-elle être dominante jusqu'à devenir fatale ? La loi de
l'automatisme idéo-moteur qui transforme l'idée en acte
peut-elle entraîner irrésistiblement au mal, au crime ?

Liebeault, Beaunis, etc de l'ecole de Nancy alleguent des expériences nombreuses où certains somnambules ont accompli, soit pendant le sommeil, soit après le reveil, sous l'influence de la suggestion, des actes qui, a l'état normal, seraient des vols, des faux, des assassinats

Oui, leur repondent Charcot, Brouardel, Gilles de la Tourette, Delbœuf, mais les crimes que vous faites commettre a vos sujets sont des crimes de laboratoire L'hypnotise se sait en représentation et il joue de bonne foi la comédie que vous lui imposez Vous donnez a un homme un couteau de papier pour tuer son voisin Mais il sait que ce couteau est une arme inoffensive et il l'aplatit sans crainte sur la poitrine de son adversaire fictif Il décharge son pistolet, mais c'est qu'il a confiance en vous et sait bien que vous ne lui ferez pas commettre un meurtre réel L'être conscient est toujours là, qui veille a côté du sujet nouveau, subconscient, que vous avez hypnotisé.

Il est possible, nous l'avons deja dit, qu'il y ait des cas où l'inconscience soit complete et la suggestibilité absolue, ce seraient des cas qu'il faudrait alors ranger, au point de vue moral, a côte de l'ivresse ou du delire, mais on n'est pas en droit de les eriger en loi, car ils sont positivement en desaccord avec plusieurs autres faits dûment établis · on voit les meilleurs sujets résister victorieusement a des suggestions energiques et réiterees, lorsque celles-ci sont en opposition avec leur éducation anterieure et leurs sentiments habituels (**203**)

Quelle est donc, en définitive, la *cause* de l'hypnose ? Quelle est sa *nature* ?

Vraisemblablement, la cause de l'hypnose est principalement psychologique et subsidiairement physiologique

La nature de l'hypnose reste un problème, néanmoins, il est etabli que l'état hypnotique est analogue au sommeil et présente comme caractère saillant une suggestibilité extrême, anormale

Pareil à l'homme absorbé par un travail intellectuel qui ne voit plus, n'entend plus ce qui se passe a ses côtés, l'hypnotisé a les sens fermés au monde extérieur, sauf à la voix ou aux gestes de l'hypnotiseur Par suite de cet état d'isolement, il concentre son attention sur la personne, sur les gestes, sur la parole de l'hypnotiseur, son imagination s'exalte, aux depens du contrôle qu'exercent sur elle, a l'état de veille ordinaire, la perception externe et la volonté libre

L'art du magnétiseur consiste simplement à tirer habilement parti de la liberté d'imagination de son sujet et de l'effacement plus ou moins complet de sa volonté personnelle

Ainsi, en vertu de la loi idéo-motrice qui régit notre vie psychique spontanee, les suggestions de l'hypnotiseur peuvent se transformer en croyances decisives, devenir puissantes, irrésistibles peut-être, en un mot, donner naissance à cet ensemble de phénomènes étranges qui ont été décrits plus haut [1]

Par quel mécanisme physiologique le sujet hypnotisé se trouve-t-il être ainsi isolé du monde qui l'environne et exclusivement concentré sur l'operateur ?

On n'a que des hypothèses à cet egard et nous croyons qu'il serait prématuré, dans l'état actuel de la science, de vouloir prendre parti pour l'une d'entre elles Tout ce que l'on peut dire de certain, c'est que l'hypnotisme est caractérisé physiologiquement par un accroissement d'activité de certains centres nerveux et par une diminution corrélative de certains autres [2], conséquence de cette loi de balance-

[1] Sur les dangers physiques ou moraux de la pratique de l hypnotisme, on consultera avec fruit les ouvrages cites dans les pages précedentes

[2] « L'hypnose n'est rien autre chose que l'etat très complexe de perte ou d'augmentation d'energie dans lequel le système nerveux et d'autres organes sont jetes sous l'influence de l'irritation première peripherique

ment qui régit les différentes formes d'activité émanant de la nature une du moi et que saint Thomas formulait déjà en ces termes : « Una operatio animæ, cum fuerit intensa, impedit aliam »

Sans doute, ce n'est là qu'une formule ; il serait prématuré, croyons-nous, de vouloir émettre une théorie ; mais, telle qu'elle est, cette formule a l'avantage de rapprocher l'hypnotisme de certains états naturels déjà connus, comme, par exemple, de l'exaltation de l'imagination ou de la pensée chez l'homme absorbé par l'objet de ses études ou dominé par une émotion violente ; de l'égarement des rêves du monomane en dépit de sa faculté de juger sainement sur ce qui ne touche pas à l'objet de sa manie ; du caractère exclusif des perceptions du somnambule naturel (Castelli qui ne voyait que *sa* bougie) ; enfin, cette même formule rapproche la demi-conscience et la demi-liberté des hypnotisés de l'état que nous remarquons chez nous au début ou à la fin du sommeil naturel.

L'hypnose est encore enveloppée d'obscurités. Les phénomènes psychiques dont nous devons parler le sont davantage.

236. La suggestion mentale. — Un agent imagine un mouvement que le patient doit exécuter ; il imagine, par exemple, de lever le bras gauche, de le courber, en prenant soin de décomposer, par la pensée, ce mouvement en plusieurs mouvements partiels. Sans être en contact avec l'opérateur [1]), le sujet imagine et exécute le mouvement que l'opérateur veut lui imposer [2])

ou centrale. Essentiellement donc, l'hypnose n'est qu'un effet et un ensemble d'actes d'inhibition et de dynamogénie » Brown-Sequard, d'après Bernheim, *De la suggestion*, p 194, note

[1]) La suggestion mentale est tout autre, en effet, que les expériences de Cumberlandisme, où le sujet éprouve des sensations de mouvement que lui donne inconsciemment l'opérateur et se guide d'après elles

[2]) Les expériences du Dr Joire paraissent décisives. Il opère sur des

En supposant les faits incontestables, comment les expliquer ?

Nous ne nous arrêterons pas à la supposition d'une communication directe entre les esprits

Une influence matérielle de l'imagination de l'opérateur sur celle du sujet est-elle possible ?

Elle ne peut l'être que moyennant ces trois conditions Que l'imagination de l'opérateur produise une action cérébrale transmissible , que cette action se propage, en dehors du cerveau de l'opérateur, jusqu'au cerveau du sujet, qu'elle excite efficacement dans le cerveau du sujet l'image correspondante a celle formée par l'opérateur

Assurement, il n'est pas demontré que ces conditions se vérifient, mais serait-on en droit de declarer cette verification impossible ? [1]) Nous ne le pensons pas

sujets à l'abri de toute suspicion, par exemple, sur des étudiants en médecine , il change frequemment de sujet et de spectateurs L'opérateur bande les yeux du sujet, lui fait quelques passes autour de la tête, en se tenant à une certaine distance de lui L'operateur imagine un mouvement déterminé, — lever le bras gauche le courber, etc , — y appliquant toute son attention et décomposant autant que possible le mouvement en plusieurs mouvements partiels Le sujet obéit fidèlement, avec conscience des mouvements qu'il execute, il lève machinalement le bras, le courbe sans savoir pourquoi ni comment On a pu compliquer l'experience, faire parcourir au sujet un itineraire trace d'avance et ignore par lui, lui faire executer des actes bien determines S'il se trompe, un effort interne de l'opérateur « a droite », « arrêtez », etc , a pour effet de corriger l'action du sujet qui, suivant à chaque instant l'inspiration spontanée du moment, exécute souvent avec exactitude le programme que l'attention soutenue de l'operateur lui prescrit On a observe que la presence d'un temoin, qui, plus ou moins rapproche du sujet, veut lui suggérer l'acte contraire, peut troubler l'opération ou en rendre le succès plus difficile *Annales des sciences psychiques*, 1897 — Cfr Gurney, Myers et Podmore, *Les hallucinations telepathiques*, traduct. Marillier, p 19 — Bessmer, S J, *Gedankenubertraegung* (*Stimmen aus Maria-Laach*, mai 1902)

[1]) Deja en 1886, Rambosson avait emis cette supposition qu'il croyait pouvoir appeler une loi Un mouvement cerebral peut se transmettre à d'autres cerveaux, sans se denaturer *Phenomenes nerveux, intellectuels et moraux*, p 187

On aurait tort d'objecter que nous n'avons point conscience de ces excitations infinitésimales que produiraient en nous les cerveaux de nos voisins Car, répond le P Bessmer, étant infinitésimales, comparativement aux excitations réputées normales, elles doivent échapper à la conscience Aussi le sujet des suggestions mentales doit-il être d'une sensibilité nerveuse très fine sinon anormale et se trouver, le plus possible, à l'abri des excitations ordinaires.

237. La télépathie. — La télépathie – étymologiquement, la sensation à distance — est-elle explicable par la suggestion mentale ?

Des faits nombreux sont relatés dans les revues occultistes et spirites Citons quelques echantillons

Un jeune homme se baigne et se noie, au même moment, sa sœur qu'une distance de plusieurs heures sépare de lui, est prise d'une émotion qu'elle ne peut dominer et elle voit dans un etang, aux bords duquel elle s'assied, la scène de la mort de son frère

Un ouvrier, appliqué a son travail, se sent subitement un désir irrésistible de regagner son logis distant d'une lieue, a une heure où rien ne pouvait l'y rappeler, à contre-cœur il obéit à cette impulsion, arrive chez lui, il trouve sa femme blessée par un fiacre qui avait passé sur elle l'accident s'était produit une heure et demie avant son arrivée, le maçon avait lutte une demi-heure contre l'obsession, puis avait fait une heure de marche

Pareilles admonitions se produisent également pendant les rêves et particulièrement à l'état intermédiaire entre le sommeil et la veille *(Borderland cases)* [1] Une mère voit apparaître a son lit le fantôme de son fils, qui vient d'être tué dans une collision de deux vapeurs le fantôme a l'air triste, la tête est entourée de bandages, ses vêtements sont souillés d'après les témoins de la catastrophe, le malheureux était réellement habillé comme l'avait vu sa mère

D'autres voient des fantômes vaporeux se promener dans les appartements où ils se trouvent, et se retirer par une porte, ou a travers la muraille, — passer devant la fenêtre — s'asseoir et disparaître Parfois, le sujet entend son nom et éprouve une sensation de contact sans en apercevoir la cause Il arrive que plusieurs sens soient simultanément excités, ou même, ce qui est rare, qu'il

---

[1] M a s o n, *Telepathy and the subliminal self*, p 269 ; 1897.

y ait réciprocité d'influences entre l'agent et le sujet. On allègue aussi des cas où les phénomènes télépathiques auraient influencé en même temps, de façons différentes, plusieurs sujets.

Il serait difficile d'attribuer tous les cas de télépathie à la supercherie ou à l'hallucination des observateurs.

Dans la mesure où leur réalité est reconnue ou tout au moins accordée, comment les expliquer ?

De nombreux auteurs qui les enregistrent avec complaisance [1]) y voient des exemples de communications suprasensibles entre des esprits. Nous dirons un mot, plus loin, de cette théorie pour le moins arbitraire.

La seule explication naturelle qui soit plus ou moins plausible est celle que nous avons supposée pour rendre compte de la suggestion mentale. La télépathie a ceci de commun avec la suggestion mentale ordinaire, que la communication entre l'agent et le sujet s'établit sans le secours des organes, qu'à un même moment l'agent déploie une grande énergie, tandis que le sujet est dans un état d'hyperexcitabilité nerveuse favorable à la suggestion. Mais la distance parfois considérable entre l'agent et le patient, la différence parfois constatée entre l'objet imaginé par le premier et le terme de l'hallucination du second, enfin, le fait que le sujet n'a souvent, dans sa vie, qu'une seule hallucination télépathique, montrent que si la suggestion mentale peut rendre compte de certains cas de télépathie, elle est assurément insuffisante pour les expliquer tous.

Intervient-il dans ces faits des facteurs naturels jusqu'à présent inconnus ? Ou sont-ils dus en tout ou en partie à des agents préternaturels ?

Le problème se pose, il n'est point résolu.

Passons aux phénomènes spirites et disons d'abord un mot de l'écriture automatique.

[1]) Cfr Gurney, Myers et Podmore, *Phantasms of the living,* trad. Marillier, p 218.

258. L'écriture automatique — Au dire des spirites, c'est par l'écriture automatique que les esprits entrent en relation avec les hommes

Un sujet nerveux s'absorbe dans une lecture qu'il fait à haute voix Sa main, munie d'un crayon, repose nonchalamment sur une feuille de papier Un expérimentateur imprime à la main le mouvement à exécuter pour tracer une lettre, par exemple la lettre O ; après qu'il a abandonné la main, elle continue à écrire la même lettre Au bout de quelques expériences, le sujet entraîné écrit automatiquement des lettres, des mots On l'interroge à voix basse, il trace inconsciemment les réponses Celles-ci sont parfois insignifiantes, mais parfois aussi elles ont un sens défini emprunté à des souvenirs lointains, ou paraissent dictées par une personnalité distincte du sujet communications de défunts, messages du démon [1]).

Encore une fois, il est difficile de faire, dans ce domaine, le départ entre la réalité et la fiction, entre la réalité naturelle et celle qui serait en dehors des lois de la nature, mais il n'est pas douteux que la suggestion et l'autosuggestion combinées expliquent, pour une large part, les expériences d'écriture automatique [2]) Le sujet ne répond généralement que ce qu'il sait ou ce qu'il a su ; on retrouve dans ce qu'il écrit son style et son caractère On remarque chez l'auteur de cette écriture inconsciente, comme chez les sujets hypnotisés, un réveil de souvenirs qui dans l'état normal ne se produit pas

Les « intuitions » de faits étrangers à la connaissance personnelle du sujet, attribuées par lui à un personnage invisible, sont-elles authentiques ? Dans l'affirmative, seraient-elles explicables sans une intervention preternaturelle ?

L'examen de la question nous ferait sortir des limites de la psychologie

---

[1]) Cfr Pierre Janet, *Nevroses et idees fixes*, 1898
[2]) Cfr. Bessmer, *Das automatische Schreiben*, dans les *Stimmen aus Maria-Laach*, 1902

239. Les phénomènes spirites. — Nous dirons un mot de ces phénomènes étranges, moins à raison de leur signification psychologique qu'à cause du parti que l'on a voulu en tirer pour édifier une « nouvelle psychologie »

Les mediums sont les prêtres de la religion spirite, les intermediaires entre le monde invisible et le monde visible, entre les esprits desincarnes et les hommes qui menent notre existence terrestre

Le medium a avec les esprits des rapports physiques et des communications intellectuelles

Parmi les phenomenes physiques, il faut citer les tables tournantes, les matérialisations, les levitations, ou ascensions du corps humain, contrairement aux lois de la pesanteur [1] Les spirites affirment que, dans leurs seances, ils voient des tables se lever, des meubles s'agiter, des cailloux pénétrer dans les appartements, des caracteres graphiques s'impriment sur des feuilles blanches, des bruits résonnent, des fantômes de mains ou de visages apparaissent dans la penombre de la chambre, le médium s'elève dans les airs N'y aurait-il en tout cela que supercherie ou illusion ? Mais alors, comment serait-on parvenu à photographier des apparitions [2]

Des « rapports intellectuels » s'etablissent, au dire des spirites, entre les médiums et le monde invisible Au moyen d'une combinaison conventionnelle de signes, on attache un sens aux coups successifs d'une table qui frappe le sol, puis on interroge la table, elle donne des réponses sensees sur des choses secrètes ou mystérieuses.

Que penser de ces dires ?

L'experience a démontré que la fraude entre comme facteur dans un certain nombre de ces phénomènes étranges

[1] Voir Dr Surbled, *La levitation (Science catholique,* 1901)
[2] Al Aksakof, *Étude sur les materialisations des formes humaines (Annales des sciences psychiques,* 1897)

la photographie den esprits, divers cas de lévitation [1]), se résolvent en tricheries intéressées ou en erreurs déplorables. Il ne faut pas l'oublier, le spiritisme agit dans l'obscurité, au milieu d'une assistance généralement initiée et favorable. Toutefois, s'il y a des supercheries et des illusions, il est probable qu'il y a aussi des faits réels. Sont-ils naturels ?

Certes, il y a des propriétés du corps humain dont la science n'a pas encore évalué la puissance ; journellement, on en découvre de nouvelles dont la signification demeure mystérieuse ; le magnétisme animal soulève des problèmes qui ne sont pas résolus. Est-il permis d'attendre de l'avenir une interprétation naturelle des phénomènes physiques relatés par les habitués des séances de spiritisme ? Nous en doutons beaucoup. Certains phénomènes paraissent tellement opposés aux lois ordinaires de la nature, que leur origine préternaturelle est pour le moins vraisemblable.

Il faut en dire autant, *a fortiori*, des tables parlantes. Si les « rapports intellectuels » affirmés par les spirites sont authentiques, nous les croyons inexplicables par des causes naturelles.

240. La soi-disant psychologie de l'avenir. Les théories spirites. — Plusieurs auteurs ont tenté de ramener à l'unité les phénomènes multiformes que nous avons parcourus dans ce chapitre : hypnose, suggestion, suggestion

[1]) Un medium fameux, Home, avait été l'auteur de lévitations attestées par un grand nombre de personnes, notamment par le savant physicien Crookes « Je le vis s'élever, disait Crookes, lentement, d'un mouvement continu et oblique, et rester pendant quelques secondes environ à six pouces du sol ; ensuite, il redescendit lentement » Or, en 1886, à la veille de mourir, Home avoua à son ami, le Dr Philip Davis *(La fin du monde des esprits, le spiritisme devant la raison et la science* Paris, 1887), qu'il n'avait pas de commerce avec les *esprits* et qu'il avait indignement trompé le public sur la nature de son action. Ce n'était qu'un habile charlatan.

mentale, telepathie, ecriture automatique, phenomenes spirites Ils ont imaginé a cet effet quelques vues explicatives
qu'ils considèrent comme les idees maitresses d'une « psychologie de l'avenir ». Trois propositions résument leur
pensee

1º Il existe dans l'homme plusieurs consciences distinctes
entre elles et distinctes de la conscience normale

2º Au-dessus de ces moi partiels, il y a une âme immaterielle, eternelle dans le passe et dans l'avenir Cette âme
est le moi « subliminal »

3º Les consciences immaterielles de diverses personnes
agissent directement l'une sur l'autre [1]

A l'appui de la premiere proposition, on allegue que, au
cours de la vie normale, dans l'enfance, durant le sommeil,
la conscience ordinaire subit des interruptions, que chez
certains sujets hypnotisés la conscience se dedouble, qu'apres
le sommeil hypnotique le sujet n'a aucun souvenir de ce qu'il
a accompli pendant l'hypnose et exécute, sans avoir conscience des ordres qu'il subit, des suggestions posthypno-
tiques

La seconde proposition combine avec un panthéisme mal
défini [2] la vieille théorie de la métempsycose

La troisième proposition ne doit pas faire illusion Le
spiritualisme nouveau n'est, chez la plupart de ses partisans,
qu'un matérialisme déguisé. Aussi bien, la communication

[1] Cette theorie du « polypsychisme » dont la paternite est revendiquee
par Durand de Gros se retrouve, avec quelques variantes, dans la theorie
de l'inconscient de von Hartmann, dans la theorie de la subconscience
de M Pierre Janet, dans la « conscience subliminale » de M Myers
V Durand de Gros, *Les mysteres de la suggestion*, p 121, 1896

[2] « Je suppose, ecrit M Myers, que chacun de nous est en realite une
entite psychique durable beaucoup plus etendue qu'il ne le croit, une
individualite qui ne peut jamais s'exprimer complètement par le moyen
d'une manifestation corporelle Le moi se manifeste par le moyen de
l'organisme, mais il y a toujours quelque partie du moi non manifestée
et toujours, a ce qu'il semble, quelque pouvoir d'expression organique

entre les esprits se fait, d'après eux, par une transmission d'influences matérielles

En somme, le spiritisme est une sorte de vague panthéisme matérialiste

Dieu, le « Grand esprit », est la synthèse de tout l'univers visible et invisible

Le mot « esprit » est un trompe-l'œil L'homme est un composé de trois principes un *corps matériel*, support et organe des deux autres, l'*esprit*, principe de l'intelligence et de la volonté, enfin, un principe intermédiaire qui, sans être incorporel ou spirituel, forme une sorte de soudure entre l'âme et le corps, et exerce, dans la vie présente et après la mort, une activité prédominante l'*âme, périsprit, corps astral, double* Ce périsprit, qui détrône l'âme immatérielle de l'ancienne psychologie, peut se séparer du corps et agir à distance, grâce à lui, les esprits des défunts conversent avec les médiums

Nous n'avons pas a discuter en philosophie ces spéculations arbitraires

Nous reviendrons cependant sur les faits que les spirites interprètent comme un « dédoublement » de la personnalité, nous montrerons aussi, ailleurs, que les âmes n'existent pas avant leur union avec le corps ; que la metempsycose, les migrations astrales sont des conjectures sans fondement

Quant au monisme panthéiste, on l'examine en théodicée

Dans une *Première Section* nous avons groupé, sous le titre *Les sens et la raison*, les faits qui ressortissent princi-

en expectative ou en reserve . » « Le moi subliminal désigne un agrégat de personnalités latentes ayant des pouvoirs de perception et d'action imparfaitement connus, mais dont aucune n'est identique à l'individualité supposée au-dessous d'elles, ni autorisée en aucune façon à prétendre partager « l'indivisibilité et l'incorruptibilité que le philosophe attribue à une âme incorporelle » Myers, *De la conscience subliminale (Annales des sciences psychiques, 1897)*.

palement a l'ordre cognitionnel et nous avons cheiche à démêler leurs mutuelles influences

Dans une *Seconde Section* nous soumettrons rapidement au même travail d'analyse et de comparaison les faits d'ordre volitionnel

DEUXIEME SECTION

La volonté et les autres activités de l'âme

SOMMAIRE — 241. La volonté et les autres activités de l'âme — 242 Influence des diverses opérations de l'âme sur la volonté — 243 Influence de la volonté sur les autres opérations de l'âme — 244. L'empire de la volonté sur elle-même Les conditions d'une volonté parfaite — 245. L'exercice de la volonté L'habitude Les vertus morales — 246. États anormaux ou « maladies » de la volonté

241. La volonté et les autres activités de l'âme. —

Toutes nos actions s'influencent les unes les autres, nous avons suivi les mutuelles influences des sens et de la raison, soumettons au même examen le vouloir dans ses rapports avec les autres opérations de l'âme.

Pour procéder avec ordre, nous considérerons en premier lieu les influences des diverses opérations de l'âme sur la volonté et, en second lieu, l'influence de la volonté sur les autres manifestations de la vie

242. Influence des diverses opérations de l'âme sur la volonté. —

1º *L'intelligence*. Elle exerce l'influence principale et *directe*, en proposant à la volonté son objet propre

Comme tout autre être créé, l'homme a sa fin a réaliser et dirige naturellement vers elle toute son activité

La conscience nous dit que la volonté aspire à mieux que les biens particuliers placés immédiatement à sa disposition, elle veut le bien, le plus grand bien.

La mission de l'intelligence est de présenter à la volonté

non point seulement telles ou telles choses bonnes, mais la bonté même des choses, c'est là sa principale fonction, sa raison d'être

2º *Les sens externes et internes* exercent une influence *indirecte* sur la volonté par l'intermédiaire de l'intelligence En fait, l'intelligence est influencée par la façon dont les sens accomplissent leur opération préliminaire, et la volonté en ressent le contre-coup.

Sans doute, la volonté reste libre, car il lui est loisible d'appliquer l'intelligence à la considération de l'objet présenté par les sens, de lui faire examiner si cet objet convient à la nature d'un être raisonnable, si le bien qu'il renferme l'emporte sur le mal dont il est entaché, mais chaque fois qu'un bien quelconque présenté par les sens est saisissant, la volonté court grand risque de se laisser entraîner

« Il est donc très important que les activités sensitives soient bien ordonnées et n'offrent à l'intelligence que des objets préparés conformément aux lois rationnelles et morales la volonté sera ainsi dirigée doucement vers la bonne voie Le sage ne néglige pas, pour faciliter la droiture et l'énergie dans le bien, le secours des sens, de l'imagination, de la raison particulière et de la mémoire » [1]

3º *L'appétit sensitif.* — D'abord, l'appétit sensible influence directement la volonté En effet, -- c'est la loi générale, — a un accroissement d'énergie dans une direction correspond une diminution proportionnelle dans les directions opposées [2]

[1] Gardair, *Les passions et la volonté*, p 103 « Voluntas non solum movetur a bono universali apprehenso per rationem, sed etiam a bono apprehenso per sensum ; et ideo potest moveri ad aliquod particulare bonum absque passione appetitus sensitivi multa enim volumus et operamur absque passione per solam appetitus electionem, ut patet in his in quibus ratio renititur passioni » 1ª 2æ, q X, a 2, ad 3

[2] « Quum enim omnes potentiæ animæ in una essentia animæ radicentur, necesse est quod, quando una potentia intenditur in suo actu,

Quelquefois, l'objet de la volonté coïncide avec celui de l'appétit sensible et, dans ce cas, l'appétit sensible fortifie la volonté supérieure. Mais lorsque les objets des deux tendances s'excluent, la volonté supérieure perd en énergie ce que lui soustrait l'appétit animal.

Il y a une autre influence de l'appétit sensitif qui, pour être moins directe, n'en est pas moins efficace : celle des passions sur la connaissance.

Les passions troublent souvent l'organisme et, par une suite indirecte, la sérénité de l'intelligence.

Les passions, en outre, exercent une influence puissante sur la connaissance sensible ; par suite des inclinations ou des répulsions qu'elles entretiennent dans l'âme, elles contribuent à fixer dans l'imagination la représentation de certains objets, à en exclure d'autres : d'où une influence souvent néfaste sur la rectitude du jugement, sur la droiture et la fermeté de la volonté [1]).

4o Reste l'influence *indirecte et plus éloignée* de la vie végétative sur le fonctionnement de la vie sensitive et de la vie intellective.

Cette influence s'explique par le lien qui rattache à la nutrition, à la circulation du sang, au jeu accéléré ou ralenti du cœur, les excitations cérébrales, les phénomènes psychiques de la sensation ou de la pensée.

Aussi les faits abondent qui montrent l'influence de la

---

altera in suo actu remittatur vel etiam totaliter in suo actu impediatur tum quia omnis virtus ad plura dispersa fit minor, unde e contrario quando intenditur circa unum, minus potest ad alia dispergi » 1a 2æ, q LXXVII, a 1.

[1]) « Manifestum est quod secundum passionem appetitus sensitivi immutatur homo ad aliquam dispositionem Unde secundum quod homo est in passione aliqua, videtur ipsi aliquid conveniens, quod non videtur ei extra passionem existenti sicut irato videtur bonum, quod non videtur quieto Et per hunc modum ex parte objecti appetitus sensitivus movet voluntatem » 1a 2æ, q IX, a 2

sante ou des troubles de l'organisme sur l'état affectif et, par contre-coup, sur les dispositions morales de l'âme, et réciproquement l'influence de l'état moral d'une âme sur les passions et l'influence de celles-ci — telle, par exemple, l'influence de l'énergie ou de la peur — sur le mouvement régulier ou irrégulier de la vie organique

243. Influence de la volonté sur les autres opérations de l'âme. — La volonté commande a toutes les activités de l'âme, non d'une façon absolue, mais cependant avec une réelle efficacité, *non modo despotico, sed politico*, ainsi que s'expriment les moralistes [1]

1º La volonté agit sur l'*intelligence* elle l'*applique* a la considération *attentive* d'un objet donné ou l'en détourne, elle soutient ou relâche sa vigueur d'application, corrobore par des sympathies ou infirme par des répugnances les convictions spéculatives

Il peut sembler contradictoire d'attribuer a la volonté un pouvoir sur l'intelligence l'intelligence ne précède-t-elle pas, en effet, l'action de la volonté, n'est-elle pas chargée de présenter a la volonté l'objet a vouloir ?

Mais la contradiction n'est qu'apparente

Lorsque la volonté est mise en mouvement par la présentation spontanée du bien abstrait et universel, elle est capable de vouloir tous les biens particuliers compris dans la sphère du bien

Or, tel acte intellectuel, a tel moment, se présente comme un de ces biens particuliers

[1] Cfr Balmes *Art d'arriver au vrai* passim

Saint François de Sales le dit si bien en son simple langage « Parmi les innombrables multitudes et variétés d'actions, mouvements, sentiments, inclinations habitudes facultés et puissances qui sont en l'homme Dieu a établi une naturelle monarchie, et c'est la volonté qui commande et domine sur tout ce qui se trouve en ce petit monde »

Donc la volonté pourra le vouloir et, par cette volition, donner à l'activité de l'intelligence une direction voulue

2° On comprend aussi, d'après cela, l'action de la volonté sur les *facultés cognitives sensibles* en connexion avec l'intelligence et, par elles, sur l'appétit sensitif et les passions

Mais, dans l'exercice de la vie sensitive, il faut tenir compte d'un autre facteur, le corps, avec ses dispositions innées ou acquises qui, elles, ne dépendent nullement de la raison aussi l'imagination, la mémoire, les passions ne sont-elles pas toujours dociles, tant s'en faut, a la direction de la volonté raisonnable

De plus, il ne faut pas négliger la répercussion des activités sensibles sur notre volonté

3° La volonté agit encore, d'une manière plus directe, sur les *passions* elle les fortifie ou les contient, au moins dans une certaine mesure action entièrement semblable a celle que nous avons reconnue plus haut aux passions sur la volonté

4° La volonté exerce une action indirecte sur les *mouvements du corps* [1]), par l'intermédiaire de l'appétit sensitif. Nous avons étudié plus haut l'influence directe de l'appétition sensible sur l'appareil locomoteur, nous avons vu notamment les mouvements de l'animal nécessairement déterminés par les impulsions de l'instinct

5° Enfin, la volonté influence même la *vie végétative*, par l'action qu'elle exerce sur l'activité de l'esprit, des sens et de l'organisme.

A propos de cette influence de la volonté sur les fonctions de la vie organique, disons quelques mots de ce que les physiologistes appellent *pouvoir d'inhibition*

---

[1]) « Anima non movet corpus per esse suum, secundum quod unitur corpori ut forma, sed per potentiam, cujus actus præsupponit jam corpus effectum in actu per animam, ut sic anima secundum vim motivam sit pars movens, et corpus animatum sit pars mota » 1ª, q 76, art 4, ad 2

Chez l'individu normal, les fonctions inférieures, organiques et réflexes, ne sont jamais complètement indépendantes des centres supérieurs de la vie psychique

Il est d'expérience vulgaire que la volonté peut entraver et même supprimer certains réflexes tous les jours nous utilisons ce pouvoir pour prévenir le bâillement, la toux, le rire, les larmes, l'éternuement, le dégoût, etc

Mais, même en dehors de tout vouloir conscient, l'encéphale exerce, d'une façon constante, une action coercitive sur notre vie réflexe

En effet, les expériences de Setschenow, de Heizen, de Schiff, de Vulpian et d'autres ont établi que l'abolition, l'affaiblissement de l'influence cérébrale augmente sensiblement l'intensité des réflexes medullaires Les recherches faites sur les animaux et les observations sur l'homme ont donné des resultats concordants Ainsi, chez l'homme, les mouvements medullaires sont plus faciles et plus énergiques, durant le sommeil, lorsque la moelle cervicale est ecrasee, ou sous l'action deprimante des anesthesiques, par exemple du chloroforme.

Les expériences en sens inverse confirment cette these. L'irritation du cerveau produit une inhibition plus grande, quelquefois une suspension complete de certains réflexes La strychnine, un acide, une violente commotion, des excitations sensorielles puissantes, des douleurs vives affaiblissent nos réflexes moteurs et peuvent même troubler ou arrêter certaines sécretions glandulaires, comme celle du suc salivaire et amener le dessechement de la bouche

Plus la vie consciente et volontaire se développe, plus cette influence inhibitive est accentuée Chez l'enfant en bas âge elle est moins sensible que chez l'adulte

« Le cerveau, dit M Ch Richet, tend constamment à ralentir et à moderer les actes reflexes, la moelle envoie incessamment des excitations au cerveau Plus le cerveau est actif, puissant, plus les actions réflexes sont diminuées, ralenties Aussi, dans la série des êtres, ce sont les animaux dont le pouvoir psychique est le plus puissant qui ont le pouvoir réflexe le plus faible » [1]

Reste à considérer l'influence de la volonté sur elle-même

244. L'empire de la volonté sur elle-même. Les conditions d'une volonté parfaite. — La volonté n'a pas seulement le pouvoir d'agir sur les autres opérations de l'âme, mais, puissance spirituelle, elle a le pouvoir d'agir sur elle-même « Inclinatio (agentis) ad agendum quod intellectu conceptum est, pertinet ad voluntatem », dit saint Thomas [2] Il appartient à la volonté de nous incliner à accomplir le dessein conçu par l'intelligence

La perfection de la volonté consiste à agir avec *rectitude*, *énergie*, *prudence* et *persévérance*

Une volonté parfaite doit agir avec *rectitude*, c'est-à-dire se donner pour *but* la fin *réelle* de la nature humaine — on démontre en philosophie morale quelle est cette fin — et lui subordonner toutes les énergies de l'âme, comme autant de *moyens*.

A cet effet, la volonté agira sur les passions sensibles, sur les sentiments et les déterminations suprasensibles, de deux façons indirectement, par l'intermédiaire des sens, de l'imagination ou de l'intelligence ; directement, en stimulant ou en modérant, selon le cas, leur activité

Cette fin et ces moyens, la volonté doit les vouloir avec *énergie*, avec *constance*, avec *prudence*.

Nous reviendrons, tout à l'heure, sur ces qualités de la volonté

« Le but à poursuivre ici, écrit M Payot, c'est l'énergie de

---

[1] *Essai de psychologie générale*, p. 80 Paris, Alcan, 1903
[2] *Sum Theol*, 1ª, q 19, art 4

l'attention volontaire, énergie qui se traduit non seulement par la vigueur, la fréquence des efforts, mais encore et surtout par une orientation très nette de toutes les pensées vers une fin unique et par la subordination, pendant le temps nécessaire, de nos volitions, de nos sentiments, de nos idées à la grande idée directrice, dominatrice pour laquelle nous travaillons. Idéal duquel la paresse humaine nous éloignera toujours, mais que nous devons tendre à réaliser le plus complètement possible » [1])

Comment s'obtient la formation de la volonté ? Par l'exercice et l'acquisition de bonnes habitudes.

245. L'exercice de la volonté. L'habitude. Les vertus morales. — La volonté est susceptible de perfectionnement celui-ci demande l'effort.

La nature humaine est rebelle à l'effort, surtout à l'effort continu.

Aussi, pour arriver à la maîtrise de soi, il ne suffit pas d'élans intermittents, tels que les passions, qui sont par nature transitoires, peuvent en engendrer ; il faut un effort soutenu, la fixation de l'énergie en habitudes.

Les actes de l'intelligence et de la volonté ne s'évanouissent pas complètement avec le moment qui les a vus naître ; ils laissent après eux un dépôt, dont la répétition superpose les couches successives et forme à la longue le sol sur lequel s'appuie la fermeté de la volonté.

Les habitudes sont les ressorts de l'énergie volontaire. Vouloir c'est pouvoir. Le peuple anglais dit admirablement « Where is a will, there is a way »

Elles servent au perfectionnement de la vie intellectuelle et de la vie morale.

[1]) Payot, *L'éducation de la volonté*, p 20 Paris, Alcan, 1884

Dans l'ordre intellectuel, l'habitude du travail doit combattre non seulement l'inertie de la volonté ou la paresse proprement dite, mais encore cette autre forme de paresse qui consiste dans l'éparpillement des efforts.

« On peut dire que la loi absolue qui régit le travail intellectuel, c'est que les idées et les sentiments que nous avons seulement logés en nous comme on loge en une hôtellerie les hôtes de passage, sont et demeurent pour nous des étrangers que nous aurons bientôt oubliés

» Une idée importante qui ne fait que passer en nous est comme nulle et non avenue. Il faut qu'on lui accorde une attention répétée, fréquente, cordiale ; il faut se garder de l'abandonner avant qu'elle puisse vivre d'elle-même, avant qu'elle soit devenue un centre d'organisation. Il faut la maintenir dans la conscience longtemps, y revenir souvent : elle acquerra ainsi la vitalité nécessaire pour attirer à elle, par cette force mystérieuse d'aimantation qu'on appelle l'association des idées, des pensées fécondes et des sentiments puissants, et pour se les incorporer

» Ce travail d'organisation de l'idée ou du sentiment s'effectue lentement, par la méditation calme et patiente. Il en est de ces développements comme de ces admirables cristaux de laboratoire : ils exigent, dans le sein d'un liquide absolument tranquille, le dépôt lent et régulier de millions de molécules. Voilà en quel sens toute découverte est l'œuvre de la volonté. C'est « en y pensant toujours », que Newton vérifia sa découverte de la gravitation universelle. Le génie n'est qu'une longue patience » [1]

Dans l'ordre moral, le perfectionnement de la volonté comprend un double effort continu, la résistance au mal et la pratique positive du bien.

Cet effort engendre graduellement dans la volonté des dispositions habituelles, que l'on appelle *vertus* ; elles ajoutent à son énergie et facilitent l'essor de son activité. En voulant le bien, la volonté se rend capable de le vouloir encore et de le vouloir mieux.

Les vertus *morales* sont principalement au nombre de quatre : la *prudence*, la *justice*, la *tempérance* et le *cou-*

---

[1] Payot, *ouv. cit*, p 19

rage [1]) On les a appelées « cardinales » ou fondamentales, parce que toutes les autres s'y appuient plus ou moins directement

La *tempérance* modère les passions sensuelles (137), et, par conséquent, aussi les sens et l'imagination , la *force* ou le *courage* stimule la faiblesse ou la paresse en face de l'obstacle , ces deux vertus fortifient la volonté , davantage maîtresse d'elle-même, elle poursuit avec plus de *constance* et d'*énergie*, sans excès ni faiblesse, le but qu'elle s'est proposé d'atteindre

La *justice* a pour objet nos rapports avec autrui, elle nous aide à respecter les exigences naturelles que ces rapports entraînent

La *prudence*, enfin, nous apprend à employer judicieusement avec *mesure*, sous le contrôle de la raison, les moyens que nous mettons en œuvre pour réaliser la fin que nous sommes appelés à réaliser

Aidée de ces vertus, la volonté se trouve dans la meilleure situation possible pour vouloir d'une manière souveraine, constante, énergique et prudente, le vrai but de la nature humaine et les moyens qui y sont adaptés, et pour réaliser, par conséquent, aussi parfaitement que le comportent les conditions de la vie présente, l'idéal d'une *bonne volonté*

Rapprochons de cet idéal les formes d'activité volontaire qui s'en écartent, et nous aurons la signification de ce que l'on a appelé les états pathologiques ou « les maladies de la volonté »

---

[1]) Sur le fondement de cette division et l'analyse approfondie des vertus *morales*, consulter S . T h o m a s , *Sum Theol* , 2ᵃ 2ᵃᵉ, q 51 et seq

Outre les vertus morales, il faut distinguer, observe le saint Docteur, des vertus *théologiques*, la foi, l'espérance et la charité, dont l'objet est la *fin* de l'ordre surnaturel, c'est-à-dire Dieu lui-même.

246. Etats anormaux ou " maladies „ de la volonté.
— Les états anormaux de la volonté peuvent dépendre de notre liberté, ou en être indépendants , en d'autres mots, ils peuvent être *acquis* ou *naturels*

Les premiers intéressent la philosophie morale [1], les seconds la psychologie

La volonté parfaite a *un* but choisi par elle sous la direction de la *raison*, elle le veut avec *constance* et y subordonne tous les moyens dont elle peut disposer

Le défaut de cette qualité maîtresse fait les caractères *capricieux* dont les personnes hystériques nous fournissent le type achevé [2] Leur mobilité, l'incoordination de leurs désirs et de leurs actes, contrastent d'une manière frappante avec la volonté souveraine, toujours d'accord avec elle-même, qui s'est fixé librement et sagement *un* but, le poursuit avec *constance* et y fait *converger* toutes ses énergies

Le second trait distinctif d'une volonté-type, c'est l'*énergie* combinée avec la *prudence* vouloir puissamment, efficacement, et toujours sous la direction de la raison.

A cet état de la volonté, s'opposent surtout deux anomalies [3] · l'une par *défaut*, qu'on a appelée du nom d'*aboulie ;* l'autre par *excès*, qui est un état *impulsif* dans lequel la

---

[1] Le desordre de la volonté, qui consiste à se detourner du vrai *but* de la nature humaine, est la *faute*, en langage chretien, le *péché*, le peché proprement dit, « grave ou *mortel* »
De même que les *vertus* morales disposent la volonté à vouloir le but moral de la vie humaine et les moyens qui y conduisent, de même la volonté est susceptible d'*habitudes vicieuses* ou de *vices* qui l'inclinent en sens contraire
L'education morale doit combattre les inclinations désordonnées, et chercher à implanter de bonnes *habitudes*, des *vertus* « L'education s'adresse a la volonté à travers la pensée », dit très bien P Bourget
[2] Nous parlons plus loin de l'hystérie.
[3] Voir Maudsley, *Pathologie de l'esprit*, ch VII, p 846 — Nous ne considerons ici que les etats pathologiques de la *volonté* Nous reparlerons plus loin des formes de la folie

volonté se trouve sous l'empire d'impulsions puissantes, parfois entraînantes, qui ne sont pas librement consenties lorsque cet état arrive à son paroxysme, il constitue la *folie impulsive* ou instinctive et la *folie morale*

Le groupe de faits que les médecins rangent sous le nom d'*aboulie* est ainsi caractérisé les organes du mouvement sont intacts, l'intelligence est lucide, le jugement sain, le sujet sait ce qu'il devrait vouloir, connaît les moyens qu'il faudrait mettre en œuvre pour cela, mais ne sait pas se décider à agir [1]) Les formes d'*aboulie* sont néanmoins des plus variées [2])

Les *impulsifs* sont, en quelque sorte à la merci de leurs passions ou des sollicitations indélibérées de la volonté Tantôt celles-ci sont subites, inconscientes [3]), tantôt elles

---

[1]) Cette paralysie de la volonté est un des effets de l'abus de l'opium Th de Quincey l'a décrite d'après sa propre expérience « Cet état de torpeur intellectuelle, je l'ai éprouvé plus ou moins, dit-il, durant les quatre années que j'ai passées sous l'influence des enchantements de l'opium C'était une telle misère qu'on pourrait dire en vérité que j'ai vécu à l'état de sommeil Rarement j'ai pu prendre sur moi d'écrire une lettre une réponse de quelques mots, c'est tout ce que je pouvais faire à l'extrême rigueur, et souvent après que la lettre à répondre était restée sur la table des semaines et même des mois Le mangeur d'opium ne perd ni son sens moral ni ses aspirations il souhaite et désire aussi vivement que jamais exécuter ce qu'il croit possible, ce qu'il sent que le devoir exige, mais son appréhension intellectuelle dépasse infiniment son pouvoir non seulement d'exécuter, mais de tenter. Il se débarrasserait de sa vie, s'il pouvait seulement se lever et marcher mais il est impuissant comme un enfant et ne peut même essayer de se mettre sur pied » *Confessions,* etc, pp 186-188 Cfr Ribot, *Les maladies de la volonté,* p 41

[2]) Voir Pierre Janet, *Névroses et idées fixes* Paris, Alcan, 1898

[3]) « J'ai vu, dit Luys, un certain nombre de malades, ayant fait des tentatives réitérées de suicide, en présence de gens qui les guettaient, et qui n'en gardaient aucun souvenir dans leurs phases de lucidité Et ce qui met en lumière l'inconscience de l'esprit dans ces conditions, c'est que les malades ne s'aperçoivent pas de l'insuffisance des procédés qu'ils emploient Ainsi, une dame qui faisait des tentatives de suicide toutes les fois qu'elle voyait un couteau de table, ne s'est pas aperçue

sont conscientes [1]), mais, conscientes ou inconscientes, elles exercent une action exceptionnellement puissante sur la volonté et peuvent même être irresistibles

Entre ces états pathologiques et l'état idéal de la volonté auquel nous les avons opposés, il y a d'ailleurs une série presque infinie de nuances intermédiaires

Ces faits prouvent une fois de plus la *solidarité intime* « du corps et de l'esprit », c'est-à-dire la *dépendance mutuelle* des diverses opérations dont l'homme est à la fois le principe et le sujet.

qu'un jour où je l'épiais j'avais substitué à ce couteau un instrument inoffensif Un autre malade tenta de se pendre à l'aide d'une corde à moitié pourrie, incapable de supporter une faible traction » Cité par Ribot, p 73

[1]) Les aliénistes citent des cas d'individus qui annoncent eux-mêmes les crimes qu'ils vont commettre et demandent qu'on les en empêche Maudsley rapporte qu'un paysan de vingt-sept ans, pris d'impulsions irrésistibles à commettre un meurtre, demandait qu'on l'enfermât pour éviter un crime. « Quand cela me prend, criait-il, il faut que je tue quelqu'un, ne serait-ce qu'un enfant » Maudsley, *ouv cit*, ch VII, p 359

Nature

du premier principe de la vie chez l'homme

L'âme raisonnable est spirituelle

247. Le phénoménisme psychologique : une équivoque.

— Nous avons reconnu qu'il se produit en nous des actes vitaux d'ordre végétatif nutrition, reproduction , d'autres, d'ordre sensitif connaissance sensible, appétition, locomotion , d'autres, enfin, d'ordre suprasensible · intellection, volition.

Chacun de ces actes se présente immédiatement à la conscience inhérent à un sujet · La nutrition se passe en *quelque chose* ou en *quelqu'un* qui se nourrit , la vision, le désir, la locomotion, etc appartiennent à *quelqu'un* qui voit, désire, se déplace

Vainement l'on voudrait se persuader que la vie psychique n'est qu'un écoulement de phénomènes, « qu'il n'y a, selon l'expression de Taine, que nos événements, sensations, images, souvenirs, idées, résolutions, qu'ils constituent notre être et que notre moi n'a pas d'autres éléments [1], que, suivant le langage de Huxley, « ce que nous appelons esprit n'est qu'un faisceau ou une collection de perceptions unies au moyen de certaines relations » [2], vainement l'on tente de « faire une psychologie sans âme », bon gré mal gré, on pose inévitablement « un quelque chose qui sert de *substratum* aux actes », ainsi que s'exprime Herbert Spencer [3]

Pourquoi, en effet, parler de *nous*, de *nos* événements, de *notre être*, de *notre moi*, s'il n'y a que des événements, si *nous* ne sommes rien ?

En réalité, l'acte vital conscient n'est saisissable que dans le moi où il est engagé.

Le moi le produit, le moi le reçoit

En tant qu'il produit les actes vitaux, le moi s'appelle *nature* La *nature* est, par définition, le premier principe interne des opérations propres à un être. La *substance* est une chose existant en soi, indivise, distincte de toute autre

Les phénoménistes les plus intransigeants sont incapables de nier l'existence en nous d'une nature, d'une substance ainsi définies Aussi bien, ils n'entendent pas, au fond, les nier, mais ils se méprennent sur la thèse qu'ils contredisent [4]

Ils s'imaginent que les substantialistes croient à l'existence d'un fond inerte, permanent, à la surface duquel s'agiteraient des événements successifs Or, se disent-ils, le moi ne se saisit jamais qu'en pleine activité, et chacun des actes qu'il

---

[1] *De l'intelligence,* I, p 343

[2] *Hume,* l II, c II, p 64 London, 1886

[3] *Princ de Psych*, 2me partie, § 58

[4] On a examiné cette méprise et discuté *ex professo* le phénoménisme en *Metaphysique generale,* nos 138-144

produit n'a qu'une existence éphémère A quoi bon préconiser un moi, — substance, nature, âme — qui, en tout état de cause, nous échappe et traiter avec une sorte de hauteur dédaigneuse la seule réalité qui se pose effectivement devant la conscience '

Si les substantialistes soutenaient la thèse que les phénoménistes leur prêtent, nous nous garderions bien de prendre parti pour eux Mais ils n'opposent pas la nature à son acte, la substance à son accident comme on oppose une entité A à une entité B tout autre que la première Jamais, selon eux, ni dans le moi ni dans le monde extérieur, l'expérience ne saisit une substance sans accidents, ou un accident sans substance

Lorsque nous affirmons l'existence de substances, en particulier la substantialité du moi, nous voulons tout uniment dire ceci Point d'action sans quelqu'un qui agit, point de sensation, de conception, de résolution sans un *principe* qui produit ces diverses actions, sans un *sujet* en qui elles se passent. Lorsque Taine nie les substances, il nous cherche querelle sur le mot, mais il garde la chose, car à propos des sensations, par exemple, il distingue les sensations et « *une possibilité permanente de sensations* ».

248. Preuve de la substantialité du moi.

248. Preuve de la substantialité du moi. — Dans les termes qui viennent d'être définis, la thèse a à peine besoin de preuve. Deux arguments la mettent en évidence

1er Argument — *Le témoignage de la conscience* qui, en chaque action vitale, saisit sur le vif celui qui agit, en chaque passion celui qui pâtit « *In hoc aliquis percipit se animam habere, et vivere et esse, quod percipit se sentire et intelligere et alia hujusmodi vitæ opera exercere* » [1]

___

[1] S Thomas, *De verit*, q 10, a. 8, c

Il nous est impossible de percevoir sans percevoir quelque chose. Or, de deux choses l'une ou ce quelque chose que nous percevons subsiste par soi, « stands by itself », c'est une substance, ou ce que nous percevons n'existe qu'en un autre, et alors cet autre est une substance Dans les deux cas, la perception a pour terme une substance

Représentez-vous les actes exprimes par les verbes *marcher*, *se bien porter*, *s'asseoir*, aucun d'eux ne se suffit, chacun présuppose quelqu'un, *celui* qui marche, *celui* qui se porte bien, *celui* qui est assis

Ces actes qui n'existent et ne se conçoivent que dépendamment de quelque chose de présupposé, on les appelle *accidents*, ce qui est présupposé s'appelle *substance, sujet*, ὑποκείμενον

Mais, encore une fois, la substance n'est pas une entité qui existe sans accidents, les accidents ne sont pas superposés a la substance

Neanmoins, nous nous rendons compte que, en cet être un qu'est la substance affectée de ses accidents, les multiples realites saisies par la pensée abstractive n'accomplissent pas le même rôle et, par suite, ne sont pas identifiables

Certaines réalités — tels les actes qu'expriment les verbes marcher, s'asseoir, sentir, etc. — ne sont possibles que dependamment d'une réalite anterieure, celle-ci — la substance — est essentiellement indépendante de chacune de celles-là « Substantia, dit avec une admirable précision saint Thomas, est res cujus naturæ debetur esse non in alio, accidens vero est res, cujus naturæ debetur esse in alio » [1]).

2ᵈ Argument — Si l'âme humaine ne différait pas de ses actes, comment le *souvenir,* le sentiment de la *continuité du moi,* celui de la *responsabilite* seraient-ils possibles ?

[1]) *Quodlib*, 9, a 5, ad 2

« Si tout se confond avec les phénomènes, nous ne pouvons être que des évenements inconnus les uns aux autres , pour que ces événements nous apparaissent dans leur unité, pour que nous puissions *constater leur succession*, « leur *série*, leur *file* » en nous, il est donc nécessaire qu'il y ait autre chose qu'eux-mêmes , des lois, cette autre chose, ce lien qui les rattache, ce principe qui les voit se succéder, qu'est-ce, sinon un *non-evenement*, un *non-phénomène*, c'est-à-dire, une substance, le moi substantiellement distinct de ses sensations ? » [1])

Aussi bien, lorsque Taine parle « d'une possibilité permanente de sensations », que veut-il dire ?

Assurément, il ne parle pas seulement d'une possibilité *intrinsèque*, pour signifier qu'il n'est pas contradictoire que, telles ou telles conditions venant a se réaliser, certains actes surgissent

Il affirme donc la possibilité *extrinsèque* de sensations, c'est-à-dire l'*existence*, dans la nature, de tout ce qui est nécessaire pour faire apparaître, dans des conditions déterminées, des sensations

Cette possibilité extrinsèque pourrait être *transitoire*, mais Taine la pose *permanente* qu'est-ce à dire, sinon qu'il existe un sujet qui survit à chacune des sensations ephemeres et demeure capable d'en produire la nature, la substance du moi ?

Le moi, premier principe des actes vitaux qui se passent chez l'homme, est donc une substance.

Quelle est cette substance ?

249. Le premier principe de la vie chez l'homme est une substance corporelle. — Il se passe chez l'homme des phénomènes de nutrition , de multiples actions qui appar-

---

[1]) Th Fontaine, *La sensation et la pensee*, p 23 — Cfr P Janet, *La crise philosophique*, p 31

tiennent à la vie sensitive sensations, images, appétitions, mouvements spontanés Or, on a montré que toutes ces actions sont des fonctions d'organes corporels. « Actus vitæ vegetativæ et sensitivæ sunt actus compositi vel conjuncti » Donc le principe qui les produit et en qui elles s'accomplissent est corporel

250. Le premier principe de la vie raisonnable est spirituel : Sens de la thèse. — On appelle *spirituelle* une *action* qui n'a point d'organe pour principe et pour sujet On appelle *spirituel* le *sujet* capable d'exister et d'agir sans dependre intrinsèquement d'un organe ou, en termes plus généraux, de la matiere

Nous disons sans dependre *intrinsequement* de la matiere Il est possible, en effet, que l'exercice d'une action immaterielle soit subordonné à l'exercice préalable d'autres actions, qui auraient en des organes matériels leur principe et leur siège l'action qui, *en elle-même*, ne procèderait pas d'un organe et n'appartiendrait pas à un organe, n'en serait pas moins immatérielle Cette supposition, nous le verrons plus loin, se vérifie chez l'homme. Aussi est-il prudent de dire, pour préciser le caractere immatériel de l'activité humaine, qu'elle est spirituelle *en elle-même, intrinsèquement, subjectivement*, encore qu'elle soit *par ailleurs, extrinsequement, indirectement* dependante de la vie organique, et, conséquemment, de la matière

Dans l'ordre logique, la raison va de l'acte à celui qui l'émet et le reçoit, dans l'ordre ontologique, le principe devance son acte, le sujet est presupposé à ses accidents

Au point de vue logique, on definira donc la *substance spirituelle* le sujet capable d'agir et d'exister sans matiere, mais, en conformité avec l'ordre ontologique, on aimera mieux dire La substance spirituelle est capable d'exister et, par conséquent, d'agir sans matiere.

Les anciens scolastiques appelaient l'âme spirituelle *subsistante*. « Anima humana est *subsistens* », dit saint Thomas Cela veut dire que seule, sans avoir besoin d'un sujet matériel, elle est sujet complet de l'existence, capable de subsister Tandis que les substances corporelles — corps bruts, substances végétales, animales — sont, selon les scolastiques, *essentiellement* composées de deux principes constitutifs, — la matière première et une forme substantielle, — l'âme spirituelle n'est pas essentiellement assujettie à la matière, *forme* non essentiellement assujettie à la matière, elle est à elle seule sujet de l'existence, « anima humana est *subsistens* »

Descartes considère comme esprit tout ce qui est simple, inétendu la fonction distinctive de l'esprit, l'indice de la spiritualité c'est, selon lui, la conscience Le corps, au contraire, est composé de matière, étendu, incapable de prendre conscience de ses actes, c'est-à-dire de ses mouvements dans l'espace

L'animal, n'ayant pas d'âme spirituelle, est incapable d'avoir des sensations il n'est qu'une machine

La notion cartésienne de la spiritualité est inexacte et superficielle

Elle est inexacte L'animal a des sensations, une « conscience sensible », cependant, il n'a pas d'âme spirituelle

Elle est superficielle Un esprit n'est pas composé de matière, il est inétendu, c'est vrai, mais l'absence de composition, telle que Descartes l'entend, l'absence d'étendue sont des *propriétés* de l'être spirituel, la spiritualité affecte l'être lui-même et consiste en ce que, sans être uni à la matière, avant de lui être uni — si tant est qu'il lui soit unissable — il est susceptible de l'existence Bref, *à elle seule, sans matière, l'âme est une substance*, sujet de l'acte d'existence l'âme humaine est *spirituelle*

251. Preuve de la spiritualité de l'âme raisonnable.

— Nous connaissons la substance par ses actes, l'âme par les manifestations vitales dont elle est le principe. Pour prouver que l'âme humaine est spirituelle, nous avons donc à faire voir que certains actes qui émanent d'elle et résident en elle sont spirituels

Les actes de l'intelligence sont spirituels, les actes de la volonté raisonnable le sont Prouvons-le

1er Argument — Un premier argument est *tiré de faits d'observation*. La diversité des conditions dans lesquelles s'accomplissent respectivement les opérations des sens et celles de l'intelligence prouve que celle-ci est d'une autre nature que ceux-là

Il est d'observation commune que nos sens, lorsqu'ils viennent d'être fortement excités, demeurent, pendant un certain temps, incapables de percevoir des excitations de moindre intensité Ainsi, après avoir respiré une odeur violente, notre odorat est impuissant à percevoir immédiatement des parfums plus légers L'instant qui suit une forte détonation est un temps mort pour notre sensibilité auditive Un éclair, un rayon direct du soleil qui frappent notre œil l'empêchent, pendant un délai plus ou moins long, d'être impressionné par les surfaces moins lumineuses des objets qui nous entourent On dit couramment « Les grands bruits étourdissent, le soleil, la foudre éblouissent, une douleur violente engourdit », on veut ainsi traduire l'état de stupeur où nous laisse l'inactivité des sens émoussés par une trop vive excitation

Cette usure de nos organes par l'exercice de la sensibilité n'avait pas échappé au génie sagace et pénetrant d'Aristote [1])

---

[1]) Ὅτι δ'οὐχ ὁμοία ἡ ἀπάθεια τοῦ αἰσθητικοῦ καὶ τοῦ νοητικοῦ, φανερὸν ἐπὶ τῶν αἰσθητηρίων καὶ τῆς αἰσθήσεως ἡ μὲν γὰρ αἴσθησις οὐ δύναται αἰσθάνεσθαι ἐκ τοῦ σφόδρα αἰσθητοῦ, οἷον ψόφου ἐκ τῶν μεγάλων ψόφων, οὐδ' ἐκ τῶν ἰσχυρῶν

Or, en face de cette première observation, il en pose une seconde, non moins caractéristique, concernant l'activité intellectuelle l'intelligence, après avoir conçu les objets les plus élevés et les plus étendus du savoir, n'est pas impuissante à saisir, sans aucune interruption de son activité, des concepts plus immédiatement à sa portée Au contraire, plus est élevée et synthétique la pensée intellectuelle, plus l'intelligence est apte, et immédiatement, à saisir d'autres concepts d'une intelligibilité plus prochaine

L'exercice de l'activité intellectuelle et celui de l'activité sensible sont donc diversement conditionnes [1]

La raison de cette diversité fournit la conclusion de tout cet exposé l'exercice du sens est la fonction d'un organe corporel, tandis que l'intelligence n'est pas intrinsèquement assujettie à la matérialité d'un organe.

χρωμάτων καὶ ὀσμῶν οὔθ' ὁρᾶν, οὔτ' ὀσμᾶσθαι ἀλλ' ὁ νοῦς ὅταν τι νοήσῃ σφόδρα νοητόν, οὐχ ἧττον νοεῖ τὰ ὑποδεέστερα, ἀλλὰ καὶ μᾶλλον · τὸ μὲν γὰρ αἰσθητικὸν οὐκ ἄνευ σώματος, ὁ δὲ χωριστός.

L'étude de la sensation et des organes des sens témoigne que le sujet sentant et le sujet intelligent ne sont pas dans des conditions identiques d'inaltérabilité Un excitant sensible véhément empêche la sensation, des bruits violents troublent l'audition, des couleurs vives, des odeurs fortes empêchent la vision ou l'olfaction Au contraire, lorsque l'intelligence a conçu un objet très élevé, elle n'en est pas moins apte mais plus apte à concevoir des objets intelligibles d'ordre inférieur La raison explicative de cette différence entre les sens et l'intelligence est que les premiers ne sont pas dépourvus d'organes, tandis que la seconde l'est. Aristote, *De l'âme*, l III, ch IV, p 5, ed Didot

[1] S Thomas d'Aquin commente en ces termes la pensée du Maître. « Sensus. patitur per accidens in quantum organi proportio corrumpitur ab excellenti sensibili Sed de intellectu hoc accidere non potest, cum organo careat, unde nec per se nec per accidens passibilis est Et hoc est quod dicit, quod dissimilitudo impassibilitatis sensitivi et intellectivi manifesta est ex organo et sensu, quia sensus efficitur impotens ad sentiendum ex valde sensibili, sicut auditus non potest audire sonum propter hoc quod motus est ex magnis sonis, neque visus potest videre, neque olfactus odorare ex eo quod hi sensus moti sunt prius ex fortibus odoribus et coloribus corrumpentibus organum Sed intellectus, quia non habet organum corporeum, quod corrumpi possit ob excellentiam proprii objecti, cum intelligit aliquid valde intelligibile, non minus postea

Au fond, les expériences de Weber ne prouvent rien
d'autre

Quelle peut être, en effet, l'explication physiologique de
la loi de Weber ? Pourquoi un accroissement d'excitation qui
suffit à ébranler la sensibilité une première fois, est-il insuffisant à produire pareil effet lorsque l'excitant immédiatement
antérieur a été plus intense ?

L'explication naturelle, c'est que l'activité nerveuse est
soumise a la loi d'assimilation et de désassimilation qui régit
tous les êtres vivants Or une première excitation provoque,
dans l'organe nerveux, une décomposition Une fois excite,
l'organe ne peut donc plus réagir avec l'intensité avec laquelle
il réagissait de prime abord, mais il lui faut au préalable
réparer par un travail d'assimilation l'usure causée par le
premier exercice En attendant cette réparation, il est moins
apte a sentir, et il l'est d'autant moins, cela va de soi, que
l'excitation aura été primitivement plus forte et l'usure nerveuse plus considérable

Les conditions d'exercice de l'activité sensitive, mises en
lumière par Weber, ont donc leur fondement dans le fait
que la puissance sensitive appartient a un organe nerveux
Si l'activité intellectuelle était elle-même une simple fonction
de l'organisation nerveuse, elle devrait être soumise aux
mêmes lois Puisqu'il n'en est point ainsi, c'est qu'elle est
d'une autre nature que l'activité sensitivo-nerveuse.

intelligit infima, sed magis et idem accideret de sensu, si non haberet
organum corporale Debilitatur tamen intellectus ex læsione alicujus
organi corporalis indirecte, inquantum ad ejus operationem requiritur
operatio sensus habentis organum Causa igitur diversitatis est, quia
sensitivum non est sine corpore, sed intellectus est separatus Ex his
autem quæ dicuntur, apparet falsitas opinionis illorum qui dixerunt,
quod intellectus est vis imaginativa, vel aliqua præparatio in natura
humana, consequens corporis complexionem » S T h o m a s, *De anima*,
lib III, lect VII

On objectera que l'activité intellectuelle elle-même ne peut se prolonger sans que le sujet éprouve de la « fatigue de tête », et l'on sera tenté d'en conclure que les conditions dans lesquelles s'accomplissent respectivement l'activité des sens et celle de l'intelligence ne sont pas essentiellement différentes

Nous rencontrerons cette difficulté tout à l'heure Poursuivons notre demonstration

2ᵈ Argument, tiré du caractere abstractif de la connaissance intellectuelle — L'argument est base sur une loi psychologique qu'il importe de mettre tout d'abord en évidence *La connaissance porte la marque du sujet qui la reçoit.* Inversement, *cette marque nous révele les propriétés et la nature du sujet*

Cette loi trouve son expression dans ces adages idéologiques « Cognitum est in cognoscente juxta modum cognoscentis Receptum est in recipiente ad modum recipientis » Quiconque reçoit, reçoit à sa façon L'eau prend la forme du vase dans lequel elle est versée. La chaleur affecte différemment les corps selon leur nature chimique, selon leurs dispositions individuelles L'aliment est converti ici en tissu musculaire, la en tissu nerveux, ailleurs en tissu épithélial, selon la réceptivité du tissu qui se l'assimile Ces comparaisons aident a comprendre la signification de l'adage *Quiconque reçoit, reçoit à sa façon*, dont l'application doit être faite a l'idéologie

La connaissance est reçue en celui qui la possede. Point de doute possible a cet egard La vision affecte le voyant, il la reçoit, il la possède, elle est quelque chose de lui-même La perception intellectuelle affecte l'auteur de cette perception, il la possede, elle est en lui, quelque chose de lui

Donc la perception intellectuelle portera la marque du

sujet qui la reçoit , inversement, cette marque doit nous révéler les propriétés et la nature du sujet intelligent

Cela dit, voici l'argument

1° La matière est réalisée dans les corps et tout corps de la nature est inévitablement *ce* corps déterminé, avec *son* étendue, *ses* dimensions, *sa* position en un endroit determiné de l'espace, a un moment précis du temps. Un organe matériel n'existe donc pas sans avoir ses déterminations quantitatives, qualitatives, locales, temporelles

Supposé donc qu'un organe fût le sujet de la perception intellectuelle, il la particulariserait : la perception serait répartie sur telle portion d'étendue, enfermée dans les limites de telles dimensions, elle s'effectuerait déterminément à tel endroit de l'organisme, à tel moment précis , par suite, elle aurait tel objet affecté de déterminations singulières, locales, temporelles [1])

---

[1]) Le D[r] Th Fontaine nous a très distinctement analysé (96) cette propriété des sensations tactiles Avec une pénétration pareille, M De Coster nous fait assister à la vérification de la même loi dans les sensations visuelles « Les phénomènes participent a l'étendue du sujet qui les soutient, c'est-a-dire que le corps ne comporte que des phénomènes étendus C'est ainsi que toute la chaleur d'un corps, toute sa couleur affecte les différentes parties du corps a chaque partie ne répond qu'une partie de la couleur et de la chaleur globale

» La connaissance aussi, dès qu'elle a son siège et son principe dans un organe corporel, doit être étendue Et qu'on ne se méprenne pas sur la portée de cette assertion Sans préjuger en rien l'étendue de l'objet, nous disons que l'accident qui reflète l'objet, la manière d'être de l'organe dans sa reproduction de l'objet extérieur, doit participer a l'étendue de l'organe, doit être elle-même composée de parties

» Pour préciser davantage l'étendue qu'il faut reconnaître à la connaissance matérielle, ajoutons qu'une partie de l'objet n'est reflétée que par une partie de la connaissance étendue, et qu'il faut toute la connaissance — indivise, mais nullement indivisible — pour exprimer l'objet dans son entiereté L'accident, qui constitue la connaissance, est *représentatif,* mais il est représentatif par ses parties, comme il l'est dans sa totalité

» En fixant le regard sur ma table de travail, j'y vois d'un côté des livres, de l'autre un encrier, au milieu, des écritures, une lettre, un

Or la notion intellectuelle s'offre à la conscience avec des caractères contradictoirement opposés à ceux-là Elle représente des objets dépouillés des caractères déterminateurs de l'individu matériel et que pour ce motif on appelle *abstraits* — abstrahuntur ab hoc, hic, nunc, – tels *la* feuille de chêne, *le* triangle, *la* substance (**168**)

Les noms qui, dans le langage, désignent les objets d'une connaissance intellectuelle, accusent la même indépendance à l'égard des changements auxquels n'échappent pas les impressions sensibles, à l'égard des circonstances locales ou temporelles

Donc la notion intellectuelle n'appartient pas à un organe, elle est spirituelle

En conséquence, le sujet qui la reçoit est spirituel [1])

L'âme raisonnable, principe et sujet de la connaissance intellectuelle, est donc intrinsèquement indépendante de la

---

cahier, une feuille détachée, que sais-je! Je perçois donc ma table, mais je la perçois dans ses différentes parties, avec les objets qui la couvrent Que se passe-t-il quand je glisse la main devant les yeux, lentement et de gauche à droite par exemple? L'image de la table disparaît, et elle disparaît *graduellement* Tour à tour s'évanouit la perception des livres, puis celle des écritures, enfin celle de l'encrier Alors la table cesse d'être aperçue dans son entièreté Qu'on veuille bien le remarquer, il ne s'agit pas ici d'une succession de connaissances dont la suivante se substitue à la précédente La perception des deux tiers de la table ne s'est aucunement substituée à la perception globale comme la sensation du dernier tiers n'a pas remplacé la sensation précédente La perception de toute la table est un phénomène, qu'on peut faire disparaître *per partes*, c'est donc qu'elle est divisible et composée de parties, ou étendue » J De Coster, *Qu'est-ce que la pensée? (Revue Néo-Scolastique,* janvier 1895)

[1]) Peu importe, d'ailleurs, que l'on pose à la base de nos actes de pensée un sujet unique, l'âme, ou que l'on distingue dans l'âme un premier sujet, la faculté, et un sujet plus profond, la substance

En effet, si l'on admet un sujet unique, la thèse lui est directement applicable La pensée modifie le sujet pensant Or, la conception de l'abstrait est immatérielle. Donc le sujet qui est modifiable immatériellement est immatériel.

Si l'on admet que les facultés de l'âme ne sont pas identiques à sa

matière elle est capable d'agir et, par conséquent, de subsister sans matière, en un mot, l'âme raisonnable est spirituelle

2° Dans les considérations qui précèdent, on a insisté sur le caractère *abstrait* de la représentation *conceptuelle* Portons notre attention sur les propriétés de l'objet abstrait L'objet abstrait, analysé par la pensée, fournit la matière de rapports *nécessaires, universels, intemporels* (**168**) L'intelligence perçoit ces rapports, les énonce sous forme de jugements, de raisonnements Dès lors, l'argument de la spiritualité de la connaissance intellectuelle peut être présenté sous cette nouvelle forme

Une perception qui aurait pour sujet un organe, porterait la marque des déterminations singulières, locales, temporelles, propres aux corps De fait, les perceptions qui ont pour principe et pour sujet le sens sont ainsi déterminées, elles ont pour objet des rapports concrets, tels qu'ils sont *hic et nunc* réalisés en des choses contingentes de la nature.

---

substance, mais en sont des propriétés ou des principes dérivés, il suffit d'appliquer aux facultés les considérations que nous venons d'appliquer à leurs actes

De même qu'une modification spirituelle ne peut résider qu'en une puissance spirituelle, de même, faut-il dire, la puissance spirituelle, à son tour, ne peut affecter qu'une substance spirituelle

Saint Thomas a condensé en quelques lignes la preuve qui conclut de l'immatérialité d'un acte à l'immatérialité du principe qui en est le premier sujet récepteur ou la première cause Après avoir légitimé cette conclusion « Ipsum igitur intellectuale principium quod dicitur *mens* vel *intellectus*, habet operationem per se, cui non communicat corpus », il continue en ces termes

« Nihil autem potest per se operari, nisi quod per se subsistit Non enim est operari nisi entis in actu Unde eo modo aliquid operatur quo est ; propter quod non dicimus quod calor calefacit, sed calidum Relinquitur igitur animam humanam, quæ dicitur intellectus vel mens, esse aliquid incorporeum et subsistens » *Sum Theol*, 1ª, q. 75, a. 2

Suarez résume nettement cette argumentation en disant . « Operatio indicat ipsum esse et modum ejus, quia esse est propter operationem et operatio manat ab esse » *De anima*, lib I, cap. IX, 20. Cfr *Disp. Met.*, Disp XXXV, Sect III, 12

Or l'intelligence perçoit des rapports soustraits aux déterminations singulières, locales, temporelles des choses de la nature et à leur existence contingente (**168**)

Donc, *en tant qu'objet intelligible*, les rapports sont soustraits aux conditions matérielles

Donc l'intelligence est capable de rendre immatériel l'objet qu'elle perçoit, elle immatérialise son objet

Donc elle est elle-même immatérielle

3° Dans l'argumentation qui précède, la représentation intellectuelle a été envisagée comme modification dont l'intelligence est le sujet récepteur ; l'intellect possible, νοῦς δυναμικός, y est envisagé comme cause *matérielle,* la représentation intellectuelle, comme cause *formelle,* et la preuve est une application de l'adage scolastique « Omne quod recipitur in aliquo, recipitur in eo per modum recipientis Sic cognoscitur unumquodque, sicut forma ejus est in cognoscente »

On peut envisager la pensée à un second point de vue, en tant que l'*acte* d'intellection est un *effet* dont il y a lieu de rechercher la cause *efficiente* suffisante

Nous venons de voir que l'objet intelligible — concept ou rapports — est, comme tel, immatériel

Or une cause exclusivement matérielle ne peut produire un effet immatériel

Donc la cause efficiente de l'objet intelligible abstrait et des rapports nécessaires, universels, qui surgissent entre ses éléments, est immatérielle Cette cause s'appelle, dans la langue d'Aristote et de l'ancienne École, ποιητικόν, *intellectus agens, intellect actif.*

4° Les considérations suivantes font ressortir un corollaire de l'opposition que nous avons remarquée plus haut entre les caractères du percept et de l'image sensibles et ceux des notions intellectuelles La connaissance sensible est *exclusive,* tandis que la pensée est naturellement *inclusive* d'une pluralité d'objets ; en d'autres mots, la *connaissance sensible* nous présente *un objet* déterminé *a l'exclusion de tout autre*, la pensée, au contraire, nous présente *un objet dont l'extension peut s'elargir indéfiniment*

Ainsi, par exemple, la *vue* d'une couleur est la vue de telle couleur, — mettons de la couleur verte, — et, parce que cette perception a pour objet la couleur verte, elle *exclut* la perception de la couleur rouge et, en genéral, de toutes les autres couleurs, l'*audition* du *sol musical* exclut l'audition du *la*, l'*image* d'un triangle est determinément l'image de tel triangle, par exemple, d'un triangle equilatéral et l'image qui représente un triangle equilatéral, exclut, par le fait même, les représentations du triangle isocele ou du triangle scalène.

Au contraire, la *notion intellectuelle* de *la couleur* n'exclut aucune couleur, mais est applicable à toutes, la notion d'*une* note musicale n'exclut aucune note de la gamme, mais peut indifféremment s'étendre à toutes, la notion du triangle n'exclut aucune figure de triangle, mais peut les embrasser toutes A plus forte raison, les notions génériques de *qualité*, de *figure*, les notions transcendantales d'*être*, de *chose*, d'*unité*, de *vérité*, de *bonté*, ne sont pas exclusives d'une pluralité d'objets, mais applicables, au contraire, à des objets différents à l'infini

En résumé donc

La connaissance *sensible*, opération d'un sujet organisé, est la connaissance de tel objet *à l'exclusion* de tout autre.

Or, l'objet *intelligible* n'est *pas exclusif* d'autres objets, mais est applicable, au contraire, à une multiplicité indéfinie d'objets

Donc, la représentation intellectuelle n'est pas le fait d'un organe matériel, mais elle est intrinsèquement *immatérielle* [1]).

---

[1]) Saint Thomas tire de l'*universalité* de l'objet de la pensée un autre argument qui a donné lieu à beaucoup de discussions Voici comment

3ᵐᵉ Argument, tiré de la réflexion. — L'intelligence humaine *réfléchit* elle s'applique soit à considérer l'*objet abstrait*, en tant qu'abstrait déjà présent à l'intelligence, soit à considérer l'*acte abstractif* lui-même Au premier point de vue la réflexion s'appelle, on le sait (205), *objective, ontologique,* au second point de vue, *subjective, psychologique*

Or, la réflexion dépasse la puissance d'un agent matériel

Donc l'âme humaine est immatérielle

Preuve de la mineure Toute action matérielle suppose deux corps ou deux parties d'un corps, l'action va d'un corps à l'autre, d'une partie du corps à l'autre, un agent produit l'action, un sujet différent de l'agent la reçoit

Or, dans la réflexion, celui qui réfléchit n'agit pas sur un

cet argument est énoncé dans la *Somme théologique* (1ᵃ, q 75, a 2) « Manifestum est, quod homo per intellectum cognoscere potest naturas omnium corporum Quod autem potest cognoscere aliqua, oportet ut nihil eorum habeat in sua natura quia illud quod inesset ei naturaliter, impediret cognitionem aliorum Si igitur principium intellectuale haberet in se naturam alicujus corporis, non posset omnia cognoscere Omne autem corpus habet aliquam naturam determinatam Impossibile est igitur quod principium intellectivum sit corpus »

Le sens et l'intelligence ont un caractère commun l'objet senti et l'objet de l'intellection n'entrent pas dans la constitution actuelle respective du sens et de l'intelligence, leur nature est seulement *capable* de s'assimiler l'objet qui convient respectivement au premier et à la seconde Dans le monde physique, un corps n'a jamais et ne peut avoir deux natures à la fois Introduisez, par une action extrinsèque, une forme et des propriétés nouvelles dans un sujet matériel, la forme préexistante disparaîtra nécessairement Donc, la propriété à raison de laquelle le sens et l'intelligence possèdent, à un moment donné, un objet distinct de la nature du sujet sentant ou intelligent, témoigne que la prise de possession de cet objet par le sens ou par l'intelligence n'est pas de même nature que la formation d'un corps nouveau de la nature La connaissance n'est donc pas une union physique de l'objet avec le sujet « Si enim esset aliquis color intrinsecus pupillæ, ille color interior prohiberet videri extraneum colorem, et quodammodo obstrueret oculum ne videret alia » *)

Le sens et l'intelligence ne sont donc pas matériels à la façon dont

*) Opusc XV *De unitate intellectus*

autre, mais sur soi-même, le sujet pense son objet pensé, sa propre pensée

Donc la réflexion n'est pas un acte matériel

Donc, enfin, l'intelligence et l'âme humaine sont immatérielles

L'animal offre, il est vrai, quelque apparence de réflexion,
mais on l'explique en admettant, en un même sujet composé,
un échange d'actions entre plusieurs organes rien ne nous
montre un organe qui percevrait *sa* fonction

L'intelligence, au contraire, connaît *son* acte intellectuel
sous son double aspect objectif et subjectif Bien plus, non
seulement l'homme pense sa pensée, il réfléchit sur son acte
de réflexion, il lui est loisible de poursuivre indéfiniment ce
travail réflexif Donc, à moins d'admettre chez lui une série
infinie d'actions superposées, il faut dire que l'action *réflexive*
n'est pas distincte de celle qui fournit l'objet de la réflexion ,
bref, la raison réfléchissante considère *son* acte [1]

le sont les corps physiques ou chimiques, ils jouissent d'une certaine
immatérialité.

Il y a, cependant, entre l'intelligence et le sens une différence l'intelligence est *immatérielle* dans toute l'étendue du mot, tandis que
l'immatérialité du sens est seulement relative Le sens, en effet, ne
saisit qu'une catégorie déterminée d'objets, — l'œil saisit les couleurs,
l'oreille les sons, etc , — il n'exclut donc de sa constitution que certains
corps . l'intelligence, au contraire, est capable de connaître n'importe
quelle chose sensible, *potens omnia fieri*, donc elle exclut de sa nature
tout corps, la corporéité Donc elle est rigoureusement immatérielle

« Est autem differentia inter sensum et intellectum quia sensus non
est cognoscitivus omnium, sed visus coloris tantum, auditus sonorum,
et sic de aliis , intellectus autem est simpliciter cognoscitivus omnium .
Quia ergo omnia cognoscit, concludit Aristoteles quod non contingit
ipsum habere aliquam naturam determinatam ex naturis sensibilibus,
quas cognoscit , sed hanc solam naturam habet, quod sit possibilis, idest
in potentia ad ea quæ intelliguntur quantum est de sua natura, sed fit
actu illa dum ea intelligit in actu » [*]

[1] « Redire ad essentiam suam nihil aliud est, quam rem subsistere
in seipsa Forma enim, in quantum perficit materiam dando ei esse,

[*] Opus XV . *De unitate intellectus*

4me Argument, tire de l'acte de volonte — La volonté a pour objet, non pas tel bien particulier, mais *le bien* abstrait et universel.

Or, la volition qui appartiendrait à un organe ne pourrait être sollicitée que par un bien particulier car un organe est incapable de présenter à la volonté un objet sans le particulariser

Donc l'acte de la volonte est sollicité par un bien immateriel et, par conséquent, il est lui-même immatériel [1])

quodammodo supra ipsam effunditur in quantum vero in se ipsa habet esse, in se ipsam redit Virtutes igitur cognoscitiva, quæ non sunt subsistentes, sed actus aliquorum organorum, non cognoscunt se ipsas, sicut patet in singulis sensibus Sed virtutes cognoscitivæ per se subsistentis cognoscunt seipsas » *Summ theol*, 1ᵃ, q 14, a 2, ad 1

[1]) « Activum oportet esse proportionatum passivo et motivum mobili Sed in habentibus cognitionem, vis apprehensiva se habet ad appetitivam sicut motivum ad mobile nam bonum apprehensum per sensum vel imaginationem vel intellectum, movet appetitum intellectualem vel animalem Apprehensio autem intellectiva non determinatur ad quædam, sed est omnium, unde et de intellectu possibili Philosophus dicit quod *est quo est omnia fieri* Appetitus igitur intellectualis substantiæ est ad omnia se habens Hoc autem est proprium voluntatis ut ad omnia se habeat, unde et Philosophus dicit quod est possibilium et impossibilium » *Cont Gent*, II, 47

« Nous pouvons vouloir tout ce qui peut nous procurer une satisfaction de quelque manière que ce soit ; la raison en est uniquement que le bien en general, et non une espece determinee de bien, est l'objet de notre volonte C'est a bon droit qu'on fait consister en cela la différence essentielle entre l'appetit sensible et l'appetit raisonnable Une faculté appetitive ne peut être mue que par un bien connu L'être sensible doit donc connaître, d'une certaine manière, le bien qu'il recherche et le distinguer de ce qui n'est pas bien Mais, s'il est vrai que les sens connaissent les choses qui existent, ils ne savent pourtant d'aucune d'elles qu'*elle existe*, de même aussi, ils connaissent des choses qui sont bonnes, mais c'est sans savoir d'aucune d'entre elles qu'*elle est bonne*, c'est sans en connaître *la bonte*. Ils perçoivent dans les choses les proprietes qui les rendent bonnes pour les facultes sensitives, et c'est ainsi qu'ils distinguent le doux de l'amer, ce qui est dur de ce qui est mou, mais ils ne jugent pas pour cela qu'une chose soit bonne pour les sens à cause de ses proprietes Seul un être raisonnable est capable d'un pareil jugement seul il rapporte les choses a lui-même, à cause de leurs

5me Argument, tiré de la liberté — *a)* L'*acte libre* demande un acte de réflexion (**205**), or, la réflexion est un signe d'immatérialité ¹) Donc un principe doué de liberté est immatériel

b) La nature matérielle est régie par le déterminisme absolu la présence des antécédents nécessaires à l'apparition d'un événement matériel détermine inévitablement l'apparition de l'événement

Or l'homme est libre · en présence des antécédents nécessaires au vouloir libre, le vouloir libre peut ne pas se produire

Donc l'acte libre est d'une autre nature que ceux des sujets matériels

Donc, enfin, l'acte libre est non-matériel, spirituel

6me Argument argument confirmatif — Nous avons parlé plus haut (**237-239**) des phénomènes de télépathie et de spiritisme. Il y a là une catégorie d'événements inexpliqués et qui semblent inexplicables par les forces de la nature matérielle Nous n'y voyons pas une preuve manifeste de la spiritualité de l'âme, mais une *présomption* en faveur

---

propriétes, parce qu'elles répondent, d'une certaine manière, à sa nature La raison non seulement connaît telle ou telle chose bonne, mais encore elle sait qu'une chose est bonne, et dans quelle mesure elle est bonne et cette connaissance provoque le désir de la volonté La connaissance sensible se borne aux choses corporelles en tant qu'elles peuvent être perçues par leurs phénomènes, tandis que la connaissance intellectuelle s'étend à tout ce qui est, de même, l'appétit sensible atteint seulement tel ou tel bien, tandis que l'appétit rationnel a pour objet le bien, tout bien » Kleutgen, *ouv cité*, IV, n° 806

¹) « Ea sola entia libere judicant, quæcumque in judicando seipsa movent. Nulla autem potentia judicans, seipsam ad judicandum movet, nisi supra actum suum reflectatur oportet enim, si se ad judicandum agit, quod suum judicium cognoscat, quod quidem solius intellectus est. Sunt igitur animalia irrationalia quodammodo liberi quidem motus sive actionis, non autem liberi judicii, inanimata autem, quæ solum ab aliis moventur, neque liberæ actionis sunt nec motus, intellectualia vero, non solum liberæ actionis, sed etiam liberi judicii, quod est liberum arbitrium habere » *Cont Gent*, II, 48

du spiritualisme. Ces faits, dans la mesure où l'on peut les croire scientifiquement établis, sont un indice probable de l'existence de certains êtres qui echappent aux lois rigides de la matière. En tout état de cause, ces événements méritent spécialement d'être signalés à cette époque tant imbue de l'esprit positiviste [1]

7me Argument argument extrinseque — Outre les arguments *intrinsèques, directs*, que nous avons donnés en faveur de la spiritualite de l'âme humaine, il est encore un autre argument, *extrinsèque, indirect*, que nous pouvons formuler de la manière suivante

La sanction de la loi morale exige la survivance de l'âme dans une autre vie

Or, la survivance de l'âme est une suite naturelle de sa spiritualite

Donc la raison doit affirmer la spiritualité de l'âme avec toute la conviction qu'elle met à affirmer l'existence d'une vie future, immortelle, comme garantie necessaire de l'ordre moral [2]

Conclusion La connaissance intellectuelle, la volition raisonnable et libre sont donc immaterielles

Or l'immatérialite des actes de l'âme prouve l'immatérialite

[1] Cfr le P F Lodiel, S J, *Les phenomenes telépathiques (Etudes, t LXXXV)*

[2] Kant a developpe cet argument dans sa *Critique de la raison pratique* La raison pratique, en effet, commande, d'apres le philosophe de Kœnigsberg, l'entier accomplissement du devoir et l'union du bonheur et de la vertu Mais l'homme, tout en voulant cet accord, ne peut le realiser Seul l'Auteur même de l'univers, legislateur à la fois des choses et des volontes, pourra superposer à l'ordre naturel l'ordre moral recherche par notre effort L'immortalite de l'âme est ainsi le postulat necessaire pour l'accomplissement integral de la loi par notre volonte Or l'immortalite est le corollaire de la spiritualite Cfr Ruyssen, *Kant,* p 221 Paris, Alcan, 1902, dans la *Collection des grands philosophes.*

et du *sujet* qui les reçoit d'une façon immanente et du *principe actif* qui les produit, selon le mot déjà cité de saint Thomas *Eo modo aliquid operatur quo est.*

Donc, en tant qu'elle est raisonnable, l'âme humaine est immatérielle.

Nous ajoutons que l'âme humaine est simple

252. La notion de simplicité. — L'idée de *simplicité* est une idée negative, elle équivaut à celle de *non-composition* et d'*indivisibilité* Dire que l'âme est simple revient donc à dire qu'elle n'est pas composée de parties, qu'elle est *indecomposable, indivisible*

Les parties composantes d'un sujet sont les unes *constitutives*, les autres *intégrantes* ou *quantitatives* La simplicité de l'âme exclut les unes et les autres

Mais ceci demande un mot d'explication.

Nous appelons *corps* ou, dans le langage courant, *matière* ce qui impressionne les organes des sens

Or, lorsqu'une chose impressionne les organes des sens, elle occupe une portion déterminée de l'espace et l'on peut toujours distinguer en elle des parties différentes occupant respectivement des portions de l'espace, des parties situées les unes hors des autres ces parties s'appellent *intégrantes* ou *quantitatives.*

Le fait que les êtres corporels et leurs différentes parties sont ainsi en relation nécessaire avec l'espace, tient à une raison plus profonde dans leur fond substantiel, les corps sont composés Les parties composantes ou *constitutives* de la *substance* corporelle s'appellent *matière première* et *forme substantielle* Nous en avons parlé en Metaphysique generale, et nous en reparlerons prochainement à propos de l'union de l'âme et du corps

L'âme humaine est *simple*, en ce sens qu'elle exclut toute

composition et de parties *quantitatives* et de parties *constitutives* ou substantielles

Nous avons dit que l'*idée de simplicité* est *negative*, il ne faudrait pas en conclure que, dans la *réalité*, la simplicité de l'âme n'est pas une *perfection positive* La simplicité de l'âme n'est pas une pure négation, — telle la simplicité du point mathématique, — elle est une perfection positive, en vertu de laquelle l'âme possède et depasse, dans son unité indivisible, les perfections qui ailleurs sont répaities sur une multiplicité d'elements

253. Preuve de la simplicité de l'âme raisonnable. Première partie de la thèse : L'âme humaine n'est pas composée de parties quantitatives. — En effet [1])

1º L'âme humaine est le sujet d'actes de connaissance et de volonté qui sont indépendants de l'espace, dépouilles de toute determination particulière, sans limites déterminées Le triangle, tel que le conçoit l'intelligence, n'est pas attaché à un endroit déterminé de l'espace , il n'est point necessaire qu'il ait ses côtés egaux, il n'est point nécessaire non plus qu'il les ait inégaux , ceux-ci n'ont ni autant de centimètres, ni autant de decimètres de mesure A plus forte raison, les notions métaphysiques d'être, de réalité, de substance, de puissance et d'acte, de causalité, etc n'ont rien de commun avec les conditions restreintes de l'étendue et de l'espace

De même, le bien abstrait ou universel, objet de la volonté, n'est soumis à aucune loi de l'espace, n'est circonscrit par aucune limite determinee

Or, la nature des actes nous renseigne sur la nature du sujet qui les émet et en qui ils résident

---

[1]) Nous avons deja dit que nous ne tenons pas pour concluante la preuve de la simplicité de l'âme que beaucoup d'auteurs croient pouvoir tirer de la sensation. Celle-ci, en effet, est *une*, mais n'est pas simple

Donc l'âme humaine n'est pas étendue, elle n'est pas composée de parties quantitatives

2º De plus, l'âme humaine connaît ses actes et se connaît *elle même* par voie de réflexion proprement dite, « reditione completa », comme disaient les scolastiques.

Or, un corps étendu n'est pas capable de se replier sur lui-même, ou d'agir sur lui-même ; on peut appliquer une de ses parties sur une autre, mais il serait impossible de le superposer tout entier sur lui-même ; on conçoit qu'une partie d'un corps agisse sur une autre, mais on ne conçoit pas que, tout entier, le corps agisse sur tout lui-même

Donc, encore une fois, l'âme n'a pas d'étendue, n'est pas composée de parties quantitatives

254. Preuve de la seconde partie de la thèse : L'âme humaine n'est pas composée de parties constitutives.
— En effet

1º Nous avons démontré que l'âme humaine est spirituelle

Or, la spiritualité consiste à pouvoir subsister indépendamment de tout autre co-principe intrinsèque ou constitutif

Donc la spiritualité de l'âme comprend sa simplicité essentielle

2º La composition substantielle de matière et de forme a pour propriété naturelle l'étendue.

Or, l'âme humaine n'est pas étendue

Donc elle n'est pas composée substantiellement de matière et de forme [1])

255. Comment les opérations intellectuelles de l'âme dépendent de la matière. — L'observation fait voir que les actes intellectuels et, par suite, les actes de la volonté raisonnable dépendent des conditions anatomiques et phy-

[1]) Cfr S Thomas, 1ª, q 75, art 5

siologiques du système nerveux, l'expérience nous les montre dépendants de l'imagination et des passions (167). bref, les actes spirituels de l'âme humaine dépendent de la matière D'où vient cette dépendance, comment s'explique-t-elle ?

Certains actes — notions, volitions — sont donc spirituels, ils n'appartiennent pas formellement à un organe Ces mêmes actes dépendent néanmoins, d'une certaine façon, de l'organisme Comment se concilient ces faits ? Le matérialisme méconnaît les premiers, le spiritualisme classique a négligé les seconds Une seule hypothèse réussit à les harmoniser.

Considérés dans le sujet qui immédiatement les reçoit, *subjectivement*, ces actes sont immatériels · cela veut dire que le principe immédiat qui forme et en qui résident les notions intellectuelles, la volonté qui forme et en qui résident les déterminations sont spirituels

Mais l'objet intelligible doit être abstrait des données sensibles, celles-ci sont formées par les organes des sens extérieurs et intérieurs

D'où il suit que les connaissances intellectuelles et les volitions raisonnables sont *subjectivement* indépendantes, mais *objectivement* dépendantes de l'organisme et, plus généralement, des conditions matérielles

« Corpus requiritur ad actionem intellectus, dit admirablement saint Thomas, non sicut organum quo talis actio exerceatur, sed *ratione objecti*. Phantasma enim comparatur ad intellectum sicut color ad visum Sic autem indigere corpore non removet intellectum esse subsistentem Alioquin animal non esset aliquid subsistens, cum indigeat exterioribus sensibilibus ad sentiendum » [1]

On traduit, quoique d'une façon moins rigoureuse, la même pensée en disant que l'intelligence est *intrinsèquement, direc-*

[1] 1ª, q 75, art 2, ad 3

tement, immédiatement indépendante, mais *extrinsèquement, indirectement, médiatement* dépendante de la matière

On la traduit incomplètement en disant, que l'organisme est la condition *sine qua non* de l'action intellectuelle L'organisme n'est pas que condition de la pensée La condition n'a pas d'influence positive sur la production de l'effet qu'elle conditionne. Or, l'activité organique des sens et de l'imagination a une influence réelle sur la production du concept , elle est, en effet, la cause efficiente instrumentale de la formation de l'espèce intelligible

Donc l'organisme est plus qu'une simple condition de la connaissance intellectuelle

256. Le cerveau est-il " l'organe de la pensée „ ? — Est-il exact de dire que « *le cerveau est l'organe de la pensée* » ?

Les physiologistes le disent couramment Des philosophes spiritualistes s'en scandalisent. L'expression nous paraît acceptable, mais n'est pas heureuse

Sous le nom de « pensée » on peut entendre, en effet, deux choses différentes.

On appelle *pensée* le travail des sens et de l'intelligence dont le concept est le resultat Ce travail est exprimé par le mot latin *cogitatio, co-agitatio* Cette *co-agitatio* exprime directement la formation des images, leur coordination, leur sélection, bref, tout l'effort imaginatif qui prepare l'abstraction intellectuelle Ce travail s'opère dans la couche corticale du cerveau Le cerveau est donc l'organe de la *pensée* ainsi entendue

Mais on prend aussi la « pensée » dans une autre acception On l'oppose à la sensation ou a l'image, représentations *sensibles*, et on lui fait alors désigner la représentation *intellectuelle*, en tant qu'intellectuelle. Dans cette seconde acception, la pensée n'a évidemment pas d'organe, au contraire elle exclut sa coopération subjective

En résumé, la formule *Le cerveau est l'organe de la pensée* prête à l'équivoque, mais le contexte peut en justifier l'emploi

Après les explications qui précèdent, on saisira mieux la réponse à la difficulté soulevée plus haut à propos de la première preuve de la spiritualité de la connaissance intellectuelle Nous demandions la si la diversité des conditions respectives de la connaissance sensible et de la connaissance intellectuelle prouve la matérialité de la première et la spiritualité de la seconde Il semble que non, disions-nous, car une activité intellectuelle prolongée donne une « fatigue de tête » N'est-ce pas la preuve que l'activité intellectuelle est de même nature que celle des sens ?

Réponse — Effectivement, le travail intellectuel s'accompagne tôt ou tard de fatigue le fait n'est pas douteux

Mais un examen attentif des conditions dans lesquelles cette fatigue de tête se produit prouve que l'activité intellectuelle n'en est point *elle-même, directement*, la cause

En effet, supposé que l'activité intellectuelle proprement dite, c'est-à-dire cette forme d'activité supérieure qui consiste dans la contemplation de vérités abstraites, fût une fonction des centres nerveux, tout comme le sont l'exercice des sens extérieurs et celui du sens imaginatif, la fatigue croîtrait en raison directe de la hauteur de vision de l'intelligence, la contemplation d'une vérité très élevée épuiserait l'intelligence et la rendrait incapable d'accomplir aussitôt après un acte nouveau d'intellection

Or l'expérience atteste qu'il n'en est pas ainsi La joie qui s'épanouit dans l'âme au moment même d'une trouvaille intellectuelle, et qui chez les hommes de génie va jusqu'à l'enthousiasme, témoigne assez combien l'ascension de l'âme dans la connaissance de la vérité fortifie l'intelligence au lieu de la débiliter

Comparez à cette activité de l'esprit dans la contemplation du vrai le travail de l'*imagination* du romancier ou du poète en quête de figures, de tableaux, pour traduire avec relief leur pensée Le jeu de l'imagination les fatigue , à mesure que les images se succèdent, se multiplient, s'intensifient, la fatigue qu'ils éprouvent va croissant et bientôt les réduit à l'incapacité d'imaginer davantage ou plus longtemps

Et cependant, si l'activité intellectuelle était de même nature que l'activité sensitivo-nerveuse du sens imaginatif, la première devrait suivre la même loi que la seconde

Supposé, au contraire, que la cause directe de la fatigue ne soit pas l'intelligence, mais l'imagination seule, tous les faits attestés par l'expérience s'harmonisent

En effet, d'une part, la philosophie aristotélicienne le reconnaît, l'intelligence a besoin du concours de l'imagination, elle abstrait son objet d'une image et la considère aussi longtemps que se prolonge le travail de la pensée. Or l'imagination est assujettie à un organe cérébral et, par conséquent, à la loi d'usure et de réparation du tissu vivant Donc le travail intellectuel occasionne *indirectement* la fatigue, dans la mesure où il nécessite la formation, puis la conservation d'une image appropriée à la pensée

Aussi avons-nous conscience, surtout au début d'études scientifiques ou métaphysiques, que l'effort pour dégager du concret des pensées abstraites est souvent pénible et ne peut longtemps se soutenir.

Mais, d'autre part, lorsque nous sommes en possession d'images appropriées, lorsqu'il nous suffit de les retenir comme substrats d'objets intelligibles pour nous livrer à la *contemplation de vérités abstraites*, l'activité intellectuelle ne fatigue plus davantage , elle donne plutôt de la vigueur à l'esprit, elle facilite, selon l'observation sagace d'Aristote, la perception d'autres vérités.

La fatigue de tête s'explique donc très bien par le travail de l'imagination, elle ne paraît pas pouvoir s'expliquer autrement. La conclusion d'Aristote et de saint Thomas d'Aquin reste debout. Les conditions diverses dans lesquelles s'accomplissent respectivement l'activité des sens et celle de l'intelligence témoignent que celle-ci est d'une autre nature que ceux-là.

257. Objections à la thèse de la spiritualité de l'âme raisonnable. Réponses. — Le *matérialisme* pose en thèse que toute action est matérielle, que tout être est matière « Point de matière sans force, point de force sans matière », cet aphorisme est, aux yeux du matérialisme, un dogme au-dessus de toute discussion. Le *positiviste* n'érige pas cette proposition en *affirmation* générale et absolue, mais il estime que nous avons un seul moyen de connaissance, l'expérience sensible, et il conclut de là que si des phénomènes ou des êtres *immatériels* existent, ils sont *inconnaissables* et que, par suite, nous n'avons pas à nous en occuper.

Les objections du matérialisme et du positivisme peuvent être ramenées aux suivantes

1º A mesure que se développent les études de physiologie et de psychologie expérimentale, on voit s'accuser de plus en plus clairement, dit-on, la dépendance de l'activité psychique à l'égard des conditions matérielles. N'est-il donc pas naturel de conclure que la pensée est une fonction de l'organisme ?

2º N'a-t-on pas, d'ailleurs, la preuve directe que « l'activité psychique est une forme particulière de mouvement », puisqu'il est démontré aujourd'hui que cette activité prend nécessairement du temps ?

M. Herzen, qui formule cette objection, rappelle que le

discernement entre deux impressions, le choix entre deux
mouvements prennent un temps expérimentalement évaluable (88) Puis, il résume ainsi son objection « Tout mouvement occupe un certain intervalle de temps, si l'activité
psychique est reellement une forme particulière de *mouvement*, elle doit durer un certain temps Or, l'experience
démontre d'une façon irrecusable qu'il en est ainsi Donc
l'activite psychique est une forme de mouvement » [1]

3o L'energie totale de l'univers est une constante L'apparition d'une forme d'énergie n'est jamais que la transformation d'une énergie anterieure Des lors, de deux choses
l'une Ou les opérations de l'intelligence et de la volonte
raisonnable transforment en pensee et en détermination
volontaire une énergie empruntée au monde matériel, preuve
qu'elles-mêmes sont materielles, ou elles se produisent sans
consommer une energie empruntée, et alors elles troublent
la constance de l'énergie totale

Le spiritualisme est donc inconciliable avec la loi de la
conservation de l'énergie

Au surplus, quiconque soutient que les operations intellectuelles forment une exception à la loi du déterminisme
mécanique universel, est tenu de justifier positivement son
dire Tant qu'il n'aura pas fourni une preuve expérimentale
d'une dérogation à la loi générale, on sera en droit de lui
opposer une fin de non-recevoir

4o Aussi bien, dit le positiviste, nous récusons toute
tentative de preuve du spiritualisme, car le sensible est seul
connaissable

Réponse à la première objection — Nous avons repondu
à la première objection au numéro précédent Le *fait* de la
dépendance de l'activite psychique à l'égard des conditions

---

[1] *Le cerveau et l'activite cerebrale*, pp 94, 105 et suiv

matérielles n'est pas en question, c'est la *nature* de cette dépendance qu'il s'agit d'interpréter

En disant que cette dépendance est subjective, intrinsèque, la philosophie empirique va à l'encontre de faits de conscience irrécusables ; en soutenant qu'elle n'est qu'*objective, extrinsèque*, nous expliquons, tout aussi bien que les partisans de l'empirisme exclusif, les faits mis au jour par la physiologie cérébrale et par la psychologie expérimentale et nous ne sommes pas obligés, cependant, de méconnaître l'immatérialité de la pensée et du vouloir attestée par la conscience

Réponse à la seconde objection — L'objection de M Herzen peche contre les regles du raisonnement Au lieu de dire « Tout mouvement exige un certain temps Or l'activité psychique occupe un certain intervalle de temps Donc elle est une forme de mouvement », M Herzen aurait dû, pour conclure comme il le fait, pouvoir dire . Tout acte qui occupe un certain intervalle de temps, est une forme de mouvement Or l'activité psychique occupe un certain intervalle de temps. Donc elle est une forme de mouvement

Mais le moyen d'établir par une preuve directe la majeure de ce raisonnement ? Toute tentative de preuve échouera devant cette distinction Les actes de la pensée intellectuelle et du libre arbitre considérés en eux-mêmes, subjectivement, échappent aux évaluations chronométriques, mais les phénomènes physiques ou physiologiques qui sont leurs concomitants naturels se passent dans le temps et sont susceptibles de mesure.

Réponse à la troisième objection — Nous ne faisons pas difficulté d'admettre que l'exercice de la pensée et celui de la volonté raisonnable tombent, *d'une manière indirecte, à raison des phénomènes sensibles et organiques qui les accompagnent nécessairement*, sous l'application des lois générales de l'équivalence des forces de la nature et de la conservation de l'énergie

Sans doute, on n'a ni constaté ni mesuré jusqu'à présent l'énergie consommée dans l'activité cérébrale de la sensation, de l'imagination, des passions, mais il est à présumer que cette consommation d'énergie s'effectue Que s'ensuit-il contre la spiritualité de la pensée ? Absolument rien

Au contraire, ceux qui veulent identifier la pensée ou le vouloir à un phénomène mécanique, physique ou chimique dans lequel se transformerait l'énergie consommée, s'égarent dans des affirmations arbitraires et inintelligibles

Par ailleurs, exiger de nous une preuve « expérimentale », c'est-à-dire sensible, tangible, de la spiritualité de la pensée et du vouloir libre, c'est nous inviter à nous contredire Si, — comme le dit M Gautier à l'adresse de M Richet dans un débat qui a eu du retentissement [1]), — « certaines manifestations psychiques sont les signes d'une puissance qui n'est point empruntée au monde des forces matérielles », il est clair que ce n'est pas dans le monde des forces matérielles, dans l'apparition ou la disparition d'un phénomène thermique ou mécanique, que nous trouverons les traces de cette puissance transcendante Si M Gautier eût tenté de fournir la preuve que M Richet lui demandait, il eût nié par cela même la thèse qu'il devait établir

S'il y a des actions et des agents autres que les énergies matérielles il est impossible qu'ils tombent sous les prises directes de l'observation sensible ; seule la conscience peut être légitimement invoquée à parler pour ou contre leur existence, — à moins de poser *a priori* qu'il n'y a de possible que la matière, et que le seul moyen de connaissance c'est l'observation extérieure et l'expérimentation Mais ce postulat positiviste est injustifiable. Prouvons-le

---

[1]) *Revue scientifique*, 3e série, a 1886, 2e sem no 24 , a 1887, nos 1, 3 etc

Réponse à la quatrième objection — Il n'est pas évident *a priori* que tout ce qui existe est doué d'une existence et de propriétés corporelles, les idées d'être et de corps ne sont ni identiques, ni absolument inséparables l'une de l'autre Il est donc arbitraire, antiscientifique d'opposer une fin de non-recevoir à qui prétend démontrer l'existence d'une puissance incorporelle par les procédés que commande la nature même de la chose à démontrer [1]

258. Synthèse de la psychologie spiritualiste. — Il se produit en nous des actes de connaissance, de conscience, ou de désir, de volonté qui appartiennent à deux ordres différents, l'un *sensible*, l'autre *suprasensible*, tous sont soumis, il est vrai, aux lois qui régissent l'activité des agents matériels, notamment à la loi de la durée ou du temps dont parle Herzen, et, selon toute vraisemblance, aux lois de l'équivalence des forces de la nature et de la conservation de l'énergie, mais tous n'y sont pas soumis au même titre les premiers y sont soumis directement, les derniers n'y sont soumis qu'indirectement, en vertu de leur connexion naturelle avec les premiers

Les témoignages concordants du sens intime et de l'observation extérieure établissent la participation *directe, subjective* de l'organisme et des agents matériels aux actes de connaissance et d'appétition de l'*ordre sensible*

La conscience aperçoit, en outre, ce fait intérieur que les manifestations supérieures de l'âme, celles-là même que nous rangeons dans l'*ordre suprasensible* ou *immatériel*, — la pensée intellectuelle, par exemple, ou le travail suivi d'un raisonnement, — ne s'exercent jamais sans s'accompagner

---

[1] Cfr *Metaphysique générale*, p 13, *Les origines de la psychologie contemporaine* p 387

de phénomènes correspondants de l'ordre sensible L'observation extérieure constate aussi, avec une précision et une netteté qui vont croissant tous les jours, le *fait* de la dépendance qui rattache les plus hautes manifestations psychiques aux lois de la mécanique, de la physique et de la chimie

C'en est fait du spiritualisme classique, qui a pesé sur l'enseignement officiel en France durant tout le siecle dernier et qui a tant de fois poussé, par réaction, les hommes de laboratoire a une interprétation matérialiste de la vie psychique

La corrélation entre les manifestations de l'activité intellectuelle et les phénomènes physiologiques a fait l'objet d'expériences dont les résultats sont incompatibles avec l'antagonisme que l'on avait imaginé entre les premières et les seconds On a pu faire des recherches expérimentales sur l'état du pouls carotidien pendant le travail intellectuel, on a suivi l'influence de l'activité intellectuelle sur le cœur, sur la pression du sang, sur la circulation périphérique, sur la circulation cérébrale, on a étudié son influence sur la thermogénèse, sur la température périphérique (crânienne), sur la température du cerveau, on a multiplié les recherches su l'interdépendance des actes psychiques et des échanges nutritifs [1])

On met en œuvre, dans les laboratoires de psychologie expérimentale, des instruments nombreux pour mesurer ainsi, sous divers aspects, l'intensité du phénomène physiologique qui accompagne l'activité mentale · Le *pneumographe* de Marey donne la courbe de la respiration, le *sphygmometre* à ressort de Chéron mesure la tension artérielle, le *pléthysmographe* de MM Hallion et Comte mesure la circulation des vaisseaux capillaires, l'*ergographe* mesure l'influence du

[1]) Voir un exposé d'ensemble des résultats de ces diverses expériences chez Gley, professeur agrégé de la Faculté de médecine de Paris, *Études de Psychologie* Paris, Alcan, 1903

travail intellectuel sur la fatigue des muscles , le *lit à bascule* de Mosso fait voir le flux et le reflux du sang au cerveau , l'*esthésiomètre* fait apprécier, par l'étendue des cercles de sensation tactile, la disposition relative d'un individu au travail mental

Tous ces faits rendent manifeste l'interdépendance des phénomènes physiologiques, — et, par suite, celle des phé nomènes chimiques, physiques, mécaniques — et de toutes les formes d'activité psychique.

Une induction hâtive tirée exclusivement de ces résultats de l'*observation extérieure* et de l'*expérimentation psycho-physiologique* peut suggérer à des esprits superficiels la conclusion que *toutes* les manifestations de la vie ont pour cause *adéquate*, les agents matériels dont il est reconnu qu'elles dépendent

Mais un esprit plus attentif reconnaitra que le caractère immatériel des actes de pensée et de volition est un fait atteste par la conscience et par la reflexion, tout comme les faits extérieurs le sont par l'observation, et il comprendra que l'explication *adéquate* de la vie psychique reclame un ou des agents *immatériels*

Il faut accepter tous les faits, n'importe d'où ils arrivent à la conscience Lorsqu'ils présentent des attributs contra-dictoires — tels les actes sensibles et les actes intellectuels — il ne faut pas les identifier

Les théories exclusives et contraires de l'empirisme ma-térialiste ou positiviste et du spiritualisme classique de Descartes et de Victor Cousin meconnaissent ces lois pri-mordiales de la science. Le spiritualisme aristotélicien et thomiste les respecte, il sauvegarde la diversité essentielle des actes sensibles et des actes suprasensibles et rend compte de leur mutuelle dépendance

Les pages qui suivent confirmeront cette conclusion générale.

DEUXIEME SECTION.

L'âme raisonnable et le corps

ou

l'unité substantielle du moi

SOMMAIRE 259 Conclusions générales à concilier Deux thèses à examiner — 260 Première thèse L'âme raisonnable et le sujet sentant forment une seule substance Sens de la thèse — 261 Le problème de l'union de l'âme et du corps chez Descartes et chez les principaux représentants de l'école cartésienne — 262 La position du problème à l'heure présente . Le parallélisme psychophysique et le monisme — 263 Preuve de la première thèse — 264 Seconde thèse L'âme raisonnable est la forme substantielle du corps humain Sens de la thèse — 265 Preuve de la thèse — 266 Difficultés et préjugé — 267 Une seule âme chez l'homme — 268 Une seule forme chez l'homme La forme de corporéité ou « forme cadavérique » — 269 Conséquences de la doctrine de l'unité substantielle — 270 Théories superficielles sur la personnalité — 271 La permanence du moi. Les « variations de la personnalité » — 272 Les caractères Le caractère. — 273 Aperçu métaphysique sur l'âme et ses facultés — 274 Mode de présence de l'âme dans le corps

259. Conclusions générales à concilier. Deux thèses à examiner. — Ce quelque chose qui en nous vit, se nourrit, éprouve des sensations, forme des désirs, jouit, souffre, est une *substance corporelle*

Cependant, quelque chose en nous est principe d'actes *spirituels*, d'abstraction intellectuelle, de réflexion, de mouvements volontaires vers le bien, de déterminations libres et partant raisonnables Or, point d'acte sans agent, point de passion sans sujet, en un mot, point d'accident sans substance ; de plus, tel acte, tel principe , tel accident, tel sujet Donc, il y a en nous quelque chose qui, étant premier principe et sujet d'une vie raisonnable, est une *substance spirituelle*

Comment concilier ces deux conclusions ? Comment

expliquer que le même moi se trouve être une substance corporelle et une substance spirituelle ?

Posons d'abord nettement le fait à expliquer, puis nous en chercherons l'explication

Le fait que l'homme se considère à la fois comme un être corporel et le principe d'opérations raisonnables ne peut être mis en doute Descartes, qui s'est tant évertué à mettre une barrière entre les mouvements corporels et la pensée, doit lui-même en convenir « La nature m'enseigne, écrit-il, par les sentiments de douleur, de faim, de soif, etc, que je ne suis pas seulement logé dans mon corps, ainsi qu'un pilote en son navire, mais outre cela que je lui suis conjoint très étroitement et tellement confondu et mêlé que je compose comme un seul tout avec lui » [1])

Qu'est ce que ce tout que l'on appelle l'homme ?

Comment le corps et l'âme raisonnable peuvent-ils former un seul tout ?

La première question concerne le *fait* de l'union de l'âme et du corps, la seconde porte sur le *mode* de cette union

A la première question nous répondons que le sujet sentant, corporel et l'âme raisonnable forment par leur union une seule substance, une nature, une personne

A la seconde question nous répondons que l'âme raisonnable est la forme substantielle de cette substance unique

260. Sens de la première thèse. — Le sujet sentant, corporel et l'âme raisonnable *forment par leur union une substance, une nature, une personne*

La substance corporelle, sujet des sensations, et l'âme raisonnable forment elles deux êtres complets, subsistant chacun pour son compte, deux substances ? S'il en est

[1]) D e s c a r t e s, *Meditation sixieme*, ed J Simon, pp 119-120

ainsi, ou il n'y a pas d'union réelle entre les deux, ou l'union, si elle est réelle, est *accidentelle*

La substance corporelle, sujet des sensations, et l'âme raisonnable forment-elles, au contraire, *une seule substance* ? S'il en est ainsi, l'union du composé humain est *substantielle*.

On appelle, en effet, *accidentelle* la conjonction de deux substances d'où résulte un tout qui n'est pas *une* substance, telle l'interdépendance des rouages dans une machine

On appelle *substantielle* l'union de plusieurs réalités substantielles qui ensemble forment *une* substance

La thèse énonce que par leur union, l'âme raisonnable et le corps forment une seule substance l'union des deux composants est donc *substantielle*

Il s'ensuit que l'union des deux substances composantes forme une *nature* et une *personne*, selon ce mot concis de saint Thomas « Ex anima et corpore, constituitur in unoquoque nostrum duplex unitas naturæ et personæ » [1]

La *nature*, en effet, n'est que la substance considérée comme principe premier et interne d'action et de passion [2]

La *personne* est le sujet individuel complet, doué de raison, envisagé dans sa *subsistence*, « unitas personæ constituitur ex carne et anima, in quantum est unus aliquis subsistens in carne et anima ». Le sujet individuel complet s'appelle *subsistant, suppositum*, un *suppôt*, lorsqu'il est intelligent, il s'appelle une *personne*, selon la définition classique de Boèce Là personne est la substance individuelle d'une nature intelligente, « persona est substantia individua rationalis naturæ » [3]

Nous nous proposons de démontrer que le corps et l'âme

---

[1] *Sum Theol*, 3ᵃ, q 2, a 1, ad 2
[2] « Natura est principium quoddam et causa cur id moveatur et quiescat, in quo inest primum, per se et non secundum accidens » Aristote, *Phys*, II, 1 Cfr *Notions d'Ontologie*, n° 146
[3] S Thomas, *loc cit* Cfr *Metaphysique generale*, 147

raisonnable forment ensemble chez l'homme *une substance, une nature, une personne.*

Comment, depuis Descartes, se pose la question des rapports de l'âme et du corps ?

261. Le problème de l'union de l'âme et du corps chez Descartes et dans l'école cartésienne. — Suivant Descartes, l'âme et le corps sont deux substances complètes l'âme, dont l'essence est « la pensée », a sa subsistence, le corps, dont l'essence est l'étendue, a la sienne, les deux sujets subsistent sans aucune communauté d'être [1]

Leur commerce réciproque se réduit à une simple coïncidence, établie par la volonté divine, entre les mouvements corporels et les exigences de l'âme

Les successeurs de Descartes voulurent préciser la pensée du maître

1º Le commerce entre l'âme et le corps est plus apparent que réel, répond *Malebranche,* en réalité les agents que nous prenons pour des causes naturelles sont simplement des *causes occasionnelles* qui déterminent l'Auteur de la nature, la seule cause réelle, a agir de telle ou telle manière en telle ou telle rencontre

« Je nie, dit Malebranche que ma volonté soit la cause du mouvement de mon bras, car je ne vois aucun rapport entre des choses si différentes Je vois même très clairement, qu'il ne peut y avoir de rapport entre la volonté que j'ai de remuer le bras et l'agitation de quelques petits corps, dont je ne sais ni le mouvement ni la figure, lesquels vont choisir certains canaux de nerfs entre un million d'autres que je ne connais pas, afin de causer en moi le

[1] « Non autem plura quam duo summa genera rerum agnosco, unum est rerum intellectualium sive cogitativarum h e ad mentem sive substantiam cogitantem pertinentium, aliud rerum materialium sive quæ pertinent ad substantiam extensam h e corpus » *Principia philosophica,* p 1, nº 48 Voir a ce sujet notre ouvrage *Les origines de la Psychologie contemporaine,* chap I, art 2, pp 36-47

mouvement que je souhaite, par une infinité de mouvements que je ne souhaite point

« Je remue mon bras, dira-t-on, à cause de l'union que Dieu a mise entre mon esprit et mon corps Faculté, union, ce sont termes de logique, ce sont des mots vagues et indéterminés Il n'y a point d'être en particulier, ni de manière d'être qui soit une faculté ou une union, on doit expliquer ces termes Si l'on dit, poursuit-il, que l'union de mon esprit avec mon corps consiste en ce que Dieu veut que, lorsque je voudrai que mon bras soit mû, les esprits animaux se répandent dans les muscles dont il est composé, pour le remuer en la manière que je souhaite, j'entends clairement cette explication et je la reçois Mais c'est dire justement ce que je soutiens , car ma volonté déterminant celle de Dieu, il est évident que mon bras sera mû, non par ma volonté qui est impuissante en elle-même, mais par celle de Dieu qui ne peut jamais manquer d'avoir son effet Mais si l'on dit que l'union de mon esprit avec mon corps consiste en ce que Dieu m'a donné la force de remuer mon bras, comme il a donné la force à mon corps de me faire sentir du plaisir et de la douleur, on suppose ce qui est en question On n'a point d'idée claire de cette force que l'âme a sur le corps, ni de celle que le corps a sur l'âme , on ne sait pas trop bien ce qu'on dit, lorsqu'on l'assure positivement On est entré dans ce sentiment par préjuge on l'a cru ainsi étant enfant et dès qu'on a été capable de sentir mais l'esprit, la raison, la réflexion n'y ont point de part » [1]

Cette hypothèse des causes occasionnelles n'explique pas, mais supprime le commerce *reel* de l'âme et du corps.

Ajoutons qu'elle expose au panthéisme, car si les êtres de ce monde n'ont pas d'action qui leur appartienne en propre, on n'est plus fondé à leur attribuer une existence individuelle ou personnelle, et l'on est assez naturellement amené à conclure que leur être se confond avec Dieu, désormais le seul auteur de l'action (**29** Cfr *Métaph gén* , 231,4°).

2° Il n'est pas admissible, dit Leibniz, que Dieu intervienne ainsi à tout instant pour faire marcher de concert l'âme et le corps, comme un ouvrier pour tenir d'accord

[1] Malebranche, *De la recherche de la verite* Éclaircissement sur le Chapitre III de la 2e Partie du 6e Livre, 6e Preuve

deux pendules L'*harmonie* entre les deux a dû être *pré-établie* dès l'origine

« Dieu, dit-il, a créé l'âme d'abord, de telle façon qu'elle doit reproduire et se représenter par ordre ce qui se passe dans le corps ; et le corps aussi, de telle façon qu'il doit faire de soi-même ce que l'âme ordonne De sorte que les lois qui lient les pensées de l'âme dans l'ordre des causes finales et suivant l'évolution des perceptions, doivent produire des images qui se rencontrent et s'accordent avec les impressions des corps sur nos organes ; et que les lois des mouvements dans le corps, qui s'entresuivent dans l'ordre des causes efficientes, se rencontrent aussi et s'accordent tellement avec les pensées de l'âme, que le corps est porté à agir dans le temps que l'âme le veut » [1]

Cette hypothèse, comme la précedente, supprime tout lien *réel* entre l'âme et le corps Le lien qu'elle laisse subsister entre les deux éléments est purement *idéal*, et n'a de fondement que dans l'idee du Createur qui a conçu et voulu cette harmonie entre eux Supposé, observe Liberatore, que l'âme habitât bien loin, dans les astres, tandis que le corps resterait sur notre planète, l'union de l'âme et du corps, telle que la conçoit Leibniz demeurerait ce qu'elle est aujourd'hui

3º Certains philosophes, Locke et ses disciples comprenant, d'une part, que l'on ne peut contester l'existence d'une influence *réelle* de l'âme sur le corps, et du corps sur l'âme, mais croyant, d'autre part, devoir maintenir l'aptitude naturelle de chacun des deux sujets à subsister à part, virent dans l'union de l'âme et du corps une simple réciprocité d'actions Cette hypothèse de « l'*influx physique* » ne fait du reste que reprendre la *théorie platonicienne*, d'après laquelle l'âme serait unie au corps comme le pilote à son navire ou le cavalier à sa monture

Cette théorie est, certes, moins éloignée de la vérité que

[1] *Théodicée, Essais sur la bonté de Dieu,* etc . 1re Partie, nº 62

les précédentes, toutefois elle est inadéquate aux faits attestés par la conscience Celle-ci accuse plus qu'un échange *accidentel* d'actions entre l'âme et le corps, elle atteste — nous le montrerons tout à l'heure — qu'en son fonds *substantiel*, l'homme est un

S'il en est ainsi, il ne s'agit pas de rechercher par quel « pont » l'âme est reliée au corps, car, entre les deux, il n'y a point de distance à franchir, il n'y a pas lieu de parler de « commerce » entre la matière et l'esprit, comme s'il y avait deux êtres subsistant à part qui dussent échanger entre eux des relations extrinsèques, il ne peut être question que de relations de dépendance entre les diverses opérations d'un même sujet [1]).

L'être premier dans lequel résident ces facultés, qui sont en somme des accidents, est un *être substantiel* unique, le principe premier d'où procèdent tous les actes corporels ou spirituels, est *une nature* unique, le sujet premier auquel reviennent, en définitive, tous les phénomènes que nous attribuons immédiatement tantôt au corps, tantôt à l'âme, est *une personne* unique, l'homme, en un mot, ou le *moi* humain.

---

[1]) L'unité substantielle fit l'objet d'une déclaration du Concile de Vienne tenu sous Clément V en 1312 « Doctrinam omnem seu propositionem temere asserentem aut vertentem in dubium quod substantia animæ rationalis seu intellectivæ vere ac per se humani corporis non sit forma, velut erroneam ēt veritati catholicæ inimicam fidei, sacro approbante concilio, reprobamus definientes quod si quisquam deinceps asserere, defendere seu tenere pertinaciter præsumpserit, quod anima rationalis seu intellectiva non sit forma corporis humani per se et essentialiter, tanquam hæreticus sit censendus » Cette définition conciliaire, dont nous serons amenés plus loin à préciser la signification et la portée, fut l'occasion de longues controverses, à l'époque où l'on connaissait mal l'erreur de Pierre Olivi que le Concile voulut réprouver — Le décret du Concile de Vienne fut confirmé par le Concile de Latran, sous Léon X, Pie IX le rappela à propos des erreurs, qui furent condamnées, de Gunther et de Balzer.

262. La position du problème à l'heure présente : Le parallélisme psycho-physique et le monisme. — Le vieil empirisme a revêtu dans la psychologie contemporaine une forme nouvelle il existe des événements psychiques saisissables par la conscience, des phénomènes corporels, objets d'observation extérieure, il n'y a point d'âme-substance, point de substance corporelle

Limité à ces assertions, l'empirisme est l'application du positivisme et de l'agnosticisme [1]) à la psychologie

L'empirisme matérialiste ou même positiviste d'autrefois avait la prétention d'identifier les faits perceptibles par la conscience et les fonctions physiologiques celles-ci, disait-on, sont la raison adéquate de ceux-là

Aujourd'hui, au contraire, l'identification des faits conscients et des actions corporelles est déclarée impossible, impossible aussi leur interaction D'où cette conséquence Il faut laisser les événements intérieurs suivre leur cours, les phénomènes physiques suivre le leur, *parallèlement*

La théorie psychologique, que l'on désigne couramment sous le nom de *parallélisme psycho-physique*, est donc contenue en ces trois propositions fondamentales

La vie psychique n'est qu'une serie d'evénements, il n'y a point d'âme-substance

Les actes psychiques et les actions physiologiques sont inidentifiables

Il n'y a point, il ne peut y avoir d'influx des premiers sur les secondes, ni de celles-ci sur ceux-là.

Malebranche et Leibniz considéraient aussi les opérations de l'âme et les mouvements du corps comme deux séries parallèles, mais ils avaient remarqué leur admirable et con-

[1]) La these fondamentale du positivisme est que le fait sensible est seul objet de connaissance L'agnosticisme, qui est comme le revers du positivisme, énonce que les realites ultraphenoménales, si tant est qu'il y en ait, sont inconnaissables.

stante correspondance et compris qu'il fallait en rendre compte l' « assistance divine », « l'harmonie préétablie » etaient chargées de ce rôle

M. W. Wundt reconnaît que la théorie aristotélicienne — l'âme forme du corps — expliquerait la correspondance harmonieuse et constante des deux séries d'événements, mais il est idealiste et, comme tel, répugne systématiquement à une interprétation substantialiste du contenu de la conscience Les actes conscients occupent donc seuls, selon lui, tout le champ de la psychologie les causes efficientes et les substances en sont bannies

Ces actes n'ont-ils donc pas de sujet ? Et si l'harmonie constante de leur parallélisme n'a pour cause ni le Dieu-Providence de Malebranche ou de Leibniz, ni la substance une du moi aristotélicien, d'où vient-elle ?

Cette question partage les parallélistes en deux groupes.

Wundt ne veut pas depasser un parallélisme empirique des actes, dit-il, rien que des actes, le psychologue ne connaît pas autre chose D'où le nom caractéristique de sa psychologie *Aktualitatspsychologie*

Wundt n'a que faire de la metaphysique de Spinoza D'autres, au contraire, James Sully, par exemple, y voient la base indispensable de la psychologie empirique D'après Spinoza, la substance unique de l'univers se révèle à nous par deux attributs irreductibles l'un à l'autre, la pensee et l'étendue Or, il n'y a pas d'âmes-substances, ou, suivant l'expression de M Paulsen, il n'y a pas d' « *âmes-atomes* ». Néanmoins, les actes ont un sujet et leur harmonie révèle leur interdépendance Il est logique, donc, de poser l'existence d'un sujet qui soit la raison profonde des événements psychiques et des événements physiques et de l'harmonie que l'experience aperçoit dans le développement de leurs deux series parallèles Ce sujet, plusieurs psychologues l'identifient avec la substance unique de Spinoza

Le parallélisme psycho-physique, soit sous la forme empirique adoptée par Wundt, soit avec son complément métaphysique, moniste, réclamé par James Sully, est la doctrine
psychologique la plus universellement répandue aujourd'hui
parmi ceux qui ignorent ou méconnaissent le substantia-
lisme aristotélicien [1]

Ces deux conceptions — le parallélisme psycho-physique
et la théorie aristotélicienne et thomiste de l'unité substantielle — sont les seules qui se disputent aujourd'hui l'empire
des esprits réfléchis Le spiritualisme classique des philosophes français, Garnier, Jouffroy, Victor Cousin, Leibniz,
Descartes, a fait son temps Le matérialisme brutal du
XVIIIe siècle trouve de moins en moins accueil chez les
philosophes de profession il subsiste toujours, il est vrai,
à l'état de tendance chez un certain nombre de naturalistes
ou de médecins étrangers à la réflexion philosophique, mais
la doctrine matérialiste n'est plus guère représentée que
par des hommes de parti pris, tels Lombroso et quelques
criminalistes de son école, ou ce sectaire qui n'est plus pris
au sérieux par personne, Ernest Haeckel [2]

---

[1] Nombreux sont ceux qui, avec des nuances toutefois, souscrivent
au parallélisme psycho-physique et au monisme spinoziste Outre Wundt
(*Physiologische Psychologie* et un article qui vient de paraître dans
les *Archiv für die gesammte Psychologie*, Bd II, Heft 4, pp 354-360,
intitulé *Ueber empirische u metaphysische Psychologie*) et Paulsen
(*Einleitung in die Philosophie*, 4te Aufl , S 77 Berlin,1896),cités ci-dessus,
mentionnons encore particulièrement J o d l, professeur à Vienne *(Lehrbuch der Psychologie*, Stuttgart, 1896), qui donne de la théorie un exposé
complet , Z i e h e n *(Ueber die allgemeinen Beziehungen zwischen Gehirn
u Seelenleben,* S 51-53 Leipzig, Barth, 1902), J a m e s S u l l y *(The human
mind,* vol II, Append N London, Longmans, Green et Co, 1892) On
trouvera une critique solide du système chez G u t b e r l e t (*Der Kampf
um die Seele,* I, 4er Vortrag), et une vue d'ensemble méthodique et claire
dans un article publié par le Dr K a u f m a n n , de Lucerne, dans les
Monatsrosen, Jahrg 47, no 12

[2] Veut-on savoir comment M Paulsen, professeur à Berlin, juge
Haeckel ? Il écrit, dans sa *Philosophia militans* (Berlin, 1901,pp 186-187)

263. Preuve de l'unité substantielle du corps et de l'âme raisonnable. — *1er Argument, tiré des affirmations de la conscience* — 1º La preuve fondamentale de la thèse se trouve condensée en ces quelques mots de saint Thomas d'Aquin · « *Idem ipse homo est qui percipit se intelligere et sentire* [1])

Incontestablement, l'homme qui rapporte à soi ses pensées se juge le même qui rapporte à soi ses sensations *Idem ipse homo est qui percipit se intelligere et sentire*

Or le sujet de la sensation est corporel

Donc le sujet de la pensée est une substance corporelle

Supposé, par contre, que l'âme intelligente fût une substance *autre* que le sujet corporel des opérations sensitives, les affirmations de la conscience seraient inexplicables Dans cette supposition, la sensation étant *immanente* appartiendrait *exclusivement* au sujet sentant, l'acte d'intellection étant *immanent* appartiendrait exclusivement au sujet *intelligent*, un *moi* percevrait *ses* sensations, un autre *moi* percevrait ses *pensées* mais il serait impossible qu'un même moi perçût comme *siens* des actes immanents qui appartiendraient, par hypothèse, à des sujets substantiellement différents. La conscience ne se dirait donc plus · *Idem ipse homo est qui percipit se intelligere et sentire.*

2º Le même témoignage de la conscience s'accuse dans *le sentiment de tous* et s'exprime dans *le langage universel.*

Aux yeux de cet homme superficiel, « tout se confond Dieu et le monde, matière et force, énergie et esprit, causalité mécanique et loi de substantialité, réalisme et monisme, théisme et panthéisme, vitalisme et mécanisme, rationalisme et empirisme, criticisme et dogmatisme, tout est la même chose Et hommes et singes se rapprochent jusqu'à se toucher ! » Et Paulsen conclut « Tandis que je lisais ce livre *(Die Weltraetsel* de Haeckel), j'étais rouge de honte Que l'on puisse écrire un livre pareil, l'imprimer, le vendre, arriver a le faire lire, admirer, gober par la nation qui compte un Kant, un Gœthe, un Schopenhauer, c'est déplorable ! »

[1]) *Sum. Theol*, 1ª, q 76, art 1

Ne disons-nous pas tous que *cette personne déterminée fait acte d'intelligence ?* « Manifestum est quod *hic homo singularis intelligit* » [1]) *Socrate raisonne*

Or Socrate c'est bien cet homme en chair et en os qui vit, respire, se nourrit, se déplace

Donc ce même individu qui vit, respire, se nourrit, se déplace, ce même individu corporel est capable de penser, il pense *Le même sujet individuel* est a la fois corporel et intelligent

Vainement supposerez-vous deux substances etroitement rapprochees, agissant l'une sur l'autre, un esprit agissant sur un cerveau, voire un corps influençant, n'importe comment — si la chose était possible — un esprit vous ne seriez point fondé, de ce chef, a dire qu'un sujet corporel *est* intelligent Un nautonnier *pense* a la façon dont il dirigera sa barque Viendra-t-il a l'esprit de personne de dire que *le nautonnier et sa barque* pensent ? « Unde non dicimus quod intelligere nautæ sit intelligere hujus totius quod est nauta et navis, sed nautæ tantum, et similiter (si anima rationalis et corpus non sint una substantia) intelligere non erit actus Socratis, sed intellectus tantum utentis corpore Socratis » [2])

2ᵈ Argument, tiré de la convergence persistante de toutes les manifestations de l'activité chez l'homme — Les opérations les plus diverses qui s'accomplissent chez l'homme

---

[1]) S Thomas, *De unitate intellectus contra Averroistas*

[2]) « Si tu dicas, quod Socrates non est unum quid simpliciter, sed unum quid aggregatione motoris et moti, sequuntur multa inconvenientia Primo quidem, quia si unumquodque est similiter unum et ens, sequetur quod Socrates non sit aliquid, et quod non sit in specie nec in genere, et ulterius quod non habeat aliquam actionem, quia actio non est nisi entis Unde non dicimus quod intelligere nautæ sit intelligere hujus totius quod est nauta et navis sed nautæ tantum, et similiter intelligere non erit actus Socratis, sed intellectus tantum utentis corpore Socratis In solo enim toto quod est aliquid unum et ens, actio partis est actio

sont interdépendantes, elles le sont d'une manière régulière,
permanente leur ensemble constitue un ordre harmonieux,
persistant qui conduit au développement de la vie raisonnable L'intégrité, la conservation des organes rendent possible la vie normale de l'organisme , la santé de l'organisme
et de ses diverses parties, prepare le fonctionnement régulier
de la vie sensitive, les sens preparent l'essor de la vie raisonnable Bref, il y a chez l'homme un ensemble prodigieux
d'éléments, de forces corporelles, de facteurs spirituels qui,
d'une manière régulière et stable, conduisent a la conservation et a l'évolution de la vie *raisonnable*

Des influences intermittentes, sans ordre, pourraient avoir
pour cause adéquate la rencontre de divers agents livrés au
hasard Mais un ensemble ordonné, dont l'ordre se renou-
velle continuellement, sans cependant sombrer dans les
vicissitudes qu'il traverse, demande une cause constante

---

totius Et si quis aliter loquitur, improprie loquitur » *(ibid)* On sait que
de Bonald a tiré effectivement la conclusion que prevoit ici Thomas
d'Aquin Le philosophe traditionaliste avait soustrait le corps au moi
pensant , il resta d'accord avec lui-même lorsqu'il definit ensuite l'âme
« une intelligence servie par des organes »

Déjà dans son commentaire *De anima*, saint Thomas avait énoncé
avec vigueur l'argument qu'il developpa avec predilection lorsqu'il eut
a combattre tout de bon les Averroistes Il ecrivait « Quidam intantum
decepti sunt, ut ponerent intellectum possibilem esse a corpore separatum, sicut una de substantiis separatis Quod quidem omnino impossibile est *Manifestum est enim, quod hic homo intelligit* Si enim hoc
negetur, tunc dicens hanc opinionem non intelligit aliquid, et ideo non
est audiendus Si autem intelligit, oportet quod aliquo *formaliter* intel-
ligat Hic autem est intellectus possibilis Intellectus ergo possibilis est,
quo hic homo, formaliter loquendo, intelligit. Illud autem, quo aliquid
operatur sicut activo principio, potest (quidem) secundum esse separari
ab eo quod operatur, ut si dicamus quod balivus operatur per regem,
quia rex movet eum ad operandum Sed impossibile est illud, quo aliquid
operatur formaliter, separari ab eo secundum esse Quod ideo est, quia
nihil agit nisi secundum quod est actu , sic igitur formaliter operatur
per aliquid, si cum eo fit unum actu Non autem fit aliquid cum aliquo
ens actu, si sit separatum ab eo secundum esse Unde impossibile est
quod illud, quo aliquid agit formaliter, sit separatum ab eo secundum
esse » *De anima*, III, 7

A priori, il ne serait pas impossible que cet ensemble fût l'œuvre d'une cause *extrinsèque*, dont l'action serait supposée permanente, — telle serait l'action continue de la Providence — mais il est sage de présumer, jusqu'à preuve du contraire, qu'elle est intrinsèque. Il faut, au surplus, l'affirmer, nous avons dit ailleurs (**29**, et *Métaph. gén*, n° 231) pourquoi

Donc il y a chez l'homme un principe *interne, permanent* a raison duquel les diverses opérations sont convergentes, *un principe de finalité interne* qui oriente toute l'activité humaine vers une fin propre au sujet raisonnable Par définition, un sujet dont les opérations sont ainsi orientées vers une même fin propre au sujet s'appelle une *nature*, celle-ci est, elle-même, identique en réalité à *la substance*

En conséquence, il y a chez l'homme une seule nature, une seule substance [1]

---

[1] Saint Thomas dit très justement « Apparet esse impossibile (diversas animas esse in homine) per hoc quod una operatio animæ, cum fuerit intensa, impedit aliam, quod nullo modo contingeret, nisi principium actionum esset per essentiam unum » 1ª, q 76, a 3

Suarez présente l'argument en ces termes « Istæ operationes (nutriendi, sentiendi et intelligendi) habent in homine evidentem connexionem nam ex operationibus sensuum et phantasia generatur aliquo modo intellectiva cognitio, et ab illa peculiari ratione pendet, ut experientia docet, quia in pueritia, vel amentia, ex defectu vel læsione phantasiæ, usus rationis impeditur ergo signum est utramque operationem ab intrinseca et vera forma proficisci Unde alii Philosophi considerantes hanc dependentiam in alium extremum errorem inciderunt, dicentes animam rationalem esse formam corpoream, ut supra visum est sed decepti sunt, nam substantia talium operationum ostendit principium earum esse substantiam incorpoream modus autem exercendi in corpore cum tali dependentia ab illo, demonstrat veram unionem substantialem animæ cum corpore Nam si principium illud esset substantia spiritualis omnino separata substantialiter a corpore, non esset cur a corpore in intelligendo penderet, imo intelligeret modo angelico et perfecto, quod est ab anima conjuncta alienum » *De anima*, lib I, cap XII, n 9

3me Argument : argument confirmatif et conclusion. — On a pu voir comment les faits s'harmonisent à la lumière de la doctrine de l'unité substantielle de l'être humain. L'intégrité de l'organisme et l'équilibre des fonctions vitales préparent la vie psychique et en favorisent l'essor ; la vie sensitive prépare la vie intellectuelle et concourt activement tant à son exercice qu'à son développement ; tout se tient, depuis les plus basses fonctions de la vie jusqu'aux plus hautes ; il se produit chez l'homme un concert d'actions harmonieux, *naturel*, et l'on comprend en conséquence que l'âme, loin de désirer la dissolution du corps, aspire à le conserver comme un auxiliaire dans la réalisation de sa destinée.

Supprimez, au contraire, l'unité substantielle, vous ne comprenez plus ni le rôle du corps dans la vie de l'âme, ni le désir naturel de conservation inné au cœur de l'homme, ni enfin la possibilité d'un « commerce » *réel* entre l'âme et le corps, à moins de prendre pour une explication philosophique les conjectures arbitraires imaginées par Malebranche et par Leibniz.

Mais si le *fait* de l'unité substantielle de l'être humain est indiscutable, le *mode d'union* de l'âme et du corps soulève un problème plus délicat. Aristote et les scolastiques l'ont résolu en disant que l'âme raisonnable est la *forme substantielle* de l'homme.

264. Seconde thèse : L'âme raisonnable est la forme substantielle du corps humain. Sens de la thèse. — Quelques notions préliminaires sur la matière première et la forme substantielle en général sont ici indispensables. Nous dirons ensuite sous quelles réserves ces notions s'appliquent à l'union de l'âme raisonnable avec la matière.

La *matière*, dans le langage courant, désigne la matière *sensible*, c'est-à-dire les *corps* tels qu'ils se manifestent à nos organes des sens, avec leurs forces actives et leurs diverses propriétés parmi lesquelles il faut signaler surtout l'étendue

Mais, par delà ces forces actives qui impressionnent nos sens, il y a le sujet auquel nous les attribuons, par delà l'étendue que nous voyons et que nous touchons, il y a l'être que nous jugeons étendu ce sujet, cet être substantiel, qu'est-il ? Est-il simple ou composé ? Aristote et, après lui, tous les grands penseurs de l'antiquité et du moyen âge étaient d'accord à croire que la *substance* matérielle est composée de deux principes substantiels, la *matière première* et la forme *substantielle* Cette théorie est souvent désignée aujourd'hui sous le nom d'*hylémorphisme* (ὕλη, matière, μορφή, forme)

La *matière première* ne tombe pas directement sous les sens, mais, appuyée sur l'observation, la *raison induit* la nécessité de l'affirmer Seule, d'ailleurs, la raison est à même de la *concevoir* Bien plus, le concept qu'elle en a n'est que *négatif* et *analogique*

Comment, en effet, ce concept se forme-t-il ?

Partons d'un exemple· Un aliment, du carbone, par exemple, devient une partie de la substance vivante, personne ne dira que le carbone soit anéanti ni qu'une partie du vivant soit créée, c'est-à-dire faite de rien, tout le monde dira que l'aliment *s'est transformé en substance vivante* Or, pour qu'une substance se transforme en une autre, ne faut-il pas qu'il y ait quelque chose de la première qui subsiste dans la seconde, encore que la seconde ait une tout autre nature et de tout autres propriétés que la première ? Ce *sujet* premier des transformations substantielles, Aristote l'appelle *matière première*

La matière première n'est pas une substance complète (non est quid, μήτε τί), elle n'est ni étendue (non est quantum, μήτε ποσόν), ni douée de qualités (non est quale, μήτε ἄλλο οὐθέν ἔστιν), pour devenir une substance existante, étendue, douée de qualités, elle doit être unie à un principe d'être et d'activité qui, en l'informant, réalise l'être subsistant complet Ce principe consubstantiel, spécifiant, s'appelle, à raison du rôle qu'il joue dans la composition de l'être corporel, *forme substantielle* (εἶδος, μορφή) ou encore *acte premier* (actus primus, ἐνέργεια), ou enfin *première perfection* (perfectio prima, ἐντελέχεια)

La matière première n'est donc pas un être subsistant et actif, mais une réalité *en puissance*, ce qui, de fait, subsiste et agit, c'est le *corps*, le composé des deux co-principes, dont l'un est essentiellement déterminable, la *matière*, et l'autre essentiellement déterminateur, la *forme substantielle*

Il ne faudrait pas, cependant, prendre la matière première pour un simple concept *logique* elle contribue *réellement* à la constitution intrinsèque, essentielle du corps complet ; la matière est une *puissance*, mais une puissance *réelle*, en l'appelant *puissance* on veut dire qu'on ne peut la concevoir existante, si ce n'est à la condition de se la représenter unie à une forme substantielle avec laquelle elle constitue le composé total qui est le *corps* ou la matière sensible [1])

Comment, sous quelles réserves ces notions s'appliquent-elles à l'union de l'âme raisonnable avec la matière du corps humain ?

Entre l'homme et les composés substantiels inférieurs, il y a une différence essentielle chez l'homme, la forme substantielle est une âme spirituelle, c'est-à-dire une forme qui en elle-même déjà est *subsistante*, tandis que les formes substantielles inférieures ne peuvent exister qu'en union intrinsèque avec la matière dont elles sont la forme

L'existence des corps inférieurs à l'homme ne peut appartenir qu'au composé ; il serait contradictoire de l'attribuer, soit à la matière première, soit même, selon nous, à la forme substantielle seule, antérieurement à la formation du composé

[1]) *Metaph gen*, 4me partie, ch II, art 1 — Cfr De San, *Cosmologia*, p 1a, cap II, § 6, Nys, *Cosmologie*, pp 176 et suiv. Louvain, 1906

Au contraire, l'âme humaine est le sujet de son existence *antérieurement* à son union avec le corps. Non pas qu'il faille placer entre la création de l'âme et le moment de son union avec le corps une succession chronologique, mais la première a sur la seconde une *priorité de nature*.

Sans doute, l'âme humaine communique au corps l'être corporel, la vie, la sensibilité que possède en fait le corps animé; mais elle ne les lui communique pas à la façon dont les lui communiqueraient des formes qui seraient purement corporelles ou végétatives ou sensitives; l'âme raisonnable possède au delà de ce qu'elle donne, elle donne au corps la corporéité, aussi bien et mieux que le ferait une forme du règne minéral, elle lui donne la vie végétale, aussi bien et mieux que le ferait le principe de vie d'un végétal; elle lui donne enfin le pouvoir de sentir, comme le ferait une âme animale. Mais ces dons ne l'épuisent pas et ne l'assujettissent pas au corps qu'elle a enrichi. Il lui reste en propre des opérations *incommunicables* au corps: la pensée et le vouloir raisonnable. L'âme raisonnable est forme du corps, *actus corporis,* mais l'intelligence et la volonté ne le sont point [1])

L'âme raisonnable est, en effet, — la spiritualité de certaines de ses opérations le prouve — capable de *subsister en elle-même.* Cette perfection, elle la possède en propre à elle seule, et, par suite, *inaliénablement.*

Cette perfection n'exclut pas, il est vrai, le rôle de la forme

---

[1]) « Non dicimus quod anima, in qua est intellectus, sic excedat materiam corporalem quod non habeat esse in corpore, sed quod intellectus, quem Aristoteles dicit *potentiam* animæ, non est actus corporis. Neque enim anima est actus corporis mediantibus suis potentiis, sed anima per se ipsam est actus corporis, dans esse corpori specificum; aliquæ autem potentiæ ejus sunt actus partium quarumdam corporis perficientes ipsas ad aliquas operationes. Sic ergo potentia, quæ est intellectus, nullius partium corporis actus est, quia ejus operatio non fit per organum corporale » *De unitate intellectus contra Averroistas,* op. XV, p. 211

substantielle qui consiste à faire subsister et à rendre capable d'action un corps, le corps humain Mais l'accomplissement de ce rôle ne fait pas perdre à l'âme raisonnable, ne peut lui faire perdre sa substantialité propre, son titre essentiel à une existence indépendante Il est intrinsèquement impossible, en effet, qu'elle change de nature, qu'étant spirituelle, elle cesse de l'être

Les écrivains scolastiques ont condensé cette explication en une formule concise « Anima formaliter rationalis est *eminenter* corporea et vegetativa et sensitiva »

Mais alors, dira-t-on, à quoi bon cette union de l'âme et du corps ? Suppose même que l'âme ne perde rien à s'unir à un corps, que peut-elle y gagner ?

Nous répondons que l'âme raisonnable y trouve ses conditions normales d'existence et d'action

On a tort, souvent, de se représenter l'âme humaine comme un pur esprit, en commerce direct avec le monde intelligible, s'y déployant à l'aise, d'elle-même, comme dans son milieu naturel. Le spiritualisme cartésien et coussinien a faussé les idées sous ce rapport, la pensée n'a pas, en effet, pour objet direct le spirituel, mais l'*abstrait*, dès lors, il lui faut des sens, un corps, pour entrer en contact avec le monde intelligible. L'exercice naturel des *opérations les plus élevées* de l'âme demande donc un corps, l'union de l'âme raisonnable et du corps est, pour ce motif, *naturelle* [1]).

S'ensuit-il que l'état d'isolement soit pour elle un état *anti-naturel* que, dans la langue de l'ancienne École, on eût appelé « violent » ?

Non, une condition d'existence « violente » ou antinatu-

_____

[1]) « Anima communicat formaliter se et suum esse composito, et acquirit perfectionem in sui conjunctione ad corpus Et quamvis idem omnino esse habeat separata et conjuncta, non tamen eodem modo , ideo mirum non est, si perfectiorem statum habet in composito quam extra » Cajetan, in *Sum Theol*, 1ª, q 76, a. 1

relle est celle a laquelle une cause *exterieure* assujettit un être, contrairement aux dispositions de sa nature

Or, l'âme se sepaie du corps, a la suite de la desorganisation qu'il subit et qui le rend finalement inapte a la vie Aussi bien, lorsqu'elle est séparée du corps, elle gaide toujours pour elle sa subsistence [1]

Il n'en est pas moins vrai que l'etat de separation lui est *moins naturel* que l'état d'union

Privée du service des sens, l'âme intelligente ne serait pas condamnee à l'inertie, car la Providence naturelle lui accorderait le concours qui repondrait à ses conditions nouvelles d'existence elle lui fourmrait donc des especes intelligibles moyennant lesquelles elle vivrait d'une vie *analogue* à celle des purs esprits

Mais, n'etant pas *par nature* destinée a mener la vie d'un esprit, l'âme raisonnable, si elle était séparée du corps, verrait une dispioportion entre sa nature et ses conditions d'existence

Aussi, plus tard, nous appuyant sur la loi générale de la finalité intrinseque des êtres, nous conclurons que le bonheur parfait de l'âme appelle naturellement sa reunion a un corps ressuscite

En résumé, l'âme humaine n'est pas *essentiellement* incapable d'exister et d'agir séparée du corps, l'etat de separation n'est donc *pas contraire* a sa nature, ou « violent », il est même plus parfait, *absolument* parlant, que l'état d'union et saint Thomas d'Aquin l'appelle de ce chef « préternaturel », mais tout juste parce qu'il est au-dessus de la portée natu-

---

[1] « Quod status separationis non sit omnino violentus animæ ex eo patet quia violentum est quod fit ab exteriori principio, passo non conferente vim, constat autem quod anima in se habet principium subsistendi et permanendi extra corpus, ergo ad hoc ut permaneat separata, non fit illi aliqua vis, sed juxta propria principia statum illum sustinet » Joannes a S Thoma, *Cursus philosophicus*, Phil nat Q III, 6, IX, a 2.

relle de l'âme humaine, il est, *relativement* à elle, *moins parfait*, de sorte que, à tout prendre, l'état d'union est pour l'âme humaine *le meilleur*, celui dans lequel elle se trouve au mieux pour déployer ses facultés natives [1]

Jean de Saint-Thomas, ce commentateur sagace de la philosophie thomiste, nous semble avoir admirablement résumé la vraie théorie sur la nature de l'âme humaine, en disant

« In anima rationali duo conjungenda sunt, quæ inter se non videntur cohærere, scilicet esse veram et substantialem formam corporis, et in se esse spiritum, et esse illi connaturale quod informet corpus, et similiter esse connaturale quod sit extra corpus quando est separata

» Nihilominus utrumque certissimum est convenire animæ rationali, licet status informandi corpus sit *connaturalior* animæ, status autem separationis non ita connaturalis est nec tamen est violentus sed præternaturalis » [2]

Passons à la *preuve* de la *thèse*

265 Preuve de la thèse. — *L'âme raisonnable est la forme substantielle du corps humain.* — L'unité substantielle de l'homme en une dualité d'éléments consubstantiels, tel est donc le grand fait de notre nature, l'affirmation indiscutable de la conscience, le point de départ de toute psychologie

Comment l'expliquer ?

Suivant la thèse que nous avons à démontrer, le corps humain n'a pas de subsistence propre l'âme raisonnable donne à l'homme la raison, la sensibilité, la vie, la corporéité, l'être

---

[1] Jean de Saint-Thomas, après avoir expliqué pourquoi l'état de séparation n'est pas pour l'âme un état tout à fait « violent », continue en ces termes « Dicitur autem præternaturalis ille status, quia non oritur per se et connaturaliter ex ipsa anima, vel ex modo quo creatur a Deo, sed tanquam accidens extraneum, supposita actione corruptiva corporis, ei provenit »

[2] Joannes a S Thoma *Cursus philosophicus*, Phil nat P III, Q IX, art 2

1º *Seule cette solution rend compte du fait de l'unité sub-stantielle de l'âme raisonnable et du corps humain* En effet, si le corps est subsistant de lui-même et si l'âme, de son côté, est subsistante, le corps et l'âme forment nécessaire-ment *deux êtres subsistants* [1])

Or, deux êtres subsistants peuvent être plus ou moins rap-prochés l'un de l'autre, agir plus ou moins intimement l'un sur l'autre, ils n'en resteront pas moins *deux* êtres subsis-tants des lors, ils formeront une juxtaposition accidentelle de deux substances, jamais on n'en fera une unité réelle, leur *union* sera et demeurera *extrinsèque*, et l'on peut defier qui que ce soit de la concevoir autrement

Donc, toute theorie qui ne considère pas le corps comme une matiere première à laquelle l'âme raisonnable etend sa propre subsistence, est incapable de rendre compte du fait de l'*unité substantielle* de l'homme et de l'*union intrinsèque* de la matière et de l'esprit dans le composé humain.

« Je comprends, dit saint Thomas, que deux êtres subsis-tants concourent a la production d'*un même effet* total, tel serait, par exemple, le mouvement d'une barque que deux hommes tireraient en même temps, mais on ne conçoit pas que leur *action* soit *une*, quand ils tirent la barque à deux.

» Or, reprend-il, la sensation est une *action une*

» Donc l'âme et le corps ne sont pas deux êtres agissant de concert dans la vie sensitive, mais un seul être » [2])

Et comme, du reste, la sensation est attribuee au moi qui, par ailleurs, se sait intelligent, ce seul être sentant est l'être même qui est intelligent

---

[1]) Consulter notre ouvrage *Les origines de la psychologie contempo-raine*, ch I, art 2, et ch IV

[2]) « Impossibile est, quod eorum quæ sunt diversa secundum esse sit operatio una, dico autem operationem unam, non ex parte ejus in quod terminatur actio, sed secundum quod egreditur ab agente, multi enim trahentes navim, unam actionem faciunt ex parte operati quod est unum,

2º *La solution proposée n'enferme aucune contradiction*

A première vue, il paraîtra contradictoire qu'une âme *spirituelle* puisse informer substantiellement la matière, sans se matérialiser elle-même, et sans subir le sort de toutes les substances corporelles qui sont sujettes à périr

Mais la contradiction disparaît, lorsque l'on se souvient de la différence qu'il y a et que nous avons soulignée dès le début de cette étude entre l'homme et les autres composés substantiels de la nature.

Que l'âme raisonnable ait la *puissance* d'informer la matière, cela se conçoit sans trop de peine, il suffit d'admettre pour cela que les formes supérieures contiennent la perfection et la puissance des formes inférieures tout en les dépassant, absolument, dit Aristote, comme les nombres plus élevés renferment ceux qui les précèdent avec une unité en plus, comme le pentagone contient en le dépassant, le quadrilatère, et comme celui-ci, à son tour, contient éminemment le triangle avec ses trois angles et ses trois côtés Les formes sont ainsi l'une à l'autre, comme le plus parfait au moins parfait, et il n'est pas étonnant que l'âme raisonnable possède éminemment le pouvoir d'être une forme, au moins à l'égal des formes plus humbles de l'animal, du végétal et du minéral

Néanmoins, en informant la matière, l'âme ne se matérialise pas, parce qu'elle est une forme supérieure Les formes

sed tamen ex parte trahentium sunt multæ actiones, quia sunt diversi impulsus ad trahendum, quum enim actio consequatur formam et virtutem, oportet, quorum sunt diversæ formæ, et virtutes et actiones esse diversas Quamvis autem animæ sit aliqua operatio propria in qua non communicat corpus sicut intelligere, sunt tamen aliquæ operationes communes sibi et corpori, ut timere, et irasci, et sentire, et hujusmodi, hæc enim accidunt secundum aliquam transmutationem alicujus determinatæ partis corporis, ex quo patet quod simul sunt animæ et corporis operationes Oportet igitur ex anima et corpore unum fieri, et quod non sint secundum esse diversa » *Cont. Gent*, II, 57

constitutives des autres composés de la nature, du minéral, du végétal et de l'animal, ne peuvent agir ni exister par elles-mêmes, elles sont, selon le mot de saint Thomas, complètement plongées dans la matière, incapables d'exercer un seul acte qui en soit indépendant. Le privilège de l'âme humaine est de ne pouvoir être totalement contenue dans un sujet matériel et de garder, en conséquence, même lorsqu'elle est unie au corps, des puissances libres, capables de se déployer sans l'intervention directe d'aucun organe, en un mot, l'âme raisonnable est une forme, mais une forme essentiellement *subsistante* [1]

Subsistante, l'âme humaine est *incorruptible* Certes elle a besoin d'informer la matière pour déployer toutes les ressources d'énergie dont elle est susceptible, et même, ce qui plus est, pour accomplir au mieux les actes qui lui sont propres, mais son être est antérieur, — au moins d'une antériorité de nature, — a celui du corps, et par conséquent, la destruction du corps n'entraîne pas sa propre destruction [2].

Ainsi donc, l'hypothèse scolastique semble ne renfermer aucune contradiction, elle fournit l'explication métaphysique du fait de l'unité substantielle de l'être humain, aucune autre explication ne semble offrir ces avantages.

---

[1] « Anima humana propter suam nobilitatem supergreditur facultatem materiæ corporalis, et non potest totaliter includi ab ea Unde remanet ei aliqua actio, in qua materia corporalis non communicat » *De anima*, III, lect 7ª

[2] Saint Thomas a rencontré directement dans sa *Somme de théologie*, les difficultés que nous venons d'envisager Il ne sera pas inutile de faire suivre ici les réponses concises et serrées qu'il leur oppose

» Ad quartum dicendum, quod humana anima non est forma in materia corporali immersa, vel ab ea totaliter comprehensa, propter suam perfectionem, et ideo nihil prohibet aliquam ejus virtutem non esse corporis actum, quamvis anima secundum suam essentiam sit corporis forma

» Ad quintum dicendum, quod anima illud esse in quo subsistit, communicat materiæ corporali, ex qua et anima intellectiva fit unum ita

266. Difficultés et préjugé. — La théorie aristotélicienne et scolastique, d'après laquelle *deux* substances *incomplètes* forment par leur union *une* substance *complète*, n'est certes pas sans présenter plus d'une grave difficulté [1])

Il appartient à la Cosmologie de les examiner *ex professo*.

Mais des esprits nombreux opposent à la théorie une fin de non-recevoir, dictée par un faux préjuge que nous nous efforcerons de dissiper

La matière première et les formes substantielles sont des entités chimériques, se disent ils, qui donc a jamais pu se les figurer ? Aristote lui-même renonce à les définir

quod illud esse quod est totius compositi, est etiam ipsius animæ, quod non accidit in aliis formis, quæ non sunt subsistentes, et propter hoc anima humana remanet in suo esse, destructo corpore, non autem aliæ formæ

» Ad sextum dicendum, quod secundum se convenit animæ humanæ corpori uniri   et anima humana manet in suo esse, cum fuerit a corpore separata, habens aptitudinem et inclinationem naturalem ad corporis unionem » 1ᵃ, q 76, a 1

[1]) Saint Augustin nous a livré l'aveu des tourments que lui causaient les problèmes de l'union de l'esprit et du corps et de l'essence intime de la matière

« Modus quo corporibus adhærent spiritus et animalia fiunt, omnino mirus est, écrit-il, nec comprehendi ab homine potest, et hoc ipse homo est » *De Civ Dei*, Lib XXI, c 10

« Je lasserais la patience de mes lecteurs, écrit-il dans ses *Confessions*, si je voulais vous exposer, ô mon Dieu ! de combien d'erreurs vous m'avez tiré sur le sujet de cette *matière*, car j'ai été longtemps sans pouvoir comprendre ce que c'était, parce que ceux qui se mêlaient de me l'expliquer ne le comprenaient pas eux-mêmes, et que de me la représenter, comme je faisais, sous un nombre infini de différentes formes, c'était me représenter tout autre chose que ce que c'est Car, quoique ce que je me représentais ne fût qu'une confusion de diverses formes bizarres, et qui ne pouvaient que donner de l'horreur, c'était toujours quelque chose de forme et je croyais que ce qu'on appelle *être informe* n'était pas de n'avoir aucune sorte de *forme*, mais de n'en avoir que d'extraordinaires, et de capables de blesser l'imagination et les sens, si elles venaient à paraître Ainsi ce que je me figurais comme informe, ne l'était pas par la privation de toute *forme*, mais seulement par comparaison avec d'autres choses d'une *forme* plus agréable

» Cependant la droite raison voulait que, pour me former une idée de

En effet, repondions-nous, *on ne se figure pas*, en d'autres termes, *on ne s'imagine pas* la matiere premiere, *on ne se figure pas* une forme corporelle isolee de la matiere premiere

Si la theorie aristotelicienne de la matiere et de la forme est vraie, il doit en être ainsi

En effet, d'après les principes mêmes de la theorie, il n'existe jamais, nulle part, dans la nature, une matiere sans forme, ni une forme corporelle sans matiere, il existe, dans le monde corporel, des composes, il n'existe pas, il ne peut exister de composant substantiel isole

Puisqu'il n'en existe pas, il n'y en a pas de perceptible

ce que j'appelais *informe*, je le depouillasse absolument de toute *forme*, mais c'est de quoi je n'etais pas capable, et j'aurais plutôt cru que ce qui n'avait aucune sorte de *forme* n'etait rien du tout, que je n'aurais compris qu'entre le neant et ce qui a deja quelque forme il pût y avoir quelque chose qui ne fût ni l'un ni l'autre, mais qui, etant absolument destitué de toute *forme*, ne fût que ce qui approche le plus du néant

» Je cessai pourtant enfin de consulter sur cela mon imagination, qui, etant pleine des idees des corps, dont il n'y en a aucun qui n'ait quelque sorte de forme, ne faisait que me presenter ces sortes d'images qu'elle variait en une infinite de manieres, et je vins a considerer de plus pres cette mutabilite des corps qui fait qu'ils cessent d'être ce qu'ils etaient, et qu'ils commencent a être ce qu'ils n'etaient pas Et il me vint dans l'esprit que, quand les choses passaient d'une *forme* a une autre, ce passage ne se faisait pas par le neant, mais par quelque chose d'existant, quoique absolument informe Cela ne me paraissait pourtant qu'une conjecture, et je voulais une connaissance certaine, et non pas des conjectures et des soupçons

» Mais quoique je n'aie ni le temps ni la force de dicter tout ce que vous m'avez developpe sur cela, et qu'il y eût, comme j'ai dit, de quoi lasser la patience des lecteurs, mon cœur ne laisse pas de vous en benir et de vous en rendre grâces

» Qu'est-ce donc que cette matiere ? C'est ce qui fait que les choses sujettes a changer sont capables de nouvelles *formes* qui leur surviennent lorsqu'elles changent Et cela qu'est-ce ? Est-ce un esprit ? Est-ce un corps ? Est-ce quelque espece d'esprit, ou quelque espèce de corps ? Je dirais que c'est un neant qui est quelque chose, ou un être qui n'est rien, si l'un ou l'autre se pouvaient dire Car il fallait que ce fût deja quelque chose pour être capable de ces formes que nous voyons et qui distinguent presentement les differentes especes de choses . » S Augustin, *Confessions*, Liv XII, ch VI

par les sens extérieurs, par conséquent, il n'y en a pas de figurable par l'imagination, car les éléments des images viennent des percepts

L'intelligence aussi ne saisit intuitivement ni l'existence d'une composition au sein des substances corporelles, ni la nature des éléments dont on affirme que ces substances sont essentiellement composées

Elle a besoin d'un *raisonnement* pour s'assurer que les corps sont substantiellement composés, elle ne se représente, d'une façon positive et propre, que les propriétés des composés et le sujet indéterminé auquel elles sont attachées, des composants eux-mêmes, qui ne tombent pas sous les prises de l'expérience sensible immédiate, elle n'a que des notions *négatives* et *analogiques*

Il s'ensuit que même le génie d'Aristote s'est trouvé impuissant à fournir de la matière et de la forme des définitions positives et absolues

Toutes ces conséquences résultent de la loi même qui préside à la genèse de nos représentations Le contenu de nos concepts doit nous être fourni par les sens Or, tous les partisans de la théorie hylémorphique le reconnaissent, la matière première et les formes substantielles ne tombent pas, comme telles, sous les sens. Il est donc psychologiquement impossible qu'elles fassent, comme telles, l'objet d'un acte d'imagination ou d'une pensée directe de l'esprit

Mais, il y a des connaissances autres que les connaissances immédiates, positives, absolues Le *raisonnement* qui, de connaissances immédiates, tire des conclusions médiates ; les procédés logiques de *négation* et de *comparaison*, pour être moins parfaits que l'intuition, n'en sont pas moins *légitimes* et, à leur manière, *féconds*

Ceux-là sacrifient donc à un préjugé mal fondé qui récusent *a priori* la théorie hylémorphique, parce qu'ils ne peuvent se figurer ni définir positivement et absolument la matière et la forme, ils confondent une connaissance imparfaite, sans doute, mais legitimement deduite, avec une conception qui serait soit arbitraire, soit impossible

Prejuge pour prejuge, n'est-il pas, au contraire, raisonnable de presumer que si la theorie de la matiere et de la forme était contradictoire, la contradiction que ses adversaires lui reprochent n'eût point échappe au génie metaphysique d'un Aristote, d'un Thomas d'Aquin ?

267. Unicité d'âme chez l'homme. — L'unicite de substance chez l'homme emporte necessairement l'unicite d'âme

Platon semble croire qu'il y a trois âmes chez l'homme. Plusieurs physiologistes et psychologues modernes en distinguent deux, l'une principe de la vie intellectuelle et de la sensibilité, l'*âme spirituelle*, l'autre principe de la vie organique, ce serait le *principe vital* Ce systeme s'appelle communément le *duo-dynamisme*, par opposition a la theorie de l'identite substantielle du principe vital et de l'âme pensante, que l'on appelle parfois aujourd'hui du nom d'*animisme*

Mais. 1° ces théories sont en désaccord avec les faits que nous avons cités plus haut pour etablir la solidarité intime de toutes les manifestations de la vie organique, de la vie sensible et de la vie raisonnable

2° Une pluralité d'âmes est, du reste, inutile En effet, comme nous l'a fait observer saint Thomas, un même principe peut être forme du corps et suffire aux fonctions de la vie à tous ses degrés une forme supérieure peut contenir et exceder la perfection et l'énergie vitale des formes inférieures

« L'âme intellective, ecrit Mgr de la Bouillerie abolit toutes les formes inferieures, en vertu de la même âme, l'homme est un être corporel, un etre vivant, un être vegetant, un être sentant, un être intelligent, mais, en étant tout cela, il n'est cependant qu'un être substantiel unique, parce que son unique forme est son âme intellective

Si les formes inferieures demeuraient en lui, il faudrait nécessairement dire qu'il serait en même temps un corps, une plante, un animal, un homme. Il serait à la fois quatre substances. L'unité de l'homme serait détruite.

Mais les formes inférieures ne cèdent la place à l'âme intellective, que parce que celle-ci les contient et les remplace.

Le corps de l'homme n'est un corps humain que parce qu'il est informé par une âme intellective, et si ce corps est celui d'un être qui végète, qui sent, qui pense, c'est uniquement parce que cette même âme est sa forme substantielle.

Non seulement donc, l'homme n'a qu'une seule âme, mais il cesse d'être homme si on lui suppose une autre forme » [1]

3o Enfin la pluralité d'âmes est directement contraire au témoignage de la conscience (**263**)

268. Unicité de forme. La forme de corporéité ou " forme cadavérique „.
— L'unité substantielle implique non seulement l'unicité d'âme, mais aussi, croyons-nous, l'unicité de forme.

Jusqu'à l'aurore du xiiie siècle, date à laquelle les écrits d'Aristote et ceux de ses commentateurs arabes, Avicenne et Averroes, passèrent de Tolède en France et en Allemagne, les théories sur l'unité du composé humain, si fortement accusées plus tard par saint Thomas d'Aquin, étaient loin de rallier tous les esprits. Il y avait, au contraire, dans les écoles de philosophie un courant puissant et très répandu, — que l'on a qualifié de platonicien et d'augustinien à raison des sources auxquelles il devait sa direction originelle, — et qui contenait sur plusieurs points de doctrine, en particulier sur la nature de l'âme spirituelle et sur ses relations avec le corps, des théories notablement différentes de celle que le génie et l'autorité de saint Thomas firent insensiblement prévaloir.

Suivant saint Thomas : 1o l'âme humaine, considérée en elle-même, ne contient *point de matière* d'aucune sorte,

[1] *L'homme*, p 48

2º elle est une *forme unique*, il n'y a en elle ni pluralité de
formes envisagées comme principes substantiels de vie, ni
pluralité de formes envisagées plus généralement comme
principes substantiels d'être et d'action ; 3º elle est aussi
forme unique *dans le composé humain* l'union de l'âme
raisonnable se faisant, non point avec un corps déjà supposé
formé, mais avec la matière première « Ex anima et corpore
in unoquoque nostrum constituitur unitas naturæ, secundum
quod anima unitur corpori, formaliter perficiens ipsum, ut
ex duobus fiat una natura, sicut ex actu et potentia, vel
materia et forma » [1]).

Mais certains docteurs plus anciens ne répugnaient pas
à une certaine composition de l'âme humaine, même lorsqu'ils la considéraient en elle-même, à part du corps, ils lui
prêtaient une sorte de « matière spirituelle » ayant besoin
d'une ou de plusieurs formes, principes d'être, d'action, de
vie, ils avaient grand'peine à préciser la nature de cette
matière spirituelle et de la composition dans laquelle elle
devait entrer, ils finissaient souvent par ne plus lui accorder
qu'une existence et un rôle d'ordre logique ou métaphysique, il n'en est pas moins vrai que les idées de multiplicité et de composition ne leur paraissaient pas — comme
aux psychologues plus fidèles à Aristote, Albert le Grand et
saint Thomas, — évidemment incompatibles avec la nature
de l'âme humaine

Aussi plusieurs représentants de l'école Franciscaine, plusieurs docteurs de l'ancienne école Dominicaine croyaient-ils
qu'il y a *une seule âme humaine*, mais qu'il y a néanmoins
en elle une composition de trois formes substantielles de
vie la même âme contiendrait donc une forme de vie
végétative, une forme de vie sensitive, une forme de vie

[1]) *Summ theol*, 3ᵃ, q 2, a 1, ad 2

intellective réunies en un même sujet, la même matière spirituelle [1])

Pierre Olivi s'inspira manifestement de cette conception lorsqu'il en vint a dire que l'âme intellective, une des trois formes substantielles de la vie chez l'homme, n'informe pas *immédiatement* le corps de l'homme [2])

C'est là l'erreur que le Concile de Vienne a visée directement

Les Pères du Concile ont donc voulu affirmer, d'une façon directe et expresse, que l'âme intellective — peu importe qu'elle soit seule ou unie en un même substrat spirituel à des âmes végétative et sensitive, — informe *immédiatement, per se et essentialiter*, le corps de l'homme   .

Ce mode d'union immédiate du corps et de la forme intellective est-il incompatible avec une pluralité de principes formels de vie, tels que les pouvaient concevoir ces philosophes médiévaux antérieurs à saint Thomas d'Aquin ?

Il nous paraît, en effet, qu'il y a incompatibilité entre les deux points de doctrine Mais cette incompatibilité a besoin d'être logiquement déduite, et il ne semble pas que l'on puisse la présenter comme objet de la définition *explicite* du Concile.

Quant a la pluralité de formes, en tant que principes sub-

---

[1]) Une lettre de Robert Kilwardby, archevêque de Cantorbury, de l'ordre des Dominicains, mise au jour par le P Ehrle, est remarquablement intéressante a cet egard Les arguments qui semblent plaider contre l'unicité de forme vitale chez l'homme y sont expressement developpés Robert Kilwardby lui-même est d'avis que « multo melius dicitur quod differunt essentialiter ab invicem vegetativa, sensitiva et intellectiva potentia Et ideo, ajoute-t-il, creata est potentia intellectiva tanquam *hoc aliquid*, potens quasi personaliter subsistere post corporis separationem , aliæ autem potentiæ non sic » Cfr *Archiv fur Litteratur- u Kirchengeschichte des Mittelalters,* 1889, S 614-632, De Wulf, *Le traite de Unitate formæ de Gilles de Lessines* Louvain, 1901

[2]) Cfr Ehrle, *Olivi's Leben u Schriften*, dans les *Archiv fur Litteratur- u Kirchengeschichte,* 1887, S 409

stantiels d'être et d'action dans le composé humain, elle n'a certes pas été visée par la condamnation conciliaire aussi a-t-elle continué, après comme avant le Concile de Vienne, à être soutenue par de nombreux docteurs scolastiques, parmi lesquels se placent au premier rang les théologiens et les philosophes de l'école Franciscaine

Duns Scot, par exemple, admet bien que l'âme raisonnable est la forme substantielle du corps, mais il est d'avis que la matière possède déjà, préalablement à son information par l'âme raisonnable, une *forme de corporeité*, forme incomplète, d'ailleurs, appelant naturellement la forme raisonnable, mais nécessaire, selon lui, pour expliquer comment le corps humain peut être, avant et après la mort du composé humain, le même corps

Nous croyons que l'argument de Scot n'est pas probant, et l'existence d'une forme de corporeité à laquelle s'ajouterait l'âme raisonnable n'est pas compatible avec la doctrine de l'unité substantielle.

1° L'argument de Scot manque de base le cadavre n'est pas *un* corps, *le* corps auquel l'âme était unie Le cadavre présente, il est vrai, pendant quelque temps une certaine analogie avec le corps auquel l'âme était unie, mais cette analogie ne permet pas d'affirmer l'existence d'*une* forme déterminée de corporeité. Il n'y a pas, dans le cadavre, un ensemble de fonctions solidaires, convergeant toutes vers un résultat commun, on n'y trouve donc plus ce qui, durant la vie, faisait affirmer l'*unité substantielle* du composé

Le cadavre est un amas de corps plus ou moins complexes, en voie de désagrégation, leur unité n'est qu'*apparente*, nous la désignons sous le nom *collectif* de corps mort ou de cadavre.

Sans doute, la désagrégation du corps humain n'est pas instantanée Il se passe ici, mais à rebours, un phénomène analogue à celui du développement embryonnaire

Suivant une opinion fort plausible, que nous signalerons dans le prochain chapitre, l'âme raisonnable n'apparaîtrait dans l'embryon qu'au terme d'un développement au cours duquel plusieurs formes végétatives et sensitives se seraient passagèrement succédé. La première cellule de segmentation ne comporte naturellement, en effet, qu'une forme relativement simple de vie, mais étant destinée à devenir un organisme sensible, au service d'une âme intelligente, elle possède, grâce à l'action initiale des générateurs, un principe interne d'évolution progressive, aux différentes phases de cette évolution, l'organisme réclame des formes de plus en plus élevées jusqu'à ce que, à un moment donné, les forces de la nature ayant épuisé leurs énergies évolutives, Dieu remplace par une âme raisonnable la forme animale la plus élevée devenue elle-même insuffisante.

A la mort de l'homme, un processus analogue mais inverse semble se produire. La mort de l'homme, c'est la séparation de l'âme raisonnable d'avec le corps. Or, cette séparation n'entraîne pas d'un coup la désorganisation complète du corps et sa résolution immédiate en ses premiers éléments. Il est de fait, même, que des substances albuminoïdes, extraites de l'organisme aussitôt après la mort, révèlent à l'analyse chimique une complexité très grande; il est de fait que la vie se retrouve dans certains éléments organisés, elle se manifeste même par la croissance de certains tissus, il y a donc encore, passagèrement, dans un cadavre humain, des composés partiels offrant une certaine unité, il doit y avoir, dès lors, des formes relativement élevées qui assurent momentanément cette complexité d'éléments et ces manifestations de vie, mais ces *unités partielles* et éphémères n'empêchent pas que le corps humain n'ait perdu son *unité d'ensemble* et n'ait cessé, dès lors, de réclamer un principe d'unité tel que serait la forme de corporéité imaginée par Scot, et appelée quelquefois, par des adversaires railleurs ou des défenseurs imprudents de la philosophie de l'Ecole, *forme cadavérique*

Bientôt, d'ailleurs, les agents de décomposition, — les uns extérieurs, telle la chaleur, les autres intérieurs, tels les aliments qui, au moment de la mort, se trouvaient dans l'estomac sans faire partie de l'organisme, tels encore les microbes qui ont causé la mort — poursuivent leur œuvre de destruction, leur action, n'étant plus temperee ou neutralisée par l'action de l'âme, amene fatalement le deséquilibre, par suite une desorganisation de plus en plus complète et finalement le retour de la matiere vivante à ses premiers éléments

2º Nous avons dit, en second lieu, que la forme de l'école scotiste est incompatible avec la doctrine de l'unité substantielle toute forme qui donnerait à la matière un être détermine, fut-ce simplement un être corporel, mettrait nécessairement obstacle a une nouvelle union *substantielle*, l'être corporel serait deja un être subsistant, l'âme raisonnable en serait un autre, l'âme se joindrait au corps comme une seconde substance a une première, l'union des deux ne pourrait donc être qu'*accidentelle* « Si enim præter animam intellectivam præexisteret quæcumque alia forma substantialis in materia, per quam subjectum animæ esset ens actu, sequeretur, quod anima non daret esse simpliciter » [1])

Nous voilà fixés sur la thèse fondamentale de l'unité substantielle de l'homme et sur le sens et la valeur de la theorie aristotélicienne et scolastique qui en fournit l'explication

Reste a tirer de la quelques applications

269. Conséquences de la doctrine de l'unité substantielle. — 1º Cette doctrine nous fournit la raison dernière

[1]) *Summ theol*, 1ᵃ, q. 76, a 4.

de la thèse établie plus haut sur l'*objet propre* de l'intelligence humaine Matière et esprit, l'homme a pour objet proportionné à sa nature le spirituel dans la matière, l'intelligible dans le sensible, les raisons intelligibles des êtres corporels C'est la vérification de ce principe général « *Operari sequitur esse* », « *modus operandi sequitur modum essendi* », « l'opération résulte de l'être et lui est proportionnée » , « tel être, tel acte », ou encore, « l'être substantiel se traduit dans son acte et, par conséquent, l'acte manifeste ce qu'est la substance » [1])

2º Elle nous explique pourquoi et comment l'union de l'âme intellective et du corps est *naturelle*, et d'où vient l'horreur instinctive que la mort nous inspire

Si, au contraire, vous attribuez à l'âme intelligente la faculté de se passer du corps pour accomplir son acte le plus élevé, le corps devient pour elle inutile, voire gênant, on ne s'explique plus pourquoi elle aurait horreur de s'en séparer, pourquoi, au contraire, elle ne chercherait pas à sortir de la prison où elle est enchaînée

3º Elle nous fournit la *définition* rigoureuse de la nature humaine L'école platonicienne, admettant dans l'homme deux substances indépendantes, prend pour premier terme de sa définition la plus haute faculté de notre âme, l'intelligence Et elle définit l'homme *une intelligence servie par des organes*

Cette définition est évidemment fausse.

D'abord, l'homme n'est pas une intelligence

En second lieu, le fait qu'une intelligence est servie par des organes ne prouverait point l'unité substantielle du composé humain.

---

[1]) Le R P Coconnier a très bien mis en lumière la signification de cet adage de l'École et montré que les savants les plus en vue l'emploient couramment *L'âme humaine*, pp 123 et suiv Paris, Didier, 1890.

Une bonne définition de l'homme doit affirmer son unité de nature et lui assigner son genre et sa différence spécifique

« L'homme est, d'abord et avant tout, âme et corps à la fois Il est un être corporel, vivant, sentant, *informé et vivifié* par une âme sensitive L'*animalité* est donc le genre auquel il appartient, et ce genre devra trouver place au premier terme de la définition

» Mais l'âme humaine, intellective et raisonnable, diffère de l'âme végetative et de l'âme sensitive Elle distingue l'homme de la plante et de la brute, elle le *spécifie*, et la *rationabilité* devra figurer au second terme de la définition

» La véritable définition de l'homme sera donc en resumé celle-ci *L'homme est un animal raisonnable* » [1]

4º Cette définition nous fait voir, du même coup, pourquoi et comment l'homme se trouve être comme une sorte de trait d'union entre l'ordre matériel et l'ordre spirituel, et quelle est, par consequent, la *place* qu'il occupe *dans l'univers créé*

5º Enfin, la doctrine de l'unité substantielle éclaire la vraie notion de la *personnalité humaine* La personnalité désigne la perfection intrinsèque à raison de laquelle un sujet est une personne

Or, qu'est-ce qu'une personne ?

Couramment ou appelle *personnel*, ce qu'un individu doué de raison possede de distinctif, d'incommunicable

La personne est l'individu raisonnable considéré comme sujet d'attributs distinctifs et incommunicables

Nous avons vu, en Metaphysique génerale, que l'*individu* désigne *la substance prise dans son entièreté*, substantia completa, ens indivisum in se, par opposition a ce qui n'est que *partie* d'autre chose

L'individu n'est pas une partie, une *appartenance* d'un

---

[1] Mgr de la Bouillerie, *ouv cit*, pp 54-64

autre sujet , pour souligner cette indépendance à raison de laquelle il n'est point l'appartenance d'un autre, on a coutume de dire qu'il s'appartient

A un point de vue positif, l'individualité consiste donc à subsister entièrement en soi, à un point de vue négatif, elle consiste à ne pas appartenir à autrui Scot se place à ce second point de vue, lorsqu'il définit l'individualité par *l'incommunicabilité*

L'homme est donc *individu* par ce qui le fait substance complète, « unus aliquis subsistens », suivant le mot de saint Thomas

Ce qui le fait substance complète, ce n'est ni l'âme ni le corps, mais l'âme et le corps réunis.

Les *Cartésiens* sont d'accord avec eux-mêmes, lorsqu'ils attribuent la personnalité à l'âme consciente

Les *empiristes* à leur tour restent fidèles à leurs principes, lorsqu'ils ramènent la personnalité à une sorte de coordination d'états corporels

Mais quiconque reconnaît que l'homme est composé de corps et d'âme doit attribuer *l'individualité* à la substance complète du composé humain « Unitas personæ constituitur ex anima et corpore in quantum est unus aliquis in carne et anima » [1])

L'individu humain porte un nom spécial, on l'appelle une *personne* Chacun de nous exprime concrètement la notion de personne par un mot propre, le *mot* « Persona, disait Boèce, est substantia individua rationalis naturæ. »

C'est que l'individu doué de raison et de liberté vérifie, d'une manière toute spéciale, la possession plénière de soi qui est la raison formelle de l'individualité

En effet, à la différence des êtres qui n'ont ni raison ni liberté, l'homme n'est pas un simple sujet récepteur d'impul-

---

[1]) *Summ theol*, 3ª, q 2, a 1, ad 2

sions étrangères, il est maître de *ses* actes, il les dirige d'une manière indépendante et libre, dans le sens de sa destinée [1]

Étant maître responsable de sa destinée, il possède, au sein de la société, le *droit* de faire et d'exiger ce que réclame la réalisation de sa fin, il est le sujet de droits inviolables, il est une *personne morale et juridique*

Aussi serait il contraire à la saine raison et au droit naturel de prétendre se servir de l'homme comme d'un *pur instrument*, comme d'une *chose*, *res* La personne humaine a le droit de travailler librement, et sous sa responsabilité propre, à la réalisation de la fin pour laquelle elle est créée

270. Théories superficielles sur la personnalité. —

Descartes et Gunther ont placé la personnalité dans la *conscience* [2], les empiristes en ont fait une simple *coordination* d'états conscients, ou d'états soit conscients soit subconscients [3]

Dans la théorie de Descartes et de Gunther, la *conscience* peut désigner un *acte* conscient ou l'*aptitude* à produire des actes conscients, en d'autres mots, la conscience *actuelle* ou *habituelle*

Or, dans aucune de ces deux acceptions, la conscience n'est la personnalité

Confondre la personnalité avec la conscience *actuelle* reviendrait à affirmer que l'enfant en bas âge n'est pas une personne, que l'homme perd, durant son sommeil, sa personnalité. Or, personne ne souscrira à de pareilles conséquences Toutes les nations civilisées reconnaissent une personnalité

---

[1] « Adhuc quodam specialiori et perfectiori modo invenitur particulare et individuum in substantiis rationalibus quæ habent dominium sui actus, et non solum aguntur sicut alia sed per se agunt Et ideo speciale nomen habent et hoc nomen est *persona* » *Summ theol*, 1ª, q 29, a 1

[2] V entre autres Garnier, *Traité des facultés de l'âme*, Liv I, ch I

[3] V Ribot, *Les maladies de la personnalité*, p 170 Paris, 1885

juridique a l'enfant qui vient de naître et à l'homme inconscient

La conscience *habituelle* ne constitue pas la personnalité
le *moi* précède le pouvoir d'aperception des actes conscients

La théorie cartesienne et gunthérienne renferme, cependant, une part de vérité La conscience ne constitue pas le
fond de l'individualité humaine, mais elle est l'*indice* de la
supériorité de la *personne* sur l'individu , elle exprime la
raison et la liberté qui *spécifient* la personne dans le genre
individu.

Les actes multiples dont la *coordination* constituerait l'individualité, selon la théorie courante de l'*empirisme*, sont
postérieurs aussi à l'existence de l'individu et, par conséquent, ne peuvent être la raison constitutive de la personnalité

Tout acte suppose un premier principe actif, l'individu ou
la personne

La personne, en effet, n'est autre, en réalité, que la nature
la personne désigne le sujet premier *qui* agit (*id quod* operatur) , la nature designe plutôt *ce par quoi* la personne agit
(*id quo* suppositum operatur) [1]

**271. La permanence du moi. Les " variations de la
personnalité „.** — La personnalité — cette perfection intrinsèque à raison de laquelle un sujet n'appartient à aucun
autre, — n'apparaît pas immédiatement à la conscience. Le
sujet doue de la personnalité ne se révèle à lui-même que par
l'intermédiaire de ses actes *Le mode sous lequel la personna-*

---

[1] Il y a neanmoins quelque chose de plus dans la personne que dans
la nature, car la personne embrasse tout ce qu'il y a de réalité, accidentelle ou substantielle, dans un sujet « Omne quod inest alicui personæ,
sive pertineat ad naturam ejus sive non, unitur ei in persona » *Summ
Theol*, 3ᵃ, q 2, a 2 Cfr *Quæst un de un Verbi*, art 1. Voir *Metaph.
gen*, nᵒˢ 147-153

lité apparait a la conscience est donc fonction de deux facteurs, à savoir, des actes et de la conscience que, par le moyen de la réflexion et du raisonnement, le moi prend de ses actes

Or, ces deux facteurs sont variables l'un et l'autre.

Donc le *sentiment* de la personnalité est sujet à varier

« Notre moi, à diverses epoques, est très différent de lui-même, dit très justement Griesinger , suivant l'âge, les divers devoirs de la vie, les évenements, les excitations du moment, tels complexus d'idees qui, a un moment donné, représentent le moi, se developpent plus que d'autres et se placent au premier rang Nous sommes un autre » [1]

Les empiristes ont infere de ces faits que la personnalité est essentiellement fragile , ils se la sont représentée comme un bloc de phénomènes qu'une cause accidentelle, — une maladie, l'hypnose, une émotion — désagrégerait

La conclusion est trop hâtive Les « variations de la personnalité », plus exactement les variations du *sentiment* de la personnalité sont superficielles , malgré ces variations de surface, nous croyons à la permanence du moi , tous nous estimons que le moi de l'enfance, le moi adulte, le moi de la vieillesse est au fond le même moi

Ontologiquement, il en est ainsi Le moi, en effet, c'est l'âme raisonnable unie substantiellement au corps

Or, ce corps n'est pas quelconque ; cette âme n'est point une âme quelconque ; entre l'un et l'autre, il y a une corré-lation naturelle Tel corps appelle telle âme , telle âme est destinée à être unie à tel corps

Ontologiquement, le moi d'un chacun est donc détermine

Il en résulte que la conscience donne *psychologiquement*, à chacun, le *sentiment* de sa manière propre d'être et d'agir,

[1] Griesinger, *Traité des maladies mentales*, trad Doumic, p 55
Cfr Ribot, *Les maladies de la personnalité*, p 79

la mémoire en garde le souvenir, chacun se forme ainsi spontanément une *notion habituelle de son moi*.

Dans le cours régulier de la vie, nous gardons à l'abri d'altérations profondes cette notion d'un moi unique, distinct de tout autre sujet, appelée « sentiment de l'identité personnelle » Aussi Griesinger, cité plus haut, reconnaît que si, dans les variations de la vie ordinaire, à différents moments nous sommes « un autre », nous demeurons « cependant toujours le même »

Il peut se faire, néanmoins, que, par suite de troubles organiques ou fonctionnels, ou sous l'action de suggestions étrangères, la notion habituelle du moi unique et distinct se trouve bouleversée, que les attaches de la conscience présente avec les souvenirs du passé soient brusquement rompues ; et alors, qu'arrive-t-il ? Le sujet est désorienté, et semble parfois présenter plusieurs vies conscientes distinctes ou séparées [1]).

Mais, chose remarquable, même dans ces cas anormaux, le sujet semble garder le sentiment profond de l'unité d'un moi. Les malades disent, en effet « *J'ai* plusieurs personnalités », ils ne disent point « *Nous* sommes plusieurs a avoir *chacun une* personnalité » [2])

En deux mots, autre chose est l'*individualité* en elle-même, autre chose est la *notion* que peut nous en donner la part mobile d'activité qui franchit le seuil de la conscience La conscience de notre activité varie, le plus souvent, les variations n'entament pas la *notion habituelle du moi*, familière à un chacun, exceptionnellement, cepen-

---

[1]) Voir T a i n e, *De l'intelligence*, II, p 461 Consulter le cas de double personnalité du Dr Azam Voir aussi un cas très intéressant de trois existences distinctes présenté a l'Académie de médecine de Belgique par le Dr Verriest (*Bulletin*, 3e ser, t XVI, n 6) Cfr Pierre Janet, *L'automatisme psychologique*, 1re Partie, ch II

[2]) C l a p a r è d e, *L'association des idées*, p 357

dant, elles vont jusqu'à bouleverser cette notion habituelle
mais, en tout état de cause, la personnalité demeure et avec
elle un sentiment profond de l'unité de la personne

272. Les caractères. Le caractère. — Etymologique-
ment, le mot *caractère*, *χαρακτήρ*, est synonyme d'*empreinte*
Pour signifier qu'une chose diffère d'autres choses plus ou
moins semblables, nous lui imprimons une *marque* telle une
marque de fabrique qui sert à distinguer un produit industriel
d'autres produits similaires

Dans l'ordre physique, les choses diffèrent toutes les unes
des autres, dans un même genre, il y a des espèces différentes, dans une même espèce, des individus différents

La perfection qui appartient à tous les sujets d'une espèce
et n'appartient qu'à eux, — *propriété*, *ὶδιον*, *proprium* — est
pour nous un *caractère distinctif de l'espèce*, une *caractéristique* de l'espèce

Cette propriété est le fondement de la loi à laquelle obéit
le type spécifique, elle est pour nous la raison explicative
de la manière d'agir uniforme et constante commune à tous
les individus de l'espèce

L'induction nous révèle donc les *caractères* distinctifs des
espèces

Mais elle ne nous apprend pas les caractères *essentiels* à
l'*individu* Impossible de définir un individu par le *caractère*
de son individualité Nous essayons de le discerner tant bien
que mal des autres individus de son espèce, au moyen d'un
complexus de notes, dont aucune peut-être, si elle était prise
à part, ne lui conviendrait en propre, mais qui *ensemble* lui
sont applicables exclusivement Cet ensemble de traits individuels forme le *signalement empirique* de l'individu, ou, si
l'on veut, son caractère

Au point de vue logique, les résultats de ces essais empiriques n'ont jamais qu'une valeur conjecturale plus ou moins probable.

Or, l'individualité du moi échappe, comme toute autre, à nos perceptions directes et à nos inductions certaines

On sait que l'individu est un être subsistant, indépendant de tout autre, *aliquis unus subsistens*, que la raison et la liberté font de l'individu une *personne*, mais le caractere distinctif de chaque individu, la raison formelle de la personnalité propre a chaque individu echappent a la science certaine

Il n'est donc pas étonnant que l'on n'a jamais pu donner des caractères une classification scientifique [1]

La psychologie du caractère n'est pas une science, elle est une recherche empirique qui ne peut fournir que des conclusions conjecturales

Cette psychologie peut avoir pour objet soit le caractère *physique* d'un individu, soit le caractère *moral* d'une personne

Au premier point de vue, le caractère désigne un ensemble de dispositions physiques, physiologiques, psychiques spéciales à un individu déterminé. Ce point de vue n'exclut pas l'aspect moral de la vie de l'individu, mais ne le vise ni directement ni principalement.

Or, a un point de vue plus élevé, le caractere designe principalement l'empreinte *morale* d'une personne.

Mais ici le problème psychologique est plus délicat · Com-

---

[1] Nombreux sont les auteurs qui ont essaye d'etablir une classification naturelle des caracteres, on pourra lire à ce sujet R i b o t, *Revue philosophique*, nov 1892, P Pérez, *Le caractère de l'enfant à l'homme* (ch II-VIII), il est reconnu que ces divers essais sont empiriques et fort peu satisfaisants

A defaut d'une classification naturelle, W u n d t propose de ramener provisoirement les caracteres a quatre types speciaux, suivant la vieille distinction des quatre temperaments le sanguin, le melancolique, le colerique et le flegmatique *Physiol Psychol*, 3 Aufl II, 422

ment concilier la liberté de l'acte moral avec la fixité du caractère ?

En effet, le caractère n'exprime pas directement les *actes libres*, mais *l'ensemble des dispositions stables* qui président à la conduite habituelle d'une personne

Il nous est même familier d'opposer le caractère d'un homme à tel ou tel de ses actes Qu'un avare cède accidentellement à un mouvement de générosité, nous disons avec surprise Cela n'était pas dans son caractère Qu'un homme habituellement doux se laisse aller, dans un moment de surexcitation, à commettre une violence, nous disons C'est contraire à son caractère

Au point de vue moral, le caractère désigne, en somme, l'énergie constante de la volonté, « je ne sais quoi, dit Lacordaire, d'inébranlable dans les desseins, de plus inébranlable encore dans la fidélité à soi-même, à ses convictions, à ses amitiés, à ses vertus, une force intime qui jaillit de la personne et inspire à tous cette certitude que nous appelons la sécurité ».

On peut avoir de l'esprit, de la science, du génie même, et ne pas avoir de caractère [1]).

Le caractère, qui n'est que la force de la volonté, est forme d'un ensemble d'habitudes morales (de vertus) La force de la volonté tient à la force de la raison, et la force de celle-ci tient à la ferme vue des principes de la vie humaine.

Cet ensemble de dispositions internes, que révèle la conduite habituelle d'un homme, est comme *la marque de sa personnalité*, sa physionomie morale propre, *son caractère*

On entrevoit l'importance de ces considérations dans l'œuvre délicate et difficile de l'éducation [2])

---

[1]) Lacordaire, *Œuvres*, tome IX, *Melanges*, p 242 Paris, Poussielgue.
[2]) Voir à ce sujet quelques conseils pratiques chez Chaumeil, *Manuel*

273. Aperçu métaphysique sur le moi substantiel et ses facultés. — A maintes reprises, au cours de cet ouvrage, nous avons distingué, incidemment, la nature humaine et ses facultés Les « *facultés* » ou « *puissances* » désignent les principes *immédiats, prochains* des actes qui s'accomplissent en nous , la *nature*, la *substance* désigne leur principe premier, éloigné, leur *sujet fondamental*

De quelle nature est la *distinction entre le moi substantiel et ses facultés* ?

Quelle est la *classification naturelle des facultés* ?

1re Question Le moi substantiel et ses facultés.

Nous avons démontré déjà la substantialité du moi Entre le moi substantiel et ses actes, il y a une distinction réelle inadéquate *(Metaph gen , nos 143-145)*

Mais le moi substantiel est-il le principe immédiat de ses actes ? Ou emploie-t-il des intermédiaires, « puissances ou facultés » ?

Aristote attribue au moi substantiel des facultés de plusieurs genres Saint Thomas d'Aquin se rallie à la doctrine aristotélicienne. La faculté est, selon lui, une *propriété* de la nature , elle est essentiellement, dit-il, un principe immédiat·
« .. Dico autem essentiam potentiæ illud quod est immediate principium actus » [1] Plusieurs Docteurs médiévaux, parmi les plus marquants, adoptent la même thèse D'autres, cependant — tels Henri de Gand, Occam — marchent plutôt sur

---

de *pédagogie psychologique*, ch LXXIV, Paris, 1885 Consulter M a r i o n, *Leçons de psychologie appliquée à l'éducation,* 21me leçon — H S p e n c e r, *De l'éducation*, ch III. Nous regrettons de ne pouvoir nous étendre davantage sur ce sujet qui mériterait un traité à part Nous nous plaisons à recommander W i l l m a n n, *Didaktik als Bildungslehre*, 3te Aufl Vieweg, Braunschweig, 1903 — H a b i i c h, *Pädagogische Psychologie*, 2er Bd Une excellente traduction néerlandaise de l'ouvrage de Habrich a été éditée par M Simeons

[1] I *Dist* 4², q 1, 2-6 — Cfr *Summ Theol*, 1ª q 77, art 1, ad 5

les brisées de saint Augustin et ne placent pas de distinction réelle entre l'âme et ses facultés. Bossuet a suivi en ce point, l'inspiration augustinienne. Les psychologues modernes, en très grand nombre, s'insurgent contre la doctrine des facultés le plus souvent après l'avoir dénaturée.

Les facultés ne sont, disent ils, que des mots inutiles. Il existe des faits psychiques, des émotions, des perceptions, des volitions voilà tout : parler en dehors des faits c'est réaliser des abstractions.

Encore si les facultés n'étaient qu'inutiles, le mal ne serait peut-être pas grave, mais elles sont positivement nuisibles à la science, car elles ont l'air d'expliquer alors qu'elles n'expliquent rien. Or comment le philosophe se préoccupera t-il encore de rechercher péniblement la nature intime et les lois des faits psychiques, lorsqu'il est persuadé qu'il tient dans l'âme et ses facultés la cause adéquate de tout ce que la conscience lui révèle ?

Et ne dites pas, ajoute-t-on, que remonter des phénomènes psychiques aux facultés et à l'âme substantielle, c'est remonter des effets à leurs causes et, par suite, faire œuvre de science au moyen de l'induction. Induire, ce n'est point remonter d'un phénomène à sa pure possibilité, à sa puissance d'être, ce n'est point aller de l'opium à la vertu dormitive. l'induction scientifique n'a rien de commun avec ce jeu stérile et ridicule [1]

Que l'on se contente donc de distinguer avec l'âme des sensations et « des possibilités permanentes de sensations »

Tel est le procès fait à la doctrine des facultés par Herbart [2],

---

[1] Hannequin, *Introduction a l'étude de la Psychologie*, p 113
[2] Herbart ne voit dans l'âme que des représentations (*Vorstellungen*) et prétend faire sortir le sentiment et le vouloir de combinaisons de représentations. C'est lui, plus que tout autre qui a mené la campagne contre la théorie des facultés : celle-ci est en effet, le contre-pied de son système. V *Lehrbuch z Psychologie* Cfr Falckenberg, *Geschichte der neueren Philosophie*, S 408

Wundt [1]) en Allemagne, par les disciples de Hume [2]) en Angleterre, par Taine [3]), Ribot [4]) etc, en France

Nous avons établi *ex professo* en Métaphysique générale (n° **168**) la thèse de la distinction réelle de la substance et de ses facultés Nous ne pourrions que nous répéter

Aussi nous contenterons-nous de répondre ici quelques mots aux objections énoncées ci-dessus

C'est une erreur de croire qu'une faculté soit une abstraction vide de réalité, une simple étiquette destinée à marquer un groupe de faits psychiques Qui dit faculté ou puissance, dit *réalité*, pouvoir *réel*, aussi réel que l'acte qui en jaillira tout à l'heure Un enfant dans le sein de sa mère ne réfléchit pas, ne parle pas, mais niera-t-on qu'il ait une *aptitude* lointaine à réfléchir et à parler, que l'on n'oserait accorder au même titre à la pierre, à la plante, ou à l'animal ? Et si on le conteste pour l'enfant, le niera-t-on pour l'adulte au sommeil ? Le mathématicien qui est plongé dans le sommeil, n'a-t-il pas le *pouvoir* de reprendre demain à son réveil ses spéculations momentanément interrompues ? Ce *pouvoir*, ceux qui ne sont point mathématiciens le possèdent-ils ?

On dit que les facultés n'expliquent rien.

Il faut s'entendre Si *expliquer* signifie rendre compte d'une chose à expliquer par *autre* chose, — par exemple la chaleur, la lumière par le mouvement, les qualités par la quantité, — alors, soit, nous n'expliquons pas

Mais, si *expliquer* signifie déterminer avec rigueur les

---

[1]) W Wundt, *Grundzüge der physiologischen Psychologie*, 3te Aufl, S 10

[2]) *A treatise on human nature*, Book I, Sect VI; cfr. *general introduction*, n° 45 Consulter Spencer, Bain, etc

[3]) *De l'intelligence*, II, pp 204 et suiv M Taine, a la suite de Hume d'ailleurs, substitue à la faculté de sentir « la possibilité durable de sensations »

[4]) *La psychologie anglaise contemporaine et la psychologie allemande contemporaine* Introduction

éléments métaphysiques compris dans la synthèse d'une chose, alors nous récusons l'objection

Le sens commun se contente de considérer l'âme telle qu'elle se révèle à nous par ses actes divers

Mais l'*analyse* métaphysique recherche quelles sont *les conditions d'une opération* Elle trouve qu'il faut 1° un sujet, 2° des facultés, 3° des actes

Le moi est le sujet (οὐσία), les facultés sont les forces actives (δυνάμεις) dont l'action (ἐνέργεια) constitue le fait psychique ou le résultat (ἐνέργημα) « Autant de choses qui se fondent dans une unité totale, lorsqu'il s'agit d'opérations immanentes comme celles de notre âme, mais il n'en est pas moins important de démêler le rôle respectif de chacun des facteurs qui se réunissent dans la formation de cette unité totale afin de ne pas attribuer à l'un des conséquences qui doivent être rapportées à un autre » [1]

On objecte, ensuite, que cette doctrine *substitue* une explication verbale a une explication scientifique elle enrayerait donc les recherches psychologiques

Distinguons Si la thèse de la distinction des facultés se substituait aux autres études psychologiques, l'objection serait recevable Si, au contraire, cette explication répond à *un* problème que soulèvent indifféremment tous les actes de la conscience, elle n'en laisse pas moins subsister les problèmes relatifs à la diversité *qualitative* des opérations et de leurs rapports.

Aussi bien, qu'a fait Taine sinon remplacer un mot technique d'une signification précise, par une formule moins rigoureuse ?

Assurément une faculté n'est pas seulement une possibilité *intrinsèque* à raison de laquelle, certaines conditions

[1] Cfr. Domet de Vorges, *La métaphysique en présence des sciences,* p 208.

étant données, il ne serait pas contradictoire que certains actes surgissent

La faculté exprime donc une possibilité *extrinsèque*, c'est-à-dire l'existence, dans la nature, d'un sujet capable de produire certains actes, certaines conditions étant vérifiées

Cette possibilité extrinsèque peut être transitoire — ainsi le portefaix de vingt ans a le pouvoir de porter cent kilos — mais la faculté est une possibilité *extrinsèque, permanente* elle est, en effet, une propriété *naturelle*, inaliénable

Le langage de Taine est néanmoins peu rigoureux car il ne dit pas si la possibilité permanente des actes tient toujours à un même sujet — telle serait la substance de l'âme — ou si elle tient à des propriétés diverses d'un sujet donné.

2de *Question La classification des facultés*

Platon semble [1] avoir distingué trois âmes chez l'homme Aristote reconnut mieux l'unité foncière de tous les modes de l'activité vitale, malgré la diversité qui les caractérise lorsqu'on les considère dans leur manifestation immédiate ou qu'on les oppose l'un a l'autre, il posa en conséquence l'unicité de l'âme envisagée dans sa substance, mais il attribua à cette âme unique des puissances ou des facultés multiples. Autre est, disait-il, dans l'âme, la faculté, principe immédiat d'opération, autre la substance Les philosophes scolastiques se rallièrent à la doctrine d'Aristote, et saint Thomas d'Aquin, par exemple, consacre dans son traité d'Anthropologie [2] une question spéciale à la classification des puissances de l'âme. Il distingue tout d'abord les grandes catégories génériques de facultés ou de puissances, « genera

---

[1] Dans le *Timée*, il distingue trois âmes, l'une divine et immortelle, qu'il place dans le cerveau, les deux autres mortelles, qu'il loge respectivement dans la poitrine et dans le ventre Dans sa *République* cependant, il ne parle que d'une seule âme a laquelle il attribue, comme autant de puissances, l'intelligence (νοῦς), le cœur (θυμός) et l'appétit (ἐπιθυμητικόν)

[2] *Summ theol*, 1ª, q. 78, art 1

potentiarum » les puissances *végétatives*, c'est-à-dire les forces servant au fonctionnement de la vie organique, les puissances *cognitives* qui s'exercent par les *sens*, et celles qui s'exercent par l'*intelligence*, les puissances *appétitives* et la puissance de *locomotion* Du jour où, sous l'influence de Descartes, il s'établit une séparation et comme une sorte d'opposition entre le corps et l'esprit, les puissances végétatives, sensitives et motrices durent logiquement être soustraites à l'empire de l'âme humaine, en revanche, le rôle important attribué par Kant aux phénomènes passifs de la sensibilité, attira l'attention spéciale des psychologues sur le côté passif, émotionnel de l'âme humaine, et fit de l'*affectivité* ou de la *sensibilité* de l'âme une faculté à part, de façon que depuis lors, et jusqu'en ces tout derniers temps, les facultés de l'âme se trouvèrent généralement classées en trois catégories la *sensibilité*, l'*entendement* et la *volonté*

Nous avons recherché ailleurs *(Métaph gén*, n⁰ **169**), quelle est la base de la classification des facultés

Plus haut, au n⁰ **136** de l'ouvrage cité, nous avons fait voir qu'il n'y a pas lieu d'accorder à l'*affectivité* une place à part

Aussi considérons-nous la classification aristotélicienne comme fondée Il y a, d'après cette division, cinq genres de facultés Δυνάμεις τῆς ψυχῆς εἴπομεν θρεπτικόν, ὀρεκτικόν, αἰσθητικόν, κινητικόν κατὰ τόπον, διανοητικόν Nous avons montré, chemin faisant, comment ces genres divers se spécifient Il serait superflu de nous arrêter davantage sur ce sujet

274. Mode de présence de l'âme dans le corps. — La doctrine de l'union substantielle permet de répondre à la question de savoir *où* et *comment* l'âme est présente dans le corps

Est-elle dans le corps entier ou dans une partie du corps ?

Si elle est dans le corps entier, *comment* y est-elle ?

Dans les théories platonicienne et cartésienne sur l'union de l'âme et du corps, l'âme n'a qu'à imprimer une action à l'organisme ou à lui donner une direction générale Si son rôle se borne à cela, il paraît superflu qu'elle occupe le corps entier, il suffit, semble-t-il, qu'elle réside en un point central et que de là, comme le pilote à son gouvernail, elle dirige le mouvement de l'ensemble. De fait, Platon et Descartes acceptent cette conséquence et ils font résider l'âme pensante, le premier dans le cerveau, le second dans une portion minime de la substance cérébrale, la glande pinéale

De là, par l'intermédiaire des fibres nerveuses, sensitives et motrices, l'âme devrait donc présider à toutes les manifestations de la sensibilité et du mouvement

Nous croyons au contraire, avec saint Thomas, que l'âme est, par une présence totale, dans le corps entier et dans chacune de ses parties. « *Anima rationalis*, dit le saint Docteur, *est tota in toto corpore et tota in qualibet parte corporis* »

L'âme, en effet, n'est pas un simple agent moteur ou directeur de l'organisme, elle est la forme substantielle du corps, elle communique au corps entier sa subsistance, elle est le premier principe des forces dont il est doué. Or, pour faire subsister le corps, il faut lui être présent, suivant ce principe indiscutable « Actus est in eo cujus est actus » Donc l'âme est dans le corps entier qu'elle fait subsister et qu'elle anime. « Anima est in *toto* corpore »

Mais l'âme raisonnable n'a point de parties, elle n'est donc pas dans l'organisme à la façon d'un corps matériel étendu, avec des parties correspondant aux parties de l'organisme ; ou elle est, elle est entière, elle est « *tota* in toto corpore et *tota* in singulis partibus corporis » [1])

---

[1]) Saint Thomas résume en ces quelques lignes les considérations que nous venons de présenter et qui ne font, du reste, que reproduire la

L'âme est présente au corps qu'elle anime, mais sans y occuper de lieu La presence d'un corps entier repond, en effet, à une circonscription spatiale déterminee, et la presence de chaque partie de ce corps à chacune des portions de cette circonscription Les corps ont donc dans l'espace une presence que l'on exprime par les mots *circonscrire, circonscription*

Telle n'est pas la présence de l'âme dans l'espace, attendu qu'il ne peut y avoir de parties d'âme repondant à autant de fractions d'espace La presence de l'âme dans l'organisme et dans chacun des elements anatomiques de l'organisme est donc toujours une présence *totale* Néanmoins la presence de l'âme a ses limites, lesquelles sont *définies* par l'espace que le corps occupe.

Aussi a-t-on coutume de dire, d'une part, que la présence de l'âme dans le corps y est *définie, anima est in corpore definitive*, pour signifier qu'elle n'est pas illimitee d'autre part, qu'elle n'y est pas *circonscrite*, pour signifier qu'elle y est toujours totale, *sed non circumscriptive* [1])

---

preuve de l'unite substantielle de l'homme « Veritas hujus quæstionis ex præcedentibus dependet Ostensum est enim prius quod anima unitur corpori non solum ut motor, sed ut forma Posterius vero ostensum est quod anima non præsupponit alias formas substantiales in materia, quæ dent esse substantiale corpori aut partibus ejus, sed et totum corpus et omnes ejus partes habent esse substantiale et specificum per animam, qua recedente, sicut non manet homo aut animal, aut vivum, ita non manet manus, aut oculus, aut caro, aut os, nisi æquivoce, sicut depicta aut lapidea Sic igitur cum omnis actus sit in eo cujus est actus, oportet animam, quæ est actus totius corporis et omnium partium, esse in toto corpore et in qualibet ejus parte » Qq disp *de spirit creat*, art 4

[1]) Autre chose est être present en un lieu, autre chose est y occuper place, dit très nettement saint François de Sales « Quand une chose est en un lieu, dit-il, nous avons coutume d'y concevoir en elle deux choses, deux qualites, deux apparences L'une c'est la présence, l'oppose de l'absence L'autre qualite, c'est que la chose qui est en quelque lieu y occupe une place, c'est-à-dire qu'elle y soit tellement que là où elle est, nulle autre chose y puisse être avec elle

» Ces deux conditions, à notre grossière façon de penser, nous semblent

De ce que l'âme réside dans le corps entier et dans chacune de ses parties, suit il qu'elle réside dans les parties, au même titre que dans le tout ? Suppose que l'on ampute un membre, l'âme devra-t-elle rester dans le membre amputé aussi bien que dans le corps auquel on fait l'amputation ?

Non, la constitution d'*un* corps organisé est le but intrinsèque *premier* de l'union de l'âme avec lui, les membres n'ont qu'une fonction spéciale et, par suite, une destination *subordonnée* à l'ensemble. Seule la présence de l'âme dans le corps entier est *adéquate*, c'est-à-dire indépendante de toute autre présence, dans les parties, la présence est *inadéquate*, c'est-à-dire, dépendante de la présence dans le tout. Dès lors, lorsqu'un membre cesse d'appartenir au tout de l'organisme, son union avec l'âme raisonnable n'a plus de raison d'être, elle cesse [1]).

Bien que l'âme, forme substantielle du composé humain, se trouve présente à toutes les parties de l'organisme, elle n'est pas présente à chacune d'elles dans les conditions

tellement liées l'une à l'autre, qu'elles ne peuvent être aucunement séparées.

» Or, néanmoins, il y a grande différence entre être présent et occuper lieu, de façon que l'un peut bien être sans l'autre. La présence avec occupation de lieu s'appelle *présence qui circonscrit*, elle est le mode naturel de présence des corps, la présence du corps entier répond à une circonscription spatiale, et la présence de chaque partie du corps à chacune des portions de cette circonscription — La présence naturelle à l'âme n'est pas une présence 'qui *circonscrit*, il n'y a pas de parties d'âme répondant à autant de portions d'espace. la présence de l'âme est donc toujours une présence totale, mais, d'autre part, la présence d'un esprit, de même que sa sphère d'action, n'est pas illimitée, mais elle est définie par l'espace que le corps occupe, on appelle cette présence de l'âme une présence *définitive*, c'est-à-dire, d'une part non circonscrite, d'autre part non illimitée »

[1]) Après avoir dit, dans le passage rapporté plus haut, que l'âme est tout entière et dans le corps entier et dans chacune des parties qui le composent, saint Thomas continue « Sed tamen aliter se habet totum corpus ad animam, et aliter ad partes ejus. Anima enim totius quidem corporis actus est primo et per se partium vero in ordine ad totum »,

voulues pour y déployer indifféremment *toute sa puissance*
« Anima est tota in qualibet parte corporis secundum totalitatem essentiæ, sed *non secundum totalitatem virtutis* »

Les puissances végétatives et sensitives sont, en effet,
liées à des organes différents, la puissance de la vision à
l'œil, celle de l'audition à l'appareil auditif, et ainsi de suite.
Elles sont donc *localisées* dans les parties du corps auxquelles elles sont respectivement attachées

Les puissances *spirituelles* ne sont, rigoureusement parlant, *nulle part*, en aucun endroit déterminé de l'organisme,
car elles n'ont point d'organe [1])

On s'explique cependant que le sens commun loge l'intelligence dans la tête ou dans le cerveau, car les sens internes,
dont l'activité supérieure est dependante, ont leur siège
dans les centres cerebraux

Nous avons dit aussi (142) comment il se fait que le cœur
passe naturellement pour le symbole et le siège des émotions
et des sentiments.

L'âme humaine est donc en elle-même spirituelle, mais
substantiellement unie au corps dont elle est la forme Nous
sommes renseignés sur sa *nature ,* posons la question de son
origine

---

[1]) « Anima (humana) non habet extensionem in materia unde in ea
prima totalitas locum non habet Relinquitur ergo quod secundum totalitatem essentiæ simpliciter enuntiari possit esse tota in qualibet corporis parte, non autem secundum totalitatem virtutis , quia partes
differenter perficiuntur ab ipsa ad diversas operationes, et aliqua operatio est ejus, scilicet intelligere, quam per nullam partem corporis
exequitur Unde sic accepta totalitate animæ secundum virtutem, non
solum non est tota in qualibet parte, sed nec est tota in toto quia virtus
animæ capacitatem corporis excedit » *De spir creat ,* q 1, art 4

CHAPITRE II

ORIGINE DE L'AME HUMAINE.

— ——— —

275. État de la question. — Il est manifeste que l'âme humaine n'a pas les attributs d'un Être nécessaire, elle a donc dû être appelee a l'existence par l'action d'autrui.

Quelle est la nature de cette action? Cette action s'est-elle bornee a transformer un sujet préexistant, pour en faire jaillir une nature nouvelle? Ou a-t-elle fait surgir l'âme humaine du néant, sans rien emprunter à des choses préexistantes?

Dans la première hypothese, l'âme serait née par voie de *génération* car la « géneration » est la production d'une substance moyennant la transformation substantielle d'un sujet présupposé

Dans la seconde hypothese, l'âme seiait *créée* car créer c'est produire une substance, sans y employer un sujet preexistant

La premiere hypothèse s'appelle le *Traducianisme* ou le *Générationisme*, la seconde s'appelle le *Créatianisme*

D'apres les partisans du Traducianisme et du Générationisme, l'homme tout entier, corps et âme, viendrait des parents, d'après les premiers, l'action des génerateurs serait *matérielle*, d'après les seconds, l'*âme* des parents donnerait

naissance a l'âme de l'enfant Comment une âme immatérielle produit-elle une autre âme immatérielle ? Les Généra-
tianistes avouent ne pas se l'expliquer, ils comparent les
âmes à des flambeaux qui s'allument l'un l'autre [1]

L'origine de l'âme souleve deux questions, l'une concernant l'origine de la premiere âme humaine, l'autre, l'origine
des âmes qui arrivent journellement a l'existence Cependant
les deux questions n'en font qu'une, elles se résolvent par
le même principe et la réponse a faire aux deux est basee
sur une même notion, la spiritualite de l'âme [2]

Nous n'avons plus a reprendre l'examen des theories matérialistes sur les premières origines des êtres vivants, à l'effet
de montrer que la *première* âme humaine n'est pas issue
de types inférieurs du regne organique, nous considérons
uniquement la cause *immédiate* de la production des âmes
à l'heure présente

La question, restreinte à ces limites, revient donc à savoir
si les parents *engendrent* l'âme de l'enfant, ou si Dieu [3]
la *cree*

---

[1] Saint Augustin, cherchant à s'expliquer le mode de transmission du
peché originel, croyait se faciliter sa tâche en admettant la « propagation
des âmes » d'Adam à sa posterite « Toutefois, ajoute-t-il aussitôt lui-
même, quand on examine plus à fond cette opinion, on a peine à concevoir comment l'âme du pere peut former celle de l'enfant ou se
transmettre a lui, comme un flambeau en allumerait un autre, sans que
le premier perde rien de la lumière qu'il communique au second »
Lettres a Optat, n 14 Lettre CXC, ed Vivès, tome VI — Saint Augustin
considérait le Generatianisme et le Créatianisme comme deux opinions
libres au point de vue de la foi, mais aujourd'hui on ne pourrait plus en
dire autant Differents documents emanés de Leon IX, de Benoît XII,
plus recemment de Pie IX et ayant une valeur dogmatique, ont tranche
definitivement la controverse Consulter a ce sujet le cardinal Zigliara,
Summa philosophica, vol II, p 132

[2] Coconnier, *L'âme humaine*, ch VIII

[3] On demontre en Theodicee que Dieu seul est capable de creer si
donc l'existence de l'âme est due à un acte createur, c'est a Dieu lui-
même qu'il faut faire remonter immediatement son origine Cfr *Summ
Theol*, 1ª, q. 45, a 5 et le commentaire de Cajetan, *ibid*

Si cette seconde hypothèse est vraie, nous aurons à nous enquérir ensuite *à quel moment* l'âme est créée

276. La preuve du Créatianisme. — *L'âme n'est pas engendrée par les parents, mais elle est créée par Dieu*

Preuve de la thèse 1er *Argument, tiré de l'impossibilité du Traducianisme et du Générationisme* — Si l'âme de l'enfant est *engendrée*, quelque chose doit passer du corps ou de l'âme des parents dans l'âme de l'enfant ceci ressort de la définition même de la génération (**275**)

Or, les deux suppositions sont incompatibles avec la spiritualité et la simplicité de l'âme humaine

Donc l'âme n'est pas engendrée par les parents, mais elle est créée par Dieu.

1o La première supposition est incompatible avec la spiritualité de l'âme Si la semence corporelle qui provient des parents pouvait servir à former l'âme de l'enfant, *a)* un agent corporel serait capable de produire un effet spirituel, ce qui supposerait une *disproportion entre la cause et son effet ,* *b)* l'âme de l'enfant devrait être composée de deux parties constitutives, l'une commune aux deux substances entre lesquelles s'opère la transformation, l'autre speciale au terme de la transformation et spécifiant la nature de l'âme engendrée , or l'âme de l'enfant n'a pas de parties constitutives, elle est *simple* Le Traducianisme est donc inadmissible. ,

2o Reste la seconde supposition Il est difficile d'imaginer quelle pourrait être cette action d'une âme qui engendrerait une autre âme , en tout état de cause, puisque cette action n'est pas une création, mais une « génération », une partie de l'âme des parents devrait être transmise a l'enfant Or l'âme des parents est indivisible Donc cette seconde hypothèse aussi est incompatible avec la nature de l'âme.

2ᵈ Argument direct, déduit de la spiritualité de l'âme — Une âme spirituelle ou subsistante d'elle-même ne peut être que créée

En effet, il y a proportion naturelle entre le devenir et l'être, car, en définitive, le devenir c'est l'être envisagé en tant qu'il soit de ses causes

Or, l'être de l'âme a cela de distinctif que étant spirituel, il est indépendant de tout sujet matériel

Donc le devenir de l'âme est indépendant de tout sujet matériel

Mais devenir sans la mise en œuvre d'un sujet matériel presuppose, c'est être créé

Donc l'âme humaine arrive à l'existence par la création, elle est créée

Le Docteur angelique résume en quelques lignes toute cette démonstration

« Cum fieri sit via ad esse, sic alicui competit fieri, sicut ei competit esse Illud autem proprie dicitur esse, quod habet ipsum esse, quasi in suo esse subsistens Et ideo nulli formæ non subsistenti proprie convenit fieri, sed dicuntur fieri per hoc quod composita subsistentia fiunt Anima autem rationalis est forma subsistens, ut supra habitum est; unde ipsi proprie competit esse et fieri Et quia non potest fieri ex materia præjacente neque corporali, quia sic esset naturæ corporeæ, neque spirituali, quia sic substantiæ spirituales invicem transmutarentur, necesse est dicere quod non fiat nisi per creationem »[1]

277. Objections. — La thèse créatianiste conduit, dit-on, à des conséquences inadmissibles

1º Elle prête à Dieu des miracles incessants ;

2º Elle attribue au Créateur une participation positive à des actes illicites, par exemple à l'adultère ;

3º Elle fait descendre l'homme au-dessous de l'animal,

---

[1] *Summ Theol*, 1ᵃ, q 90, a 2 Cfr *Compend theol*, cap XCIII

attendu que l'animal engendre son semblable, tandis que l'homme n'engendrerait que le corps de l'enfant ,

1º A proprement parler, les parents ne seraient plus parents que de nom, ils ne mettraient pas au monde un enfant de même nature qu'eux, mais un corps dépourvu d'une âme raisonnable

Réponse à la 1re objection — Le miracle implique une *dérogation* à une loi de la nature Or, la création d'une âme spirituelle ne constitue pas une dérogation à une loi de la nature ; au contraire, elle est l'accomplissement d'une loi naturelle en vertu de laquelle la Cause première doit intervenir *immédiatement* dans son œuvre, lorsqu'il y a lieu de produire un effet irréalisable par les causes secondes Dieu a voulu que l'acte générateur des parents aboutît à une nature *humaine* Or le produit direct d'un acte générateur ne peut être qu'un corps , il est impossible que des organes corporels donnent naissance à une substance spirituelle Donc, au moment où l'action des générateurs a préparé le fruit de la génération à recevoir une âme spirituelle, l'intervention de Dieu est commandée Dieu a posé la loi, il se doit à lui-même de la suivre

Réponse à la 2me objection — L'intervention divine n'accuse d'ailleurs aucune imperfection morale Dieu concourt à l'acte physiologique de la génération cet acte est bon ; il y concourt en donnant une âme raisonnable au germe issu des parents : encore une fois, cet acte est bon , le concours divin est donc indemne de toute souillure morale

Si à un acte, qui en lui-même est bon, les parents apportent une volonté perverse, ils sont seuls responsables de l'abus qu'ils font de leur libre arbitre. Au surplus, Dieu n'est pas tenu d'empêcher cet abus de la liberté humaine , il n'est pas tenu, — on le fait voir en Théodicée — d'empêcher le mal.

Réponse à la 3ᵐᵉ objection — Il ne résulte pas du Créatianisme, que l'homme soit inférieur à l'animal, même au point de vue restreint de la fonction de reproduction. L'homme, aussi bien que l'animal, engendre un corps doué de vie et de sensibilité, mais parce que l'embryon humain est d'une nature supérieure à celle de l'embryon animal, parce qu'il est prédestiné à des opérations transcendantes, dont aucun organe ne serait capable, le produit de l'acte générateur des parents doit être informé par une âme à la fois sensitive et raisonnable, et comme la production d'une âme raisonnable dépasse la puissance des causes secondes, il est de nécessité que Dieu intervienne pour suppléer à leur insuffisance et la créer lui-même

Cette nécessité du concours spécial de Dieu est donc une preuve de la *supériorité* de la nature humaine

Réponse à la 4ᵐᵉ objection — Cette objection est spécieuse, il faut en convenir, mais elle n'est point fondée

Si l'homme était une association accidentelle d'un corps et d'une âme raisonnable, les parents qui ne produiraient que le corps ne seraient, en effet, d'aucune façon les auteurs d'un être humain

Mais l'homme est une substance matérielle et spirituelle ; la formation d'un homme consiste dans l'*union* — le mot *unition* serait plus expressif — d'une âme raisonnable à la matière fournie par les parents Or cette *union* est l'œuvre de Dieu, sans doute, car Dieu est l'auteur de la création de l'âme, mais elle est aussi l'œuvre des parents, car leur acte générateur est la cause déterminante de l'acte créateur Donc les parents sont cause de la naissance d'un *être humain*.

Dieu est la cause *immédiate* de la production de l'âme humaine, il la produit par *création*

Ces deux points sont acquis

Quelle est la date de la création de l'âme ? Les âmes

ont-elles été créées toutes *à l'origine des temps*, peut-être même de toute éternité ? Ou leur création coïncide-t-elle avec *le moment de leur union avec la matière* ?

Et si les deux événements coïncident, quel est le moment de leur coïncidence ? Est-ce *le moment de la fécondation* ou est ce une *date postérieure*, et *laquelle* ?

278. Quand l'âme est-elle créée ? - Tout d'abord, il n'y a aucune raison de croire avec Platon [1]), que l'âme existe avant le moment où elle doit être unie au corps, ou même de toute éternité. De fait, nous n'avons point de souvenir d'une existence antérieure Au contraire, l'union de l'âme et du corps étant naturelle, il est inadmissible que l'Auteur de la nature ait placé les âmes à l'origine dans un état d'isolement contraire à leur perfection naturelle, il est bien plus raisonnable d'admettre qu'il les crée *au moment même où il les unit à la matière* qu'elles vont animer

Est-ce à dire que l'âme *doive* être créée au moment de la *conception* ?

Il est possible, sans doute, qu'il en soit ainsi et que, dès le principe, la vie de l'embryon vienne d'une âme raisonnable

Mais il est possible aussi que l'âme soit créée par Dieu au cours seulement de la vie embryonnaire, après que, tour à tour, un principe de vie organique d'abord, une âme sensitive ensuite, ont donné à l'embryon la perfection qu'ils étaient capables de lui communiquer [2]).

Les deux opinions peuvent se soutenir, mais, à notre avis, la seconde est la plus vraisemblable.

Quant à préciser *à quel moment* l'embryon a atteint le

---

[1]) *Phédon*, XXX et suiv Origène aussi professa la préexistence des âmes. Son erreur fut condamnée par le second Concile de Constantinople

[2]) Sur l'origine des formes substantielles des corps de la nature, voir N y s, *Cosmologie*, pp 354 et suiv

degré d'organisation voulu pour être informé par une âme raisonnable, c'est chose évidemment impossible.

Il nous paraît que saint Thomas a dit sur cette question ce que l'on peut conjecturer avec le plus de vraisemblance.

« Il enseigne que le fœtus, avant de devenir homme sous l'information de l'âme raisonnable, traverse les degrés inférieurs de la vie, en vertu d'un principe qui se développe par l'influence du générateur, et qu'il est d'abord seulement végétatif, ensuite tout à la fois végétatif et sensitif. L'organisme étant enfin conduit aux dispositions requises pour être vivifié par l'âme humaine, l'action de Dieu intervient et crée l'âme dans le corps. Le générateur conduit le corps humain jusqu'à ces dernières dispositions qui exigent en celui-ci l'introduction de l'âme intellective ; mais, arrivé à ce point, son activité s'arrête. Alors, Dieu, lui seul, met la dernière main à l'ouvrage, en créant cette âme et en l'infusant dans le corps, comme sa forme substantielle. Or, c'est le propre d'une forme substantielle d'être le principe unique de toute l'activité du sujet. L'âme raisonnable s'empare donc tellement de l'organisme entier, qu'elle devient en lui l'unique source de la vie. »

« Tout ceci est conforme au procédé naturel des choses qui, passant de la puissance à l'acte, se produisent moyennant une succession de temps et ne parviennent pas, de prime abord, au dernier terme de leur être spécifique ; elles passent par différents états intermédiaires, avant d'atteindre la perfection qui leur est propre. « Est naturalis ordo ut aliquid de potentia reducatur in actum. Et ideo in his, quæ generantur, invenimus quod primum unumquodque est imperfectum et postea perficitur. Manifestum est autem quod commune se habet ad proprium et determinatum, ut imperfectum ad perfectum. » Il en est ainsi de la génération humaine. Le corps s'organise graduellement ; et, à mesure que l'organisation s'avance, surgit en lui d'abord la vie, puis la sensibilité, sous l'influence de principes actifs correspondants. Chacun de ces principes cesse lorsque l'autre survient [1]), attendu que celui-ci, contenant dans son unité l'efficace du principe précédent, en rend inutile la permanence. « Cum generatio unius semper sit corruptio

---

[1]) Il faut bien se garder de confondre cette conception d'une succession progressive de formes spécifiquement différentes avec la supposition incohérente de Leibniz, reprise et formulée en thèse par Rosmini, d'une transformation d'âme sensitive en âme raisonnable. « On peut concevoir la génération de l'âme humaine, écrit Rosmini, comme une ascension progressive de l'imparfait au parfait, de telle façon que le

alterius, necesse est dicere quod tam in homine quam in animalibus aliis, quando perfectior forma advenit, fit corruptio prioris, ita tamen quod sequens forma habet quidquid habebat prima et adhuc amplius Et ita per multas generationes et corruptiones pervenitur ad ultimam formam substantialem tam in homine, quam in aliis animalibus . Sic igitur dicendum est quod anima intellectiva creatur a Deo in fine generationis humanæ, quæ simul est et sensitiva et nutritiva, corruptis formis præexistentibus » [1])

L'embryogénie confirme d'une manière frappante ces vues speculatives des anciens scolastiques

On sait, en effet, aujourd'hui que la formation d'un être nouveau, chez la plupart des animaux et chez tous les vertébres sans exception, est due à la fusion de produits sexuels qui sont de simples cellules

Les premiers phenomènes qui suivent la fécondation se ramenent a un processus relativement simple de segmentation Au début du developpement, le microscope ne révèle pas autre chose que des couches de cellules régulièrement disposees et constituant ce que l'on a appele les feuillets germinatifs. Ce n'est que progressivement que l'on voit apparaître les ébauches des organes et leur différenciation se dessiner (Voir *Planche I*)

De même, s'il est permis de s'en rapporter aux observations de M Preyer sur la physiologie de l'embryon, les contractions du cœur et la circulation du sang se remarquent, chez le poulet et le cobaye, par exemple, plusieurs jours avant que l'on y aperçoive aucun indice de motilité , la motilité elle-même précède les manifestations de la sensibilité,

---

principe sensitif, recevant l'intuition de l'être, devient intellectif » Voir le Decret du 7 mars 1888 condamnant quarante propositions de Rosmini , 2e prop

On comprend qu'un principe sensitif et, par suite, non-subsistant fasse place a un principe subsistant tel que l'âme raisonnable , mais prétendre qu'un principe non-subsistant *devienne* subsistant, c'est tomber dans une contradiction qui paraît manifeste

[1]) 1ᵃ, q 118, a 2. Liberatore, *Du composé humain*, n 289.

de sorte que, morphologiquement [1]) et physiologiquement [2]),
l'ontogénèse se révèle comme un processus d'évolution de
l'indéterminé au déterminé, de la vie organique à la vie
sensitive, ainsi que l'avaient pressenti les hommes de génie
du xiiie siècle [3])

Nous connaissons la question des origines de l'âme, mais
l'homme entier intéresse le psychologue, nous ne pouvons
donc passer complètement sous silence les origines du *corps*
humain

[1]) Consulter O Hertwig, *Traité d'embryologie,* trad Julin Paris,
1891, 1re Partie, ch I-VII

[2]) W Preyer, *Physiologie spéciale de l'embryon,* trad Wiet Paris, 1887,
9me Partie et app I et II

[3]) Nous ne résistons pas au plaisir de transcrire ici quelques strophes
dans lesquelles le Dante a condensé la doctrine de Thomas d'Aquin sur
l'origine de l'âme Après avoir décrit le phénomène de la fécondation
et parlé du principe d'activité dont est doué le germe fécondé, le poete-
philosophe continue en ces termes (*Purg* XXV, 52-60)

> Le principe actif (du germe) (a) étant devenu une âme,
> Une âme comme est celle du végétal, avec cette différence, [but,
> Qu'elle est en voie de transformation (b), tandis que celle-ci est au
>
> Opère ensuite si bien que le voici qui se meut et qui sent,
> Comme une éponge marine (c), et dès ce moment, il commence
> A organiser les puissances qu'il contient en germe
>
> Et alors, mon fils, voici que se déploie et que s'étend au large
> Cette force plastique qui vient du cœur des parents
> Où la nature prend sa source pour former tous les organes

(a) La forme substantielle du germe issu des parents

(b) Les formes qui se succèdent dans l'embryon ne sont que des
formes de passage, on les appelle *transitoires,* par opposition aux
formes stables des espèces naturelles

(c) Littéralement « un champignon » ou « une algue » Dante fait sans
doute allusion à ces organismes gélatineux qui semblent donner des
signes d'une sorte de sensibilité sourde.

279. Origine du corps de l'homme — Nous avons vu dans la première partie quelle est l'origine *immédiate* du corps de l'homme

L'esprit de système inspire à beaucoup de transformistes

> Anima fatta la virtute attiva,
> Qual d'una pianta, in tanto differente,
> Che questa è in via e quella è già a riva,
>
> Tanto ovra poi che già si muove e sente,
> Come fungo marino, ed indi imprende
> Ad organar le posse ond' è semente
>
> Or si spiega, figliuolo, or si distende
> La virtù ch' e dal cuor del generante,
> Ove natura a tutte membra intende

Mais, comment ce sujet, de sensible qu'il est, devient un enfant,
Tu ne le vois pas encore c'est là une difficulté
Qui jeta penseur plus habile que toi dans l'erreur,

Et fit qu'il attribua une existence separee (a)
De celle de l'âme humaine, à l'intellect possible,
A cause qu'il ne le voyait se servir d'aucun organe

Ouvre ton cœur à la vérite que je vais t'enseigner,
Et sache que, dès le moment où dans le fœtus
L'organisation du cerveau est achevée,

Le premier Moteur se tourne vers lui avec complaisance,
Et se penchant sur ce chef-d'œuvre de la nature, y insuffle
Un esprit nouveau plein d'énergie,

Lequel s'empare de ce qu'il trouve la d'actif, l'absorbe
Dans sa propre substance, et fait ainsi que c'est une seule âme,
Qui vit et sent, et se reflechit sur elle-même (b)

(a) Averroès considérait l'intellect comme une sorte de soleil spirituel, existant seul, à part, et servant a eclairer toutes les âmes
(b) *La Div Comm.* « Del Purgatorio », Canto XXV

l'idée préconçue que l'homme doit être le produit de formes
animales inférieures Les savants sincères sont plus circon-
spects Dans un discours resté célèbre, Virchow déclarait
publiquement au Congrès de Munich que la science ne
permet ni de contester l'identité de l'homme actuel et de
l'homme fossile, ni de faire dériver celui-ci, par voie d'évolution, de formes animales inférieures

« Il y a un peu plus de dix ans, disait-il, lorsqu'on trouvait un
crâne dans la tourbe, dans les stations lacustres, ou dans les
anciennes cavernes, on croyait voir en lui des caractères singuliers
témoignant d'un état sauvage, incomplètement développé On était
sur le point de lui donner l'air singe Mais tout cela s'est toujours
dissipé de plus en plus Nous devons réellement reconnaître
qu'aucun des types fossiles ne présente le caractère marqué d'un
développement inférieur Et même, si nous comparons la somme
des fossiles humains connus jusqu'ici, avec ce que nous offre
l'époque actuelle, nous pouvons hardiment prétendre que, parmi
les hommes actuellement vivants, il existe un beaucoup plus grand
nombre d'individus relativement inférieurs que parmi les fossiles

Ma come d'animal divenga fante,
Non vedi tu ancor quest' e tal punto
Che più savio di te fè già errante,

Sì che, per sua dottrina, fe disgiunto
Dall' anima il possibile intelletto,
Perche da lui non vide organo assunto

Apri alla verita che viene il petto,
E sappi che si tosto come al feto
L'articolar del cerebro e perfetto,

Lo Motor primo a lui si volge lieto,
Sovra tanta arte di natura, e spira
Spirito nuovo di virtu repleto,

Che cio che trova attivo quivi tira
In sua sustanzia, e fassi un' alma sola,
Che vive e sente, e se in se rigira

en question A nous en tenir aux positifs, nous devons reconnaître qu'il subsiste encore une ligne de démarcation toujours nettement tranchée entre l'homme et le singe » [1])

De Quatrefages et Hamy, après avoir fait observer que trop souvent les évolutionnistes s'égarent dans la conjecture, disent sagement « Qu'il s'agisse des plantes, des animaux ou de l'homme, le problème des origines est encore au-dessus du savoir actuel » [2])

280. Unité de l'espèce humaine ; unité d'origine de l'humanité.

— Il y a plusieurs questions qui se rattachent plus ou moins à la précédente et dont la philosophie ne peut pas se désintéresser

La première, fort discutée jadis entre naturalistes mais aujourd'hui définitivement jugée, est celle de l'unité de l'espèce humaine

Les groupes humains plus ou moins différents qui, *à l'heure présente*, se partagent notre globe, ne représentent pas des *espèces* multiples, ils ne sont que des *races d'une même espèce* c'est un point définitivement acquis a la science.

Voici en quels termes M. de Quatrefages résume les conclusions auxquelles l'a amené un examen consciencieux de la doctrine de la pluralité des espèces et des preuves sur lesquelles elle a voulu s'appuyer

« Nous savons, dit-il, ce que sont l'espèce et la race , les phénomènes du métissage et de l'hybridation nous donnent un moyen expérimental de les distinguer.

» Or, en tout et partout, le croisement entre les groupes humains montre les phénomènes du métissage, et jamais ceux de l'hybridation.

» Donc, ces groupes humains, quelque différents qu'ils puissent

[1]) *Rev scient* , dec 1887, p 543 Cfr. Y v e s D e l a g e, *La structure du protoplasma et les théories sur l'hérédité*, pp 286, 813 et alibi passim. Paris Reinwald, 1895

[2]) *Histoire générale des races humaines*, p 62

etre ou nous paraitre, ne sont que *les races d'une seule et même espece, et non des espèces distinctes*

» Donc il n'existe qu'*une seule espèce humaine*, en prenant ce mot *espece* dans l'acception que nous lui avons reconnue en parlant des animaux et des vegétaux

» Pour se refuser à cette conclusion, il faut ou nier tous les faits dont elle est la consequence obligée, ou bien repousser la méthode suivie dans l'examen et l'appréciation de ces faits

» Mais ces faits sont empruntés uniquement, ou a des experiences scientifiques executees en dehors de toute discussion, de toute controverse, par les hommes les plus autorisés, ou tires de ces grandes experiences journalieres qui constituent la pratique de l'agriculture, de l'horticulture, de l'elevage Les nier est donc bien difficile

» Quant a la methode, on a vu qu'elle repose en entier sur l'identité des lois generales régissant tous les etres organisés et vivants — Peu de vrais savants, à coup sûr, refuseront d'admettre ce point de depart

» Eh bien ! que les hommes de bonne foi, sans parti pris, *sans prejugés*, veuillent bien me suivre dans cette voie et etudier par eux-mêmes l'ensemble de faits dont j'ai à peine indique quelques-uns, et j'en ai la ferme conviction, ils concluront avec les grands hommes dont je ne suis que le disciple, avec les Linné, les Buffon, les Lamarck, les Cuvier, les Geoffroy, les Humboldt, les Muller, que *tous les hommes sont de même espèce*, qu'il n'existe qu'*une seule espece d'hommes* » [1]

Le savant professeur du Muséum et son collaborateur M Hamy se sont attachés à étudier l'histoire des populations qui ont vecu aux temps antérieurs à l'époque actuelle, a l'aide de l'archéologie et de l'anatomie comparees, ils ont tâche de confronter le squelette et les produits de l'industrie de l'homme d'alors avec le squelette et les œuvres de l'homme d'aujourd'hui et ils ont abouti, cette fois encore, a la conclusion que tous les *fossiles humains* decouverts jusqu'a present ont appartenu à quelques races seulement et que c'est d'elles que sont sorties nos populations actuelles [2]

Donc, dans l'état actuel de la science, l'unité spécifique de tous les types humains presents ou passes peut être consi-

---

[1] De Quatrefages, *L'espece humaine*, 6e ed, p 64
[2] De Quatrefages, *Hommes fossiles et hommes sauvages*. Paris, 1884, pp 74 et suiv — Hamy et de Quatrefages, *Histoire generale des races humaines*, Introduction. Paris, 1887, ch II-IV

deree comme certaine, abstraction faite des témoignages de l'histoire et des renseignements revelés.

Est-il permis d'aller plus loin et d'affirmer, au nom de la science ou de l'archeologie, non seulement l'unité d'espèce, mais même l'*unité d'origine* de l'humanité? Tous les membres de la famille humaine descendent, la Bible nous l'apprend, d'*un seul couple primitif* Que nous dit la science à cet egard ?

A coup sûr, la filiation du genre humain à partir d'un seul couple primitif est *possible*, et il ressort des pages précedentes qu'elle est *vraisemblable*, mais nous ne croyons pas que l'on puisse, à l'aide d'arguments purement scientifiques, arriver jamais à établir qu'elle est certaine

« L'anatomie et la physiologie comparées, si on les consultait exclusivement, ne sauraient même établir que l'unité d'espèce, qui équivaut à la possibilité, mais non a la necessité d'une origine unique En y joignant les considérations géographiques, historiques, philologiques, en profitant du jour qu'elles jettent sur les migrations des races, on conçoit qu'on puisse arriver jusqu'à démontrer scientifiquement l'*unité locale d'origine*, et a déterminer avec plus ou moins d'approximation le berceau primitif du genre humain Mais à quelle science appartiendrait-il d'établir qu'en ce berceau le genre humain n'a été crée qu'en la personne d'un seul père et d'une seule mere ? Toujours est-il que la science est fort loin de démontrer le contraire » [1]

Le plan que nous nous sommes trace au debut nous mène a une dernière étude sur la *cause finale* de la vie humaine.

---

[1] Guttler, *Les etudes naturelles et la Bible* Freiburg in Breisgau, 1877 Voir une fine analyse de cet ouvrage par l'abbe de Foville dans la *Revue des Questions scientifiques,* avril et juillet 1880

CHAPITRE III

DESTINÉE DE L'HOMME

---

281. Objet de ce chapitre. — Deux questions à examiner dans ce chapitre : l'*existence* d'une vie immortelle *(Article premier)*, la *nature* de cette vie sans fin *(Article second)*.

Pour résoudre la *première* question, nous démontrerons successivement :

1º Que l'âme humaine est *apte*, de sa *nature*, à survivre au corps ;

2º Que, *de fait* elle lui *survivra* ;

3º Que sa survivance n'aura *pas de fin*, sera *immortelle*.

Pour résoudre la *seconde* question, nous dirons :

1º *Quelle eût été*, dans l'hypothèse d'un état purement *naturel*, la destinée de l'âme humaine ;

2º *Quelle est, de fait*, sa destinée *surnaturelle*.

L'existence d'une vie immortelle ou l'immortalité de l'âme

— —

282. Première proposition : L'âme humaine est, de sa nature, immortelle. Sens de la thèse. — Quel est le sens de cette proposition ?

Sans doute, l'âme humaine, aussi bien que toute autre creature, est *contingente,* elle aurait pu ne pas exister, absolument parlant, il ne serait pas impossible qu'elle cessât d'exister ; il ne lui est donc *pas essentiel* d'exister toujours.

Mais il est dans sa *nature* d'exister toujours.

Cela ne signifie pas simplement que l'âme ne tend pas à son anéantissement · aucun être ne tend au néant, le sens de cette proposition est, d'abord, que l'âme n'est pas transformable en une autre substance, ensuite, que sa séparation d'avec le corps n'entraîne pas sa destruction

Les corps sont transformables, ils se décomposent substantiellement ; or, lorsqu'un compose corporel se défait, sa forme, qui n'a de subsistance possible que dans la matière, doit, par une conséquence inévitable, cesser d'être. Le compose est le sujet d'une destruction *directe, « corrumpitur per se »,* dit-on dans l'École ; la forme du composé *« corrumpitur per accidens »,* sa destruction est *indirecte, consécutive.*

Or l'âme humaine échappe à ce double procédé, direct et indirect, de destruction, elle est, et directement et indirectement, « incorruptible », « incorruptibilis per se et per accidens »

Or un être *vivant*, intransformable ou « incorruptible », s'appelle plus spécialement *impérissable, immortel*

Nous voilà donc fixés sur le sens de la première thèse L'âme est *naturellement impérissable*

283. Preuve de la thèse. — *Argument tiré de la simplicité et de la spiritualité de l'âme* — On conçoit *a priori* deux façons dont l'âme pourrait être périssable · ou parce qu'elle serait elle-même intrinsèquement sujette à la décomposition, à la façon des composés corporels, corruptibilis *per se*, ou parce qu'elle serait essentiellement dépendante d'un sujet, dont la destruction entraînerait son inaptitude à exister, elle serait « corruptibilis *per accidens* »

Or, la première supposition est inadmissible, car l'âme n'a pas de parties

La seconde l'est aussi, car l'âme est spirituelle, en conséquence, lorsque le composé humain se dissout, l'âme ne doit pas subir indirectement le contre-coup de la destruction du corps et être atteinte elle-même dans sa subsistance possédant une subsistance indépendante, elle a en elle tout ce qu'il faut pour pouvoir survivre au corps [1]).

---

[1]) Ce premier argument est clairement présenté par saint Thomas dans l'opuscule *De unitate intellectus* Le saint Docteur se fait l'objection que l'âme, étant forme du corps, ne peut subsister sans corps. Il écrit « Nihil enim potest esse sine eo quod inest ei per se Atqui non est accidentale formæ, sed per se ei convenit esse in materia alioquin ex materia et forma fieret unum per accidens Ergo forma corporis non potest esse sine corpore — Si ergo corpus sit corruptibile, necesse sequitur formam corporis corruptibilem esse »
Voici la réponse elle est la démonstration de l'incorruptibilité de l'âme raisonnable
« Formæ quæ nullam operationem habent sine conjunctione suæ

Donc l'âme n'est, de sa nature, ni directement, ni indirectement périssable

Elle ne pourrait donc, à la mort de l'homme, périr que si elle était anéantie ou, ce qui revient au même, si Dieu cessait de la conserver

Or, elle ne sera pas anéantie à la mort de l'homme, mais elle survivra au corps

Telle est la seconde proposition à établir

Les arguments qui serviront à l'établir confirmeront implicitement la première conclusion.

materiæ, ipsæ non operantur, sed compositum est quod operatur per formam Unde hujusmodi formæ ipsæ quidem proprie loquendo non sunt, sed eis aliquid est

» Sed forma quæ habet operationem secundum aliquam sui potentiam vel virtutem absque communicatione suæ materiæ ipsa est quæ habet esse nec est per esse compositi tantum, sicut aliæ formæ, sed magis compositum est per esse ejus Et ideo destructo composito destruitur illa forma quæ est per esse compositi non autem oportet quod destruatur ad compositi destructionem illa forma per cujus esse est compositum, et non ipsa per esse compositi » S Thomas, *De unitate intellectus contra Averroistas.*

Saint Thomas tire un second argument du fait que ce qui perfectionne l'âme raisonnable, a savoir la science et la vertu, implique un certain détachement du corps

La science implique, en effet, dit-il, un travail d'abstraction, et plus l'esprit s'élève vers l'immatériel, plus sa science gagne en perfection La vertu implique à son tour la domination de la volonté sur les passions corporelles, et plus la volonté échappe à la servitude des passions et du corps, plus elle se perfectionne

Or, conclut-il, si la perfection de l'âme consiste à se détacher, au moins d'une certaine façon, du corps, « in abstractione quadam a corpore », il est inadmissible que l'âme soit détruite lorsqu'elle s'en sépare complètement

Donc il est dans la nature de l'âme de survivre au corps

« Nulla res corrumpitur ex eo in quo consistit sua perfectio, hæ enim mutationes sunt contrariæ, scilicet ad perfectionem et ad corruptionem Perfectio autem animæ humanæ consistit in abstractione quadam a corpore, perficitur enim anima scientia et virtute, secundum scientiam autem tanto magis perficitur quanto magis immaterialia considerat, virtutis autem perfectio consistit in hoc quod homo corporis passiones non sequatur, sed eas secundum rationem temperet et refrænet. Non

**284. Seconde proposition : L'âme survivra réelle-
ment au corps. Preuve de la thèse.** — *1er Argument, tiré
du témoignage de l'humanité en faveur de l'immortalité de
l'âme.* — Le respect des morts, les rites funéraires, la croyance
à un lieu de châtiments ou de récompenses au delà de la
tombe, attestent la croyance des peuples à l'immortalité de

ergo corruptio animæ consistit in hoc quod a corpore separetur » *Cont
Gent*, II, 79

Cet argument, qui est manifestement emprunté au *Phédon* de Platon,
n'a toute sa force que dans la philosophie platonicienne

En effet, si l'on admet avec Platon que le corps ne fait qu'enrayer
l'activité supérieure de l'âme, il est logique de conclure que la mort est
pour l'âme une délivrance, loin d'être pour elle une cause de destruction

« Y a-t-il rien de plus rigoureux, se demande Platon, que de penser
avec la pensée toute seule, dégagée de tout élément étranger et sensible,
d'appliquer immédiatement la pure essence de la pensée en elle-même à
la recherche de la pure essence de chaque chose en soi, sans le ministère
des yeux et des oreilles, sans aucune intervention du corps qui ne fait
que troubler l'âme et l'empêcher de trouver la sagesse et la vérité, pour
peu qu'elle ait avec lui le moindre commerce ? Si l'on peut jamais par-
venir a connaître l'essence des choses, n'est-ce pas par ce moyen ?

» Il nous est donc démontré que si nous voulons savoir véritablement
quelque chose, il faut que nous nous séparions du corps, et que l'âme
elle-même examine les choses en elles-mêmes C'est alors seulement,
c'est-à-dire après notre mort, que nous jouirons de la sagesse dont nous
nous disions amoureux » *Phédon*, éd Cousin, I, pp 203 et suiv

Mais, pose le fait que le corps est l'auxiliaire naturel de l'intelligence,
cette conclusion ne tient plus Au contraire, la destruction du corps
devient alors, sinon une cause de destruction pour l'âme que nous savons
par ailleurs essentiellement capable de subsister a elle seule, tout au
moins une cause d'amoindrissement, de déchéance

Néanmoins l'argument de saint Thomas peut avoir sa valeur, pourvu
que l'on souligne la réserve faite par le saint Docteur « Perfectio animæ
consistit in abstractione *quadam* a corpore », et que l'on applique la loi
du détachement au corps *imparfait* auquel l'âme est unie dans la vie
présente, à ce corps plein d'infirmités et de sollicitations séductrices
dont Platon a écrit « Le corps nous entoure de mille gênes par la nécessité où nous sommes d'en prendre soin ; les maladies qui surviennent
traversent nos recherches ; il nous remplit de désirs, de craintes, de
mille chimères, etc »

Si donc, comme nous le croyons avec saint Thomas, la perfection
finale de l'âme demande qu'elle soit unie à *un* corps, elle réclame un
corps plus parfait que celui de la vie présente

l'âme et nous assurent implicitement, ou que cette croyance est le résultat d'une révélation divine, ou qu'elle a sa racine dans des convictions générales, nécessaires et par conséquent infaillibles, de notre nature intelligente [1])

2d Argument, tiré de la sagesse du Créateur — Dieu a ainsi fait la nature de l'âme, qu'elle est apte à survivre à la dissolution du composé humain

Or, cette aptitude aurait été donnée en vain à l'âme, si, de fait, l'âme ne survivait pas au corps

Mais il serait contraire à la Sagesse divine de faire quelque chose en vain.

Donc l'âme survivra au corps et la Providence ne lui refusera pas la conservation « Deus, qui est institutor naturæ, non subtrahit rebus quod est proprium naturis earum »

3me Argument, tiré de la sainteté et de la justice de Dieu — Dieu est *saint* Il aime essentiellement le bien, il hait essentiellement le mal Dieu est *juste* Il doit vouloir que, tôt ou

---

[1]) Cfr Fustel de Coulanges, *La Cité antique*, Livre I, ch I et II La valeur de l'argument tiré des affirmations nécessaires de la nature humaine se justifie *ex professo* en Critériologie Nous le résumons ci-dessous au nº **285**.

Nous aimons à citer ici un beau passage de Chateaubriand « La nature humaine, écrit-il, se montre supérieure au reste de la création, et declare ses hautes destinées La bête connaît-elle le cercueil ? Et s'inquiete-t-elle de ses cendres? Que lui font les ossements de son père ? Ou plutôt, sait-elle qui est son père, après que les besoins de l'enfance sont passés ? Parmi tous les êtres créés, l'homme seul recueille la cendre de son semblable, et lui porte un respect religieux à nos yeux, le domaine de la mort a quelque chose de sacré D'où nous vient donc la puissante idée que nous avons du trépas ? Quelques grains de poussière meriteraient-ils nos hommages? Non, sans doute, nous respectons la cendre de nos ancêtres, parce qu'une voix secrète nous dit que tout n'est pas éteint en eux, et c'est cette voix qui consacre le culte funèbre chez tous les peuples de la terre Tous sont également persuades que le sommeil n'est pas durable, même au tombeau, et que la mort n'est qu'une transfiguration glorieuse » *Genie du Christianisme*, liv VI ch. 3.

tard, le juste soit récompensé et le coupable puni en proportion de leurs mérites ou de leurs démérites

1° Dieu est *saint* Il a dû vouloir garantir par une sanction suffisante l'observation de la loi morale

Or il y a bien, dès la vie présente, une certaine sanction à l'observation de la loi morale, mais elle est manifestement insuffisante [1])

Donc il faut qu'il y ait une vie future, où la loi morale puisse trouver une sanction suffisante, donc l'âme survivra à la vie présente

2° Dieu est *juste* Il ne peut donner à son gouvernement une conclusion qui offense sa perfection

Si toutes les vertus étaient récompensées et tous les vices châtiés pendant la scène que joue chaque mortel dans le grand drame de l'histoire humaine, Dieu pourrait supprimer purement et simplement les acteurs, quitte a les remplacer par d'autres, mais il n'en va pas ainsi, dit tres bien le R P. Monsabré « Courbée sous le faix de la douleur, la vertu trop souvent arrive au terme de sa course sans avoir senti la main caressante de Celui qui lui disait Courage ! Courage ! *Euge ! Euge !* Comble de mysterieuses faveurs, le vice souriant s'endort dans un triomphe scandaleux »

Tout n'est donc pas fini à la mort La justice veut que la vertu malheureuse ait ses reprises sur Dieu, et que Dieu ait ses reprises sur le vice impuni [2])

Un apologiste chretien du IIe siècle, Athénagore, a développé cet argument avec une remarquable vigueur

« Ce n'est pas dans cette vie, dit-il, que Dieu exerce toute sa justice à l'égard de l'homme, car nous voyons des athées, des scelérats de profession, transgresseurs effrontés de toutes les lois divines et humaines, couler des jours paisibles à l'abri des maux

[1]) Cette preuve sera reprise ci-dessous et examinee *ex professo* en Morale

[2]) Monsabre, *Conferences de N -D de Paris*, 1875, 17e conf

que méritent leurs crimes, pendant que des hommes d'une vertu exemplaire traînent les restes d'une vie malheureuse, en butte à la calomnie et à la violence, accablés de douleurs, de calamités et de mauvais traitements. Oui, il s'en faut bien que les bons reçoivent dans cette vie une récompense proportionnée à leurs vertus, et les méchants une peine égale à leurs crimes. Les conditions présentes de notre nature ne sont pas en rapport avec une rétribution parfaite il est des hommes qui ne seraient pas en état de porter tout le poids des châtiments mesurés sur le nombre et l'énormité de leurs fautes. Non, un brigand qui commet vol sur vol, meurtre sur meurtre, un oppresseur aussi cruel que puissant, un tyran altéré de sang, ne sauraient, par une seule mort, expier tous leurs forfaits. Un impie qui, non content de mal penser de la divinité, se fait un jeu et une habitude de l'outrager par ses insultes et ses blasphèmes, pour qui il n'y a rien de sacré, qui foule aux pieds toutes les lois, qui sacrifie l'honneur d'autrui à ses débauches, un impie de cette force qui détruit injustement des cités entières, portant partout le fer et le feu, n'épargnant ni maisons ni habitants, saccageant les provinces, éteignant dans leur sang familles, peuples, races, un tel monstre peut-il, dans un corps mortel, subir des peines proportionnées à ses abominations? La mort l'enlèverait avant qu'il eût pu expier un seul de ses forfaits. Ce n'est donc pas dans la vie présente que la justice de Dieu s'exerce avec une pleine vigueur » [1])

Ce raisonnement est accablant de force et de vérité. Pour en atténuer la portée, on a coutume de dire que le vice trouve son châtiment dans les remords, et la vertu sa récompense dans la satisfaction du devoir accompli. Certes, il y a là une première application de la justice divine, mais, à elle seule, elle serait insuffisante. Qui ne sait que le remords s'affaiblit par l'habitude du vice, que le sens moral émousse, oblitère par des crimes répétés, ôte à l'aiguillon du remords ce qu'il a de vif et de poignant, que la voix de la conscience, étouffée par celle des passions, ne s'élève plus que timidement et à de rares intervalles chez l'homme qui s'est fait par une coutume invétérée une seconde nature? Donc, si le remords était l'unique sanction de la loi morale, il s'ensuivrait que plus on s'enfoncerait dans le crime, moins on serait puni, et que le châtiment, loin d'être proportionné aux fautes, diminuerait en raison de leur nombre et de l'habitude qu'on a d'en commettre. Ce serait offrir une prime d'encouragement à la scélératesse endurcie et consommée. La conséquence saute aux yeux, et il faudrait s'aveugler soi-même pour ne pas la voir. D'autre part, nul doute que la vertu ne trouve

---

[1]) *Traité sur la résurrection des morts*, XVIII, XIX. Cfr M. Freppel, *Les apologistes chrétiens au IIe siècle*, pp 219-223

une première récompense dans la satisfaction et la paix intérieure qui accompagnent ou qui suivent l'accomplissement du devoir ; mais, si l'on met en regard de cette jouissance intime les privations et les sacrifices qu'elle impose, ses luttes et ses combats, les épreuves du dehors, l'injustice des hommes, la calomnie, la persécution, souvent même la torture, le supplice, il faut avouer que la récompense de l'homme vertueux ne serait pas grande, si l'espérance d'une autre vie ne soutenait son courage. A tout le moins faudrait-il pouvoir se flatter de vivre longtemps pour jouir en paix de cette satisfaction que procure le devoir accompli ; or, le soldat qui s'expose à une mort certaine pour sauver sa patrie, le martyr qui brave la flamme du bûcher pour ne pas trahir la foi de son âme, se priveraient eux-mêmes de la seule félicité attribuée à la vertu. Le plus grand, le plus méritoire des sacrifices serait le seul qui resterait sans récompense. Est-ce juste ? Est-ce possible ? Aussi saint Paul n'hésitait pas à dire que les gens de bien seraient les plus malheureux des hommes s'il n'y avait point d'autre vie où la vertu fût récompensée. Pour qui sait réfléchir, la nécessité d'une vie future est évidente et la démonstration d'Athénagore sans réplique. Car enfin, il ne s'agit pas de dire que la vertu mériterait par elle-même qu'on la pratiquât, lors même qu'il n'y aurait nul espoir de récompense. Là n'est pas la question. Nous n'envisageons pas en ce moment les motifs que l'homme peut ou doit avoir d'accomplir la loi morale, mais les exigences de la justice divine. Or ou il n'y a pas de justice divine, ou Dieu ne peut pas permettre que les biens de ce monde soient le plus souvent la proie du crime, et que tous les maux viennent accabler le juste, sans qu'il y ait, dans une autre vie, une compensation suffisante. S'il ne doit pas à l'homme cette répartition équitable, il se la doit à lui-même, à sa justice et à sa bonté à la répugnance essentielle qu'il éprouve pour le mal et à l'amour infini qu'il ressent pour le bien [1]).

4ᵐᵉ Argument, tiré de la bonté de Dieu — Tout homme porte au cœur un désir invincible, permanent, du bonheur un pareil désir n'est pas l'effet des circonstances car celles-ci sont variables, éphémères il fait corps avec la nature et par suite, il émane de l'Auteur même de la nature

Or, aucun bien fini ne satisfait le cœur humain il a besoin de quelque chose de fixe, de supérieur à ce qu'il voit ou imagine.

[1]) M. Freppel, *loc cit.*

L'homme est naturellement tourmente du désir du bonheur

Or, ce desir ne trouve point satisfaction dans la vie presente, celle-ci est pour tout le monde une « vallée de
larmes »

On comprend qu'il en soit ainsi, si la vie présente est un
temps passager d'*épreuve* qui mene à un état définitif, où le
desir naturel du bonheur pourra trouver satisfaction, supposer, au contraire, que la vie présente est pour l'homme
l'état final, obligerait à dire que Dieu a mis au cœur de
l'homme un désir impossible à satisfaire Ce serait accuser
Dieu de cruaute envers sa créature, ce serait blasphémer
sa bonté

Donc la vie presente est une vie d'épreuve qui sera suivie
d'une vie meilleure

La preuve de la troisieme proposition completera la preuve
de la seconde

**285. Troisième proposition : La vie de l'âme n'aura
pas de fin, l'âme humaine est immortelle. Preuve de
la thèse.** — *Ier Argument, tiré de la nécessité d'une sanction
suffisante à la loi morale* — Cet argument continue la preuve
de la these précédente Nous n'y insisterons pas davantage
ici, car il est plutôt du ressort de la philosophie morale, nous
démontrerons là *ex professo* que la sanction de la loi morale
doit, pour être suffisante, être *éternelle*

Donc la vie future n'aura pas de fin, l'âme est immortelle

*2[d] Argument, tiré des désirs naturels de l'âme humaine et
des attributs de Dieu* — 1° Nous l'avons déjà fait remarquer,
l'âme, étant capable de survivre au corps, doit lui survivre
réellement, sinon la sagesse divine se trouverait en défaut.

Or, si l'âme est capable de subsister seule après sa separation d'avec le corps, elle est capable de subsister *toujours.*

Donc la survivance de l'âme n'aura pas de fin.

2º L'âme porte en elle un désir spontané, invincible, d'une existence [1] et d'un bonheur [2] sans limites

Or, un désir qui présente ces caractères de spontanéité et de nécessité ne dépend pas de la volonté libre de l'homme, ni des circonstances variables du milieu extérieur mais il tient au fond même de notre nature

Mais la nature ne trompe pas

Donc la vie et le bonheur de l'âme n'auront pas de fin

La preuve que notre nature ne nous trompe point repose sur des considérations tirées a) de la téléologie universelle, b) des attributs de Dieu, auteur de notre nature, c) de l'analyse de l'idée du bonheur

a) *Considérations tirées de la téléologie universelle.* — La science tend à revenir à la conception téléologique de l'univers, cette grande idée directrice de la philosophie aristotélicienne. Les progrès de la biologie ont mis en pleine lumière l'existence d'une loi universelle et invariable de corrélation entre l'organe et sa fonction, c'est-à-dire, entre l'existence

---

[1] « Unumquodque naturaliter suo modo esse desiderat Desiderium autem in rebus cognoscentibus sequitur cognitionem, Sensus autem non cognoscit esse nisi sub hic et nunc Sed intellectus apprehendit esse absolute, et secundum omne tempus Unde omne habens intellectum naturaliter desiderat esse semper Naturale autem desiderium non potest esse inane Omnis igitur intellectualis substantia est incorruptibilis » 1ª, q 75, a 6

« Animam humanam esse incorruptibilem probatur ex naturali appetitu, qui in nulla re frustrari potest. Videmus enim in hominibus appetitum esse perpetuitatis, et hoc rationabiliter quia cum ipsum esse secundum se sit appetibile, oportet quod ab intelligente qui apprehendit esse simpliciter, et non hic et nunc, appetatur esse simpliciter, et secundum omne tempus Unde videtur quod iste appetitus non sit inanis, sed quod homo secundum animam intellectivam sit incorruptibilis » Quæst disput *De anima*, art 10

[2] « Impossibile est naturale desiderium esse inane, natura enim nihil facit frustra Esset autem inane desiderium naturæ si nunquam posset impleri Est igitur implebile desiderium naturale hominis, non autem in hac vita (ut ostensum est), oportet igitur quod impleatur post hanc vitam Est igitur felicitas ultima hominis post hanc vitam » *Cont Gent*, II, 48.

d'un organe ou d'un être vivant et l'existence d'un milieu corrélatif approprié au fonctionnement de l'organe ou de l'être organisé Lorsqu'un organe est découvert, a n'importe quel degré de l'échelle de la vie, le naturaliste ne doute pas si cet organe a sa fonction, et si les conditions nécessaires à sa fonction sont réellement données, il n'y a plus qu'une chose qui peut demeurer pour lui indécise, c'est de savoir *quel* est l'objet de la fonction, *quelles* sont les conditions de son accomplissement Découvre-t-il des organes « rudimentaires », dont il ne connaît pas le rôle dans l'économie présente du vivant, il n'hésite pas a conclure que ces organes ont servi ou qu'ils serviront à quelque chose, qu'ils s'harmonisaient autrefois avec un milieu disparu ou bien qu'ils tendent à s'harmoniser avec un milieu nouveau , et c'est là une des considérations sur lesquelles on essaie d'édifier la théorie évolutionniste

Des lors, la question de notre destinée se réduit à savoir s'il existe en nous-mêmes des formes de la vie, qui exigent un au-delà , qui n'auraient aucune signification, qui donneraient dans le vide, si elles ne trouvaient l'immortalité pour support Or, telle est en fait la nature de notre activité supérieure , telle est la nature de l'activité qui constitue tout l'homme en chacun de nous Pensée, amour, effort moral demeurent foncièrement inachevés et mutilés, de plus en plus vains au fur et à mesure qu'ils se purifient davantage, si tout se termine pour nous avec la dernière pelletée de terre [1])

Notre *pensée*, en effet, n'est pas close, comme celle des bêtes, dans une portion déterminée du temps et de l'espace , son élan natif l'emporte plus loin , elle franchit toute limite et se meut dans l'Absolu de quelque manière qu'elle s'exerce, de quelque côté qu'elle se tourne, c'est toujours de l'éternel qu'elle a en perspective

L'*amour* exige l'Absolu La nature est trop pauvre pour que

---

[1]) Piat, *Destinée de l'homme*, p 147 Paris, Alcan, 1898

l'homme s'y puisse tenir, il lui faut toujours avouer que, si elle a de quoi l'affamer, elle n'a rien qui soit capable de le satisfaire Quand ce n'est pas au début de ses réflexions, c'est à leur terme qu'il en reconnaît et sent l'insuffisance radicale Et, dans le second cas, lorsqu'il a commencé par choisir la terre pour paradis, son désenchantement et sa lassitude de vivre deviennent si profonds, qu'il ne trouve plus aucune signification à l'existence tout se décolore à ses yeux et perd son prix, tout lui devient une source de souffrance, de tristesse et d'ennui Si l'amour, qui fait le fond de nos âmes, exige l'existence de l'Absolu, c'est que l'Absolu existe et comme notre fin c'est qu'il est à la fois le principe qui nous meut et le terme auquel nous tendons, c'est que notre être est suspendu tout entier à son être « Il y a quelque chose en nous qui ne meurt pas », et dont la vie est Dieu lui-même

L'action morale, enfin, exige une autre vie Pour que l'homme ait la force d'accomplir un devoir, il faut qu'il y ait quelque part une patrie de l'équité où l'amour du bien quand même puisse cueillir le fruit de son libre effort Autrement, ce sont les habiles coquins qui l'emportent définitivement sur les bons, et personne, je crois, ne voudra en pratique d'une vertu qui aboutit à pareille injustice Ainsi, la morale veut que nous soyons immortels, comme notre nature veut que nous soyons moraux Vie humaine, vie morale, autre vie trois idées qu'enchaîne une étroite finalité, trois idées qui ont entre elles une sorte de « corrélation organique »

La conclusion générale qui se dégage de ces diverses considérations, c'est que, si tout finit avec le dernier soupir, l'homme est un être manqué, il est tel par nature, il l'est d'autant plus qu'il touche de plus près à son point de maturité Or, il n'est pas rationnel de croire à une antinomie aussi profonde on ne peut admettre que cette même finalité qui s'accuse si visiblement dans toutes les espèces inférieures, s'arrête brusquement au plus haut degré de la vie, et y fasse à jamais défaut [1])

b) Les considérations tirées des attributs de Dieu trouvent à nouveau ici leur place

[1]) Ouv cité, p 193 Cfr pp 159, 184 et 230 Sur « l'infaillibilité » des tendances de l'âme humaine, lire les divers ouvrages de Van Weddingen, en particulier ses Eléments raisonnés de la religion, 8e ed, p 444

D'abord, Dieu, qui est infiniment *sage*, est l'auteur de notre nature

Or, Dieu ne peut se contredire

Donc il ne peut refuser à l'âme la satisfaction d'un besoin naturel de vie et de bonheur que lui-même y a déposé

Ensuite, « Dieu est *juste* il ne peut se faire à plaisir le bourreau de sa créature, la remplir de désirs qui jamais ne seront assouvis, la pousser violemment vers un terme qu'elle ne doit jamais atteindre Pourquoi cet universel besoin du bonheur qui tourmente nos pauvres cœurs, si la vie humaine se termine au tombeau ? Entre la naissance et la mort avons-nous été quelquefois satisfaits ? Hélas ! les plaisirs éphémères de ce monde n'ont fait que tromper la divine langueur de nos âmes, les joies mêmes de la vérité et de la vertu ont été constamment troublées par de basses exigences, assombries par d'incessantes contradictions ! Notre nature est ainsi organisée qu'elle veut, qu'elle espère nécessairement le vrai sans ombre, le bien sans mélange, le repos actif de toutes ses facultés dans la paix, et l'on veut que Dieu la jette impitoyablement dans la nuit, le vide, le néant éternel C'est atroce et, par conséquent, c'est incroyable, car le propre de la justice divine, dit saint Thomas, est d'accorder à chaque être ce qui convient à sa nature » [1])

c) Considération tirée de l'analyse de l'idée du bonheur — Quiconque admet une vie future heureuse, doit l'admettre éternelle ; car un bonheur qui finit n'est pas le bonheur

Le bonheur, en effet, exige la satisfaction entière de la tendance naturelle de l'âme

Or, si le bonheur de l'âme devait un jour prendre fin, de trois choses l'une

Ou l'âme saurait que son bonheur finira et dans ce cas, évidemment, il n'y aurait pas de vrai bonheur pour elle, car la crainte qu'elle aurait de le perdre l'empêcherait dès le premier instant de le trouver complet

Ou l'âme se ferait illusion et croirait par erreur, mais invinciblement, que son bonheur est inamissible. Or, d'abord, cette erreur serait déjà un mal pour l'intelligence Ensuite, une

[1]) Monsabre, 17e conférence

erreur de ce genre ne serait possible que dans l'hypothèse
blasphematoire que Dieu lui-même trompât invinciblement
l'âme pour la rendre prétendûment bienheureuse

Si l'erreur n'était pas invincible, si l'âme doutait quel doit
être son sort dans l'avenir, ce doute seul serait une source
de cuisantes inquiétudes et de perpetuelles angoisses

Et que l'on ne dise pas que l'âme pourrait ne pas se
preoccuper de son sort à venir, car il est evident qu'un être
capable de reflechir doit necessairement se poser le problème
le plus grave de tous, celui de sa destinée

Donc le bonheur de l'âme sera éternel, ou il ne sera pas
du tout

Or, il doit être les arguments precedents l'ont demontre

Donc il sera éternel et par consequent, l'âme humaine
jouira dans l'autre vie d'une existence *sans fin* [1])

---

[1]) « Cum enim ipsa beatitudo sit perfectum bonum et sufficiens, oportet
quod desiderium hominis quietet, et omne malum excludat Naturaliter
autem homo desiderat retinere bonum quod habet, et quod ejus retinendi
securitatem obtineat, alioquin necesse est quod timore amittendi, vel
dolore de certitudine amissionis affligatur Requiritur igitur ad veram
beatitudinem, quod homo certam habeat opinionem, bonum quod habet,
nunquam se amissurum Quæ quidem opinio si vera sit, consequens est,
quod beatitudinem nunquam amittet si autem falsa sit, hoc ipsum est
quoddam malum, falsam opinionem habere nam falsum est malum intellectus, sicut verum est bonum ipsius, ut dicitur in 6 *Ethic* c 2 non
igitur homo erit beatus, si aliquod malum ei inest » 1ª 2ᵃᵉ q 5, a 4
Cfr Lessius, *De summo bono*, lib III n 109

Nature de l'immortalité.
Quelle sera la destinée de l'âme dans la vie future?

—

SOMMAIRE 286 La fin de la nature humaine, abstraction faite de son élévation à l'ordre surnaturel. — 287 Conditions d'obtention du bonheur suprême — 288 Durée de l'épreuve du libre arbitre Les réincarnations et la métempsycose — 289 Comment la privation de la fin est le malheur suprême. — 290 Nécessité naturelle de la résurrection état de la question — 291 Preuve de la thèse — 292 Les enseignements de la Foi sur les destinées surnaturelles de l'humanité — 293 Résumé et conclusion.

286. La fin de la nature humaine, abstraction faite de l'ordre surnaturel. — On démontre en philosophie morale que la fin de l'homme, considérée *objectivement*, est *Dieu*, et considérée *subjectivement*, la *connaissance de Dieu*

On se bornera ici à induire de la nature humaine quelle serait sa destinée, si elle n'était qu'une destinée naturelle.

Il importe de se rappeler que toutes les facultés de l'âme émanent d'une nature unique

Certes, chaque faculté a son objet propre qui est pour elle *une* fin dans ce sens *relatif*, l'homme a donc autant de *fins particulières* que de facultés, mais envisagé dans la plénitude de son être et de son activité, il n'a qu'*une seule fin*, les objets des facultés ne sont donc pas des fins, au sens *absolu* du mot, mais des moyens subordonnés *à la fin de la nature* et de la personne humaine.

Dès lors, les facultés organiques et sensitives ne coopèreront à la destinée finale que dans la mesure réclamée par la pensée et la volition raisonnable

Le problème de la destinée *naturelle* dans la vie future, revient donc à savoir quelle sera alors l'activité supérieure de l'âme

Ce sera la pensée à son plus haut degré possible de perfection la connaissance la plus parfaite possible de l'objet formel de l'intelligence, c'est-à-dire enfin la science de l'universalité des choses matérielles, de leurs propriétes et de leurs lois, par leurs causes les plus profondes et principalement par leur Cause suprême, y compris la connaissance, négative et analogique, des êtres spirituels et de l'Être divin, ou, plus brievement, ce sera la *connaissance synthétique de l'ordre universel par sa Cause suprême*

Cette connaissance est la *sagesse* ou la *philosophie*

Elle engendrera naturellement l'activité parfaite de la volonté, c'est-à-dire l'*amour* de Dieu considéré comme Principe et Fin du monde physique et du monde moral, la *félicité* resultera de cette contemplation et de cet amour parfaits, suivant ces beaux vers du Dante

.   Ciel, ch'e pura luce,
Luce intellettual piena d'amore,
Amor di vero ben pien di letizia,
Letizia che trascende ogni dulzore)

287. Conditions d'obtention du bonheur suprême. —

Il y a une connexion nécessaire entre la possession ou la privation du bonheur et le bon ou le mauvais usage du libre arbitre — Il y a une condition à l'obtention de la béatitude

---

¹)   Le ciel est pure lumiere,
Lumiere intellectuelle pleine d'amour,
D'amour du vrai tout plein de joie,
D'une joie qui domine toutes les joies

Parad, Cant XXX

finale celle-ci doit être méritée , elle est la récompense de
ceux qui ont librement respecté l'ordre moral ; sa privation
est le châtiment de ceux qui l'ont violé

État de la question La fin morale de la nature humaine
est Dieu L'ordre moral consiste donc dans l'amour de Dieu
par dessus tous les biens finis et dans la subordination de
ses actes à cet amour suprême Refuser à Dieu cet amour,
lui préférer les biens finis, c'est violer l'ordre moral, en langage chrétien, c'est pécher

Dieu a voulu que l'homme choisît librement entre sa fin
véritable et les biens créés , dans ce choix réside l'épreuve
du libre arbitre

Quelle est la durée de cette épreuve ? Nous savons, nous
chrétiens, qu'elle ne dépasse pas les limites de la vie présente , mais il serait peut-être malaisé d'asseoir sur les principes de la raison naturelle seule la preuve péremptoire
que l'épreuve ne peut se prolonger dans des existences
futures

Toujours est-il qu'elle ne peut se prolonger indéfiniment,
elle doit tôt ou tard avoir un terme car, si les existences
successives de l'âme n'avaient point d'issue, son aspiration
naturelle au bonheur serait vaine et la sanction de l'ordre
moral illusoire

Il y a donc nécessairement un terme à la durée de l'épreuve
du libre arbitre

Supposons ce terme atteint nous disons qu'il y a une
connexion nécessaire entre la possession ou la privation du
bonheur suprême et le bon ou le mauvais usage du libre
arbitre

Preuve de la thèse Le libre arbitre résume les plus hautes
prérogatives accordées par Dieu à sa créature

Or, supposé que l'obtention ou la privation de la fin

suprême de la nature humaine ne fussent pas liées au bon usage ou à l'abus du libre arbitre, le libre arbitre n'aurait pas le caractère d'un moyen subordonné à la fin suprême de la création

Donc, les plus hautes perfections du monde créé ne seraient pas subordonnées à la fin suprême de la création, cela n'est pas possible

De fait, considérons la fin suprême de la nature humaine du côte de Dieu et du côté de l'homme

Du côté de Dieu que serait la gloire de Dieu sans la liberté ? Que vaudraient, aux yeux du Créateur, des hommages forcés où l'homme ne serait que l'instrument passif d'une volonté toute-puissante ?

Du côté de l'homme la felicité de l'homme serait-elle complète, s'il n'avait conscience de l'avoir librement conquise et de la devoir pour une part à son propre effort ?

Donc le bon ou le mauvais emploi de la liberte morale doit être la cause déterminante de l'obtention ou de la perte du bonheur suprême, et, par consequent, le juste qui, au terme de l'épreuve, se trouvera dans l'ordre moral, aimant librement Dieu par dessus tous les biens créés, entrera en possession du bonheur, tandis que le coupable qui, à l'heure fatale de la cessation de l'épreuve, se trouvera dans un état de desordre moral, en opposition voulue avec Dieu, sera privé du bonheur, frappe du malheur suprême, il demeurera en conséquence irrevocablement fixe dans son état de damnation désespérée

« Où l'arbre tombera, dit l'Écriture, il restera » [1] La raison repugne à l'idée que, dans la lutte entre les abus de la liberté et le devoir, entre la créature insoumise et le Créateur

---

[1] « Si ceciderit lignum ad austrum aut ad aquilonem in quocumque loco ceciderit, ibi erit » *Eccl*, XI, 3

miséricordieux qui aujourd'hui la supporte, le dernier mot resterait à la révolte impunie

Tôt ou tard, ce qui est le droit doit l'emporter « L'absolu ne peut être toujours discuté, dit excellemment Mgr d'Hulst On ne conçoit pas la défaite définitive du bien, et quand on compare ces deux termes, la liberté de l'homme et la souveraineté de Dieu, ce qui étonne, ce n'est pas que le second l'emporte, c'est qu'il puisse différer sa victoire Il la diffère pourtant, non par faiblesse mais par amour [1])

288. Durée de l'épreuve du libre arbitre : Les réincarnations et la métempsycose.

— Au point de vue purement rationnel, il est donc démontrable que l'épreuve morale de l'homme aura tôt ou tard un terme ; il nous semble, néanmoins, difficile de démontrer que ce terme devait nécessairement coïncider avec le dernier moment de la vie actuelle, et que toute prolongation d'épreuve au delà de la tombe soit impossible. On conçoit donc que certains esprits aient rêvé pour l'âme une série plus ou moins longue d'existences au cours desquelles elle irait se perfectionnant, des réincarnations successives, la métempsycose Que penser de ces conjectures ?

Sous le nom de réincarnations, de métempsycose ou de transmigration des âmes, on peut entendre des choses fort différentes soit une série d'existences sous la double condition que l'âme conserverait la conscience de sa personnalité

---

[1]) *Conf de N.-D*, 1891, 5me conf, p 210 — « Anima, dit saint Thomas, quemcumque finem ultimum sibi præstituisse invenitur in statu mortis, in eo fine perpetuo permanebit, appetens illud ut optimum, sive sit bonum sive sit malum, secundum illud Eccl XI, 8 « Si ceciderit lignum » ad austrum aut ad aquilonem, in quocumque loco ceciderit, ibi erit » Sic igitur post hanc vitam, qui boni in morte inveniuntur, habebunt perpetuo voluntatem firmatam in bono ; qui autem mali tum inveniuntur, erunt perpetuo obstinati in malo. » *De verit*, q 24, art 10

et qu'il y aurait à la série des migrations un terme final, soit une série d'existences sans terme final, avec cette réserve toutefois que l'âme conserverait la conscience de sa personnalité, soit enfin une série indéfinie d'existences, avec la perte de la conscience de l'identité personnelle.

Ces deux dernières hypothèses sont inconciliables avec les propositions démontrées dans les pages précédentes. En effet, si la série des existences de l'âme devait n'avoir *jamais de terme*, il est manifeste que l'aspiration au bonheur serait vaine et la sanction de l'ordre moral illusoire.

Manifestement aussi, ce que l'homme désire dans le bonheur c'est *son* bonheur, « frapper un coupable qui se regarderait comme *un autre* que celui qui a fait le mal, ce serait vraiment frapper un mort » [1], et, par conséquent, le désir du bonheur et les exigences de la sanction morale réclament impérieusement la *conscience de l'identité personnelle*.

Quant à la première hypothèse, nous ne voyons pas que la raison, laissée à elle seule, la déclare impossible, ni même certainement fausse. Toutefois, il n'y a aucune raison positive qui plaide en sa faveur. Rien, en effet, ne justifie la supposition que le temps d'épreuve, qui doit certainement finir tôt ou tard, se prolongerait au delà de la vie présente. Il est indéniable, au contraire, que l'ignorance où nous sommes d'existences antérieures à celle-ci est une forte présomption contre la supposition d'une pluralité d'existences dans l'avenir [2].

289. Comment la privation de la fin est le malheur suprême. — L'homme qui finit son temps d'épreuve, obstiné

---

[1] Mgr d'Hulst, *Conf. de N.-D.*, 5me conf.
[2] V. E. Méric, *L'autre vie*, t. I, Liv. II, ch. IV-VI

dans le mal, doit, nous l'avons fait voir, être privé de sa fin. Cette privation que nous appelons en langage chrétien un état de damnation, exclut le bonheur, mais pourquoi et comment est-elle le malheur suprême ?

Il y a conflit entre la nature du damné et sa libre volonté

La nature, de tout son poids, entraîne l'homme vers Dieu, seule fin légitime de tout être humain, la volonté du damné, de toute son énergie, répudie Dieu

La nature se détourne des biens créés, qui ne peuvent la satisfaire, la volonté les désire obstinément

De là, un conflit sans issue, toujours recommençant

Et de ces deux tendances contraires, aucune n'est capable d'atteindre jamais, chez le damné, son objet ni la nature, car Dieu est irrevocablement perdu pour elle, ni la volonté, les biens créés ayant disparu, il y a donc là deux mouvements qui se perdent désespérément dans le vide

C'est une faim insatiable qui, éternellement, n'a que le néant pour pâture, une soif inextinguible qui, éternellement, n'a que le vide pour s'étancher Les fables du paganisme avaient mis en tableaux ce supplice et cette rage Ixion tournant incessamment sa roue, et Sisyphe roulant un rocher qui retombe sans cesse, et Tantale dans ce fleuve d'eau vive qui fuit impitoyablement ses lèvres brûlantes.

La lutte entre la nature et la volonté est d'autant plus vive que la connaissance de la bonté souveraine de Dieu et de l'inanité des biens créés est devenue plus évidente, le désespoir est d'autant plus intense et plus douloureux que les illusions sont dissipées et que le réprouvé a la claire vision qu'il pouvait être heureux s'il l'avait voulu

Tel est le châtiment du coupable, ce que la théologie catholique appelle l'enfer.

C'est le lieu où il n'y a plus d'espérance, selon le mot du Dante « Vous qui entrez, quittez toute espérance » [1]

Mais d'où vient, dira-t-on, que la volonté du damné s'obstine dans le mal ? Ne reste-t-elle pas libre et, par conséquent, capable de repentir et d'amendement ?

Oui, la volonté reste libre ; Dieu ne détruit pas la nature des êtres, pas même dans le châtiment final

La volonté, envisagée en elle-même, *physiquement*, abstraction faite de l'état où par sa faute elle se trouve placée, pourrait se détourner des faux biens qu'elle a follement aimés, et se retourner vers Dieu, en un mot, se convertir

Mais cette conversion ne peut être que conditionnelle car le damné voit et se trouve obligé de confesser que Dieu doit à l'ordre de ne plus lui accorder une épreuve nouvelle [2], il voit donc qu'il n'y a plus de connexion possible entre la

---

[1] Per me si va nella citta dolente
Per me si va nell' eterno dolore
Per me si va tra la perduta gente
Giustizia mosse 'l mio atto Fattore
Fecemi la divina Potestate
La somma Sapienza, e 'l primo Amore

Lasciate ogni speranza, voi che ntrate

Par moi l'on va dans la cité des pleurs,
Par moi l'on va dans la douleur eternelle,
Par moi l'on va parmi la race damnee
La justice fut le mobile du souverain qui m'a tait
Mon Auteur, c'est la Puissance divine,
La Sagesse souveraine et le premier Amour

Vous qui entrez ici, quittez toute espérance
L'enfer, Chant III

[2] « Causa confirmationis in malo, partim quidem accipienda est ex Deo, partim ex libero arbitrio Ex Deo quidem, non sicut faciente vel conservante malitiam, sed sicut non largiente gratiam quod quidem

conversion de sa volonté et l'obtention du souverain bien,
il voit que l'irrevocabilité de sa damnation est exigée par
l'ordre moral et, par conséquent, voulue nécessairement par
Dieu de là, la haine de son peché non parce que c'est une
faute, mais parce que cette faute est pour lui une cause de
juste châtiment [1], de là, par conséquent, une rage désespérée causée par la conscience de la disproportion qui
existe et doit persister entre l'état d'indignité ou il est, et le
bien suprême pour lequel il était fait et vers lequel sa nature
le porte irresistiblement, de là l'impénitence finale, l'obstination dans le desordre, le damné, tout en confessant, malgré
lui, la justice de Dieu, maudit le juge qui l'exerce, il se
maudit lui-même, c'est sa façon à lui de proclamer le
triomphe final du Créateur [2]

Il nous a paru necessaire d'exposer ici dans ses grandes
lignes la réponse que peut fournir la raison au probleme de
la destinee finale Nous devons reprendre la question en

ejus justitia deposcit, justum est enim ut qui bene velle dum possent
noluerunt, ad hanc miseriam deducantur ut bene velle omnino non
possint » *De verit*, q 24, a 10

[1] « Per pœnitentiam doleri non possunt peccata dæmonum et etiam
hominum damnatorum, quia affectus eorum sunt confirmati in malo, ita
quod non potest eis displicere peccatum, in quantum est culpa, sed
solum displicet illis pœna quam patiuntur, ratione cujus aliquam pœnitentiam infructuosam habent Unde talis pœnitentia non est cum spe
veniæ, sed cum desperatione » S Thomas, *Summ Theol*, p 3, q 86, a 1

[2] Saint Thomas cherche à approfondir la raison psychologique pour
laquelle les damnes demeurent obstines dans le mal

Chez les demons, natures exclusivement spirituelles, l'obstination se
comprend, dit-il, les esprits purs n'ont pas de passions sensibles, il n'y
a donc chez eux que deux causes de leur obstination dans le mal, a
savoir l'inclination vicieuse de la volonte et une fausse appréciation de
l'intelligence sur le choix d'un bien particulier Or, il n y a pas chez un
pur esprit des tendances appetitives multiples, pouvant eventuellement
se contrarier l'une l'autre Des lors, quand leur volonté est inclinée au
mal, elle l'est totalement De plus, il n'y a pas de raisonnement mais
des jugements immediats ; et, par consequent, tous les jugements des
purs esprits ont le caractère de fixité et d'irrevocabilité de nos jugements
immédiats, tels que celui qui nous fait prononcer, par exemple, que le

philosophie morale, et nous réservons pour lors les objections que soulève la thèse de l'éternité des peines [1]

Il nous reste une dernière question à examiner, elle a pour
objet les conditions dans lesquelles l'homme jouira de son
bonheur éternel. Est-ce l'âme seule ou l'âme réunie au corps
qui sera en possession du bonheur ?

Nous croyons, pour notre part, que la résurrection du
corps est nécessaire au bonheur *complet* de l'âme arrivée
au terme de sa destinée.

tout est plus grand que la partie. Donc, conclut saint Thomas, un ange
est incapable de changer ni de jugement ni de volonté

Or, poursuit-il, la condition d'une âme arrivée au terme de sa destinée
est fort voisine de celle d'un pur esprit

Donc l'obstination des damnés dans le mal se comprend par analogie
avec celle des esprits réprouvés

« In angelo peccatum ex passione esse non potest, quia passio non est
nisi in sensibili parte animæ, quam angeli non habent. Unde in peccato
angeli duo solum concurrunt scilicet inclinatio habitualis in peccatum,
et falsa æstimatio virtutis cognitivæ de particulari eligibili Cum autem
in angelis non sit multitudo appetitivarum potentiarum, sicut est in
hominibus, quando appetitus eorum tendit in aliquid, totaliter inclinatur
in illud, ut non sit ei aliqua inclinatio inducens in contrarium. Qui vero
rationem non habent, sed intellectum quidquid æstimant, per modum
intelligibilem accipiunt. Quod autem accipitur intelligibiliter, accipitur
irreversibiliter, ut cum quis accipit, omne totum esse majus sua parte.
Unde angeli æstimationem, quam semel accipiunt, deponere non possunt,
sive sit vera, sive falsa. Quod aliquis homo in statu viæ non possit esse
ita obstinatus in malo, quia et passio solvitur et reprimitur, et habitus
non totaliter animam corrumpit, et ratio non ita pertinaciter falso ad-
hæret, quin per contrariam rationem possit abduci. Sed post statum viæ
anima separata non intelligit accipiendo a sensibus, nec erit in actu
potentiarum appetitivarum sensibilium, et sic anima separata angelo
conformatur et quantum ad modum intelligendi, et quantum ad indivi-
sibilitatem appetitus, quæ erant causæ obstinationis in angelo peccante
unde per eamdem rationem in anima separata obstinatio erit. In resur-
rectione autem corpus sequetur animæ conditionem et ideo non redibit
anima ad statum in quo modo est, in quo a corpore necesse habet
accipere, quamvis corporeis instrumentis utatur, et ita tum eadem
obstinationis causa manebit » *De verit*, q. 24, a. 10, 11

[1] Il y a cependant une objection qui vient si naturellement à l'esprit
que nous ne pouvons la passer sous silence. La disproportion entre la

290. Nécessité naturelle de la résurrection. État de la question. — Évidemment, nous ne prétendons pas que la résurrection est naturelle, dans le sens que l'âme aurait la puissance de se former elle-même, après la mort, un corps nouveau, vivant et sensible, nous savons que la formation des corps ressuscités doit être l'œuvre de Dieu, mais nous croyons que cette formation d'un corps nouveau par l'action toute-puissante de Dieu est réclamée par l'âme raisonnable, pour son bonheur *parfait* et, dans ce sens, qui est après tout le seul rigoureux, nous sommes d'avis que la résurrection est *naturelle*

Bien entendu, il ne s'agit pas de la résurrection dans les conditions glorieuses où elle s'accomplit *de fait* aujourd'hui, au témoignage de la Foi révélée, mais simplement de la

---

durée de la faute et les peines de l'enfer est contraire, dit-on, à la justice de Dieu

A cela nous répondons La justice exige qu'il y ait proportion entre la peine et la *gravité* de la faute, mais elle n'exige pas que la durée de la peine réponde au temps qu'il a fallu pour consommer la faute

Un vol, un faux, un meurtre, peuvent ne durer qu'un instant la justice les punit de plusieurs années de détention, de travaux forcés à perpétuité, de la peine de mort L'opinion publique inflige à ces crimes une flétrissure ineffaçable, elle l'étend même aux fils innocents d'un père ou d'une mère coupable Songe-t-on à taxer d'injustice les tribunaux humains ou le sentiment dont l'opinion publique se fait l'écho ?

Dira-t-on qu'il y a même disproportion entre la *gravité* de la faute et la sévérité de la peine ?

Qui l'oserait soutenir ? Qui est en état de mesurer la proportion d'une offense faite à Dieu par la créature, dans la pleine conscience de soi et la complète indépendance de sa volonté ? Car, ne l'oublions pas, c'est cette offense seule qui est déclarée punissable de l'enfer

Pour comprendre la gravité de l'offense de Dieu, il faudrait avoir la proportion exacte de la majesté, de la souveraineté, de la bonté de Celui que le péché offense Or, nous ne l'avons pas Tout ce que nous pouvons en dire, c'est que sa gravité dépasse celle de toute offense positivement concevable Dans ce sens, il est exact de dire, avec saint Thomas, que le péché mortel renferme une malice infinie et, dès lors, rien de surprenant que la privation éternelle de Dieu, avec ses conséquences, en soit le châtiment Voir sur toute cette question Mgr Gay, *Sermons de Carême*, t I Sermon sur l'éternité des peines

résurrection en ce qu'elle implique *essentiellement*, nous voulons dire la réunion de l'âme et du corps

Nous ne prétendons pas que le corps, qui ressuscitera pour la vie définitivement heureuse du juste, doive être sous tous rapports identique à celui auquel l'âme est unie durant l'épreuve de cette vie mortelle, il semble naturel, au contraire, que la Providence délivre alors le corps ressuscité des infirmités et des besoins qui entravaient le libre essor des facultés supérieures de l'âme, selon cette observation que fait saint Thomas, à propos de la résurrection surnaturelle, mais qui s'applique en principe à l'état de félicité en général

« Ad perfectam operationem intellectus (in statu beatitudinis) requiritur quidem abstractio ab hoc corruptibili corpore, quod aggravat animam, non autem a spirituali corpore quod erit totaliter spiritui subjectum »

291. Preuve de la thèse — L'*argument fondamental* repose sur ce fait que l'imagination et, par conséquent, le corps organisé est pour l'activité supérieure de l'âme un auxiliaire naturel

Il suit de là, en effet, que le déploiement normal de l'activité intellectuelle demande le concours de l'organisme, et que l'âme isolée du corps se trouverait dans un état d'infériorité relative, incompatible avec les exigences du bonheur parfait

Sans doute, le corps n'est pas *essentiel* à l'activité de l'âme Étant spirituelle, l'âme peut subsister sans corps, partager les conditions d'existence des purs esprits et recevoir de ceux-ci ou de Dieu lui-même les espèces intelligibles qui, dans la vie présente, lui sont fournies par le ministère des sens.

Mais, pour être intrinsèquement possible, l'état de séparation n'en est pas moins *inférieur* à l'état d'union, suivant ce mot de Cajetan, déjà mentionné plus haut (231) « *Perfectiorem* statum habet anima in composito quam extra ».

L'intelligible pur, en effet, dépasse les forces natives de l'âme humaine, et, par conséquent, à moins de recevoir de Dieu un secours surnaturel auquel elle n'a aucun droit, l'âme ne pourrait s'élever à la hauteur d'un pareil objet. Mise en présence de l'intelligible pur, elle serait, dit Aristote, dans la condition de l'oiseau de nuit en face du soleil. La pure lumière ne l'éclairerait pas, elle l'éblouirait, parce que son œil n'est fait que pour discerner la vérité tempérée des ombres de la matière.

Cela étant, l'objet qui répond le mieux aux conditions imparfaites de notre pauvre intelligence, c'est l'intelligible présente dans le sensible.

Donc la condition naturelle et la plus parfaite de l'activité de l'âme raisonnable, c'est l'union de l'âme et du corps.

Mais il semble évident que l'âme ne sera pas *complétement* heureuse, tant qu'elle ne possédera pas toute la perfection dont elle sait qu'elle est susceptible. « Omne enim imperfectum perfectionem consequi naturaliter cupit », dit fort bien saint Thomas.

Donc, enfin, la résurrection est naturelle.

Notre thèse s'inspire des enseignements de saint Thomas qui se prononce expressément, au nom de la raison, pour la résurrection des corps. Le saint Docteur ne dit pas expressément, il est vrai, si les arguments qu'il énumère sont, dans sa pensée, apodictiques ou seulement probables.

Voici ses preuves.

« Ad ostendendum resurrectionem carnis futuram, écrit-il, evidens ratio suffragatur, suppositis his quæ in superioribus sunt ostensa.

» Ostensum est enim in secundo libro animas hominum immortales esse. Remanent igitur post corpora a corporibus absolutæ. Manifestum est etiam ex his quæ in secundo dicta sunt, quod anima corpori naturaliter unitur, est enim secundum suam essentiam corporis forma. Est igitur contra naturam animæ absque corpore esse. Nihil autem quod est contra naturam, potest esse perpetuum. Non igitur perpetuo erit anima absque corpore. Quum igitur perpetuo maneat, oportet etiam corpori iterato conjungi quod est resurgere. Immortalitas igitur animarum exigere videtur resurrectionem corporum futuram.

» Adhuc, ostensum est supra in tertio libro naturale hominis desiderium ad felicitatem tendere. Felicitas autem ultima est felicis perfectio. Cuicumque igitur deest aliquid ad perfectionem, nondum habet felicitatem perfectam, quia nondum ejus desiderium totaliter quietatur : omne enim imperfectum perfectionem consequi naturaliter cupit. Anima autem a corpore separata, est aliquo modo imperfecta, sicut omnis pars extra suum totum existens : anima enim naturaliter est pars humanæ naturæ. Non igitur homo potest ultimam felicitatem consequi, nisi anima iterato corpori conjungatur, præsertim quum ostensum sit, quod homo in hac vita non potest ad felicitatem ultimam pervenire » [1]

« Item : sicut in tertio libro ostensum est, ex divina providentia

---

[1] Le célèbre apologiste chrétien, auquel nous avons emprunté ci-dessus une page éloquente sur la nécessité d'une vie future, développe avec une remarquable vigueur les preuves dont le Docteur angélique vient de nous fournir le résumé.

« La nature humaine, dit Athénagore, est l'assortiment admirable d'une âme immortelle et d'un corps dont les organes sont proportionnés aux facultés de l'âme. Ce n'est pas à l'âme seule et selon sa nature particulière, ni au corps seul et sans aucun rapport avec l'âme, que Dieu a prétendu donner l'être et la vie, mais bien à l'homme qui réunit ensemble l'âme et le corps. Dieu veut qu'il y ait entre ces deux associés communauté de vie, de fin, de destinée et que cette communauté aille, en un certain sens, jusqu'à l'identité. En effet, l'âme et le corps ne faisant qu'un même être, auquel on attribue également et les affections de l'âme et les mouvements du corps, les raisonnements et les sensations, l'inertie et l'activité, ne faut-il pas aussi que tout ce composé ait le même sort et un but unique ? Ne faut-il pas qu'il règne une espèce d'harmonie et de sympathie entre tout ce qui concerne l'homme, et qu'il en soit de sa fin et de sa destinée comme il en est de sa naissance, de sa nature, de sa vie animale, de ses actions, de ses passions, c'est-à-dire, que tout cela soit commun à tout homme, et que la fin de l'homme soit proportionnée à sa nature ? Ne voyons-nous pas que l'harmonie qui résulte de toutes les opérations de l'âme et de tout le mécanisme du corps n'est qu'une seule et même harmonie, que l'esprit n'a pas la sienne à part, et la matière encore moins ? Pourquoi donc voudrions-nous diviser la destinée de ce tout unique ? Or, si tout l'homme est destiné à une même fin, il ne pourra l'atteindre qu'autant qu'il conservera sa constitution naturelle. Mais comment l'homme pourra-t-il persévérer dans sa constitution naturelle, sans que toutes les parties qui la forment se trouvent réunies ? Et comment pourront-elles se réunir, si celles qui ont été disséminées ne

peccantibus pœna debetur, et bene agentibus præmium In hac autem vita homines ex anima et corpore compositi peccant vel recte agunt Debetur igitur hominibus et secundum animam et secundum corpus præmium, vel pœna Manifestum est autem quod in hac vita præmium ultimæ felicitatis consequi non possunt, ex his quæ in tertio libro sunt ostensa Multoties etiam peccata in hac vita non puniuntur, quin immo, ut dicitur Job XXI, *Ilie impii vivunt, confortati sunt, sublimatique divitiis* Necessarium est igitur ponere iteratam animæ ad corpus conjunctionem, ut homo in corpore et anima præmiari et puniri possit » [1]

vienment pas se ranger de nouveau et dans le même ordre qu'auparavant ? La nature de l'homme, ou sa constitution, prouve donc la nécessité d'une résurrection »

Ajoutons que la resurrection est necessaire pour conserver à l'homme la place qui lui revient dans l'ensemble des choses En le créant, Dieu a jeté, pour ainsi dire, un pont entre le monde des esprits et le monde des corps, il a lié entre elles, par un trait d'union permanent, la matière et l'intelligence La fonction particulière à l'homme, c'est d'élever la matière à la hauteur de l'esprit, de faire reluire sur elle le rayon de la beauté morale de l'ennoblir par ce commerce intime et ce contact de tous les moments, de s'associer enfin à toutes les grandeurs de l'intelligence par son organe, par sa médiation, l'univers physique, amassé dans son corps comme dans un abrege sublime, s'eleve vers le Créateur, qu'il benit par la voix d'un representant naturel, roi et pontife de la creation Voila pourquoi l'homme, destine à relier deux mondes entre eux, participe à la fois de l'un et de l'autre il existe comme la pierre, il croît comme la plante, il sent comme l'animal, il pense comme l'ange, il résume en lui tous les modes d'existence inferieurs pour les couronner par la vie de l'intelligence Cela pose, separez les deux substances sans espoir de reunion, detruisez le temple de l'âme sans le réédifier jamais l'accord est rompu, l'harmonie disparaît, le plan divin perd sa grande unite, et cette chaîne magnifique des êtres, qui s'etend jusqu'à Dieu, n'a plus d'anneau intermediaire par lequel l'existence materielle se rattache à l'existence spirituelle Si donc il y a de la justesse et de la proportion dans l'œuvre de la creation, si tout y conspire pour former un ensemble harmonique et bien ordonne, il faut que l'homme recouvre, apres une dissolution momentanee ce qui faisait de lui le representant naturel de l'univers physique auprès de Dieu, son mediateur et son organe en d'autres termes, il faut qu'il ressuscite » Voir F r e p p e l, *ouv cite*, F e s s l e r, *Instit Patrologiœ*, ed Jungmann, I, p 233

[1] S T h o m a s, *Cont Gent*, IV, 79 Cette troisieme preuve, qui ne serait pas suffisante à elle seule, vient à l'appui des précedentes « Si poursuit Athenagore, la loi morale ne reçoit que dans une autre vie sa sanction definitive et complete, le corps, aussi bien que l'âme, doit avoir sa part dans cette retribution proportionnee au merite. Car c'est en

292. Les enseignements de la Foi sur les destinées surnaturelles de l'humanité. — En toute hypothèse, la fin objective de la créature ne pouvait être que Dieu. Mais cette vérité, qui est Dieu, il y a deux manières pour nous de la connaître, l'une *médiate*, naturelle, l'autre *immédiate*, surnaturelle, dont nous instruit la Révélation divine. Bien que le développement de cette distinction soit à parler rigoureusement, un hors-d'œuvre dans un ouvrage de philosophie, nous croyons que plusieurs de nos lecteurs ne le jugeront pas inutile.

La première nous apprend *que Dieu est*, elle nous dit en plus *ce qu'il n'est pas*, qu'il ne peut être confondu avec aucun des êtres sensibles et contingents ; elle est possible à l'homme livré à ses propres forces, au moyen du triple procédé, analysé ailleurs, de causalité, de négation et de transcendance ; aussi l'appelle-t-on *naturelle*.

La seconde nous apprend *positivement ce que Dieu est*, par exemple, qu'il est Père et Fils et Saint-Esprit, une seule nature en trois personnes. Une pareille connaissance n'appartient de droit qu'à Dieu lui-même, mais il a plu à Dieu de la communiquer à l'âme humaine. Il la lui communique en substance, dès la vie présente, par la foi, Il lui en donnera

union avec le corps que l'âme accomplit tous ses actes bons ou mauvais donc, c'est en union avec lui qu'elle doit recevoir sa récompense ou subir sa peine. Si l'âme est le sujet de la connaissance et le principe de nos déterminations, il n'est pas moins vrai de dire que la loi morale règle les fonctions du corps non moins que les mouvements de l'âme. La chair est l'organe habituel, l'instrument nécessaire par lequel le principe spirituel se produit au dehors, agit et opère. Dès lors n'est-il pas juste, n'est-il pas rationnel que ce compagnon de l'âme, lequel a partagé ses travaux, contribue à son mérite ou à son démérite coopère à tous ses actes, soit également associé à sa destinée finale et participe à son immortalité par la résurrection ? » Freppel, *ouv. cité*

Ces preuves nous paraissent aussi solides qu'elles sont éloquemment développées, et l'on sent au ton qui les inspire que la résurrection des corps passait aux premiers siècles de l'Église pour une doctrine appuyée sur la raison philosophique aussi bien que sur les enseignements révélés

l'intuition *directe*, sans intermédiaire, dans la vie de la gloire Cette intuition, entraînant pour la volonté un bonheur parfait, s'appelle *vision béatifique* [1])

La foi et la vision béatifique ne sont possibles à la créature, à l'homme en particulier, que moyennant des secours absolument gratuits qu'il plaît à la Bonté divine d'accorder à notre intelligence et à notre volonté, mais qui dépassent les forces et les exigences de toute nature créée ou créable aussi la foi et la vision immédiate de Dieu s'appellent *surnaturelles*

Une *destinée purement naturelle* eût été possible, sans doute, mais elle n'a jamais été qu'une *hypothèse*, dès l'instant où Il a créé le premier homme, Dieu lui assigna *en fait*, à lui et à sa descendance, une destinée *surnaturelle*, Il leur assure les moyens *surnaturels* pour y atteindre La fin de l'homme et les moyens qui y répondent formant ensemble un *ordre*, il faut dire que l'ordre *naturel* n'a jamais été qu'une hypothèse, le seul ordre réel, historique, est *surnaturel*

Ajoutons que les corps des bienheureux ressusciteront revêtus de prérogatives et de qualités spécialement glorieuses, ils seront en quelque sorte « spiritualisés » [2]), ainsi que s'exprime l'apôtre saint Paul

Il faut renoncer à décrire ce bonheur du ciel dont saint Paul a dit « que l'œil de l'homme n'a point vu, que son oreille n'a point entendu et que son cœur ne peut comprendre ce que Dieu a préparé à ceux qui l'aiment ». Les plus beaux génies chrétiens confessent leur impuissance à concevoir et à exprimer la contemplation directe de l'Infini

Saint Augustin rapporte dans ses *Confessions* l'entretien aussi touchant que sublime qu'il eut sur ce sujet avec sa mère, au moment où elle allait dire adieu à la vie :

---

[1]) S Thomas, *Cont Gent*, I, 8
[2]) Lire E. Méric, *ouv cité* liv III, ch V

« Nous nous trouvâmes seuls, elle et moi, écrit-il, appuyés contre une fenêtre, qui donnait sur le jardin de la maison que nous habitions à Ostie, et dans laquelle, loin des bruits du monde, après les fatigues d'une longue route, nous attendions le moment de nous embarquer. Nous conversions donc seuls avec une douceur charmante, oubliant le passé pour nous porter vers ce qui était devant nous, nous cherchions entre nous, à la lumière de cette vérité qui n'est autre que vous-même, ô mon Dieu, quelle devait être cette vie éternelle des saints « que l'œil de l'homme n'a point vue, que » son oreille n'a point entendue, et que son cœur ne peut com- » prendre » Or, nous aspirions des lèvres du cœur aux célestes courants de votre fontaine, « cette fontaine de vie qui réside en » vous », pour nous y désaltérer autant que nous pourrions, et nous élever de notre mieux à des considérations aussi hautes

» Comme notre entretien nous avait conduits à cette conclusion, que les plaisirs des sens si grands qu'ils puissent être, et quel que soit l'éclat qui les environne, loin de soutenir la comparaison avec la félicité de l'autre vie, ne méritaient pas même un souvenir, nous prîmes ensemble notre élan avec un redoublement d'amour et nous parcourûmes l'une après l'autre toutes les choses corporelles, jusqu'au ciel lui-même d'où le soleil, la lune et les étoiles répandent leur lumière sur la terre Puis nous portâmes encore plus haut son pensées, nos discours, notre admiration pour la beauté de vos œuvres Nous en vînmes à considérer nos âmes, mais sans nous y arrêter, pressés d'atteindre cette région d'inépuisables délices, où vous rassasiez éternellement Israël de la nourriture de la vérité, et où la vie est la sagesse même, principe de tout ce qui existe, de tout ce qui a existé et de tout ce qui existera, sagesse qui ne naît point, mais qui est aujourd'hui telle qu'elle a été et telle qu'elle sera toujours, ou plutôt, on ne peut dire d'elle ni qu'elle a été, ni qu'elle sera, mais seulement qu'elle est, parce qu'elle est éternelle car avoir été et devoir être, ce n'est pas être éternel

» Nous nous disions donc supposons une âme en qui les agitations du monde, les vains fantômes de la terre, de l'air, des eaux et des cieux fassent silence, une âme qui se fasse silence à elle-même, et qui s'élève au-dessus d'elle-même sans s'occuper de ce qu'elle est une âme pour laquelle il n'y ait plus ni songes, ni images, ni parole humaine, ni signes, ni rien de ce qui passe, en un mot, une âme en présence de laquelle tout se tienne dans le silence Toutes ces choses ne disent elles pas d'ailleurs à qui sait les comprendre Nous ne nous sommes pas créées nous-mêmes, mais nous sommes l'œuvre de Celui qui demeure éternellement? Supposons, dis-je, qu'après avoir dit cela, toutes ces choses se taisent, satisfaites d'avoir ainsi porté l'homme à prêter l'oreille à leur Créateur Supposons qu'alors Dieu parle lui-même et seul, non plus par la voix de ses créatures, mais par lui-même, et que nous entendions sa parole, sans qu'elle revête l'expression du langage de l'homme, ni de celui des anges, ni du bruit du tonnerre, ni des paraboles, et que Celui que nous aimons dans les créatures daigne nous parler sans elles eh bien ! du coup nous voici au but et le vol rapide de notre pensée nous a élevés jusqu'à la sagesse éternelle qui est immuable au-dessus de tout Supposons maintenant que cette extase se continue, que toutes les autres visions d'un ordre bien inférieur s'évanouissent, et que notre âme soit ravie, absorbée, plongée dans la joie de cette ineffable contemplation, de sorte que notre vie soit éternellement ce qu'a été cet éclair d'intelligence après lequel nous soupirions ne serait-ce pas la traduction vivante de cette parole « Entrez dans la joie de votre Seigneur » ? [1])

L'auteur de la *Divine Comédie* tient un langage analogue Arrivé au dernier chant de son poeme, il décrit le repos inaltérable de la volonté dans la possession du Bien absolu, puis il essaie de peindre la contemplation de la Trinité divine, mais il ne trouve ni symbole ni langage appropriés à son sujet, le dernier mot de son œuvre est un aveu d'impuissance

> Così la mente mia tutta sospesa,
> Mirava fissa immobile ed attenta,
> E sempre di mirar faceasi accesa
>
> A quella luce cotal si diventa,
> Che volgersi da lei per altro aspetto,
> È impossibil che mai si consenta,
>
> Però che il ben, ch'è del volere obbietto,
> Tutto s'accoglie in lei, e fuor di quella
> È difettivo ciò che lì è perfetto
>
> Omai sarà più corta mia favella,
> Pure a quel ch'io ricordo, che di un fante
> Che bagni ancor la lingua alla mammella.
>
> Nella profonda e chiara sussistenza
> Dell'alto Lume parvermi tre giri
> Di tre colori e d'una continenza,

[1]) *Confessions*, liv IX, ch X

Ainsi mon âme tout en suspens,
Regardait fixe, immobile et attentive,
Et toujours de plus en plus brulant de regarder

Au feu de cette lumière on devient tel
Qu'il devient impossible que jamais l'ame consente
A s'en détourner pour regarder autre chose.

Parce que le bien, qui est l'objet du vouloir,
S'est tout entier concentré en elle, et que, hors d'elle,
Tout est defectueux qui là est parfait

Desormais ma parole sera plus impuissante
A rendre mes souvenirs, que celle de l'enfant
Qui mouille encore ses lèvres à la mamelle.

Dans la substance profonde et claire
De cette sublime lumière, il m'apparut trois cercles
De trois couleurs et d'une seule circonférence,

E l'un dall'altro, come Iri da Iri,
Parea riflesso, e il terzo parea fuoco
Che quinci e quindi egualmente si spiri

Oh quanto è corto il dire, e come fioco
Al mio concetto' E questo a quel ch'io vidi,
È tanto, che non basta a dicer poco

O luce eterna, che sola in te sidi,
Sola t'intendi, e, da te intelletta
Ed intendente, te ami ed arridi'

Ma non eran da ciò le proprie penne
Se non che la mia mente fu percossa
Da un fulgore, in che sua voglia venne

All'alta fantasia qui mancò possa,
Ma già volgeva il mio disio e il *velle*,
Sì come ruota ch'egualmente è mossa,
L'Amor che muove il sole e l'altre stelle.

L'un d'eux, venant d'un autre, comme un arc-en-ciel dedouble,
Apparaissait reflechi et le troisième était comme une flamme
Qui de deux foyers distincts également s'exhale

Oh ! comme la parole est a court, et comme elle est lâche
En face de ma pensee ! Et ma pensee, en face de ce que j'ai vu,
Est si peu de chose, que de dire qu'elle est peu c'est déjà trop dire

O lumière eternelle, qui seule en toi-même resides,
Qui seule te penses, et qui pensée par toi
Et te pensant toi-même t'armes et te souris

Mais je n'etais pas de force a cela, de mes propres ailes,
Il fallut que mon âme fut frappée
D'un eclair, pour que son désir s'accomplit

A l'imagination la plus haute ici la force manque
Mais deja en moi le désir et le vouloir cédaient,
Tout comme une roue qui doucement est mue,
Sous l'attrait de l'Amour, qui meut le soleil et les autres étoiles

Parad , Cant XXXIII, v 97

RÉSUMÉ ET CONCLUSION

293. La Psychologie est l'étude philosophique de la vie chez l'homme.

Nous avions donc à étudier la vie à tous ses degrés, la vie *organique* ou *végétative* d'abord, ce fut l'objet de la *Première Partie*, puis la vie *sensitive ou animale*, ce fut l'objet de la *Deuxième Partie*, enfin la vie *intellective ou raisonnable* qui fournit la matière de la *Troisième Partie*, la principale du Traité

La vie *intellective* consiste dans la *pensée* et la *volition*. Etudier ces *actes* en eux-mêmes et dans leurs rapports avec les actes de la vie organique et sensitive, remonter de la pensée et de la volition aux *facultés* qui les émettent, de ces facultés enfin à la *nature* d'où elles émanent, tel fut l'objet du *Chapitre I* de la Troisième Partie Cette étude nous amena à la conclusion que l'âme humaine est *spirituelle* et *simple*, mais qu'elle est *naturellement et substantiellement unie à la matière*

La nature de l'homme bien comprise, il devenait aisé de s'expliquer son *origine* et sa *destinée* ce fut l'objet des *Chapitres II* et *III*.

Nous avons ainsi rempli notre programme, car la philosophie n'a pas d'autre mission que de rechercher les causes *matérielle* et *formelle*, la cause *efficiente* et la cause *finale* des êtres qu'elle étudie

L D

TABLE ONOMASTIQUE.

TABLE DES MATIÈRES.

TROISIÈME PARTIE.
De la vie intellective ou raisonnable.

CHAPITRE I
NATURE DE L'AME HUMAINE.

TROISIÈME SECTION

Etude comparative entre les actes de l'homme et ceux de l'animal

ARTICLE SECOND

Les mutuelles influences
de la vie sensitive et de la vie suprasensible

PREMIÈRE SECTION

Les sens et la raison

DEUXIÈME SECTION

La volonté et les autres activités de l'âme

ARTICLE TROISIÈME

Nature du premier principe de la vie chez l'homme

PREMIÈRE SECTION

L'âme raisonnable est spirituelle.

CHAPITRE II

ORIGINE DE L'AME HUMAINE

—

CHAPITRE III

DESTINEE DE L HOMME

———

ARTICLE PREMIER

L'existence d'une vie immortelle ou l'immortalité de l'âme.

ARTICLE SECOND

Nature de l'immortalité
Quelle sera la destinée de l'âme dans la vie future ?

Lightning Source UK Ltd.
Milton Keynes UK
UKHW030655040521
383105UK00006B/250

9 781293 6714